Johann Jakob Strunz

Brasilianische Zustände und Aussichten im Jahre 1861

Mit Belegen nebst einem Vorschlag zur Aufhebung der Sklaverei und Entfernung

der Schwarzen aus Nordamerika

Johann Jakob Strunz

Brasilianische Zustände und Aussichten im Jahre 1861
Mit Belegen nebst einem Vorschlag zur Aufhebung der Sklaverei und Entfernung der Schwarzen aus Nordamerika

ISBN/EAN: 9783743354753

Hergestellt in Europa, USA, Kanada, Australien, Japan

Cover: Foto ©ninafisch / pixelio.de

Manufactured and distributed by brebook publishing software
(www.brebook.com)

Johann Jakob Strunz

Brasilianische Zustände und Aussichten im Jahre 1861

Brasilianische Zustände und Aussichten

im Jahre 1861.

Mit Belegen nebst einem Vorschlag

zur

Aufhebung der Sklaverei und Entfernung der Schwarzen

aus

Nord-Amerika.

„Nur das stützt, was widersteht."

Das Brasilianische Columbus-Ei.

Brasilien m. $7\frac{1}{2}$ Million. (u. c. 450,000 wilden Indianern). Bevölkerung und Rassenverhältnisse.

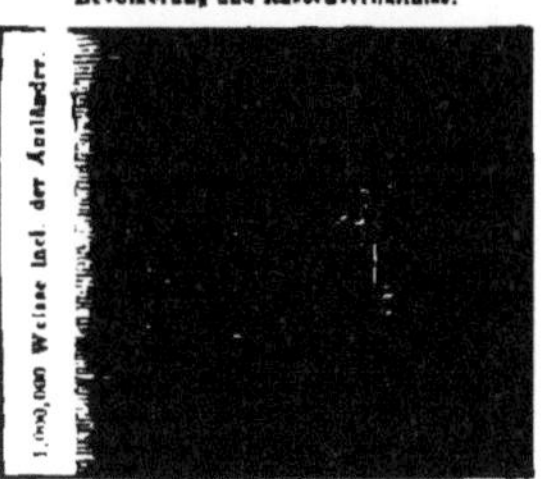

Die vereinigten Staaten mit fast 32 Millionen. Bevölkerung und Rassenverhältniss.

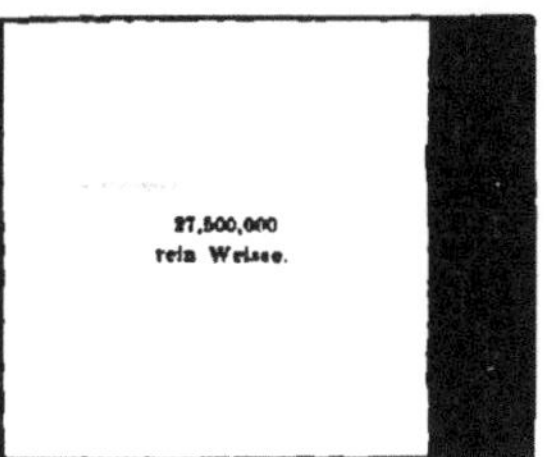

Dieses würde das Rassenverhältniss der Conföderirten Staaten werden, könnten sie ihren Bund mit Verwerfung des Grundsatzes: „Gleichheit der Menschen vor dem Gesetze" ausführen.

Chaotischer Landbesitz in Brasilien.

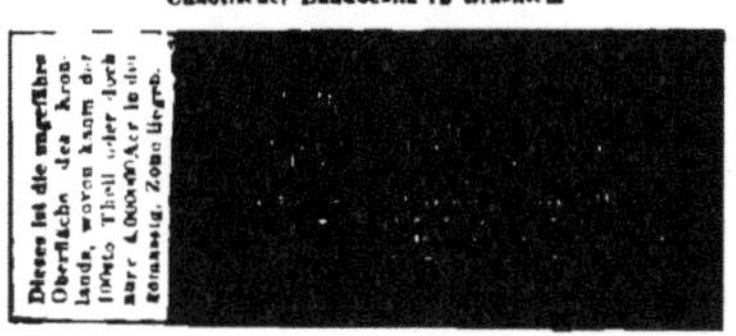

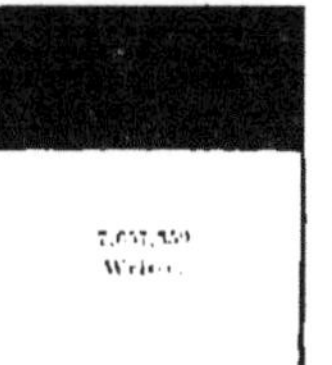

Vollkommenes Landvertheilungs-System der Verein. Staaten

Verbleibt dem Staate also über $\frac{3}{4}$ Theil des Grund und Bodens der ganzen Oberfläche der Vereinigten Staaten als künftige Einnahmequelle; die Bevölkerung wird vor der Zersplitterung ihrer Kräfte bewahrt und die Rechtspflege, Erziehung und Seelsorge bleiben ermöglicht und gefördert.

Verhältniss der Grösse der freien Bevölkerung der Union zu der Brasiliens und zu der in beiden Ländern gleich grossen Sklavenzahl.

Weisse, Mischlinge und freie Schwarze.

Brasilien.

$3\frac{1}{2}$ Mill.

Union 27,500,000 Weisse.

4 Mill.

gleich grosse Sklavenzahl in Brasilien und in der Union.

Es kommen 4 Millionen Sklaven auf < $27\frac{1}{2}$ Millionen weisse Freie in Nord-Amerika und $3\frac{1}{2}$ " gemischte und weisse Freie in Brasilien.

Berlin.

Nicolai'sche Verlags-Buchhandlung

(G. Parthey).

Brasilianische Zustände und Aussichten
im Jahre 1861.

„Nur das stützt, was widersteht!"

Die Documente, welche den Kern der vorliegenden Brochüre bilden, sollen einen Einblick gewähren in die gegenwärtigen Zustände Brasiliens, und sicherlich wird jedem Leser das wahre Bild derselben daraus entgegentreten. Die immer mehr zur Geltung kommende gesellschaftliche und politische Solidarität aller Nationen macht es zur Pflicht nicht blos vielen Brasilianern, die sich jener eigenen Zustände unbewußt sind, sondern überhaupt allen, die zu Brasilien in internationalen oder auch nur geschäftlichen Beziehungen getreten sind oder noch treten können, eine klare Einsicht in diese Zustände durch eine, wenn auch oft nur lose Zusammenstellung zu ermöglichen

Der Umstand aber, daß der Beitrag, den die nachstehenden Blätter zu liefern bestimmt sind, gerade in die Zeit fällt, wo in der Nordhälfte des amerikanischen Continents eine gewaltige, auch für Brasilien in ihrer Rückwirkung entscheidungsvolle Krisis zum Ausbruch gekommen ist, bietet zugleich Stoff, um auf das düstre Bild doch auch einige Lichter und zwar von höchster Bedeutsamkeit, fallen zu lassen, Lichter, aus denen auch Brasilien selbst, wenn es bei der nahen Gefahr Staatsmänner in sich findet, die fähig, ehrlich und entschlossen genug sind, diese auch auf ihr Land anzuwenden, noch Trost und Hoffnung schöpfen kann. Der Beweggrund zu der Verbindung des nachfolgenden für die Vereinigten Staaten von Nordamerika gemachten Vorschlags mit Notizen über Brasilien liegt in der Hoffnung, auf diese Weise die Aufmerksamkeit Brasiliens auf beide desto gewisser zu sichern. Den Angelpunkt jener Krisis bildet die Sklavenfrage, und in der Sklaverei wurzeln auch alle Leiden und Schäden Brasiliens. Nordamerika, so ohnmächtig es auch jetzt ist, kann Brasilien nicht ignoriren. Durch seine schwarze Bevölkerung wird es in beständiger Fühlung zu ihm unterhalten, der es sich nie entziehen kann. Macht es sich die nun in der nordamerikanischen Krisis hervortretenden wichtigen Lehren hinsichtlich der Sklavenfrage zu Nutze, erkennt es die lehrreichen Beispiele, welche ihm Nordamerika bietet und läßt es sich diese zum Antrieb werden, einen bessern Geist in seine staatlichen und socialen Einrichtungen zu bringen, so dürfte es ihm vielleicht noch gelingen, einen großen Theil, vielleicht selbst den größten Theil der schweren Heimsuchungen von sich abzuwenden, welche es im Unterlassungsfalle unfehlbar zu erleiden haben wird.

Möge der folgenden Zusammenstellung von Thatsachen, die sich auf die Zustände und Bedürfnisse Brasiliens beziehen, und den darauf gegründeten Betrachtungen und Vorschlägen in jenem Reiche nur ein Theil der Rechtfertigung zu Theil werden, welche letztlich selbst von gut katholischer Seite die freimüthigen Vorträge Dr. Döllingers über den Kirchenstaat erfuhren, obschon er als eine der hervorragendsten Stützen der katholischen Kirche im Moment der Krisis von den Mängeln des weltlichen Regiments des Papstes zu sprechen wagte und so selbst den Gegnern dieses durch seine Autorität eine neue Waffe in die Hand gegeben hat. Aber man hat eben auch von jener Seite eingesehen, daß die sogenannten zarten Rücksichten bei welthistorischen Problemen übel angebracht sind, weil sie factischen Uebeln nur weiter zu wuchern gestatten.

Eben so, wie bei der schweren Krankheit, in welcher die päpstliche Verwaltung sich befand, die Gründe ihres Uebels aufgedeckt werden mußten, wenn man überhaupt eine Heilung erwarten wollte, so erfordern auch die einem gänzlichen Ruin entgegeneilenden Zustände Brasiliens ein ähnliches, rücksichtsloses Verfahren. Zu einer Zeit, wo die venerabelsten weltlichen Dynastieen gewissermaßen die rationelle und moralische Berechtigung ihres Fortbestehens nachweisen, sich nach ihren Leistungen, nach ihrem politischen Werthe von der öffentlichen Meinung rückhaltlos abschätzen lassen müssen, wird es wohl nicht unstatthaft sein, wenn man den Anspruch Brasiliens, sich als einen auf der Höhe der gegenwärtigen politischen Bildung stehenden, als einen, wenn nicht bereits civilisirten, doch civilisirbaren Staat anerkannt zu sehen, in Frage stellt und einer Prüfung unterwirft. Die wahren Patrioten werden das mit Dank anerkennen und nur um so größere Anstrengungen zur Rettung ihres Vaterlandes machen. Sie werden der steten Enttäuschungen gedenken, welche seit 30 Jahren auch in Brasilien alle wahrhaft patriotischen Hoffnungen vernichteten. Sie werden sich erinnern, wie in allen jenen südamerikanischen Staaten, wo die Vermischung mit den Ureinwohnern des Landes und mit der schwarzen Race die größte Ausdehnung erreicht hat, der Bürgerkrieg und Raub und Mord, gutgeheißen sogar durch eine tiefgesunkene Geistlichkeit, von jeher an der Tagesordnung waren und noch sind, während schwülstige Manifeste in periodischer Wiederkehr Freiheit und Menschenrechte gewohnheitsmäßig verkündigen.

So wie seit den letzten zwei Jahrzehnten eine Reihe warnender socialer Strafgerichte über jene Länder hinzogen, wobei, als wolle die Natur selbst zur Verstärkung der Strafe mithelfen, ein großer Theil ihrer Städte, von Sonora bis Mendoza, durch Erdbeben zerstört und selbst noch durch Indianer geplündert wurde: ebenso scheint auch nun für Brasilien die Stunde zu nahen, wo es für seine Vergehen an den Eingebornen (die es durch planmäßige Mittheilung des Pockengifts zu Millionen vernichtete) und nicht minder für die in neuerer Zeit an den Negern begangene Versündigung zur Rechenschaft wird gezogen werden.

In der That kann schon das gegenwärtige Verhältniß der Brasilianer zu den Negern — in sofern durch die stattgefundene starke Vermischung sowohl, als durch die massenhafte Sklaverei selbst, eine sociale Auflösung droht, — als eine Folge jener ersten Missethaten an den Eingebornen angesehen werden; denn diese wären sonst nie so sehr zusammengeschmolzen, daß der dadurch entstandene Mangel an Arbeitern eine päpstliche Bulle für den Negerhandel nöthig gemacht hätte. Zwar sind in Folge dieses päpstlichen Machtwortes auch mehrere Millionen Afrikaner äußerlich in den Schooß der römischen Kirche aufgenommen worden und es fungiren sogar schon seit langer Zeit viele Hundert Schwarze als römisch-katholische Geistliche; dennoch ist diese Bulle für Menschenhandel nie widerrufen worden, selbst nicht zu einer Zeit, wo von protestantischen Ländern so große Anstrengungen zu dessen Beseitigung gemacht wurden, daß das so lang ersehnte Resultat fast erreicht worden ist, und die Sklaverei in ihren letzten Zügen liegt, während auf der andern Seite die päpstliche Autorität den Schlägen des Schicksals nahezu unterliegt.

Gegenwärtig aber, während sämmtliche gebildete Staaten Europas und selbst die große Mehrheit der Union die Sklaverei verdammen, kann sicherlich das wenig bevölkerte, in sich selbst geschwächte Brasilien auf eine verlängerte Behauptung derselben nicht rechnen, und zwar aus folgenden Gründen: 1) Wegen der vielfachen Racenmischung seiner freien und Sklaven-Bevölkerung, durch welche die Schranken zwischen Sklaven und Freien gebrochen und gegenseitige Sympathien vielfältig erzeugt wurden, die sich mehr und mehr geltend machen. 2) Weil die ganze freie Mischlingsbevölkerung in einer großen Anzahl Halbweißer und mehreren Hunderttausend freien Schwarzen, sämmtlich aus Proletariern ohne allen Bodenbesitz besteht, die ihr ganzes Dichten und Trachten darauf richten, eine Umwälzung im Landbesitz hervorzurufen, welchen Zweck zu erreichen sie sich nöthigenfalls der Mithülfe der Sklaven bedienen werden. 3) Weil Brasilien kein Heer und ebenso wenig eine Polizeimannschaft besitzt, auf die (selbst wenn in genügender Anzahl vorhanden) sich die Land- und Sklavenbesitzer in solchem Falle verlassen können. 4) Weil sogar Soldaten und Polizeimannschaft nicht nur zu den nächst betheiligten Klassen gehören, sondern meist gewaltsam zum Dienst gepreßt sind, also bei der nächsten Bewegung im angedeuteten Sinne, jede revolutionäre Operation auf dieselbe militärische Weise wie die Sepoys im J. 1857 in Indien, erleichtern werden. 5) Weil den einmal in diesem Sinne ausgebrochenen Aufständen keine Schranken mehr gesetzt werden könnten, da der Druck, dem die Proletariermasse Brasiliens unterliegt, ein allgemein gefühlter, auch die Zersplitterung der Bevölkerung zu groß ist; und weil die Aufstände, wenn auch anfänglich nur sporadisch auftretend, immer zugleich an andern Punkten, (da überall gleiches Mißbehagen besteht), neue Nahrung finden würden. 6) Weil bei der ungeheuren Ausdehnung des Landes eine Absperrung der Grenzen zur Verhinderung der Sklavenentweichung nicht ausführbar ist, und von jetzt an schwerlich noch ein flüchtiger Sklave wird ausgeliefert werden. 7) Weil bei den ersten Regungen einer agrarischen oder Sklaven-Revolution die Hülfsquellen des Staates sogleich ins Stocken gerathen würden und die Kosten der Verwaltung, besonders aber die Kosten eines 6- bis 10fach stärkeren Heeres (das in Brasilien freilich gar nicht auf die Beine zu bringen wäre, da es jetzt schon kaum 16,000 Mann zu stellen vermag) wahrhaft enorm sein würden; Anleihen auf auswärtigen Plätzen jedoch von dem Augenblick an, wo sich diese Symptome der Auflösung Brasiliens zeigten, gar nicht mehr ausführbar wären.

Dem Auswanderer, der von seiner eigenen freien Arbeit bestehen will, bereitete die Sklaverei von jeher die unberechenbarsten Nachtheile; bei den jetzigen Verhältnissen in Brasilien setzt sie ihn in große und sehr nahe liegende Gefahr. Da aber der gemeine Mann diese nicht beurtheilen kann und selbst trügerische Werber sie ihm zu verbergen suchen, so ist es die Pflicht der Regierungen und der Presse, ihn auf das nachdrücklichste von der Auswanderung nach diesem und überhaupt nach jedem Sklavenlande zu warnen.

Namentlich darf Deutschland unter keinen Umständen sich noch in einem größeren Maßstabe, als es bereits durch seine in Brasilien befindlichen Landeskinder geschieht, an den bevorstehenden Schicksalen jenes Reiches betheiligen, so lange jenen Nachtheilen kein sicheres Gegengewicht gegeben wird durch die Möglichkeit einer massenhaften Einwanderung in die südlichen von Sclaven zu säubernden und von aller und jeder Verbindlichkeit für Sklaverei (namentlich für Schadenersatz, Auslieferung und Ablösung) zu befreienden Provinzen.

Außer den socialen Gefahren und Nachtheilen, die unter den gegenwärtigen Umständen Brasiliens den neu Eingewanderten bevorstehen, ist auch der Zustand der Moral daselbst derartig geworden, daß schon aus Gewohnheit Vieles, was anderwärts für tadelnswerth, schlecht und ehrlos gilt, von der Mehrheit geübt oder doch mit Gleichgültigkeit betrachtet wird. Betrug, Unterschleif, Hinterlist, wenn sie nur mit Erfolg gekrönt sind; Rache, selbst die blutigste und feigste; niedrigste und schamloseste Sinnenlust, und vor Allem Bestechlichkeit, ja geradezu gewohnheitsmäßige Parteilichkeit der Richter, besonders der unteren Kategorien, und eine schmachvoll unwürdige Haltung der Geistlichkeit, sind, wie aus angebogenen Belegen hervorgeht, fast zur Landessitte geworden.

Was den Zustand der confessionellen Freiheit in Brasilien anbelangt, so hat sich dieser in den letzten 10 Jahren, und seit den Schürungen des Nuntius Bedini im Jahre 1852 mit jedem Tage verschlimmert, besonders weil sich die aus allen übrigen Theilen Süd-Amerikas vertriebenen Jesuiten in Brasilien concentrirt haben, und weil zwischen diesen und den Landpotentaten ein Vertrag geschlossen wurde, daß nur katholische Auslößlinge und Kolonisten zugelassen oder die andersgläubigen doch convertirt werden sollen.

Es besteht in der That in Brasilien ein ganz gleiches Zusammenhalten zwischen den großen Landeignern und der Geistlichkeit wie in Mexico. — In letzterem unglücklichsten aller Länder stehen die Landeigner auf Seiten der letzteren, weil die von den Liberalen geförderte Aufklärung dem Peon-System, dieser „Mexican peculiar institution" verderblich ist; einem System, das auf fast 4 Millionen ganz domesticirte und selbst sehr arbeitsame Indianer und fast 2 Millionen schon viel schlechteres Mischlingsvolk angewandt, auf diese Untergebenen so wie auf die herrschende Klasse kaum eine minder verderbliche Wirkung ausübt als die Sklaverei selbst, und jedenfalls eine noch schlimmere als die aus der besitzlosen Existenz der freien Proletarier-Klasse Brasiliens entspringende. Wie in Mexico, so auch ist in Brasilien die Geistlichkeit die Stütze der Mächtigen gegen die unterdrückten Klassen, und das Mittel, dessen sie sich bedient, ist die Verdummung. Deßhalb sind ihr auch protestantische Einwanderer doppelt verhaßt, weil dadurch ihr System gefährdet wird.

Die letzte Kaiserrede an die Kammern giebt den unverkennlichsten Beweis des Rückschritts in Liberalität selbst seitens der Regierung. In dieser Ansprache ist die Religionsfreiheit, welche während 6 vorausgegangener Jahre stets den Kammern empfohlen, wenn auch von ihnen unbeachtet gelassen worden war, gänzlich ignorirt worden! Im Monat October fand sogar die polizeiliche Confiscation der Bibel auf Verlangen eines der Stadtpfarrer von Rio statt, und während des vergangenen Jahres ist dort sowohl als in verschiedenen Kolonien, von der brasilianischen Geistlichkeit mehrmals der Skandal begangen worden, daß sie in der evangelischen Kirche bereits getraute oder in gesetzlicher Mischehe lebende Ehepaare mit einer andern Ehehälfte kirchlich verbanden und dabei die aus der früheren Ehe bestehenden Kinder für unehelich erklärten. Dieses wird um so niederträchtiger bei der fast ohne Ausnahme bodenlosen Unsittlichkeit dieser Geistlichkeit, deren Nichtachtung in ihren eigenen Gemeinden oft so groß ist, daß schon ihr Zeugniß auf Eid vor Gericht als unzuläßig erklärt wurde, und ferner, weil derlei Hetzereien gerade mit Familien vorgenommen worden sind, welche Senhor Araujo, der selbst schon seit 20 Jahren in Deutschland eine Mischehe ohne päbstlichen Dispens eingegangen ist, persönlich als Parceria-Colonisten für Pflanzer engagirt, und ihnen zugleich ihre Glaubensrechte gesichert hatte. — Die Regierung that nichts dagegen und mißachtete stets bei allem angeblichen Eifer für Colonisation die in allen Ländern gemachte Erfahrung, daß jeder Niederlassungsversuch ohne das religiöse Band, ohne gemeinsamen Gottesdienst nur gescheitert ist, und daß nur die Familie die Grundlage des Staates bilden kann.

Als Gegensatz zu diesen inquisitorischen Maßnahmen Brasiliens verdient Erwähnung, daß auf Befehl des Generals Urquiza gleich nach Vertreibung des Dictators Rosas, der ebenfalls die Bibel verboten hatte, diese in den argentinischen Schulen überall als Hauptlehrbuch für Moral und Religion eingeführt wurde.

Die völlige Aufklärung der brasilianischen Colonisationsfrage ist gerade jetzt von erhöhter Wichtigkeit für Deutschland. Außer der jetzt so bedenklich gewordenen Lage Brasiliens, als eines Sklavenlandes überhaupt, und den dadurch sich mehrenden Gefahren für künftige Einwanderer macht das den dort bereits befindlichen deutschen Einwanderern widerfahrene schreiende Unrecht, besonders wenn sie Protestanten waren, zur unabweislichen Nothwendigkeit, mit allen Mitteln zu verhindern, daß eine einflußreiche aber gemeinschädliche Partei von Sklavenhaltern und Grundbesitzern jenes Reichs sich länger der Gesandten und Consuln desselben zu trügerischen Werbungen auf deutschem Boden bedienen und dabei die so bethörten Deutschen noch über die in den Contracten enthaltenen dolosen Stipulationen hinaus mißhandeln und übervortheilen darf.[1]) Von noch allgemeinerer Wichtigkeit wird diese Angelegenheit für das Interesse der Humanität, Gesittung und Glaubensfreiheit in so fern, als in Brasilien nicht Gleichheit der Confessionen obwaltet und der Protestant in den Augen der dortigen Staatskirche gar nicht als Christ betrachtet wird. Sie ist aber auch eine handels-politische Frage, indem die schlechte Landvertheilung in Brasilien keine Kräftigung der Einwanderer, keine gehörige Agglomeration derselben zuläßt, durch welche diese sich gegenseitigen Schutz und Aushülfe gewähren, ihre Sprache, Sitten und Gewohnheiten bewahren und so dem Lande ihrer Geburt einen dauernden Austausch von Gütern und selbst von Gedanken gewähren könnten.

Durch die Brasilianische Colonisation, wie sie bisher betrieben wurde, wird endlich die gebührende Würdigung der deutschen Nationalität als Einwanderer auch in anderen Ländern, namentlich in den von Brasilien südlich gelegenen, sehr wesentlich benachtheiligt, was um so bedauernswerther ist, als in den La Plata-Ländern eine volle Anerkennung des Werthes der deutschen Einwanderer sehr wünschenswerth wird, weil die ausgedehnten Stromgebiete jenen Länderstrecken eine große Zukunft sichern, welche unfehlbar für die Auswanderung und Handel Aussichten eröffnen, wie nirgend wo anders. Die Colonisation endlich, wie sie bisher in Brasilien war, ist nichts anderes, als ein Geldgeschäft für die brasilianischen Grundbesitzer und die dabei betheiligten Staatsbeamten insgesammt, wobei der Colonist, wie früher der Afrikaner, nur als Waare oder untergeordnetes Geschöpf behandelt wurde. In der Brasilianischen Nation liegt ein Keim, der zum unausbleiblichen Untergange führen muß, der des Hochmuths und des Eigendünkels, der sie von jeher zum Menschenstehlen führte, und dieser ist wieder die Quelle der lügenhaften Versprechungen und des Nichtausführens jener großen Colonisations-Pläne, für welche das Land auf unverständige Weise enorme Summen bewilligte; aber all die Millionen sind in die Hände von Begünstigten und Betrügern übergegangen, für die Sache selbst, für den Zweck blieb eine Bagatelle, und diese wurde auf falsche Grundprincipien verwandt. Ja es ist dort so weit gekommen, daß die Minister zu wiederholten Malen öffentlich das schmachvolle Eingeständniß machten, daß es in Brasilien nicht möglich sei, noch feste Grundsätze in Bezug auf Colonisation, Landverkauf und Einwanderung anzunehmen! Aus allen diesen Gründen darf die deutsche Einwanderung Brasiliens zeitherigen Prätensionen nicht länger bedingungslos preisgegeben bleiben.

Die folgende Zusammenstellung von Thatsachen und Notizen, die alle in Beziehung zur Einwanderung in Brasilien stehen, bezweckt, zu dieser Entscheidung mitzuwirken.

Deutschland wird aus dieser Zusammenstellung entnehmen, welche Bedingungen es Brasilien für seine Landsleute zu stellen hat, wenn diese überhaupt noch nach einem mit der Sklaverei behafteten und in so mißlichen Verhältnissen befindlichem Lande auswandern wollen. Und indem Brasiliens Selbsterkenntniß auf diese Weise befördert wird, muß es um so eher zur Ueberzeugung gelangen, daß es höchste Zeit ist, eine andere Politik einzuschlagen. Es wird vor Allem darüber klar werden müssen: daß nur diejenigen unter seinen Landestheilen für nordeuropäische Einwanderung climatisch angemessen sind, welche die Existenz des arbeitenden Ansiedlers und die Erhaltung der Stammesreinheit seiner Abkömmlinge sichern (— und hierzu eignen sich höchstens einige Theile der drei südlichen Provinzen Brasiliens, obgleich sie wenig durch Seehäfen begünstigt sind), — und daß nur die jedem Einwanderer gebotene vollkommene Unabhängigkeit und Gleichberechtigung mit dem eingebornen Brasilianer zur Wiederbelebung der Auswanderung nach Brasilien führen kann. Auch ist hierbei nicht zu vergessen, daß die für Deutsche bestimmten Landstrecken von allem Makel der Sklaverei befreit sein müssen, und daß eine zur Correction des Landmonopols hinreichende Landtaxe für ganz Brasilien und zugleich eine nur auf diese Weise ermöglichte umfangreiche Erniedrigung der Zölle vorausgegangen sein muß.

Diese Reformen erscheinen um so nöthiger, als Brasilien sich in der That durch seine ausschließliche Cultur von Kolonial-Producten, besonders Kaffee, Zucker und etwas Baumwolle, wenn auch nicht politisch, doch geographisch und materiell zu einer vom Auslande abhängigen Provinz, so zu sagen wieder zu einem Colonial-Lande gemacht hat, in welcher Eigenschaft es für den ackerbautreibenden Ansiedler gar keine Anziehungskraft besitzt. Seine Produktion von Manufacturen ist gleich Null, ja es verausgabt für die Einführung von Lebensmitteln (hauptsächlich Mehl, Fisch und Fleisch) allein den Betrag des vierten Theils seiner ganzen Ausfuhr, oder circa 14 Millionen Thaler; den Ueberrest und noch weit mehr giebt es für Manufactur- und Luxusartikel, für die auf seine auswärtigen Staatsschulden fälligen Interessen, für sein zum größten Theil nutzloses diplomatisches Corps und für das luxuriöse Leben seiner reicheren Bürger in den Hauptstädten Europas aus.[2]) Sein Handelsstand, also das Land selbst, schuldet vermöge des abnorm langen Credits, auf den die importirten Güter allein verkäuflich sind, fast den ganzen Betrag der Einfuhr von $1\frac{1}{2}$ Jahren bis zum Belauf von nahe an 15,000,000 L., und der Staat schuldet im Inlande (incl. einer unsichern Valuta) und im Auslande an 18,000,000 L., das Land also nahe an 33,000,000 L. oder gegen 200,000,000 Thaler. Es erhebt einen Einfuhrzoll

---

[1]) Erst im Monat Juli d. J. hat sich ein Richter in Brasilien gefunden, der sich den auf Grund der Parceria-Contracte ausgeübten Ungerechtigkeiten widersetzte und erklärte, „daß sie mehr auf Barbaren, die man für Geld kaufe, als für freie Menschen, die wenn auch nicht volle Bildung, doch den Segen des Christenthums genössen, anwendbar seien."

[2]) Auch wird das von rückwandernden Portugiesen, deren sehr wenige von denen, die sich etwas ersparen konnten, im Lande bleiben, entzogene Capital seit dem letzten Jahrzehend auf jährlich 4000 Contos = $2\frac{1}{2}$ Million Thaler officiell veranschlagt, und diese Rückwanderung ist bei den sich sehr verbessernden Zuständen Portugals in eben so starkem Zunehmen als die Auswanderung der Portugiesen nach Brasilien im Abnehmen begriffen, indem bereits die Arbeit in Portugal besser belohnt wird, als früher; auch mehrere Englisch-Westindische Colonien die Portugiesen gerne sehen und die Port. Besitzungen in Afrika bereits die Auswanderer aus Portugal verdienter Weise an sich ziehen; denn bisher hatten die Sklavenhändler die Landstriche, deren Inneres oder Hochland sehr günstig für Niederlassungen ist, gerade so verschrieen als die Hudson-Bay-Compagnie die herrlichen Gefilde des ihr noch unterworfenen Redriver Territoriums, damit sie fortfahren könnten Füchse und Ottern und Bären-Pelze von dort her zu beziehen, wie der Sklavenhändler in Afrika auch nur Sklavenjagd und keinen Ackerbau betrieben sehen wollte.

von durchschnittlich 40 pCt. bei einer Bevölkerung von höchstens 3½ Millionen Freier, von denen der bei weitem größte Theil nicht arbeitet, also nichts producirt, und dessen beschränkte Bedürfnisse einen fast eben so geringen Beitrag zu den Einfuhrzöllen liefern, als die der Sklaven, deren Gesammtzahl 4 Millionen beträgt.

Diese ganze Bevölkerung ist über eine Oberfläche zerstreut, die mehr als 60 mal zu groß ist für die Ausbildung socialer Einrichtungen, für die Geltendmachung geistiger und materieller Kräfte ihrer Bewohner und für eine kräftige Handhabung der Justiz und der Polizei. Dabei ist das System der Zwangsarbeit, das Hand in Hand geht mit dem vorherrschenden Landmonopol und alle freie Arbeit unterdrückt und verscheucht, bereits auf eine solche Spitze getrieben, daß sich das bisher hervorgebrachte Productions-Quantum nicht länger aufrecht erhalten läßt.

Die volkswirthschaftlichen Zustände Brasiliens sind also der Art, daß ihnen eine Fortdauer keineswegs zu wünschen sein kann, selbst wenn sie sich behaupten ließen, — was um so weniger möglich ist, als das massenhafte Wegsterben der vorherrschend männlichen Sklavenbevölkerung, die durch Contrabande eingeführt wurde, die bereits beschränkte Production noch vermindert, während das ganze Ackerbau-System so unbeholfen und roh als je zuvor geblieben ist; denn Brasilien verwendet heute noch kein anderes Ackergeräth als die Hacke. Es kennt, in den Ländertheilen, wo keine Deutschen sind, kaum dem Bilde nach Pflug oder Egge, noch weniger irgend eins der hundert Ackergeräthe oder landwirthschaftlichen Maschinen, welche in Nord-Amerika in allgemeinem Gebrauch sind. Es verfertigt deren gar keine im Lande, und der ganze Betrag für eingeführte Ackerbau- und andere Maschinen zu industriellen Zwecken, abzüglich einiger für die Eisenbahnen verwendeten, beläuft sich seit 25 Jahren noch nicht auf 20,000 £. im Jahre oder kaum auf den zehnten Theil von dem Bedarf irgend einer englischen Colonie mit vierzigmal kleinerer Bevölkerung, also kaum auf den vierhundertsten Theil des Verbrauchs jener im Verhältniß zur Bevölkerung!

Sollten die Preise der beiden Haupt-Export-Artikel Brasiliens, wie in nächster Aussicht steht, fallen und dadurch seine Papier-Valuta, deren Werth nur durch die Producten-Ausfuhr eine Basis gewinnt, einer ferneren Entwerthung entgegen gehen, so müssen Geldverkehr und Finanzen des Reichs auf das nachtheiligste berührt und tief erschüttert werden.

Und dennoch wird dieses, trotz des für Brasilien am nordamerikanischen Himmel in Flammen-Lettern geschriebenen Mene Tekel der Sklaverei wohl das einzige Mittel sein, die Gesetzgeber Brasiliens aus ihrem selbstsüchtigen Traum zu wecken, um den dreißig Jahre lang verschobenen Anfang zu den angedeuteten Reformen, wohl leider zu spät, zu machen! Denn sie werden dann nicht wie bisher in Heirath geben und nehmen können, darauf hin, daß der Staatsschatz die Aussteuer und den Bedarf ihres trägen aber kostspieligen Hauswesens bestreite.

Es dürfte vielleicht für den einen oder anderen Leser den Anschein haben, als hätte die mit den hier gemachten thatsächlichen Mittheilungen über die Zustände Brasiliens verbundene Nennung einiger Namen von brasilianischen Staatsmännern, und anderen hochgestellten Persönlichkeiten schicklicher unterbleiben sollen. Dem ist jedoch — leider müssen wir es sagen — keineswegs so. Man vergegenwärtige sich nur recht lebhaft, bis zu welchem Höhepunkt in Brasilien die allgemeine gesellschaftliche und politische Verdorbenheit gestiegen, namentlich seit den letzten Jahrzehnten, als dem Zeitpunkte, wo durch den so lange zuvor von oben herab begünstigten Sclavenschmuggel und bei dem steten Steigen der Colonialien- und der Neger-Preise die Pflanzer-Aristocratie mit allen ihren traurigen Consequenzen sich zur vollsten Blüthe entwickelt hat. Alles Rechts- und Schamgefühl wurde erstickt, der Quell der Justiz vergiftet durch dies frühere unselige Schmuggelsystem; jeder Nerv der eignen Kraft des Volkes ist erschlafft. Um sich selbst die Augen gegen diese offen liegenden Schäden zu verbinden, hat man bei allen Besprechungen der öffentlichen Angelegenheiten zu einem heuchlerischen Optimismus und zu einer grundsätzlichen Unterdrückung aller Wahrheit seine Zuflucht genommen, und so ist man denn bereits so weit, daß selbst die schreiendsten Fälle von rücksichtslos verübter Willkür[1]) und Habgier und schamlosen Menschenmißbrauchs keine, auch nicht die flüchtigste Beachtung mehr finden. Aber haben uns nicht die jüngst in Oestreich, England, Frankreich vorgekommenen Fälle den Beweis gegeben, wie das Weltkundigwerden der Namen eines Eynatten, Mirès, u. s. w. als eine heilsame Gewissenserschütterung für Verwaltungen und öffentliche Institute wirken kann? Vielleicht könnte dieses Mittel auch an Brasilien, — und es ist des Stoffes zu noch ausgedehnterer Anwendung desselben in Fülle vorhanden, — sich noch bewähren, wenn seine Anwendung vom Auslande ausgeht; durch die einheimische Presse beigebracht, würde es schwerlich einen Eindruck machen.

Es giebt jetzt nur bei sehr wenigen Brasilianern mehr einen wahrhaften Patriotismus; es ist davon auch kaum ein einziges Wahrzeichen durch irgend eine Handlung, sei es von politischem Muthe oder von irgend einer Opferbereitwilligkeit zum Besten des Vaterlandes, ja auch nur zum Besten der Sicherheit der Zukunft der eigenen Kinder aufzufinden, es ist alles eine bloße organisirte Hypocrisie, ein System des Mißbrauchs des geknechteten Menschen und der Ausbeutung des monopolirten Bodens. Alles wird mißbraucht von den Reichen; die Schulen, welche für den Mittelstand bestimmt sind, werden luxuriös eingerichtet, und nur der Sohn des Reichen wird darin aufgenommen. Die Reichen schicken ihre kranken Sklaven, Diener und Kolonisten, und selbst Compagnien, welche vom Staate große Subventionen erhalten und große Dividende unter ihre Aktionaire vertheilen, ihre Arbeiter zur unentgeltlichen Behandlung in die Spitäler. Eben so ergeht es mit dem vom Staate erbauten äußerlich prachtvoll erbauten Irrenhaus, dorthin schicken die Reichen ihre unbequemen Geisteskranken, um wohlfeil gefüttert und behandelt zu werden, ohne alle psychiatrische Behandlung. Die reiche Herrin zwingt ihre Sklavin, ihren eigenen Säugling in das Findelhaus abzugeben, — wo jährlich von 600 einziehenden 540 mit Tode abgehen und wo eine Amme oft 3 Kindern zugleich, und das für eine ganze Reihe von Jahren, ohne selbst wieder Mutter geworden zu sein, ihre Milch verabreichen muß, denn sie ist Sklavin des Spitals — um diese Negerin für 40 Mil. Reis pro Monat als Milchamme auszumiethen. Die Zahl der dem Lande jährlich durch Vernachlässigung der Impfung, hauptsächlich durch die Regierung selbst, bei unglaublich schlechter Vertheilung des Impfstoffs, verlornen Kinder übersteigt um Vieles die Zahl aller dem Lande durch Einwanderung zukommenden. Der Notar reißt nach Belieben unbequeme Blätter aus seinem Notariatsbuche, der Geistliche aus dem Kirchenregister, und der in den Distrikten mit der Registrirung der Ländereien betraute Beamte, sehr oft ein Geistlicher, aus dem Landregister, oder läßt die ganzen Bücher und Papierschaften, z. B. Prozeß-Akten, Testamente, unter Angabe irgend einer ungenügenden Ursache, bei sich verschwinden, ohne fast irgend eine Strafe, ja fast ohne einen Verweis zu erhalten. Der Postbeamte moquirt sich fast über das Ansinnen des Publikums, seine Briefe innerhalb einer gewissen Zeit, oder nur überhaupt zu erhalten, und die Uebergabe eines Geldbriefs an die Post gegen Schein wird einem Einsatz in die Lotterie gleich, (so sagt selbst das Regierungsblatt Jornal do Com.) und an Ersatz eines so unterschlagenen Briefes ist gar nicht zu denken.

Der Gefängnißwärter oder die Schildwache läßt einen ganzen Kerker sich entleeren (ein Ereigniß, das wohl 30 mal im Jahre im Reiche vorkommt); der rekrutirende Offizier benutzt seine Sendung zu maßlosen Erpressungen. Jedes männliche Kind eines Offiziers erhält von dem Tage seiner Geburt an, einen keineswegs geringen, stets zunehmenden Sold (eine wahrhaft enorme Last für den Staat, da der vierte Mann im Heere ein Offizier ist), während der gemeine Soldat im Innern meist monatelang seinen kärglichen Sold entbehrt.

Es ist die Verwaltung der Justiz in Brasilien geradezu ein bloßes Gewirre von Ungerechtigkeiten, das jedoch in den unteren Stadien wahrhaft chaotisch ist, trotzdem daß nach einer erst vor zwei Monaten in den Kammern über das Justizwesen stattgehabten Discussion die Anzahl der zu Urtheilsfällungen in Brasilien befugten Personen sich auf 29,500 beläuft! Wenn sich auch die Dinge im Zollwesen um etwas gebessert haben, so sind doch (der Times zufolge, die aus gewichtigen Gründen sonst nie ein Wort sagt, das die Dauerhaftigkeit des brasilianischen Staatskredits oder der brasilianischen Eisenbahn-Kompagnien gefährdet, deren Ehren-Mitdirektor der brasilianische Gesandte in London ist, und dafür im Ganzen ein paar Tausend Pfund Sterling im Jahre bezieht, um diese vor allerhand Risico und Brandschatzungen zu schützen,) die Zollhäuser Brasiliens, die vormals der Hauptsitz des officiellen Betrugs gegen den Staat und den ehrlichen Kaufmann zugleich waren, jetzt durch die Stellenwuth zu wahrhaften Verhinderungs- (Obstructiv) Anstalten für den Handel geworden. Sie giebt ein Beispiel von einem kleinen Schiffe, das 10 Tage zum Ausladen gebrauchte, das wo anders in einem Tage geschehen wäre, weil das Gewicht jeder einzelnen Eisenstange im Manifeste aufgeführt werden mußte und so das Manifest, womit sich ein ganzer Generalstab von Officianten 10 Tage beschäftigte, 50 Fuß lang wurde. Auch soll dieses neue Reglement von dem Kaiserlich brasilianischen General-Consulat in Hamburg, das kürzlich erst die langjährige Brandschatzung durch vierfach zu hoch berechnete Manifeste, aufzugeben hatte, dazu benutzt werden, sich wieder völlig zu entschädigen, indem es darauf besteht, daß z. B. 50 Kisten oder Faß, gleichen Inhalts, jedes einzeln in separater Zeile aufgeführt werden.

Für Brasilien ist keine Zeit mit Höflichkeiten zu verlieren, wenn man vielleicht Wahrheit für Grobheit ansehen wollte, und wer jetzt noch etwas zur Besserung der Zustände und zur Milderung der Uebel, die es zu erdrücken drohen, in Zeiten beizutragen sich berufen fühlt, muß ohne Scheu auf dies Ziel losgehen, um zu erreichen, daß dem großen Bedürfniß der Stunde womöglich noch in Zeiten entsprochen werde.

Den größten Theil der Schuld an der gegenwärtigen Noth Brasiliens tragen ohne Widerrede, wie aus beiliegenden Documen-

---

[1]) Hierüber geben einige im Anhange angeführten Beispiele, so wie auch die seit 12 Jahren gepflegte Verurtheilung der Parceria-Kolonisten durch das ruchlose Dienstboten-Gesetz von 1837 Aufschluß.

ten zu ersehen ist, jene Individuen, welche im Auslande, und zumal in Deutschland zwar placirt sind, aber anstatt, wie es ihres Amtes Beruf und Pflicht wäre, den Staat und dessen wahres Interesse zu vertreten, nur den Sondergelüsten der dortigen Landpotentaten (deren allmächtigem Einflusse sie auch nur ihre Stellen verdanken) dienen, und die Zwischenhändler für deren Bedarf an gehörig gefügigen Arbeitern abgeben. Ja Manchen derselben, die sich aus untergeordneten Regionen zu ihrem gegenwärtigen hohen Rang emporgeschwungen, ist dies geradezu nur dadurch möglich geworden, daß sie jenen Landbesitzern versprachen, mittelst diplomatischer Stellungen ihnen am leichtesten und unter allen nur erwünschten Bedingungen sogenannte „Colonisten" in großer Anzahl zu verschaffen. Natürlich konnte es daher auch keineswegs in ihrem Interesse liegen, die früher schon einmal zur Geltung gebrachten besseren Ansichten und Grundsätze über die dem allgemeinen Wohle allein förderliche Modalität des Einwanderungs- und Colonisationswesens aufrecht zu erhalten und zweckdienlich zu handhaben; im Gegentheil mußten sie, ihren selbstsüchtigen Zwecken gemäß, darauf hinarbeiten, diesen ersten Keim des Guten wieder zu vernichten. Bei solchem Verhalten war es für sie ganz vergeblich, daß ihnen die beste Gelegenheit, über die einschlagenden wahren Sachverhältnisse in Deutschland wie auch in Brasilien, die ihnen und ihren betrügerischen Helfershelfern gänzlich unbekannt waren, — auf's Vollständigste sich zu unterrichten, geboten war, u. a. namentlich durch die treffliche Schrift des Vicomte d'Abrantes, (Berlin 1845,) der im Anhange Erwähnung gemacht ist.

Sie besonders tragen daher die Schuld, daß das Morgenroth der Erneuerung Brasiliens, das sich gleichzeitig mit der Unterdrückung des Sclavenhandels und dem Gesetz über die Staatsländereien zeigte, wieder in dunkle Nacht verwandelte; denn in Folge der durch sie bei den Landmonopolisten erweckten Hoffnungen wurde das zum Theil entworfene Gesetz wiederum verfälscht und untauglich gemacht. Und doch ist gerade eine rationelle gedeihliche Einwanderung der hauptsächlichste Nerv für eine Regeneration des brasilianischen Staatslebens! Völlig erkannt wird dies im einem Nachbarlande. Wann aber hätte je sich ein brasilianischer Staatsmann oder gar Diplomat ausgesprochen wie der gegenwärtige Minister der argentinischen Conföderation in London und Paris, Dr. Juan Baptiada Alberdi in seinem Werke „Grundlagen und Ausgangspunkte für die politische Organisation der argentinischen Republik (Bases y Puntos 4ca)." Wie jeder ehrliche und vernünftige Staatsmann Süd-Amerika's sieht der Verfasser das alleinige Heil seines Vaterlandes in der Einwanderung. „Statt sich über hohle Verfassungs-Bestimmungen zu streiten, die, den Ideen des kultivirten Europa entlehnt, auf die dortigen Zustände nicht anwendbar und einem durch hundertjährige Mißverwaltung korrumpirten Volk unverständlich sind, müsse man vor Allem danach streben, eine neue Bevölkerung in das Land zu ziehen — eine Einwanderung zu befördern, die, unter dem spanischen Regime verboten, durch den Rosas'schen Despotismus abgeschreckt, nur der Aussicht auf geordnetere Zustände bedarf, um den gesegneten Regionen des Laplata zuzuströmen. „In Amerika" sagt er, „heißt regieren — bevölkern. Welchen Namen kann man einem Lande geben, welchen Namen verdient ein Land, das ein Gebiet von 200,000 Legoas und eine Bevölkerung von 800,000 Einwohnern hat? Den einer Wüste. Welchen Namen kann man der Verfassung eines solchen Landes geben? Die Verfassung einer Wüste. Nun wohl, dieses Land ist die argentinische Republik, und was auch ihre Verfassung sein mag, sie wird noch viele Jahre die Verfassung einer Wüste sein. Die Verfassungen menschenleerer Länder aber können keinen anderen ernsten und vernünftigen Zweck haben, als den, dem einsamen und verödeten Territorium die Bevölkerung zu geben, welche die Grundbedingung seines Gedeihens und seines Fortschrittes bildet. Alle anderen Rücksichten, alle Vorurtheile der Nationalität und der Race müßten demnach dieser einzigen Rücksicht geopfert werden, und man heiße auf süd-amerikanischem Boden den angelsächsischen Volksstamm willkommen — jenes mit dem Dampf, dem Handel und der Freiheit identifizirte Geschlecht, ohne dessen Mitwirkung es unmöglich ist, daß diese Früchte des Fortschritts und der Civilisation unter uns Wurzel schlagen."

Das sind staatsmännisch ehrlich und aufrichtig gesprochene Worte, und nicht minder aufrichtig, entschlossen und weise sind auch seine Aussprüche über Religionsfreiheit und über Handelsfreiheit, und seine Bestrebungen waren es vorzüglich, welche die Freiheit der Schifffahrt in dem unermeßlichen Stromgebiete der Zuflüsse des Laplata für alle Nationen sicherte, die Brasilien mit allen Künsten zu hintertreiben gesucht hatte. Hauptsächlich aber erlogen, ja in jeder Rücksicht auf diebische Zwecke berechnet war stets jedes Wort das von brasilianischen Staatsmännern und Diplomaten [1]) über Colonisation gesprochen und geschrieben worden ist, denn es war gesprochen und geschrieben nur nach dem Sinn und Willen der privilegirten Land- und Menschen-Räuber.

Die Haltungslosigkeit der ganzen nationalen Existenz, in welche Brasilien durch seine beiden Grundgebrechen, die Sklaverei und das Landmonopol nach und nach gerathen ist, spiegelt sich nun auch in dem Auftreten und Charakter seiner leitenden Staatsmänner wieder. Geradheit und Ehrlichkeit, jene beste Politik, muß denselben, unter solcher Zerstümmlung zur Unmöglichkeit werden, und so sucht man denn vergebens unter ihnen nach Männern, die Entschlossenheit und Willenskraft genug besitzen, um nach Umständen dem Besten des Landes ihre Stellen zum Opfer zu bringen. Die Antworten, welche von den Ministern in den Kammern auf die Interpellationen, die auch wieder nicht in ernsten Reformbestrebungen und reger Theilnahme am öffentlichen Wohle, als vielmehr in Stellen und Bereicherungssucht ihren Ursprung haben, gegeben werden, beschränken sich, wie auch alle ihre Berichte an die Kammern, meist auf schwülstige, aber gehaltlose Phrasen, berechnet lediglich auf Schmeichelei des Nationaldünkels, verbrämt höchstens mit den vagen Ideen eines bodenlosen Optimismus, die den thatsächlichen Verhältnissen gegenüber nur wie ein Hohn erscheinen. So ist denn auch in Brasilien nie eine Lebens- oder Prinzipfrage an der Tagesordnung, in deren Für und Wider sich die öffentliche Meinung mit Eifer und Hingebung betheiligte — der deutlichsten Beweis des staatsbürgerlichen Verkommenseins der Nation!

Noch ist nicht einmal in den Kammern eine ernstlich mahnende Stimme gegen die Sklaverei vernommen worden. Eben so wenig gegen jenen schändlichen Landraub, der einem Staate, der sich über 140,000 geographische Quadratmeilen erstreckt, kaum hundert Meilen an Ländereien zur Verfügung ließ, die für europäische Einwanderung geeignet wären.

Nicht besser verhält es sich mit der confessionellen Freiheit. Noch nie hat diese in den Kammern einen kräftigen Fürsprecher gefunden und nie wird ein Minister, wenn auch bisweilen in Worten liberal in dieser Beziehung zur praktischen Durchführung irgend einer Maßregel, wenn dieselbe der ausschließlichen Kirchenpartei zuwider wäre, seine Hülfe leihen.

Die Frage über das Verhältniß zwischen Kirche und Staat hat erst einzutreten, wenn Brasilien eine wahrhaft ersprießliche Einwanderung an sich gezogen haben würde. Sie allein würde schon schwere Kämpfe verursachen, wird aber höchst wahrscheinlich von dem Kampfe um Landbesitz, wenn dieser nicht durch eine Grundsteuer vermieden wird, und selbst durch die Sklaverei-Frage übereilt werden.

Es gehört Muth dazu, um gegen Gewalt oder alte eingewurzelte Vorurtheile anzudringen, aber noch mehr Muth bei maßlosem Nationaldünkel sich bloßzulegen und sich seine eigene Schwäche einzugestehen, und diesen Muth hat der so ehrenwerthe argentinische Staatsmann gehabt. Von einer ähnlichen offenen Gesinnung, von einer ähnlichen Voraussicht in die Zukunft des eignen Landes hat sich bisher noch nicht das schwächste Zeichen an einem brasilianischen Staatsmanne gezeigt. Die Ursache ist wohl, daß zu einem solchen Muthe, zu solch unbefangenem Blicke in die Zukunft vor allem Ehrlichkeit der Absichten gehört, wie sie da, wo eine so massenhafte und in ihrem Ursprunge, dem Schleichhandel, so entartete Sklaverei besteht, gerade unter den Männern, die sich zu den obersten Staatsstellen herandrängen, nicht zu finden ist. Es fragt sich nur, können jetzt überhaupt noch in Brasilien tüchtige und ehrliche Männer in hinreichender Zahl gefunden werden, die das Land bei kommenden schweren Zeiten mit Wahrheit leiten können?

Da drängt sich denn nun in höchst bedenklicher Weise die Frage auf, wie werden die brasilianischen Staatsmänner gegen die Rückwirkungen sich verhalten, die unfehlbar die gegenwärtige nord-amerikanische Krisis auf Brasilien ausüben muß, zu welchen Hülfsmitteln werden sie jetzt schon greifen, um die drohenden Gefahren abzuwenden? Wird es Brasilien in der Stunde nicht an Männern fehlen, die Entschlossenheit und Kraft genug besitzen, um das eine oder das andere Gewitter, das im Heranziehen ist, zu beschwören? Wird ihnen insbesondere die moralische Kraft, die nur ein Bewußtsein der gerechten Sache und eines lauteren Willens verleiht, innewohnen? Schwerlich ist das von Männern zu erwarten, welche, wie so viele derselben, noch im letzten Jahrzehnte, ja gerade in den letzten Jahren mehr als je außerhalb des Amtes eine Sache verfochten, die sie im Amte nicht nur fallen ließen, sondern selbst bekämpften.

Ueber die Art und Weise diese der Auswanderung nach Brasilien günstige Stimmung der deutschen Presse hervorzubringen und die dazu durch Vermittelung der Gesandschaften in Deutschland verwandten großen Summen, sprach sich der Colonisations-Minister erst am 23. July, man darf wohl sagen, schamlos naiv vor der Deputirten-Kammer aus. Früher schon hatte ein Minister auf officielle Berichte aus Deutschland hin dieser die Versicherung gemacht, daß bereits 16 deutsche Blätter gesichert seien; da nun seit geraumer Zeit kaum 4 oder 5 von den ebenso viel hundert deutschen Blättern sich mehr zur Belobigung Bras. Zustände oder der Auswanderung dahin, hergeliehen haben, so liegt der Gedanke nahe, daß der bei weitem größere Theil der ungeheuren Summen, welche nach den in den Kammern gefallenen Aeußerungen von der deutschen Presse aus dem Colonisationsfonds

---

[1]) Mit Ausnahme der Vicomtes d'Abrantes, Jequetinonha und de Uruguay, des Dr. Bernardo de Souza Franco und des Senators Sinimbu, obgleich die beiden letzteren ihren früheren Prinzipien doch nicht recht treu geblieben sind, wofür sie aber nun vielleicht tiefe Reue empfinden; ferner noch der Drn. Ernesto Ferreira França und Lacerda Werneck, Pascoal (Athadus Calpe,) Jero. Martiniano Fra. de Mello Otavianco de Almeida Rosa, Maximiano Marques do Carvalho und des vielversprechenden, weil männlich aufrichtigen, und zugleich scharf in die Zukunft blickenden Deputirten Tavares Bastos und hoffentlich noch vieler mehr, deren Namen jedoch bei ihrer in letzter Zeit etwas zweideutigen Stellung vorerst keine Erwähnung hier verdient.

jährlich verschlungen worden sind, und welche nach des Ministers ausdrücklicher Erklärung ihr auch ferner noch verabreicht werden sollen, weniger für active als für passive Unterstützung gegeben wurde. Nur wäre letztere, d. h. die bloße Ausschließung abschreckender Thatsachen aus den Spalten auch schon ein wesentlicher Vorschub für den beabsichtigten Betrug von Auswanderern; jedoch, wenn man weiß, was brasilianische Gewissenhaftigkeit in der Verwendung öffentlicher Gelder zu bedeuten hat, besonders dann, wenn die damit Betrauten gerade keine höheren Zwecke mehr in dem Betriebe der Auswanderung vor Augen sehen, als das bloße directe Geldmachen, wird wohl mit ziemlicher Gewißheit angenommen werden dürfen, daß diese Summen eine solche Verwendung nicht erhalten, vielmehr gleich in erster Hand als berechtigte Entschädigung für den auf die öffentliche Meinung Deutschlands zu Gunsten Brasiliens ausgeübten moralischen Einfluß, als Haupthebel der Auswanderung nach Brasilien, verbleiben und wohl schon eine lange Reihe von Jahren her zum größten Theile verblieben sind.

Was könnte bei so bewandten Umständen für Brasilien zu hoffen sein,[1]) wenn kirchliche Heuchler in den Kammern es wagen dürfen, ohne Widerspruch zu erfahren, zu behaupten, „die eingewanderten Deutschen (freilich meist auf Kopfgeld und für schweren Betrug an Ueberfahrtskosten herbeigelogene arme und kurzsichtige Menschen, die sich nicht sogleich in ihre traurige Lage dort finden konnten) seien eine Bande Deportirter," wenn ein Minister selbst meinen kann, „alle wären sie doch nicht gerade lasterhaft" (viciosos); wenn ein hervorragender Senator selbst sagen kann, „das alte erschöpfte Europa wäre in der Auflösung begriffen und es würden nur zu viele Deutsche herüber kommen, um aus dem Serfenthum in die Freiheit zu treten, Deutschland mit seinen veralteten Institutionen sei nicht mehr bewohnbar. Wer wegziehen könne, thue es mit dem Rufe: „Heu fuge crudeles terras, fuge littus amarum!" Warum da Colonisation betreiben, die Menschen kämen ja von selbst. Man solle nur den Pflanzern 10 Millionen vorschießen, sie würden sich schon Arbeiter zu verschaffen wissen. Die Deutschen seien die besten dazu, sie seien gehorsam!" Der Minister, der diesen und anderen noch niederträchtigeren Wahnsinn mitanhörte, hatte nichts dagegen einzureden. Er sagte nur, man würde Prämien für's Herbeibringen von gesitteten Feldarbeitern aussetzen (es war 1859), aber es sei Vorsicht nothwendig, nicht zu viele Deutsche sich an einem Punkte ansiedeln zu lassen! Man würde auch die deutsche Presse günstig zu stimmen wissen."

Es steht fest, daß den nordamerikanischen Baumwoll-Pflanzern, selbst wenn sie die Sklaverei aufrecht erhalten könnten, der empfindlichste Schlag durch die unfehlbare Verminderung ihrer Baumwoll-Preise (sobald sie dieses Produkt wieder werden verschiffen können) beigebracht werden wird, und daß diese Preisverminderung eine um so größere und dabei dauernde sein wird, je länger der Krieg in der Union und die Blokade der Südhäfen andauern. Die sehr hohen Preise nämlich, welche bereits im nächsten Frühjahr für nicht amerikanische Baumwolle (letztere ist bereits um 25 Prozent theurer als vor 4 Monaten) eintreten müssen, werden die englischen Spekulanten in den Stand setzen, schon im nächsten Jahre, statt der bisherigen Einfuhr dieser von circa 700,000 Ballen, wohl das Doppelte oder noch eine größere aus allen andern Theilen der Welt zusammenzubringen; und der erhöhte Preis mit vielen neuen Einwirkungen zur Vermehrung und Erleichterung des Baumwoll-Baues dürfte dieses Quantum im Jahre 1863 leicht bereits verdreifacht haben, indem Millionen von Indiern diese Cultur auf ihren kleinen Grundstücken als Nebenerwerb unter Mithülfe ihrer Kinder betreiben werden, unterstützt durch die ihnen jetzt erst gegebene Erleichterung des Transports, durch Eisenbahnen, Canäle und zahlreiche Nebenstraßen, und durch die Cotton-Gin[2]). Es wird dann auch schon allein in Indien bewiesen sein, daß die Sklaverei nicht unentbehrlich ist zur Herbeischaffung hinreichender Baumwolle für die europäischen Fabriken. Afrika und andere Tropenländer, über die sich die chinesischen und indischen Arbeiter zu diesem Zweck verbreiten werden, werden diesen Beweis zur Genüge verstärken und Aegypten wird im Jahre 1862 wohl schon 200,000 Ballen, statt der 90,000 im Jahre 1857, abgeben. Ein ähnlicher Umschlag ist auch innerhalb weniger Jahre im Zucker- und Kaffeebau vorauszusehen, wie er bereits theilweise in Ceylon im letzteren, und im ersteren in vielen der ehemaligen französischen und englischen Sklaven-Colonien durch freie Neger- und Indier-Arbeit eingetreten ist und mit jedem Jahre in einem noch größeren Maßstabe eintreten wird, so daß auch diese Production, bei der man die Verwendung der Sklaven durch ihre angebliche Unentbehrlichkeit entschuldigt, — besonders aber die des Kaffees, welche ebenso wie die Baumwolle für den einzelnen kleinen Grundbesitzer eine völlig geeignete Nebenbeschäftigung bietet — keine Entschuldigung mehr für die Sklaverei, aber auch keine Vortheile mehr für ihre Verwendung darbieten wird. Selbst wenn Brasilien die Sklaverei erhalten könnte, würde es ihm unmöglich werden, mit dieser in der Produktion von Kaffee und Zucker die Concurrenz der freien Arbeiter Indiens und Afrikas, dessen Eingeborne zu Millionen durch die Rückwanderung dahin auch nur eines Theils der Neger aus den Südstaaten der Union zum Anbau von Colonialien bestimmt werden, auszuhalten, ja nicht einmal die Concurrenz der hunderttausenden von Chinesen und Indiern, die von nun an jährlich nach englischen und französischen Colonien als Feldarbeiter kommen werden. Selbst die Runkelrübenzuckerfabrikanten Europas werden diese Concurrenz schwerlich länger als noch 6 oder 8 Jahre aushalten, es sei denn, sie würden durch einen bedeutenden Schutzzoll beim Leben erhalten, wodurch dann für Deutschland völlig ein Drittheil der transatlantischen Rhederei und wohl auch des Exports der Manufacte, den es haben sollte und könnte, geopfert werden, und damit auch alle Aussicht auf eine Flotte verloren sein wird.

So hat die französische Insel Réunion ihre Zuckerproduction von 27,000,000 Kilogr. im Jahre 1848, als dort die Sklaverei noch bestand, bereits auf 78,000,000 Kilogr. gebracht; Ceylon hat bei freier Arbeit seine Kaffeeproduction von kaum 1½ Mill. im Jahre 1839, auf 38,000,000 Pfd. vermehrt; die Englisch-Westindischen Colonien haben ihre Zuckerproduction bei freier Arbeit mehr als verdoppelt, und importiren, consumiren sogar einen vierfach höhern Betrag von Gütern als zur Zeit der Sklaverei, weil die Schwarzen sich, obgleich auf eigene Rechnung, mit gar vielen anderen Productions- und Industriezweigen beschäftigen, die ihnen einen viel bessern Lohn für ihre Arbeit abwerfen, als die 1½ Sh., welche ihnen der Pflanzer bietet. Das Journal des Débats sagte noch vor wenigen Tagen von den Negern in den Colonien: „Ils se prennent d'amour pour la terre." Aber die größte Umwälzung in der Production von Colonialien wird aus der Befreiung des Bodens in Indien, mit welcher die englische Regierung jetzt umgeht, und aus der Parcellirung der ungeheuren Strecken Landes, welche der Compagnie gehörten und die nun der Krone anheimfielen, entspringen, und die Wirkung dieser Maßregel wird noch viel größer sein auf Production und Ausfuhr, als selbst die Anlage von bereits 47 Millionen £. in Eisenbahnen, die sicherlich innerhalb 20 Jahren auf 100 Millionen steigen wird.

Von den vielen unerhört wucherischen Bedingungen, unter denen durch die brasilianische Werbediplomatie deutsche Arbeiter gewissenlos engagirt zu werden pflegen, sei hier beispielsweise nur angeführt, daß diesen die Rückzahlung der See- und Land-Transportkosten aufgebürdet wird, die sie nur in einem Zeitraum von zehn und mehr Jahren abzuarbeiten im Stande sind. Diese Arbeit besteht in Kaffeepflücken und bringt dem Pflanzer jährlich durchschnittlich 300 Thaler pro Kopf ein, dem Colonisten aber kaum 90 Thaler, oft nicht 60 Thaler, die er sich durch die anstrengendste Arbeit verdienen muß, in einem ungemein theuren Lande, in einer von allem Verkehr und dem Umgange mit gebildeten Menschen abgeschlossenen Wüste, mitten zwischen unglücklichen Negern, bei elender Kost, verfolgt von Ungeziefer aller Art, oft behaftet mit den ekelhaftesten und schmerzlichsten Krankheiten, die jenem Klima eigen sind (zu denen sich nach Pfarrer Bucher letztlich auch noch die Elephantiasis gesellt hat!) und bei all diesen Leiden noch des Gottesdienstes und der einfachsten Seelsorge beraubt! Der Colonist schmachtet also unter dem strengsten unaufhörlichen Frohndienste, nur um die Erhaltung eines kümmerlichen und elenden Lebens, in einem Lande, das kaum von 40 Menschen auf die Quadratmeile bewohnt ist, von denen die Hälfte Sklaven und zwei Drittheile des Restes ein bedauerlich ungebildetes Mischlingsvolk ist, trotzdem, daß es bekanntlich feststeht, daß die Feldarbeit nur eines Menschen bei genügendem freien Bodenbesitz von nur etwa 10 Morgen hinreichende Nahrung für 9 Personen produciren kann. Nun aber enthält eine Quadrat-Legoa, welche vor kaum 15 Jahren nicht 3000 Thaler werth war, 9600 Morgen Land. Dieses einfache Exempel erweist klar und deutlich die herzlose Habsucht, mit der man die bethörten Menschen zu knechten versucht, und dennoch erblöden sich selbst brasilianische Staatsmänner nicht, dieses Parceria-Verhältniß mit den Pacht-Verhältnissen der fruchtbaren, seit Jahrtausenden dicht bevölkerten Lombardei zu vergleichen!

---

[1]) Noch überdies unter einer Verwaltung von Männern, die den wahrhaften Ackerbau, die Bebauung des freien Bodens durch freie Männer, noch gar nicht als eine Bedingung des Fortbestehens des Staates in ernste Betrachtung gezogen hat; der die „Lavoura grande", oder die Production durch in Reihen zur Arbeit getriebene Neger, das Ideal der Volkswirthschaft bildet, die noch im letzten Jahre im Jornal do Commercio auf Regierungskosten eine Reihe leitender Artikel aus dem N. York Herald abdrucken ließ, deren Hauptzweck war, die Sklavenzüchterei, diese erniedrigendste aller menschlichen Beschäftigungen, zur Hauptaufgabe der Landeigenthümer zu machen; — endlich unter einer Verwaltung, welcher Diplomaten zur Seite stehen, die noch im vergangenen Jahre in ministeriellen Lobergießungen Brasilianischer Zustände in englischen Blättern (großentheils nur zur Wiederanstischung für die Brasilianer in ihrer Landespresse geschrieben,) „die Identität der Interessen Brasiliens mit denen Nord-Amerika's in der Sklaverei" als einen Vorzug, als eine Stärke Brasiliens hinstellten! Sagte doch selbst das conservative Blatt Diario do Rio unlängst, indem es die Staatsmänner der Gegenwart beschrieb, wörtlich: „Die Verantwortlichkeit unserer Minister ist gegenwärtig eine bloße Chimäre. „Die Presse weidet sich an der leckern Tafel politischer Lucullen und hat kein Ohr mehr für Recht und für die Leiden der Unterdrückten „und der Darbenden. Giebt es noch im Lande Männer, die nicht bestochen sind?" — Das Jornal do Commercio beschäftigt sich in mehreren Leitartikeln mit der übrigens sehr schwierigen Abwehr dieser Anklagen und bedauert, daß das Diario die harte Sprache (lingoa aspera) der Provinzial-Blätter (die in der That oft maaßlos ist) nach der Hauptstadt zu verpflanzen suche.

[2]) Von dieser Entkernungsmaschine, die höchst einfach ist, aber durch ihre unglaubliche Erleichterung des Baumwollbaues diesen in den Vereinsstaaten zu der gegenwärtigen Ausdehnung getrieben hat, werden in diesen letzteren an 23,000 verwendet, in Texas allein 1200; in Brasilien nicht 10! obgleich von der Londoner Weltausstellung 1852 ihm 3 Mustermaschinen zum Gebrauch im Großen zugesandt worden waren! Dort ging deshalb auch die Baumwollausfuhr in 10 Jahren von 90,000 auf 17,000 Ballen zurück!

Die Baumwollsatrapen der nord-amerikanischen Südstaaten sind doch wenigstens darin consequent, daß sie sich einen auf das isothermische Gesetz gegründeten Anspruch, den Schwarzen als Nutzvieh zu behandeln, erlügen, und dann rücksichtslos darnach verfahren — und selbst noch die Feldarbeit der Weißen aus ihren Latifundien (die nicht einmal innerhalb der Tropen liegen) vertreiben, — während die brasilianischen Negerbarone und Landpotentaten zwar dem Neger aus klimatischen Gründen auch für sich als „unentbehrlich“ erklären, zugleich aber noch die Arbeit nicht bloß ihrer eigenen stammverwandten Racen der Iberischen Halbinsel, sondern sogar noch die der Eingebornen der nördlichen Länder, und das für einen wahrhaft niederträchtig niedrigen Lohn, beanspruchen und durch Lügen zu erschleichen suchen. Die Zwangsarbeit des Schwarzen und ihre eigene wie ihrer Landsleute wüste Trägheit rechtfertigen sie durch das Clima, in dem sie geboren sind, und ihr unverschämtes Verlangen nach der elendiglich vergoltenen Arbeit des Nordländers beschönigen sie gleichzeitig durch eine eigends hierzu durch Lohnschreiber aufgestellte Theorie der Anschmiegungsfähigkeit der nordischen Constitution an das tropische Clima! Brasilien kann auf eine Zeit vielleicht noch geholfen werden durch eine hinreichende Landsteuer, um das Landmonopol zu brechen; nur diese wird eine zahlreiche Umsturzpartei beschwichtigen, die Thatkraft der freien Bevölkerung heben, und eine freie Produktion hervorrufen, welche bald die jetzt mit Sklavenhänden erzielte um das Doppelte übersteigen könnte. Dann erst werden in dem Lande, wenn es in Ruhe erhalten werden kann, die Eisenbahnen von Nutzen sein; dann erst würden viele Seitenstraßen nach diesen entstehen, was übrigens wieder nur bei sehr vermehrter Bevölkerung möglich wäre. Die heutzutage völlig vernachlässigte Berieselung des Landes würde sich dann entwickeln können; auch die öffentliche Erziehung könnte dann gebessert werden. Die Hauptbedingung zur Verwerthung aller dieser Vortheile bleibt jedoch: vollständige Freiheit des Cultus, denn ohne diese bleibt auch die Einwanderung aus Deutschland unmöglich, selbst die der Katholiken, welche nun schon von zwei ehrlichen Priestern, Dr. Wiedemann aus München und Pater Robert Bucher aus Insbruck, aus eigener Erfahrung gewarnt sind. Schon aus den Schriften dieser ist die Unmöglichkeit ersichtlich, in dem schwach bevölkerten Innern die Segnungen der Moralität zu verbreiten, welche nicht sowohl durch bloße Ge- und Verbote, als vielmehr dadurch herbeigeführt werden, daß man sich in näherem geselligen Verbande jenen heilsamen Zwang auferlegt, dem die Brasilianer (dieses abgelebte Volk, wie Pfarrer Bucher sie bezeichnet) und besonders die Geistlichen sich meistens gern entziehen. Der Kapitalist, der seine Gelder in brasilianischen Fonds, oder in irgend welcher Art in Brasilien selbst anzulegen gedenkt, vor Allem aber der Auswanderer, der sein Alles, seine Familie, jenem Lande anzuvertrauen Willens ist, wird wohl thun, sich die Lage klar zu machen, in welcher ohnfehlbar Brasilien sich in wenigen Jahren befinden muß. Denn ganz abgesehen von der drohenden Gefahr des mehr und mehr überhand nehmenden Proletariats, zumal unter den Mischracen daselbst, muß binnen wenigen Jahren die Sklavenablösungsfrage, nachdem diese in den Vereinigten Staaten angebahnt ist, auch in Brasilien gelöst werden.

Werden schon die Vereinigten Staaten mit einer freien weißen Bevölkerung von 28 Millionen und mit ihrem bisher noch unerschöpften Staats-Credit, nur mit großer Anstrengung und schweren Opfern, die unumgänglich nothwendig gewordene Ablösung der Sklaven, und deren wahrscheinlich nothwendig werdende Uebersiedelung nach einem andern Lande bewerkstelligen können, so würde für Brasilien bei seiner 10mal kleineren weißen Bevölkerung die Inswerksetzung dieser großartigen Maßregel geradezu eine Unmöglichkeit sein; ja selbst nur eine theilweise Entschädigung der Sklavenbesitzer würde den Pflichtigen eine unerschwingliche Last aufbürden, zumal was die arbeitende Klasse betrifft, die so wenig zahlreich dort vertreten ist. Auf noch ungerechtere Weise aber würde der Einwanderer durch dies Auskunftsmittel sich beschwert fühlen, insofern er weder eine Mitschuld an dem Ursprung des Uebels trägt, noch an den materiellen Vortheilen, welche es gewährte, Theil genommen hat. Nichtsdestoweniger ist wenigstens eine Vorbereitung zur Ablösung und zur Befreiung der Sklaven nach dem bevorstehenden Beispiele Nordamerikas auch für Brasilien zu einer unvermeidlichen Nothwendigkeit geworden. Wollte man diese Befreiung entweder ganz zu umgehen oder auch nur auf unbestimmte Zeit hinauszuschieben suchen, so würde eine allgemeine Negererhebung in unfehlbarer Aussicht stehen. Weiß es doch jeder Neger selbst nur gar zu gut, daß fast die Hälfte der ganzen Negermasse auf dem Contrabandwege eingeführt, also sogar dem Brasilianischen Gesetze zuwider unfrei ist. Dazu kommt, daß es ganz unvermeidlich ist, daß die Neger stets binnen wenigen Monaten von Allem, was in Bezug auf die Schicksale, Zustände und Verhältnisse ihrer Race im Auslande nur irgend Wichtiges sich zutragen mag, Kenntniß erhalten. Würde nun aber, um einer allgemeinen Negerempörung vorzubeugen, Brasilien wirklich, unter Aufbietung des äußersten Maaßes aller seiner Kräfte, zu der großen Maaßregel einer Ablösung der Sclaverei vorschreiten, so würde es sich zunächst einer neuen Gefahr gegenübersehen, mit der es einen nicht minder schweren Kampf zu bestehen haben wird. Die weiße Bevölkerung von 1 Million Köpfen würde nun mit einem Mal eine aller Gesittung und Arbeitsliebe entbehrende unstete schwarze Bevölkerung von 4 Millionen, und eine Mischlingsmasse von 2 Millionen, die zum bei weitem größten Theile auch arbeitsscheu ist, als gleichberechtigte Freie neben sich hingestellt sehen!

Ein solches Verhältniß hat bisher noch in keinem Lande bestanden, und die Folgen sind nicht zu berechnen. Die Behauptung fester staatlicher Zustände wäre daher gar nicht möglich, und die Aussichten der weißen Bevölkerung würden um so abschreckender werden, als die Vermehrung der schwarzen Race in jenem warmen Klima ungleich größer ist, als die der weißen, und noch viel größer als die der Mischlinge, welche bekanntlich mit jeder Generation abnimmt.

Das Verhältniß der Ablösungsschwierigkeiten zwischen Nordamerika und Brasilien wäre also, nach dem Bevölkerungsverhältniß zwischen Schwarzen und Weißen bemessen: 28 : 4 zu $3\frac{1}{2}$: 4; in Nordamerika also hätte jeder Weiße für ein Siebentheil eines Negers aufzukommen; in Brasilien aber jeder Weiße und Mischling für $1\frac{1}{3}$ Neger. Es ist aber klar, daß zwei Drittheile der freien Bevölkerung Brasiliens gar nicht im Stande wären an dieser Last Theil zu nehmen; die ganze Wucht würde daher auf das andere Drittheil fallen und dieses gänzlich erdrücken. Eine Sklavenablösung in Brasilien, sie geschähe denn durch eine gesetzlich billig festgestellte Abtragung durch den Sklaven selbst, ist daher gar nicht möglich. Und selbst in diesem Falle müßte die Abtragungssumme sehr niedrig gestellt, und dürfte unter keinen Umständen höher sein, als die Durchschnittssumme, die England, Frankreich und Holland für die Freilassung der Neger ihrer Colonien gegeben haben (660 Frs. pro Kopf.). — Auch müßte die ganze Ausführung des allmähligen Emancipationsprocesses die gerechteste und humanste sein, die nur denkbar ist, sonst führt sie sicherlich zum Aufstande der Schwarzen. Wollte Brasilien dem Neger einen höheren Loskaufspreis zumuthen, als die Summe, welche jene ebenfalls monarchischen Staaten für die Freilassung der Sklaven an die Besitzer in ihren Colonien aus Staatsmitteln pro Kopf auszahlten, so läge darin nur eine neue Prämie für den tractatwidrig ausgeübten colossalen Menschenraub durch den Schmuggelhandel, und würde nur die Versuchung der so von Neuem Bedrückten vermehren, sich gewaltsam das ihnen vorenthaltene Recht zu verschaffen, das sich darauf basirt, daß nach Brasiliens eigenen Gesetzen nach 1831 kein Sklave mehr importirt werden durfte, obgleich freilich trotzdem an 2,000,000 importirt worden sind.

In Nordamerika dagegen ist sogar die Entfernung aller Neger möglich; in Brasilien ist sie nicht allein unmöglich, sondern die schwarze Bevölkerung wird, den bestehenden Geburtsverhältnissen nach, die weiße und Mischlings-Bevölkerung bereits innerhalb 40 Jahren um das Dreifache übersteigen. Ein so situirtes Land ist also gewiß gar nicht für deutsche Auswanderer zu empfehlen, flösse dort auch Milch und Honig, und wäre es mit der reinsten Gerechtigkeitspflege und mit der vollkommensten Religions-Freiheit beglückt.

Man kann selbst sagen, daß das größte Uebel für die Weißen in Brasilien erst mit dem Freiwerden der Neger, sei es mit oder ohne Entschädigung, hervortreten werde, denn die Millionen, welche jetzt in Gruppen von 50 bis 100 an entlegenen Stellen des Inlandes, gänzlich unbeweglich am Boden haftend, der strengen Zucht des Aufsehers unterworfen sind, würden sich dann vereinzelt, Zigeunern gleich, im Lande herumtreiben und die ohnedies schon sehr ungünstigen socialen Zustände so gänzlich zerrütten, daß alles bisherige Wirren und Treiben der südamerikanischen Republiken, im Vergleich zu dem, in welches dann Brasilien verfallen wird, ein bloßes Kinderspiel gewesen wäre! Unmöglich bleibt es geradezu, daß die Bevölkerung Brasiliens sich je, selbst bei der massenhaftesten Einwanderung aus Europa, wieder in eine reinrassige umgestalte, nachdem alle Schichten der Gesellschaft sich so mit afrikanischem Blute vermischt haben, daß nur wenige Familien von reiner caucasischer Abkunft noch zu finden sind. Da nun aber die große Mehrheit der Bevölkerung aus reinen Schwarzen besteht, so ist sicher, daß diese Race sich dort, wo sie sich durch klimatische Verhältnisse sehr behaglich fühlt, was bei der weißen Race nicht der Fall ist, im Verhältniß zu dieser sehr vermehren, und für alle Zeiten als einheimisches Volk bleiben wird. Es ist also in dieser Hinsicht gar kein Vergleich zwischen Brasilien und Nordamerika, dessen weiße Bevölkerung sich von aller Vermischung frei gehalten hat und zwanzigfach zahlreicher und selbst physisch robuster ist, als die weiße Bevölkerung Brasiliens. In Nordamerika ist die Ausscheidung der Neger mit Geldopfern, die den Reichthum eines wohlbevölkerten Landes nicht übersteigen, ganz gut ausführbar. Die sämmtliche schwarze Bevölkerung, die nicht größer als die Brasiliens ist, kann noch nach irgend einem anderen Lande, selbst Afrika, übersiedelt werden. In Brasilien kann eine solche Maßregel gar nicht einmal auch nur in Frage kommen. Auch war bisher in Brasilien das Verhältniß der beiden Geschlechter durch den Sklavenhandel sehr ungünstig gestellt, indem die Mehrzahl der eingeführten Sklaven männliche waren, und außerdem der Verkehr der Geschlechter unter einander sehr gehindert war; sobald aber diese Schranke durch Emancipation gefallen sein wird, ist sicher vorauszusehen, daß eine doppelt und dreifach größere Vermehrung der Negerbevölkerung, als unter den bisher bestehenden Verhältnissen der Fall sein konnte, daher eine ungleich größere, als die der Weißen stattfinden wird. Die nothwendige Folge des natürlichen Bedürfnisses der Racenscheidung wird dann wohl die sein, daß die Neger die heißen Landstriche bevölkern werden, wogegen die Weißen sich allmählig gegen den frischeren Süden concentriren werden. Derselbe Scheidungsprozeß würde auch in Nord-Amerika unfehlbar vor sich gehen, und zwar vermöge des größeren Blutstolzes in viel grellerer Weise, wenn die einst befreiten Neger im Lande behalten würden; was aber dort weit bedenklicher sein würde, als eine Occupirung des mittleren Theiles von Brasilien durch Neger, indem die nach den wärmeren

Niederungen sich hindrängenden Neger in kurzer Zeit daselbst die vorherrschende Race bilden und dadurch die Zugänglichkeit und national-öconomische Nutzbarmachung der großen und hauptsächlichen Verkehrsmündung der Union (dergleichen Brasilien nicht im entferntesten besitzt) sehr erschweren würden.

Aus beiliegenden Documenten ist ersichtlich, daß ein Kaiserlich brasilianischer außerordentlicher Botschafter, und bereits damals (1845) wie noch jetzt Mitglied des Staatsraths, entschieden die Ansicht ausgesprochen hat, daß jede Auswanderung nach Brasilien geradezu unstatthaft und nichtversprechend, ja für Brasilien selbst nicht einmal wünschenswerth sei, bevor nicht gewisse Reformen im Landbesitz, und in verschiedenen Verwaltungszweigen, die er andeutete, angenommen seien, von denen aber bis jetzt noch nicht eine einzige angenommen ist. — Demnach ist es unbegreiflich, wie ein anderer brasilianischer Gesandter in Deutschland und überhaupt alle von der brasilianischen Regierung in Deutschland und der Schweiz angestellten Diplomaten diesen Eingeständnissen eines erfahrenen und aufrichtigen Mannes, die auch von der Kaiserlichen Regierung nie desavouirt wurden! schnurstracks, wenn auch lange nur verstohlener Weise, entgegen handeln konnten, sobald derselbe nur Deutschland den Rücken gekehrt hatte; denn Vicomte d'Abrantes verließ Deutschland im Oktober 1846, und im Frühjahr 1848 machte Senhor Araujo bereits seine ersten Sendungen von Parceria-Hörigen, zwar damals nur als Geschäftsträger und General-Consul bei den Hansestädten, die er aber fortführte als Minister-Resident und sogar als außerordentlicher Gesandter in Preußen. Ganz abgesehen von der Rechtfertigungslogik, die sich Senhor Araujo zu einem solchen Verfahren zusammenconstruirt haben mochte, nachdem er selbst die von dem Visconde d'Abrantes aufgestellten Prinzipien als richtig anerkannt zu haben vorgegeben hatte, also auch die von demselben zugegebenen noch heute nicht nur gleich stark, vielmehr noch verstärkt bestehenden Mängel des Landes als Einwanderungsland, bleibt es nur doppelt unbegreiflich, wie in Preußen nach den Antecendentien des besagten brasilianischen Botschafters ein Gesandter desselben Reichs nur einen solchen Versuch wagen, und noch viel mehr, wie dieser Seitens der Preußischen Regierung zugelassen werden konnte, da ja kurz nach der Veröffentlichung der Schrift des ersteren: „Ideas sobre Colonisaçao" (in portugiesischer Sprache bei Gebrüder Unger) die ausschließlich zur heilsamen Aufklärung der Brasilianer geschrieben, und selbst in der deutschen Presse durchgängig belobigend besprochen worden waren, Herr von Kanitz, damaliger Minister, der wie viele damalige Staatsmänner eine sehr beschränkte Ansicht über Auswanderung überhaupt hatte, in jener Schrift mindestens eine Vorbereitung zum Weglocken eines nicht als überschüssig zu betrachtenden Theiles der Bevölkerung erblickte, und unter diesem Eindruck an dessen Verfasser eine ziemlich scharfe Note richtete, in deren tactvoller Beantwortung dieser bei der Erklärung, daß diese Schrift nur den Zweck habe, seine eigenen Landsleute zu unterrichten, alle Absicht auf Ermuthigung irgend einer deutschen Auswanderung nach Brasilien, — desavouirte und sogar die Königlich Preußische Regierung dazu aufforderte, „jedem Versuche von derlei Werbungen für Brasilien als unehrlichen und schwindlerischen und auf keine Weise von der Kaiserlich brasilianischen Regierung gutgeheißenen Handlungen mit Verboten und Strafandrohungen entgegen zu treten."[1])

Wer sollte nach solchen Präcedentien sowohl von Brasilianischer als von Preußischer Seite nicht mit Erstaunen das ungescheute und stillschweigend hingenommene Auftreten des brasilianischen Minister-Residenten in Preußen beim ersten Antritte seiner Stellung wahrgenommen haben, wie es sich aus dem beigebogenen Parceria-Contracte erweist? — Welche Consequenz in der Handlungsweise stellt sich da von der einen oder von der anderen Seite heraus, abgesehen von der hier statthabenden Anwendbarkeit des Preußischen Landrechts, welches die Abschließung von dergleichen Contracten mit Landeskindern selbst den Repräsentanten auswärtiger Regierungen strenge untersagt?

Und dennoch sind auf tausendfache Klagen, die sich über die Folgen solcher Contracte erhoben haben, keine Schritte irgend welcher Art gemacht worden. Dicke Bücher, wie Hörmeyer's Brasilien, Le Brésil von Reybaud, und die Uebersetzung des letzteren Werks mit belobigenden Commentaren über das Parceria-Wesen, die diplomatischen Aktenstücke über Colonisations-Angelegenheiten brasilischer Seite, die Hefte der geregelten Auswanderung nach Brasilien und andere vorzüglich lügenhafte und betrügerische Lockblätter und Zeitungsartikel sind in Rudolstadt, Mainz, Wien, Innsbruck, Darmstadt, Hamburg, in der Schweiz u. s. w. in tausend und aber tausend Exemplaren durch ganz Deutschland zur Beschönigung des schmählichen Unfugs auf Kosten der Brasilianischen Regierung und im Interesse der brasilianischen Landpotentaten verbreitet worden. Die Lüge verkehrte unermüdlich, weil wohl bezahlt, die ungünstigsten und abschreckendsten Seiten dieses gierigen auf Trug gebauten Ausbeutungssystems in das anziehendste Bild menschlichen Glücks, denn alle Parceriakolonisten waren ohne Ausnahme stets verstummt, entweder aus Krankheit, Hoffnungslosigkeit, Stumpfsinn oder auch Scham über die Erniedrigung, die sie durch ihre Leichtgläubigkeit über sich und die Ihrigen gebracht hatten.

Zwar nahm die Königliche Regierung im vergangenen Jahre wieder einen entschiedenen Anlauf zur Aufklärung der bezüglichen Verhältnisse. Ihr Vertreter entsprach auch der nach so lang geübter Gleichgültigkeit seiner Vorgänger gehegten Erwartung einer Aufhellung der Jahrelang geflissentlich hergestellten Verdüsterung durch angestrengte Bemühungen. Da stellte sich ihm aber die vereinte Macht der Landpotentaten in der Person des Oberkammerherrn des Kaisers, eines der ersten Parceria-Pflanzer, Valle da Gama, mit allen erdenklichen Chicanen entgegen, mit Nichtachtung sogar seiner Stellung als Preußischer Gesandter. Doch bald darauf trifft diesen eine plötzliche Geisteskrankheit, deren Ursache vielleicht auf immer in dunkles Geheimniß gehüllt bleiben wird.

Endlich aber nimmt glücklicher Weise das Haus der Preußischen Abgeordneten die Lage der durch trügerische Contracte verlockten preußischen und deutschen Auswanderer in Brasilien als eine nationale Angelegenheit in ihren Betracht und kommt am 3. vergangenen Monats Juni zu einem Beschlusse, welcher der königlichen Regierung eine Regulirung der so unbefriedigenden Lage der Deutschen in Brasilien auf gewissen Basen an's Herz legt

Groß war da das Weheklagen einiger Unternehmer von „umfangreichen" Exportgeschäften in Berliner Woll- und Baumwollfabrikaten nach dem freilich jetzt nur um weniges ungefährlicheren Markte von Rio, als dem von New-York — groß die Klage des Herrn Geheimen Kommerzienrath und Pairs von Preußen, Herrn von Diergardt, über die Gefahr, daß das beleidigte Brasilien keinen Baumwollsammet mehr consumiren würde, — und diese Herren stellten sich nachgerade zu den brasilianischen Pflanzern mit deren deutschen Hörigen in eine ähnliche Stellung, wie anfänglich die New-York-Exporteurs nach den Südstaaten, oder wie die Manchester-Exporteurs, oder auch Liverpool-Cotton-Importeurs zu den südlichen Pflanzern mit deren Sklaven. — Diesen galten ihre Güter und Baumwollballen mehr als die Freiheit aller Afrikaner der Welt sammt allen Freiheiten des stammverwandten Volkes selbst, jenen ihre Woll- und Baumwollfabrikate, die sie vielleicht besser jetzt gar nicht nach Brasilien mehr exportirten, mehr als das Lebensglück, mehr als das Recht aller ihrer Landsleute in Brasilien, und sonderbarer Weise mehr als ihr eigenes Recht, (als Kaufleute in Brasilien) um das es sich doch auch bei dieser Angelegenheit in Form eines Consular-Vertrags recht eigentlich handelt. Auch ihnen war Baumwolle, versammtet und verseidensammtet, mit Leinen- oder Wollenfäden vermischt, zum „Könige" geworden! Aber nicht so die Preußische Kammer, die die Dinge noch nach einem anderen Maaß abwiegt, als nach dem „umfangreichen Geschäfte," das auch jetzt noch der Times zufolge, Liverpool, Manchester, New-York und New-Orleans zu Liebe den „unvermeidlichen" Compromiß herstellen soll und dem die freien Bürger des Nordens der Union entweder ihre Rechte als freie Männer, oder die Integrität ihres großen Landes und den edelsten Strom der Erde, wie vormals Deutschland seinen Rhein, opfern sollen, um sich so noch in ihrer nationalen Jünglingsschaft auf ewige Zeiten emasculiren zu lassen. — Die Preußische Kammer sahe aber wohl, um was es sich handelte, um Recht- und National-Würde zugleich, die alle Seiden- und Woll- und Baumwollballen der Welt, ob im rohen oder verarbeiteten Zustande, nicht aufwiegen. Sie votirte fast wie ein Mann, wie es einer nationalen Vertretung gebührt, und ihr Votum hat bereits seine gute Wirkung gethan, obschon die gesunde Dosis, — denn die Pille enthielt ja nur die pure Wahrheit — kaum 14 Tage Zeit drüben zum Wirken gehabt hatte und obschon sie einigermaßen durch eine Gegenrede des Preußischen Ministers (welche die brasilianische Regierung, nicht aber die Landpotentaten und ihre Stellung entschuldigte) versüßt und durch die hiesige Brasilianische Gesandtschaft und ihre ministerielle Jornal do Com. Correspondenz von einer Abschwächungs-Dosis begleitet war, so hat sie mit einem Male die Wirkung gehabt, die ein 20facher Noten-Austausch, der wenigstens 3 Jahre erfordert haben würde, nicht gehabt hätte, weil es den dortigen Ministern nur um ihren Platz, und nicht um die Belehrung der Landpotentaten zu thun gewesen wäre, und die Kammern und das Land garnichts über die wahrhafte Stellung Brasiliens in dem Lande gehört haben würden, aus dem es, wenn auch nicht seine Race erneuern und sein Bürgerthum stärken, doch die Arbeits- und Vertheidigungskräfte gegen innere und äußere Gefahren, ohne die es nun einmal nicht bestehen kann, ziehen will. Sie hat dem Lande Gelegenheit gegeben, sich in einen wahren Spiegel zu sehen, und hat viel dazu beigetragen, daß der bisherige Colonisationsmoder vorläufig etwas aufgedeckt und der Anfang zur Bloslegung der beispiellosen Unterschleife und Lügenberichte gemacht wurde, deren planmäßiges Chaos bis jetzt alle klare Einsicht in das Treiben der mit diesem Verwaltungszweige schon seit langen Jahren betrauten officiellen Brüderschaft ganz unmöglich machte.

Vier Dinge, sagte die Preußische Kammer, müssen anders werden in Brasilien, ehe wir wünschen können, daß die Preußische und alle Deutschen Regierungen aufhören, die Auswanderung nach jenem Lande auf jede gesetzliche Weise, und besonders durch Abwarnung zurückzuhalten: Die Kultusfreiheit muß hergestellt sein; die betrügerischen Werbungen sollen aufhören; ein Consular-

[1]) In einem 1858 zu Rio in 2 Bänden erschienenen Werke „über die Zwecke und Resultate der Mission speciale en Europe 1844—46!" des Grafen Abrantes findet sich auch jener Notenwechsel, in welchem sich derselbe entschieden gegen jede Theilnahme an „solchen ehrlosen und leoninischen Operationen" verwahrt, ja sogar die Kgl. Preuß. Regierung ausdrücklich ersucht, alle diejenigen „Agenten, die gewissenlos genug seien, arme Menschen zu verführen und alljährlich die Hekatomben des „Heidenthums zu erneuern, nach der ganzen Strenge des Gesetzes zu bestrafen."

Vertrag muß auch unsern Landeskindern den Schutz der Person, des Eigenthums und das Erbrecht sichern, wie er Unterthanen anderer Länder gesichert ist, und auch Protestanten müßten sich Kirchen dort bauen dürfen." — Und was sagte der vernünftige Theil der Kammern dazu? Es seien allesammt ganz begründete Forderungen, nur dürften sie nicht erzwungen werden wollen, wie der ministerielle Correspondent aus Berlin und daher wohl auch die gesandtschaftliche offizielle Correspondenz insinuirte, als jene sagte: „die Kammer hatte nur vergessen, der preußischen Regierung die Mittel anzugeben, wie sie die brasilianische Regierung und die brasilianische Kammer zwingen könne, ihr zu gehorchen." Diese Worte waren freilich nicht geeignet, eine Willfährigkeit zur Annahme solcher Maßregeln hervorzurufen, weil der Fremdling hier hingestellt wird, als wolle er etwas ertrotzen. Das ist aber ein perfides Auslegen der Sache, was vielleicht dazu dienen soll, diplomatische Verhandlungen da unentbehrlich zu machen, wo der Staat selbst unmittelbar unverweilt handeln sollte. Es war Brasilien anheimgestellt, diese Punkte herzustellen, oder der Einwanderung aus Deutschland zu entsagen, und die Mehrheit der Kammer scheint es wohl verstanden zu haben und sich auch dazu bereit zu finden, trotz des Geschreis der Ultramontanen, die nur die Landpotentaten hinter sich haben, aber nicht das Volk, das sie gar nicht versteht, weil es an ihnen keine Religion, so sehr sie auch ihren Schein annehmen, gewahrt, — trotz der Einwendungen des Colonial-Ministers, der als Wächter der Ansprüche der Landpotentaten im Amte sitzt, nach dessen Rücktritt und dem Bekanntwerden des ungeheuerlichen Landraubs ein plötzlicher Ausbruch des öffentlichen Unwillens entweder eine Agrar-Revolution oder eine Grundsteueranlage zur Folge haben würde. Was könnte also von einer so stuirten Regierung mittelst Notenwechsels erwartet werden? Das Potentatenthum bedingte sich schon seit 10 Jahren den Schlüssel des Landamts für diesen ihren Landsknecht, der in den geheimen Verließen seines Amtes mit dem Leibe der Brasilia, (den Staatsländereien), wie weiland Blaubart mit seinen Frauen umspringt. Nur wenn die Landpotentaten-Camarilla gebrochen ist, wird Letzterer seine Schlüssel abgeben müssen, nicht eher. Man hat gesehen, wie diese Camarilla dem preußischen Gesandten mitspielte, als er Einsicht nehmen wollte in die Lage derer, welche die Häupter jener Camarilla als ihre Hörigen betrachteten, der deutschen Colonisten. Würden sie retiriren vor einigen höflichen Noten eines preußischen Ministers, besonders wenn diese bereits vor Abgang möglichst instruirt würden durch den brasilianischen Gesandten, um sich den eigenen Rücken zu decken, und vor dem Minister-Residenten eines Staates, der aus Entêtement wegen seiner früheren Ueberschätzung jenes Gesandten und ob verschiedentlicher Familien-Influenzen sich mit ihm identifirt und lieber alle Parceria-Kolonisten sammt ihren Kindern zu Grunde gehen sehen, als seine Goldmedaille als total irrthümlich verliehen anerkennen würde, — würden sich diese Camarilla nicht allen Noten zum Trotze, die übrigens leicht auf einige Jahre lang gewechselt würden, ohne einen Zoll weiter zu bringen, halten, so lange sie könnte, wohl bewußt, daß auf ihren Rücktritt sogleich der Zusammensall ihrer ganzen Oligarchie stattfinden würde? Gewiß ist das von ihnen nicht zu erwarten, deshalb erklärte der Colonial-Minister rund weg: „An confessionelle Zugeständnisse, der Art, wie sie angedeutet seien, sei nicht zu denken. Die Constitution sei dem entgegen." Eine Reform vorzuschlagen oder die Aenderung auf administrativem Wege einzuführen mit seinen Mitministern fällt ihm nicht ein, damit würden ja Thür und Angeln geöffnet für die liberale Partei, und er müßte die Schlüssel des Landamtes abliefern und das Mysterium iniquitatum läge offen vor den Augen der Welt und möglicher Weise auch noch die Vergeudung oder Vertheilung enormer von kurzsichtigen oder furchtsamen Landbesitzern vorschriftsgemäß nach dem Landgesetzreglement eingezahlter Strafgelder für die Unterlassung oder Verspätung der Registration oder Rehabilitation ihrer Besitze, welche Mulcten allein, wenn das ganze Gesetz nicht zum bloßen Humbug gemacht ist, zur Stunde dem Staatsschatze schon über eine Million Pfd. St. eingetragen haben sollten, von denen jedoch bis jetzt kaum 5 bis 600 Contos eingegangen aber noch nicht verrechnet worden sind, so daß bei der Verwegenheit der Landpotentaten-Partei es gar nicht befremdend wäre, wenn sich die, welche sich dem Gesetze selbst nicht unterwerfen, in die Summen theilten, welche von jenen eingezahlt werden, die sich ihm unterwerfen, wäre es auch blos, um einen Stein des Anstoßes für sich aus dem Wege zu räumen, wenn solche Summen in der Staatseinnahme aufgeführt erschienen.

Wer also kann daran denken, mit einer so constituirten Regierung über Zugeständnisse auf diplomatischem Wege zu negociren, deren Vorenthaltung, die recht eigentlich dem eigenen Volke gilt, gerade in ihrem Interesse liegt?

Man lasse nur die Dinge sich ihren Weg ganz selber bahnen. Kein wirksameres Mittel ist denkbar, als der Anstoß von Außen zu dortigen Kammerdiscussionen über die Landfrage, wie erst neulich durch den Deputirten Ottoni. Es braucht nur weniger solcher Discussionen, um einen völligen Umschlag der Dinge in dieser Frage und eine durchgreifende Reform durchzuführen, wenn das Land nicht durch andere Fragen übereilt wird. Dazu wird kein preußischer Diplomat, groß oder klein, in Rio selbst das mindeste beitragen, im Gegentheil, er könnte aber leicht von der Landpotentatenpartei als Beschönigungspflaster benutzt werden. Die deutschen Kammern und die deutsche Presse werden hundertfach wirksamer handeln, als alle Diplomatie, und zwar ohne Befehle und ohne Bitten. Sie haben bloß zu sagen, was sie meinen, und das kräftig, denn wie bereits früher gesagt, mit homöopathischen Dosen ist Brasilien nicht mehr zu helfen, ebensowenig als bei der galoppirenden Schwindsucht oder bei dem vomito prieto, dem bereits die vereinigten Staaten fast unterliegen.

Wenn nun auch, wie in der Juli-Kammersitzung, die Ultramontanen sich wild gebehrden, weil sie mit den Potentaten sich wie bislang geborgen glaubten, so macht das nichts, denn sie selbst sind nur die irdenen Beine des Potentatenthums, und beide werden zusammen niederstürzen vor dem latenten sehr starken Liberalismus und der allgemeinen Toleranz des eigentlichen brasilianischen Volkes, die beide doppelte Kraft erhalten werden mit dem Falle des Landmonopols.

Ein Beispiel nur soll hier noch angeführt werden von der Zähigkeit dieser Pflanzerpartei in der Behauptung jedes einzelnen Punktes, den sie einmal in ihre vermeinten Rechte und Privilegien einverleibt zu haben glauben.

Seit 10 Jahren, ja 13, sind die Parceria-Contracte Gegenstand unaufhörlicher Klagen. Vor nun fast 4 Jahren schickt endlich die kaiserliche Regierung einen kaiserlichen Commissarius nach dem andern, („nambafte brasilianische Rechtsconsulenten und sogar Ober-Richter am Tribunale!") zur Untersuchung des Thatbestandes, sie fanden manches nicht Zulässige, aber hatten doch auch wieder manches andere als Gegengewicht anzumelden, kurz nach ungeheuer langen Berichten und sehr beträchtlichen Anzapfungen des Staatsschatzes für dergleichen Sendungen, blieb so ziemlich alles beim Alten, denn das Größte war bereits durch Dr. Heußer's ersten Anstoß beseitigt worden, bis Herr von Tschudi für die Schweizer Colonisten das weitere wirkte. Sonderbarer Weise aber haben die beiden von der brasilianischen Regierung abgesandten „Juris-Consulten" übersehen, daß die schreiendsten Ungerechtigkeiten, die überhaupt auf Grund der Parceria-Contracte gegen die Kolonisten, sowohl durch Vorenthaltung ihrer persönlichen Freiheit, als auch sogar durch körperliche Züchtigung, auch Trennung von der Familie, und selbst vielmonatliches Einsperren in ein Zuchthaus mit Zwangsarbeit und durch Geldbußen von 10 bis 100 Mil. Reis, die oft ihren ganzen Jahresverdienst übersteigen — begangen worden sind. Der letzte preußische Minister zu Rio erkannte endlich und zwar sogleich nach seiner Ankunft diese und andere schreiende Ungerechtigkeiten und trug mit Nachdruck auf ihre Abhülfe an, da verketzerte man ihn, harrassirte ihn, isolirte ihn, erklärte sogar seine Credentialien als erloschen, und machte ihn endlich gänzlich unfähig zu weiterem Verfolge seiner Aufgaben.

Was aber stellt sich nun heraus über diese Contracte, die von einem brasilianischen Gesandten selbst schon seit einer Reihe von 12 Jahren in Deutschland mit armen deutschen Auswanderern gemacht worden sind? Welcher Deutsche muß sich nicht schämen und zürnen ob der so lange Jahre gepflegten Ungerechtigkeit gegen seine Landsleute in einem Lande, wohin sie ohnedies nur durch den schmählichsten, auf diese Parceria-Contracte gegen sie begangenen Betrug verlockt worden waren, wenn er den unten angeführten betreffenden Auszug einer Correspondenz aus Rio vom 7. August der Spen. Ztg über die brasilianischen Kammer-Verhandlungen in Folge des Beschlusses der preußischen Kammer vom 3. Juni liest, aus deren ersterem Theile ersichtlich ist, wie die brasilianische Gesandtschaft in officiellen Mittheilungen sowohl als durch ihre ministerielle Correspondenz des Jornal do Commercio nicht bloß den preußischen Minister, selbst nachdem er auf eine so dunkle Weise in plötzliche Geistesnacht versetzt ist, mit Insinuationen verfolgt und ihn zugleich die „Perle der preußischen Diplomatie" nennt, der dem Herrn von Schleinitz als Gesandter nach Brasilien „aufgedrungen worden sei, weil auch in Preußen das Repräsentativ-System noch auf schwachen Füßen stehe," während sie die preußische Kammer selbst als eine unfähige bezeichnet, die sich sogar die Ohren geflissentlich verstopft habe gegen die für Brasilien günstigen Auseinandersetzungen, die ihr von der Preußischen Regierung selbst, besonders in den Commissions-Sitzungen, in welchen eine heiße Discussion entbrannt gewesen, angeboten worden wäre. (?)

Dergleichen Geschwätz wäre wohl hinzunehmen von einem leichtfertigen Zeitungscorrespondenten, der für so und so viel die Zeile zusammen bringt, was nur immer von einem Publikum verzehrt werden kann, aber solche Ausdrücke in den offiziellen Correspondenzen eines Gesandten eines kleinen Landes, das nur bruchweise civilisirt ist, und gerade von dem Gesandten, der das Uebel, um dessen Beseitigung es sich handelt, durch Nichtachtung der preußischen Landesgesetze verursacht hat, ist eine doppelt große Verwegenheit, es ist eine große gränzenlose Unverschämtheit.

Es zeigt aber klar, was von diplomatischem Notenschreiben und diplomatischen Sendungen in der fraglichen Angelegenheit zu erwarten wäre. Nichts als grimassenhaftes Bedauern, daß man als eine „constitutionelle" Regierung dem Ansinnen der Preußischen Regierung nicht Folge leisten könne; nichts als Verschub und Zeitverlust, während welchem auch der Rest der Parceria-Kolonisten noch ihren Leiden unterliegen und mit ihnen die Beweise ihrer Mißhandlungen verschwinden würden, damit unterdessen das Brasilianische Landamt abgeschlossen erhalten werden und einer auf Ungerechtigkeit gegen Deutsche und wahrhaften Verrath der eigenen brasilianischen Landes-Interessen begründete diplomatische Carriere bis zur Jubiläums-Zeit, wozu wohl nur noch wenige Jahre fehlen, hinausgesponnen werden könne, deren Träger dann fern von dem Vaterlande, das aber leicht schon in der Auflösung begriffen sein dürfte, wenigstens sicher für seine Person und auch im Schutze aller confessionellen Freiheiten für seine mischehe-liche Familie, und, reichten die Finanzen des Landes nicht aus, ihm für solche Dienste auch noch einen bedeutenden Ruhegehalt zu wenden, jedenfalls von den Zinsen der bedeutenden Kapitalien, welche der Parceria-Betrieb auf directe und indirecte Weise, und eine officielle wahrhafte Sportel-Brandschatzung des Deutschen und Brasilianischen Handels zugleich, abgeworfen hat, als ein gefeierter und besternter Diplomat leben zu können. Es ist dieses in der That die Quint-Essenz der Brasilianischen Staatsmannschaft und Diplomatie, die schon seit 30 Jahren zusammenarbeiten in Schlichen und pfiffigen Tücken um das Land unter Lug und Trug mit Afrikanern, zugleich aber ihre Kisten zu füllen und ihre Rippen mit Sternen zu bedecken unter dem Motto après nous le déluge, als hätten sie selbst keine Kinder! Und nun ereilt sie sogar selbst noch die Strafe!

Ein sehr erfreulicher und wichtiger Urtheilsspruch, der in der Stadt Valença in der Mitte von Parceria-Pflanzungen erging, ist wohl der erste, wo den Colonisten Gerechtigkeit wurde. Es hatte nämlich ein deutscher Ingenieur bei der Straßen-Compagnie zehn Deutsche in Contract genommen, welche bei dem Oberkämmerer Valle de Gama (dem Mandanten des Senhor Araujo auf Deutsche Colonisten, mit Graf Vappendim seinem nahen Verwandten, einem der Chefs der Landpotentaten-Parthei, welche die Diplomaten in Deutschland ganz nach ihrem Belieben anstellen, vorrücken lassen, oder auch absetzen) lange Jahre in Parceria-Diensten gestanden hatten, und diesem Herrn dann endlich aus dem Dienst gegangen waren. Hr. Valle de Gama verlangte polizeiliche Auslieferung derselben; sie ward abgeschlagen; das Gericht mußte entscheiden. Der Ingenieur mußte bei Gericht den beantragten Schadenersatz von 7000 Thalern (!) deponiren. Hr. Valle de Gama gründete seine Klage auf das drakonische Colonistengesetz von 1837 und auf Grund dieses Gesetzes waren bisher sehr häufig die Differenzen zwischen den Grundbesitzern und den Parceria-Colonisten abgeurtheilt, letztere oft in schwere Geldbuße, ja in mehrjährige Zuchthausstrafe verurtheilt worden. Auch hatten daran verschiedene „rechtskundige“ Regierungs-Commissare, die nach den Colonien geschickt worden waren, nichts geändert. Nun aber ertheilte der Oberrichter von Valença (der treffliche Mann heißt Joaquim Ribeiro do Val) folgenden Spruch: „daß die Klage des Hrn. Valle de Gama „ganz unstatthaft sei, denn Parceria-Contrakte seien Associations-Contrakte und in keiner Weise dem angezogenen Gesetze unterworfen, „dessen auch in den Parceria-Contrakten mit keinem Worte Erwähnung gethan, und von dessen Inhalt, ja von dessen bloßer Existenz „den Leuten zur Zeit, wo sie jenen Contrakt unterzeichneten, nichts bekannt gewesen sei; wie überhaupt gar nicht zu erwarten sei, daß „sich freie Leute, die jedenfalls einen gewissen Grad von Bildung und die sogar Vertreter (ministros) in Brasilien hätten, „welche ihre Rechte überwachten, sich mit eignem Wissen der übergroßen Strenge eines solchen Gesetzes unterziehn würden, „dessen eigentlicher Zweck sei, die bis damals ungehindert eingebrachten Sklaven durch freie Arbeiter zu ersetzen, welche in der „That aber in der Civilisation und im Christenthum erzogene Leute mit Barbaren, die für Geld gekauft wurden, auf gleichen Fuß stellte.“ Der Ober-Kammerherr wurde in die Kosten verurtheilt, die Colonisten von aller Verbindlichkeit gegen ihn freigesprochen. Die Pflanzerpartei ist natürlich gegen diesen Richter sehr aufgebracht; der Kaiser soll aber über dies Urtheil sehr erfreut sein. Er ist über das rücksichtslose Betragen der großen Grundbesitzer sehr ungehalten, deren selbstsüchtige Ausbeutung des Staats seine kaiserliche Prärogativen auf das Aeußerste beschränkt; die liberale Partei, welche den vortrefflichen Eigenschaften des Kaisers als Mensch, Familienvater und constitutioneller Fürst hochachtet, bedauert nur, daß demselben die Energie seines Vaters abgeht, um die Rechte, die ihm die Constitution verleiht, mit mehr Entschiedenheit zu behaupten. Nun drängt sich die Frage auf: wer entschädigt die bereits durch die Parceria-Contrakte so bitter Betrogenen für die so häufig in Uebereinstimmung mit jenem drakonischen Gesetze, aber wie es sich nun zeigt, allem Rechte zuwider, gefällten maßlos strengen Verurtheilungen? Einzelne der hervorragendsten Betrüger in dieser Verschwörung gegen arme Menschen haben Hunderttausende gewonnen, die mehrere Tausende von Betrogenen zusammen aber haben in der Reihe von Jahren, daß sie ihrer Rechte und ihrer Freiheit beraubt sind, einen Verlust erlitten, der sich, wenn noch so gering angeschlagen, auf Millionen Thaler beläuft, und dabei unsägliche Erniedrigung! Wer entschädigt sie nun, da das an ihnen begangene Unrecht selbst richterlich in Brasilien erwiesen ist?

Auszüge aus den leitenden Artikeln der Brasilia vom 28. Juli und 25. August d. J. über die in den Brasil. Kammern stattgehabten Discussionen über den Beschluß der Preußischen Kammer:

„Wie schon erwähnt, hat Herr Ottoni sich bewogen gefühlt, diesen „arroganten“ Beschluß der Abgeordneten in Berlin an die Deputirten-Kammer in Rio zu bringen. Alles ist gespannt, wie man sich aus dieser Affaire ziehen wird; denn daß etwas geschehen muß, was in dieser häßligen Geschichte für das Heil des Landes eine gesunde und vernünftige Wendung bringt, begreift wohl jeder patriotisch gesinnte Brasilianer. Es kommen hierbei vor Allem Rechtsfragen zu Tage, die unläugbar, wie das Tageslicht, schwere Schuld auf die häufen, welche über Gesetzes-Verdrehungen und schamlose Gewaltthätigkeiten gegen arme Eingewanderte zu wachen und deren scheinbar consequente Durchführung zu verhüten hatten. Die ganze faule Wirthschaft, gegen die in der Brasilia so viel und so oft geeifert wurde, wird bloßgelegt werden müssen, — man wird einsehen und begreifen lernen, daß, um die verdächtigte und vielbeschimpfte Ehre des Landes zu retten, energische Schritte geschehen müssen, die sich nicht darauf begründen dürfen, eine Hand voll überbegüterter Fasendeiros auf Kosten der Millionen Nichtbegüterter zu begünstigen. Es ist übrigens lobend zu erwähnen, daß gerade in diesem brennenden Moment das officielle Jornal do Commercio, eine Reihe Artikel von Herrn Carlos Kornis de Totvarad brachte*), der mit Umsicht und Scharfsinn vom juristischen Standpunkte aus bewiesen, daß alle Gewaltthätigkeiten, alle famosen Prozesse gegen Halbpart-Kolonisten und sonst auf Kontrakt Angeworbene nach Gutdünken und in Widerspruch mit den bestehenden Gesetzen geführt wurden. Erst nach so langer Zeit, nachdem das Reich bereits discreditirt worden, kommt der arge Mißstand zu Tage, indem kein „rechtskundiger“ Brasilianer den Muth hatte, früher schon rettend aufzutreten. Es war der Redaction mehrseitig anheimgegeben worden, diese Artikel in der Brasilia mitzutheilen, ja sie lagen schon zum Abdruck bereit, als uns nachfolgende Einsendung zuging, um so willkommener, weil Herrn C. Kornis de Totvarad's sonst so scharfsinnige und lesenswerthe Aufsätze leider den beschränkten Raum d. B. überschreiten; doch werden wir Gelegenheit haben, darauf zurück zu kommen. Die Zusendung lautet:

Des Pudels Kern. Die Biederkeit und Logik des Jornal do Commercio und seiner Correspondenten in London, Paris und Berlin, welche in dem Wirrwarr des oftmals mit sich selbst und einer vernunftgemäßen Auffassung der Zustände und Thatsachen im Widerspruch stehenden Geschwätzes manchem aufmerksamen Leser haben entschlüpfen können, haben in der letzten Correspondenz der in Berlin angestellten Vedette der brasilianischen Politik (s. Jornal v. 15. d. M.) in einer höchst naiven Weise sich bloßgestellt; und es wäre Pflicht der Brasilia die Aufmerksamkeit des deutschen Publikums auf diese monströse Nudität zu lenken.

Der betreffende brasilianische politische Ausleger, welcher die deutschen Zustände überhaupt in einem wie es scheint humoristisch sein sollenden Tone, und ächt chinesisch-brasilianischem Ueberlegenheits-Bewußtsein, aus einer Vogelperspective beguckt, welche seiner Kurzsichtigkeit keine Einsicht und kein Urtheil gestattet, — giebt darin mit schlecht verhehltem Ingrimm die Nachricht von dem Beschlusse der preußischen Kammer über die auf den Harkort'schen Antrag erfolgte Vorlage der betreffenden Commission.

Die Verwerfung des Halbpart-Systems, („nach welchem ja ein namhafter Theil des südlichen Europa bebaut wird!“) verdient hier eingeschalteter Weise hervorgehoben zu werden. Es wird nämlich von Brasilien aus, mit einer nicht genug weltkundig zu machenden Arglist, auf das Verhältniß der Halbpart-Kolonisten ein im Jahre 1837 veröffentlichtes „Dienst-Verdingungs-Gesetz“ angewendet, welches zu einer Zeit erlassen, wo die Neger-Einfuhr im besten Betriebe, und von Kolonisation auch gar keine Rede war, sich nur auf Negervermiethung bezog — wobei bekanntlich der gesammte brasilianische Mittelstand als Miether, Vermiether oder Zwischenhändler betheiligt ist, — und Bestimmungen enthält, welche selbst gegen als Miethknechte verdungene Sträflinge hart zu nennen wären, welche jedoch auf freie Ansiedler anzuwenden — die man einlud, mit Industrie, Kapital, Religion und Bildung, — „mit ihren Familien über's Meer zu kommen, die edelmüthig brasilianischer Seits angebotene Gastfreundschaft anzunehmen, sich nieder zu lassen, — Platz zu nehmen an dem Bankett der konstitutionellen Freiheit, bürgerlichen Gleichberechtigung und rechtsgleicher Gerichtspflege für Alle, — und an dem Glücke eines Zustandes „der Quint-Essenz der modernsten Kultur, — wobei es ohne Mühe, ohne Säen — nur zu ernten (Kaffee pflücken) gäbe, und in den „Erstlingen des überschwenglichsten Natur Producten-Reichthums eines unermeßlich ausgedehnten, überall gleich fruchtbaren, und mit „allen die menschlichen Zwecke fördernden Wohnlichkeits-Begünstigungen reich ausgestatteten, tropischen, von wohlthuender Wärme stets „durchdrungenen Klimas — zu schweigen“ ꝛc. ꝛc. ꝛc. .... (Siehe die brasilianischen Werbe-Blätter in Deutschland) ...... unter so bewandtem gegenseitigem Verhältniß, auf solche Weise herbeigelockte Gäste, jenes Dienst-Verdingungs-Gesetz vom Jahre 1837 anzuwenden konnte nur die freche Verruchtheit des abgefeimtesten Schacher-Geistes Portugiesischer Sklavenhändler sich einfallen lassen!“

---

*) Leider nur gegen Zahlung der Insertionsgebühren. Herr Dr. Kornis ist ein geborner Ungar und hat sich dadurch vor 3 Jahren ein großes Verdienst erworben, daß er den faulen Zustand der Bras. Rechtspflege durch eine lateinische Abhandlung über die beispiellosen Vorgänge bei dem Erbschleich-Prozesse über den Nachlaß des Baron von Mirho (von über 3 Millionen Thlr.) der civilisirten Welt zugänglich machte. Seinen unermüdlichen Auseinandersetzungen ist auch die bessere Einsicht der Bras. Richter über die Gesetzwidrigkeit der Parceria Verträge zuzuschreiben, und er verdient deßhalb den Dank Deutschlands, dessen Juristen und besonders Staatsanwälte sich nun durch diesen Ungarischen Rechtsgelehrten die Vorhand haben nehmen lassen, denn auch ihnen waren diese schändlichen Verträge unzählige Male vorgeführt worden und doch sprachen sie sich mit keinem Worte gegen sie aus! — Was hilft da die tiefste Kenntniß des Rechts, wenn sie nicht Anwendung findet? Aber immer bleibt auch für sie noch etwas zu thun übrig, insofern es nemlich gilt, die Ansprüche der so Beeinträchtigten auf Schadloshaltung zur rechtlichen Geltung zu bringen.

„Der Leser hat in dieser letzten Periode nur einige der minder sonoren Schlagworte vor Augen, womit das wortreiche Brasilianerthum die deutsche Einwanderung durch die in Deutschland verlegten Werbeblätter — lockt, um die Getäuschten mit dem „Dienst-Verdingungs-Gesetze", von dem sie keine Ahnung haben können, zu knechten und in ihrem lebenslänglichen Elende auszubeuten."

„Der Brasilianer, welchem allerdings der dem heißen Negerblute eigene Phantasieschwung gewährt ist, hat zum geborenen Dichter längst schon sich selber diplomirt, und in der That ist ihm die sinnloseste Aufhäufung von Uebertreibungen und pompöser, auf's superlativste vorgetragene Redeschwulst bei jeder auch unerheblichen Veranlassung — ganz geläufig."

„Die Werber für Parceria-Kontrakte und ihre Zeitungen hüten sich wohl die Existenz des Dienst-Verdingungs-Gesetzes vom Jahre 1837 in ihren Distrikten in Europa zu verrathen — man erwähnt seiner in den Kontrakten natürlich nie — man spricht nur von „Unterwerfung unter den bestehenden Gesetzen," welchen kein noch so mißtrauischer Auswanderer sich zu unterwerfen Bedenken nimmt; und der in gutem Glauben mit der Unterzeichnung seines Kontraktes sich im Halbbesitze Geld bringender, Wohlstand und ruhiges häusliches Glück verbürgender Kaffeeberge wähnende Kolonist hat leider statt alles dessen — die Verzichtleistung auf seine freie Menschenwürde, auf seine Rechte als Bürger und Familienvater — den Verzicht auf Gerechtigkeit, Gemüthsruhe und Seelen-Trost, seinen Verzicht auf irdisches Glück unterzeichnet, denn kaum gelandet — ist er dem Dienst-Verdingungs-Gesetz vom Jahre 1837 verfallen, welches ihn schwerer treffen muß als den verdungenen oder sich verdingenden Sträfling oder Neger, weil er eben mit andern Erwartungen und anscheinend konstitutioneller Berechtigung in der neuen Welt gelandet, von der Existenz des verhängnißvollen Gesetzes erst dann erfährt, wenn ihn bei der nächsten Gelegenheit irgend einer seiner vielen Artikel und Paragraphen mit eiserner Kralle erfaßt."

„Die preußische Kammer und selbst der Abgeordnete Harkort mochten vielleicht das famose Gesetz nicht gekannt haben, dennoch haben sie — und dies ist ihrem Scharfsinne zu Gute zu rechnen — erkannt, daß die Halbpart-Kontracte in Brasilien faul und unstatthaft seien."

„Daß somit dem brasilianischen Trug-System auf diese Weise Harkort's Antrag das Handwerk gelegt, erregt in dem Berliner Correspondenten des Journals gewaltige Galle, und er findet sich sofort veranlaßt seinem Unmuth durch einen Inkapacitäts-Bann, den er gegen die gesammte Preußische Kammer schleudert — Luft zu machen."

„Was nun aber?" — fragt der Leser — „wird der Berliner Correspondent des Jornal's der brasilianischen Regierung wohl „rathen, — nachdem nun denn der „Spiegelberg" erkannt — sich das Sprichwort „ehrlich währt am längsten" zu Gemüthe zu führen, „und die obigen vier Punkte, welche man nicht annehmlich finden mochte, insolange noch Hoffnung vorhanden gewesen den deutschen „Michel in das Neger-Hals-Eisen zu schmieden, in Erwägung zu ziehen und praktisch anzubahnen?" — Ei bewahre! Er „äußert nur herausfordernd: Preußen könne die bewußten 4 Punkte von der brasilianischen Regierung „nicht erzwingen;" er „meint in seinem Hohn, daß Preußens gezogene Kanonen nicht bis über den Ocean reichen."

„Wie so braucht denn aber Brasilien erst gezwungen zu werden, diese Punkte seiner Colonisten-Bevölkerung zu bewil„ligen, welche es ja denselben schon längst zugegeben zu haben, in seinen Werbezeitungen ausposaunt?" fragt der Leser in Deutschland. „Antwort hierauf ist eben: „des Pudels Kern."

Die Brasilia vom 4. August sagt:

„Ottoni sprach das Richtige aus, als er sagte: es sei zu bedauern, daß die Brasilianische Regierung so gar wenig influire, um ein Gesetz zu Stande zu bringen, welches die protestantischen und gemischten Ehen gesetzlich mache; die Sache sei ganz einfach zu lösen, wenn nur die Regierung selber erst den Willen dazu habe. Als ihm die geistliche Partei einwendete, die Protestanten seien nur geduldet, hätten deßhalb keine Rechte, sagte er: wer duldet, läßt zu, erlaubt, gestattet; er gab aber doch zu, daß die gesetzliche Einschränkung bestehe, keine äußere Auszeichnung, wie Thürme, Glocken u. s. w. haben zu dürfen; hob auch zugleich hervor, daß kein Akatholik Deputirter werden könne.[1]) Es sei ein Scandal protestantische und Mischehen als ein Concubinat zu betrachten, wie es die Geistlichkeit thue, nur hätte er hinzufügen sollen, (sagt die Brasilia) und so der Bosheit oder Bornirtheit orthodoxer Priester Gelegenheit zu geben, davon Gebrauch zu machen, um elende Wichte die Frau und Kinder verließen, wie schon öfters vorgekommen, auf Grund dieser Begriffsverwirrung zum zweiten Mal zu verheirathen und großes Unglück über eine schon bestehende Familie zu bringen.

„Ottoni sagt ferner: es wäre kein Grund vorhanden, weshalb man den Preußischen Consuln das Jurisdictions-Recht in Nachlaßsachen nicht gerade so überweise wie den französischen und schweizerschen Consuln. „In den Einzelheiten über die Colonien zeigt er, daß der frühere Eigenthümer der Fazenda, auf der die Colonie Petropolis gegründet worden ist, statt einer Einnahme von weniger als 1 Conto nun eine von [illegible] Contos von derselben erhält." Endlich sagt die Brasilia, „diese Debatten in der Preußischen und Bras. Kammer müssen als ein neuer Zeitraum in der Bras. Culturgeschichte begrüßt werden, der auch zum Anfang einer erfreulichen Reform führen muß, nur darf von Preußen aus nicht nachgelassen werden in dem Bestehen auf dem, was Rechts ist." —

Dasselbe Blatt sagt über den Norden des Reichs: „dieser nimmt eine immer bedenklichere Gestalt an. Die schwere Heimsuchung wiederholter Dürren, die daraus entstandene Hungersnoth und das Hinsterben und Verschmachten Vieler Tausende von Bewohnern, — die Verödung vieler vormals bewohnter Districte hat auch unter den größeren Besitzern Verarmung und stets wachsende Verlegenheit zur Folge gehabt. Das beweisen die fortwährenden Sendungen von Sklaven nach der Hauptstadt um dort verkauft zu werden. Wenn diese Verminderung von Arbeitskräften sich nur um wenig im Norden steigert und die bebauten Strecken wieder dem wüsten Urzustande verfallen (und das geht in Brasilien gar schnell), wovon sollen die freien Bewohner leben, da sie selbst nicht zu arbeiten vermögen? Wird dann Empörung und Abfall, die man bei steigender Noth für unausbleiblich hält, bessere Zustände hervorrufen können?" —

„In dem hiesigen Mercantil befindet sich eine Reihe von Artikeln, deren Zweck bloß scheint zu beweisen, daß die Deutschen die besten Einwanderer für Brasilien seien; vielleicht ist man zu dieser Ueberzeugung gekommen, weil nun auch die Portugiesen weg bleiben. Die Entdeckung ist übrigens nicht neu, nur wird bei allem dem kein Wort von den Unbilden gesagt, die die Deutschen schon hier zu erleiden hatten und noch erleiden und welch' ein Widerwille, wo nicht Haß gegen die Fremden „Estrangéros" bei vielen Brasilianern umherschleicht, den die bestehenden gesetzlichen Mängel nur noch nähren. Wenn ein in Deutschland gebürtiger zehnmal nationalisirt wurde und bereits über 30 Jahre im Lande war, er blieb „Estrangéro" und stand in seinen Rechten Brasilianern und selbst Portugiesen nach. —"

Nr. 24 der Brasilia vom 24. August giebt eine lang motivirte Danksagungsadresse der in Rio lebenden und zugleich für die übrigen in Brasilien lebenden Protestanten vom 11. d. Mts. an Dr. Carl Kornis de Totvarad für dessen rastlose Bestrebungen zu deren Gunsten.

Dieser Herr, ein Ungar und selbst ein Katholik, ist nemlich ein sehr gediegener und sehr thätiger Jurist, von dem bereits mehrere Schriften in Lateinischer und Portugisischer Sprache über die Civil Ehe (casamento Civil) und mehrere Causas Celebros der neuesten Criminal-Geschichte (wo eigentlich die Brasilianischen Richter als die Hauptverbrecher erscheinen) herausgegeben sind, welche die faulen Gewissen der Bras. Rechtspfleger etwas aufgepeitscht haben. Auch ist einer Reihe von Aufsätzen von ihm über die Gesetzwidrigkeit der Parceria-Contracte die Meinungsänderung der Bras. Richter über die Auslegung derselben allein zuzuschreiben. Also weder Deutschen noch Brasilianischen Rechts-Gelehrten, die sich gerade zu wie stockblind in dieser Sache gebährdeten, sondern einem Ungarn kommt das Verdienst zu, dieses gottlose Machwerk des Parceria-Systems endlich zum Falle gebracht zu haben.

Folgende kurze Auszüge aus der letzten Nummer der sogenannten „Aktenstücke Brasilianischer Seite betreffend die Colonisation des Kaiserreichs" dürften nicht unbelehrend über die fortgesetzten Tendenzen der Brasilischen Diplomaten in Berlin und Wien sein, unter deren unmittelbaren Leitung sie auf schwere Kosten der Colonisationskasse zur massenhaften Vertheilung an sorgfältig gewählten Orten, gedruckt werden, ohne daß dieselben jedoch in den Buchläden Berlins zu treffen wären. Sie sind von dem unter den Deutschen in Brasilien und besonders in Rio Grande sehr wohl gekannten tit. bras. Hauptmann Hormeyer, Attaché bei der Brasil. Gesandtschaft zu Wien, redigirt, demselben, der vor 3 Jahren ebenfalls auf schwere Kosten der Colonisationskasse ein dickes Buch zur Anempfehlung der Parceria-Contrakte geschrieben hat, von welchem sogar 2 ganze Blätter, nachdem es bereits fix und fertig

---

[1]) Diesem wiedersprachen blank die von dem Doctor utriusque Ernesto Ferreira França vor Deutschland in mehreren Schriften und Abhandlungen gemachten Behauptungen, welche, wie nicht weniger einige andere von demselben gemachte auf die Vorrechte und Vortheile der Einwanderer bezügliche, besonders wenn diese sich naturalisiren ließen, keineswegs so begründet zu sein schienen, als von einem Rechtsgelehrten zu erwarten gewesen wäre, und worüber Herr Dr. França dem deutschen Publikum um so mehr eine Rechtfertigung schuldig ist, als er auch das Doctorat auf einer deutschen Universität erhalten hat, nachdem er schon Professor in Brasilien gewesen war und nun einer der hervorragendsten Professoren der Rechtswissenschaft an einer brasil. Universität ist.

gedruckt war, vernichtet und zur Ausgleichung der Pagina-Zahl durch andern weniger compromittirenden Stoff nach ängstlichen Berathungen seitens der Ordregeber in Berlin ersetzt worden waren. Dies geschah nämlich in Folge des Erscheinens eines „offenen Briefes" des Herrn G. R. Kerst, nach welchem man das bereits Gedruckte der Oeffentlichkeit nicht zu übergeben wagte:

„Es ist ihnen gelungen, die durch die Wirren in Nordamerika zu Gunsten Brasiliens sich wendende Auswanderung auf eine kurze Zeit zu neutralisiren und auf Grund confessioneller Gehässigkeit und anderer uns unerklärbaren Gründe das Preuß. Abgeordnetenhaus zur Annahme des Harkortschen Antrags zu bewegen, ein Vorgehen, das in den Annalen des Constitutionalismus an Leichtfertigkeit des Urtheils und an merkwürdiger Unkenntniß der zu beurtheilenden Gegenstände ein unerhörtes zu nennen ist". — „Es müssen den Vertretern des Preuß. Volkes, das sich so gern seiner Intelligenz rühmt, erst die Schuppen von den Augen fallen und dann werden sie sehen, daß sie in dieser Angelegenheit einer kleinen sehr gewissenlosen hinter Herrn von der Heidt die Drähte ziehenden Partei zur Dupe dienten und sich ihrer Rolle herzlich schämen. Es bleibt nur merkwürdig, daß der Kgl. Preuß. Handelsminister so plötzlich entdeckte, wie wichtig diese Bestrebungen seien, und welchen hohen Nutzen und Ruhm sie Preußen zu bringen vermöchten. Erwieß es sich als nur zu deutlich, daß Preußens Wort im europäischen Areopag nichts galt, machte seine dem berühmten Granchen Buridans entlehnte Politik auf alle Deutschen einen schmerzlichen und auf das Ausland einen zwerchfellerschütternden Eindruck, da mußte denn Brasilien als Prügelknabe herhalten, u. s. w. Der nur Gott allein bewußte Grund zur Antipathie des Herrn v. d. Heidt gegen Brasilien veranlaßt denselben, seinen Collegen des Auswärtigen, den seines mehr als schroffen Auftretens wegen bei der Bevölkerung und dem Consular-Corps sehr unbeliebten Preuß. General-Consul in Bucharest als den geeignetsten Mann, um eine Versöhnung beider Regierungen anzubahnen, zum Posten des Minister-Residenten in Rio vorzuschlagen. Daraus konnte man auf die Aufrichtigkeit der Preußischen Regierung schließen u. s. w. Herr von Meusebach debütirte in Rio im rein Menzikoffschen Style u. s. w. Es ist für Herrn v. M.'s Glorienschein bei der gewissen Berliner Clique und den damit eng verbundenen Klatschblättern ein Glück zu nennen, daß das Gräßliche ihn traf. (!) Auch seinem Herrn und Meister im Berliner Cabinete konnte er gefährliche Blößen geben, denn selbst im gestörten Geisteszustande wußte er besser zwischen den verschiedenen Basen der Auswanderung zu unterscheiden, als der Autor des Ministeriellen Circularschreibens vom 11. Nov. 1859."

„Aller Humor muß aber dem Freunde der Wahrheit und dem Schwärmer für deutsche Gründlichkeit abhanden kommen, wenn er den Verlauf des Harkortschen Antrags verfolgt. Die erste Veranlassung dazu gab ein Privatbrief des Herrn v. M. an Herrn Harkort. Er entsprang also aus einem kranken Gehirn und vermochte auch im fernern Lebenslauf seinen Ursprung nicht zu verläugnen. Jedoch selbst Harkort hat offenbar über das Ziel hinausgeschossen, er war meusebachischer, als Meusebach selbst. Unbekümmert um die Freiheit, die durch die nicht allzu freisinnige preußische Verfassung in der Auswanderungsfrage jedem Preußen verbürgt ist, beantragte er die Rückkehr zum Bevormundungssystem, wo es einerlei ist, ob Regierung oder Parlament es besser wissen wollen, was dem Individuum frommt. Dieser Illiberalismus geht aber mit völliger Unkenntniß Brasilischer Gesetzgebung Hand in Hand, wovon auch die Commission ad hoc erbauliche Pröbchen gegeben hat. Der Commissionsbericht giebt einiges in heuchlerischer Weise zu u. s. w." Wer durch das Aufhören der Parceria leidet, sind nicht die bras. Gutsbesitzer, wahrlich auch nicht Brasilien; hauptsächlich ist es Deutschland, das auf diesem Wege einer großen Zahl Proletarier entledigt worden wäre, und diese armen Teufel selbst, welchen eine Chance zum Wohlsein und Gedeihen geboten wurde, die ihnen in der Heimath nie gelächelt hätte. „Naiv, aber beherzigenswerth ist für Brasilien der Wink, womit die Commission schließt: sie gesteht nämlich ganz offen, daß es ihr nicht um den vorgewendeten Erlaß der Gesetze, sondern einfach um Verhinderung der Auswanderung nach Brasilien zu thun ist."

„Wenn wir die Eindrücke, welche der Bericht der Commission des Preuß. Abgeordnetenhauses zusammenfassen, so ergiebt sich, daß derselbe unter dem Einflusse confessioneller und nationaler Gehässigkeit und auf Grund der mit einer in den Annalen aller Parlamente beispiellosen Leichtfertigkeit abgefaßt wurde, indem man die schamlosesten Behauptungen einer extremen Partei blindlings acceptirte und sich auf Beachtung entgegengesetzter Stimmen nicht verließ, und die sonst vielleicht versuchte Vertheidigung seitens Brasiliens durch das unwürdige Manöver den Brasilischen Gesandten in Berlin glauben zu machen, der Antrag Harkort werde erst in der nächsten Session zur Discussion kommen, verhinderte!" „Wir gratuliren Preußen zu solchen Vertretern und glauben, daß der Ruf, dessen sich das jetzige preußische Abgeordnetenhaus im übrigen Deutschland erfreut, durch solche Vorgänge nur bestärkt werden kann."

In ähnlicher Weise wie obige Auslassung, ist ein langer Artikel „zur Affaire Meusebach" überschrieben, abgefaßt. Unter Benutzung des traurigen Geisteszustandes dieses Mannes greift man ihn hier in einer wahrhaft unerhörten Weise in seiner Eigenschaft als Minister an, weil er aus voller Ueberzeugung zum Besten unterdrückter Landsleute, und wie es sich durch die neuesten Ereignisse erwies, in richtigster Erkenntniß der Sachlage, handelte; bestreitet ihm sogar das Recht, Einsicht zu nehmen in die betreffenden Zustände und nennt die armen Leute, denen geholfen werden soll, demoralisirte Menschen, Faullenzer, Unverbesserliche, die zum größten Theil selbst schon Brasilianer, daher der Protection des „Bucharester Ex-Consuls" enthoben seien u. s. w. —

Das allerneueste Ergebniß Brasil. Colonisation ist ein überaus scandalöses. Es ist dies eine erst im Monat Mai d. J von Hamburg aus per Hamburg Packet unter Mitbetheiligung des brasil. General-Consulats gemachte Versendung von 99 meist sächsischen und einigen Preußischen Colonisten auf Ordre des Major Magalhaens, Bruder des Bras. Gesandten in Wien. Der Major, der auch Pflanzer ist, trat diese Leute insgesammt gegen eine Bauschsumme an einen Mann, Namens Hygino Pirés Gomes, den berüchtigtsten Contraband-Sklavenhändler, den Brasilien je besaß, ab, worauf dieser sie nach einer wahren Einöde am Contas-Fluß, wo er Waldland besitzt, brachte. Dieses geschah zum großen Erstaunen des Publicums, das sich gleich im Voraus Unglück gewärtigte, denn erst vor Kurzem war jene Gegend die Scene großen Elends durch Hunger und Dürre und vieler Gewaltthaten gewesen. Mitte Juli wurden die armen Leute dahingebracht und Mitte August war bereits eine Deputation von 3 Männern von dort in einem kleinen Küstenfahrer unter großem Ungemach nach Bahia zurückgekommen, um bittere Klage zu führen über das grenzenlose Unglück, in das dort alle ihre Schicksalsgenossen gebracht seien. Der neue Präsident Chaves, ein wohlmeinender Mann, schickte sogleich einen Dampfer mit dem Nothwendigsten dahin ab; an Bord waren mehrere Regierungs-Commissaire, denen sich auch der sächsische Consul, Herr Bloem, beigesellte; diese kehrten nach 5 Tagen von dort zurück und ihr Bericht thut dar, daß alles dort viel schlimmer steht, als die Vorstellung der Abgesandten gelautet hatte. Die Leute fanden nur den Wald vor ohne alle Vorbereitung oder Anbau, die unzuträglichste und ungenügende Kost wurde ihnen verabreicht, — die ganze Zahl war unter ein großes Laubdach ohne alle Abtheilungen wie Schaafe zusammengepfergt und nahe an die Hälfte litt bereits am Flußfieber, dem bereits mehrere erlegen waren. Eine Mutter hatte sich aus Verzweiflung, ihren Kindern keine geeignete Kost verabreichen zu können, ins Wasser gestürzt, war aber noch gerettet worden. Das Trockenfleisch, das ihnen verabreicht wurde, war faul! Medicamente und ärztliche Hülfe fehlten und an ein Fortkommen war dort gar nicht zu denken." — Dieses Alles wird offen ausgesagt von den Berichterstattern an die Regierung; noch ist jedoch der Bericht nicht veröffentlicht und die Presse verhält sich sehr lauwarm dabei. Das erklärt sich dadurch, daß besagter Hygino ein sehr gefürchtetes Subject ist, und außer seinem scheußlichen Rufe als mehrjähriger Besitzer eines Ablagerungsplatzes (barracon) für die einkommenden Contrabandsklavenschiffe, als welcher er an 30 bewaffnete Gesellen hielt und von jedem Hundert bei ihm gelandeter Neger 5 empfing, auch noch gegenwärtig so viel Einfluß hat, daß er sogar Provinzial-Deputirter ist, obschon er im Jahre 1838, bei hellem Tage auf dem Schloßplatze einen Mord begangen hat und während der Rebellion von Bahia in dem Jahre 1837—38 6 Monate lang die Stadt gegen die Regierung gehalten und vor der Uebergabe an 30 Häuser seiner politischen und Privatfeinde mit eigenhändig dazu öffentlich angelegten Combustiblen ausgebrannt hatte. Seitdem die im Jahre 1857 projektirte Colonisations-Gesellschaft von Bahia, und zwar auf den ernsten Rath des damaligen Consul Sturz aufgegeben worden war, hat sich dieser Mensch trotz aller obigen Antecedentien zum Colonisator jener Provinz auch mit Weißen aufwerfen und der Staatskasse auf diesen bloßen Vorwand hin 30,000 Thlr. entnehmen dürfen, von denen natürlich, wie in 30 ähnlichen Fällen, die sich in andern Provinzen zugetragen haben, nie wieder ein Real an die Staatskasse zurückkommt. — Es erklärt sich alles dieses nur dadurch, daß dieser Mann eine Art von Küsten- oder Sklavenhandelpotentat ist, dem vieles farbige Stadtgesindel aus alter Gewohnheit gehorcht, der daher einen solchen Einfluß besonders auf die Wahlen und selbst auf die öffentliche Ruhe ausübt, daß man ihn aus Politik auf jede Weise zu beschwichtigen sucht. Das Uebel in diesem Falle ist nur, daß jene Deutschen, wenn hier nicht schnell und kräftig eingeschritten wird, ein noch schlimmeres Loos, als das am Mucury, erwartet.

Ueber die Parteien in Brasilien und die letzten Wahlen sagt die portugisische Zeitung der Coimbrense (Stadt Coimbra) wie es die Brasilia vom 11. August d. J. aufgenommen: Die Brasilianer theilen sich in zwei große Parteien. Die erste Partei, die sogenannten Conservativen, auch unter dem Namen „Saquarema" bekannt, ist diejenige, welche sich selbst die Partei der Ordnung und der Monarchie nennt. Die zweite Partei, welche sich rühmt, die liberale zu heißen, ist unter dem Namen „Santa Lucia" bekannt. Diese letztere Partei liebt die Monarchie, soweit dies ihre Fortschrittsideen erlauben und insofern sie die Vorzüge, die große Bildung und den edlen Character des regierenden Monarchen schätzt — und wohl einsieht, daß derselbe der wahre Freund des Repräsentativ-Systems sowohl als seines Volkes ist. Die liberale Partei zählt allerdings einige excellente Mitglieder in ihren Reihen, welche von der Republik träumen, aber es würde eine vollkommene Ungerechtigkeit sein, der ganzen Partei die Ideen einiger Querköpfe unterzulegen. — Der vernünftige Brasilianer weiß, daß unter allen Regierungssystemen das monarchisch-repräsentative seinem Lande am besten zusagt. — Der gesunde Sinn der Brasilianer und die gegenwärtige Regierungsform haben das Reich vor den Schrecken der Anarchie und jenen blutigen Bürgerkriegen bewahrt, unter deren Geißel ihre unglücklichen Nachbarn, die Republikaner in den Laplata-Staaten leiden, und wie sie in der neuesten Zeit auch den Coloß der Vereinigten Staaten bedrohen, in welchem die Abtrennung der einzelnen Provinzen den Bürgerkrieg unfehlbar zur Folge haben wird.

Die liberale Partei wächst zusehends an Stärke und Volksthümlichkeit, weil das Volk immer mehr einsieht, daß diese Partei den Fortschritt will, ja denselben repräsentirt. Dieser Fortschritt ist unaufhaltbar.

Die conservative Partei, welche die undankbare Rolle übernommen hat, ihn aufzuhalten, verliert immer mehr Anhänger, — vegetirt nur, während die liberale Partei lebt, wächst und an Macht zunimmt.

Ueber die Tumult- und Mordscenen der letzten Wahlen ist kaum der Vorhang gefallen. — Die Parteileidenschaften, welche seit Jahren durch das Conciliations-System eingewiegt, geruht hatten, waren neuerdings aufgestachelt worden und tummelten sich auf dem Blachfelde der Wahlen mit um so größerer Kraft und Energie. — Von beiden Theilen wurde der Kampf mit gleicher Erbitterung geführt. Er war schrecklich! Von beiden Theilen wurden maaßlose Excesse begangen und Repressalien geübt und beiden Theilen (mit Ausnahme einiger wenigen Ortschaften) waren alle Mittel, auch die ehrlosesten, recht, um den Sieg davonzutragen. — — Einige Behörden befleckten und mißbrauchten die öffentliche Gewalt, welche in ihren Händen ruhten — und viele Bürger andererseits übten das Vergeltungsrecht soviel als Stellung und Umstände ihnen dies nur möglich machten.

In vielen Wahlorten wimmelte es von Schaaren bis an die Zähne bewaffneter Capanga's (gedungene Mörder Brasiliens, welche viel von dem Wesen der weißen Miethsknechte der Pflanzer des Südens der Union an sich haben); in und außerhalb der Tempel griff man zum Betruge, zur Bestechung und Verheißung, zu Drohungen und nicht selten zum Messer. Das Privatleben des Bürgers wurde auf öffentlichem Markte discutirt. Die Wähler verkauften ihre Gewissen im Aufstrich. Man feilschte öffentlich mit geldstrotzenden Händen um die Stimmen der Bürger. Das Heiligste des Menschen ward zur käuflichen Waare erniedrigt, seine Würde in den Schlamm gezogen. — Wieviel Zehntausende wurden nicht in der Provinz St. Paulo allein zu diesem niedrigen Zwecke vergeudet! Wir sahen viele Stimmen kaufen zu 100 bis 200$000, nicht wenige zu 500 und einige zu 1000$ Reis. Wir sahen hier in einer gewissen Stadt des Innern zwei „Viveiros" (wörtlich Fischteich, Weiher) in welchem die erkauften Wähler von ihren Käufern eingesperrt und viele Tage lang mit Schildwachen vor der Thüre bis zum Wahlact bewacht wurden. Jeder der Parteien hatte einen solchen Wähler-Park, und als die entscheidende Stunde schlug, führten sie ihre erkauften Banden heraus und unter Escorte in den Tempel, um in die geschändete Urne die Stimmzettel niederzulegen, welche sie gegen einige Zehnmilstücke und den Tagelohn eingewechselt hatten, den sie für die Dauer ihrer Einsperrung empfingen, nach dem sie in den Viveiros auf Kosten der Parteichefs, die sie angeworben, aufs Reichlichste getränkt und gefüttert worden waren.

Aber trotz aller dieser Vorsicht war oftmals der erkaufte und streng bewachte Wähler für die betreffende Partei noch kein ganz sicherer Mann — ja es ist vorgekommen, daß von der Gegenpartei einzelne derselben aus der Mitte der „Viveiros" mit bewaffneter Hand herausgeholt wurden. —

Nicht genug an diesen Niederträchtigkeiten der Parteien, — sogar die zur Leitung des Wahlgeschäfts berufene Behörde besudelte sich mit ähnlichen. — Wenn z. B. ein gesetzlich qualificirter Wähler erschien, welcher aber zufällig nicht zur Farbe des Wahlbüreaux gehörte, so bestritt dasselbe geradezu seine Identität und wies ihn mit seinem Stimmzettel ab! Erschien dagegen ein „Phosphoro," so empfing ohne Weiteres das gewissenhafte und würdige Büreau das Votum des improvisirten Wählers, weil derselbe ihre Partei verstärkte. —

So wurde schließlich die National-Würde geschändet und beschimpft; und das Resultat der Wahlen ist eine Illusion geblieben. — Die Opfer dieser Art, welche die letzten Wahlen kosteten, belaufen sich über 60, und davon sind an 12 bis 14 in den Kirchen selbst gefallen. Das Heiligthum ist profanirt, brasilianisches Bürgerblut, welches nur in der Vertheidigung der Integrität der Nation fließen sollte, wurde bei Ausübung eines erhabenen Bürgeractes vergossen, in welchem nicht wenige dieser Bürger als blutige Opfer des Dolches und der Pistole gefallen sind. —

Dies das traurige Bild der letzten Wahlen des Kaiserreichs!!

Sicher ist es, daß diejenigen Eingewanderten, seien sie Nationalisirt oder nicht, und seien sie auch Bürger schon 20 Jahre, welche sich mit einer oder der andern politischen Partei verbinden, nur wenig dadurch gewinnen; denn wie immer auch die politische Meinung heißen möge, welcher sie zuwider handeln, so können sie jedesmal darauf rechnen, daß wenn der Augenblick gekommen, wo sie von der Partei, welcher sie gedient, Vortheile oder Nachsicht zu fordern sich berechtigt vermeinen, sie von dieser Seite grade eben so viel Indifferenz und Verachtung zu erwarten haben als von der anderen, der sie feindlich gegenüber gestanden. — Der Schreiber dieses spricht hier aus eigener Erfahrung."

Senhor Saraiva sagte noch Anfangs Juli d. J. als Minister des Innern: „Wenn einer der Minister findet, daß er in einem für das Land wichtigen Punkt, oder in einem Gewissenspunkte für sich mit seinen Collegen nicht übereinstimmen kann, so tritt er aus;" — und er trat aus, kaum 14 Tage darnach mit der Erklärung, „er finde sein Verbleiben im Amte weder mit seinen Grundsätzen noch mit seiner Würde vereinbar," nahm aber doch wenige Tage darauf die Präsidentschaft der Provinz von Pernambuco von seinen gewesenen Collegen an. Senhor Tacques, jetzt Minister des Auswärtigen, sagte fast an demselben Tage, auch kaum 10 Tage vor seinem Eintritt in das Ministerium: „Nur in Zeiten des Verfalls und der Entartung des Repräsentativ-Systems kann man sagen, daß es keine Parteien gäbe, sondern bloße Fractionen und Conventikeln (corrilhos); dann giebt das Parlement das Gesetz nicht, es erhält das Gesetz, die Minister arrangiren sich mit den Kammern, machen die Majoritäten, die Corruption und die Autocratie triumphirt. Ich will nicht gerade sagen, daß wir jetzt genau in einer solchen Lage sind. Aber wir sind in dem Stadium eines Ueberganges begriffen, indem sich die Parteien auflösen, indem sie bloße abstracte Ideen repräsentiren, die keine Verwendung für die Bedürfnisse des Augenblicks haben, denen eine latente Opposition der Ansichten zu Grunde liegt, sobald es zum Handeln kommt. Man will die Existenz einer Oligarchie nachweisen, und zwar aus der Verwendung des Budgets, aus der Cumulation von Stellen u. s. w. „Wenn wir in unserer socialen Organisation den großen Krebsschaden der Sklaverei haben, so haben wir doch keinen Pauperismus, kein Proletariat.[1]) Das große Eigenthum bildet wichtige Centren des Einflusses, der Preponderanz, vermittelst welcher die öffentliche Ordnung aufrecht erhalten wird. (!) Unsre Vergangenheit ist uns eine Garantie für unsre Zukunft, deßhalb sollten uns die in den Ländern der Freiheit vorgehenden Kämpfe keine Besorgnisse einflößen! Unsre größte Schwierigkeit ist der Mangel an Einheit in der öffentlichen Verwaltung, in der Organisation des öffentlichen Ministeriums; dieses hat keinen Mittelpunkt, keine Verbindung in sich. Daher die Mangelhaftigkeit unsrer Criminal-Justiz. Sobald ein Verbrecher sich aus dem Bereiche des Gerichtsdistrikts (rayos do termo) entfernt hat, lacht er aller Justiz!

„Die Verwaltung hat einen monströsen Kopf in ihren Central-Abtheilungen, sie hat aber keine Glieder zur Ausführung. Ueberall haben wir Conflicte der Justiz mit der Administration. Unsre Verwaltung ist nur stark in dem Centrum, aber ganz schwach in den Extremitäten. Wohl kann die Regierung manches auch in entfernten Punkten in den Provinzen und in dem Hochlande erreichen, wenn sie will, aber nur durch Mittel, die der Würde einer Regierung nicht geziemen, nicht durch eigene Kraft. Um einen Mächtigen (Potentaten) zu erdrücken, erhebt sie einen andern, und in dieser steten Anstrengung schwächt und erschöpft sich die Regierung und es bleibt ihr dem Lande gegenüber nicht die hinreichende Kraft.

Nie waren wir in der Lage, einer strengen Oeconomie zu bedürfen, als jetzt. Der Bericht des Finanz-Ministers thut dieses klar dar. Wir hatten eine Zeit der Blüthe unsrer Finanzen, ja große Ueberschüsse noch bis 1857, nun aber haben wir nur große Deficits und eine schwebende Schuld von 12 Millionen Thlr., mit einem neuen Deficit von 6 Millionen in Aussicht. Dabei haben wir 1862 eine Anleihe, die wir 1843 im Auslande gemacht mit 4% und 1864 eine andere von 28 Millionen Thlr. wieder abzubezahlen. Woher sollen wir die Mittel dazu nehmen. u. s. w.

Der Deputirte Lessa sagte am folgenden Tage: „Die Minister selbst geben zu, daß die Autorität im ganzen Lande demoralisirt ist, wie denn besonders der Herr Finanz-Minister sich so aussprach. Der Zustand unserer Finanzen ist im höchsten Grade Besorgniß erregend. Der Herr Deputirte für Bahia (Tacques, jetziger Minister des Auswärtigen) hat ihn noch gestern richtig dargestellt. Mir boten jedoch seine Auseinandersetzungen nichts Neues. Der schwere Druck, der auf dem Handel liegt, die traurige Lage

---

[1]) Es wäre interessant, von dem jetzigen Herrn Minister Tacques, oder einem der bras. Diplomaten in Deutschland an dessen Statt zu vernehmen, was er sich unter einem Proletarier vorstellt, weil nach der in andern civilisirten Ländern geltenden Definition Brasilien, außer seinem Negerthum, wenigstens 2 Millionen Proletarier hat; wie gering aber die Garantie ist, welche die Vergangenheit Brasiliens diesem für seine Zukunft bieten kann, das könnte sich der Minister längst aus dem gegenwärtigen Schicksal der Union abgenommen haben. Jetzt wird er es wohl schon gethan haben. Gesteht er ja doch schon ein: daß bereits die vormalige financielle Prosperität sich in Noth verwandelt hat! Warum das aber? Weil aller Wohlstand, der auf Sklaverei gegründet ist, nur ein eingebildeter Wohlstand ist, der, nach einer Periode weichlichen Luxus, der die Brasilianer noch unfähiger machte, nach dem alten Motto: „Serva te ipso" zu handeln, nun zerfällt. Von schlimmer Bedeutung aber für das Land sind die so kurz vor dem Eintritt in das Ministerium durch ihn selbst gemachten Enthüllungen über die Justizverwaltung und über das Potentatenthum und die Ohnmacht der Regierung diesem gegenüber; und zwar besonders deßhalb, weil er, der jetzige Minister, selber kaum 10 Tage vorher, als noch halb in der Opposition, den großen Landbesitz, der in Brasilien auf so faulen Basen ruht das Centrum des staatlichen Einflusses und der Preponderanz nannte, vermittelst welcher die öffentliche Ordnung aufrecht, gehalten werden müsse."

der Industrie und die Abnahme unsrer Ackerbauproduction waren längst schon ein Beweis des steten Abfalls in unserer Einnahme bei einer ebenso starken Zunahme unserer Ausgaben."

Der Deputirte Tavares Bastos sagte im Monat Juli in der Kammer zu Rio in Bezug auf den Beschluß der Preuß. Kammer u. s. w. „Ich wünsche zu wissen, ob die Regierung die Gesetzesvorlage (für nichtkatholische Heirathen zu fördern beabsichtigt, welche seit vorigem Jahre im Senate liegt.) Ich halte diesen Gegenstand von hohem Interesse sowohl um der allgemeinen Moralität als um der Einwanderung willen. In der Preußischen Kammer ist diese Sache Gegenstand von Recriminationen des radikalen Mitgliedes Harkort gewesen, in deren Folge ein für uns sehr beklagenswerther Beschluß gefaßt wurde. So lange unsre Kammern nicht sehr liberale Gesetze für Auswanderer votiren werden, dürfen wir gar keine Einwanderung mehr erwarten. Unter diesen Gesetzen verstehe ich das Obige und eine völlige Reformirung der Parceria-Contracte. Der Herr Justiz-Minister, als gründlicher Rechtsgelehrter, weiß, wie mangelhaft, selbst widersprechend und gottlos unbillig (iniqua e injusta) das Gesetz vom 11. Oct. 1837 ist, welches den Dienstleistungen zu Grunde liegen soll, und welche man sogar bisher auf die an sich schon über die Maßen „unbilligen Parceria-Contracte in Anwendung gebracht hat. „Wenn nun aber dieses Parceria-System von Mißbräuchen strotzt, und „nur wenig anwendbar bei uns ist, so wird es noch ungleich verwerflicher dadurch, daß man die daraus entstehenden so häufigen „Streitigkeiten auch noch nach obigem Gesetze entscheidet. Der Herr Minister wird sich daher ein großes Verdienst verschaffen, wenn „er sich mit dieser Frage beschäftigte." Uebergehend auf die bestehende Politik des Tages, sagte er: „Ich weiß nur zu wohl, daß selbst das Wort Conciliation nicht mehr gerne gehört wird, aber die öffentliche Meinung verdammt diese exclusive und intolerante Politik, und mit ihr die ganze Partei derer, die sich zu den alleinigen Landesrettern aufwerfen, die alles nur für sich berechnen, alle Positionen einnehmen wollen, sich Conservatoren nennen, aber passiven Gehorsam und Servilismus von allen erheischen, die ihnen nur nahe kommen, die alle Unabhängigkeit der Gesinnung und des Charakters verbannen wollen und sie gleich von vornherein Anarchie und Mißachtung der Autorität nennen! Und doch will ich diese Partei, unter der selbst einige achtbare Männer sich befinden, noch nicht Oligarchen nennen, denn Oligarchie setzt eine Aristokratie voraus, und eine solche haben wir hier zu Lande nicht, denn sie kann nicht bestehen ohne ihr großes Palladium, das Recht der Primogenitur. Wenn die Chefs einer gefährlichen Partei auch noch so geschickt sich die ausschließliche Regierung anmaßen, so können sie sich wenigstens nicht auf Feudal-Institutionen stützen, die ihnen allein die Dauer der Macht verbürgen können u. s. w. Der tüchtige Deputirte Barcellos für Rio Grande do Sul sagte am 1. August d. J. während der Discussion über die Recrutirung, daß die Regierung selbst allgemein im Lande als der erste **Treubrüchige** angesehen werde und überhaupt das schlechteste Beispiel für die öffentliche Moralität gebe. Er fügte zwar hinzu: diesen Tadel mache ich nicht gerade der jetzigen Regierung; wenn ich von der Regierung spreche, so meine ich das Wesen (entidade) der Regierung, der einen oder der andern Partei, und ich begreife dabei einen langen Zeitraum bis jetzt. Das Vertrauen auf jede Art von Contract mit der Regierung selbst mit Privatleuten, aber ganz besonders mit dem gemeinen Soldaten (den Freiwilligen gegen Eintrittsgeld, die, obgleich bloß auf 6 Jahre bedungen, fast nie wieder frei kommen) ist ganz abhanden gekommen. Und diese unglückselige Immoralität wird selbst durch die Kammern gutgeheißen! Diese inveterirte Treubrüchigkeit der Regierung und diese Gleichgültigkeit der Kammern in Betreff derselben ist die Ursache, warum sich keine Freiwilligen mehr zum Dienste anbieten und warum die ganze Provinz Minas Geraes von der im vergangenen Jahre 1,118 Rekruten gefordert wurden, selbst bei allen Zwangsmitteln des Preßgangs nur 60 stellen konnte; wie überhaupt von den für das Jahr 1860 decretirten Ergänzungsmannschaften von 6000 Mann nur 1400 aufgebracht werden konnten, was wieder zur Folge hatte, daß fast kein Mann von all denen, die zum Abschied berechtigt sind, ihn erhalten hat.

Der Redner sagt, er spräche als Advokat, der gar oft die Forderung des berechtigten Abschieds ohne Erfolg betrieben habe. Er billigt die Stellung von Ersatzmännern, wie sie meistens gepflegt wird durch losgekaufte **Neger**, wenn sie nur im Lande geboren seien, denn sobald sie nicht mehr Sklaven seien, wären sie brasilianische Bürger, und genössen **fast** (quasi) alle politischen Rechte, nur könnten sie nicht Wähler noch Gewählte, Deputirte oder Staatsminister sein.[1]) Die Unmöglichkeit, die bisher decretirte Truppenzahl von 18000 zusammenzubringen, hat die Kammern veranlaßt, diese nun auf 14000 herabzusetzen; aber auch von diesen werden schwerlich je mehr als 12000 auf den Beinen erhalten, wenn auch von dem Solde für die volle Zahl nie ein Groschen übrig bleibt, wobei noch der sechste Mann ein Officier ist! Auffallen muß jedoch, wie an demselben Tage Senhor de Alencar, Sohn des Padre und Senators Alencar, (der sich, wie auch Dr. de Capanema, Sohn des Pater Rochus Schüch, mit einem brasilianischen de selbst in den Adelstand erhoben hat) in einer furchtbar langen Rede über das constitutionelle Wesen des brasilianischen Staates, in welcher er die abnormsten Mängel desselben bloßlegte und wie ein anderer Deputirter sie bezeichnete, dem Lande ein „Elogio funebre" machte, doch zum Schlusse behauptete, „daß Brasilien ohne Widerspruch das Land der größten gesetzlichen und praktischen Freiheit sei, die es gäbe, das gepriesene England nicht ausgenommen, es käme nur darauf an, sie gehörig zu benutzen." Der Präsident der Provinz Bahia erklärt in seinem am 1. Sept. d. J. an die Provinzial-Kammer abgegebenen Jahresberichte „die große Zahl von Mordthaten (80!) durch die bei der mittleren und untern Klasse völlig vernachlässigte Kinderzucht aus der Gleichgültigkeit und Pflichtvergessenheit der Eltern und besonders der Mütter und Unkenntniß auch nur der einfachsten christlichen Grundsätze, welche die Handlungen des Menschen bestimmen sollen; dann durch die Indolenz, mit welcher die Geistlichkeit die Sittenverderbtheit um sich greifen läßt, ferner auch den Mangel an öffentlichem Unterricht, die allgemeine Trägheit, die Straflosigkeit vieler Verbrechen, den Mangel an Gefängnissen in fast allen Districten und den so schlechten Zustand der bestehenden, daß sie keine Sicherheit gegen die Entweichung der Verbrecher bieten und daß diese in denselben nur noch mehr entarten; dann durch die Mangelhaftigkeit der Organisation der Jury, welche die Freisprechung überwiesener Verbrecher erleichtert, die Unzulänglichkeit der Polizeimannschaft und der für die Criminalpflege erforderlichen Gelder." — In allen aufrichtigen Provinzial-Berichten ist diese Klage, wo nicht wörtlich, doch im Sinne und Bedeutung durchaus dieselbe.

Als einen Beweis, welcher Glauben den vor den Kammern gemachten Aeußerungen des Ackerbau- und Colonisations-Ministers und als solchen auch noch immer alleinigen Verwalters der Staats-Ländereien, — also auch seinen officiellen Berichten zu schenken ist, möge folgendes dienen: Vor der Kammer zu Rio erklärte er, um sich rein zu lügen, er hätte den Dr. Lallemant vor seiner Reise nie gekannt." Nun ist aber der Thatbestand der, daß ihm der Doctor wohl schon an 12 bis 15 Jahre lang genau bekannt war, und daß derselbe bei hundert Anlässen in dem Hause Felizardos gewesen ist, ja mit ihm häufig auf ein und demselben Sopha sitzend geredet, und selbst im Besitze ist von lange vor seiner Reise an ihn, Lallemant, von Besagtem gerichteten Correspondenzen. Es sind sogar Personen jetzt in Europa, die bestätigen können, daß längst vor dem die Rede von einer Reise des Doctors war, er mit dem Minister selbst und seinen beiden Töchtern das famose „Tischrücken" auf seinen eigenen Zimmern zur großen Heiterkeit der Umstehenden gespielt! Es ist auch allbekannt, daß schon in früheren Jahren der Doctor mehrmals deutsche gefangene Soldaten durch seine Verwendungen bei Se. Maj. dem Kaiser und diesem Senhor Felizardo, als Kriegsminister, frei gemacht hat, und der Kaiser, der von dieser gemeinen Lüge seines Ministers hören oder lesen mußte, weiß ganz genau, daß Felizardo den Doctor genau kannte. Ein fernerer Beweis hiervon ist, daß ersterer bei seiner Anwesenheit bei der Pariser Ausstellung von 1855 dem Doctor aus alter Bekanntschaft mehrere Briefe nach Deutschland schrieb. Dr. Lallemant hat sich selbst von 1852 bis 54 oftmals bei Felizardo (als Kriegsminister) auf das verdienstlichste für gefangene oder sonst bedrängte Deutsche verwandt, und da Herr Hormeyer wenigstens in Rio Grande mehrmals in dieser Lage war, könnte derselbe vielleicht bestätigende Auskunft geben.

Kann etwas, das von einem solchen Manne gesprochen wird, je noch Glauben verdienen? und dieser Mann ist Colonialiensminister und schaltet mit den Staatsländereien ganz nach Belieben, ohne auch nur die geringste Rechenschaft zu geben von Entbeißungen der unberechtigtsten, gerade zu unsinnig maßlosen Landansprüche, die er im Geheimen durch Eintragung in Bücher, die Niemand zu sehen bekommt, und durch Aufdrückung des Staatssiegels mit seiner Unterschrift ratificirt, und so dem Staate meist wohl erst nach seinem Tode, unabsehbare Schwierigkeiten bereitet! — Uebrigens ist in Rio allgemein bekannt und von dort aufs glaubwürdigste von verschiedenen Seiten nach Deutschland, und auch an mehrere deutsche Regierungen berichtet, daß in den Händen des Senhor Felizardo sich die Abschriften verschiedener von Europa aus an Herrn von Meusebach gerichteten Zuschriften befinden, worunter auch Briefe des Dr. Lallemant, deren Inhalt vielleicht dazu beitrug, den Zorn dort über ihn noch zu erhöhen. Es scheinen auch die Worte der neusten Brasilianischen Aktenstücke über Colonisation (S. 112) „hätte Herrn v. M. nicht das Gräßliche getroffen, so hätte er seinem Herrn und Meister im Berliner Cabinete gefährliche Blößen geben können" in Bezug zu derlei Abschriften zu stehen, oder hat man selbst Originalien zurückbehalten? Thatsache ist, daß treulose Personen, welchen die Obhut des geistesgestörten Mannes oblag, die Gelegenheit benutzten, dessen Papiere im Auftrage der seinen guten Absichten feindselig gegenüberstehenden Partei zu mißbrauchen, wo nicht zu stehlen, und der Deputirte Ottoni behauptete sogar in den Kammern, Senhor Felizardo besitze auf diese Weise acquirirte Papiere und habe für den so erwiesenen Dienst baares Geld und selbst gute Stellen im Staatsdienste gegeben!

In den Aktenstücken über Colonisation bras. Seits, neurstes Heft findet sich ein furibunder Ausfall gegen den auf Brasilien bezüglichen Theil des Berichtes der Reise der österreichischen Fregatte „Novara", der gerade durch diese Aufnahme Seitens der bezahlten officiensen Presse um so mehr Aufmerksamkeit und man darf hinzufügen, um so mehr Vertrauen verdient. Diese angebliche

---

[1]) In diesem Betreff stehen also die eingewanderten nationalisirten Deutschen völlig gleich mit den freigekauften Sklaven und allen freien Negern, welche überhaupt bei jeder Gelegenheit noch als Estrangeiros betrachtet werden, wie aber in der Wirklichkeit auch die freien Neger. So finden wir z. B. in einer vom Ministerium des Innern ausgehenden Sterbeliste der „Fremden" in Rio im Jahre 1860 von 4700 Personen nach ihren Nationalitäten 570 „Africanos" zwischen Engländern und Deutschen aufgeführt!

„Kritik“ klammert sich sogar an Druckfehler an, um den Verfasser, Herrn Dr. Carl Scherzer womöglich zu beschädigen. Herr Hormeyer, der augenscheinlich seinen Auftrag in Berlin und Wien erhielt, thut in dieser Critik stark in Bras. Reiseliteratur, zeigt jedoch gleich Eingangs von den interessanten Reisenotizen Virgil von Helmreichens über Brasilien 1849—51 gar keine Kenntniß zu haben. Herr Hormeyer findet es gar nicht in Ordnung, daß sich der Berichterstatter über ein Land so aufrichtig ausspräche, wo man den Mitgliedern der Expedition während ihres Aufenthaltes in Rio auf das Zuvorkommendste an die Hand gegangen sei; „es sei ohnedies schon bedauerlich und den Interessen in Brasilien reisender oder residirender Oesterreicher und Deutschen kaum förderlich, daß die k. k. Regierung keinerlei Anlaß genommen, jenen Brasilianern, welche ihnen von der Regierung als Cicerones beigegeben waren, irgend ein Zeichen der Anerkennung zukommen zu lassen.“ Schon hieraus ersieht man die wichtigen Aufgaben, welche sich die Brasilianische Diplomatie stellt. Es wird auch Protest eingelegt gegen die Angabe in dem Berichte, daß der Bau der Irrenanstalt nicht zum größten Theil durch den Verkauf von Orden und Titeln erhoben worden sei, „wenn auch besondere Freigiebigkeit zu einem so hervorragend humanen Zwecke von Seite der Regierung auf ihre Weise anerkannt wurde“, zugleich aber zugegeben, daß es außer der kaiserlichen Familie in Brasilien keinen Adel gebe, da der von der Krone zugestandene Titel weder forterbt, noch für seinen Träger weitere politische oder sociale Privilegien zur Folge hat. Dem Berichterstatter wird es als unverzeiblich angerechnet, nicht gewußt zu haben, daß der „junge“ bras. Dichter, Namens Gonsalvez de Magalhaens, dessen Gedicht „A confederaçao dos Tamoyos“ den Mitgliedern der Expedition verehrt worden war, seit 20 Jahren der Stolz seines Vaterlandes als „Poet, Historiker, Philosoph und Diplomat“ derselbe Herr „von“ Magalhaens sei, der heutigen Tages als kaiserlich bras. Gesandte am k. k. apostolischen Hofe fungire, und bereits in der Wiener Zeitung und Leipziger Illustrirten Zeitung hohe Anerkennung gefunden habe.“ — Der Vorwurf der Nationaleitelkeit der Brasilier sei völlig unbegründet. Sie hätten ein Recht stolz zu sein auf ihre Fortschritte. Sei nicht die Bevölkerung von Rio in 30 Jahren von 100,000 auf 350,000 gestiegen? (nach anderen nur 250,000, darunter aber 75,00) Portugiesen und 85,000 Sklaven!) Dieses Rio sei aber noch weit von seinem Culminationspunkte entfernt! Wenn einst die Kaffee ladenden Schiffe der Hauptstadt die Auswandernden in so unzählbaren Schaaren zuführen werden, wie der nordischen Metropole in den letzten 30 Jahren, dann werden die Brasilianer kühn jeden Vergleich herausfordern! „Das Grundelement des National-Wohlstandes Brasiliens sei Ackerbau (durch Sklaven). Industrie sei nur ein Symptom von Uebervölkerung und Beweis des Vorhandenseins ungesunder socialer Zustände!“ Die Bemerkungen des Berichtes über Colonisation bezeichnet Herr Hormeyer als unter dem Einfluße der Clique in Deutschland gemacht, „die über die Mehrzahl der Journale, dieser modernen Rhadamanthusse des schriftstellerischen Ruhmes, gebietet,“ giebt jedoch diesmal zu, daß „Mißgriffe, Irrthümer und Fehler auch in Brasilien „manches beklagenswerthe Opfer“ gefordert haben, das größere Umsicht und Einsicht billig vermieden hätten.“ Die Hauptursache, warum eine so geringe Zahl Deutscher nach Brasilien auswandern sei einfach Ignoranz, beispiellose Ignoranz der großen Masse in Deutschland von alle dem, was Brasilien angeht. (Dieser Theil ist augenscheinlich für die Bras. Regierung geschrieben, damit sie die Subsidien-Summen zu Aufklärungszwecken erhöhen möge.)

Ein fernerer Grund liegt in manchen verkehrten Maßregeln seitens der mit der Kolonisation betrauten Behörden; das gehört indeß nicht hierher. „Die warnenden Stimmen“ aber haben Brasilien und den Auswanderern bis jetzt mehr genützt, als geschadet, weil sie durch ihre Hetzereien in die stagnirende Natur der Kolonial-Gesetzgebung wirklich etwas mehr Bewegung brachten u. s. w. Indeß, was rechten wir mit dem Dr. Scherzer, hat sich doch dieselbe Begriffsverwirrung der k. preuß Regierung und der preußischen Abgeordnetenkammer in einer ganz eigenthümlichen Weise bemächtigt. Aber alle „warnenden Stimmen“, alle Antipathien preußischer Minister, alle noch so sonderbaren Beschlüsse preuß. Landboten werden bald der Zunahme deutscher Auswanderung nach Brasilien so wenig Schranken zu setzen vermögen, als einst die ängstlichen Maßregeln der deutschen Regierungen dem Auswanderungsdrange nach Nordamerika. Ein solcher Strom reißt derlei Dämmchen und Bälkchen spielend hinweg.“ Nachdem der Kritiker noch einiges in Entschuldigung des bras. Nativismus gesagt mit dem Zusatze: „Es gehört die ganze Gutmüthigkeit, Nachgiebigkeit und Verträglichkeit des Brasilianers dazu, um mit solch' widerhaarigen und übermüthigen Nachbarn (wie die Deutschen in Brasilien) nicht in ewiger Fehde zu leben, schließt er seine uneigennützige Aufgabe mit den speciell für Brasilien berechneten Worten: „Wir leugnen nicht, daß die verfehlte Arbeit dieses Berichtes uns in unseren heiligsten Gefühlen doppelt verletzte“ u. s. w.

Ein anderer Aufsatz in diesen Actenstücken, mit wahrer Naivität das „sogenannte Landesgesetz und dessen Ausführung“ überschrieben, wird den Leser besonders als ebenfalls officiell, geradezu mit offenem Munde lassen, und ihm recht klar darthun, daß hier nur der reinste Humbug und Betrug vorliegt, und das auch nicht daß kleinste Resultat als Product der 11 Jahre, die seit Annahme dieses Gesetzes verflossen sind, angeführt werden kann, obschon Herr Hormeyer, wie er sagt, „schon damals und seitdem in immer steigender Erkenntniß dessen weise, dem Privat-Interesse der Gesetzgeber so ferne liegenden, ihre Uneigennützigkeit so glänzend belegende Bestimmungen“ gepriesen hat. Solche unverständige und zugleich unwahre Lobhudelei eines von bras. juristischen Gesetzgebern und Staatsmännern selbst als verkümmert und verkrüppelt anerkannten Gesetzes, dessen Ausführung aber auch selbst so gänzlich hintertrieben wird, kann freilich nicht entehrender mehr für den Schreiber derselben sein, als es seine bereits hundertfach geübten Anpreisungen und Empfehlungen von allem was entwürdigend und benachtheiligend auf deutsche Einwanderer in Brasilien einwirkte, um das vermeinte Interesse des Landpotentaten zu fördern, schon waren. Einer der sprechendsten Beweise der Unaufrichtigkeit der von den Landpotentaten beeinflußten Regierung gegen das Brasilianische Volk ist, daß es die durch die Kammerverhandlungen unvermeidlich gewordene Veröffentlichung des Berichtes des Herrn von Tschudi über die gesammten Kolonien von Espirito Santo nur in dem ursprünglich französischen Text geschehen ließ. Dies geschah, weil er darin den bittersten Tadel über den schmählichen Betrug ausspricht, der auf diesen Regierungs-Colonieen mit den unglücklichen Colonisten getrieben worden ist, über die maß- und ziellose Geldverschleppung, über den Mangel an aller Landvermessung, über die confessionellen Bedrückungen, aber besonders darüber, daß zwei auf einanderfolgende Provinzial-Präsidenten die steinige und völlig unfruchtbare Gegend als ein zweites Nil-Ufer dargestellt hatten, ohne je dort gewesen zu sein, und daß selbst ein Director und ein Ortsgeistlicher, die wirklich dort waren, von Milch und Honig geschrieben hatten, die dort flößen, während dem die armen Colonisten stets im größten Mangel lebten und verhungern würden, wenn sie nicht wegzögen. Statt versprochener 60,000 Ruthen Landes hatten viele nur 9000, ja sogar nur 6000 erhalten, und ein gewisser Caetano Dias da Silva, einer jener schmutzigen Colonie-Directoren dort, dem die Regierung sogar 30.000 Thlr. dazu vorgeschossen hatte um Deutsche herbeizubringen, (worauf ihn sogleich alle deutschen Lokalblätter und darunter die Aktenstücke Brasilianischer Seite zu einem unvergleichlichen Colonisator canonisirten) hatte die so erhaltenen Deutschen auf das niederträchtigste betrogen, und diesen sogar noch, nach Herrn von Tschudis Erklärung, 33⅓ Thlr. pro Kopf jährlich für den unfruchtbaren Boden contractmäßig, wie 1854 in Hamburg festgestellt worden war, erpreßt!

In einem 5 Spalten langen Artikel, „Sollen Protestanten nach Brasilien gehen?“ überschrieben, sagt die Brasilia: „Eine Schmach bleibt es für die Brasilianer selbst, wenn sie behaupten die Protestanten seien keine Christen, sondern Heiden und Ketzer, ließen ihre Kinder nicht taufen, erkennten die Dreifaltigkeit nicht an, wüßten nichts vom Abendmahl u. s. w., und diese Ignoranz wird genährt durch Blätter wie das Jornal do Commercio; denn als wir kürzlich eine gewissenhafte Nebeneinanderstellung der Glaubensbekenntnisse beider Confessionen geliefert, wurde diese wohl von ein paar kleinen Blättern des Inlandes in der Landessprache, aber weder von dem officiellen Jornal do Commercio, noch von dem freisinnigen Correio Mercantil wiedergegeben!“

Die Brasilia schließt indem sie sagt: „So lange sich Brasilien nicht entblödet, in seiner constitutionellen Gesetzgebung den Protestanten Gotteshäuser mit „äußeren Abzeichen von Kirchen“ zu verwehren, und katholische Geistliche sich berechtigt erachten, (wie sie es noch heute thun, nachdem trotz der ernstesten Vorstellungen der protestantischen Gemeinden das über die Maßen klägliche Ehegesetz angenommen worden ist) gemischte Ehen von Amtswegen (!) für nichtig zu erklären, sie zu trennen und ihnen neue (!) Ehen nach katholischem Ritus zu substituiren, den Kindern aus gemischten Ehen die katholische Religion aufzudringen, und Protestantischen Eltern das Recht ihre Kinder zu erziehen, zu entreißen, wie sollte da noch ein Protestant der etwas auf seinen Glauben und auf seine eigene Ehre, hält nur daran denken können, nach Brasilien auszuwandern?“ Spanien ist wohl eben so intolerant, aber Spanien lockt keine Protestanten durch betrügerische Werber und lügenhafte Gesandte und Consuln herbei, mit dem Versprechen der Freiheit des Cultus und der völligen Gleichberechtigung mit den Landesbürgern. Spanien ist ganz in seinem Rechte mit seinen eigenen Landeskindern nach Belieben zu schalten, Brasilien aber, das Noth leidet an Menschen reiner Race und an arbeitsamen Menschen, hat nicht das Recht, diese herbeizulocken, und sie um ihr Heiligstes zu betrügen.

Das neue geradezu nur zum bloßen Auspofaunen in Werbelockblättern unter unverständigen armen Protestanten confectionirte After Gesetz zur „Policiirung protestantischer Ehen“ ist nun wirklich auch vom Senate, was unglaublich schien, angenommen worden. Man wollte eben den Glauben in Europa erwecken, doch etwas auch in dieser Branche gethan zu haben; so nahm man dieses Gesetz, das von der vorjährigen intoleranten Kammer gekommen war, an. Im Jornal do Comercio No. 212 erschien bereits am Tage nach dessen unerwartet schneller Annahme, weil fast ohne alle ernste Diskussion und ohne daß auch nur eine einzige Stimme zu Gunsten der Gültigkeit der bestehenden Ehen oder Mischehen von mehr als 40,000 brasil. Bürgern und Ausländern im Kaiserreiche sich erhoben hätte, ein Protest Seitens der „evangelisch-protestantischen Christen“ gegen dasselbe mit der Erklärung, die bereits Jahrs zuvor gemacht worden war, nämlich: „daß jedwedes neue Gesetz, welches nicht die Anerkennung der Gültigkeit der nicht katholischen Ehe — sie sei dem Ritus, gleichviel welcher Religion, gemäß, oder bestehe sie auf Grund von Civil-Contracten — als Grundlage enthalte, durchaus nutzlos und müßig ist.“ — Eine Woche später erschien folgender Artikel über diesen Gegenstand in der Brasilia vom 18. August: Die Debatten über den Harlort'schen Antrag liegen noch immer in der Schwebe und können keine gesunde, rundgehaltene Entscheidung finden. Zwar sind sie auch in der Senatoren-Kammer in Anregung und Verhandlung gekommen, allein nur, um eine crasse und aller Einsicht und Aufklärung Hohn sprechende Ansicht zu characterisiren. Die Aufgeklärteren, die sich der freisinnigen Anschau des Herrn Ottoni angeschlossen und sich in seinem Sinne frei und offen für Menschenrecht und Gewissensfreiheit ausgesprochen, waren in der Minderheit. Mattreden, wie die des Herrn Senators Sinimbu, daß der Papst für eine gewisse Anzahl die Gestattung zu Mischehen gegeben (natürlich „gegen Baarzahlung) und daß diese Anzahl bis jetzt genügt habe und daß für den Mehrbedarf Erlaubnißscheine für „eine größere Portion zu erlangen seien." solche Mattreden lassen einen erschreckenden Einblick in den hier herrschenden Mangel an gesundem Menschenverstand thun. Auf diesem Wege wird man nicht zum Ziele gelangen und die Zukunft der Landeswohlfahrt, die ganz allein von Vermehrung der Arbeitskraft abhängt, wird immer mehr den Krebsgang nehmen. Man hätte glauben müssen, daß der so positiv gestellte Harkortsche Antrag, der nur rein Civilisatorisches und rein Völkerrechtliches in Anspruch nimmt, auf beschränkte und nebelhafte Einsicht etwas anregender gewirkt; aber hier scheint wirklich, um es mit einem Deutschen Kernspruch zu bezeichnen, Hopfen und Malz verloren zu sein."

„Und die von Deutschland Abstammenden, namentlich die Tausende von Protestanten, — die der Minister Souza e Mello als eine Secte qualificirt und das bei Besprechung eines Antrages des größten Protestantischen Staates, Preußen, wonach also der König und die ganze Familie Sectirer wären, — hier im Reiche, was thun diese? Oh! diese rühren sich nicht! und lassen geschehen, was da geschieht. Der Harkortsche Antrag kam von den Abgeordneten in Berlin, der Erfolg wird nach dorthin zurückkehren und man wird unfehlbar über diesen, wie über die Haltung der hier im Reiche Ansässigen und Eingebürgerten deutscher Abkunft entrüstet sein. Mögen sie den gegenwärtigen Moment nicht vorübergehen lassen und energisch, auf rein gesetzlichem Wege nicht ablassen, bis man im Sinne des Harkortschen Antrages Alles erlangt hat, was nur zu erlangen ist. Man bedenke, daß es nicht für die Gegenwart, sondern daß es für das ganze nachlebende Geschlecht, für Kinder und Kindeskinder ist, und daß es zum Wohle des ganzen Reichs geschieht, dem man sich mit seiner Arbeitskraft angeschlossen und dessen besseres Gedeihen auf jeden Einzelnen eine rückwirkende Kraft ausübt." Hier ist nun zu bemerken, daß Sen Cansancam de Sinimbu, bis 1860 Minister des Auswärtigen, kurz vor seinem Eintritt im Jahre 1859 ins Ministerium in gesetzten Reden überschwenglich liberal für eine vernünftige Colonisation, gegen das Parceria-Treiben, für freien Grundbesitz, selbst für das „Heer von Brasilianischen Proletariern, die er als ihres Erbrechts im Lande durch die Landpotentaten beraubt und zum Werkzeuge der scheußlichsten Verbrechen gemacht" hinstellte, für Freiheit des Cultus und für deutschen Unterricht für Deutsche gesprochen. Ihm war dies Alles nur ein Geringes, was Brasilien den Deutschen geben könne, „es solle ihnen nur alles geben, was es zu geben hätte, und dann könne es sie noch nicht entschädigen für das, was sie daheimzurückließen, besonders könne es ihnen nicht eine mit der deutschen ebenbürtige Sprache bieten u. s. w."

Senhor Cansancam de Sinimbu nämlich hat in Deutschland studirt, und ist mit einer Deutschen, Frl. Vogel aus Dresden, verheirathet, Tochter des ehemaligen Bras. Kaufmanns Vogel und einer streng presbyterianischen Schottin, welche beide sogar mit der Tochter nach Brasilien zurückzogen. Wie muß uns auffallen, Senhor Sinimbu auf die Weise, wie oben, auftreten zu sehen! Doch erinnern wir uns auch bei Dr. Lallemant, in dessen letztem Werke, bereits große Enttäuschung über ihn bemerkt zu haben, und daß er nach obigen Reden und besonders als Minister nie auch nur das Geringste in dem früher so befürworteten Sinne für Brasilianische Proletarier und eben so wenig für die deutschen Colonisten gethan hat, ja sogar gleichgültig mit zusah, als unter dem Ministerium, zu dem er gehörte, die deutschen Schulen auf das äußerste beschränkt und die deutschen Colonien von den verworfensten Trappisten, Redemptoristen und Jesuiten-Missionaren, herbeigezogen durch Regierungssubsidien, in Hader und Zwietracht, der noch heute fortdauert, versetzt wurden. War vielleicht ein Vorspiel dieser Sinnesänderung des Senhor Sinimbu der Umstand, daß er seine Gemahlin zu bestimmen vermochte, bei den lärmenden Missas Cantatas das Musik liebende bras. Publikum mit ihrer Stimme bezaubern zu dürfen, hoffentlich nicht an der Seite der noch kürzlich dort bei diesen Feierlichkeiten ihrer weiblichen Stimme halber beliebten Zwittermenschen? Oder wäre vielleicht auch Madame Sinimbu, jetzt Exma Dona Valeria, bereits zur Staatskirche übergegangen? Diese Fragen sind keineswegs bloß vorwitzige Fragen. Deren Beantwortung soll mit dazu dienen, die grenzenlosen Inkonsequenzen aufzuklären, in welche Bras. Staatsmänner verfallen, je älter sie werden und je mehr sie die Würden und Stellen des Staates in sich cumuliren. Da aber Sen. de Sinimbu auch von Mischehen-Dispensen spricht, welche sich die bras. Regierung von Rom durch die von ihm veranstaltete Sendung des Sen. Cavalho de Moreira im Jahre 1859, erhandelte, also Dispensen im Voraus, ohne daß selbst die Curie die besondern Fälle kannte, für welche sie angewandt werden sollten, er also auf einen veritablen Ablaßkram für die Sünde der Mischehen eingegangen ist, so wird auch die Frage erlaubt sein, ob er für sich selber einen dieser Dispensen zurückbehalten hat, zur nachträglichen Gültigmachung seiner eigenen Mischehe, und ob er davon für denselben Zweck auch einen an Senhor Araujo in Berlin und ebenso einen an Senhor Gomes de Souza, Deputirten für Maranham und andere mit Protestantinnen, ohne Römischen oder irgendwelchen andern Dispens in Deutschland, England und selbst in Brasilien verehelichte Staatsbeamte, Diplomaten und Deputirte abgegeben hat?

Wie viel er und diese Herren jeder einzeln an die Colonisationskasse für diesen zurückbezahlt oder ob ihnen derselbe gratis verabfolgt ist, zugleich aber auch wie viel die Colonisten für ihre Dispensen zu zahlen hatten, und ob diese Dispens-Diplome in irgend einem Gerichte einregistrirt sind, denn ginge ein solches verloren, welche Sicherheit wäre da für die Gültigkeit einer solchen Ehe geboten? Eine Hauptsache aber bleibt der wörtliche Inhalt eines solchen Dispenses. Findet sich darin ausdrücklich erklärt, daß die Kinder je nach dem Geschlechte in dem Glauben ihrer Eltern erzogen werden dürfen? Das ist der wesentliche Punkt, um den es sich hier handelt, und sollte dieser nicht gewahrt sein, so nehmen wir nicht das geringste Bedenken, diese ganze Negotiation mit Rom als eine ganz gemeine Schwindelei nicht nur des ganzen Bras. Ministeriums sammt dem Staatsrath, ohne dessen Zustimmung sie nicht gemacht werden konnte, sondern auch jedwedes dabei betheiligten Brasilischen Diplomaten zu bezeichnen, und als ein neues schmachvolles Vergehen gegen die Familie, der sie nur Stoff zur Zwietracht und Erniedrigung bereitet.

Dieses Auftreten eines Mannes wie Sinimbu mit einer so wahrhaft grenzenlosen Inconsequenz macht eine oft mit Südamerikanern gemachte Erfahrung fast zu einem Axiom, nämlich dem, daß mit seltenen Ausnahmen die Bürger jener Länder, welche erst von ihrem Jünglingsalter an eine höhere Erziehung in Europa genossen haben, gerade die unzuverlässigsten und am wenigsten moralischen sind, oder doch nach einigen Jahren der Rückkehr es werden. Die Ursache für diese traurige Erscheinung dürfte die sein, daß der Mangel an allem Gemüthe, an Wahrheitsliebe und wahrer Religion und an ächter Moral, in dem sie daheim gelassen worden waren, in dem Alter der vorzeitigen Mannbarkeit, in der sie die europäischen Hochschulen beziehen, schlechterdings nicht mehr zu beseitigen ist, wenn auch sich darnach ein Bestreben zeigte. Ehrgeiz und Wißbegierde, welche durch die lebendigen Vorträge an europäischen Hochschulen erregt werden und oft die bereits früh entwickelten Leidenschaften wieder zurückdrängen, machen aus ihnen manchen guten, obschon meist einseitig gebildeten Studiosus und dessen äußerer Anstand ist meist um so strenger, als er sich in Europa des Mangels an innerem Halt, der moralischen Würde bewußt wurde. Die Folge ist, daß ihm oft eine Werthschätzung entgegenkommt, die ihn für eine Zeit hebt und bessert, denn sie geht von Leuten aus, die er achten muß, und deren Werthschätzung ihm wohlthut. Es ist ein Gefühl, das ihm zu Hause, wo gegenseitige wirkliche Achtung wegen des durchschnittlichen Zustandes der Moral nur selten möglich ist, unbekannt war. Alle diese Eindrücke und Wirkungen aber, die so viel versprechend schienen, gehen meist nicht nur gänzlich wieder verloren, sondern bringen nach der Rückkehr dieser jungen Männer sei es nach Mexico, Venezuela, Peru, Chili, oder Brasilien merkwürdiger Weise gerade das Gegentheil hervor, und zwar auf diese Weise: Der Zurückgekehrte findet statt des gemüthlichen geistigen Lebens, was er in Europa schätzen gelernt hat, unter seinen Landsleuten nur eine Oede wieder. Er sieht unter ihnen weder Beispiele für Sitte, Moral, Treue und Vaterlandsliebe, noch wird der höhern Haltung, die er anfänglich in diesen Beziehungen in seinen heimischen Kreisen beizubehalten sucht, die mindeste Anerkennung zu Theil, ja er findet, daß sie ihm überall nur alles erschwert. Er fühlt sich durch keine Rücksichtsnahme auf die Meinung Anderer, die ihn in Europa zusammenhielt und stärkte, mehr bestimmt, und hat er nicht tiefen moralischen Halt in sich selbst, die reinste Vorliebe für Wahrheit und Recht, so erringen sich die in den frühesten Jahren empfangenen Eindrücke wieder die vollste Herrschaft, die dann mit so viel mehr Nachdruck auftritt, als sie mit einer Fülle von Kenntnissen begleitet ist, welche ihm abgegangen wären, wäre er nie aus dem Lande gewesen. Einmal auf dieser vom Guten sich abwendenden Bahn, geht es schnell bis zum Extrem der entgegengesetzten Richtung und er wird ein kalter Interessen-Mensch, der nur darauf bedacht ist, sich Reichthum und Stellen und Ehren zu sichern,[1]) die ihn in den Stand setzen mögen, mit éclat wieder in Europa zu erscheinen und dort alle kostspieligen Genüsse mitmachen zu können, von denen er einen unvergeßlichen Vorgeschmack mit nach seinem Lande gebracht, das sie ihm nicht bieten kann und für dessen Naturreize er von seiner frühesten Jugend an gleich seinen Eltern erstorben blieb. — Das ist meist der Lebenslauf selbst derjenigen Südamerikaner, die wirklich etwas Gediegenes in Europa lernen, während die andern im frivolen Leben untergehen. Sie aber werden deßhalb die gefährlichsten Staatsmänner für jene Länder, weil egoistisch, geldsüchtig und Europaleanl zugleich, und weil sie diesen Leidenschaften auf Kosten des Wohls ihres Vaterlandes bei jeder Gelegenheit fröhnen um bereichert und

---

[1]) Höchstauffallender Weise hat sich bei dem Ausbruch der Rebellion der Südstaaten eine ähnliche oder noch größere Mißachtung der Pflichten gegen das Vaterland in dem zu West Point erzogenen Offiziers-Corps in so zahlreichen Fällen des Verraths gegen die Union an den Tag gelegt. Mit Recht sagte der Kriegsminister Cameron: „Der Grund hievon kann nur in einer frühen Vernachlässigung der Erziehung des Gemüthes liegen." Wie könnte das auch anders sein, in einer Gesellschaft, wo das Weib nur bestimmt zu sein scheint, der träge Götze geldgieriger Männer zu sein, (weshalb wohl, um sich diese Stellung zu wahren, so viele Frauen des Nordens als Spione und geheime Agenten, ja selbst als offene Agitatorinnen der Sklavenpartei auftreten,) und wo die Knaben aller Pietät gegen das Alter mehr und mehr entfremdet wurden; ein dreifaches sociales so zerstörendes Uebel, daß dessen Beseitigung selbst durch vieljährige schwere Leiden nicht zu theuer erkauft sein wird.

überhäuft mit Ehren irgend eine Figur, wie sie vermeinen, in Europa spielen zu können. Grade solchen, einer europäischen Erziehung zu spät übergebenen Landeskindern verdanken die meisten Südamerikanischen Staaten ihre größten Schäden, und Brasilien hat deren eine glückliche Zahl. Nähme man nur den von Brasilien in Washington besetzten diplomatischen Posten zur Exemplification obiger Behauptung vor, man würde finden, wie dort eine Reihe von Diplomaten figurirt haben, die trotz der schönen Gelegenheit, die sich ihnen darbot, ihrem Lande die nützlichsten Rathschläge in der Staatsländereifrage, sowie in vielfachen materiellen Einrichtungen mit Nachdruck als Muster vorzuführen, sich damit begnügten, es durch Hervorhebung vermeinter identischer Interessen besonders in der Sklavenfrage in jene Sicherheit einzuwiegen, die es jetzt an den Rand des Verderbens gebracht hat. — Es ist keinem Menschen gegeben, die Dauer des furchtbaren Läuterungsprozesses vorauszubestimmen, welchen das Unionsvolk durchzumachen haben wird, es ist selbst zu befürchten, daß dieser sich auf ein Jahrzehnt erstrecken könnte, wenn nicht der Sklaverei schnell, wenn auch nur stadienweise, ein bestimmtes Ziel ihrer Endschaft gesteckt wird. Geschieht dieses letztere nicht, so werden die Leiden und Heimsuchungen in diesen 10 Jahren dort alle jene übersteigen, die je ein Volk Europas in einem Jahrhundert erfahren, aber sie werden auch dem Lande den spätern unendlichen Segen bringen, den, wie bei dem einzelnen Menschen, so auch bei den Staaten die harten Prüfungen des Ungemachs, die bisher dem Unionsvolk gänzlich erspart waren, die aber die Weltordnung mit unerbittlicher Strenge nachholt, immer im Gefolge haben. — Sind diese Prüfungen überstanden, so können die Vereinigten Staaten, vorausgesetzt, daß sie die Union aufrecht erhalten und die Schwarzen gänzlich aus ihrem Gebiete entfernt werden, der Welt sich noch in Wahrheit als ein Staatenmuster hinstellen, als welches sie bisher leider zu voreilig, betrachtet worden sind, und dann eine Machtstellung gewinnen, die sich noch gar nicht berechnen läßt. Ist ähnliches auch nur annähernd je von einem Staate zu hoffen, dessen Situation sich so darstellt, wie es die Embleme des Titels dieser Blätter veranschaulichen?

Wohl ist selbst noch in den letzten Verhandlungen der Bras. Kammer viel von einer Unmöglichkeit confessioneller Zugeständnisse gesprochen worden, doch sind innerhalb der letzten 20 Jahre ganz andere Unmöglichkeiten in großen und kleinen Staaten möglich gemacht worden, theils durch Zwang der Verhältnisse, theils durch den Sieg der Vernunft, gerade aber in der Befolgung einer rückhaltlosen Liberalität in religiöser Beziehung liegt noch für Brasilien das einzige Mittel, sich den Zuwachs an geistigen und sittlichen Fonds zu verschaffen, der es allein befähigen kann, die ihm unabwendbar bevorstehenden Krisen vielleicht noch zu bestehen; denn nur so wird ihm durch die Einwanderung jene Erneuerungskraft auch in materiellen Dingen zufließen, welche die Staaten der Union durch alle Zerrüttung hindurch, die ihnen bis zur endlichen Beseitigung der Sklaverei noch bevorsteht, sicherlich bewähren werden. Der edle Czar sagte im Jahre 1859 zum Land-Adel Rußlands: „Es ist unumgänglich, die Reform von Oben anzufangen, wenn ihr nicht wollt, daß sie von unten komme." Der Russische Adel verstand dieses Wort, schwerlich würden es die bras. Landpotentaten verstehen wollen. Der Kaiser von Brasilien ist wohl ein hochherziger und von den besten Absichten beseelter Monarch, aber kein Selbstherrscher, ja selbst seine constitutionellen Prärogative sind durch die Landpotentaten, die sich seine 10jährige Minderjährigkeit und frühen Regierungsantritt (im sechzehnten Lebensjahre) zu Nutze machend, durch Landraub und Sklavenschmuggel sich übermächtig zu machen gewußt, zu einem bloßen Scheine geworden, denn sie mißbrauchen nun das von ihnen unterdrückte besitzlose Volk durch die Scheinwahlen zu immer ärgerer Verfälschung der Constitution.

Aus diesem Zustande der Machtlosigkeit kann sich die Krone erheben nur durch eine vernunftgemäße Bodentheilung und damit Erweckung eines gemeinsamen Volksinteresses an der Aufrechthaltung einer alle Volksklassen gleich schützenden wahrhaft constitutionellen Monarchie, damit man nicht, anstatt die Auswanderung nach Brasilien empfehlen zu können, mit den Worten des Dichters Lamartine, über Brasilien ausrufe: „Auf dich Land der Shylocks, das mit Menschenfleisch handelt, möge der Fluch der Verkauften fallen", und damit ebensowenig, während die freie besitzlose Bevölkerung des Landes fortfährt unter dem giftigen Achasbaume ihrer Verwahrlosung, Bedürfnißlosigkeit und Abhängigkeit von den Grundbesitzern und einer verkommenen Geistlichkeit, zu liegen, — die Colonien, die von bras. Gesellschaften und Unternehmern mit Deutschen herzustellen versucht werden, als Cayenne-ähnliche „Colonies mortuaires" erscheinen, über deren Eingang man füglich die Ueberschrift der Danteschen Hölle setzen könnte: „Lasciate ogni speranza voi ché entrate!"

Bemerkung in Erläuterung der auf dem Titelblatte befindlichen Illustrationen.

Die Oberfläche Brasiliens ohne Abzug der Flüsse und Gewässer ist ungefähr 1,900 Millien Acres. Alles nutzbare Land ist angeeignet, außer das in den innern Theilen der Provinzen des Amazonas und von Para, und eines kleinen Theils der von Goyaz und Mato Grosso, die für Europäische Landbauer durchaus unbewohnbar sind; und nur in dem Innern der Provinzen von St. Catharina, Parana und dem Nord-Westen der Provinz Rio Grande dürften sich noch einige hundert Quadratlegoas Kernland ausfindigmachen lassen, die einigermaßen geeignet wären für den Anbau durch Deutsche. Jedoch ist es der Bras. Regierung trotz 6jährigen angeblichen Suchen noch nicht gelungen, mehr als sehr beschränkte und zugleich sehr abgelegene und für Colonisation ungünstige Strecken von geringer Ausdehnung ausfindig zu machen. Die Zahl der Grundbesitzer in ganz Brasilien wird verschiedentlich von 80,000 bis 130,000 geschätzt, welche ungefähr drei Viertheil der ganzen nutzbaren Oberfläche unter sich getheilt haben. 4000 bis höchstens 6000 unter diesen beanspruchen sogar die Hälfte des so angeeigneten Landes!

Die wenigen Eisenbahnen, im ganzen vier, welche in Brasilien in Angriff genommen sind, zum größten Theile mit englischen Capitalien gegen hohe Zinsgarantien von dem Staate und von den respectiven Provinzen zugleich, in Gesammtlänge von circa 340 englischen Meilen, von welchen an 60 bereits gebaut sind, gehen durch unbewohnte Latifundien, die vor dem Angriffe dieser Bahnen völlig werthlos waren. Die Kammern und die Regierung waren bei der Concessionirung dieser Bahnen trotz der ernstesten Warnungen, durch den Einfluß der Landpotentaten hingerissen worden einen Beschluß über Desapropriation des für die Bahnen selbst nothwendigen Landes, oder auch für Ländereien zu Colonisationszwecken längst derselben, nicht zu nehmen. Die Folge ist, daß die Verwaltungen der Bahnen nun den Eigenthümern des Landes enorme Preise für das benöthigte Land zu zahlen haben, und daß die Ansiedlung längst der Bahnen durch die hohen Forderungen der ersteren unmöglich gemacht ist. Jedoch ist bereits wieder ein Project im Gange, das auf Staatskosten größere Strecken dieses Landes anzukaufen bezweckt, um es wieder an Colonisten zu verkaufen. Kommt der Plan zu Stand, so wird der Staat sicherlich wieder um einige Millionen Thaler betrogen, und eine Colonisation wird so doch nicht erreicht werden, weil überhaupt alle Hauptbedingungen dazu fehlen und die Landpotentaten vermittelst der Corruption, Ignoranz und Nachlässigkeit, welche bei diesen Ankäufen unfehlbar stattfinden würden, nur werthloses Land abgeben würden.

Der Staatsschatz von Brasilien hat nie eine Einnahme für Landverkäufe gehabt; denn wenn auch einige Verkäufe, meist an schwindlerische Unternehmer gemacht worden sind, so ist doch nie Zahlung geleistet worden. Dagegen hat der Staat für eine stets auf das corrupteste gehandhabte durchaus unverständige Colonisation, die bereits im Jahre 1823 anfing, und periodisch fortgesetzt wurde, aber erst seit 1856 von dem Staate mit vielem Wortschwalle, doch mit ebenso vieler Unaufrichtigkeit, wieder aufgenommen wurde, im Ganzen nahe an 12 Millionen Thlr. ausgegeben. Hiervon darf man mit Sicherheit annehmen, daß ein Drittheil durch Unehrlichkeit verschleppt, ein zweites Drittheil mit Unverstand verausgabt, also höchstens ein Drittheil für den eigentlichen Zweck verwendet worden ist. Der Staat hat seit 5 Jahren nahe an 6 Millionen Thaler für ein sogenanntes Land-Amt ausgegeben, dessen Zweck sein sollte, das Staatsland auszufinden, und es für den Verkauf an Einwanderer zu vermessen, Besitzkarten anzufertigen und die Titel des bestehenden Grundbesitzes zu prüfen. Aufgaben, die es gänzlich ungelöst gelassen hat; obschon es sich auf die allerscandalöseste Weise dazu hergeliehen hat, Besitz-Titel auszustellen, wo vorher gar keine existirten, die daher, weil durch Hinterlist und Betrug erlangt, (heimlich ohne von dem Kaiser selbst unterzeichnet zu sein) bei erster Gelegenheit des Eintritts einer besseren Verwaltung, da sie jedenfalls eingeschrieben sein sollten, wieder umgestoßen werden müßten; wären sie aber nicht registrirt, wie nach gewissen Anzeigen zu vermuthen steht, so wären sie gleichhin ungültig. —

Zu bemerken ist hier noch, daß für Eisenbahnbauten keine Landappropriationen in Brasilien gemacht worden sind, während man in den Verein. Staaten 14 Millionen Acres dafür gegeben hat; eben so wenig für Schulzwecke, wofür in den Vereinigten Staaten 54 Millionen Acres oder fast der Siebente Theil alles angeeigneten oder verkauften Landes gegeben worden sind. —

In den Staatsschatz der Union sind vom Jahre 1833 bis 1859 für verkauftes Land 136,401,302 Dollars eingegangen, in den von Brasilien nie ein Dollar! Der Werth der noch verfügbaren Ländereien der Union ist zum mindesten auf 1,500,000,000 Dollars anzuschlagen. Für Colonisationszwecke hat die Union nie einen Cent verausgabt und doch hat sie seit 80 Jahren an 9 Millionen Einwanderer an sich gezogen, die jetzt alle glücklich, zufrieden und zum großen Theile wohlhabend sein würden, wenn nicht der furchtbare Krebsschaden der Sclaverei eine radicale Umwälzung der bisherigen Zustände nothwendig gemacht hätte, wobei ein großer Theil des bisherigen Reichthums zerstört werden wird, der sich nur unter viel verbesserten staatlichen und socialen Verhältnissen wieder und um so sicherer ersetzen wird, als dort bereits sehr nahe an 2 Millionen Grundbesitzer, wo nicht schon mehr, den kaum fünften Theil des vom Staate abgegebenen Bodens unter sich theilen, während in Brasilien eine 4mal größere Landesoberfläche von einer 20mal kleinern Besitzerzahl beansprucht ist, also ein 80mal ungünstigeres Verhältniß besteht!

Denkschrift

über

die Nothwendigkeit der Beseitigung der Sklaverei in Nordamerika

und über

die geeignetsten Mittel zu diesem Zweck und eventualiter zur Ausfuhr der Schwarzen.

Der Geist der socialen Reform ist seit den letzten zwanzig Jahren der Reihe nach über die meisten europäischen Staaten hingezogen und hat sie gekräftigt und verjüngt.

England hat durch die Abschaffung der Korngesetze das Landmonopol beseitigt und dennoch den Landbesitz im Werth erhöht, durch seine Zollerniedrigung die Fabrikanten bereichert, die Löhne gehoben und seinen Handel fast verdreifacht. Diesen weisen, das materielle Wohl bezweckenden Maßregeln waren andere Akte der Gerechtigkeit vorausgegangen, — so das Zugeständniß bürgerlicher Gleichberechtigung der katholischen Mitbürger Irlands, die Befreiung der Sklaven in den eigenen Kolonien und endlich noch die Erklärung der Selbstständigkeit der Kolonien in ihrer innern Verwaltung. Sodann wurden die 200 Millionen Einwohner Indiens zu unmittelbaren Unterthanen der Königin Victoria gemacht, nachdem dort die ungeheuerlichste Verschwörung unterdrückt und nach vollständigem Niederbrechen vieler schlechten Institutionen viel neue und bessere geschaffen worden waren. Seitdem sind an Indien gegen 350 Millionen Thlr. für Eisenbahnbauten vorgeschossen, wodurch die Produkte der in ihren eigenen Augen gehobenen Bevölkerung schnell und mit geringen Kosten nach den Welthäfen befördert werden, namentlich auch Baumwolle in jährlich zunehmendem Quantum. Bereits beläuft sich die Ausfuhr dieses Artikels auf den fünften Theil von Englands Gesammtbedarf, während Indien selbst viermal so viel zum eigenen Verbrauch zurückhält, sich aber desselben wohl auch bald zu Gunsten der europäischen Fabriken entschlagen und dennoch seine eigene Production von Jahrzehnt zu Jahrzehnt wahrscheinlich verdoppeln wird. Dabei ist noch Indiens chronisches ungeheueres Finanz-Deficit bereits stark verringert worden.

Frankreich, gezwungen durch Englands Beispiel und dessen Erfolg, hat seine Monopole zum großen Theile fallen lassen und hat endlich selbst dem versteckten Sklavenhandel entsagt.

Ganz Italien ist unter einer freisinnigen Verfassung geeinigt und wird allem Anscheine nach sich auch in materieller Hinsicht schnell entwickeln.

Oesterreich macht den Versuch, seinem Zwangs- und Bevormundungssystem zu entsagen und giebt durch Fallenlassen des Concordats die sicherste Bürgschaft seiner veränderten Gesinnung.

Rußland hat soeben den größten Akt der nationalen Gerechtigkeit, der je vollbracht wurde, zu Gunsten eines Drittheils seiner Bevölkerung ausgeführt; die Andeutungen eines Tegoborsky und andrer aufrichtiger Patrioten sind nicht auf unfruchtbaren Boden gefallen, und das Land ist muthig auf die gerechte Sache eingegangen, die dort einen noch weit mächtigeren Einfluß ausüben wird, als die Irische Emancipation, verbunden mit der Flüssigmachung des verschuldeten Irischen Grundbesitzes, auf Irland und England selbst geäußert hat.

Selbst die Türkei, Egypten und Tunis adoptiren anerkannte Verwaltungsformen, gewähren ihren Bevölkerungen, ohne Rücksicht auf die nationalen oder confessionellen Unterschiede, Gleichberechtigung und bereiten die Abschaffung der ohnehin sehr modifizirten Sklaverei vor, welche nie den barbarischen und unmenschlichen Charakter besaß, den sie in den Pflanzungen Amerika's angenommen. Der Vice-König von Egypten hat sogar jede körperliche Züchtigung eines Untergebenen gesetzlich verboten.

China, Siam und besonders Japan nehmen bereits in einem Jahre mehr guten Rath in materiellen und fiskalischen Verbesserungen von den Europäern an, als Spanien und die meisten südamerikanischen Staaten in zwanzig Jahren gethan; so z. B. steht Brasilien, obschon es den Vorzug monarchischer Einrichtungen genießt, in dieser Beziehung den Nachbarrepubliken sehr wenig voran.

Die Zahl der brausenden Dampfwagen übersteigt weit die vor dreißig Jahren bestehenden schneckenartigen Postkutschen, die Zahl der telegraphischen Depeschen in den gebildeten Ländern überfluthet bereits die vor einem Jahrhundert von den Posten besorgten Briefe, und die Zahl der Letztern hat sich allein innerhalb der letzten 20 Jahre verzehnfacht. Der so vermittelte Austausch der Gedanken hat nun in der gebildeten Welt seine vollen tausend Millionen Träger im Jahre, während diese vor einem Jahrhunderte 50 Millionen nicht überstiegen; und trotz aller dieser staatlichen, geistig-fördernden und überzeugenden materiellen Umgestaltungen und Verbesserungen sollten hinter der allgemeinen Civilisation nun die Vereinigten Staaten zurückbleiben, nachdem sie in vielen Dingen an ihrer Spitze vorgeschritten waren? Unverkennbar ist in jenen Staaten bereits seit einigen Jahrzehnten ein Rückschritt in dem eingetreten, was ihnen von dem Tage ihrer Unabhängigkeit an die Achtung der Welt gesichert hatte. Bei der höchsten Entwickelung aller materiellen Interessen wurden die moralischen und geistigen stets mehr in den Hintergrund gedrängt, die Wahrheit und das Recht in der Staatsverwaltung und Politik stets weniger beachtet.

Wohl kann man mit Recht behaupten, daß die Vereinigten Staaten von ihrer bisherigen Größe und Macht nur den Anfang verdient hatten; sie waren es werth, frei zu sein, durch die Strenge ihrer Sitten, durch ihre Mannhaftigkeit im Kampfe für die Freiheit und durch die Reinheit und Gerechtigkeit ihrer Konstitution; — sie hörten auf, dieses Glück ferner zu verdienen, sobald sie die edlen Grundlagen ihres Gemeinwesens der Sklaverei zu Liebe verfälschten, und von der Zeit an, als bei ihnen in Folge hiervon die Geldherrschaft an die Stelle der so schwer errungenen Freiheiten und Menschenrechte trat, war es vollends um die Weihe der Freiheit und um ihre wahrhafte internationale Größe geschehen.

Die eigene Freiheit wurde von dem Augenblick an untergraben und geschwächt, als sie die Sklaverei für gesetzlich berechtigt erklärten und ihr Sitz und Stimme in dem Repräsentantenhause des amerikanischen Volkes selbst einräumten. Mit dem materiellen Fortschritt, der anfänglich zum großen Theile auf diese basirte, nahm auch ihr staatlicher Verfall zu. Durch die Verwendung der Sklaverei zur massenhaften Production der Baumwolle verloren die Pflanzer sowohl ihre moralische Grundlage, als auch die gesunde Grundlage ihres eigenen dauerhaften Erwerbs. Die Mehrzahl der freien Bürger, durch gemeinsame Interessen, sowohl des Handels als der politischen Macht, mit dem Süden auf das innigste verbunden, schien ebenfalls bereitwilligst dazu beizutragen, daß das große sociale Uebel sich mehr und mehr verschlimmerte und die reinen Grundsätze der christlichen Religion in Beziehung auf Menschenrechte und Selbstverfassungsrechte auf das gröbste mißachtet und verachtet wurden.

Durch stets willige Duldung und Vermittelung wuchs das entehrende Institut allmälig zu achtfacher Größe an Ausdehnung und Bevölkerung im Vergleich mit der zur Zeit der Unabhängigkeitserklärung bestandenen Sklavenzahl. Was anfangs um der Einigkeit willen zugestanden worden war, wurde bald in doppelter Ausdehnung mit

Drohungen gefordert und erzwungen. Auf diese Weise wurde durch nachgiebige Duldung einerseits und die unbändigste Leidenschaft andrerseits sowie durch die politische und merkantile Verbindung zwischen beiden das entehrende Institut der Sklaverei geradezu zu einem der Grundpfeiler des vormals so edlen Gebäudes der Vereinigten Staaten gemacht.

Der betretene Weg war aber zu abschüssig, als daß ein kräftiges Volk lange Zeit darauf hätte fortschreiten können. Der Bund zwischen Freiheit und Sklaverei beleidigte alle Gesetze der Natur zu tief, um für immer bestehen zu können; er mußte brechen, und ein Glück ist's für die alte wie für die neue Welt, daß es schon jetzt zum Bruche kam. Denn die krankhafte Ueberschätzung der eigenen Kraft und Individualität, eine Eitelkeit, die hauptsächlich durch die schlauen Intriguen der Sklavenbesitzer hervorgerufen wurde, hatte in den ganzen Vereinigten Staaten einen kalten Uebermuth erzeugt, der selbst dem Fortschritt der alten Welt desto gefährlicher wurde, als der vorwiegende Einfluß der Unterdrücker der Menschenrechte nicht nur die territoriale Ausbreitung der Negersklaverei und die Beschränkung der Freiheit der Bürger im eigenen Lande durchsetzte, sondern sie auch im Auslande begünstigte. Unzweideutige Proben davon liefert die gänzliche Theilnahmlosigkeit der Republik bei der Unterdrückung des Sklavenhandels, dann ihr Verhalten während des Krimkrieges. Auch durch ihre Gleichgültigkeit für Freiheit und Fortschritt in Deutschland und in Italien und durch die sehr verständlich ausgesprochene Abneigung gegen die Emancipation der Bauern in Rußland, zeigte Nordamerika, was jüngstens aus dem Staate Washington's geworden war. Freilich hatte die Welt das Alles nur dem überwiegenden Einfluß der Sklavenhalter zu verdanken, obschon dieser von einer Minorität ausging, und zwar hauptsächlich nur vermittelst des, die Constitution der Union so entehrenden Princips, dessen Annahme die Sklavenhalterpartei durch Drohungen erzwungen und durch Bestechung erleichtert hatte, nämlich: daß einem Sklavenbesitzer für jede 5 Sklaven, die er hätte, oder die mehrere zusammen besäßen, 2 Stimmen bei den Wahlen eingeräumt wurden. So war der Partei der Sklavenhalter durch ihre bekannten plutokratischen Einflüsse, verbunden mit einem sehr starken esprit de corps, die Majorität im Congresse gesichert, und es stellte sich diese kleine Partei von Unterdrückern alles Edlen und Guten während einer langen Reihe von Jahren an die Spitze der Regierung, unterjochte die Freiheitspartei und mißbrauchte ihre Macht zur fortgesetzten Fälschung der Constitution.

Aber die Gefahr wurde täglich drohender; alles Gefühl für Recht und Uebereinstimmung mit den reinen Grundsätzen der Constitution schien erstickt. So arg war es geworden, daß selbst der letzte Präsident der Republik, der eine bloße Creatur der Sklavenzüchter war, während er seinen eigenen Staatssekretär in jedem Departement die Republik zu Gunsten der südlichen Conspiratoren um viele Millionen Dollars in baarem Gelde und in Waffen berauben ließ, in seiner Botschaft an Brasilien, weil auch ein Sklavenland, durch das ihm auffallend gespendete Lob für dessen liberale Institutionen, mit unbewußter Ironie so zu sagen an den Pranger stellte. Es lag in diesem Lobe gewissermaßen der Gruß der Verbrüderung der zu vereinigenden Sklaverei-Interessen der neuen Sklavenstaat-Conföderation, die man zu bilden sich längst vorgenommen hatte, und mit der man Brasilien als solidarisch verknüpft betrachtete.

Der Zeitpunkt der Wiedereroberung der unschätzbaren Güter, die auf so verrätherische Weise verloren gegangen waren, mußte endlich eintreten, sei es auch durch noch so große Opfer und Jahre langen Kampf, wenn nicht die moralische Kraft des ganzen Landes für immer versinken sollte. Hat Freiheit, Recht und Ehre wieder gesiegt, so werden alle verursachten Schäden nur ein Kleines wiegen, im Vergleiche zu dem wichtigen moralischen Fortschritt, ein so fürchterliches sociales Uebel ausgerottet zu haben, und nicht weniger im Vergleich zu den materiellen Vortheilen, welche sich eine große Gemeinschaft freier Männer in weit erhöhterem Maßstab, als bisher, unfehlbar sichern wird.

Was ist eine zeitweilige Unterbrechung der Geschäfte gegen die sittliche Kraft und den Zuwachs von begründeter Selbstachtung! Wie verschieden von dieser ist doch das raufboldmäßige Aufbrausen, zu dem auch das Volk des Nordens bei jedweder nationalen Prätension, auch der extravagantesten, von den südlichen Egoisten stets mit fortgerissen wurde, auf daß der Streit mit dem Auslande den Verfall der heimischen Politik und die Uebergriffe der letzteren in die Rechte der freien Männer und in die der neuen Territorien verdecke!

Statt wie bisher nur materiellen Leistungen und der Kunst, Geld zu machen, zu huldigen, wird das Volk der amerikanischen Union nach den ihm nun bevorstehenden harten Prüfungen und Erfahrungen auch für höhere Bildung empfänglicher werden.

Wir können uns nicht enthalten, auf die wohlthätigen Einflüsse hinzuweisen, die von einem solchen Umschwung auf Europa, Asien und die ganze Welt ausstrahlen werden.

Wenn die große Republik geistigen Interessen zugänglicher sein wird, so wird sie sich auch mehr getrieben fühlen, auch die wahre Freiheit der Welt zu befördern. Wenn sie an der Freiheit auch Anderer Antheil nimmt, wird sie zur Erlangung dieses kostbaren Gutes nicht mehr das Geistige in andern Nationen abzuschwächen und zu mißachten suchen, um sie blos commerciell auszusaugen; vielmehr wird sie sich und Anderen auf der Bahn zu gemeinsamem Wohlergehen forthelfen.

Was könnte sich daraus für Ostasien allein Heilsames ergeben, wo heute combinirte Geld- und Menschenjagd getrieben wird, und wo jedenfalls bei einer weiter getriebnen Zersetzung des Völkerrechts seitens der Amerikaner die größten Ungerechtigkeiten gerade von den Vereinigten Staaten wohl mit Recht zu befürchten gewesen wären.

Und welche ungeheure Vortheile werden nicht für Afrika aus dieser Umwälzung der Produktions-Verhältnisse Nord-Amerika's entstehen? Und zwar aus dem Zusammenbrechen des Systems der Zwangsarbeit in ganz Amerika, das nur auf Kosten der Menschenrechte und der eigenen Entsittlichung der Pflanzer und aller Weißen, die in socialer oder politischer Verbindung mit ihnen stehen, aufrecht erhalten werden konnte!

Erstens auf indirecte Weise vermöge der Ermuthigung der Colonial-Production durch die Eingebornen in Afrika selbst zum Ersatz des unvermeidlichen Ausfalls in den Süd-Staaten Nord-Amerika's — und zweitens vermöge der wahrscheinlichen Civilisirung vieler Theile Afrika's durch massenhafte Auswanderung von Schwarzen aus Amerika; denn mag es kommen wie auch immer erdenklich, die Sklaverei wird sich nicht behaupten lassen, selbst nicht bis zu einer allmäligen Befreiung der bereits gebornen Sklaven, besonders, wenn nach dereinstigem Frieden der Grundsatz der Freiheit der Neugebornen nicht zur Geltung gebracht und so die allenfalls fortbestehende Sklavenbevölkerung und die Millionen, die inner- und außerhalb des Landes mit dieser sympathisiren, einigermaßen befriedigt und in Hinsicht auf die sicher bevorstehende völlige, wenn auch allmälige Aufhebung der Sklaverei zur Geduld gestimmt würden.

Die Katastrophe, welche in den Vereinigten Staaten eingetreten ist, ist aber für die ganze civilisirte Welt und besonders für die handeltreibenden und Manufacturstaaten Europa's von so unberechenbaren Folgen, daß es in der That gebotene Pflicht der Regierungen der letzteren Staaten zu sein scheint, sich dahin zu verständigen, daß eine freundlich einwirkende Collectiv-Action zur möglichsten Milderung derselben eintrete.

Möge Gott verhüten, daß ein solches wohlwollendes Zusammenwirken oder auch die vereinzelte Einwirkung der durch ihre Weltstellung oder durch moralischen Einfluß dazu befähigten Regierungen unterbleibe, und vor Allem, daß irgend eine dieser Regierungen die Zerrüttung der Vereinigten Staaten zu eigenem Vortheil ausbeuten zu können vermeinte — denn je größer diese Zerrüttung werden mag, desto größer werden auch die Verluste und wohl auch folgenschwerer die Störungen für alle anderen Länder werden.

Ein würdiger Gegenstand zu einer solchen Collectiv-Action dürfte sich in einigen hier später folgenden Andeutungen finden.

Von der Ansicht ausgehend, daß der Ursprung der Hauptübel, welche die Vereinigten Staaten allmälig ergriffen und sie in ihre gegenwärtige schwere Lage gebracht haben, in der Sklaverei liegt, dürften, besonders mit Bezug auf die Einleitung erwähnter Andeutungen, solchen Lesern, welche den Amerikanischen Zuständen bisher weniger Aufmerksamkeit gewidmet haben, einige weitere allgemeine Bemerkungen nicht unwillkommen sein.

Lange schon war es dem denkenden Beobachter nordamerikanischer Zustände klar geworden, daß ein auf Barbarei, das ist Sklaverei, und zugleich auf Civilisation oder die vollste Freiheit des Individuums begründetes Gemeinwesen auf die Dauer keinen Bestand haben kann, daß der Widerstreit der Grundprincipien die gegenseitige Auflösung anbahnen und ein Kampf eintreten müsse, in dem unbedingt eins von diesen beiden Prinzipien untergehen muß, weil das Leben in einem freien Staate und in einem Sklavenstaate auch nicht die mindeste Aehnlichkeit hat, und auf gänzlich entgegengesetzten Bedingungen fußt. Für den Menschen als ein gesittetes geistiges Wesen ist der letztere Staat werthlos, im Gegentheil wird er ihm ein Gräuel; denn durch den unvermeidlichen Verlust der Moralität und der Nächstenliebe wird er ein Fluch für seine Familie und führt zum sittlichen Untergang. Das Leben im freien Staate dagegen ist geziert durch Erziehung, durch geschickte Arbeit, Künste, stete, gesicherte Interessen, durch das geheiligte Familienband und durch Ehre und Gerechtigkeit, während im andern Staate das Leben mehr einen fieberhaften Charakter trägt, indem dort bei dem Zurücktreten alles geistigen Lebens die sinnlichen Leidenschaften unbeschränkt emporwuchern und einen Hang nach frivolen Vergnügungen hervorrufen, der zur Habgier, zum Geize und zur Härte gegen den Mitmenschen führt; im gleichen Verhältnisse wächst das Mißtrauen, der Gebrauch tödtlicher Waffen gegen Untergebene, oder um sich gegen gleich erzogene Nachbarn zu schützen, wird allgemein, und es bildet sich so ein Heer von Tyrannen systematisch aus.

Die Vorwürfe, die man bei dem gegenwärtigen Ausbruche des Bürgerkriegs den Vereinigten Staaten über ihre Constitution macht, sind nicht begründet. Achtzig Jahre lang hat sie, wie Hr. J. G. Kohl treffend sagt, ihre Autorität über eine heterogene, aus allen Winkeln der Erde rekrutirte Bevölkerung aufrecht gehalten, ohne die örtliche Selbstverwaltung zu beeinträchtigen oder jenen Expansionsgeist einzuschränken, der den amerikanischen Continent von den Küsten des atlantischen Meeres bis an die Abhänge des Felsengebirgs bevölkert hat. An dem Uebel, welches über die Ver. Staaten gekommen ist, hat die ursprüngliche Constitution derselben keinen Theil, wohl aber die Verfälschung dieser durch die Partei der Sklavenherren. Es liegt darin, daß das Eigenthum von 5 Sklaven im Verhältniß zu 2 freien Stimmen in dem Congresse der Vereinigten Staaten repräsentirt war, und dieser Grundsatz, so wenig man sich auch noch darüber ausgesprochen hat, wird nach der Wiederherstellung der Union sicherlich nicht mehr beibehalten werden können.

Freilich wird es schwer, zu begreifen, wie der Minister Seward nach seiner noch im März ausgesprochenen Ansicht gegen die Aufrechterhaltung der in einigen Nordstaaten zur Verhinderung der Sklavenauslieferung angenommenen Gesetze im Amte sich wird erhalten können, wo ihm doch die Aufgabe zu Theil werden möchte, im Congresse selbst einleitende Maßregeln zur allmäligen Beschränkung wo nicht Abschaffung der Sklaverei anzubahnen, nachdem er selbst durch seinen unmännlichen Beschwichtigungsversuch das große Unheil angestiftet hat, die Südländer eben so sehr in ihren übertriebenen Erwartungen zu bestärken, wie dieses gleichzeitig durch die Erklärung Englands geschah, nach welcher die Südstaaten als kriegführende Macht beinahe anerkannt wurden, und hoffen durften, durch ihre Kaperbriefe die Nordstaaten im Schach halten zu können.

In der That sind die Südstaaten zum größten Theil innerhalb dieses Jahres noch durch die Hoffnungen irregeleitet worden, die in ihnen durch die Schwäche der Unionsregierung selbst erweckt wurden. Douglas, Buchanan, Crittenden und Seward, dann die früheren verrätherischen Minister — alle trugen dazu bei, sie zu noch größeren Prätensionen zu treiben.

Es sind zu viele politische und geographische Gründe vorhanden, deren Erörterung hier nicht Raum findet, welche verhindern müssen, daß die Vereinigten Staaten sich zu dieser Zeit schon trennen könnten. So könnte z. B. der Norden unter keinen Umständen sich den Mississipi schließen lassen, wie dieses mit dem deutschen Rhein der Fall ist. Eben so wenig kann er zulassen, daß durch die, wenn auch bloß auf die Territorien des Südens beschränkte Sklaverei die Zahl der Sklaven in Nord-Amerika, wie nach bisheriger Vermehrung zu erwarten, in weiteren 50 Jahren bis zu 15 Millionen anwüchse — denn selbst bei späterer Emancipation dieser Neger würde sich Nord-Amerika ein unberechenbar großes sociales Uebel für alle Zukunft aufgebürdet haben, das den Nordstaaten auch nach der Trennung vom Süden überaus nachtheilig sein würde.) Die vereinigten Staaten müssen sich die Wege und die Macht offen halten, die große Verbreitung der schwarzen Race, selbst als Freie, zu verhindern, so wie auch die Möglichkeit, dieselbe ganz aus Nord-Amerika entfernen zu können. Für die Garantie der Zukunft der Union, sowie für die Befriedigung der großen Majorität der freien Bürger und zur Herstellung der Constitution in ihrer ursprünglichen Reinheit erscheint es daher unbedingt nöthig, daß fortan die Regierung bei Festhaltung an der Integrität der Union sich von dem Makel der Mitbetheiligung an der Sklaverei freihalte, wie dies leider aller Nationalwürde und der Constitution zum Hohne bisher nicht der Fall war; denn es bestand das Zugeständniß des Wahlrechts von 2 Stimmen für den Besitz von je 5 Sklaven, und die Auslieferung flüchtiger Sklaven; die Entscheidung der Gerichtshöfe bei Freiheitsentziehungen war beeinflußt, Sklaverei im Regierungssitze von Columbien selbst, d. h. selbst in Washington zwischen dem Repräsentantenhause und dem Capitole! Schon die Nichtbetheiligung der Unions-Regierung in den Sklavensachen würde die allmälige Abschaffung der Sklaverei unwiderruflich zur Folge haben, so wie auch, daß selbst ohne allgemeine Abolitionsmaßregeln die freie schwarze Bevölkerung sich weit stärker als bisher vermehren würde. In Folge hiervon und besonders weil dann die jetzt in großen Gruppen zusammengedrängten Schwarzen sich als Freie unter die weiße Bevölkerung ausbreiten und vertheilen könnten, wäre die Gefahr der Vermischung beider Racen und der Verschlechterung der weißen Race sehr groß, und es müßten vor allen Dingen Vorkehrungen getroffen werden, dies zu verhindern.

Das allgemeine Gefühl sowohl in Amerika wie in Europa spricht sich jedenfalls dahin aus, daß, ob der gegenwärtige Kampf eine kürzere oder längere Zeit währen mag, die Sklaverei nicht länger aufrecht erhalten werden kann. Es ist zwar daran zu zweifeln, daß bei der gegenwärtig herrschenden großen Leidenschaftlichkeit und Aufregung irgend welche Vorschläge zur Beseitigung der bestehenden Hindernisse ein williges Ohr finden möchten; jedoch wird Angesichts des Abgrunds, vor dem beide Parteien stehen, gewiß bald ein Zeitpunkt eintreten, wo man geneigt sein wird, alles zu prüfen, was eine Möglichkeit des Friedens und dauernder Ruhe bietet.

Die Ehre des Sternen-Banners wird es nimmer zulassen, daß auch noch nach der jetzigen Empörung der Sklavenstaaten die Sklaverei unter seinem Schirm und Schutze fortbestehe wie bisher, um so weniger, als die Unionsregierung durch keinen Kompromiß, der ja durch die Südstaaten selbst gebrochen wurde, mehr gebunden ist, die Sklaverei in den Einzelstaaten ferner zu schützen, selbst in dem Falle nicht, wenn nach Herstellung des Friedens die Sklaverei in einzelnen Staaten zeitweilig noch fortbestehen sollte. Die Wahrung des Sklaveneigenthums würde fortan diesen Staaten auf eigenes Risico und ohne allen Beistand von außen obliegen.

Unfehlbar wird beim Friedensschlusse oder vielmehr bei der Unterwerfung der rebellischen Staaten sich bereits eine nicht unbedeutende Zahl Schwarzer vorfinden, die ihren rebellischen Herren entflohen und in das Bundeslager übergegangen sein werden, und außerdem wird die voraussichtlich unvermeidliche Confiskation der Güter der Rebellen-Häupter, Offiziere und Beamten, noch eine viel größere Zahl von Negern freimachen, weil sie, insofern sie von der Union confiscirt würden, nicht mehr Sklaven sein können. Obschon ihnen von der Union billiger Weise gewisse Verpflichtungen für die ihnen zugestandene Freiheit auferlegt werden dürfen und im doppelten Interesse des Staates und der Neger selbst auferlegt werden müssen. So kann leicht schon binnen einem Jahre die Anzahl von vielen Tausenden Schwarzer vorhanden sein, die als Freie unterzubringen wären, und für deren Heranbildung zur richtigen Benutzung der Freiheit die wohlerwogensten Maßregeln getroffen werden müssen.

Wir fürchten nicht, daß die Heuchelei der Secessionisten-Staaten — welche in ihrem Beschlusse über die Abschaffung des Sklavenhandels und noch mehr in den ängstlichen Bestimmungen über Sicherung der Freiheit von Prisen-Negern in dem Staate, dessen Flagge das genommene Negerschiff führte (welche sogar die höchst alberne Forderung in sich schlossen, daß diese Prisen-Neger als gleichberechtigte Bürger aufgenommen werden müßten), ans Licht getreten ist — auch ihr Gegenstück noch im Norden selbst finden könnte, und daß dort noch das Seward'sche Anerbieten der Aussicht vorgezogen würde, 1000 Millionen Thaler in Kriegskosten und wenigstens ebenso viel durch Beeinträchtigung der Landes-Industrie, wenn auch nur in einem zwei- oder dreijährigen Kriege, opfern zu müssen.

Wir glauben vielmehr fest, daß kein Verständniß mehr zuwege gebracht werden kann, das nicht nur der territorialen Ausdehnung, sondern auch der zeitlichen Dauer der Sklaverei eine feste und selbst nicht weit hinausgestellte Schranke steckt, weil die Ueberzeugung bereits eine allgemeine ist, daß die Vereinigten Staaten nie wieder volle Sicherheit des innern Friedens noch Kraft nach außen erlangen können, so lange noch die wenn auch nur partielle Sklaverei besteht. Die Behauptung, es läge den Trennungsgelüsten allein oder auch nur hauptsächlich das Recht der Selbstverfügung der Einzel-Staaten zu Grunde, ist bereits als unrichtig erwiesen. Die Functionen der Föderal-Regierung der Vereinigten Staaten, was die Beziehungen mit dem Auslande anbelangt, dann die Verfügung über die Territorien, das Münz- und Postwesen, den Gränzschutz, das Heer- und Marinewesen, sind so centralistisch tüchtig und gemeinsam, wie die irgend einer andern Nation. Nur außerhalb dieser genannten Verwaltungen sind die Einzelstaaten unabhängig von der Union. Deshalb aber hat auch die Föderal-Regierung gegenwärtig kein Bestimmungsrecht über die Sklaverei innerhalb der Einzelstaaten und kann, so lange die Constitution nicht abgeändert ist, zur Beseitigung dieser nichts thun. Aber die Vereinigten Staaten haben Luisiana und Florida zu ihrer politischen Ergänzung für 100 Millionen Dollars gekauft, haben ihnen Rechte von Föderal-Staaten zugestanden und ihnen ihren Schutz, während sie früher bloß schlechtverwaltete Kolonien waren, verliehen, wodurch sie erst geworden, was sie gegenwärtig sind; auch haben sie dort kostspielige Festungswerke und öffentliche Bauten errichtet. Die Secession ist demnach weiter nichts, als eine einfache Revolution, und zu dieser ist seitens der Föderal-Regierung nicht die mindeste Veranlassung gegeben worden, als die, daß sie die Beamten, die gegen den Staat aufgetreten sind, nicht behalten hat. Die frühere Präsidentschaft aber und schon die fünf früheren haben, wie Hr. Kohl schlagend anführt, stets dahin gestrebt, die Sklaverei und allen Einfluß dieser Art von Eigenthum noch mehr auszudehnen. Deshalb wurde Texas genommen, deshalb Krieg mit Mexico geführt und Californien gekauft, deshalb wurde der Missouri-Compromiß aufgehoben, deshalb wurde das Untersuchungsrecht den englischen Kreuzern nicht zugestanden, deshalb wurden die Flibustier-Expeditionen geschürt und die Walker'schen gegen Cuba und Nicaragua unterstützt. Mit einem Worte: deshalb geschah Alles, was die Vereinigten Staaten vor der Welt in Mißcredit brachte, und was das öffentliche Gefühl in den ganzen Vereinigten Staaten, selbst den Nordstaaten, bis zu einem hohen Grade verfälschte und irre leitete.

Diesem Zustande der Dinge will die Nation nun ein Ende machen. Statt der Freibeuterei will sie die Achtung der Rechte anderer Nationen wieder herstellen; statt den Sklavenhandel zu begünstigen, will sie ihn völlig unterdrücken; statt der Sklaverei noch fernere Ausdehnung zu gestatten, wollte sie diese zwar nur auf engere Grenzen beschränkt wissen, wird sich aber zweifelsohne in Folge der Verhältnisse gezwungen finden, auch ihre Dauer zu beschränken. Deshalb hat sie die Staatsmänner und Beamten, welche im entgegengesetzten Sinne wirkten, aus den Aemtern entfernt, wodurch die Rebellion der Südstaaten entstand. Regierung oder keine Regierung, Mäßigung oder Raub, Ordnung oder Anarchie, darum handelt es sich eben jetzt für den Norden; das Volk ist einig über die Nothwendigkeit, die Regierung in diesen Bestrebungen zu unterstützen, und darum wird es dieser an Kraft, es mit Erfolg zu thun, nicht fehlen. Es hängt also jetzt Alles von dem Willen und der Kraft der Regierung allein ab.

War doch das große Vergehen der früheren Regierungen und selbst der Volksvertretung, besonders des Senats, die während fast zwanzig Jahren von dem Einflusse und Willen der Sklavenhalterpartei geleitet waren, das der Unterordnung der eigenen Humanität und Selbstbestimmung unter angeblich nationale Ideen, die nur als Deckmantel für die stets wachsenden Eingriffe der Sklavenhalter in die Freiheiten der nordischen Staaten und Bürger und in die neuen Territorien zur Ausdehnung der Sklaverei dienten. Hierzu waren der südlichen Partei jederzeit Streitigkeiten mit auswärtigen Staaten willkommen, um durch deren hartnäckige Verfolgungen den falschen National-Ehrgeiz aufs möglichste aufstacheln und während der Dauer des gereizten Zustandes und der so hervorgebrachten Einigkeit zu Hause stets neue Uebergriffe auf Kosten des Nordens und der Freiheit ausführen zu können. — Auf diese Weise entstand allmälig eine völlige Entartung der auswärtigen Politik, eine sehr beträchtliche Anmaßung allen europäischen Staaten gegenüber, und nicht selten rohe Eingriffe in das Völkerrecht.

Den Sklavenjunkern des Südens war die Verletzung des Gesetzes und des Völkerrechts zur zweiten Natur geworden. Durch ihren Einfluß geschah es, daß die Unions-Regierung das Untersuchungsrecht nicht anerkannte und letzthin auch der Uebereinkunft über das Kaper-Verbot nicht beitrat, damit die Südstaaten auch bei der längst beabsichtigten Trennung, ohne selbst Schiffe oder Matrosen zu haben, dem Raub und Mord durch ihre Kaperbriefe die Hand bieten könnten.

Der kürzlich mit ewiger Schande begrabene Senator Douglas trägt die Hauptschuld an der jetzigen Noth der Vereinigten Staaten. Er war aber thatsächlich nur ein Werk der Vorsehung, die noch zu seinen Lebzeiten zum Falle brachte, was er zu seiner persönlichen Vergrößerung auf ewige Zeiten festzustellen gesucht hatte, indem er durch seine Nebraska-Bill der Ausdehnung der Südstaaten bis zur Missisipi-Grenzlinie Vorschub zu leisten dachte. Sein Betrug mit dieser Bill — die dem Principe der Selbstregierung zu huldigen vorgab, in der That aber die Souverainetät der ganzen Nation unter die einzelner Staaten stellte, um das Land der freien Territorien für die Sklaverei zu sichern — war der Grundbetrug, aus dem alle anderen neueren Verfälschungen der Constitution entstanden. Nach der darauf folgenden Fälschung der Justiz zur Erzwingung der Auslieferung flüchtiger Sklaven aus den freien Staaten, nahmen sogar die Präsidenten Antheil an dem Verrath der Rechte der Nation, und es folgten hieraus noch die ungeheuren Veruntreuungen der Beamten selbst; denn nach einem solchen Akte staatsmännischen Ischariotismus, der um der eigenen Vergrößerung halber eingeleitet und von dem gesetzgebenden Körper ratificirt worden war, konnte kein Grundsatz und keine Treue mehr bei den höheren Beamten stehen bleiben, und die Südstaaten wurden sogar infolge dieser durch eigenen Einfluß hervorgerufenen Verderbniß der höchsten Staatsbeamten immer hochmüthiger in ihren Forderungen.

Lange schon hatten die vermeintlichen-National- und Privat-Interessen die Erkenntniß des Rechts selbst in den Wohlmeinenden verdunkelt und der Durchführung desselben sich entgegen gestellt, während die Gegner des sittlich-natürlichen Rechts dasselbe mit giftigen Waffen bekämpften, ihm sogar ein angeblich göttliches Recht entgegenstellten und dabei die Bornirtheit und Charakterlosigkeit zu Mithelfern gewannen, allesammt aber nicht mehr beachteten, daß das Gesetz der ewigen Gerechtigkeit durch keine Macht und Schlauheit aufgehalten werden kann, und daß, wenn die Menschen dieselbe nicht frei erfüllen wollen, es sie in der Form der Nothwendigkeit als Strafe trifft.

Eine solche Nothwendigkeit war hier die Erhebung der Volksmehrheit gegen die ihr so oft auferlegte Demüthigung durch die Sklavenhalter des Südens. Diese verletzte Volksgesinnung sprach sich zuerst feindlich aus in der völlig gesetzlichen Wahl Lincoln's; als aber diese Wahl verworfen und die Einheit der Nation durch den Abfall der Südlichen bedroht und durch gewaltsame Wegnahme des Forts Sumpter auch die Nation selbst noch angegriffen wurde, ward sie zur Abwehr gezwungen, um die Würde und Rechte der Nation und die Integrität der Ver. Staaten zu behaupten, und es muß nun auch die völlige Entscheidung aller bisher so lange vermiedenen Fragen erfolgen.

Die hervorragendste unter diesen, der Quell aller andern Streitfragen ist aber die Sklaverei, und so schwierig auch ihre Lösung ist, so wird sie doch nun gefunden und mit Beharrlichkeit angebahnt werden müssen, wenn die Vereinigten Staaten aus dem zeitweilig beendigten Bürgerkriege nicht beschädigter in der Achtung der Welt als bisher, und dauerhaft benachtheiligt in ihrer Entwickelung, heraustreten sollen, um in nicht langer Zeit nach noch vermehrten Uebeln einem neuen, noch ernsteren innern Kampfe entgegen zu gehen, nachdem sich Jahre lang unter ihren Bürgern die schlimmsten socialen und politischen Leidenschaften, die je ein Land durchfurcht, geltend gemacht und das Gemeinwohl des Landes sowie alle edleren Eigenschaften seiner Bewohner auf das äußerste beeinträchtigt haben werden.

Gewiß ist diese Ueberzeugung drüben bereits eine allgemeine geworden, nachdem man nun allerseits gezwungen war, sich frei gegen einander über das auszusprechen, was man bis jetzt kaum sich selbst einzugestehen wagte; ja man wird, man muß darnach handeln der Selbsterhaltung willen. Die politische Heuchelei, die in den letzten Jahrzehnten sogar oft von den Präsidenten selbst ausgegangen war, wird nun aufhören und mit ihr jene religiöse Heuchelei, die sogar im Norden die Sklaverei als durch die Bibel gerechtfertigt, anerkannt wissen wollte, wie man im Süden schon längst gethan hatte. Schon der bloße Vergleich der heutigen Plantagen-Sklaverei mit der Dienstbarkeit zur Patriarchenzeit, oder selbst mit der heute noch unter Asiaten, Arabern oder in Afrika bestehenden Sklaverei, ist nur ein für die unwissende Menge berechneter Betrug.

Kannte ja doch das nomadische oder Hirtenleben der Altväter nicht die gezwungene Arbeit in Reihe und Glied, mit Antreiben durch Peitsche und Hunde! Sie forderten von ihren Leibeigenen nur eine treue Bewachung ihrer Heerden, einen gelassenen Dienst ohne alle Ueberanstrengung. Sie arbeiteten selbst mit ihren Zugehörigen im Felde, sie aßen aus derselben Schüssel mit ihnen und tranken aus demselben Krug, sie exportirten nicht so viel Hunderttausend Säcke und Ballen von diesem oder jenem Producte. Sie lebten einfach und brauchten keine Summen zum Verprassen in den Hauptstädten. Ihr Leben war ein wahrhaft bucolisches, das Leben eines heutigen Pflanzers aber ist ein wahrhaft höllisches. Die Pflanzer haben die freie Natur, Gottes schönes Himmelsdach, in eine Zwangsarbeits-Fabrik, ja in ein Zuchthaus für den Neger umgewandelt. Wer kann ohne Verwirrung der Begriffe diese beiden Verhältnisse mit demselben Worte „Sklaverei" bezeichnen wollen?

„Wie still reiht der Patriarch die Setzlinge der herrlichen Frucht in die Erde, mit leichtem Stab wandelt er „durch die Familie und die Gemeinde, das Zeichen der Macht und des Friedens, Gruß und Schutz für den Fremd„ling, Schreck und Züchtigung für den Uebelthäter," sagt Gigl.

Welches Bild bietet dagegen eine Pflanzung? Man lese nur Olmsted's oder Russell's Reisebriefe oder Ribeyrolles (für dessen Grab in Rio Victor Hugo letzthin die Inschrift geschrieben) Beschreibung einer brasil. Pflanzung, oder man vergegenwärtige sich die langen stillen Reihen geduldiger Neger in einer Louisianischen Baumwollpflanzung, in denen entmenschte Sklaventreiber mit Revolvern im Gürtel, lederzungiger Peitsche und spanischen Bulldogs stehen, um zur Erndtezeit die Arbeiter 16 Stunden lang zur Arbeit zu zwingen! Ist da ein Vergleich nur möglich? Dort bei den Patriarchen sehen wir das höchste und allgemeine Naturgesetz der Bewegung, der Circulation harmonischer Arbeitsvertheilung in seiner Einfachheit selbst auf den Sklaven angewandt; hier bei dem Pflanzer nur der Arbeit Fluch direct für den Sklaven und indirect für den Herrn desselben.

Ueber den mit dem Afrikaner getriebenen Mißbrauch und die schädliche Rückwirkung desselben auf den Herrn, die Gesellschaft und den Staat hatten längst unter den wirklich christlichen und zugleich staatswirthschaftlich vorgeschrittenen Bewohnern Nordamerika's die klarsten Begriffe und Ansichten sich gebildet; aber sie konnten sich nicht geltend machen bei dem rastlosen Treiben nach Geld, an das sich so viele andere Interessen selbst in den freien Staaten anschlossen. Nun aber sind die der Wahrheit so lange angelegten Fesseln abgefallen und die endlich erlangte Freiheit des Gedankens hat die Massen ergriffen. Der Norden will von Sklaverei bei sich selbst nichts wissen und eben so wenig mehr zu ihrer Aufrechterhaltung im Süden behülflich sein, wie man ihm zugemuthet.

Schon Jefferson hatte gesagt: „Wird eine geographische Linie, in Uebereinstimmung mit einem hervorragenden Prinzipe, sei dieses ein moralisches oder ein politisches, gezogen und den Leidenschaften der Menge als ein Gegenstand des Hasses dargeboten, so wird sie nie wieder beseitigt werden und die einmal hervorgerufene Aufregung wird diese Linie immer tiefer und tiefer ziehen."

Jetzt ist nun aber die durch die geographischen Linien und die Auslegungen des Flüchtlingsgesetzes zu Gunsten der Sklaverei seit dem neuesten Umschwunge der Dinge fort und fort unterhaltene Spannung geradezu zu einem unauslöschlichen gegenseitigen Hasse und zu offenem Bruche aufgelodert und von nun an ist die Erhaltung der bis jetzt bestehenden Sklavereiverhältnisse in den Ver. Staaten völlig unmöglich geworden, ja sie wird, selbst wenn die Südstaaten sich von diesen trennen könnten, sich auch in diesen nicht mehr behaupten können.

So wird die Nothwendigkeit die völlige Lösung herbeiführen. So milde auch die neue Administration auftrat, und obwohl der Congreß anfänglich von jedem Zwangsverfahren gegen die Secessionisten-Staaten absah, so ist nun doch ein völliger Umschlag in den Ansichten eingetreten. Die Südstaaten haben unwiderruflich die Vortheile verloren, die sie durch Mäßigung und Klugheit sich hätten sichern können.

Die Wegnahme des Forts Sumter nach einer Reihe von Gewaltthaten gegen die Beamten und das Eigenthum des Bundesstaats brachte einen gewaltigen Umschwung in der Denkungsweise des ganzen Nordens hervor. Da sich die Lösung der Sklavenfrage in der Union selbst als eine Nothwendigkeit herausstellte, so hätte der Norden möglicher Weise darin eingewilligt, daß die eigentlichen Baumwollstaaten in ein exceptionelles Verhältniß zur Union getreten wären, wodurch denn auch die allmälige Beseitigung der Sklaverei in den bei der Union gebliebenen Sklavenstaaten erleichtert werden wäre. Hätten z. B. Letztere einen großen Theil ihrer Neger an die Ersteren verkauft, so würde die Sklaverei gerade durch ihre Aufhäufung und Zusammendrängung im Süden nur desto schneller ihrem Ende entgegen gegangen sein. Auch dieser Ausweg ist nun verschlossen besonders durch den Uebertritt weiterer vier Staaten zum Sonderbunde und durch die zweideutige Haltung von Kentucky.

Die Grenzscheidung, welche bei den bloßen Baumwollstaaten möglich gewesen wäre, ist nun nicht mehr ausführbar; außerdem kann der nördliche Bund die ganze Reihe von Agriculturstaaten von Maryland bis Missoury, in welchen die Sklaverei völlig entbehrlich ist, in keinem Falle von sich trennen lassen, wäre es auch nur um den unionstreuen Bürgern gerecht zu werden, welche in allen diesen Grenzstaaten die Mehrzahl bilden und nur durch die Zwangsherrschaft niedergehalten werden. Dasselbe ist aber auch noch zum großen Theil weiter nach Süden hin der Fall, und es ist der „Times" zufolge sehr zu bezweifeln, daß sich auch nur ein Staat außer Süd-Carolina vom Bunde getrennt hätte, wenn die verbürgte Freiheit der Rede, der Presse und der Abstimmung dort bestanden hätte.

Die Lage der Dinge ist jetzt besonders nach der Niederlage der Unionsarmee so verwickelt geworden, daß sie nur durch das Waffenglück und blutige Kämpfe entschieden werden kann. Schon das Verhalten des Repräsentantenhauses vor diesem Ereignisse bewies, daß man von aller Nachgiebigkeit gegen die Südstaaten bereits abgesehen hatte. Namentlich zeigte sich dies in der Einsetzung eines Comite's, „um die Zahl und die Namen der noch immer in den Ministerial-Bureaux beschäftigten Individuen, die notorisch landesverrätherische Gesinnungen hegen, zu constatiren", und ferner in der Resolution, „daß das Haus der Ansicht sei, daß es nicht zu den Obliegenheiten der Truppen gehöre, flüchtige Sklaven zu fangen und auszuliefern". Ein weiterer Beweis dafür ist die bereits angenommene Bill zur Confiscation des Eigenthums der Rebellen, deren vierter Paragraph ohne das Wort „Sklave" auszusprechen, diese Art fahrender Habe dennoch in folgendem Wortlaut sehr gefährdet: „Wenn eine Person, welche das Recht auf die Dienste oder die Arbeitskraft einer andern Person beansprucht, sich dieser Arbeitskraft bedient, um einen Aufstand zu unterstützen, oder den Gesetzen der Union Widerstand zu leisten, so sollen ihre Rechte auf die Dienste einer solchen Person verwirkt, und die dienende Person (der Sklave) soll fortan ihrer Verpflichtungen entbunden sein." Schon vor jenem Ereignisse rief ferner der sehr kaltblütige Senator Lane von Indiana bei hervortretenden Sympathien zu einem Compromisse entschlossen aus: „Es giebt keinen Compromiß mehr und keinen Frieden, der nicht den Tod der Rädelsführer dieser verruchtesten aller Rebellionen, die je gemacht worden sind, bedingt. Ja den Tod! und nicht den ehrlichen Soldatentod durch Pulver und Blei, sondern den Verbrechertod durch den Strang!" Da auch bereits der Congreß die schimpfliche Ausstoßung der Vertreter der Rebellenstaaten beschlossen, bedeutende Zollerhöhungen, eine hohe Einkommensteuer und andere Kriegsauflagen decretirt und dem Präsidenten Lincoln freie Hand zu allen erforderlichen Maßregeln gegeben hat, so ist wohl von nun an keine Anwandlung von Schwäche seitens der Nordstaaten mehr zu erwarten; namentlich nachdem es erwiesen ist, daß die Verluste der Unionstruppen bei Bullsrun hauptsächlich dem Feuer von Neger-Schützen, die in Sümpfen standen, in denen kein Weißer es hätte aushalten können, zuzuschreiben ist. Dieser Umstand allein reicht hin, um bei der nördlichen Armee jede Rücksicht auf das Sklaveneigenthum schnell zu beseitigen, und hat einmal die Flucht der Neger angefangen, so wird sie schnell um sich greifen. — Vorsichtsmaßregeln wenigstens zur Unterbringung dieser Flüchtigen, welche die Nordstaaten nicht auf ihrem Gebiete sich anhäufen lassen können, müssen daher jedenfalls getroffen werden.

Sollte eine allgemeine Emancipation der Sklaven sich als die Bedingung der Integrität des Vereins-Territoriums und der Fort-Existenz des Bundes überhaupt darstellen, so wird sie auch sicherlich stattfinden. Zu hoffen ist nur, daß dabei die möglichste Umsicht und Gerechtigkeit nach allen Seiten beobachtet und vorbereitende oder Uebergangsmaßregeln so weit als möglich getroffen werden.

Da nach der Constitution der Vereinigten Staaten jede Reform der Verfassung, wie sie in diesem Falle nothwendig wäre, nur durch einen Gesetzesvorschlag geschehen kann, der durch zwei Drittheile der Stimmen im Congresse angenommen worden und darauf von zwei Drittheilen aller Staaten-Legislaturen oder zwei Drittheilen aller Urwähler gutgeheißen ist, so dürfte auch diese Reform innerhalb weniger Monate zu erreichen sein.

Werden die Dinge seitens der Sklavenaristokratie, die sich freilich nicht ohne die äußerste Nothwendigkeit dazu verstehen wird, ihre vormalige Allmacht mit gänzlicher Unterwerfung zu vertauschen, — der aber über Nacht durch das furchtbarste aller Ereignisse, durch den Aufstand ihrer Sklaven gänzliche Vernichtung drohen kann, — nicht aufs äußerste getrieben, so kann die Emancipation, als ein Ganzes betrachtet, vielleicht noch als eine local-beschränkte erfolgen, d. h. sie kann durchgeführt werden ohne die Entfernung des Negers von seinem bisherigen Herrn oder von dem Boden desselben, indem sie ihm innerhalb einer gewissen Anzahl Jahre die Freiheit und auch die gewisse Aussicht auf hinreichenden Grundbesitz bietet, und ihn so, gleich dem russischen Bauern, zum freien Besitzer, jedoch von einer zureichenderen Bodenfläche, als diesen zugestanden wurde, — heranzieht.

Oder die Emancipation kann auch in einer Weise ausgeführt werden, daß den Negern eine freiere Verfügung über sich-selbst bleibt, besonders solchen, die zu gewerblichen und häuslichen Beschäftigungen erzogen sind; jedoch in diesem Falle nur bei einiger Mitwirkung seitens des Staates, in welchem sie sich befinden, wie überhaupt in beiden Fällen wohl die Hülfe der Union selbst beansprucht werden dürfte, besonders nur wo die Ablösung der Neger bezweckt würde.

Es würde vielleicht alsdann eine Entschädigungssumme, und zwar 100 Dollars höchstens für nur einen Arbeitstag (den Sonnabend) vom Staat gezahlt werden können. Auf diese Weise würde der Neger in den Stand gesetzt sein, durch eigenen Verdienst an diesem Tage sich allmälig auch noch die übrigen fünf Tage von seinem Herrn zu erkaufen.

Keines dieser beiden Systeme wäre jedoch auszuführen, ohne daß überhaupt erst den Sklaven gesetzlicher Schutz und Berechtigung auf billige Behandlung gesichert worden wäre, der ihm bekanntlich in den Vereinigten Staaten mehr versagt ist als in irgend einem andern Sklavenlande, wo wenigstens Gesetze (und oft sogar vortreffliche) zu Gunsten der Sklaven bestehen, wenn sie auch leider sehr selten beobachtet werden.

Es müßte allerdings auch eine nachhaltige Ueberwachung zur Erfüllung der dem Herren auferlegten Verpflichtungen stattfinden. Jedenfalls wird die Unionsregierung, auch wenn eine allmälige Aufhebung der Sklaverei nicht sogleich beschlossen würde, durch energische Maßregeln die Lage der noch vorhandenen Sklaven zu verbessern suchen müssen, und zwar indem sie den Sklavenbesitzern das Recht nimmt, ihre Sklaven selbst zu züchtigen oder züchtigen zu lassen, und zu diesem Zwecke eigene Gerichtshöfe niedersetzt, welche allein die Strafen für Ungehorsam [1]), Fahrlässigkeit und schwerere Vergehen zu bestimmen haben würden. In gleicher Weise müßte die Arbeitszeit des Negers, die bisher von der Willkür seines Herrn abhing, festgestellt werden, um auf diese Weise die unmenschliche Forderung von 16 Stunden in der Erntezeit zu verhindern. Durch solche Feststellung der Arbeitszeit z. B. auf 8—9 Stunden würde dem Neger noch ein Zeitüberschuß zu eigenem Verdienste bleiben, wodurch ihm Gelegenheit geboten würde, seine Ablösung schneller zu ermöglichen. Die Frauen und Töchter derselben müßten gegen Anmaßungen und Gewaltthaten ihrer Herren, Aufseher und der Weißen überhaupt hinreichend geschützt werden; Familienglieder dürften nicht mehr getrennt werden u. s. w. Um die Umgehung der den Pflanzern auferlegten Verpflichtungen schwieriger zu machen, wäre auch die Festsetzung von Geldstrafen, die allmälig zu steigern wären, unerläßlich, und selbst die Abnahme der Neger müßte bei wiederholter Widersetzlichkeit erfolgen können. Für solche den Herren abgenommene Neger ließen sich gemeinsame Arbeitsanstalten oder Pflanzungen auf Kosten der verschiedenen Einzelstaaten errichten, in welchen die Ablösung auf ähnliche Weise, wie weiter unten beschrieben, ausgeführt werden könnte. Nur bei Bestand solcher und ähnlicher Garantieen kann eine vernunftgemäße Befreiung der Sklaven angebahnt werden.

Schritte die Union jedoch gleich weiter, so würde sie vor allem zu beschließen haben, daß jeder Schwarze zur Loskaufung berechtigt ist, und zwar zu einem gewissen Maximumpreise, je nach Alter und Gewerbe; und daß jeder Sklavenbesitzer verpflichtet ist, gegen eine Vergütigung von etwa 600 Dollars (inclusive der von der Nation bezahlten 100) für einen feldarbeitenden Sklaven im besten Alter (von 20—40 Jahren) den Loskauf zu gewähren.

Eine gute Maßregel wäre es, wenn der Staat zu diesem Zwecke Sparkassen errichtete (vielleicht am besten mit den Postanstalten vereinbar), in welche der Neger oder noch besser der zeitweilige Herr den Wochenlohn desselben deponirt. Sobald 50 Dollars auf diese Art gesammelt sind, würden dieselben zur Ablösung des zweiten Tages (Freitag) und so weiter rückwärts, 100 Dollars für jeden Tag, bis zum Montag, für diesen letzteren aber 150 D. verwendet werden können. Für den letzten Tag wäre eine höhere Summe wünschenswerth und billig, weil der Neger durch die ihm zu Gebote stehende Zeit diesen Tag ungleich leichter ablösen kann, während auf der andern Seite das schon bedeutend gesunkene Interesse des Herrn für Gesundheit und Leben seines Sklaven dadurch wieder etwas gesteigert wird. Dieses Verhältniß kann durch Verringerung der zweiten und dritten Zahlung hergestellt werden.

So erhielte der Eigenthümer, nach dem von dem edlen John Mc. Donough zu New-Orleans in den Jahren 1820—50 an Tausenden von Negern geführten Beweise, innerhalb 6 bis 7 Jahren leicht den Preis seines Sklaven, während er sich zu jeder Zeit die ganze Arbeit des Negers zu billigem Preise sichern kann und durchschnittlich zwei Drittheil der Zeit und Arbeit außerdem sein Eigenthum bleibt. [2])

Solche Maßregeln sind jedoch unausführbar ohne das Vorhandensein eines Rechts- und Billigkeitsgefühls, welches amerikanischen Plantagenbesitzern, den Negern gegenüber, gänzlich abhanden gekommen ist. Dieser Mangel kann nur durch die Energie des Strafrichters ersetzt werden.

Der Sklave in den Südstaaten steht noch unter dem Vieh, weil er, obschon Gefühl und Verstand besitzend, dennoch wie ein Pferd oder ein Hund behandelt werden kann, oft aber noch weit schlimmer behandelt wird. Er besitzt gar keine Rechte vor dem Gesetze und ist in dieser Beziehung ungleich schlimmer daran, als der Sklave unter spanischer

---

[1]) In dieser Beziehung ist in der letzten Zeit ein von dem bras. Justiz-Minister ausgegangenes Decret vom Monat Juni d. J., das sich auf die ausdrückliche Genehmigung des constitutionellen Kaisers von Brasilien bezieht, der Oeffentlichkeit übergeben worden, dessen Gleichen, aus solcher Quelle entspringend, schwerlich je zuvor gesehen worden ist. Dasselbe autorisirt Disciplinarstrafen von Sklaven bis zu 200 Peitschenhieben; empfiehlt aber dabei Vorsicht zur Vermeidung „funester Folgen," und deßhalb die Beaufsichtigung der Strafanwendung durch einen Arzt. Die Erzwingung eines solchen Decretes durch die Sclavenherren dürfte kaum als ein Zeichen des Vertrauens dieser in ihre Lage angesehen werden. Wie ist aber ein solcher Zustand mit der aus offiziöser Quelle in den Hamb. Nachrichten kürzlich gemachten Erklärung zu paaren, welche besagt: „Die milde Behandlung der Neger in Brasilien gäbe keinen Befürchtungen Raum; den Negern ständen dort sogar die ersten Stellen im Staate offen und der Leibarzt des Kaisers sei ein Neger." Wäre dem so, so wäre der freie Neger weit günstiger gestellt als der Deutsche Einwanderer, und selbst, wenn dieser protestantisch ist, als dessen in Brasilien geborne Kinder!

[2]) Sollte der Raum nicht einige Auszüge aus der New Orleans Bee von 1841 am Schlusse Dieses gestatten, so finden sich die Hauptzüge des so edlen als wirksamen Verfahrens dieses Mannes, die genanntem Blatte entnommen waren, in No. 72—76 des Mag. f. d. Lit. d. Ausl. 1845 und kurze Andeutungen davon in Gutzkow's Unterh. am häusl. Heerd No. 25, 1853. Uebersetzungen davon ins Portugiesische waren damals auch in Brasilien in Umlauf gesetzt worden, aber die dortige Presse erwähnte ihrer mit keinem Worte, eben so wenig nahm irgend ein Verein, Institut, Gesellschaft oder Autorität jenes Landes die geringste Notiz davon, im Gegentheil, man war damals und bisher nur darauf bedacht, wie man auch noch Weiße in Hörigkeitsverhältnisse verwickeln könne!

oder portugiesischer Herrschaft. Ein so greller, alles Gefühl und alle Gerechtigkeit verleugnender Widerspruch mit der sonst bestehenden Volksfreiheit, ein solcher Hohn auf die republicanische Constitution des Landes ist ohne alles Beispiel in der Geschichte der Menschheit und kann unmöglich vor den Augen der Welt noch lange behauptet werden.

Auf diese Weise würde sich der Sklave an die freie Arbeit und an Selbstständigkeit, sowie der Sklavenbesitzer an die Lohnarbeit gewöhnen und die Bestellung seiner Felder zu rationellen Zwecken und durch freie Arbeiter würde dann von seinem eigenen humanen Benehmen abhängen. Der gegenwärtig mit der äußersten Energie in allen Tropenländern angebahnte Baumwollbau muß auch die illusorischen Hoffnungen der Südstaaten-Pflanzer auf fernere hohe Preise ihres Productes vernichtet haben, selbst wenn es ihnen gelänge, die Sklaverei ferner noch zu erhalten. Schon hierdurch haben Sklaven und Boden bereits an Werth verloren, doppelt verloren durch die von den Pflanzern selbst hervorgerufenen Verhältnisse. Sowie sie nun unter diesen Umständen die ihnen angebotene Entschädigung als halbgewonnen betrachten können, so werden sie sich auch wohl oder übel genöthigt finden, ein anderes Ackerbau-System anzunehmen, sogar ohne die geringste Sympathie der gesitteten Welt für ihre Verluste und die verhältnißmäßige Entwerthung ihrer seither nur durch Menschenmißbrauch künstlich gehobenen Ländereien beanspruchen zu können.[1]) — Hätten sie den Boden durch ihren schmählichen Raubbau nicht auf viele Jahre im Voraus ausgesogen, so wäre ein Verkauf an die arme weiße Bevölkerung oder auch an die Emancipirten noch ein Trostmittel für sie. So aber bleibt ihnen nur übrig, ihren noch massenhaft vorhandenen Urboden, den sie zur Baumwollkultur doch nicht mehr mit Vortheil verwenden können, an die „armen Weißen" und an die emancipirten Neger zu parcelliren, wo sie dann sicherlich den Geldwerth oder den Pachtzins dafür erhalten, den er von Gott und Rechts wegen hat. Sonderbarer Weise ist das Bedenken, was denn aus dem Lande der Pflanzer werden solle, wenn sie es nicht mehr mit Sklaven bearbeiten können, ein sehr allgemeines und legt sich oft selbst bei billig denkenden Leuten stark in die Wagschale zu Gunsten der ersteren, als berechtigte der Besitz eines sehr fruchtbaren Landes in einem heißen Klima, in welchem kein freier Mensch um geringen Lohn Feldarbeit verrichten mag, Andere zu unentgeldlicher, und zwar meist harter, übermenschlicher Arbeit darauf zu zwingen!

Wenn es auch nicht Absicht ist, hier ein bereits reiflich ausgearbeitetes System der Emancipation vorzulegen, eine Aufgabe, welche die Kräfte eines Mannes, auch des erfahrensten, übersteigen würde, so wird es doch zur Pflicht, auf Mittel und Wege zu denken, wie den bevorstehenden Gefahren vorzubeugen wäre; denn selbst wenn die Neger sich als Freie über Nordamerika verbreiten, können sie ein großes Uebel für die Weißen werden. Es sollen sich daher die folgenden unmaßgeblichen Betrachtungen nur auf die Angabe einiger Mittel zur Unterbringung der Schwarzen erstrecken, für den Fall namentlich, daß deren Entfernung als die unerläßliche Bedingung der Erhaltung der Vereinigten Staaten und zugleich der vollkommenen Entwickelung des socialen und häuslichen Glückes aller ihrer weißen Bürger anerkannt werden würde. Ein bescheidener, doch wohlgemeinter Versuch hierzu sei also in Folgendem gemacht.

Ehe wir die Mittel ergründen, welche die Sklavenmasse der Südstaaten einem gewissen Grade der Freiheit und der möglichst eigenen Verwaltung, sei es in andern Ländern Amerika's oder auf dem Welttheile ihrer Väter, entgegen führen könnten und ihnen im letzteren Falle auch die Möglichkeit gäben, zur Entwickelung der einheimischen Völkerstämme Afrika's mitzuwirken, wollen wir die Ansicht jener Männer, welche als wissenschaftliche Commission der schwedischen Fregatte „Eugenia" auf ihrer Erdumseglung beigegeben waren, über die Bildungsfähigkeit der Schwarzen anführen. Dieselben sagen in ihrem Bericht u. A.:

„Die Geschichte lehrt, daß weiße und schwarze Menschen *nie* und *nirgends* in gesellschaftlicher und *staatlicher Gleichberechtigung* mit und neben einander gelebt haben, wie auch der Gang der Dinge sie hie und da zusammengebracht habe; sie stoßen einander polarisch ab, und am schärfsten tritt dieser Gegensatz zwischen den germanischen Völkern und den Negern in den Ver. Staaten von Nord-Amerika und den englischen Kolonien zu Tage. Je mehr Mischlinge, um so *corrupter* wird die Gesellschaft, und man sieht, was aus den Creolen der romanischen Völker geworden ist, weil sie sich nicht das reine Blut zu erhalten wußten. Der Mulatte, das Kind von Weiß und Schwarz, von Licht und Schatten, ist beiden Urtypen widerwärtig, denen er doch sein Dasein verdankt, und diese instinktmäßige Abneigung erwidert er seinerseits mit ingrimmigem Hasse gegen die Neger und Europäer. Die Vorgänge auf Haiti, die Metzeleien der Schwarzen gegen die Gelben, die Feindschaft zwischen Soulouque's Kaisergebiet und der Mulatten-Republik Dominica versteht man nur dann richtig, wenn man diesen instinctiven Gegensatz kennt und in Anschlag bringt. Der Neger *kann, wenn er muß*, es ertragen, daß der Weiße sein Herr und Gebieter sei, *aber nie wird er willig sein, dem Mulatten Einfluß auf sich zu gestatten* oder gar ihn über sich regieren zu lassen. Wie und in welcher Weise beide Elemente von einander sich ausscheiden, sobald sie sich selber überlassen sind, dafür giebt abermals Domingo den Beweis."

„Die Neger und Mulatten sind — und das liegt freilich in ihrer Natur — *ohne Arbeitsdrang*; sie sind träge von Haus aus, die Arbeit ist ihnen kein angebornes Bedürfniß, sie betrachten dieselbe als eine Last auch da, wo sie frei sind, und es ist thöricht, gerade die Hauptsache zu verkennen, weshalb aus Negern und Mulatten nichts wird. Freilich werden sie in ihren bequemen Vorurtheilen durch weiße Philantropen bestärkt; aber ohne frische Arbeitsthätigkeit haben Individuen, Völker und Racen nie eine höhere Gesittungsstufe erreicht. Daran vermag alle Declamation nichts zu ändern."

Der erste Theil dieses Ausspruchs, dem die allgemeine Erfahrung beistimmt, ist entscheidend für das Schicksal aller Sklavenstaaten; während der zweite Theil sehr entmuthigend wäre für alle Pläne zur Heranbildung der Schwarzen, hätten sich nicht seit den letzten 20 Jahren gerade in Liberia und auch in einigen englisch-westindischen Colonien weit günstigere Resultate herausgestellt, die im Laufe Dieses vorgeführt werden sollen.

Es halten nur Wenige die Negerrace für befähigt, eine der europäischen nahe kommende Culturstufe zu erreichen oder zur Einrichtung und Wahrung staatlicher Organisation ohne Bevormundung von außen oder Mitwirkung menschenfreundlicher Weißer, wie in Liberia, fortzuschreiten. Der Erfolg in Liberia und was nach Joseph Sturge und Buxton mit den emancipirten Negern in Demerara erreicht wurde, widerlegt indeß jedes schroffe Urtheil über die Bildungsfähigkeit der *reinen* schwarzen Race und berechtigt allerdings zu der Hoffnung, daß durch eine Art von Bildungs-Propaganda, die ihren Sitz in Nord-Amerika oder in Europa haben könnte, auch die Civilisation der Neger an geeigneten Punkten befördert und wenigstens die in Amerika bereits erworbene Bildung und Arbeitskenntniß bei einer Uebersiedelung nach Afrika erhalten werden könnte. Es scheint sich in Liberia die Erfahrung herausgestellt zu haben, daß Negergemeinden von nicht über 1000 Köpfen am leichtesten in Ordnung zu halten sind, weil der Neger in größeren Städten durch Zerstreuungen jeder Art, die er stets sucht, von der Arbeit abgehalten wird. Die Vertheilung dieser kleiner Bevölkerungen längs irgend eines großen Stromgebietes und von da nach dem Innern wäre aber auch deshalb sehr zu wünschen, weil sie sich um so mehr dem Ackerbau widmen und zugleich als Vorbild für Arbeit und selbst für Consum ausländischer Manufacte unter den eingebornen Afrikanern dienen würden.

---

[1]) Hierauf bezüglich sagt der Times-Corresp. aus Washington vor wenigen Tagen: „Wenn wirklich einmal der Bau von Zucker, Kaffee und Baumwolle, ohne die allesammt unsre Vorfahren ganz gut ausgekommen sind, zur großen Bestimmung des Menschen auf Erden geworden ist, und wenn sich Sklavenherren in Engelsnaturen verwandelt haben, so mögen diese Producte immerhin selbst durch Sklaven noch ferner erzeugt werden. Soll Baumwoll absolut König sein, so laßt uns ihm ohne Widerrede unterwerfen. Was mich selbst aber anlangt, so will ich lieber unter der schlechtesten aller Regierungsformen leben, selbst unter der Zwangsherrschaft eines Amerikanischen Pöbels, als unter dem Scepter eines so seelenlosen, herzlosen, unverständigen und fleckigen Potentaten als diesen."

Ein *Bürgerthum kann nun einmal nicht neben Sklaverei bestehen*. Der Baumwoll-, Zucker- und Kaffeesatrap leidet nun einmal keine Nebenbuhler neben Seinem Throne. Den kleinen Nachbar, der ihm nicht seine wenigen Acker Land oder vielleicht ein Paar Neger, die er hätte, verkaufen will, wird er stets als einen Narren oder Widerspenstigen behandeln. Er ist stets sein eigner Provost Marschall. Das Gang-System sichert ihm Gleichheit in Arbeit und blinden Gehorsam, und beides beutet er mit unnachgiebiger Strenge aus. Dauern kann ein solches Verhältniß nicht auf die Länge, das ist selbstverständlich." —

Dieses Resultat zeigt uns die Colonie Liberia mit ihrer kaum 10,000 Köpfe betragenden Bevölkerung, deren bildender Einfluß, so sehr er auch während der ersten zwei Jahrzehnte planmäßig durch die Feinde der Colonie hintertrieben worden ist, sich doch auf eine unverkennbar wohlthätige Weise über eine Gesammtbevölkerung von mehr als 200,000 Afrikanern ausgebreitet und einen bedeutenden Handel mit diesen ins Leben gerufen hat. Von der größten Wichtigkeit ist noch der Umstand, daß diese amerikanische Neger-Colonie schon seit 16 Jahren die in früherer Zeit ununterbrochenen gegenseitigen Befehdungen jener Nachbarstämme, und zwar allen Reizungen der Sklavenhändler zum Trotz, glücklich beschwichtigt hat.

Würde nun die Entfernung der Schwarzen aus Nord-Amerika beschlossen, vorerst, ohne daß dabei eine Uebersiedelung derselben nach Afrika ins Auge gefaßt wäre, so möchten als nächste und geeignetste Punkte nur das Amazonen- und Orinoco-Gebiet zu nennen sein. Das ganze Festland von Westindien ist durch seinen Mangel an Flüssen ungeeignet zu Niederlassungen nach dem Systeme, dessen Annahme aus vielen Gründen geboten erscheint. Ueberdies findet sich dort bereits eine Bevölkerung, die dergleichen Ansiedelungen zurückweisen würde.

Allein das linke Gebiet des Amazonenstromes wäre hinreichend groß, um alle Neger Amerika's aufzunehmen und ihnen auf zwei Jahrhunderte Raum zur Vermehrung zu gestatten. Dieses ausgedehnte Gebiet, welches bis heute Brasilien nicht 1000 Thaler Einnahme abwirft, hätte dann, wenn es die Ver. Staaten erwerben würden, für diese einen Werth von 100 Millionen, indem vermittelst der günstigen geographischen Lage die sämmtlichen Kosten der Emancipation und Uebersiedelung auf verschiedenem Wege sich wieder erheben ließen. Jedoch Brasilien ist selbst ein Sklavenland und geht als solches schweren Zeiten entgegen und würde daher wahrscheinlich ein Angebot, wie das obige, zurückweisen müssen. —

Andererseits bietet das Orinoco-Gebiet dieselben und noch größere Vortheile dar, insofern es ein abgeschlossenes Ganze bildet und so die als Nöthigungsmittel zum Anbau unumgänglich nothwendige fiscalische Controlle erleichterte. Auch würde es um den vierten Theil obiger Summe erworben werden können, wenn nicht aller Voraussicht nach die zwar verfallene, aber um so aufgeblähtere Nationalität der Venezuelaner sich gegen die Entäußerung eines ihnen nutzlosen Landtheils sträuben würde. [1])

Sieht man daher, und wir fürchten gezwungener Weise, von beiden obigen Territorien ab, so bietet sich noch ein anderes amerikanisches Land dar, welches vermöge seiner ausschließlich schwarzen Bevölkerung um so geeigneter zur Aufnahme neuer gleichartiger Kräfte wäre, nämlich Hayti.

Hayti ist bereits im Besitz von staatlichen Einrichtungen, doch ist das Land zu dünn bevölkert, um eine hinreichende Einnahme abzuwerfen; Ackerbau sowohl als öffentliche Verkehrsmittel sind mangelhaft, und das Land hat geringen Werth. Durch den Zufluß von nur einer Million Neger aus Nord-Amerika würde der jetzige Werth des Landes und überhaupt alles festen Eigenthums auf Hayti vervierfacht werden.

Dieser einleuchtende Gewinn würde ohne Zweifel die Regierung von Hayti bewegen, auf einen Antrag der Union zur Abtretung einer großen Anzahl Schwarzer gegen Uebernahme eines Theils ihrer Ablösungskosten einzugehen. Kaum könnte irgend ein finanzielles Opfer, das Hayti zu diesem Zwecke brächte, zu hoch angeschlagen werden im Vergleiche zu den Vortheilen, die ihm daraus erwachsen müßten; schon weil seiner Constitution nach nur Schwarze dort Bürger sein können, weil seine jetzige Bevölkerung in hundert Jahren noch nicht eine wünschenswerthe Dichtigkeit aus sich selbst erreicht haben könnte, und auch weil die aus Amerika kommenden Schwarzen mehr Arbeitseifer und Ordnungsgeist mit sich bringen würden, als den Haytianern nach ihren 70jährigen innern Zerwürfnissen geblieben ist.

Dieses Project der Verstärkung des einzigen Negerstaats außerhalb Afrika wäre ein so interessantes Experiment zur Entscheidung der Frage, ob die Schwarzen überhaupt zu einer vernunftgemäßen staatlichen Bildung herangezogen werden können, daß es selbst einen würdigen Gegenstand zu einer Vereinbarung unter den Seemächten abgeben dürfte. Vielleicht würden sie die ungestörte Durchführung eines derartigen Vertrages zwischen den Ver. Staaten und Hayti wenigstens so weit garantiren, daß sie bis zu seinem Ablauf allenfallsige Differenzen mit Hayti durch Schiedsrichter beilegen ließen.

Eine nothwendige Maßregel seitens der Negerrepublik zur Uebernahme einer neuen schwarzen Bevölkerung wäre die Heranziehung des größeren Grundbesitzes zu einer Grundsteuer und der Verkauf der Staatsländereien an die eingewanderten Neger. — Aus dem Erlöse des Landes und der Grundsteuer könnten sich die Zinsen auf ein Anlehen von 10 oder mehr Mill. L. bezahlt machen, welches auf dem Londoner Markte, bei obengenannter Garantie, nicht versagt werden würde. So vermöchte Hayti der Union für einen jeden der abgegebenen Schwarzen einen Theil der Ablösungskosten zu bezahlen. Wäre aber das Anleben nicht ausführbar, so könnte sich Hayti zur Zahlung von 2 L. für jeden Kopf auf 20 Jahre verbindlich machen. — Kann Cuba bei einer Bevölkerung von kaum 450,000 Negern und ungefähr eben so vielen sogenannten Freien de Color nach Deckung seiner großen Verwaltungskosten sammt dem Aufwand, den 17,000 Mann Truppen unabweislich erfordern, einen Ueberschuß von 4, nach andern 5 Millionen Dollars an Spanien abgeben, so kann auch Hayti 2 L. pr. Kopf pr. Jahr für jeden neuen Bürger zahlen oder vielmehr nur garantiren, daß dieser solche zahle. Grundsteuer, Erlös für verkauftes Land und die Zölle geben volle Sicherheit und werden zugleich die Neger zur Arbeit antreiben. Hayti würde so bei einer Einwanderung von 1 Million Schwarzer bald eine Einnahme von einigen Millionen L. haben. Aber freilich ist dazu eine energische Verwaltung nöthig, und diese ist in Hayti noch für manches Jahrzehnt nicht zu erwarten, außer sie würde durch ein Einverständniß unter den Seemächten garantirt.

Die Schwierigkeit, welche sich für die Herstellung einer guten Verwaltung in Hayti bietet, würde es in den Augen Mancher vielleicht wünschenswerth machen, daß der Kaiser der Franzosen einen ähnlichen Reannexionsprozeß, wie der kürzlich im östlichen Theil der Insel von Spanien durchgeführte, im westlichen vornähme, — einen Prozeß, der für diesen voraussichtlich eben so segensreich ausfallen würde, als jener für die Dominicaner verderblich werden wird. Denn von der Einsicht des Kaisers wäre zu erwarten, daß er den Haytianern — wäre es auch nur um des großen Experiments halber — so weit als möglich eine eigene schwarze Verwaltung lassen, dieser aber eine kräftige polizeiliche und militärische Unterstützung angedeihen lassen würde. Vielleicht könnte er sich auch hierzu vorzugsweise tüchtiger Schwarzer bedienen. Auf diese Weise wäre vielleicht Hoffnung, den Neger-Staat zu ordnen und zwar in so kurzer Zeit, daß er bald genug die Bedingungen zu erfüllen im Stande wäre, die zu einer massenhaften Uebersiedelung von Schwarzen aus Amerika dahin unerläßlich wären.

Möglich ist es auch und sogar wahrscheinlich, daß die meisten englisch-westindischen Colonien gerne eine nicht unbeträchtliche Zahl amerikanischer Schwarzen bei sich aufnehmen würden. Sie geben gegenwärtig im Ganzen ungefähr 250—300,000 L. in Einfuhrprämien von 16—18 L. pr. Kopf für Asiaten und freie Neger aus und dürften je nach Umständen diese Auslage zu obigem Zwecke erhöhen. So könnte auch nach diesen Colonien, und zwar auf Grundlage einer durch ihre gute finanzielle Lage sehr gesicherte Uebereinkunft, leicht eine Ausfuhr von 50- bis 60,000 Schwarzen im Jahre bewerkstelligt werden. Westindien brauchte sich nur Anleihen in London zu machen, deren Realisirung keine großen Schwierigkeiten im Wege stehen würden.

Die Uebersiedelung der Vereinigten-Staaten-Neger oder auch nur eines Theiles derselben nach Afrika anlangend, so wäre diese Maßregel einerseits zwar mit weit mehr Kosten verbunden als die bereits erwähnten Projecte für deren Unterbringung in Amerika selbst; doch würden dadurch um so größere Resultate erzielt werden, indem durch die Vertheilung arbeitsamer Neger viele Punkte Afrika's zugleich der Civilisation erschlossen würden. Es ließe sich auf diese Weise eine große Anzahl

---

[1]) Einen solchen Verkauf dürfte vielleicht England nicht ungerne sehen, wenn die Hälfte der Kaufsumme den englischen Gläubigern Venezuela's gesichert würde; außerdem würde die ganze Summe doch innerhalb einer unglaublich kurzen Zeit spurlos und nutzlos verschwunden sein, wie noch ganz kürzlich die für die Kirchengüter Mexikos gelösten 20 Millionen Dollars, oder wie es der Fall mit fast 100 Millionen für Guano in Peru war, deren müheloser Gewinn nur ein neuer Fluch für jene Länder wurde.

Mittelpunkte schaffen, von denen aus die eingebornen Afrikaner durch das Beispiel ihrer zurückgekehrten Brüder mit den Vortheilen und Methoden des Ackerbaus bekannt gemacht würden. Auch der Markt für den Absatz europäischer Manufacte würde auf diese Weise sehr ausgedehnt werden.

Wenn auch die Colonie Liberia und auch die englischen Besitzungen von Sierra Leona, Cape Coast u. a. bereitwillig eine Anzahl der englisch sprechenden Neger aufnehmen würden, so könnte doch nur ein großes Stromgebiet die Hoffnungen rechtfertigen, welche auf eine massenhafte Ansiedelung für Afrika und die ganze civilisirte Welt mit Recht gegründet werden können. Nur durch ein solches Stromgebiet, hauptsächlich durch die leicht auszuführende Ueberwachung desselben in fiscalischer und polizeilicher Beziehung, ergiebt sich die Möglichkeit, die Neger in der ihnen heilsamen Thätigkeit zu erhalten, wodurch auch die Unkosten für Ablösung und Uebersiedelung allmälig wieder ersetzt werden könnten.

In den portugiesischen Besitzungen Afrika's, die sich über 14- bis 16,000 Quadratmeilen erstrecken und mit Ausnahme einiger kleinen Küstenstriche bis jetzt ganz unbenutzt geblieben sind, bietet sich wahrscheinlich eine Gelegenheit, Souverainitätsrechte über ein Gebiet, das sich auf einige Tausende von Quadratmeilen belaufen könnte, zu erwerben. Innerhalb dieses Gebietes müßten die zur Ansiedelung geeignetsten Landstriche von den eingebornen Stämmen gekauft oder eingetauscht werden, insofern Grund und Boden Eigenthum der Eingebornen ist. Durch Arbeiter, die dort für geringen Lohn zu finden sind, besonders durch die thätigen und zuverlässigen Kroemen, könnten die nöthigsten Vorbereitungen zur Aufnahme der Ansiedler getroffen werden. Die intelligentesten unter den freigelassenen Negern könnten, unterstützt durch Eingeborene von Liberia u. s. w., die Vorarbeiten leiten. Eine nachhaltige und langjährige Leitung solcher Colonien, verbunden mit angemessenen Zöllen und Grund- oder Kopfsteuer, ist für ihr Gedeihen unerläßlich; denn dies ist das heilsamste und bei dem Neger alleinige Mittel ihn zur freien Arbeit anzutreiben, und ihn vergessen zu lassen, daß er selber nur wenige leibliche Bedürfnisse hat. So muß z. B. in Westindien der bereits dort seit 28 Jahren emancipirte Schwarze einen nicht unbedeutenden Theil der Verwaltungskosten auf indirecte Weise tragen und zwar durch Einfuhrzölle und Accise auf Artikel, die er besonders liebt, als Branntwein, Schmucksachen, Kleidungsstücke u. s. w., obschon ein Theil der Staatseinnahme für die Einfuhr von Arbeitern, die ihm selbst Concurrenz machen, verausgabt wird. Denn wäre diese Concurrenz nicht, so müßten ihm noch höhere Taxen auferlegt werden, weil ihn seine zu geringen Bedürfnisse zur Unthätigkeit verleiten. Ebenso muß der natürliche Wunsch nach freiem Grundbesitze als Mittel benutzt werden in dem aus Amerika kommenden Neger die Arbeitsgewohnheit zu erhalten, und zwar so, daß man ihn durch allmählige Abzahlung des abgetretenen Grundstückes zum Herrn desselben werden läßt.[1]) Die Einnahmen für Zölle, Steuern und Land würden in einer Reihe von Jahren einen erheblichen Theil der Ablösungs- und Uebersiedelungskosten decken. Diese verschiedenen Besteuerungen sind für den Afrikaner so nothwendig, daß auf ihn jener Ausspruch Wakefields doppelte Anwendung findet. Als derselbe gegen das Landmonopol in Australien auftrat, sagte er bekanntlich: „Selbst wenn der ganze Betrag der Grundsteuer ins Wasser geworfen würde, würde sie von segensreicher Wirkung sein," wie es sich vollkommen bewährt hat. —

Es ließe sich wohl auch hier das vortheilhafte System einführen, welches die Holländer mit großem Erfolg in ihren Ostindischen Besitzungen anwenden, wo sie alle Colonialien zu festgesetzten Preisen ankaufen. Diese Maaßregel kann billiger Weise nur so lange bestehen, bis die Uebersiedelungskosten gedeckt sind. Denn das Javanische System als ein Beständiges, wie es von den Holländern angenommen ist, ist das kaltblütigste System der Aussaugung, das erdacht werden kann. Ihm steht nur noch das der brasilianischen Parceria voran, welche bei gleicher Habgier noch dadurch um so verdammungswürdiger wird, daß es den Europäer erniedrigt und verwildert.

Sollte von den Flußgebieten des Congo, des Cuenza, des Guanene u. s. w. von der portugiesischen Regierung eines erstanden werden können, so wäre es sehr zu wünschen, daß einige Niederlassungen amerikanischer Neger, wenn auch nur in kleinem Maaßstabe, auch auf der Ostseite Africas in den Tete- oder Zambesi-Gebieten geschaffen würden! Man dürfte dadurch die Einwirkung auf das Innere um Vieles beschleunigen und vielleicht nach wenigen Jahrzehnten bereits Handelsverbindungen zwischen den Quell-Gebieten der beiden Flüsse angeknüpft haben. Träte Portugal einen Theil seiner Besitzungen, für diesen Zweck ab, so würde unfehlbar der ihm verbleibende Theil in kurzer Zeit einen viel größeren Werth erreichen als das Ganze gegenwärtig hat oder in einem Jahrhundert unter seinem gegenwärtig in Afrika befolgten Systeme erreichen würde. Seine eigenen Auswanderer, die nun nach Brasilien gehen, würden dann nach seinen Afrikanischen Besitzungen ziehen, dessen inneres Hochland für den Südländer wohnlich und reich an Hülfsquellen ist, um von dort aus an der Entwickelung Theil zu nehmen, die im Nachbarlande vor sich ginge, und welche sich bald auch den Stämmen im Innern der portugiesischen Besitzungen mittheilen würde.

Außerhalb des jetzigen Portugiesischen Gebiets in Afrika wäre auf der Westküste dieses Welttheils wohl kein anderes geeignetes Territorium zu finden, es sei denn im Nigerstromgebiete selbst, dessen Länder alle unabhängigen Stämmen angehören und wo an den verschiedensten Punkten zweifelsohne günstig gelegene Länderstrecken um ein Billiges zu haben wären.

Die Wirkung von derlei Uebersiedelungen aus Amerika auf dieses weite und dicht bevölkerte Gebiet würde um so größer sein und sich um so schneller geltend machen, weil die neuen Niederlassungen gleich von Anfang von einer lebhaften Dampfschifffahrt auf dem Niger begleitet sein würden und so zugleich eine einheimische Bevölkerung von über 15 Millionen Seelen, wenn auch meist nur auf indirecte Weise, in den Kreis des Handels und daher zu gesteigerter Production heranziehen könnten. In der letzteren würden jene Stämme gute Unterweiser in den Eingewanderten, mit denen sie durch die Dampfschifffahrt oft in Berührung kommen würden, finden. Das Centrum Afrika's würde in der That durch die Einwanderung von einigen Hunderttausend Amerikanischen Negern in das Nigerland, und durch deren zweckmäßige Vertheilung daselbst, bereits innerhalb ein paar Jahrzehnten eine Entwickelungsstufe erreichen können, die ihm ohne eine solche Einwanderung wohl in zwei Jahrhunderten nicht zu Theil werden wird. Wo das Klima alle direkte Mitarbeit des Europäers verhindert, kann nur diese Einwanderung aus Amerika einigen Ersatz für eine europäische Einwanderung bieten.

Eine Uebersiedelung nach dem Niger würde jedoch von einer Colonisation des Portugiesischen Afrikas sehr verschieden sein. Ueber das Nigergebiet hat nemlich England stillschweigend das Protectorat übernommen und zwar als einen berechtigten Anspruch für die Unterdrückung des Sklavenhandels an den Mündungen des Nigers und an der ganzen Küste Afrikas, und die Erforschung des Stroms und seiner Zuflüsse.

Da deshalb dort keine Souverainitätsrechte erlangt werden könnten, welche fiscalische Erhebungen und die Durchführung polizeilicher Maaßregeln überhaupt möglich machten, so könnte dort alles, was nothwendig ist, nur unter Mitwirkung der englischen Regierung geschehen. Die Vortheile, die England durch diese Belebung des Nigergebiets erwachsen würden, sind so unberechenbar groß, daß es wahrscheinlicher Weise die Hand zu einer Uebereinkunft bieten würde, welche die Ausführung einer solchen Uebersiedelung im größeren oder kleineren Maaßstabe ermöglichte. England würde vielleicht die Durchführung aller erforderlichen Maaßregeln in Afrika sogar auf sich selbst nehmen und so zugleich der Hauptvermittler werden für die Rückerstattung der Kinder und Kindeskinder derer, die zum großen Theile von seinen vormaligen Colonien meist durch seine eigenen Bürger geraubt worden sind[2]). Will England darauf

---

[1]) Die Vertheilung von Geldprämien, die Erhebung in einen höheren Rang unter den Negern selbst, und die Ertheilung von eigens dazu geschaffenen Ordenszeichen und Titeln, für welche der Neger sehr eingenommen ist, würde viel dazu beitragen, sie zu Ordnung und Fleiß anzuspornen und dieses nicht weniger während der Zeit, daß sie sich ihre Ablösungssumme in Amerika selbst abarbeiteten, als besonders in Afrika, wo dergleichen Auszeichnungen ihr Ansehen auch unter den Eingebornen vermehren würden.

[2]) Von 1750—1783 wurden etwa 30,000 Neger jährlich unter englischer Flagge in die Sklaverei geführt, und doch fällte Lord Mansfield bereits im Jahre 1772 die berühmte Entscheidung, wonach jeder Sklave frei ist, der den Boden Englands betritt. „Die Luft Englands ist zu rein, als daß ein Sklave sie athmen dürfte." — Von hier an, sagt Kapp, datiren die Emancipationsbestrebungen in England. Zwanzig Jahre später sagte Washington seinen Landsleuten in seinem Vermächtnisse:

angehen, so könnte es nicht bloß Nord-Amerika seine Verluste ungemein erleichtern, sondern in den großen Erfolgen, welche es damit seinem Handel in Afrika sicherte, noch vollen Ersatz für die 20 Millionen L. finden, die es für die Emancipation seiner eigenen Schwarzen geopfert hat. Auch die weiteren 18 Millionen, die es seit 32 Jahren für seinen Kreuzer-Dienst gegen den Sklavenhandel ausgegeben, würden ihm hier wieder zufließen, wo es ohnedies von nun an die Kosten von jährlich einer halben Million L. für sein Kreuzer-Geschwader an der Küste Afrikas spart.

Die commercielle Welt Englands wird die Richtigkeit dieser Ansicht schnell erkennen; der humane Theil der englischen Bevölkerung wird ihr beistimmen. Das Nationalgefühl, das stolz ist auf seine Muttersprache, muß sich erheben bei dem Gedanken, daß diese so aus dem Herzen Afrikas heraus die allgemeine Sprache jenes Welttheils werden könnte. Vor allem aber wird jener große Theil des englischen Volkes, der ein aufrichtiges Interesse an der Verbreitung des Christenthums nimmt, sich glücklich fühlen, daß die Missionäre mit einem Male so viele Mitarbeiter in den aus Amerika kommenden Schwarzen finden, — Mitarbeiter, die um so wirksamer auftreten werden, als sie nicht verkennen können, daß sie dem Einfluß des Christenthums ihre Freiheit verdanken. —

In Beziehung auf unten folgende Bemerkungen Mr. Russels aus Washington ist zu bemerken, daß nach früher dargelegten Plänen die Unterbringung der Afrikaner außerhalb Nordamerikas keineswegs plötzlich oder in ganz großen Massen, halbmillionenweise in einem Jahre, bewerkstelligt zu werden braucht. Schon ein Abzug von 50- bis 100,000 Köpfen jährlich genügte wohl während der ersten Jahre, besonders wenn ohne Ueberstürzung eine vernunftgemäße Abolition im Lande selbst noch zulässig bliebe, so zwar, daß der Neger persönlich den mit Billigkeit angesetzten Ablösungswerth abtragen könnte. Gleichwohl dürfte es in Anbetracht der vielen Abzugsländer ausführbar sein, sogar 2- bis 300,000 Neger jährlich fortzuschaffen, sobald einmal überall Ankau und Beschaffung hinreichender Lebensmittel vorbereitet sind.

Was aber die Geldmittel zu der ganzen Operation anbelangt, so sind diese zwar in sehr großem Maße erforderlich, jedoch keineswegs unerschwinglich, wie Mr. Russel meint, namentlich wenn man die Selbstablösung der Schwarzen voraussetzt. Diese Mittel sind vielmehr leicht und sicher zu schaffen, wenn nur das hierzu nöthige Gesetz im Congresse ohne Halbheiten angenommen wird.

Der Quellen, aus welchen jene Mittel entspringen, würden viele und nachhaltige sein. Die erste und ausgiebigste wäre die Mitwirkung des Negers selbst, in Amerika durch dessen Ersparnisse und im Auslande durch Kopfsteuer oder Beitrag in Zöllen und Steuer überhaupt, und durch Kaufschillinge für Land oder Pachtzins. Eine andere Quelle wäre die Mithülfe der Einzelstaaten und der Union. Es ist hier nicht die Aufgabe genau anzugeben, auf welche Weise die Nation nach Schwächung ihrer Kräfte durch langen Krieg die Geldmittel zu einer ruhigen Ablösung und eventuellen allmähligen Uebersiedlung der ganzen Negermasse beschaffen würde. Es besteht jedoch die Ueberzeugung, daß selbst nach den größten Störungen, die dies Land durch die Kriegs-Excesse erlitten haben mag, mit Hülfe von Maßnahmen, welche auch noch im Auslande auf die übersiedelten Neger angewandt werden können, sich Außerordentliches erreichen läßt, wenn sich dazu die Nation mit ihrem ganzen Kredite in die Schanze schlägt.

Eine Nation, die 3- bis 400 Millionen Dollars im Jahre auf einen Zerstörungsproceß verwendet und vielleicht noch eine viel größere Summe in verminderter Production opfert, vermag jede Summe aufzubringen, sobald sie für einen großen und gerechten Act verausgabt werden muß, der allein dauernden Frieden und neben dem Vollgenuß ihrer eigenen Freiheiten alle Vorzüge einer großen Nation und Reinheit der Race für alle Zeiten sichern kann.

Würde der Krieg wegen der Sklaverei, denn das ist er, nur 6 Jahre fortgeführt — und er muß fortgeführt werden bis dieser auf gesetzliche oder gewaltsame Weise ein Ziel gesetzt ist, — so würde die Staatsschuld der Union bei deren hohen Zinsen kaum geringer sein, als die Englands; aber sie würde auf der Union unvergleichlich schwerer lasten, weil ihre industrielle Kraft weit hinter Englands steht. Dagegen hat die Union noch heute volle Tausend Millionen Acres Staatsland, deren bisheriger Preis $1\frac{1}{4}$ Dollar war. Ohne die Beseitigung der Sklaverei, denn diese und Bürgerkrieg sind von nun an eins, werden sie werthlos bleiben, weil die jährlich zu entrichtenden Steuern, Zölle und Auflagen aller Arten den Ankaufspreis des Landes weit übersteigen, und deßhalb die Einwanderung aufhören muß. Nach Beseitigung der Sklaverei werden diese Ländereien doppelten Werth haben, denn die Einwanderung wird zunehmen. In diesem Landfonds allein also hat die Union [1]) die Creditmittel, um sich ihrer Neger zu entledigen, denn wie bereits erklärt, kann der bei weitem größte Theil der Kosten unter vernunftgemäßen Einrichtungen mit der Zeit durch die Erfolge der Operation selbst abgetragen werden.

Der Anfang der Operationen, (Ausfuhr und Placirung der Neger) wäre durch autorisirte Anleihen sowohl der Union als der Einzelstaaten zu erleichtern. Während der Uebersiedlung nach so vielen Punkten, — so wie sie besonders in dem Falle sich darböten, wenn die englisch-westindischen und die afrikanischen Colonien, Hayti, Liberia u. s. w. sich bereit erklärten, die Neger mit Vergütigung einer Einführprämie aufzunehmen, — würde sogleich ein nicht unbeträchtlicher Theil der noch auf dem Neger lastenden Kosten und der Ueberfahrt abgetragen oder hinreichende Sicherheit für deren Abtragung gegeben werden. Eine dritte Quelle wäre die des Abtragens durch die Neger in Afrika, deren Controlle in einem bezeichneten Falle die Union oder ihre Stellvertreter selbst in den Händen behielte und deren wachsende Ergiebigkeit gar nicht zu bezweifeln ist, während sie im andern Falle durch England garantirt oder erleichtert würde.

Die Mittel zur Ablösung respective Uebersiedlung von 4 Millionen Schwarzer, würden also aus diesen selber kommen, und nur so fern als erforderlich durch 28 Millionen freier Weißer vorschußweise vervollständigt werden.

Was nun die Beschaffung der Transportmittel sowohl zu Lande als zu Wasser für eine so große Zahl, und wären es auch 300,000 Köpfe im Jahre, anbelangt: so würde darin bei der Verschiedenheit der Richtungen, nach denen sie zögen, gar keine Schwierigkeit bestehen, und sie könnte selbst ohne erhebliche Vertheurung der Fracht und ohne besondere Erschwerung der Beschäftigungs- und Nahrungs-Mittel oder der anfänglich, besonders in Afrika, unerläßlichen Beaufsichtigung an den Bestimmungsorten, bewerkstelligt werden. Erst dann, wenn die Union frei ist von diesen Negern, mit Ausnahme der wenigen Hunderttausende, welche bereits als frei dort existiren und deren bestehende Rechte in einem freien Lande nicht beeinträchtigt werden dürfen, erst dann hat sie sich eine neue Zukunft erschlossen; jene wenigen Hunderttausende, die sich so kaum auf $1\frac{1}{2}$ oder 2 pCt. der ganzen Bevölkerung belaufen, können die Civilisation und den Aufschwung des Landes nicht gefährden.[2])

Eine unerläßliche Vorsichtsmaßregel seitens der Conföderation bei Befreiungen, welche von nun an stattfinden, ist unter allen Umständen die: daß die so Befreiten sich außerhalb der Vereinsstaaten begeben oder transportiren lassen. Diese Bedingung mag inconsequent erscheinen oder auch grausam in einzelnen Fällen; indeß ein dauerndes Uebel und eine gedrückte Existenz für die kommenden Generationen der Schwarzen, sowie eine unberechenbare Benachtheiligung der weißen Bevölkerung durch ihre Nachbarschaft wird so allein vermieden.

Die sonst so vortrefflichen Bemerkungen Mr. Russels enthalten zwei einigermaßen auffallende Ausdrücke, die ihm ohne Zweifel nur im Drange der Correspondenz entschlüpft sein können, nämlich eine „Aufsaugung“ von 4 Millionen Schwarzen durch 28 Millionen Weiße wäre mit andern Worten nichts anderes als eine völlige Mulatisirung der Letzteren, deren physische und moralische Folgen unvertilgbar sein würden — während der Gedanke von „Erlöschung“ oder „Vernichtung“ einer so großen Menschenzahl (welche in Freiheit sich besonders stark vermehren würde) ganz unfaßbar ist, da es von Mr. Russel am wenigsten anzunehmen ist, daß er meint, ein solches Resultat dürfe gewaltsam herbeigeführt werden.

„seid billig und gerecht und einig,“ und befreite seine Sklaven insgesammt, die ihm durch seine Frau zugebracht worden waren; aber seine Landsleute kehrten sich weder an sein Beispiel noch an seinen Rath, so wurde die halbe Million Sklaven zu 4 Millionen und weil sie unbillig und ungerecht wurden, stehen sie sich heute selbst feindselig einander gegenüber. — Selbst die N. Y. Tribune vom 15. August sagt schon: „in Missouri, Kentucky, Tenessee, Virginia and S. Carolina, the air is too pure, to be breathed by slaves.“ Was hieße das anders, als: die Sklaverei muß aufhören. Schon bedroht auch der Washington National Republican die Sklavenbesitzer im Unter-Maryland mit gewaltsamer Emancipation ihrer Sklaven, für den Fall, daß sie sich von der Union lossagen sollten.

[1]) Ein gleiches Hülfsmittel zur Erleichterung der Ablösung seiner gleich großen Anzahl von Sklaven als die der Union (4 Millionen) hat Brasilien nicht; denn es hat keine Staatsländereien mehr, die nur den geringsten Werth hätten, wenn auch alle Zustände Brasiliens der wünschenswerthesten Art wären. Dort haben gerade die, welche sich des Staats-Landes bemächtigt hatten, die Zahl der Neger durch den Schleichhandel, den sie, so zu sagen, ganz offen betreiben konnten, so ungeheuer vermehrt, daß eine Ablösung gar nicht mehr möglich ist, da die Zahl der Weißen und Mischlinge zusammengenommen der der Neger noch nicht gleichkommt, während die der reinen Weißen in der Union die der Sklaven 7 mal übersteigt!

[2]) Aber auch von diesen wird sich bald ein großer Theil gestimmt fühlen, nach Afrika auszuwandern, was sie zu thun sich jetzt weigern, weil sie als freie Bürger der Union ihre Brüder nicht verlassen wollen, so lange diese noch Sklaven sind.

Vernichtet sind, das ist gewiß, auf manche Jahrzehnte, wenn nicht auf viel längere Zeit, alle bisher so beliebten Zukunftsphantasien von unvermeidlicher Größe auch der Nordamerikanischen Republik und zwar weil man Rath und Beispiel Washingtons in Betreff der Sklaverei mißachtet hat; und so traurig auch alle auf amerikanischem Boden mit Republiken gemachten Erfahrungen sind, so traurig auch im Ganzen die Gesittung der nach Südamerika verpflanzten Abkömmlinge Europas nicht angelsächsischer Race, in deren romanischer Abstammung und römischem Glaubensbekenntniß man bisher allein das Mißlingen der republicanischen Bestrebungen suchte, sein möge, so wäre doch keine von allen diesen Erfahrungen so traurig als die, daß auch noch die Bürger der bisher so großen Republik der Union sich nicht ermannen konnten zu dem Entschlusse der Sklaverei ein Endziel zu setzen und zugleich energische Mittel zu finden, durch welche sie für alle Zukunft von allen weiteren Schäden, die ihnen noch durch das Zusammenleben mit Negern, selbst als Freie, bevorstehen, bewahrt bleiben.

Denn diese Bewahrung, auch noch nach Abschaffung der Sklaverei, ist die Lebensbedingung für die Geltendmachung der weißen Race auf der Nordhälfte Amerikas und für die Reinheit der Civilisation der halben neuen Welt. Noch spricht man hie und da von einem Compromisse, der noch möglich sei! Einige stützen ihre Meinung darauf, daß, wie selbst unionsfreundliche Amerikanische Blätter noch neuerdings behaupteten, die Rebellenstaaten ihre bisherigen Rechte in der Gesammtheit der Staaten d. i. ihr Stimm- und Sitz-Recht im Congresse nicht verwirkt hätten, und daß, sobald Friede gemacht wäre, so früh oder so spät auch, diese eo ipso wieder in den unverkürzten Genuß dieser Rechte eintreten würden.

Diese Voraussetzung ist jedoch durch die neuesten Ereignisse sicherlich zu Boden gefallen. Wäre dem nicht so, so wäre der Krieg nur ein blutiges Possenspiel, und alle Hoffnung auf eine Besserung der Zustände wäre vergebens. Die Krebsschäden, welche die Gesetzgebung und Verwaltung so sehr angegriffen haben, würden von Neuem doppelt schnell nach Innen zu fressen; die Sklaverei würde unverändert bleiben und es müßte dazu kommen, daß vor einem Jahrhunderte von jetzt an der größere Theil der Bevölkerung des Südens aus Schwarzen, wohl aus 30 und mehr Millionen bestünde, indem die weiße Bevölkerung (deren Auswanderung nach dem Norden schon bisher sehr stark war) sich aus dem Süden stets und in dem Verhältniß, als die schwarze zunähme, zurückziehen würde.

Von einem Fortbestehen der Union als Gesammtstaat mit der Sklaverei kann in der jetzigen Zeit nicht mehr die Rede sein; noch weniger aber wäre zu begreifen, wie die Union in einen Friedensabschluß eingehen könnte mit von ihr selbst abgefallenen Staaten, die die Grundbedingung ihres Entstehens, die Gleichheit aller Menschen, ausdrücklich aus ihrer Verfassung verworfen und die Sklaverei zur Grundlage ihres Bestehens gemacht haben. Ein Friedensabschluß auf internationale Principien mit einem so bei seinem Entstehen schon geschändeten Staatenbunde und dessen Anerkennung wäre für die Union selbst eine eben so große Erniedrigung, als ein Fortbestehen mit diesen Staaten auf dem bisherigen Fuße. Es wäre dies ein treuloses Opfern des Wohls von 4 Millionen Sklaven, welche sie unter ihrer eigenen verfälschten Constitution zu dieser Zahl heranwachsen ließ. Es wäre der unerhörteste Verrath an diesen, aber auch an ihrem eigenen Lande und an den Kindern und Kindeskindern der Bürger des Nordens der Union, die durch den Fluch der Sklaverei im Nachbarlande noch vielmals Krieg mit diesem zu bestehen haben würden und wegen der Ausbreitung der Africanischen Race einen großen Theil ihres jetzigen Vaterlandes für die Civilisation verloren geben müßten.

„Unmöglich", sagt Mr. Russel am 5. August von Washington aus, „könnten je Nord und Süd auf einem friedlichen Fuße als getrennte Staaten neben einander bestehen, und schlössen morgen schon die Leiter beider Parteien Frieden, die Heftigkeit und das triumphirende Jubelgeschrei der Sieger würden jeden Frieden nur zu einem kurzen Waffenstillstande machen. Wer aber die Herstellung dieser großen Republik durch bloßen Compromiß bei so convulsivischem Wegen widerstreitender und unversöhnlicher Elemente erblicken kann, muß Glauben haben an eine neue Theorie der Atomen und an eine ebenso neue Chemie der politischen Wahlverwandtschaften."

Nimmt man die Urtheile der durch Erfahrung und örtliche Anschauung dazu befähigten Männer, seien es Amerikaner, Engländer oder Deutsche, zur Richtschnur, so muß man zu dem Schlusse kommen, daß der brudermörderische Kampf sich fortwälzen muß, bis die beiden Zwecke errungen sind: Abschaffung der Sklaverei und Aufrechthaltung der Union, denn sie sind unzertrennlich geworden.

Es scheint auch, daß die neuesten Verhandlungen des Congresses manchen Zweifeln hierüber ein Ende gemacht haben und daß man mit der dringender werdenden Gefahr allmählig alle Mittel der Nothwehr billigt und daß bereits das Gesetz vieles erlaubt, was es vormals verdammte. Schon ist in der Union zum Recht geworden, was sonst Hochverrath gewesen wäre, und umgekehrt. Aus dieser Wendung in die richtige Bahn des Rechts und der Ehre giebt es nun keine Umkehr mehr zu der früheren falschen Politik ohne ein völliges Zusammenbrechen aller Grundsätze, auf denen Staat und Gesellschaft fußen müssen.

Nimmer können es neunzehn Millionen in der Freiheit erzogener Menschen aus Geiz, Charakterlosigkeit oder Feigheit zugeben, daß in diesem gerechtesten der Kämpfe mit dem bei der Sklaverei betheiligten Vierten Theile der acht Millionen des Südens, welcher außerdem noch die Aufgabe hat, vier Millionen Sklaven zu bewachen, während die Mehrzahl die Sklaverei verabscheut und im Herzen der Union ergeben ist, das Recht unterliege. Nimmer kann die Weltgeschichte durch die Anomalie befleckt werden, daß ein freies, alle Bedingungen des menschlichen Wohlergehens in vollem Maße enthaltendes Staatenwesen durch eine Rotte Sklavenhalter zertrümmert werde, die sich unterfängt, alle Errungenschaften der modernen Gesittung umzustülpen oder in den Staub zu treten. Die Macht der Umstände, die Unzerstörbarkeit dessen, was gerecht und wahr ist, erzwingt die Erfüllung dess', was sein muß.

Die gerechte Sache hat zwar zweimal unterlegen, unterläge sie aber auch noch öfter, weil das Heer der Südlichen aus Banden gesetzloser und verzweifelter, des Waffengebrauches gewohnter Miethsknechte besteht, wie sie sich die Sklavenherren von je her zu ihren Gewaltthätigkeiten herangezogen hatten, während das der Nördlichen bisher nur aus Freiwilligen bestand, die nur friedliche Beschäftigungen gepflegt hatten, und für den Kriegsdienst auf keine Weise eingeschult waren — so wird sich das alles bald ändern, nachdem die Unions-Regierung ihre militärischen Mängel erkannt und die geeigneten Mittel zur Besserung des Heerwesens in Anwendung genommen sein werden.

Wäre dem aber auch nicht so, und brächte ein fortgesetzter Mangel an aller militärischen Zucht, eine planlose Geldverschwendung im Heere und selbst Principlosigkeit in der Regierung es zu einem Zustande der vollständigsten Rathlosigkeit, desto gewisser wäre dann nur der völlige Untergang des Südens, der aber dann leider unsägliches Unglück auch über den unschuldigen größern Theil von dessen freier Bevölkerung bringen würde, für welche bisher wahrscheinlich die Regierung so viel Rücksicht zu nehmen sich gedrungen fühlte, daß dadurch ihre Handlungen zum Theil gelähmt wurden. Denn die unfehlbare Folge würde dann die Insurrectionirung der ganzen Negermasse sein, zu der dann die Nördlichen als letztem Hülfsmittel und wenn nicht aus Noth und eigner moralischer Schwäche, doch aus Rache schreiten würden. Ein solches Ereigniß würde grauenvoll sein, denn es würden dabei leicht in einem Jahre mehr Schwarze und Weiße in den Südstaaten umkommen, als irgend eine verheerende Pest je in einem Lande weggeräumt hat. Dann ist aber auch die Möglichkeit verschwunden, die übrig bleibenden Schwarzen zu einer freien arbeitsamen Existenz heranzuziehen. Der langjährige Ruin, der dann für Süd und Nord zugleich entstanden sein wird, mit der gleichzeitigen Vernichtung alles Staatscredits, würde die Entfernung auch dieser Schwarzen aus dem Territorium der Union ganz unmöglich machen.

Es wäre dann die sociale Verkrüppelung dieser in ihrer südlichen Hälfte auf Jahrhunderte besiegelt, aber zugleich auch aller Credit Amerikanischer Republiken und Washingtons ursprünglich so edles Werk zum wahren Spotte der Welt gemacht.

Gestaltete sich jedoch die Lösung nicht so grauenhaft, sondern würde man, statt dem Süden zu dessen eigener Rettung selbst das Gesetz zu dictiren, durch einen Compromiß einen nothdürftigen Frieden erhandeln, dann in der That würde ein noch bitterer Spott dem Staate Washingtons zu Theil werden, und es bedürfte wohl eines modernen Aristophanes, um die neu geflickte Republik in neuen Seitenstücken des „Friedens" und der „Ritter" in ihrer Verkehrtheit zu verhöhnen, und die Geschichte dürfte wohl einen nicht minder beißenden und unverwüstlichen Spottspruch für sie aufbewahren, als für das freie „Kerkyra"!

Der Times-Correspondent sagt aus Washington 5. August. „Vorerst leidet der Norden ungleich mehr durch den Krieg in seiner Industrie als der Süden. Seine geschäftige Arbeit, sein innerer Verkehr liegt überall darnieder, während die Schwarzen auf den Pflanzungen nach wie vor unter ihren wenigen aber strengen Aufsehern fortarbeiten. Würde sich aber bei diesen der Geist der Empörung zeigen so würden die Schwierigkeiten, welche daraus für den Süden entstehen müßten, gar nicht zu ermessen sein. Vier Millionen Neger die sengend, brennend, plündernd und mordend herumziehen, ist ein Bild, das auch den feurigsten Abolitionisten zurückschrecken macht. Aber auch für den Norden wäre dieses Ereigniß ein schreckliches Uebel und müßte zu einem unvermeidlichen Kampfe zwischen den Unions-Truppen und ihren neuen Alliirten führen. Es giebt jetzt hier eine Anzahl Leute, die davon sprechen, daß man den Süden neu mit Schwarzen besiedeln müsse, und zwar unter schwarzen Eigenthümern, die jetzt noch Sklaven sind! Das sind natürlich nur blödsinnige oder verschmitzte die so sprechen. Andere wünschen einen Handel mit uns zu machen, und möchten uns bewegen, daß wir ihnen ihre 4 Millionen Neger für unsere Colonien abnähmen. Noch Niemand hat aber davon gesprochen, sie in den Nordstaaten aufzunehmen."

„Wahrlich! Als Sieger wird der Norden auf der Schwelle des Friedenstempels einen noch schrecklicheren Feind begegnen, als der Krieg selbst war. Ist unter allen klugen Köpfen der Welt auch nur einer, der diesen Knoten ohne das Schwert zu lösen vermag? Und doch, wenn das Schwerdt seine Dienste gethan hat, was dann? Nun dann steht der ewige Neger da, und stellt Alexander ein Bein, grade wenn er sein Schwerdt in die Scheide stecken will! Kann aber Jemand einen Plan erdenken, wie 4000000 Menschen aus dem Lande zu schaffen wären? Von solch einer Auswanderung ist noch nicht gehört worden! Die Horden der Hunnen,

Gothen und Vandalen, die Schwärme scythischer Stämme kamen nie solchen Massen gleich. Die Schwierigkeiten würden ungeheuer sein und ohne die freiwillige Mitwirkung der Einzelstaaten giebt es gar keine Hoffnung auf eine allmählige „Aufsaugung" (absorption) oder Erlöschung oder Auslöschung (extinction) der Race, und wenn dabei nicht stufenweise zu Werke gegangen wird, so wird es überhaupt nicht ausführbar sein. Fest steht aber, daß die Sklaverei eine grausame, kalte, *tödtliche* Undankbarkeit gegen die Gottheit selbst ist und das ganze Pflanzersystem eine organisirte Missethat (outrage) gegen die *menschliche* Natur."

Am 5. Sept. sagt die Times in ihrem Leitenden Artikel über *Hayti* und St. Domingo: „In 15 Jahren war die friedliche Bevölkerung der herrlichen Insel von 1 Million auf 60,000 gebracht und bald darauf war ihre vormalige, wenn auch unvollkommene Civilisation durch die üppige Vegetation erstickt. Es wurde wieder bevölkert durch Afrikaner und wurde sehr ergiebig gemacht auf die *morsche* Grundlage der Sklaverei, bis es durch eine blutige Empörung der Neger wieder zu einer Wüste gemacht wurde. Und es blieb eine solche trotz der Aristokratie von Neger-Herzögen und Marschällen, welche Christophe and Soulouques um sich herum geschaffen haben." Man bedenke aber, die Neger traten *plötzlich* vom tiefsten Drucke in die Freiheit und hatten die Arbeit hassen gelernt, wie ihre Herren.

Die New-York Daily tribune vom 5. August spricht sich in einem Leit-Artikel belobigend aus über einen sehr langen Bericht des General Buttler an den Kriegsminister vom 30 Juli aus dem Hauptquartiere Fort Monroe, Virginien, in welchem derselbe Instructionen über die Behandlungsweise der herbeiflüchtenden Neger verlangt, von denen sich bereits 900 in seinem Lager befinden, worunter nur 300 arbeitsfähige Männer, der Rest aber nicht zur Arbeit verwendbar ist, dabei 175 Weiber, 225 Kinder unter 10, und 170 unter 16 Jahre sind. — Der General fragt grade zu: sind diese Männer, Weiber und Kinder Sklaven oder sind sie Freie? Sind sie als Menschen oder nur als Eigenthum oder als etwas zwischen beiden anzusehen? Er wisse wohl, welches ihr Zustand unter der Constitution und den Gesetzen gewesen sei. Es frage sich aber, welche Wirkung die Rebellion und der Krieg auf diesen Zustand ausübe? Die Arbeitsfähigen könnten wohl als Kriegscontrebande betrachtet und behandelt werden, aber sicherlich nicht auch die Weiber und Kinder, denn diese wären nur eine Last, keine Hülfe im Lager. Als Eigenthum betrachtet, wären sie von ihren Herren *verlassenes* Eigenthum. Selbst Verräther und Rebellen hätten sie diese Neger dem Hungertode preisgegeben (?) Seien letztere nun Eigenthum ihrer Befreier geworden? Aber wir, als deren Retter, bedürfen weder solches Eigenthum, noch *können* oder wollen wir es behalten. Hört hiermit nicht alles Recht dieser Rebellen auf diese Leute auf, und sind sie nun nicht alle *zu Menschen* geworden? Haben sie nicht durch die Handelsweise ihrer Herrn und durch den Kriegszustand die Eigenschaft erworben, welche wir als die normale ansehen, wodurch alle Menschen nach Gottes Ebenbild geschaffen sind? Ist durch diese nicht jede constitutionelle legale und moralische Erforderniß sowohl gegen den vorigen Herrn, als andererseits gegen deren verlassene Sklaven erledigt? Ich gestehe, daß ich mich gezwungen fühle sie als Menschen anzusehen; wenn auch nicht freigeboren, doch frei, als freigelassene, die nie mehr zurückgefordert werden können. Meine Pflicht gegen diese Leute ist mir daher ganz klar, und daß ich ihnen denselben Schutz angedeihen lassen muß, als eben so vielen andern Menschen, die wegen ihrer Anhänglichkeit an die Union vertrieben oder aus den secessionistischen Staaten entflohen sind. Hierüber hätte ich auch nicht den mindesten Zweifel haben können, wäre mir nicht mitgetheilt worden, daß eine Ordre des General Mac Dowell thatsächlich allen flüchtigen Sklaven den Zutritt an sein Lager oder deren Aufnahme in dasselbe untersagte.

„Soll diese Ordre als eine allgemeine gelten? Welche Sklaven sollen denn als flüchtige angesehen werden? Soll der Soldat auch den Negerkindern, die verlassen umherirren, keinen Schutz mehr gewähren; soll er den Neger, dessen rebellischen Herrn er vertrieben hat, verhungern lassen? Wie soll ein Regiments- oder Bataillons-Commandant entscheiden ob ein Neger von seinem Herrn oder der Herr von dem Neger weggelaufen ist? Wie können die freien Neger von denen unterschieden werden, die Slaven waren? Soll der Neger, der mitge holfen hat die Wälle der Rebellen aufzuwerfen, nicht als Flüchtling aufgenommen oder zu diesen zurückgetrieben werden um dieselbe Arbeit wieder zu verrichten?

Meine Ansichten in dieser Sache sind sehr entschiedener Art; jedoch habe ich kein Recht zu critisiren, noch schreibe ich mit dieser Absicht; sondern nur um die Schwierigkeiten zu zeigen, welche der Durchführung einer solchen Ordre im Wege stehen. Sollte eine erzwungene Durchführung (enforcement) jener Ordre zur Politik der Regierung gehören, so bin ich als Soldat genöthigt sie mit fester Hand, wenn auch nicht frohem Herzen, durchzuführen. Bliebe sie mir aber selbst überlassen, so würde ich eine Richtung einschlagen, welche von der, die die Ordre andeutet, weit abweicht. In einem gesetzlichen Staate würde ich jeden serviler Aufstand unterdrücken. Aber in einem Zustande der Rebellion würde ich das, was gebraucht wird, um meinen Waffen Widerstand zu leisten, confisciren, und alles und jedes Eigenthum wegnehmen in welchem der Reichthum meines Feindes besteht, und der ihm die Mittel giebt den Krieg aufrecht zu erhalten, *zugleich aber die Ursache des Krieges ist*, und wenn im Verfolg dieses Verfahrens menschliche Wesen zum Genuß der Freiheit gebracht und zur Erreichung menschlichen Glücks befähigt würden, so könnte jede Einwendung gegen diesen Erfolg nur eine Empfehlung für dasselbe sein. Daß ich mich in dieser Sache direct an den Kriegsminister wende, hoffe ich durch den Umstand entschuldigt zu sehen, daß einige politischen Bedenken die nothwendige Entschiedenheit militairischen Einschreitens berühren."

Die Tribune vom 6 August sagt hierauf: „Das sind practische Fragen, für die *keine Antwort* in unserer Constitution zu finden ist." Da die Herren dieser Schwarzen davon gelaufen sind, so sind diese selbst, wenn nur als Ding und Eigenthum betrachtet, verlassenes Eigenthum ebenso gut als ein auf See verlassenes Schiff, das dem gehört, der es in Besitz nimmt. Aber als menschliche Wesen, mit gewissen unveräußerlichen Rechten begabt, (unveräußerlich außerhalb der Municipialgesetze, welche nicht durch die Föderal-Gesetzgebung gemacht sind — sind diese Neger, als die ersten die dabei zugezogen sind, berechtigt, sich selbst in Beschlag zu nehmen, zuerst Kraft ihres *unveräußerlichen* Rechts auf Freiheit, und dann weil sie in sich selbst das Eigenthum in Besitz genommen haben, welches von andern verlassen worden war. Der Congreß hat zwar schon zur vollen Zufriedenheit des Landes über die Sklaven, welche von ihren Herren zur Rebellion verwandt worden, entschieden; aber diese Frage wird bei dem Vorrücken der Armee stets wichtiger, da die Befehlshaber mit einer großen Anzahl Schwarzer in Berührung kommen müssen, welche Sklaven waren aber von ihren Herrn *verlassen worden sind.* (?) Was soll aber aus diesen armen Leuten werden, die gar keine Subsistenz Mittel besitzen. Die *Gesetzgebung* von Tenessee hat das Pressen von allen *freien* Farbigen von 15 bis 50 Jahren zum Dienste im Lager, zur Erleichterung der Freiwilligen beschlossen. Vielleicht wäre eine gleiche Maßregel auf diese Schwarzen anzuwenden, von denen wohl viele aus freien Stücken in den Lagerdienst eintreten würden. Diese Leute sollten jedenfalls weder als Bettler noch als freie Tagelöhner herumziehen. Die Wohlthätigkeit ist bereits sehr stark in Anspruch genommen und Lohnarbeit ist schon sehr schwierig zu finden; außerdem ist es nicht wünschenswerth, und wird es unter keinen Umständen werden, die schwarze Bevölkerung *nach dem Norden zu ziehen.* Hoffentlich wird es nicht schwer sein einen Plan ausfindig zu machen, nach welchem sie in Süden verbleiben und Schutz in ihren neuen Gerechtsamen genießen können. (?) Unter einer gehörigen Organisation und Disciplin könnten sie wohl auch sich selbst beschützen, und auch sich selbst erhalten. Wo sie verlassen und confiscirt wurden, ist auch das Land und übrige Eigenthum ihrer Herren verlassen und confiscirt worden. Die Beziehungen der Schwarzen zu dem Lande, das sie als Sklaven bebauen, könnte in einer Weise fortgesetzt werden, daß sie fortführen, es unter gewisser Aufsicht zu bebauen, bis in ruhigeren Zeiten stabilere Einrichtungen getroffen werden können." (?) — General Buttler fühlt augenscheinlich heraus, wo die öffentliche Stimmung hintreibt, nämlich auf *die Befreiung der Sklaven*, und geht darauf hin etwas vor, deckt sich aber dabei den Rücken durch einige Phrasen, die gar nicht männlich offen sind, wie z. B. als wären *davongelaufene* Neger *verlassenes* Eigenthum u. s. w. Doch sagt er: die Schwarzen seien *Menschen, die Sklaverei sei die Ursache des Krieges* u. s. w. Die der Tribune beliebte Rechtfertigung der Befreiung gewisser Sklaven ist vollends eine rabulistische und zeigt, daß sich das Blatt seines Publicums bei entschiedenerem Vorgehen noch nicht sicher glaubt. Alles geht bei einer so großen Frage einen natürlichen *allmäligen* Gang, wobei *kein Schritt rückwärts* möglich ist. Selbst die Ersetzung des General Buttler durch General Bromel, die bereits stattfand, ist kein Rückschritt der Regierung. Wäre er auf seinem Posten belassen worden, so mußte natürlich der Zulauf der Schwarzen stattfinden, der sich binnen Kurzem in ein Stampede verwandeln müßte.

Der New-York Herald vom 17. August sagt in einem Leit-Artikel: „Unser Kampf ist nicht mit dem Süden als einem Ganzen, Er ist nur mit dem einen Theile des Südens, der sich gegen den andern Theil erhoben hat. Er ist gegen die Wenige, welche mächtig sind durch das Monopol der *Arbeit anderer*, und welche die untere Klasse, die gemeinen weißen Leute in Unterwerfung halten. Es handelt sich blos darum, ob es gestattet werden kann, daß die Klasse, welche stark genug ist sich Schwarze als Eigenthum zu halten, *auch alle anderen Männer*, weiße Männer, die weder selbst Schwarze besitzen noch ein Interesse darin haben können, daß andere deren besitzen, unterjoche. Gäbe es nicht noch Enthusiasmus und Ehrgefühl im Lande, so wäre diese Frage vielleicht von unserer Seite, hier im Norden, als eine anzusehen, die uns fern liege und wenig berühre; (?) aber für jene im Süden ist es eine tiefgehende verhängnißvolle Frage. Sie berührt ihr Haus und ihren Heerd, ihr Land und Gut, ihren *Glauben*, ihre Rechte auf eine freie Erziehung. Für sie sind alle Vortheile, aller Fortschritt, den eine billige und gerechte Regierung bieten kann, auf dem Spiele, Alles was die socialen Beziehungen des Menschen ihm bieten oder rauben können."

Für den Süden ist es einfach ein Kampf zwischen einer despotischen Gewalt über weiße Männer *durch die Herrschaft über Schwarze* und den arbeitenden Vielen, welche selfgovernement wollen." — Jener Artikel schließt mit:

„Bequeathed from bleeding sire to son,
Freedom's battle once begun,
Though baffled oft, is ever won!"

Siehe Anhang: Mac-Donoughs Emancipations-Plan und Wendell Phillips Rede vom 1. Aug., dem 28sten Jahrestage der engl. Negeremancipation.

(Abdruck der durch einen vereideten Translator unterm 24. Juli 1852 angefertigten Uebersetzung aus dem Portugiesischen eines aus dem Kais. Brasilianischen Generalkonsulate in Hamburg seiner Zeit hervorgegangenen Dokuments.)

Kraft Bevollmächtigung durch Seine Excellenz den Herrn Vicomte de Baependy, Grundbesitzer in Rio de Janeiro ist die folgende Uebereinkunft [1]) abgeschlossen worden zwischen

Marcos Antonio de Araujo,

Ritter des Ordens von Unserer lieben Frau da Conceiçao da Villa Viçosa, Commandeur des Christus-Ordens, Ehren-Garderobenmeister Seiner Majestät des Kaisers von Brasilien und

Dessen Minister-Resident in Preußen

und zwischen dem Endes-unterzeichneten Colonisten

Art. 1.

, dessen Ehefrau und deren **Kinder**, im Alter von und Jahren, verpflichten sich, in diesem Hafen von Hamburg nach der Stadt Rio de Janeiro in der gleichnamigen Provinz des Kaiserreichs Brasilien, am Bord des Schiffes Kapitän abzugehen.

Art. 2.

Die im Artikel 1 benannten Colonisten haben sich, sobald als sie in den genannten Hafen von Rio de Janeiro ankommen, Sr. Exc. dem Herrn Vicomte de Baependy (siehe Anhang 1.) zur Verfügung zu stellen, welcher sie aufnehmen, beköstigen und zu ihren Bestimmungen weiter führen lassen wird. [2])

Art. 3.

Seine Excellenz der Herr Vicomte de Baependy verpflichtet sich gegen den dessen Ehefrau, und dessen Kinder zu Folgendem: 1) Die erforderliche Summe zu deren Ueberkunft nach Rio de Janeiro und von dort nach dem Gute vorzuschießen. 2) Ihnen, sobald sie auf dem genannten Gute angekommen sind, die benöthigte Unterkunft zu beschaffen, [3]) imgleichen die Lebensmittel und sonstigen Auslagen, deren sie bedürfen möchten, insoweit als sie solche nicht aus dem Ertrag ihrer Arbeit bestreiten könnten. 3) Ihnen die Anzahl von Kaffeebäumen zu überweisen, deren Wartung sie nach Maßgabe ihrer Kräfte übernehmen können, und deren Frucht sie einzusammeln und zu gut zu machen haben. 4) Ihnen eine Fläche geeigneten [4]) Bodens einzuräumen, um die für ihren Lebensunterhalt nöthigen Gewächse anzupflanzen. 5) Die Colonisten nicht zu verabschieden [5]) so lange sie sich friedfertig betragen und ihre Obliegenheiten erfüllen. 6) Ihre Rechte zu schützen, im Fall sie Beleidigungen erlitten.

Art. 4.

nebst Frau und **Kindern** verpflichten sich zu Folgendem: 1) Friedfertig zu leben, die ihnen anvertraute Kaffeepflanzung mit Thätigkeit zu pflegen, die Früchte einzusammeln und sie an den dazu bezeichneten Ort hinzubringen, sie dem Empfangnehmer massenweise abzuliefern, und später zu gut zu machen. 2) Den Grundeigenthümer für Auslagen schadlos zu halten, welche er für **ihre** Ueberkunft, Beköstigung, Bekleidung, Genesung in Krankheitsfällen so wie für alle sonstigen Ausgaben, welche er für deren Erfordernisse gemacht haben würde, und hierzu wenigstens den dritten Theil des Reinertrags, den sie jährlich beziehen würden, zu verwenden; sofern sie sich aber nicht innerhalb vier [6]) Jahren nach ihrer Niederlassung aus ihrem Schuldverhältniß befreit hätten, alsdann ihr Schuldquantum nach dem gesetzlichen Zinsfuß zu verzinsen. 3) Ihre Stellung nicht

---

[1]) Identische Contracte mit diesem waren bereits im Jahre 1847 von demselben Senhor Araujo, damals General-Consul für die Hanseatischen Städte gemacht worden, und zwar als Hauptagent des im vergangenen Jahre verstorbenen sehr einflußreichen Senators Vergueiro, dessen markirtester Characterzug sowohl in seinem politischen wie in seinem Privatleben Feindseligkeit gegen alle Ausländer war, die er nur aus überwiegendem Eigeninteresse und als Hörige duldete. — Herr v. T. sagt in seinem Berichte, Vergueiro habe ein „Geschäft" aus dem Herbeiziehen von Halbpartkolonisten gemacht; das ist nicht ganz richtig, denn Senhor Araujo hat sie für ihn im voraus durch seine vielen Agenten herbeigezogen.

[2]) Nach Herrn von Tschudi's Bericht ist diese letztere Zusage so ausgelegt worden, daß dieses Alles auf Kosten des Colonisten geschah, und zwar zu so ungeheuren Preisen, daß diese Aufnahme, Beköstigung und Transport nach der Fazenda die Gesammtkosten der Ueberfahrt von Europa oft um Vieles überstieg, und in einigen Fällen die Summe sogar von 500 Thlr. für eine einzige Familie.

[3]) Warum sagte man nicht gleich: „vorzuschießen" oder „auf Credit zu geben"?

[4]) Dieses ist nicht immer erfüllt worden, weder in Qualität noch in der unentbehrlichen Ausdehnung.

[5]) Durch diese schlaue Einschaltung wurde den armen Kolonisten gleich eine Bangigkeit um den möglichen Verlust des ihnen bevorstehenden Glückes beigebracht, und neue Anwerbungen erleichtert.

[6]) Hier hätte füglich auch gesagt werden dürfen: Vierzehn Jahre!

zu verlassen, so lange sie dem Grundeigenthümer noch irgend[1]) eine Summe schulden, so daß sie sich zwar wenn sie nichts mehr schuldig sind, entfernen können, jedoch unter der alleinigen Bedingung, den Grundeigenthümer 6 Monate zuvor davon in Kenntniß zu setzen, und zwar bei einer Geldstrafe von 50,000 Reis per Kopf, wenn sie ohne solche Kündigung sich entfernen. 4) Sich ohne ausdrückliche Genehmigung des Grundeigenthümers keinerlei Handelsgeschäften zu widmen. 5) Der durch die Colonisten eingesammelte Kaffee wird im Namen und Auftrag des Grundeigenthümers zu Markt geführt und verkauft; und nachdem von dem Erlös sämmtliche Transportkosten von dem Gute bis nach dem Markt, und die dortigen Commissionsgebühren[2]) für den Verkauf, endlich eine Gebühr für die zur Zubereitung benutzten Geräthschaften[2]), in Abzug gestellt worden, wird der Rein-Ertrag in 2 gleiche Theile getheilt, der eine für den Colonisten, der andere für den Grundherrn. 6) An den durch die Colonisten verzehrten Lebensmitteln participirt der Grundeigenthümer nicht (!) erhält jedoch die Hälfte derjenigen die er veräußert hat. (!) 7) Alle zwischen den contrahirenden Theilen sich erhebenden Streitfragen werden durch Schiedsrichter (!) vor der zuständigen Behörde entschieden ohne weiteres Erkenntniß oder Appellation. (!) 8) Die Endesunterzeichneten Colonisten erklären, die in vorstehenden Paragraphen auseinandergesetzten Bedingungen anzunehmen, und erkennen sich vorerst und bereits Schuldpflichtig für die Summe von spanischen Piastern für Personen, aus denen ihre Familie besteht.

Zu Urkund dessen haben die Endesgenannten diesen Contract dreifach unterzeichnet.

Hamburg den 1852.

Denkschrift[3])

an

den Brasilianischen Minister der Auswärtigen Angelegenheiten, den Senator Cansançam de Sinimbú,

von

Herrn **J. J. von Tschudi**, schweizerischen Gesandten in Brasilien.

(Am 9. October 1860.)

Excellenz!

Nachdem ich auf Befehl meiner Regierung die sämmtlichen Kolonien der Provinz S. Paulo, wo sich Schweizer befinden, untersucht habe, halte ich es für angemessen, auch der kaiserlichen Regierung das Ergebniß meiner Beobachtungen mitzutheilen.

Vor allem habe ich die Genugthuung, Ew. Excell. aussprechen zu können, daß der Bericht des Herrn Oberappellations-Gerichtsrath Dr. Seb. Machado Nunes, Commissärs der K. Regierung zur Untersuchung des Zustandes der Kolonien in der Provinz S. Paulo, welcher seine Inspectionsreise im März dieses Jahres beendigte, mit Unparteilichkeit und Gewissenhaftigkeit abgefaßt ist. [4])

Der Besuch dieses Commissärs war von gleich vortheilhaftem Erfolg für die Fazendeiros wie für die Kolonisten. [4]) Es gelang dem bekannten Geschick des Herrn Dr. Machado Nunes, seit mehreren Jahren vorhandene bedeutende Schwierigkeiten in verschiedenen Kolonien auf die befriedigendste Weise für die beiden Theile auszugleichen. [4]) Die wenigen Irrthümer, welche ich in seinem Berichte fand, rühren ohne Zweifel nur von ungenauen Angaben her, die er erhielt. So bemerkt er auf der ersten Seite: Die portugiesischen Kolonisten sind den schweizerischen vorzuziehen!

Meinen Erkundigungen und persönlichen Wahrnehmungen zufolge ist dem bei weitem nicht so. Das Betragen der Kolonisten in der Provinz S. Paulo, ihre Ausdauer bei der Arbeit und ihre Befähigung zur Kolonisation beweisen, daß sie folgende Rangstellung einnehmen:

1. Dänen aus dem Herzogthum Holstein. Sehr arbeitsame Kolonisten, die in ihrem Hause auf exemplarische Reinlichkeit halten; allein sie sind, nach der Angabe der Fazendeiros, äußerst anspruchsvoll.

2. Schweizer, Deutsche und Belgier. Kolonisten, welche durchschnittlich eine gleiche Befähigung besitzen. Es giebt ausgezeichnete, allein auch arbeitsscheue Familien unter ihnen.

3. Portugiesen. Die Fazendeiros beklagen sich im Allgemeinen sehr über sie; sie sind streitsüchtig, und die beiden an Kolonisten verübten Mordthaten fallen ihnen zur Last.

4. Endlich Brasilianer. Die Fazendeiros, welche ihre Landsleute als Colonisten zu verwenden suchten, erklären einstimmig, daß sie keine Lust zur Arbeit haben und die Jagd dem Landbau vorziehen. Flinte und

---

[1]) Durch dieses Wort hat man die Haftbarkeit der Kinder, selbst der unmündigen Kinder, für die ganze Schuldenlast der verstorbenen Aeltern und Geschwister, ja sogar anderer „angeschlossener", der Famili: wildfremder Personen, (oft Krüppelhafte, Blödsinnige, sogar Blinde, auch Dirnen mit Kindern und Vagabonden), gerechtfertigt! Was werden hierzu deutsche Rechtsgelehrte zu sagen haben? Werden sie die Aufstellung eines solchen Contractes auf deutschem Boden nicht als dem Gesetze zuwider erachten müssen? Werden sie es nicht für ihre Pflicht erachten, die Auslegung desselben auf solidarische Haftbarkeit nicht bloß der Kinder, selbst der Erwachsenen, geschweige **unmündiger Waisen,** sondern selbst der Frau, als Wittwe, nach dem römischen Recht, das auch in Brasilien gilt oder doch gelten sollte, sondern dem einfachsten Naturrecht nach als himmelschreiend ungerecht und jedes Land entehrend zu erklären? — Keine Entschuldigung ist die soeben in den Actenstücken Brasilianischer Seits angeführte zur Aufrechthaltung eines solchen Unrechts, daß in der Aufstellung dieser Contracte kein Jurist zugezogen worden sei. Die Unthat liegt vor, sei sie entstanden aus welchen Motiven immer im Verbande mit Mangel an jedem humanen Gefühle oder auch nur aus Unwissenheit, sie **muß beseitigt werden.** Aber selbst die Behauptung, es sei kein Jurist dabei betheiligt gewesen, ist falsch, denn Senhor Araujo der sie aufstellte ist Doctor und sogar vormaliger Brasilianischer Professor des Römischen Rechts, und zwar wie verlautet, selbst utriusque!

[2]) Diese Commissions- und Benutzungs-Gebühren waren und sind in manchen Fällen wahrhaft enorm.

[3]) Siehe Anhang 2.

[4]) Ueber diese Punkte werden weitere Erläuterungen gegeben werden.

Sattel sind die Gegenstände ihrer Vorliebe, und diejenigen Geräthe, die sie vor jedem Möbel besitzen; indessen haben mehrere Fazendeiros seit einiger Zeit mit Vergnügen bei diesen Kolonisten ein Bestreben wahrgenommen, in der Arbeit mit den europäischen Kolonisten zu wetteifern. [1])

Während meiner ganzen Reise hatte ich im Allgemeinen das Benehmen der Landesbehörden nur zu loben, und im Besondern habe ich Ew. Excellenz den Herrn Dr. Tito Augusto Pereira e Mattos, Municipalrichter und Polizeidelegirter von Campinas, zu nennen, dessen Talente und Verdienst der kaiserl. Regierung ohne Zweifel wohl bekannt sind; er zeigte großen Eifer, mir die Erfüllung meiner schwierigen Aufgabe zu erleichtern. Der nämliche Empfang ward mir von allen Fazendeiros der Provinz zu Theil, welche alle ihnen zu Gebote stehenden Mittel zu meiner Verfügung stellten, um die Erforschung des Zustandes der Kolonie für mich zu vereinfachen. Wie ich bereits Ew. Excellenz durch Vermittlung des Herrn Präsidenten der Provinz S. Paulo mitzutheilen die Ehre hatte, erklärte mir ein einziger, Herr José Vergueiro, das Haupt des Hauses Vergueiro und Comp., ich würde auf den Fazendas seines Hauses, insofern ich in amtlicher Weise auftreten würde, nicht empfangen werden; indessen gestatte er meinen Besuch, wenn er sich selbst auf seiner Fazenda von Ibicaba befinde, wo er, seinem Schreiben zufolge, gegen Ende des Monats August eintreffen werde.

Als ich aber am 6. September von Santos zur Rückkehr nach Rio de Janeiro aufbrach, befand sich Herr José Vergueiro noch in letzterer Stadt.

Ich will der kaiserlichen Regierung den schlimmen Eindruck nicht verhehlen, welchen diese Weigerung des Hrn. Vergueiro auf die übrigen Fazendeiros der Provinz S. Paulo hervorbrachte, und dieser Eindruck war um so ärgerlicher, als schon gegen Hrn. Dr. Machado Nunes in Betreff dieser auf Mustergültigkeit Anspruch machenden Kolonie die nämliche Maßnahme getroffen worden war.

Ich war daher gezwungen, die Schweizerkolonisten zur Anhörung ihrer Beschwerden nach der zwei Stunden von der Kolonie entfernten Villa von S. João do Rio Claro zu mir zu berufen.

Wenn ich recht berichtet bin, so besteht in Brasilien ein Gesetz (aber noch nicht einmal in Ausführung gebracht!), welches den Behörden erlaubt, in jedem Zeitpunkt den Zustand der Sklaven auf einer Fazenda zu untersuchen. Sollte man daher nicht mit größerem Rechte annehmen dürfen, die kaiserliche Regierung besitze die Befugniß, die Lage freier, nur durch einen Dienstvertrag gebundener Menschen ermitteln zu lassen?

Diese Voraussetzung ist um so gegründeter, als Se. Excellenz der Herr Reichsminister mir vor meiner Abreise nach der Provinz S. Paulo mittheilte, er habe das Haus Vergueiro und Comp. wissen lassen, die kaiserliche Regierung betrachte die Kolonisation als eine Lebensfrage für das Land, und besitze mithin die Befugniß, bei Allem mitzusprechen, was sich auf die Privat-Kolonien beziehe. Die Weigerung des Herrn José Vergueiro ist daher unerklärlich.

Ich habe Grund zu vermuthen, daß die Fazendeiros von meinem Besuche sehr befriedigt waren; denn mehrere derselben kamen einige Tage nach der Prüfung ihrer Anstalten, mir ihren Dank abzustatten. Ihrer Meinung nach hat mein Besuch auf das Gemüth der Kolonisten eine sehr heilsame Wirkung gemacht. (Aber sie hat diesen einen grossen Theil ihrer Hoffnungen benommen!)

Das Ergebniß meiner Nachforschungen in den Kolonien der Provinz S. Paulo, welches ich Ew. Excellenz vorzulegen die Ehre habe, wird darthun:

1. Die Gründe, weshalb die Kolonisation nach dem Halbpachtsystem (Parceria) in der Provinz S. Paulo keinen Erfolg haben kann.

2. Den gegenwärtigen Zustand der Schweizerkolonisten in der Provinz S. Paulo.

3. Schließlich die Maßregeln, welche ich als unerläßlich zur Verbesserung der Lage gewisser, aller Theilnahme würdigen Familien erachte, die unter den jetzigen Umständen ihre Schulden niemals zu bezahlen vermöchten. —

Gründe, weshalb die Kolonisation nach dem Halbpachtsystem in der Provinz S. Paulo nicht gedeihen kann.

Die Provinz S. Paulo, eine vorzugsweise Ackerbau treibende Provinz, ist durch ihren fruchtbaren Boden sowohl als durch ihr herrliches Klima zu einer großen Rolle bei der Kolonisation berufen,(?) vermöge ihres dringenden Bedarfs an Arbeitern, denen sie leicht ein schönes Loos zu sichern vermag.

Unglücklicherweise hat das vom Hause Vergueiro und Comp. eingeführte Halbpachtsystem nicht nur für lange Zeit die Zukunft und Entwicklung der Kolonisation in dieser Provinz untergraben, sondern derjenigen von Brasilien im Allgemeinen geschadet, weil die vielen, zum Theil ganz gerechten Klagen der Kolonisten in Europa einen schmerzlichen Wiederhall fanden und die Auswanderer von der Wahl dieses Landes abschreckten.

Ich habe die Ehre, Ew. Excellenz die verschiedenen Ursachen zu entwickeln, welche nach meinem Dafürhalten die Hauptfehler dieses Halbpachtsystems sind.

1. Die von den meisten Kolonisten (besonders den Schweizern) bezogenen Vorschüsse für die Ueberfahrt von Europa nach Santos, und die überaus kostspielige Reise von letzterer Stadt nach den Kolonien.

Die an ihrem Reiseziel angelangten Kolonisten fanden sich mit Schulden überladen, welche für viele Familien auf nahe an zwei Contos Reis (1400 Thlr.) anstiegen, was sie von vornherein entmuthigte.

2. Die **doppelsinnigen** Verträge, deren Inhalt nicht klar und deutlich bestimmt ist.

So sagt z. B. der Art. 3 der Halbpachtverträge:

„Sobald die im Art. 1 erwähnten Kolonisten im Hafen von Santos gelandet sein werden, haben sie sich zur Verfügung der Herren Vergueiro und Comp. zu stellen, welche sie aufnehmen, unterhalten und an ihren Bestimmungsort bringen lassen werden“

(„Os Colonos mencionados no Art. 1 logo que chegarem ao porto de Santos, pôr-se-hão à disposição dos Illmos. Sres. Vergueiro & Comp., que os receberão, alimentarão e farão conduzir aos seus destinos.“)

Das Haus Vergueiro und Comp. verpflichtet sich durch diesen Artikel nicht zum unentgeltlichen Unterhalt und Transport der Auswanderer; allein es wird auch darin nicht ausgesprochen, daß diese Auslagen den Kolonisten zur Last fallen. Nach der Art und Weise der Abfassung dieses Artikels waren die Schweizerkolonisten überzeugt (und sie durften das mit Recht sein!), die Reisekosten von Santos an den Bestimmungsort würden vom Hause Vergueiro und Comp. getragen und waren daher bei ihrer Ankunft sehr überrascht, als sie vernahmen, dieselben seien ihnen auf Rechnung gesetzt.

§. 2 des Art. 4 der nämlichen Verträge besagt: „Das Haus Vergueiro und Comp. verpflichtet sich, den Kolonisten das zu ihrem Unterhalt Erforderliche zu liefern, bis sie selbst im Stande sind, selbst für ihre Existenz zu sorgen.“

Auf diesen §. gestützt, meinten die Kolonisten, die Fazendeiros seien verpflichtet, sie auf eine unbestimmte Zeit zu ernähren. Statt nun zu ihren Bedürfnissen hinreichende Früchte anzupflanzen, forderten sie Lebensmittel von den Grundeigenthümern und vermehrten dadurch beträchtlich ihre Schulden.

§. 7. vom Art. 3 schreibt vor, die Kolonisten hätten sich den Reglementen der Kolonie zu unterziehen. Man hat aber den Auswanderern in Europa keine Kenntniß von diesen Reglementen gegeben, und erst nach ihrer Ankunft auf der Fazenda wurde ihnen davon gesprochen. Auf mehreren Fazendas enthalten diese Reglemente starke Bußen

---

[1]) Welcher große Vortheil entspringt so dem Lande durch das von Eingewanderten gegebene Beispiel!

(bis 50,000 Reis), worüber sich die Kolonisten bitter beklagen. Unleugbar besteht ein schreiendes Unrecht darin, die Kolonisten einen Vertrag unterzeichnen zu lassen, welcher auf ein unbekanntes Disciplinarreglement sich beruft.

Ferner bestehen Verträge, worin sich das Haus Vergueiro u. Comp. verpflichtet, die der nämlichen Gemeinde angehörenden Kolonisten nicht von einander zu trennen, und trotz dieser Verpflichtung wurden die Familien einer und derselben Gemeinde von einander [1]) entfernt.

§. 4 vom Art. 4 führt an: „Die Herren Vergueiro und Comp. verpflichten sich, auf ihren Ländereien dem Kolonisten ein geeignetes Grundstück anzuweisen, wo er die zu seinem Unterhalt erforderlichen Früchte pflanzen kann."

(„Os Snres. Vergueiro & Comp., obrigao-se facultar-lhes o plantar nas suas terras em lugar a isso proprio e designado o necessario para seos sustentos.")

Es gibt Kolonien, wo den Kolonisten nicht das zu ihren besondern Pflanzungen nothwendige Land angewiesen wurde, und in andern wurde dieses Pflanzenland auf eine Stunde Entfernung von der Kolonie bezeichnet, ein großer Uebelstand, der dem Kolonisten große Unbequemlichkeit [2]) verursacht.

3. Die von den Herren Vergueiro und Comp. bezogenen Commissionsgebühren.

Das Haus Vergueiro und Comp. hat jedem Mitglied einer Kolonistenfamilie bei ihrer Ankunft in Santos unter dem Titel einer „Commissionsgebühr" den Betrag von 10,000 Reis von jedem Erwachsenen und von 5000 Reis von jedem Kinde von 8 bis 10 Jahren auferlegt, und hat nicht nur von jeder auf seine eigenen Fazendas gebrachten Person, sondern auch für die auf der Ueberfahrt Gestorbenen diese äußerst unbillige Steuer in der Weise verlangt, daß die überlebenden Mitglieder dieselbe bezahlen müssen. Hierdurch wurden manche Familien um mehr als 110,000 Reis über ihre wirkliche Verpflichtung belastet und so mit Schulden, die sie nicht vermutheten, überladen. Die Regierung von S. Paulo hat freilich dem Hause Vergueiro und Comp. den Bezug dieser Commissionsgebühr gestattet. Ist es aber eine gute Rechtspflege und liegt es im Interesse der guten Verwaltung für eine entstehende Kolonie, von den Kolonisten eine nicht in ihren Verträgen enthaltene und so hohe Summe zu fordern, daß sie die Zukunft und die Wohlfahrt der Familien beeinträchtigt?

Es trat noch ein anderer Umstand zu Tage, dessen bereits von Herrn Dr. Machado Nunes in seinem Berichte (Relatorio) S. 5 Erwähnung geschah; ich meine die Steuer für die Spitäler oder die Armen, die sogenannte Kopfsteuer (Capitaçao), eine Steuer, die in Brasilien nicht besteht und dennoch bei den Vorschüssen der Gemeinden den Kolonisten auf Rechnung geschrieben wurde, wie ihre Ueberfahrtsverträge es aufweisen.

Die beiden Commissarien der kaiserlichen Regierung, welche den Zustand der Kolonien in der Provinz S. Paulo untersuchten, haben erklärt, diese Steuer sei ungerecht und müsse den Kolonisten, welche Ueberfahrtsverträge besäßen, zurückerstattet werden. Wirklich hat das Haus Vergueiro und Comp. den Kolonisten auf den Fazendas des Senators Francisco Antonio de Souza Queiroz, des Commandeurs Luiz Antonio de Souza Barros, des Dr. José Elias Pacheco Jordão und von Benedicto Camargo die ungerechterweise bezogenen Summen zurückerstattet; allein es hat, trotz wiederholter Beschwerden, nicht für gut befunden, diese Summen den Kolonisten auf den Gütern der Familien Queiroz Telles-de-Jordão, Leite de Moraes Cunha, Herculano Florence, Francisco Mariano, Galvão Bueno und Floriano Camargo Penteado zurückzugeben, obwohl sich dieselben in der nämlichen Lage befanden.

4. Der allzuhohe Zinsfuß im Vergleiche mit dem in Europa üblichen.

Die Kolonisten haben nicht nur für ihre Reisevorschüsse einen hohen Zins zu tragen, sondern diese Interessen werden ihnen auch auf dem Preis der vom Fazendeiro gelieferten Lebensmittel, auf der Gebühr des Hauses Vergueiro und Comp., ja sogar auf den Bußen, zu denen sie verfällt werden, berechnet, so daß unter ungünstigen Umständen der Jahresertrag kaum zur Ausgleichung der Zinsensumme hinreicht.

5. Die Ungleichheit des Ertrages der Ernte und des Kaffeepreises.

Der Kaffeebau ist mehr als jeder andere den Wechselfällen aller Art ausgesetzt. Vorerst müssen die Bäume in gutem Zustande sein; denn die zu jungen oder zu alten Bäume, die gepfropften (podados) oder in einem steinigen Boden gepflanzten tragen nur sehr wenig Frucht. Sodann sind die Unbilden der Jahreszeiten, Kälte, Hagel, beständiger Regen oder übermäßige Hitze ebenso viele Ursachen, die einen großen Einfluß auf die Ernte ausüben. Wie viele günstige, vom Kolonisten unabhängige Umstände müssen da nicht eintreten, um ein gutes Ergebniß zu erzielen? Endlich folgt auf eine gute Ernte eine mittelmäßige. Ist die Einsammlung vollendet, so ist der Pflanzer neuen Wechselfällen ausgesetzt: der Preis des Kaffees unterliegt außerordentlichen Schwankungen je nach den Zeitverhältnissen, und ebenso die Transportkosten von der Fazenda nach dem Seehafen, nach den Entfernungen. Ich führe nur das Beispiel der Kolonisten des Hrn. Queiroz Telles an, welche 1857 für die Arroba (32 Pfd.) Kaffee, laut Factur von Santos, netto 2845 Reis erhielten, während ihnen 1859 für die nämliche Quatität Kaffee, gleichfalls nach Abzug der Kosten, 4000 Reis per Arroba bezahlt wurden. Aus diesen Ziffern wird man leicht ersehen, daß der Kolonist, wenn eine schlechte Ernte und niedrige Preise zusammentreffen, sich in der Unmöglichkeit befindet, seine Schuld abzuzahlen.

6. Die Directoren.

Da sich die Fazendeiros anfänglich wegen der Verschiedenheit der Sprache der Kolonisten nicht verständlich zu machen wußten, so nahmen sie ihre Zuflucht zu Deutschen, welche sie als Directoren anstellten.

Unglücklicherweise bestrebten sich diese meistens ehr- und gewissenlosen Menschen, statt getreue Vermittler zwischen beiden Parteien zu sein und zu suchen, sie zusammen in Einklang zu bringen, mit niederträchtiger Heuchelei, selbst gegen (?) den Willen der Fazendeiros, die Kolonisten zu mißhandeln, in der Hoffnung, durch ihre Servilität und ihren erheuchelten Eifer bei den letzteren wohl anzukommen. [3]) Diesen Elenden ist eine der Hauptursachen des Unglücks der Kolonisten auf mehreren Fazendas zuzuschreiben.

7. Die mangelhafte Rechtspflege.

Den Verträgen gemäß sollen alle Anstände zwischen den Fazendeiros und den Kolonisten von der zuständigen Behörde, ohne Weiterziehung, durch Schiedsrichter beurtheilt werden. Die Richter, vor welche diese Streitigkeiten gebracht werden, sind Friedensrichter. Wie nun Ew. Excellenz bekannt ist, sind diese Gerichtsbeamten nicht unabhängig genug, um derartige Fragen auf unparteiische Weise zu beurtheilen und besitzen oft, wie ich Beweise davon erhielt, nicht genug gesunden Verstand, um den Sinn der Gesetze und ihre Anwendung zu verstehen.

Bei der Beurtheilung der Vertragsverletzungen wird das Gesetz Nr. 108 vom 11. October 1837 zu Grunde gelegt, welches die Beziehungen zwischen Vermiether und Miether (Locadores und Locatarios) regelt. Nach meiner Ansicht können die Halbpacht-(Parceria-)Verträge, welche nur Associations-Verträge oder Gesellschaftsverträge auf halbe Rechnung und nicht eine Verpflichtung des Bestandnehmers (Locatario) gegen den Bestandgeber (Locador) sind, keineswegs unter jenes Gesetz fallen, und ich habe mit Vergnügen gehört, daß mehrere ausgezeichnete Rechtsgelehrte der Provinz S. Paulo in dieser Beziehung meine Meinung theilten.

Das vom gesetzgebenden Körper zu einer Zeit, wo die Einwanderung noch unbedeutend war, angenommene Gesetz Nr. 108 vermag die heutigen Schwierigkeiten nicht zu regeln, welche von der Einführung zahlreicher Kolonisten

---

[1]) Nach weit entlegenen und andern Eigenthümern gehörigen Pflanzungen.

[2]) Nimmt man an, daß diese kleinen Feldstückchen zur Anschaffung der nothwendigsten Lebensmittel der Familie von dieser nur in Zwischen-Stunden bestellt werden können, nimmt man ferner das heiße Klima des Landes an und die Wegelosigkeit des Bodens, so wird man finden, daß diese Unbequemlichkeit geradezu zum Ruin des Kolonisten wurde.

[3]) Sollte hier nicht das Sprichwort: „wie der Herr, so der Knecht" wohl angebracht sein? Warum wählt man nicht ehrliche menschliche Aufseher, doch wohl weil man zu einem solchen Geschäfte keine finden konnte, eben so wenig als man einen humanen Negertreiber findet?

mit Verträgen auf den verschiedensten Grundlagen herrühren. Man hat zu diesem eben so harten als ungerechten Gesetze, einzig aus Mangel an einem anderen, den gegenwärtigen Bedürfnissen angemessenеren, seine Zuflucht genommen.

☞ Ich bin zwar überzeugt, daß die kaiserliche Regierung von der Unzulänglichkeit dieses Gesetzes für die gegenwärtigen Verhältnisse durchdrungen ist, und die unumgängliche Nothwendigkeit einsieht, ein anderes vorzuschlagen; allein ich bin eben so überzeugt, daß der gesetzgebende Körper mit seinen verschiedenartigen Bestandtheilen niemals zu einer Verständigung gelangen wird, welche das Land mit einem eben so nützlichen als für die Entwicklung der Kolonisation wichtigen Gesetze zu beschenken vermöchte. Ew. Excellenz wird mir auch zu bemerken erlauben, daß ich der Meinung wäre, es sollte das kaiserliche Cabinet vom gesetzgebenden Körper die Ermächtigung verlangen, sich selbst mit der Ausarbeitung dieses Gesetzes befassen zu dürfen.[1])

Bei diesem Anlasse erlaube ich mir, Ew. Excellenz die gerechte und vortheilhafte, mehrfach ausgesprochene Idee in Erinnerung zu bringen, die Beurtheilung der Streitfragen zwischen Kolonisten und Fazendeiros von den Friedensrichtern auf die Juges de droit [2]) zu übertragen, welche zu ermächtigen wären, die Zwistigkeiten in der möglichst kürzesten Frist unentgeltlich und nicht nach dem jetzigen System zu entscheiden, wo die Kosten des Gerichtsverfahrens vor einem höheren Magistrate das Vermögen des Kolonisten übersteigen (!). Von Bedeutung und nothwendig für die Erreichung dieses Zieles wäre es, den Gehalt dieser Juges de droit zu erhöhen, um ihnen eine ganz unabhängige Stellung zu verleihen.

Während meiner Reise habe ich eine auffallende Nachlässigkeit von Seite der Waisenrichter bemerkt, von welcher keiner der beiden Commissarien der kaiserl. Regierung gesprochen hat[3]), nämlich, daß die Waisen der fremden Kolonisten ohne Vormünder waren.

Nun war es nach dem Tode verschuldeter Familienväter oft der Fall, daß die Fazendeiros erklärten, die minderjährigen Kinder bis zur Deckung der Schuld in ihrer Botmäßigkeit behalten zu wollen. Obwohl aber in Brasilien, wie in Europa, die Waisen sich der Rechtswohlthat des Inventars (beneficium inventarii) erfreuen, so fand sich Niemand, welcher diesen Waisen ihre Rechte und Pflichten erklärt hätte. Auch sagten mir eine große Anzahl verschuldeter Familienväter weinend: „Nur (!) für die Zukunft unserer Kinder haben wir Grund zur Besorgniß; denn wenn wir ihnen entrissen werden sollten, und ihnen noch Verpflichtungen gegen den Fazendeiro hinterließen, so wären sie zeitlebens an dessen Dienst gefesselt!“[4])

Ich beruhigte sie mit der Erklärung, ihre Kinder genössen in Betreff der Hinterlassenschaften in Brasilien die nämlichen Vortheile, wie in der Heimath. — Während meines Aufenthalts in der Provinz S. Paulo habe ich von den Waisenrichtern die Einsetzung von Vormündern für die Waisen der fremden Kolonisten verlangt, und die Meisten haben sie während meiner Anwesenheit vorgenommen. Bei meiner Rückkehr nach der Stadt S. Paulo habe ich ernstlich die Aufmerksamkeit des Herrn Präsidenten der Provinz auf diesen Umstand gelenkt; er hat mir versprochen, unverzüglich ein Kreisschreiben an die Waisenrichter seiner Provinz zu erlassen, um sie an diese Pflicht zu erinnern.[5])

8. Die Entmuthigung der Kolonisten.

Aus den oben entwickelten Gründen sind die nach dem Halbpachtsystem angeworbenen Kolonisten großentheils entmuthigt, da es eine anerkannte Thatsache ist, daß man für längst empfangenes (?) Geld nicht mit dem nämlichen Eifer arbeitet. Sie sind um so mehr entmuthigt, als sie durch Briefe aus der Schweiz vernommen haben, das Haus Vergueiro und Co. habe den Gemeinden die Vorschüsse nicht zurückbezahlt. (!)

Ferner ist das Ideal der Kolonisten, Grundeigenthümer zu werden, zerstört, ein Ideal, welches bei den Meisten der Hauptgrund zur Auswanderung gewesen war.

9. Die Kolonisten.

Die Auswanderungsagenten haben sich bei der Anwerbung der Kolonisten in Europa wenig darum bekümmert, sittliche und arbeitsame Leute aufzusuchen. Der erste Beste wurde angenommen, auch wenn seine Beschäftigung in Europa eine ganz andere gewesen war als diejenige, der er sich in Brasilien zu widmen hatte.

Es handelte sich für diese Leute nur um ein schändliches Unternehmen, wobei jedes menschliche Gefühl ferne gehalten wurde. Sie trachteten nur, große Sendungen machen zu können, unbekümmert um deren Beschaffenheit.

Um gerecht zu sein, muß ich erklären, daß die am lautesten klagenden Kolonisten im Allgemeinen der unfleißigen Kategorie angehören, während die Arbeitsamen zufriedener sind und ihre Schulden abzuzahlen suchen. Indessen gibt es Kolonisten, die trotz ihrer emsigen Arbeit, theils durch beständige Krankheiten, Todesfälle, theils durch andere von ihrem Willen unabhängige Umstände sich in einer traurigen Lage befinden und mit Schulden überladen sind, welche sie ohne mächtige Hülfe unmöglich werden bezahlen können.

10. Die Fazendeiros.

Bei der Ankunft der Kolonisten wußten die an die Arbeit ihrer Sklaven gewöhnten Fazendeiros nicht, wie freie, in ihrem Dienst sich befindliche Menschen zu behandeln wären. Aus diesem Zustand entsprangen viele Schwierigkeiten, welche seither (zum Theil) freilich beseitigt wurden. Ich gestehe, daß man die Klagen gegen diese Grundeigenthümer vielfach übertrieben hat; ich werfe ihnen im Allgemeinen nur vor, daß sie ihren Directoren zu unbedingten Glauben schenken, welche, wie ich Ew. Excell. zu bemerken hatte, nicht oft eines solchen Vertrauens würdige Leute sind.

11. Der beinahe vollständige Mangel einer Seelsorge.

Es erübrigt mir noch, Ew. Excellenz als einen der großen Uebelstände dieses Kolonisationssystems, den beinahe vollständigen Mangel an Seelsorge und Schulen für den größten Theil der Kolonisten zu bezeichnen, ein Mangel, welcher bei compacten Kolonien nicht bestehen kann, wo demselben übrigens leicht abzuhelfen ist. (?)

Einige Fazendeiros haben indessen diesen Uebelständen abzuhelfen gesucht; so hat Herr Luciano Texeira zu zwei verschiedenen Malen[6]) einen der französischen Sprache mächtigen katholischen Priester für seine aus Belgien und der französischen Schweiz stammenden Kolonisten kommen lassen;[7]) auch Hr. Commandeur Queiroz Telles verlangte [8]) einen deutsch sprechenden katholischen Geistlichen für seine deutsch-schweizerischen Kolonisten; der Pastor von S. Paulo

---

[1]) Nichts verhindert die K. Regierung hieran als nur die Schwäche derselben den Landpotentaten gegenüber, denn sie besitzt das Recht der Initiative eben so wohl als die Kammern.

[2]) Eine Stelle, die unsern Bezirksgerichten (und Bezirkspräsidenten) zu entsprechen scheint.

[3]) So gewissenhaft und unpartheiisch deren Berichte von dem Hrn. Verfasser früher auch genannt werden, so ist jedenfalls diese Vernachlässigung Seitens der Commissarien als Glieder des obersten Gerichtshofes ein ganz abnormes Versehen! Es scheint überhaupt angenommen werden zu dürfen, und wäre zum mindestens natürlich, daß die scharfe Rüge, welche bereits vor einem Jahre in Berliner Blättern unter den Augen des brasilianischen Gesandten wegen der Zwangsarbeit von Kindern für die Schulden ihrer Eltern, sowohl auf den Fazendas (mit Beispielen von Mädchen, welche mit Negern ans Kaffeepflücken gesandt wurden) — oder in unmenschlich verwalteten Cigarrenfabriken von Rio de Janeiro selbst, ausgesprochen worden war — und das damals an den Tag gelegte Erstaunen darüber, daß das Waisenrichterthum Brasiliens diesen Kindern nicht das Beneficium inventarii und ihre Freiheit schirmen, — mitgetheilt haben, um der in diesem Betreff endlich — Gott sei es gedankt — angelangenen Abhülfe einen Anstoß zu geben.

[4]) Und um selbst so viel Zuversicht auf das allernächste Schicksal seiner Kinder aussprechen zu können, mußte ein solcher Vater ein starkes Vorgefühl einer langen Dauer seines eigenen Lebens haben!

[5]) Dieses Kreisschreiben sollte doch veröffentlicht worden sein, und zugleich Anwendung auf alle Kolonisten in den andern Provinzen erhalten haben. Es sind ja bereits 10 Monate seit diesem Versprechen verlaufen!

[6]) Auf wie lange Zeit? — [7]) Auf wie viele Tage? — [8]) Von wem? auf wessen Kosten?

hat wohl voriges Jahr die protestantischen Kolonien besucht; allein sicher genügt dies nicht. Auf seiner Reise hat der Pastor viele Kinder getauft [1]), und ich halte mich bei diesem Anlasse verpflichtet, die Aufmerksamkeit Ew. Excellenz auf die wichtige Thatsache zu lenken, daß die vom Pastor getauften Kinder nirgends eingetragen sind. Wie können sie in der Folgezeit ihre Legitimität beweisen?

Im Interesse des jeden Tag wachsenden Reiches scheint mir die dringende Nothwendigkeit zu liegen, Civilstandsregister einzuführen. Diese Nothwendigkeit wird um so lebhafter gefühlt, wenn man weiß, daß der Herr Carvalho Moreira, Brasiliens Repräsentant am internationalen statistischen Congreß in London im letzten Juni, der einzige Vertreter einer so bedeutenden Macht war, der keine vollständige Statistik [2]) vorzulegen vermochte.

Dieß sind nach meiner Ansicht die Hauptursachen, welche die traurigen Resultate der Kolonisation (siehe Nota im Anhang) in der Provinz S. Paulo herbeigeführt haben; wie Ew. Excell. gewiß schon bemerkt haben werden, rühren sie zum großen Theile nur von dem Halbpachtsysteme her. [3])

Damit dieses System angenommen werden konnte, bedurfte es einer Reihe günstiger Umstände, die nur ausnahmsweise zusammentreffen; folglich ist die Parceria ein System, welches aufgegeben werden muß.

Aus den Einzelheiten, die Herr v. Tschudi über die verschiedenen Schweizer-Kolonien in seinem Privatberichte an die Kaiserl. Brasilianische Regierung aufführt, seien des Raumes halber nur wenige hier angeführt:

Auf Tapera beklagten sich die Kolonisten bitter darüber, daß sie einen Drittheil alter gepfropfter (podados) Kaffeebäume besitzen, [4]) welche bekanntlich stets nur eine sehr mittelmäßige Ernte geben. Herr Senator Queiroz hat mich indessen versichert, die Kaffeebäume seien den Kolonisten mit ihrer Zustimmung [4]) gegeben worden.

Auf der Fazenda Laranjal hat der Besitzer Luciano Teixeira Nogueira — sagt Hr. v. T. — einen Proceß mit dreien seiner Kolonisten (zwei Schweizern und einem Hamburger), „wovon ich Ew. Excellenz zu sprechen die Ehre hatte". Der Friedensrichter von Campinas, vor welchen dieser Prozeß gebracht wurde, begriff den Sinn des Gesetzes vom 11. Nov. 1837 nicht und verurtheilte die Kolonisten zur Einsperrung im Arbeitshause der Stadt S. Paulo auf so lange Zeit, als erforderlich sei, dem Herrn Nogueira die mehr als vier Contos (also an 3000 Thaler) betragende Schuld abzuzahlen. [5]) Da das Urtheil den 9. September 1858 ausgefüllt wurde, so that ich die erforderlichen Schritte, damit diese in Gefangenschaft befindlichen Kolonisten auf den 9. Sept. 1860 in Freiheit gesetzt werden, indem das mehrerwähnte Gesetz von 1837 für derartige [5]) Vergehen ein Maximum von zwei Jahren aufstellt. Nachdem ich vernommen hatte, daß sich unter den Fazendeiros eine Partei zu dem Zwecke gebildet hatte, um auf den Richter einzuwirken, so empfahl ich dem Herrn Juge de Droit, darüber zu wachen, daß das Gesetz seine Vollziehung erhalte. Ich weiß noch heute nicht, ob diese Kolonisten in Freiheit gesetzt wurden. Ich bin zu einer genauen Prüfung des gegen sie eingeleiteten Processes geschritten und habe mich überzeugt, daß er mit allen wünschbaren Garantien durchgeführt wurde, ja es war sogar (! [6]) ihr Anwalt unter den persönlichen und politischen Feinden des Herrn Texeira Nogueira gewählt worden."

---

[1]) Auch viele Eltern dieser Kinder hat er erst confirmirt, um sie dann trauen zu können.

[2]) Besonders keinen Census der Bevölkerung irgend welcher Art, ja nicht einmal der Hauptstadt, so daß die Corriphäen der Brasilianischen Statistik mit dem Secretair der Sociedade Estatistica an der Spitze noch vor wenigen Monaten über die Bevölkerungszahl der Hauptstadt allein von 189,000 bis 320,000 differirten, dieser zugleich aber zugab, seine Muthmaßungen auch auf nicht ein gesammeltes Data stützen zu können!

[3]) Die Kolonisation S. Paulos im Allgemeinen kann einfach deßhalb nicht gedeihen, weil die von ganz Brasilien, das heißt „die freie Einwanderung" nicht gedeihen kann und zwar wegen der folgenden Hauptmängel des Landes: klimatische in seinen tropischen Theilen, dazu das gelbe Fieber, das Landmonopol, die Sklaverei, übertrieben hohe Einfuhrzölle, Mangel an Straßen, eine arbeitsscheue freie Bevölkerung und vor allem die Intoleranz des Klerus.

[4]) Der Ausdruck besitzen giebt einen ganz falschen Eindruck, denn der Kolonist besitzt weder den Grund und Boden noch die Bäume, deren Pflege und Bepflückung blos ihm auferlegt ist. Da die Leute unerfahren waren, als sie ankamen, ließen sie sich diese gepfropften Bäume aufbürden. Man betrog sie einfach und hielt die kräftigen Pflanzungen zur Besorgung durch Negersklaven zurück.

[5]) Wir finden also hier drei Leute in einem Zuchthause (denn das ist die Casa de Correiccao von S. Paulo, und zwar eines der berüchtigtsten, die es selbst in Brasilien giebt, indem darin auch täglich die Neger der Stadt und umliegenden Pflanzungen zur polizeilichen Durchpeitschung abgeliefert werden) auf Jahre lang eingesperrt wegen des Vergehens, durch zur Hälfte betrügliche Passage- und Transportgelder in die Schuld eines wucherischen Landpotentaten verfallen zu sein, um dort diese Schuld bei einer niedrigst angerechneten Zwangsarbeit und hoch berechneter Beköstigung abzuverdienen, fern von ihren Familien, die wahrlich in jenem Lande mehr Schutz erheischen, als anderswo. Einer davon ist ein Deutscher, ein Hamburger! Da nun der Hamburgische Minister-Resident in Berlin seiner gerade im Jahre 1858 angefertigten Uebersetzung des Buchs von Monsieur Charles Reybaud, dem von Brasilien großmüthig subsidiirten und, gleich den beiden Redacteuren der Wiener Zeitung, decorirten Mitarbeiter des Journal des Débats, „Le Brésil", das eigens zur Anpreisung des Parceria-Systems geschrieben und doch bezahlt worden war, dieses System nachdrücklich empfehlende Zusätze und Bemerkungen hinzugefügt hat, so wäre der Herr Uebersetzer füglich Deutschland gegenüber, zu dessen Gut und Frommen und wohl nicht bloß Hamburgs allein diese Uebersetzung, wie wir glauben, doch gemacht worden war, verbunden, nun auch zu berichten, ob dieser Hamburger bereits auf freien Fuß gesetzt ist, und wie es überhaupt kommen konnte, daß ein Hamburgischer Bürger unter einem so anempfohlenen Systeme bloß in Folge der falschen Auslegung des Gesetzes von 1837, wie Herr v. T. sagt, auf Jahre lang im Gefängnisse zur Zwangsarbeit, ja noch über die durch solches Gesetz festgesetzte Zeit hinaus, gehalten werden kann, ohne daß sich die Regierung Hamburgs zu ernsten Reclamationen dagegen erhebt. Um so unverständlicher ist dieses, als während dem daß jener Hamburger schon längst im Gefängnisse saß, die Beziehungen der Regierung Hamburgs mit der Brasiliens so freundlicher Art waren, daß nicht bloß der besagte Herr Minister-Resident mit einem K. Brasil. Commandeur-Kreuze geschmückt, sondern auch dem K. Brasil. außerordentlichen Gesandten und Bev. Minister in Berlin und Hamburg, der gerade die Contracte, auf welche hin dieser Hamburger verurtheilt worden, ausgestellt hatte, von dem hohen Hamburger Senate zur Commemoration des 25jährigen Antritts seiner Consuls- und Geschäftsträger-Stelle in Hamburg und zur Anerkennung der vielen Beweise seines lebhaften Interesses für das Wohl Hamburgs und dessen Mitbürger, eine goldene Verdienstmedaille überreicht worden war. Und dessem allen ungeachtet konnte dieser Hamburger Bürger auch noch bis jetzt im Gefängnisse gehalten werden! Was doppelt auffällig wird dadurch, daß der Schwiegersohn des mit dieser Medaille bedachten Gesandten Sitz im Senate hat und die Hamburgische Diplomatie wenigstens in Sachen, die Geld berühren, auch übers Meer hin keineswegs unthätig oder unwirksam ist, wie schon erwiesen ist durch den neulichen Fall der durch sie bewirkten Befreiung des Hauses N. Bieber u. Comp. in Pernambuco von der Zwangszahlung eines auf dasselbe gefälschten Accepts, der von der dortigen Bank-Direction an einen Unbekannten (?) discontirt worden war, und zu dessen Zahlung jenes Haus bereits in zwei Instanzen von einem niederträchtigen Gerichtshofe verurtheilt worden war. Nun aber ist dem armen Hamburger im Gefängnisse seine Freiheit gewiß eben so viel werth wie Bieber u. Co. ihre 20,000 Thlr. waren; der freien Stadt Hamburg sollte wohl die Befreiung eines im Auslande unterdrückten Stadtkindes auch einige tausend Mark Banco werth sein, aber Deutschland ist sie Millionen von Thalern werth, denn ein Hamburger ist auch ein Deutscher und in einem Deutschen im Auslande, der ungerügt behandelt wird wie jener Hamburger, ist die Ehre Deutschlands schwer beleidigt. Deßhalb ist nun auch Hamburg Deutschland Auskunft schuldig über den ganzen mit diesem Hamburger stattgefundenen Vorfall und hierzu wird die Veröffentlichung der ganzen auf denselben bezüglichen Gerichts-Verhandlungen in allen Instanzen unumgänglich. Auf diese muß die öffentliche Meinung Deutschlands um so mehr bestehen, als Hamburger Blätter und andere, welche im Pflanzer-Interesse die Parceria-Contracte befürworteten und die großen Mängel und bereits, namentlich durch die Sklaverei, fast unheilbar gewordenen Schäden Brasiliens selbst für eine völlig freie Einwanderung zu bemänteln und die billigsten Anforderungen zu diesem Ende stets als geradezu lächerlich hinzustellen suchten. Die Veröffentlichung dieses Prozesses dürfte selbst für Brasilien insofern eine günstige Wirkung hervorbringen, als er, wie Herr v. T. oben versichert, mit allen „wünschbaren Garantien" durchgeführt wurde, obschon dabei nach Hrn. v. T.'s eigener Darstellung, das von einem unverständigen Friedensrichter gefällte Urtheil zur Einsperrung gesetzwidrig war!

[6]) Sollte hier nicht das „Amicus Plato sed magis amicus veritas" in „inimicus Nogueira sed inimici periculosiores potentati territoriales" umzuwandeln sein, denn Herr v. T. zeigt selbst, daß ein dem Gesetze Trotz bietender esprit de corps unter diesen gegen die Rechte der Kolonisten besteht. (Siehe den Fall der eingekerkerten Kolonisten Nogueira's S. 6.) Würde wohl der ehrenwerthe Richter je erwarten dürfen, seine Wahl zur Kammer durchzusetzen, stieße er diesen Herren durch zu großen Eifer für einen Kolonisten vor den Kopf?

Während meines Aufenthalts in dieser Kolonie (Nogueira's) ereignete sich ein sehr bedauerlicher Vorfall. Eine *katholische* Schweizerin, die Ehefrau eines *protestantischen* Schweizers, verließ ihren Mann in der Absicht sich *wieder* mit einem katholischen Belgier zu verheirathen. Der Geistliche Miguel aus Campinas erklärte, er sehe kein Hinderniß gegen letztere Ehe, da er die erste Ehe nur als ein *Concubinat* betrachte. Dieser Priester ist der nämliche, welcher den wiederholten Aufforderungen des Herrn Nogueira, einem Sterbenden, der mit Verzweiflung einen Geistlichen *seines* Bekenntnisses erbat, die letzten Tröstungen der Religion zu bringen, die entschiedenste Weigerung entgegensetzte.[1])

Auf dieser Fazenda war auch ein Brasilianischer *Kolonist* wegen einer geringfügigen Beleidigung von einem portugiesischen Kolonisten ermordet worden. Der Mörder ist *nie ernstlich* verfolgt worden.

Kolonie *Ibicaba*. (Vergueiro's.) Die Kolonisten dieser Kolonie konnte Hr. v. T. nur verstohlener Weise und nur zum Theil auf einige Stunden Weges von derselben vernehmen, denn der Zutritt auf diese war ihm versagt. Sie erhoben einstimmig bittere Klagen über die *roheste* und *unmenschlichste* Weise mit der sie der Aufseher bereits seit vollen drei Jahren behandelt hatte, seit welcher Zeit sie — fügt Hr. v. T. hinzu — *fortwährend den Ungerechtigkeiten und heimtückischen Verfolgungen* desselben ausgesetzt sind, welcher sie durch dieses Mittel von ihrer Pflicht abzubringen hofft, um das Recht zu erhalten, sie als schlechte Kolonisten bezeichnen und so die Handlungsweise rechtfertigen zu können, womit er im Jahre 1857 (als sie in einen Aufruhr ausbrachen) gegen sie verfahren war.

S. *Jeronimo*, dem Herrn *Senator* Luiz Antonio Queiroz gehörend. Diese Fazenda ist *jetzt* gut geleitet und die Verträge werden daselbst genau beobachtet; indessen beklagen sich die Kolonisten *bitter* über den Angestellten, welcher sich noch vor *kurzer* Zeit an der Spitze der Kolonie befand.

Biry und *Convitinga*. Diese beiden Kolonien konnten nie recht gedeihen, sowohl *aus Schuld des Fazendeiro* José Elias Pacheco *Jordao* als der Kolonisten, *denen* Versprechungen gemacht wurden, *die man nie erfüllte*. Aus diesem Grunde hörten die Kolonisten länger als ein Jahr zu arbeiten auf und der über diesen Müssiggang *erbitterte* (!) Fazendeiro weigerte sich Lebensmittel zu liefern. Obwohl nun gegenwärtig die größten Schwierigkeiten beseitigt sind und die Beziehungen zwischen den Parteien sich bedeutend gebessert haben, so ist der Zustand dieser Kolonien dennoch nicht befriedigend.

Boa Vista, des Benedicto Antonio de Camargo. Hr. Dr. Machado Nunes hat sich einläßlich über den (nach besagtem Berichte schmählichen) Zustand dieser Fazenda und die von ihm angewandten Mittel, der dortigen Unordnung zu steuern, verbreitet. Seine Bemühungen waren nicht vergeblich, die Kolonie befindet sich *jetzt* in besserem Gange.

Im Monate Mai d. J. ließ ein Portugiese durch *seine beiden Söhne* einen Schweizerkolonisten mit Beilhieben ermorden. Der Urheber dieses Verbrechens wurde im Monat August abhin verhaftet und *soll* binnen wenigen Tagen vor dem Schwurgericht von Rio Claro erscheinen. Ich habe dem Herrn Juge de droit empfohlen, sofort zu appelliren, wenn *wider alles Erwarten* (?) der Verbrecher freigesprochen werden sollte; denn dieser Mord war meinen Erkundigungen zufolge, von keinen mildernden Umständen begleitet. Die Wittwe des Erschlagenen befindet sich mit zwei kleinen Kindern in einer unglücklichen Lage.[2])

S. *Lourenço*, dem Herrn *Commandeur* Luiz Antonio de Souza Barros gehörend. Diese Fazenda ist eine der bedeutendsten der Provinz S. Paulo und als Kolonie eine der am besten eingerichteten; diejenigen Kolonisten, welche daselbst nicht zur Abtragung ihrer Schulden gelangen, haben nur sich selbst anzuklagen; davon *müssen jedoch einige Familien ausgenommen werden, welche durch Umstände, die von ihrem Willen unabhängig sind, daran verhindert werden.* (!)

Die Kaffeepflanzungen auf diesem Gute sind schön; allein sie ergeben nach einer guten Ernte gewöhnlich nur eine mittelmäßige. Die *ursprünglichen Wohnungen* der Kolonisten waren in einer *ungesunden* Gegend erbaut worden; *gegenwärtig aber läßt* der Eigenthümer andere Wohnungen in gesunderer Lage herstellen.[3])

Santo Antonio von Herrn Elias Silveira Leite. Diese Kolonie gedeiht aus den *nämlichen Ursachen nicht*, welche auf den Fazendas Biry und Convitinga bestehen.[4]) Während zwei Jahren haben die Kolonisten nicht gearbeitet und dadurch ihre Schulden so vermehrt, daß sie dieselben schwerlich werden bezahlen können, und zwar um so weniger, als sie nicht in gutem Einverständnisse mit den Grundeigenthümern leben.

Der Vorfall, welcher sich auf dieser Kolonie ereignete und von Hrn. Dr. Machado Nunes berichtet wurde, daß ein Kolonist vom Eigenthümer *geschlagen* (also nicht auch *gepeitscht*?) worden sei, hat in der Schweiz eine große Sensation erregt. *Aus Mangel an dem zur Führung eines Processes erforderlichen Gelde hat der Verletzte noch keine Genugthuung gefunden.* (**Muss aber dennoch der Hörige seines Misshandlers bleiben!**) Herr Dr. *Melchert*, welcher dem kaiserlichen Commissär über diesen Fall ein Zeugniß abgab, ist nicht Schweizer, wie Hr. Dr. Machado Nunes *anführt*, sondern *Däne* und mit Herrn Elias Silveira Leite *sehr gut* befreundet. Sein Zeugniß ist *falsch*, weil jeder Arzt anerkennen muß, daß der Knochen des Vorderarms (Ulna) *gebrochen* und so schlecht geheilt worden ist, daß der obere Theil dieses Knochens mit dem untern auf den (os radius) gestützten Theil einen vorspringenden Winkel bildet. — Es befinden sich noch einige Schweizer-Familien vereinzelt auf *entlegenen* Fazendas, welche ich übergehen will. (?) u. s. w.

Maßregeln, welche Herr von Tschudi zur Verbesserung der Lage gewisser, aller Theilnahme würdigen Familien als unerläßlich erachte, die unter den jetzigen Umständen ihre Schulden nie zu bezahlen vermöchten.

Im Laufe meiner Reise habe ich reiflich über die Vorkehrungen nachgedacht, welche zu treffen wären, um das Loos gewisser Familien zu verbessern, die sich durch das Parceriasystem in einer solchen Lage befinden, daß sie in vielen Jahren nie dazu gelangen werden, ihre Vorschüsse zurückzubezahlen, wofern sie in den nämlichen Verhältnissen verbleiben.

---

[1]) So etwas fällt dort nicht viel auf. Bequemlichkeit, das Spiel und andere Laster sind die Ursache häufiger Vorfälle der Art.

[2]) Die Lösung dieses Falles, obgleich nur einer von fast ein Tausend ähnlicher Menschenopfer, die im Jahre in Brasilien Statt finden, wäre von allen Regierungen, welche die Gerichtsbarkeit Brasiliens genau kennen zu lernen wünschen, mit scharfem Auge zu verfolgen, nicht weniger die Bestrafung des portugiesischen Mörders auf Laranjal, und *ganz besonders* der Fall, ob dem Kolonisten Recht werden wird gegen seinen Zwingherrn *Leite*, der ihn mit eigenen Händen so geprügelt hat, daß er ihm einen Arm brach, der ihm sogar noch durch den unverständigen Chirurgen seines Herrn *falsch* kurirt wurde! Wir behaupten, daß auch Niemand daran denkt, noch je daran gedacht hat, ihm eine Entschädigung zuzusprechen, weil alle Pflanzer ringsum es als eine persönliche Beleidigung ansehen würden, wollte sich eine Obrigkeit in die Behandlung *ihrer* Kolonisten mischen, eben so als wenn man sie stören wollte in der grausamen Behandlung oder selbst in der Ermordung ihrer Neger durch unmenschliche Geißelungen. Daß solche Ermordungen durch Peitschungen zu Hunderten in jedem Jahre Statt fanden, weil der Wahnsinn der Herrschsucht, der vom Kindesalter an genährt wird, selbst nicht durch den Eigennutz gezügelt wird, davon citirt die „Brasilia" Beweise neuesten Datums zur Genüge, sowie auch dafür, daß sie *gänzlich* unbestraft bleiben.

[3]) **Also nach nun 8—11 Jahren und 3 Jahre nachdem Dr. Heusser solche Uebelstände gerügt hatte!**

[4]) **Also weil man die Kolonisten durch Nichthaltung der ihnen gemachten Versprechungen erst erbittert hatte!**

Ich habe die Ehre, der Prüfung Ew. Excellenz folgenden Plan zu unterbreiten, welcher meiner Ansicht nach das angestrebte Ziel erreichen dürfte: die Gründung eines kolonialen Mittelpunktes in der Provinz S. Paulo, wo diejenigen Familien aufzunehmen wären, die sich in mißlicher Lage befinden.

Allgemein beklagten sich die Paulistas, die Regierung habe bis auf den heutigen Tag nichts zum directen Schutze der Entwicklung der Kolonisation in ihrer Provinz gethan. Sie geben vor, die Regierung widme ihre ganze Sorgfalt andern Provinzen, welche doch der Kolonisation weder in Bezug auf das Klima noch auf die Landeserzeugnisse günstigere Bedingungen bieten als die ihrige. Diese Klagen als begründend ansehend, halte ich dafür, die kaiserliche Regierung sollte die sich bietende Gelegenheit ergreifen, den doppelten Zweck zu erreichen: dem Begehren der Provinz gerecht zu werden und einem Theile der Kolonisten unter die Arme zu greifen.

Durch Creirung eines agricolen Centrums in der Provinz S. Paulo würde der Vortheil erzielt, acclimatisirte und an die dortige Weise des Landbaues gewöhnte Familien hinverpflanzen zu können, und die Kosten des Transportes nach einer in großer Entfernung liegenden Regierungskolonie zu vermeiden.

Diejenigen Familien, welche binnen kurzer Zeit ihre Schulden bezahlt haben, aber nicht Geld genug besitzen werden, um sich anzukaufen, fänden in dieser Centralkolonie die Mittel, mit geringeren Kosten Grundeigenthümer zu werden und ihr Ideal, den Besitz von Grund und Boden, zu verwirklichen. Endlich würde eine auf solchen Grundlagen errichtete Centralkolonie in einer Provinz, die sich durch das vom Hause Vergueiro u. Co. befolgte System sowohl in der Schweiz, als in Deutschland einen so bedenklichen Ruf erworben hat, weit besser als lange Abhandlungen beweisen, daß die Kolonisation in der Provinz S. Paulo das Glück vieler Familien zu gründen vermöge, was eine große Zahl Auswanderer anzuziehen geeignet wäre; denn, ich wiederhole es, diese Provinz vereinigt alle wünschbaren Bedingungen zur Befriedigung der Absichten und des Strebens der Kolonisten. (??)

Die Kolonisation in Brasilien sollte nicht den Ersatz der Sklavenarbeit durch diejenige freier Menschen bezwecken. Der Hauptzweck der kaiserlichen Regierung ist in meinen Augen der, dem Gehenlassen und der Trägheit die Intelligenz und Arbeitsamkeit gegenüber zu stellen und ein solches Resultat dürfte in der Provinz S. Paulo nicht besser erzielt werden, als wenn daselbst ein kolonialer Mittelpunkt geschaffen wird.

Die blühenden Kolonien und das Beispiel derjenigen der Provinz Rio Grande do Sul (über die wahre Lage dieser im Anhange) beweisen dies wohl. Nicht nur vermehren sie den Reichthum der Provinz und des ganzen Landes, sondern im Laufe der Jahre und mit dem Wachsthume der Kolonisation werden sie auch zur Verschmelzung er Eingebornen mit den Fremden dermaßen beitragen, daß sich beide Theile gegenseitig ergänzen, sowohl in Bezug auf Dienstleistungen und Arbeit als auf Transactionen in Betreff der überflüssigen (?!!) [1]) Grundstücke.

Ich will nicht ermangeln, Ew. Excell. die Vortheile hervorzuheben, welche ein derartiges koloniales Centrum (!) in religiöser Beziehung darbieten würde. Man könnte daselbst einen protestantischen Pfarrer anstellen mit der Verpflichtung, zweimal im Jahre die andern Kolonien der Provinz zu besuchen. Diese Maßregel würde die Kolonisten zufriedenstellen, was um so wichtiger wäre, als ihre Klagen, der Stütze ihrer Religion zu entbehren, den größten Widerhall in Europa gefunden haben und, wie ich Ew. Excellenz zu bemerken die Ehre hatte, [2]) eine der Ursachen waren, welche sich der Auswanderung nach Brasilien entgegenstellt.

Die Ansicht Ew. Excellenz vollkommen theilend, daß die Production in die Nähe der Consumtion gebracht werden sollte, habe ich während meiner Reise nach derjenigen Oertlichkeit geforscht, welche die größten Vortheile für die Verwirklichung eines derartigen Projects bieten würde, und ich glaube einen Ort gefunden zu haben, welcher alle gewünschten Bedingungen verbindet.

Dieser Punkt liegt zwischen Itu und Porto Feliz, genau zwei Stunden von jeder dieser beiden Städte entfernt. Es ist eine alte Fazenda, Capoava genannt, wo sich Zuckerpflanzungen befanden, die aber gegenwärtig beinahe verlassen ist. Sie ist eine Stunde lang und eine halbe Stunde breit; ferner befinden sich in ihrer Nähe andere Grundstücke, welche die Eigenthümer zu verkaufen ganz geneigt wären, da dieselben nach dem in Brasilien üblichen aussaugenden Systeme des Landbaues nicht einmal mehr den Zins des von den Eigenthümern geforderten Kaufpreises abwerfen. [3]) Diese Lage, in der Nähe zweier Städte, sichert den Kolonisten jede wünschbare Erleichterung und einen schnellen Absatz ihrer Boden- und sonstigen Erzeugnisse. Die Kolonie dürfte wahrscheinlich sogar den Militärkolonien (!) von Tietó Hülfe an Mannschaft und Lebensmittel zu gewähren geeignet sein.

Sollte die kaiserliche Regierung geneigt sein, die Rückzahlung der Schulden der Kolonisten, die ich hier bezeichnen würde, zu übernehmen, (welche Schulden, wie ich hoffe, nicht nur von den schweizerischen Gemeinden, sondern auch von den Fazendeiros herabgesetzt werden) so wäre dies nur ein Vorschuß, welcher theils durch den Verkauf von Grundstücken an die Kolonisten, theils durch die Kolonisten selbst so bald getilgt würde, als sie auf einen grünen Zweig kommen könnten, was ohne Zweifel von dem Augenblicke an geschehen müßte, wo sie in die von mir bezeichnete Lage versetzt wären.

Die Wohlfahrt der Kolonien hängt wesentlich von der Fähigkeit und Rechtlichkeit des Directors [4]) ab, und ich glaube in dem Falle zu sein, der kaiserl. Regierung einen Mann bezeichnen zu können, welcher alle zu einem solchen Amte erforderlichen Eigenschaften besitzt.

Noch erlaube ich mir, Ew. Excellenz zu bemerken, daß ich keineswegs beanspruche, es solle die kaiserliche Regierung gerade diejenigen Oertlichkeiten wählen, die ich ihr bezeichne. Da ich nur das Gedeihen der Kolonisten und das Wohl des Landes im Auge habe und dasselbe in jener Lage finde, so glaube ich dieselben empfehlen zu sollen. Ich werde immerhin günstigeren Vorschlägen der Regierung sofort beitreten.

Wofern Ew. Excellenz meine Pflicht von der Wichtigkeit theilen, den Familien, welche in der Provinz S. Paulo eben so wenig als in jeder andern gedeihen konnten, eine Stellung anzuweisen, so würde ich mit Vergnügen die Einzelheiten dieses Planes mündlich mit Ihnen durchgehen; ich würde die Familien, welche einer mächtigen Hülfe bedürfen, die nothwendigen Schritte, sie auf die vortheilhafteste Weise zu stellen, und endlich eine Direction bezeichnen, welche die erforderlichen Bedingungen erfüllen dürfte.

---

[1]) Ueberflüssig gewiss! da ihre Besitzer weder benutzen, noch zu benutzen wissen, noch benutzen lassen; aber wie sie flüssig zu machen sind ohne Landtaxe, das giebt Hr. v. T. nicht an. Dieses ist das noli me tangere der Fazendeiros, welches auch Hr. v. T. wohlbedachter Weise zu berühren vermeidet, und doch ist diese Taxe der Grundstein für alles Gedeihen der Einwanderung.

[2]) Mittheilungen hierüber und zwar dringliche, nachhaltige und stets wiederholte, und darauf bezügliche Vorschläge hätten doch wenigstens von dem eigenen Gesandten gemacht werden sollen, um so mehr, als dieser selbst eine Protestantin zur Frau hat, und diese den Kolonisten selbst als solche und als Garantie für ihre Glaubensfreiheit in Brasilien vorgeführt hat.

[3]) Es ist dieses also bereits ausgesogene und unergiebig daliegende Land, das bisher in Brasilien gar keinen Werth hatte noch haben konnte, das man nun für eine gute runde Summe, wie bereits so oft mit dem schlechtesten Lande geschehen, an die Regierung, die wenigstens Hunderte von Millionen Morgen besten Staatslandes besitzen sollte, zu Ansiedelungszwecken zu verkaufen, sich verstehen würde, wo doch der Verkäufer, als Besitzer angränzender Latifundien, durch eine bedeutende und arbeitsame Bevölkerung, die eingekeilt zwischen ihm und andern Grundbesitzern, bald durch Kauf sich auszudehnen versuchen würde, und überhaupt durch ihren Bedarf und selbst durch ihr Beispiel in schaffender Thätigkeit, unberechenbare Vortheile genießen müßte!

[4]) Und irrt man sich an diesem oder er erkrankt oder stirbt, wo dann schnell einen fremden, und in jenem Lande wieder einen rechtlichen und zugleich fähigen Director finden? Es ist also auch dieses Erforderniß sehr prekairer Natur und beweist, wie wenig naturgemäß alle Ansiedelungen sind, die einen Director erheischen. In der That ist auch keine Niederlassung des Gedeihens sicher, als die, welche auf dem ungebundenen Streben jedes Einzelnen nach Besserung seiner Lage beruht; aber die Einzelnen müssen sich nachbarlich an einander reihen können und dazu ist Freiheit des Grund und Bodens, nicht nur an einer oder der andern durch „Staatsweisheit“ oder gar durch eigennützige oder böswillige Einflüsse vorgezeichneten Stelle, sondern überall, unerläßlich. — Im Anhange angeführte Facta werden dieses zur Genüge bestätigen.

Ich ergreife diesen Anlaß, Sr. Excellenz dem Herrn von Sinimbu die Versicherung meiner vollkommensten Hochachtung zu erneuern.

Rio de Janeiro, den 9. October 1860.

Der außerordentliche Gesandte der schweizerischen Eidgenossenschaft bei S. M. dem Kaiser von Brasilien:

J. J. v. Tschudi.

Es würde zu weitläufig sein die Unerschöpflichkeit an Lügen und Bemäntelung aller Schäden der Kolonisations-Angelegenheiten Brasiliens, welche schwer bezahlte Agenten seit langen Jahren an den Tag gelegt haben, hier aus ihren massenhaften Veröffentlichungen zu belegen; nur um die Zähigkeit zu zeigen, mit welcher sie auch jetzt nach Herrn v. T.'s, wenn auch so mild abgefaßten, dennoch so durchaus verdammenden Berichten, noch ihre Vergehen zu beschönigen und Brasilien selbst, das sie außer Deutschland so lange hinter das Licht geführt, noch länger in der Auffassung seiner wahren Lage zu beirren suchen, geben wir hier den wörtlichen Abdruck der so eben erschienenen Einleitung, zu „Altenstücken Brasilischer Seite, betreffend die Kolonisation des Kaiserreiches", Jahrgang III. Heft 1., redigirt von dem brasilianischen Capitain Hörmeyer zu Wien, gedruckt von G. Fröbel in Rudolstadt, dem Eigenthümer der Allgemeinen Auswanderungs-Ztg., welche bereits seit 9 Jahren einen sehr bedeutenden Zuschuß aus der bras. Kolonisationskasse erhält und — wie auch der genannte — während dieser ganzen Zeit auf das gewissenloseste die verlockendsten Unwahrheiten über Brasilien und besonders über die Erfolge der Halbpachts-Contracte verbreitete, indem auch Fröbel selbst als Vermittler dazu diente. Es wurden nämlich stets solche Nummern dieses Rudolstädter Lockblattes, welche auf Effect berechnet waren, wie z. B. noch die letzte Nummer des Jahres 1860, massenhaft über das flache Land hin vertheilt, wie es auch mit den frühern Nummern dieser Hefte und vormals mit den berüchtigten Heften „der geregelten Auswanderung nach Brasilien und ihrer glänzenden Resultate" von dem so ungünstig bekannten Dr. F. Schmidt in Hamburg, der Fall war. Dieser Schmidt, ein bereits vor ca. 30 Jahren aus Brasilien geflohener Kolonist (siehe Martins Reise in Brasilien), war während der letzten 20 bis 22 Jahre der Hauptausführer aller in Hamburg aus Brasilien empfangenen Orders für Auswanderer. Die Bedingungen, zu welchen dieses geschah oder die Localität, wohin sie gebracht werden sollten, kümmerte ihn nichts, aber an Verlockungsmitteln nach jeder Richtung war er unerschöpflich. Er war das Factotum in allen Kolonisationssachen für das Kais. Bras. General-Consulat, für den Minister-Residenten und selbst durch diesen für die Kaiserl. Regierung, — und da er geldgierig, gewissenlos und verschmitzt zugleich war, wie auch die meisten der Personen, für die er zur Verführung von Kolonisten zu thun hatte, so gelang es ihm (und das um so leichter, weil er selbst, sowie seine unmittelbaren Ordregeber) genau die unaufrichtige Stimmung der Brasilian. Regierung in Einwanderungssachen kannte, (!) sich zum Hauptorakel derselben und deren Agenten in Deutschland in der Herstellung der Brasilischer Seits, weil durch ihn selbst in Aussicht gestellten, so sehr gewünschten Lieferung von deutschen Arbeitern ohne Zahl und zu Bedingungen, welche für die letztern weit schlimmer waren als gar keine, zu machen, und zugleich zum festbesoldeten Commissär dazu und Mitgenosse in den abfallenden Gewinnsten bei der Vertheilung großer Subsidiengelder sowohl für directe Auswanderer-Beförderung als auch für die Presse und in den verschiedenartigsten kaufmännischen Geschäften, zu welchen dadurch Gelegenheit geboten wurde, besonders in dem Chartern von Schiffen zum Transporte der Auswanderer, deren Ueberfahrtskosten man dann ungenirt selbst bestimmte. — Ueber die Befugtheit, ja Kühnheit des vulgo Capitain Hörmeyer (dessen Namens man sich erstaunlicher Weise Brasilisch-Diplomatischer Seite zur Auslassung von Ansichten, durch die man sich rechtfertigen zu können vermeint, bediente,) nur ein Wort verlieren zu wollen, wäre thöricht. Die geringste Nachfrage über ihn bei Personen, welche innerhalb der letzten sechs Jahre in Brasilien waren, werden dieses zur Genüge bestätigen und zugleich die Thatsache, wie wenig man in Brasilien besonders bei Ausländern, die man als Berather oder Mithelfer in Kolonisationssachen heranzieht, auf gründliche Kenntniß, aber noch viel weniger auf Aufrichtigkeit und Character sieht, und das zwar leider sicherlich nicht aus mangelnder eigener Erkenntniß, wenn auch noch nicht einer durchgreifenden, innigen, sondern aus Unaufrichtigkeit im Entschlusse, aus unpatriotischer feiger Schwäche Brasilianischer Staatsmänner, das Wahre, und durch persönliche Anstrengung und eine bis jetzt dort noch nie an den Tag gelegte Aufopferung der Selbstsucht, wohl auch noch Erreichbare, zu erstreben. —

Ueberdruck der Einleitung zu Heft 1. III. Brasilianischer Actenstücke in Colonisationssachen.

„Wir sind in der angenehmen Lage, auch unsern dritten Jahrgang mit einem Artikel eröffnen zu können, der aus der gewandten, unsern Lesern wohlbekannten Feder eines brasilianischen Diplomaten stammt, welcher, ungleich so vielen seiner Standesgenossen, seine Muße nicht der Jagd nach Genüssen und Vergnügen aller Art,[1]) sondern vorzugsweise dem Studium aller sein Vaterland berührenden wichtigen Fragen widmet.

Der in Rede stehende Artikel ist eine Abwehr der vielen Begeiferungen, welche in zahlreichen, besonders Berliner Blättern gegen den Autor auf Grund seiner in diesen Blättern gebrachten Beurtheilung des preußischen, die Aufhebung von Agentur-Concessionen für Auswanderung nach Brasilien betreffenden Circulars vom November 1859 geschleudert wurden.

Der in den gemeinsten Verdächtigungen, albernsten Faseleien und erbärmlichsten Invectiven sich ergehende, mehr als holperige Ton und die unlogische Auffassung aller dieser Auslassungen, welche ihren gemeinsamen, nur zu bekannten Ursprung constatiren, verhinderten den Diplomaten, sich noch näher mit dieser Cloake deutscher Literatur einzulassen, der selbst minder scrupulöse Blätter ihre Spalten anders als gegen Insertionskosten zu öffnen Anstand nahmen. Ist ihr doch schon durch diese Zeilen zu viel Ehre widerfahren!

Ein weiteres erfreuliches Ergebniß liegt in dem zweiten Artikel vor, den wir heute bringen. Auch er stammt aus einer der brasilianischen Diplomatie nicht fremden Quelle, und enthält ein gedrängtes Resumé aller officiell gewährten Vergünstigungen (!) für in Brasilien sich ansiedelnde Einwanderer. Enthält er auch nichts, was diese Blätter nicht schon zu wiederholten Malen gebracht hätten, so kann doch sein Inhalt nicht oft genug wiederholt werden, um endlich in dem Gedächtnisse der Leser haften zu bleiben und von da in ihre Ueberzeugung überzugehen. (!) Interessant ist dieser Aufsatz um so mehr, als er von seinem Autor in deutscher Sprache ganz so niedergeschrieben wurde, wie wir ihn bringen. Es ist dies in Deutschland unseres Wissens binnen kurzer Frist bereits der zweite Fall, daß Brasilianer in unserer eigenen Sprache vor den deutschen Leser treten.[1])

---

[1]) Diesem letztern Theile stimmen wir, wenn auf brasilianische Diplomaten in Deutschland bezogen, als völlig wahr bei; als weitere Gegenstände der Jagd hätten nur noch Auslöslings-Kolonisten und reiche Partieen (wenn auch protestantische und so zum brasilianischen Concubinate führend) hinzugefügt werden müssen; wir protestiren jedoch feierlich gegen die bereits früher gemachte Angabe der Befähigung irgend eines in Deutschland befindlichen brasilianischen Diplomaten nicht sowohl mit gründlicher Einsicht und Verständniß irgend ein Thema der Kolonisationsfrage zu besprechen, — die Aufrichtigkeit dabei ganz außer Frage lassend — und das nicht einmal in seiner Muttersprache, geschweige in der Deutschen wie vorgegeben wird. Dr. Franca wäre das im Stande gewesen. Aber welche armselige Pygmäen sind nicht ihm gegenüber jetzt alle brasil. Diplomaten, jung und alt, obgleich fast über ein Dutzend in Zahl? Was die Befähigung oder vielmehr Ausgelegtheit zur Erlernung der deutschen Sprache anlangt, so haben wir solche, die nach 20jährigem Aufenthalt in Deutschland heute noch nicht 20 Worte Deutsch verbinden können, und denen der bras. Neger Marcellino nach 3jährigem Aufenthalt in Deutschland wahrhaftig ein vorzüglicher Sprachmeister werden könnte. Wir machen diese scharfen aber wohlverdienten Bemerkungen, um der unverschämten Lügenhaftigkeit eine Gränze zu stecken, um so mehr als solche Lügen mit dem Doppelzwecke hier gedruckt werden, um in Brasilien als Beweis des Eifers und der eigenen Geschicklichkeit zu dienen, und noch ferner deßhalb, weil es wohlbekannt ist, daß sich brasilianische Diplomaten brüsten, den deutschen „Jargon" über Brasilien nie zu lesen, während sie doch in dem über Brasilien in deutschen Blättern seit Jahrzehnten nicht für wahrhaft unbarmherzige Kosten der brasilianischen Staats-Kasse veröffentlichten „Jargon" höchst wahrscheinlich das

Den Schluß unserer diesmaligen Publicationen bilden die zwei hochwichtigen Actenstücke, welche das amtliche „schweizerische Bundesblatt“ in seiner Nummer 61 vom 28. November 1860 bringt.

Man erräth, daß damit der von dem außerordentlichen Gesandten der schweizerischen Eidgenossenschaft am brasilianischen Hofe, dem berühmten Naturforscher, Reisenden und Kenner südamerikanischer Zustände Dr. J. J. Freiherrn von Tschudi unterm 6. Oct. 1860 an den Schweizer Bundesrath „über die Verhältnisse der Kolonisten in Brasilien“ erstattete Bericht und die von demselben an den brasilianischen Minister des Auswärtigen über den gleichen Gegenstand gerichtete Denkschrift gemeint sind. (Beides, besonders aber das letztere, sehr ungern, und nur vi maiore der Unvermeidlichkeit, dann aber mit bonne mine à mauvais jeu zum Besten gegeben!)

Wir bringen beide in extenso zu unserer „gerechten Genugthuung“ und zur Witzigung unserer, freilich einer ehrlichen Fehde kaum fähigen (!) Gegner. Was wir Jahre hindurch allen Hindernissen und Schwierigkeiten zum Trotze mit vollster innerer Ueberzeugung behaupteten: die durchgängig ehrenhafte und großmüthige (!) Handlungsweise der brasilianischen Fazendeiros, die Faulheit, Liederlichkeit und Gewissenlosigkeit so vieler Kolonisten[1]) und endlich die wirklich empörende, auch als kolossaler Betrug zu classificirende Handlungsweise der Schweizer Gemeinden, die günstigen Boden- und Gesellschaftsverhältnisse Brasiliens selbst für den mittellosen, ja sogar für den schuldenbelasteten, wenn sonst nur arbeitsfähigen und arbeitswilligen Kolonisten[2]) — das alles findet seinen Wiederhall laut und tönend in Tschudi's Berichten und bereitet uns eine erhebende (!) Genugthuung und eine unbeschreibliche Befriedigung!

Was wollen unsere Gegner noch fürderhin mit dem so beliebten Schlagworte der „weißen Sclaverei“, wenn man ihnen aus den amtlichen Berichten eines in der ganzen civilisirten Welt so hochgeschätzten Mannes diese grandios freche Tendenzlüge so schlagend zu widerlegen vermag!

Wahrlich, als wir im abgelaufenen Jahre so feste Hoffnung setzten auf die Wahl dieses Mannes zu einer Sendung, die früher, wenn auch in unvergleichlich geringerem, aber doch noch viel zu ausgedehntem Maße einem nun auf seine wahre Bedeutung zurückgeführten Dr. Heusser unklugerweise anvertraut war, da hat uns unsere Zuversicht nicht getäuscht, und wir wollen nur hoffen, daß die übrigen deutschen Regierungen, mit Oesterreich und Preußen an der Spitze, welche Hrn. v. Tschudi mit einer den Instructionen des Schweizer Bundesraths analogen Mission betrauten, nicht anstehen werden, dem Beispiele der helvetischen Regierung zu folgen und die ihnen zweifelsohne von dem so thätigen und pflicht- und berufstreuen Schweizer Gesandten zugegangenen oder doch in Bälde zugehenden Berichte unverkürzt der Oeffentlichkeit übergeben werden. Wir erwarten dies ganz besonders von den königlich preußischen und sächsischen Regierungen, auf denen die Verpflichtung liegt, das einerseits in dem Rundschreiben des Herrn von der Heydt vom November 1859, andrerseits in der dem Bundestage im Jahre 1856 überreichten Denkschrift an Brasilien begangene, durch nichts provocirte schwere Unrecht gebührend zu sühnen. (!)

So sehr wir nun auch mit den Grundanschauungen des Herrn von Tschudi über die Parcerie- wie allgemeinen Kolonieverhältnisse Brasiliens übereinstimmen, und so glücklich wir uns fühlen, eine solche Autorität für uns zu haben, so müssen wir, um der vollen Wahrheit die verdiente Ehre, auch einem solchen Manne gegenüber, zu geben und uns vor dem Vorwurfe serviler Zustimmung zu wahren, hier einige Punkte des erwähnten Berichtes berühren und berichtigend erörtern. Herr v. Tschudi ist dabei sicherlich der Letzte, der uns diesen Freimuth übelnähme.

Herr v. Tschudi spricht in der Denkschrift es bestimmt aus, daß das Halbpachtsystem in der Provinz S. Paulo aus 11 verschiedenen Gründen keinen Erfolg haben könne und daß die Parceria ein System sei, welches aufgehoben werden müsse.

Wenn wir vorausschicken, daß wir die schwierige Stellung nicht verkennen, in welcher der Schweizer Gesandte weniger zu seiner Regierung als zu seinem Volke einerseits und zu dem brasilianischen Gouvernement andererseits steht, wo es ihm angesichts neuer drohender Complicationen[3]) darum zu thun sein mußte, die Parcerie-Verträge fürderhin unmöglich zu machen, — und wenn wir ausdrücklich betheuern, niemals ein besonderer Freund dieses Kolonisationssystems, aber wohl ein eifriger Gegner darauf basirter, gegen Brasilien gerichteter Lügen und Verleumdungen gewesen zu sein, — so haben wir unsern Standpunkt so ziemlich klar bezeichnet: wir beabsichtigen keinen Angriff auf Herrn v. Tschudi und wollen nur die Möglichkeit beweisen, daß das Halbpachtsystem, wenigstens was brasilischer Seits zu nehmende Maßregeln betrifft, gar wohl durchführbar ist. (!) Wir können dies aus Herrn v. T.'s eigenen Beobachtungen nachweisen.“

Der gewiegte Diplomat in der so eben (in Rudolstadt) erschienenen Nummer 1, Jahrgang III. der „Actenstücke Bras. Seits“ sträubt sich gewaltig gegen das Urtheil des Herrn von Tschudi „über die Unmöglichkeit des Fortbestehens des Halbpachtsystems“, schon wegen der Unsicherheit der Ernte in Brasilien ob der „dort stets zunehmenden verderblichen Einflüsse der Wetterlaune (durch lange Dürren, wochenlang anhaltende Regengüsse ꝛc.)“, und obschon der Diplomat sicherlich nie nur eine Woche auf einer Pflanzung verbrachte, behauptet er, gerade die sichere große Ertragsfähigkeit des Kaffeebaums mache dieses System recht möglich. — Ja er widerspricht steif und fest allen 11 von Hrn. v. T. aufgestellten Gründen gegen die Haltbarkeit des Systems (denn der Moor muß seine

---

Mittel gefunden haben würden, den nun bereits in seinen Grundfesten erschütterten brasilianischen Staat zu retten, hätten sie anders die Mannhaftigkeit gehabt, die offenen Dolmetscher des Inhalts dieses „Jargons“ zu werden, wobei aber freilich weder Sporteln noch Commissions- noch Löwenantheile an Propitiirungsgeldern abgefallen sein, noch auch wahrhafte Känguruhsprünge in Avancements zu machen gewesen sein würden. Ueber diese wurden selbst vor nun kaum zwei Jahren im Senate zu Rio sehr nachdrückliche Bemerkungen gemacht und dabei unumwunden ausgesprochen, daß solches Avancement ganz unverdient sei, daß besonders die Dienste, für welche es gegeben sei (die Herbeischaffung von Parceria-Kolonisten für die Pflanzer) kein Verdienst um das Land sei, und daß die Kathegorie, zu der man jenes gestellt, überhaupt übertrieben und unnöthig sei. Auch kann diese Aussprache des Senators Don Monoll de Mascarenhas nicht befremden, wenn ein anderer Senator, Pedro Chaves für Rio Grande, der den dortigen deutschen Kolonisten freundlich gestimmt ist, in Gegenwart des Senators Vergueiro aussprach, „seine Parceriapflanzungen seien nicht Kolonien, sondern Zuchthäuser für die armen Betrogenen.“ Ueberhaupt war zu wiederholten Malen bei Discussionen, welche über die Einwanderungsfrage Statt fanden, die Bezeichnung von „Missĩon ignobla“ auf diplomatische Vertretung angewandt, die unter einem hohen Titel die Werbung von Auslöslingen für die Pflanzer bezweckt, auch sind die, welche zu solchem Gewerbe sich herliehen und es befriedigten, öfters als Réos confessos d. i. als überwiesene Verurtheilte bezeichnet worden.

[1]) Diese Leute waren auch bereits 1847 durch Senhor Araujo engagirt worden; das wird von ihm nicht widersprochen werden. Warum hat er Leute solcher Qualität angenommen; doch wohl nicht um durch die Zahl derselben ein um so größeres Verdienst bei den Landpotentaten oder von anderer Seite zu erlangen? Wie konnte er nicht bloß als Privatagent, sondern sogar als Repräsentant einer Regierung, solche Kontracte eingehen und ratificiren? Wie konnte er solchen Leuten Pässe für Brasilien ausstellen, für welche denselben, nebenbei gesagt, auch noch 3 Thlr. ins Schuldbuch eingeschrieben wurden?

[2]) Man vergleiche hier die im Anhang befindliche authentische Auskunft von landeskundigen Männern (deren Wahrheit schon durch die ihnen in Brasilien selbst gegebene Oeffentlichkeit verbürgt ist), über die sogar in den Provinzen Rio Grande und S. Katharina in diesem Betreffe noch bestehenden Hindernisse; also selbst in den Provinzen, wo es verhältnißmäßig keine Sklaven-Aristokratie giebt. Dann wird man sehen, wie falsch diese Behauptungen sind!

[3]) Doch nicht auch Complicationen wegen eines neuen Handels- und Erbberechtigungs-Vertrags, sowie über Abschaffung solcher Mißbräuche wie die der Provinzial-Legislative von Bahia, welche einen Ausfuhrzoll von 2 Sgr. pr. Pfd. auf das Fabrikat der großartigen Princeza-Tabak-Fabrik des Schweizers Hrn. Meuron legte (sie exportirt 600,000 Pfund Rapé zu ca. 20 Sgr. pr. Pfund), und über andere Mißbräuche die Fülle mehr; Interessen, welche Capitalisten oder doch die Schweizer Regierung angehen, die so ein sehr gefährliches Gegengewicht für die armen Kolonisten machen, gefährlich besonders für die denselben zukommenden Entschädigungsgelder, indem natürlich der Einfluß der Pflanzer auf die Regierung zu Gunsten von Concessionen der Art an die Schweizer Regierung desto thätiger sein wird, als sie sich in ihren Verbindlichkeiten gegen die Kolonisten erleichtert fühlen.

Schuldigkeit den Fazendeiros gegenüber thun, und dabei die eigene sehr schwarze Haut vertheidigen), und besonders dem der Behandlungsweise der Colonisten buchstäblich so: „Die Schuld liegt aber da nicht an den Brasilianern, „noch an den Brasilianischen Verhältnissen, sondern einzig und allein an der falschen Auffassung, welche „die Europäischen Regierungen hinsichtlich der Auswanderungsfrage an den Tag zu legen pflegen. Wäre diese „Angelegenheit geregelt, so könnten solche Dinge, wie sie H. v. T. so schauerlich treffend darstellt, sich un„möglich zutragen!"

Der Herr Diplomat schiebt die Schuld des Unglücks der Leute auf ihre eigene schlechte Qualität, weil bei deren Aufnahme als Colonisten die Auswahl zu beschränkt gewesen sei, und er möchte die Vollmacht haben, über ganz Deutschland hin bei hellem Tage, bei Trommel und Pfeife die kräftigsten, arbeitsamsten, geduldigsten und womöglich zugleich auch dummsten Menschen für die Pflanzer auszuheben. Was wäre dabei für ein schönes Werbegeld, welch' schweres Frachtgeld und andere accidentialia, wenn auch von nun an keine 3thalerigen Paßgelder mehr, zu machen! Auch die sehr gelinden Einwendungen, die Herr v. T. gegen das Fortführen dieses Systems macht, auf Grund der Unmöglichkeit, den in kleinen Gruppen zerstreuten Colonisten (seien sie katholisch oder protestantisch) eine geeignete Seelsorge zu sichern; ein Punkt, den Herr v. T. füglich mit ungleich größerem Nachdrucke hätte hervorheben dürfen und können, bestreitet der blasirte Diplomat und macht Vergleiche zwischen den jetzigen Kaffeedistricten in Brasilien, welche wohl schon an 200 Jahren bewohnt sind, aber durch die Art des Grundbesitzes, durch die Sclaverei, durch die Arbeitsscheu der Freien und durch eine gesunkene und verachtete Geistlichkeit in einen Zustand verhornter Halbcivilisation und moralischer Impotenz, und in einen periodisch abgeleierten und meßbudenartig abgehaltenen Gottesdienst verfallen sind, mit der stets nur so kurzen kirchlichen Verwaisung von jenen thatkräftigen, alles aus sich selbst und für die Ihrigen erstrebenden Hinterwäldler von N. Amerika! Er vergleicht einen Zustand der moralischen und industriellen Verknöcherung und vorzeitigen-Senilität mit jenem Leben, Weben, Treiben und Schaffen freier Männer, von dem kein Brasilianer sich auch nur einen Schatten von Begriff machen kann, und ebenso wenig ein brasilianischer diplomatischer Capataz, der hier als Moor der so gut deutsch schreibenden (auch verstehenden?) Diplomaten auftritt, und der nach seinen Antecedentien in Brasilien so fern steht von dem bloßen Begriffe, dessen, was dem einzelnen Menschen, der Familie und dem Staate Religion, also auch Seelsorge und Erziehung der Jugend sein sollte, und zum Gedeihen Aller sein muß!

Für den katholischen Halbpächter deucht ihm genügend, einmal im Jahre mit seinem Gutsherrn zugleich einer Messe beizuwohnen — und für den protestantischen würde ja der großmüthige Grundherr zeitweise einen Besuch eines protestantischen Geistlichen veranlassen! Der über diesen Gegenstand so futil raisonnirende Schreiber weiß nicht, daß sich eine kleine Gruppe Backwoodsmen an der Stelle des Waldmeers, das sie heute lichten, oft innerhalb wenigerer Wochen eine Schule für ihre Kinder und eine Kapelle dazu herbeizaubern, als in Brasilien Jahre, ja Jahrzehnte dazu erforderlich sind! — und warum? weil auch die Backwood-settlements wenigstens von einer Seite her stets auf einer Säule dichter Bevölkerung ruhen, deren Spitze sie bilden, aus welcher stets neue Spitzen hervorstoßen, sie selbst verdickend und verdichtend durch frisch herbeiströmende Zuwanderer — während in Brasilien alle Bevölkerung durch Latifundien aus einander gespalten, weglos, steglos, rath- und thatlos gemacht und zugleich geistig und moralisch brutalisirt wird durch den Gebrauch der Sklaven (welcher der wirksamste Nichtleiter der Civilisation ist), in socialer, in staatspolitischer und in religiöser Beziehung aber brach liegen bleibt, und zu einem Grabe aller moralischen und geistigen Kräfte wird, wie jener Acker, der für die dreißig Silberlinge gekauft worden war, für die Leiber der Juden wurde.

Unter dem Vorgeben, selbst schon „vorlängst" an competenter Stelle Verbesserungen der Arbeitsverträge vorgeschlagen zu haben, wozu ihm schon nach seinen gegenwärtigen Producten eben so sehr alle Befähigung als auch die dazu erforderliche Ehrlichkeit abgesprochen werden muß, geht er diesmal in einige Einzelheiten ein, welche einen Grad von landmonopolistischem Blödsinn zur Schau tragen, den sicherlich nicht einmal die Väpendims, Vergueiros und Valle de Gamas mit ihm gemein haben. Festhaltend an solidarischer Haftbarkeit der Colonisten, an der willkürlichen Auferlegung von Disciplinarstrafen und Geldbußen und anderen dergleichen explodirten Barbareien, proponirt er zur Verpachtung an gemüthliche deutsche Pächter zum Anbau der nöthigen Feldfrüchte den mäßigen Pachtschilling von 2 bis 4 Mil R. für jede 1000 □ Brassen (von welchen 9,000,000 auf die □ Legoa gehen); also von 12 bis 24000 Thlr. Pachtgeld im Jahre für eine Strecke Landes, welche man noch heute in einem Lande, das frei ist von der Pestbeule der Sklaverei, das ein gesundes Klima und einen so viel besseren Boden für europäischen Ackerbau hat, in Uruguay z. B., — wohin eben deßhalb die Brasilianer selbst massenhaft auswandern, — zu 4000 Thlr. als eigenen Grundbesitz haben kann; also für den sechsten Theil von dem, was er dem Brasilianischen Landbesitzer als alljährigen Tribut in die Hände spielen will!

Mit Menschen, die dergleichen befürworten, sind keine Worte zu verlieren. Für gerecht denkende Männer wollen wir nur angeben, daß noch vor kaum 8 Jahren in der Mitte der Provinz Minas nach authentischer Aussage in der Brasilischen Kammer selbst die □ Legoa Land zu 600 Mil R. = 400 Thlr. gekauft worden war, und daß man auf Nachschlagen in den Büchern des Notars Joaquim Castro (Rua de Rosario) in Rio de Janeiro einen Verkauf von 74 Legoas am rechten Ufer des Rio Do-Flusses gelegenen Landes auf Option für 2 Jahre zu 200 Pfd. Legoa eingeschrieben finden wird, den der vormalige Marquis de Barpendim im Jahre 1832 an eine englische Compagnie machte, welche dennoch diese Option nicht benutzte, obgleich alles Land nahe am Flusse lag. Wäre das Land vielleicht mehr werth geworden in Brasilien, seitdem sich das gelbe Fieber dort in Permanenz erklärt hat, und seitdem die Unhaltbarkeit der Negersclaverei jedem Unbefangenen klar geworden ist?

Nein, sagen wir! und zugleich mit dem tüchtigen Dr. Lallemant: „Es wird nicht gehen, es kann nicht gehen, „und es geht nicht! Der Deutsche Auswanderer soll nicht der Serfe übermüthiger Brasilianischer Kaffeebaronen werden. „Weder der Deutsche noch irgend ein Weißer caucasischer Race soll neben dem Sklaven arbeiten. Die „Sklavenbesitzer, wenn sie auch freie Leute in ihrem Dienste haben, können sich nicht an den rechten Ton, die rechte „Art und Weise gewöhnen, in der sie mit freien Leuten umgehen müssen. Das ewige Schelten, Zanken und Bellen „der Sklavenwirthschaft, worin alle Sklavenzüchter groß geworden sind, schweigt nicht so leicht vor einem freien Arbeiter, „den jene Herren sich fast ohne alle weitere Bedingung untergeben glauben, weil sie ihn gemiethet haben."

Hier nun geht der Diplomat kühn auf die ihm geheißene Abschwächung fast jeden, selbst von Herrn v. T. zugegebenen Uebelstandes denselben bestreitend oder doch vorgebend zu glauben, daß er bei der Fortdauer der Parceria beseitigt werden können ein. So z. B.

ad. 1. Vorschüsse an die Kolonisten. Sollten hinführo Krüppel, Blödsinnige und Arbeitsunfähige nicht mehr zugelassen, „angeschlossen" werden. Nur kräftige Naturen solle der Fazendeiro von nun an erhalten und die Heimathsgemeinde solle einen Theil des Passage-Vorschusses zinsenfrei vorstrecken! Dann würden die Schulden bald getilgt sein. (!)

ad. 2. Die doppelsinnigen, nach allen Seiten hin dehnbaren Verträge. Diese wären einfach zu modificiren auf Grund der gemachten (also doch!) Erfahrungen. Der Fehler sei, daß bei der Abfassung der Vergueiro'schen Contracte kein Jurist präsidirt habe. Mit Hülfe von Juristen könne man nun Contracte aufstellen, welche beiden Theilen zum Nutzen gereichen. (Also auch zugegeben, daß dem nicht so war.)

ad. 3. Das Kopfgeld. Dieses nur zu lange dauernde „Mißverständniß" habe Brasilien unendlich geschadet. Die von Vergueiro erhobenen Commissions-Gelder (die dieser mit seinen Freunden in Deutschland zu theilen hatte), seien keine Nothwendigkeit. Die Provinzial-Legislative von S. Paulo habe wirklich einen abnormen Mißbrauch ihrer Befugnisse verübt, indem sie diese gesetzlich gutgeheißen habe. Vergueiro habe das Geschäft, Colonisten herbeizuziehen, aufgegeben, also würde auch dieser Mißbrauch aufhören. Aber die

Valle de Gamas, Vappendims und wie die großen Herren alle heißen, für die Herr de Arraujo Leute warb, haben diese auch aufgehört, solche herbeizuziehen?

ad. 4. An den Zinsfuß will er nicht gerüttelt wissen.

ad. 5. Die Ungleichheit und Unsicherheit der Kaffeeernte und des Kaffeepreises sogar, giebt der praktische Diplomat nicht zu, im Gegentheil findet er in der Ertragsfähigkeit der Kaffeebäume die größte Garantie für das System! (Hierüber eine Bemerkung im Anhang aus Bahia.)

ad. 6. Die ungerechten und unehrlichen Aufseher. Auch diesen Punkt läßt er ungelöst und glaubt selbst er werde sich nicht ändern lassen können, außer dadurch, daß die Deutschen alle portugiesisch sprechen lernten. (Wohl um nach dem Ausdrucke einer deutschen Correspondenz (im Anhange zu finden) aus Rio Grande, auch Sittenverderbniß gegen portugiesische Sprachkenntniß einzutauschen). So lange dieses nicht geschehe, glaubt er, daß solche Directoren oder Aufseher, wie Herr v. T. sie beschreibt, zwischen gutsherrlichem Vortheil und Kolonisten-Grobheit und Rohheit ein unvermeidliches Uebel bleiben werden.

ad. 7. Mangelhafte Rechtspflege. Gerichts- also auch Rechts-Pflege. Hier weiß er nichts zu bieten als Wünsche, in denen er noch weiter gehe als Herr v. T. in seinen Anforderungen. Die Unterlassung der Aufstellung von Vormündern für die Waisenkinder der Kolonisten sei ihm wirklich entgangen; aber er habe keine Collegien von Jurisprudenz gehört. Herr v. T. habe ein großes Verdienst, dies angeregt und durchgeführt (?) zu haben.[1] Das drakonische Dienstboten-Gesetz von 1837 sei schlecht, das gestehe er ein, und habe er (eine solche Persönlichkeit ist unter Brasilianern in Deutschland so unbekannt als unauffindbar) ein verbessertes Gesetz vorgeschlagen! Das habe aber nur theilweise durch die Instructionen von 1858 Erledigung gefunden." (Erledigung! durch eines der wahnsinnigsten Zwangsgesetze gegen Kolonisten, welche nur Negerbaronen-Irrsinn erfinden konnte. Ablieferung von Kolonisten in kleinen Gruppen an jeden Pflanzer, der sie nur verlangt. 11 Stunden Arbeit täglich, 5¼ Thlr. Monatslohn, und unter keiner Bedingung mehr wie 8 Thlr. ohne Kost, die allein doppelt so viel kosten würde um nur halb so nahrhaft zu sein, als die des ärmsten Arbeiters bei uns!)

ad. 8. Die Entmuthigung der Kolonisten, welche Herr v. T. doch der Schuldenlast zuschreibt, nennt er mit wenigen Ausnahmen, den Ausfluß der Zuflüsterungen und Hetzereien des schweizerischen General-Consuls Herrn David, des Dr. Heußer, des Herrn Davaz und der Unüberlegtheit des Herrn Staatsraths Fornerod!

ad. 9. Die schlechte Auswahl der Kolonisten. Die Schuld dafür, sagt er, läge nicht an den Brasilianern noch an den brasilianischen Werbern (von denen er ja selber einer ist und unter dem Werbe-Chef steht, der die Obliegenheit hatte, „nur gesittete und körperlich wohlgeeignete Leute zu wählen und wählen zu lassen, und nur solchen Pässe nach Brasilien auszustellen"); sie läge nur an den europäischen Regierungen, welche die freie Auswahl durch ihre die Auswanderung nach Brasilien erschwerenden Maßregeln nicht gestatteten.

ad. 10. Die Fazendeiros. In dem Lobe dieser Herren als „wackere wohlwollende Männer", das ihnen von Hrn. v. T. im Allgemeinen gezollt wird, stimmt der Herr Diplomat jubelnd ein, will von den einzelnen Ausnahmen, die auch Herr v. T. macht, nichts wissen, hält sie jedenfalls für sehr übertrieben und behauptet, daß ihr zu großes Vertrauen in die Aufseher (von denen er selbst an anderer Stelle zugiebt, daß sie nur augendienerische rohe Menschen sein könnten), kein Grund für den Nichterfolg des „Systems" sein könne.

ad. 11. Der „beinahe vollständige" (wir erlauben uns zu sagen: **vollständige**) Mangel einer Seelsorge kann nach ihm „gar nicht ein Grund gegen das Halbpachtsystem im Besonderen sein", (!) noch auch die Unterlassung von Civilstandsregistern, „ein Uebelstand, an dem ja das ganze Land gleichmäßig leide, wie auch am Mangel von Kirchen und Schulen überhaupt, der daher nicht von den Halbpächtern allein getragen würde." (!)

Betrachtungen über die Berichte des Herrn von Tschudi.

Diese beanspruchen, wie sich aus deren aufmerksamen Lectüre ergiebt, keineswegs viel Urtheil über Kolonisation im Allgemeinen, sondern handeln im Grunde nur von dem sogenannten Halbpachtsysteme, dieser neuen Pestbeule Brasiliens, wie sie Lallemant nennt, diesem Systeme der lügenhaften Beschwatzung, der betrügerischen Knebelung durch dolose Contracte und der Knechtung und Erniedrigung auf jede Weise von Menschen, die sich heben zu können vermeinten, und welche, wie alle Auswanderer, nur im Glauben, ihre Verhältnisse bessern zu können, ihre Heimath verließen. Brasilien kann auch gar nicht kolonisiren; die bloße Anwendung dieses Wortes auf sein Bevölkerungsbedürfniß zeugt von Unaufrichtigkeit, Eigendünkel, Anmaßung und von Sucht, den Weißen von einer zugestanden bessern Race als die eigene nun eben so zu exploitiren, als bisher den Schwarzen. — Die jetzt in einen Staat der Freien, sichern erhöhten Aufschwungs, und in einen Sklavenstaat unvermeidlichen Verfalls und zunehmender Entäußerung von Allem was das Leben veredelt, zerfallenden Vereinigten Staaten haben nie auch nur das Wort „Kolonisation" in amtlicher Anwendung gebraucht und doch haben sie Europa seit ihrer Unabhängigkeit nahe an 10 Millionen Menschen entzogen. Wie das? Durch bloße Anziehungskraft, die ihr vernünftiges und consequent verfolgtes Landvertheilungssystem ihnen gab. Diese wirkte so sicher als der Magnet auf den Stahl, sie zog geräuschlos, wie ein Heber aus dem Fasse den Wein, die Bevölkerung Europas aus und wird so fortfahren, so lange dieselben Grundregeln beobachtet werden und noch ein Vacuum zu füllen bleibt. Auf dieselbe Weise nur, auf keine andere, kann Brasilien sein Bedürfniß an Bevölkerung befriedigen und sich dadurch vor den fürchterlichsten Folgen für seine socialen und staatlichen Zustände aus der anders nicht vermeidlichen Hybridisirung seiner Bevölkerung schützen. Dazu aber ist vor allem Selbsterkenntniß seiner Lage nothwendig, und daß es alle obigen Velleitäten von sich schleudere; denn die freie Einwanderung erhält es von nun an nimmermehr ohne die aufrichtigste Annahme von Recht und Billigkeit in Allem für Alle, daher nicht ohne Gleichheit aller Freien, der eingebornen wie der einwandernden, welches Glaubens sie auch seien, und daher auch sicherlich nicht so lange der am Staate begangene Landraub nicht durch eine bedeutende Grundsteuer ausgeglichen und vorerst dem eingebornen Proletarier selbst der Landbesitz ermöglicht ist. Hat Brasilien diesen, die gegenwärtig weit unter der Klasse stehen,

---

[1] Also ein Diplomat, der keine Jura studirt hat! Wie ist es aber möglich, daß der Herr Diplomat, wenn er nicht auch einer jener Verächter des in der deutschen Presse vorkommenden „Jargons" über Brasilien ist, nicht die schon seit Jahren in dieser gemachten Forderung zur Anstellung von Vormündern der in Brasilien verwaisten Kolonistenkinder, und deren Befreiung aus den Händen der Pflanzer bemerkt hätte? Wie anders war es möglich, als daß die k. Gesandtschaft nicht das Verlangen an ihre Regierung mittheilte, als weil gerade sie die Ursache dieses Uebels war? Hätte dann das Unglaubliche vorfallen können, daß halberwachsene Waisenmädchen, wegen der Schuld ihrer Eltern mit Negern zugleich in den Kaffeewald ziehen mußten, oder daß andere Waisen in der Hauptstadt selbst Jahre lang innerhalb vier Mauern gehalten werden konnten, um von Tagesanbruch bis nach Sonnenuntergang Cigarren zu machen, und selbst so viele Peitschenhiebe allabendlich zu erleiden hatten, als Cigarren fehlten, an der ihnen unmenschlich aufgegebenen Zahl, und daß noch 6 Monate später als deutsche Blätter diese oftmals in den Blättern der Hauptstadt Brasiliens selbst gerügte Grausamkeit wiedergegeben hatten, nochmals zwei auf das grausamste durch Peitschenhiebe verletzte Kolonistenknaben, der eine selbst lebensgefährlich verletzt, aus dieser Hölle einer brasilianischen Fabrik nach dem Spitale der Misericordia gebracht werden mußten, um dort Monate lang in Schmerzen zu liegen!

welche in andern Ländern als die dritte oder unterste Klasse bezeichnet wird, — weil sie gar nichts produeiren und in diesem Punkte selbst unter dem Neger stehen, der wenn auch nur gezwungen, doch arbeitet, — den Weg selbst zu einem achtbaren Mittelstande angebahnt — einem Stande, dessen fast gänzlicher Mangel Brasilien knapp Anspruch darauf giebt, eine Nation zu sein, dessen Mangel seine ganze Constitution, die für ein wahrhaftes homogenes Volk so vortrefflich wäre, zu einem fleischlosen Gerippe macht, — dann werden Menschen, nicht bloß arbeitende Werkzeuge, sondern denkende, fleißige, gewerbsame, aber auch glaubenstreue Menschen freiwillig zu ihm übersiedeln, einzeln zwar, aber dort Massen bildend; und in sich selbst werden sie ihm einen Werth bringen, der den Werth seines Bodens selbst dann, wenn er durch solche Einwanderung hundertfach über den wirklichen den er jetzt hat, erhöht sein dürfte, noch hundertfach übersteigen wird.

Einstweilen aber sollten die brasilianischen Gesetzgeber (deren Einsicht ja die Güte oder Verwerflichkeit der Minister und Diplomaten bestimmt) sich wohl einprägen, daß nicht die größere oder geringere Bevölkerung, sondern ihre Civilisation, ihre guten Sitten, die Freiheit in ihren Einrichtungen, die Möglichkeit eines lebhaften Austausches, daher auch ihre Dichtigkeit, der Maßstab ihres staatlichen Werthes sind durch ihre Bedürfnisse und den Handelsverkehr, den ihr Gemeinwesen hervorbringt. Und welches wäre nach diesem Maßstabe der staatliche Werth der jetzigen Bevölkerung Brasiliens, dessen eine Hälfte aus Negersklaven besteht, und wo die Hälfte der Freien solcher Art ist, wie sie innerhalb der letzten zwei Jahre von einsichtsvollen und ehrlichen Präsidenten beschrieben worden ist? (Siehe im Anhang 3.) Wahrlich ein sehr geringer, ein so geringer, wenn überhaupt ein nachweisbarer für den Staat, daß er nicht aufgeführt zu werden verdient, und daß daher diese Zahl der Bevölkerung als fast nutzlos verschwinden dürfte, wäre sie nicht heranzubilden zur Arbeit und zum Austausche.

In dieser Rücksicht ist es geradezu ein Betrug, Europäer aus dem Kreise einer allerseits arbeitsamen Gesellschaft zwischen eine arbeitsscheue bedürfnißlose Bevölkerung dieser Art, die nichts produeirt, nichts verbraucht, als was die Natur fast freiwillig giebt, setzen zu wollen, und das hat man in Brasilien häufig gethan und thut es noch. Wie soll denn eine deutsche Ansiedelung aufkommen, umgeben von solchem freien Volke wie z. B. in Espirito Santo, Sergipe, Alageas, Bahia und selbst in S. Catharina, das von Seemuscheln, von Fischen, von etwas Wild, von Bohnen, Mais und vom Kauen grünen Zuckerrohres lebt und sich mit einer Leibesbedeckung von einigen Ellen Baumwolle begnügt! Die deutsche Bevölkerung muß da geradezu von sich selber leben, denn an einen Austausch mit diesen, an eine Mithülfe zu öffentlichen Verbesserungen, an eine Vermehrung des allgemeinen Wohlstandes durch jene ist wohl nicht zu denken, geschweige an eine Erleichterung der Mittel zur Belehrung und Ausbildung — im Gegentheil — unter solchem Volke muß auch der thätigste Ausländer allmählich hoffnungslos in der Aufgabe, die im Vaterlande gewohnten Zustände herzustellen, die Arme sinken lassen, erst gleichgültig, dann schlaff werden und allmählich zu dem Zustande des Eingebornen herabsinken, der sich nie erheben wird, so lange er nicht selbst freier Grundbesitzer werden kann.

Wo Niemand Bedürfnisse hat, da ist auch für den, der arbeitet, nichts zu verdienen, und doch sollen die positiven Bedürfnisse der Gesellschaft aus ihr selbst herausbefriedigt werden. Wie ist das möglich zwischen einer Bevölkerung wie die Brasiliens, die fast nach der Schrift lebt: „Sehet die Vögel unter dem Himmel; sie säen nicht, sie ärndten nicht." Wie ist es ferner möglich bei der in Brasilien geflissentlich gepflegten Zersplitterung der an sich bisher geringen Zahl von deutschen Einwanderern selbst? Und wie lange Zeit, wenn nicht Jahrhunderte, wird es währen, bis eine Bevölkerung wie die jetzige Brasiliens sich an die Arbeit gewöhnen wird, nachdem sie sich dieser aus Mangel aller Motive dazu, eben wegen ihres Ausschlusses vom Grundbesitze so völlig entwöhnt hat? Und wie lange wird es nicht währen, bis der einstens befreite Neger Brasiliens (wie er es innerhalb eines durchschnittlichen Menschenalters von ja nur 30 Jahren, wenn nicht um gar Vieles früher, sei es nun auf staatsmännisch wohl vorbereitete, oder auf eine dem grausen Zufalle anheimgegebene Weise unfehlbar sein wird), der als Sklave die von ihm erzwungene Arbeit hassen gelernt, aus freiem Antriebe arbeiten wird! Und dennoch ist alle Cultur durch freiwillige Liebe zur Arbeit bedingt! Bei solchen Betrachtungen muß man bedauern, daß die Einflußreichen, besonders die Grundbesitzer, deren Rechtsansprüche auf ihren übergroßen Besitz auf so schwachen Basen beruhen, nicht das geringste Opfer bringen zu wollen scheinen zu Gunsten der Entwickelung der Cultur und Civilisation des Landes, zuerst aus sich selbst heraus, und dann in Folge und theilweise schon als Begleiter dieser, durch die Einwanderung aus Europa, die nie wieder stattfinden wird, ohne daß der innere Fortschritt auf obige Weise und jedenfalls die Erhebung des Brasilianischen Proletariers zu einem im Staate durch Besitzung betheiligten Bürger Statt gefunden hat.

Doch hier ist nicht der Raum einer Abhandlung über den Modus der Ansiedelung, auch hat sich die K. Br. Regierung damit gar nicht zu befassen. Sie hat nur alle Thore des Landes zu öffnen, damit die fremden Einwanderer eintreten. Gute Gesetze, besonders vernunftgemäße Agrar-Gesetze mit Grundsteuer, dann vor allem Gleichheit der Confessionen vor dem Gesetze und niedrigste Zölle, die müssen ihnen den nöthigen guten Empfang bereiten — alles Uebrige giebt sich dann gar bald von selbst. Die Einwanderer brauchen keine Stellen angewiesen zu erhalten, wie jetzt gar um sie aus dem Wege zu bringen und recht schlau zu vertheilen, weil man, wohlbewußt der Ungerechtigkeit, die man an ihnen begeht, indem man sie erst einladet und dann um das Versprochene betrügt, ihre Anhäufung neben einander fürchtet. Und doch müssen sie beisammen bleiben, wenn sie für sich und das Land Erhebliches vollbringen wollen, sollen. Ergeht es ihnen wohl, so werden sie gute Brasilianer sein und sichere Stützen des Thrones, und jeder einzelne Deutsche mit seiner Kinderschaar, die alle mit eigenen Händen arbeiten, wird dem sittlichen Fortschritte des Reiches mehr Vorschub leisten, als ein Negerbaron sammt 100 Sklaven, sammt seinen Söhnen und Töchtern, wären diese auch in Paris oder Lissabon erzogen und dort an Genüsse und Ansprüche gewöhnt, die sie nur durch eine gesteigerte Grausamkeit aus der Arbeit des Negers befriedigen können. Die Einwanderer selbst werden bald ausfinden, wo es ihnen am besten gelingen kann, ungleich besser als die Regierung, die nur, wie bisher, sehr unwissende und auch unaufrichtige Personen dabei verwenden könnte. Weder einer Kolonisations-Gesellschaft, die nur ein Vielfraß öffentlicher Gelder zum vielfachen Schaden des Landes ist, noch irgend welcher Diplomatie in ganz Deutschland, die überhaupt nichts zum Nutzen und zur Würde des Landes beiträgt und an 60,000 Thlr. verschlingt, noch Prämien oder geheimer Subsidien bedarf es, um Einwanderung anzuziehen, wenn Brasilien selbst der freien Einwanderung eine gedeihliche Stätte bereitet.

Der Deutsche ist zu gut dazu, um auch noch den Diener von Negerbaronen zu machen, und es soll nicht länger mehr von dem Deutschen gesprochen werden wie von Emerson, dem berühmten Verfasser von „Representative men", ein Werk, das den brasilianischen Volksvertretern sehr zur Lectüre zu empfehlen ist, in dessen „Conduct of life". „Die deutschen wie die irischen Millionen haben gleich dem Neger ein gutes Theil Guano in ihrer Bestimmung. „Sie werden über das atlantische Meer gesteuert und dann über Amerika gekarrt,[1]) um zu graben und zu büffeln, um „das Korn zu verwohlfeilern und dann vorzeitig hinzuliegen und einen grünen Grasflecken in der Prairie zu machen."

Der Deutsche soll überhaupt nicht Ackerbau innerhalb der Tropenländer betreiben; weder mit Sklaven noch mit eigener Hand. Das Klima in diesen, wäre es ihm auch sonst nicht vielfach schädlich, läßt ihn weder seinen Nerv, noch auch seinen Character bewahren. Er verwelkt dort in jeder Beziehung. Der Deutsche soll weder Kaffee noch Baumwolle pflücken; das sind durch ihr ewiges Einerlei verdummende Arbeiten und doppelt so durch die feuchte Sonnenhitze, unter der es geschehen muß. Der Deutsche soll beim Pflug stehen; er soll Korn, Kartoffel, Kohl, Hanf, Flachs, Hopfen und Wein bauen. Dabei und bei der diese Beschäftigung bedingenden Stallwirthschaft mit Schaafzucht nebenbei, wie er in dem nördlichen Theile Nordamerika's sie schon längst mit so viel Erfolg gepflegt, wird er nicht

[1]) Sonderbarer Weise wird in Brasilien eben dieses „Karren" ins Innere durch dessen fast hundertfach theurer als in Nordamerika gemachte Kosten noch als Mittel zu deren hoffnungsloser Verschuldung und Knechtung benutzt! (Siehe v. T.'s Berichte.) So wurde in einigen Fällen einer Familie für einen Land-Transport von kaum 60 Stunden in bloßen Ochsenkarren oder auf Pferden mit 400 ja bis an 500 Thlr. belastet!

bloß stark und handfest bleiben, sondern es wohl noch mehr werden, während er anderseits im Tropenlande moralisch und körperlich nur geschwächt werden und entarten würde.

Der Zucker-, Kaffee- und Baumwollbau soll denen überlassen bleiben, die auf dem Boden, der diese Producte giebt, geboren sind, dem Neger, dem Farbigen und dem Asiaten. Diese sollen doch auch sich beschäftigen und werden es auch schon thun, die einen nothgedrungen, die andern aus wohlverstandenem Interesse, wie bereits der chinesische, der Hindoo- und malayische Kulie und die Javaner, sobald sie mit Billigkeit behandelt werden, und einen entsprechenden Lohn für ihre Arbeit oder Boden mit Leichtigkeit zum Besitz bekommen können. Eine Zufuhr von Schwarzen als Sklaven ist in Nord- und Süd-Amerika ferner unmöglich, ist selbst als Freie für diese weder wünschenswerth noch nöthig. Die Asiaten bieten sich zur Arbeit zu vielen Hunderttausenden im Jahre an zu einem Lohne, der ungleich geringer ist als die Kosten mit der Erhaltung des Negers, und bereits ist dieser Ersatz der Sklavenarbeit durch asiatische freie Arbeit im großartigsten Maßstabe im Gange und wird für sich allein schon die schleunige Verallgemeinerung der Colonialwaarenproduction einschließlich der Baumwolle und daher ihre Verwohlfeilerung veranlassen; und vollends werden die hundert Millionen Afrikaner, geweckt durch die Dampfschifffahrt auf dem Niger, Gabon, Gambia, dem Zambese und durch umsichtige wahrhaft menschenfreundliche Missionaire der Arbeit und des Handels, dieser unentbehrlichen Vorläufer des Christenthums, wetteifern in der Production dieser tropischen Producte mit Hunderten von Millionen von Hindoos, und die Producte der letztern werden, ehe zehn Jahre vergehen, durch mehr als tausend Stunden Schienenwege der Seeküste und von da den europäischen Märkten zugeführt werden. Und mit dieser Masse von genügsamen Producenten in ihrem einheimischen Boden und gewohnten schwülheißen Klima sollte der Deutsche concurriren wollen seiner nordischen Natur zum Trotze?! Es ist dies ein purer Unsinn und nicht geringer als der, wenn man heute noch mit dem Spinnrade gegen die Hunderte Millionen von Dampfspindeln anarbeiten, oder wenn man den Africaner oder den Malayen zum Rapsbau in Schweden verwenden wollte, und das um so mehr, als die ungeheure Zunahme von Consumenten europäischer Manufacte in Amerika, Africa und besonders in ganz Asien die Zahl der gewerblichen Bevölkerung Europas so vermehrt, daß die Brodstoffe und andere dem Europäer zu seiner Existenz unentbehrliche Mittel des Lebensunterhalts, welche nur dem Boden gemäßigter Himmelsstriche erwachsen, fortdauernd einen hohen Preis geben werden, und noch mehr so als bisher stets in allen Theilen Amerika's, außerhalb Nordamerika, in- und außerhalb der Wendekreise, wo sich eine an europäische Kost und Lebensweise gewohnte Bevölkerung aufgehäuft hat, und welche Theile oft auf Kosten der Bevölkerung Europas von hier aus damit versehen werden mußten zu Zeiten, wo hier selbst daran Mangel war, statt daß jene selbst, zum Theile wenigstens, wie sie bei gehöriger Bodenvertheilung und dadurch herangerufener europäischer Bebauer wohl vermocht hätten, — Europa selbst noch davon Zufuhr gemacht hätten.

Das große Geschrei über Colonisation seit den letzten 15 Jahren und viel länger her war zuerst darauf berechnet, die englische Regierung glauben zu machen, es sei den Brasilianern wirklich mehr um diese, als um den Sklavenhandel zu thun, und als Vorwand zu dienen, Lord Palmerston zu einer Milderung seiner strengen Maßregeln, welche denn endlich auch dem Negerhandel in Brasilien den Garaus gemacht haben, zu stimmen; jedoch in den letzten 6 bis 8 Jahren sollte es hauptsächlich den Zweck erfüllen, das englische Kapital leichter flüssig zu machen für Eisenbahnen und andere Unternehmungen, die man im Lande gemacht zu sehen wünschte, denn der Engländer gewinnt aus den in seinen Colonien gemachten Erfahrungen leicht Vertrauen, wenn er glaubt, die Auswanderung, besonders die deutsche, würde sich nach einem der südamerikanischen Staaten richten. — An die Ermöglichung einer wirklich freien Einwanderung dachten dabei vielleicht im ganzen Lande keine 10 Personen von Einfluß und von diesen dürften heute wohl kaum 3 einen vollen Begriff von den Grundbedingungen dazu und von den ungeheuren Schwierigkeiten, welche die ganze Lage Brasiliens der Herstellung dieser entgegenstellt, in sich aufgenommen haben. Es mangelt auch diesen fast durchaus, wegen ihrer Erziehung in einem Sklavenlande, nicht nur die Empfänglichkeit für die zur Herstellung eines völlig freien Arbeiter-Lebens nothwendigen Begriffe, sowie eine hinreichende Kenntniß der in andern Ländern bestehenden Grundbesitz- und Arbeitsverhältnisse, besonders der in Nordamerika und in den englischen Colonien, sondern es gebricht ihnen vor allem an Unbefangenheit in der Beurtheilung der Lage ihres eigenen Landes und selbst ihrer eigenen persönlichen Verantwortlichkeit als Staatsmänner und selbst als Familienväter. — Nun gelang zwar der Plan auf das Geld der Engländer für Eisenbahnbauten und diese schreiten an 3 oder 4 Punkten des großen Reichs langsam vorwärts durch dünn bevölkerte Distrikte nach Endepunkten, an denen sich fast gar keine Bevölkerung befindet oder nur solcher Art, wie besonders bei denen der Provinz Pernambuco und Bahia, die durchaus nichts produciren. Diese Eisenbahnen können nie rentiren noch auch dem Lande den in andern Ländern gewährten Vortheil gewähren, weil die daran und davon abliegende Bevölkerung, an sich sehr dünn gesäet, noch zu drei Vierteln und mehr aus Sklaven besteht, die ihren Wohnsitz nie verlassen können und weil die Landstriche, durch welche die Bahnen gehen, nur wenigen Besitzern gehören, die durch ihren Einfluß auf die Gesetzgebung und die Regierung diese Unternehmen auf Staatsgarantien durchzusetzen wußten, ohne daß ihnen (wie seiner Zeit dringend angerathen war) irgend eine Cession von anliegendem Lande auferlegt worden wäre, so daß sie außerdem daß sie hoffen, dieses Land, das vorher nicht den geringsten Werth hatte, nun zu hohen Preisen an Colonisten verpachten zu können, auch noch von den Compagnien, welche die Bahnen bauen, ganz fabelhafte Summen für kleine Stückchen verlangen, welche diesen für Stationen u. s. w. unentbehrlich sind. Diese Summen belaufen sich z. B. bei der Bahia-Compagnie bereits nahe an 200,000 Pf. St., für welche man vor 6 Jahren noch das Terrain der Eisenbahn in ihrer ganzen Ausdehnung mit 2 Legoas von beiden Seiten hätte erstehen können. Wie der Correspondent des „Jornal“ aus London sagt, mußten Stellen, die kaum groß genug, daß sich darauf ein Krokodill umdrehen kann, mit Preisen per Quadratfuß bezahlt werden, die nicht geringer waren als die für das Land in Corahill, London, in Rue Virienne oder in First Street, New-York, bezahlt werden! —

So verstehen die brasilianischen Grundeigenthümer ihr Interesse. — Sie wollen alle Vortheile und Gewinnste in Allem ganz allein und sogleich genießen. Der gelungene Plan, die Engländer zur Ausführung von Eisenbahnen zu bewegen, ohne daß dafür Landexpropriationen oder auch für Colonisationszwecke längst derselben gemacht wurden, hat leider sehr viel dazu beigetragen, die Annahme von Principien zu verhindern, auf welche sich eine freie Einwanderung gründen konnte. Die Landeigner, welche zugleich Gesetzgeber sind und alles zurückhalten, was ihrem Interesse entgegen scheint, wollten von da an die Einwanderung bloß nach ihren Ländereien gerichtet wissen, aber auch die Kolonisten in die abhängigste Lage von sich versetzen; und während die Regierung Waldland, freilich in sehr entlegenen oder selbst noch unbekannten Distrikten zu ½ Real pr. Brasse zu geben vorgiebt, lassen sie sich jetzt 40 Reis bezahlen und legen dem Käufer noch drückende Ansassen-Bedingungen auf! Sie werden aber keine Käufer mehr finden und die Eisenbahnen werden ihre Kosten bei weitem nicht decken und dem Staate wird eine große Last durch die Ergänzung der darauf garantirten Minimum-Dividenden von 7% pCt. erwachsen, während er doch selbst gewißlich in Kurzem seinen laufenden Bedürfnissen nicht mehr gewachsen sein wird.

Bei dem bisherigen Heranziehen der Aussprache des Hrn. Dr. v. T. über das Parceria-System können wir, mit voller Anerkennung desselben als eine Specialität in dieser Sache, nicht umhin, unser Bedauern über Einiges auszusprechen, was sich uns bei bedachtem Lesen seiner beiden Berichte, den an die schweizerische und den an die brasilianische Regierung, aufdrängte. So z. B. erscheinen uns seine Bemerkungen über seinen Landsmann und Vorläufer in seiner Mission zur Kenntnißnahme der Lage der Schweizer-Kolonisten, Dr. Heußer, keineswegs mit der diesem für sein rechtschaffenes und offenes Bestreben zum Besten Jener schuldigen Anerkennung abgefaßt. Hätte Dr. Heußer nicht gerade gehandelt wie er es gethan, so wäre auch nicht die bedeutende Besserung in der Behandlung der Kolonisten eingetreten, die besonders in den 6 Monaten stattfand, welche der Ankunft des Hrn. v. Tschudi vorausgingen, denn die bloße Kunde von dieser stimmte schon die brasilianische Regierung, welche bereits durch Herrn v. T.'s Briefe aus Brasilien (vom Jahre 1858 in der A. Ztg.) dessen scharfe Beobachtungsgabe sie zu schätzen gelernt hatte, dazu, die Pflanzer zu einiger Milderung ihres Systems zu gewinnen. Ohne Herrn Heußers Anklagen, die auch durchweg als richtig erwiesen sind, wäre überhaupt an keine Sendung des Herrn v. T. gedacht worden. Diese wird jedenfalls, wenn auch nicht unmittelbar, doch im Laufe der Dinge, von den wohlthätigsten Folgen werden und vielleicht desto nachhaltiger wirken, als Herr v. T. durch große Berücksichtigung der Vorurtheile der Pflanzer diese möglicherweise zur spätern Annahme besserer Ueberzeugungen empfänglich gemacht haben könnte. Mögen diese Ueberzeugungen nur noch in Zeiten reifen, um auch noch den Kolonisten zu frommen, für welche die Sendung des Hrn. v. T. gemacht wurde. Wir befürchten aber sehr, daß dies schwerlich bald genug geschehen wird, um der Reform des ganzen Landes die Hand zu bieten, welche nur dann Brasilien aus der Verwirrung und dem Verfall, der ihm bevorsteht, wird retten können, wenn sie ohne Zeitverlust in Angriff genommen wird. Deßhalb entsteht die Frage, ob Hrn. v. T.'s Haltung den Pflanzern gegenüber nicht zu gelassen, zu milde und fast verbindlich war, um den Kolonisten allen noch in ihren Lebzeiten und den Pflanzern und dem ganzen Lande noch in Zeiten durch allgemeine Reformen, den ersteren eine gründliche Sicherung des Gedeihens, nicht nur als Kolonisten, sondern vielmehr als frei gewordene Leute, ob katholisch oder protestantisch — und letzteren ein Rettungsmittel vor der sich mit Riesenschritten nähernden Auflösung Brasiliens in ein staatliches und sociales Chaos, zu bieten. Denn unvermeidlich ist diese ohne die unverzüglichste Annahme der durchgreifendsten Reformen vorerst im Landbesitze, in der Zollerhebung und in confessionellen Dingen, die allein nur Einwanderung ermöglichen, und zwar unvermeidlich nicht sowohl durch Brasiliens massenhafte Sklaverei, als vielmehr durch das Aufgehen seines weißen Bevölkerungstheiles in dem Farbigen in Folge der allgemeinen Ausschweifung des Landes und die dadurch entstehende allgemeine Mulatisirung der Bevölkerung, wie sie Professor Burmeister so wohl beschrieben hat. Die Mulatisirung aber entzieht dem Lande auch die Kraft, die Sklaven in ihrer Stellung zurückzuhalten, würde deren Befreiung nicht schon viel früher durch die stets ungestümer herannahenden Erfordernisse der Zeit bedingt. Einem Mann von dem Scharfblicke des Herrn v. T. konnte doch nicht entgehen, daß das erste Bedürfniß des brasilianischen Staates das Heranlassen seiner Proletarier zum Grundbesitze ist. Wie kann dieser angebahnt werden, wenn sogar noch die Ankömmlinge der reinen weißen Race ebenfalls nicht nur zu Proletariern, sondern sogar zu Hörigen gemacht werden, welche selbst die Arbeit verrichten, welcher sich der brasilianische Proletarier entzieht, weil sie die Zwangsarbeit der Sklaven ist, die sie verachten und überhaupt, bei der durch die Sklaverei wahrhaft dämonisch strengen und monotonen Organisirung des Kaffee- und Zuckerbaues, schon wegen der ewig einförmigen Beschäftigung in der sie begleitenden Hitze und Feuchtigkeit, welche besonders den Europäer schnell wassersüchtig und blödsinnig macht, nicht betheiligt sein wollen, wenigstens nicht als Hörige, und dadurch nur gesunden Verstand zeigen, an dem es ihnen im Allgemeinen gar nicht gebricht.

Aus dem Jahres-Rückblicke des Lockblattes nach Brasilien, der Rudolstädter Allgemeinen Auswanderungs-Zeitung vom 27. December 1860.

(Zur Vertheilung auf dem flachen Lande gedruckt.)

Nur wo eine dünne, thatlose, arbeitsscheue, indifferente Bevölkerung auf weiten Strecken die dicht (?) angesiedelten deutschen Einwandrer umwohnt, nur da hat sich das deutsche Wesen und Treiben urkräftig und selbstbewußt (?) erhalten. So in Brasilien! Aber die Ansiedlung auf freiem Eigenthum hat ihre Klippe. Der junge Kolonist mit Clima, Boden, Landessitte und Culturbetrieb unbekannt, findet den ersten Anfang auf eigenem Besitze so über alle Kräfte schwer und den Betrieb des Ackerbaues auf diesem neuen Boden so wenig lohnend, daß seine moralische Kraft meistens sich erschöpft und erlahmt. Darum hat dort die Erfahrung gelehrt, daß der junge Ansiedler am besten thut, für den Anfang auf einige Zeit bei einem andern Landmanne auf Lohn oder auf welche Bedingungen auch immer zu arbeiten. Die Kolonisation der Halbpachtcontracte hat sich vorzüglich in der Provinz S. Paulo ausgebildet. Kräftigen, in den besten Jahren stehenden Familienhäuptern mit bereits arbeitsfähigen Kindern, glauben wir noch die Auswanderung dahin auf Parceria-Contracte empfehlen zu können, als ein nach menschlichem Berechnen sicheres Mittel zur Begründung einer glücklichen Existenz für sich selbst und für ihre Kinder auf freiem Landeigenthume! Die ehelichen und Erbschaftsverhältnisse, welche auch früher thatsächlich nie angetastet wurden, (!) sind neuerdings durch die gesetzliche Feststellung der Civil-Ehe völlig geregelt und geordnet. Der Staat hat die Bestimmung der Staatsländereien in die Hand genommen und die Existenz enormer fruchtbarer Landstriche außer Zweifel gestellt (?). Die Vermessung eines Theils derselben ist beendet (kaum ein Dutzend □Legoas in schlechter Gegend!) und diese Strecke dem Einwandrer zum Verkaufe zu einem Preise gestellt, der die Preise aller anderen Auswandrungsziele übertrifft; (ja wohl 10 mal übertrifft, besonders durch die Werthlosigkeit der Lage wo nicht auch noch durch die Ungeeigentheit des Klimas für den europäischen Bodenbau) die Regierung sorgt für die Geistlichen, Lehrer und Aerzte der Kolonien, sie nimmt sich der Einwanderer auf jegliche Weise an. Es sind keine Klagen von Kolonisten laut geworden, und die deutschen Regierungen wie die Preußische zeigen wieder Vertrauen zu der Niederlassung in Brasilien, die Presse spricht mehr und mehr zu deren Gunsten."

☞ Nun sind aber alle hier angeführten Punkte, ohne Ausnahme, die blanksten Lügen, ohne alle und jede Begründung auch nur in einzelnen Theilen. In allem ist gerade das Gegentheil der Fall, und dennoch fährt der Eigenthümer des Blattes fort, von der brasil. Werbediplomatie Subsidien zu empfangen und sein Blatt in deutschen Gauen zu verbreiten, wie er es seit vielen Jahren mit lügenhaften, bezahlten oder erzwungenen Lockbriefen aus Brasilien, oder auch in Deutschland fabricirten und zugestutzten gethan hat.

Höchst interessant ist die Art und Weise, mit welcher derselbe nicht weniger als Capitain Hermeyer, (der nur die Sprachtrompete der gesammten Brasilianischen Werbediplomatie in Berlin, Wien, Bern, München, Hamburg und Stuttgardt ist), die schon an und für sich so wenig drastische Pille des Tschudi'schen Berichts nun noch so zu vergolden sucht, daß ihr Inhalt gar nicht zu erkennen ist, und den Ruf des hier wohl und als ehrenhaft gekannten Herrn Dr. Heußer anzufeinden trachtet, der Herrn von T. vorausgegangen war, und der mit winzig geringen Mitteln, und dem besten Willen der Pflanzer, denen er sich nicht als außerordentlicher Gesandte vorstellen konnte, dennoch den Grund zu den nun vor sich gehenden Besserungen zuerst brach. — Und warum thun sie das? Bloß um dem Befehle der Landpotentaten zu gehorchen die es Dr. H. nie vergeben können, sie in ihrer Gewaltherrschaft gestört zu haben, und ihren Junkertraum, in den sie die Werbediplomatie eingewiegt hatte, verscheucht zu haben, den nemlich, welchen ein in oligarchischen, und explodirten Principien geradezu hirnverbrannter Minister Graf Olinda, (man sehe nur die kurze Beschreibung, die Dr. Lallemant von ihm macht), durch das Colonisten-Reglement vom 18. Novbr. 1858, eine pure Heloten Polizei-Verordnung, zu verkörpern suchte. Nach diesen Bestimmungen nämlich sollten jedem Pflanzer 80 deutsche Colonisten-Familien auf Staatsvorschuß zugeführt werden, die für sie nur 11 Stunden des Tages (in jenem heißen Clima, wo jeder nichtsthuende, daher fast alle, Brasilianer 3 Stunden Siesta-Schlaf einhält) arbeiten sollten und zwar zu einem Monatslohne von 5 Thlr. 10 Sgr. und nie höher als 8 Thlr. ohne Kost (die in öffentlichen Spitälern und Zuchthäusern zu 1400 R. pr. Tag = 1 Thlr. 1 Sgr. angerechnet wird), wo der Lohn, den ein Negersklave in Rio seinem Herrn bringen muß, 2 R. = 1 Thlr. 14 Sgr. und an den Eisenbahn-Erdarbeiten für Sklaven oder schwächliche Mulatten 1600 R. = 1 Thlr. 2 Sgr. war und noch ist? [1])

---

[1]) Die Bestimmungen vom 18. Nov. 1858 sind so drakonischer Art, daß selbst der sehr einsichtsvolle und ehrlich offene Correspondent des Jornal de Commercio, der wahrhafte Antipode des lügenhaften und intriganten Correspondenten desselben Journals aus Berlin, diese allein für hinreichend erklärte um „jeden Menschen von Fassungsgabe und von Gefühl eigener „Würde von Brasilien abzuhalten." Eine um so gültigere Bezeichnung, als derlei stehende Correspondenzen nach Rio stets von den resp. Gesandtschaften ausgehn oder doch geleitet werden und der Chef der Londner Gesandtschaft durch langen Auf-

Ein Mißbrauch der Presse wie dieser zur Verfolgung eines Mannes wie Dr. Heußer, der seine Pflicht uneigennützig erfüllte und zugleich zum Betruge armer Leute, die nicht selbst für sich urtheilen können, macht den Besoldern derselben eben so große Schande, als den dafür Besoldeten. Er ist niedrig und herzlos über alle Begriffe, und bei den Deutschen schon treulos am eigenen Lande, aber bei dem Brasilianer geradezu verrätherisch an seinem bereits aus Mangel an moralischen Kräften und gesunden Sehnen und Blut versinkendem Vaterlande. So spricht z. B. dieses feile Blatt noch in seiner neusten Nummer vom 28. April, in der es seine rosigen Beschreibungen des idyllischen Lebens in den Parceria-Kolonien, selbst jetzt noch aus Tschudis Berichten, von denen es aber ausdrücklich die Veröffentlichung der an die Brasilianische Regierung gerichteten Denkschrift für unnöthig für seine Leser erklärt, zu rechtfertigen sucht, „daß die Revolten der Ansiedler gegen die Kolonieherren bloß aus Muthmaßung von Bedrückung, die ihnen die Verhetzungen des (überaus hochzuachtenden 20jährigen) Schweizer General-Consuls David und des Lehrers Davaz und Dr. Heußer's beigebracht hätten, entstanden seien, und macht nachher die unverschämte Behauptung, das Ergebniß der den Pflanzern gegenüber gar sanft aber doch für Brasilianer, immer mit einer anerkennenswerthen Festigkeit aufgetretenen Oberappellations-Richter Valdetaro und Machado Nunes zur Vorprüfung der Lage der Kolonisten, habe den Bericht des Dr. Heusser in fast sämmtlichen wesentlichen Punkten (nicht in einem einzigen!) Lügen gestraft, weshalb nur die Sendung des Herrn v. T. in der Schweiz beschlossen worden sei, während doch diese nur beschlossen wurde, weil auch dem Berichte jener Richter von der k. Regierung gar keine Folge gegeben worden und fast alles beim alten geblieben war.

Heußer, sagt noch jetzt das Blatt, sei übertölpelt worden und Davaz selbst sei der Anstifter der Revolten der Leute gegen ihre Herren gewesen; zur Aufklärung dieses schwebenden Dunkels habe es eines hervorragend intelligenten und zugleich characterfesten Mannes bedurft, der mit aller Autorität bekleidet und mit allen erforderlichen Mitteln (also auch finanziellen, von dem Allem Dr. Heußer nichts hatte!) ausgestattet, in außerordentlicher Gesandtschaft erforsche, wie es denn eigentlich mit den Kolonisten stände. Er sollte den Grad des Vergehens des Dr. Heußer und die Glaubwürdigkeit der Brasilianischen Berichte feststellen. Die Wahl zu dieser überaus wichtigen Mission fiel auf Herrn v. T. dessen Name schon die volle Bürgschaft aller derjenigen Eigenschaften in sich schloß, welche eine so wichtige Sendung unabweisbar forderte. Die Nachricht von dieser Wahl genügte, um auch mehrere deutsche Regierungen, darunter die des Kaiserthums Oesterreich, sowie des Königs von Preußen und von Sachsen, zu veranlassen, auch ihrerseits den Schweizer Gesandten mit Instructionen zu demselben Zwecke, wegen dessen er von seinem Vaterlande entsandt wurde, zu betrauen. Herr v. T. trat demnach seine Sendung (im Frühjahr des Jahres 1860) an, erhielt von dem Kaiser selbst die Versicherung jeder möglichen Unterstützung, besuchte dann die viel verrufene Stätte der Parceria Kolonien in S. Paulo und erstattete darüber den in den letzten Nummern (Nr. 3—16, also, da diese nur wöchentlich erscheinen, in kargen Dosen 14 Wochen lang hinausgedehnt, weil man es eben nicht unterdrücken konnte und sich doch den Frühjahrs Notzwurf nach Auswanderer nicht verderben wollte!) mitgetheilten, zuerst in dem schweizerischen Bundesblatte Nr. 61 (in einem Blatte!) veröffentlichten Bericht, welcher in allen Stücken die Angaben der brasilianischen Abgeordneten (man höre!) bestätigt."

„So können sich nun unsere Leser von der nicht leicht zu überschätzenden Wichtigkeit dieses Actenstücks selbst überzeugen, das endlich nach langen, unerquicklichen und vielfach (man höre wohl!) nichts weniger als redlich geführten Discussionen über diese Frage in der europäischen (der Schreiber begreift wohl hier auch die französischen halbmonatlichen von Ch. Reibaud über l'Amerique du Sud!) Presse, — einen festen thatsächlich begründeten Halt und Boden gewährt, von welchem aus ein endgültiges Urtheil über die wichtige Frage der Parceriakolonisation festgestellt werden kann. Wir werden in spätern Artikeln näher besprechen, welche sicheren Resultate gewonnen sind. Der Bericht liegt unsern Lesern in extenso vor (ohne Widerspruch so weit in 14 Nummern eines Winkelblattes, das ihn doch in einer hätte fassen können) die Denkschrift an den k. br. Minister des Auswärtigen J. S. V. C. de Sinimbú, welche wir, weil sie im Wesentlichen gleichen Inhalts mit dem an den Schweizer Landsrath erstatteten Berichte ist, unsern Blättern nicht einverleiben[1]) zu müssen glauben, ist zuerst ebenfalls in dem Bundesblatte Nr. 61 vom 28. Novbr. 1860, dann auch in Hormeyers Aktenstücke Brasilischer Seite (so eben erschienen) veröffentlicht, also unsere (?) Leser völlig in den Stand gesetzt, unsere Bemerkungen an demselben selbstständig zu prüfen."

Von den wirklichen Erfolgen der deutschen Ansiedelungen in Brasilien für die Angesiedelten selbst, nach der von diesen selbst gegebenen Auskunft.

(Freilich etwas verschieden von denen, welche seit Jahren von dem "Correspondenten über Brasilien in den Hamburger Nachrichten, von dem Rudolstädter Werbeblatt (der A. Ausw.-Ztg.), von den werbetückischen Heften „der geregelten Auswanderung nach Brasilien und deren glänzenden Resultaten" von Dr. Fr. Schmidt und endlich in den „Actenstücken Brasil. Seits" geboten worden sind, welche letztere wohl mit brasilianisch-diplomatischer Suffisance und Lügenhaftigkeit abgefaßt, deßhalb aber nicht minder mit wahrhaftem Blödsinn was die Erfordernisse der Einwanderung betrifft, componirt sind, und zwar von einem wahrhaften Areopag von alten und jungen Hyper- und After-Diplomaten, welche die diplomatischen Cirkel der drei deutschen Haupt-Residenzen und der Bundes-Stadt der Schweiz mit ihrem so bedeutenden Contingente zur europäischen Staatspolitik verstärken!)

Das deutsche Blatt der „Einwanderer", welches in Rio Grande in Brasilien erscheint, giebt eine Reihe trefflicher Artikel über die gegenwärtigen Zustände Brasiliens und über die Einwanderungsfrage, die auch von der „Brasilia" wiedergedruckt und bestätigt worden sind; des Raumes halber können wir leider nur kurze Auszüge daraus machen. Das ihnen vorangestellte Motto ist: „Es giebt eine noch wahrere Geschichte als diejenige, welche man schreibt, um seinem Jahrhundert zu schmeicheln, und diese wird eine andere Sprache sprechen, als die Weihrauchstreuer."

„Die Annahme großen Wohlstandes auf dieser Kolonie ist eine Täuschung. Seit 35 Jahren wird hier mit unsäglicher Anstrengung gearbeitet und ein großer Theil des Landes der Kolonisten ist bereits ausgesogen und theilweise in sehr mittelmäßige Weideplätze umgewandelt, und die meisten zögern bereits mit dem Fällen ihrer Waldstücke, um nicht allzu frühe damit zu Ende zu kommen, da sie wissen, daß ein Grundstück, dem seine ursprünglichen Kräfte entzogen sind, bei der jetzigen Wirthschaftsweise für immer seinen Werth verloren hat. Mit wenigen Ausnahmen sind die nun vor dreißig Jahren eingewanderten Eltern in der Lage, daß sie eine fast ausgenutzte Kolonie mit einem mehr oder

---

enthalt in den Vereinigten Staaten ein in diesen Punkten eben so erfahrener Mann ist, als die Brasilianischen Werbediplomaten in Deutschland trotz ihrer schablonenmäßigen superdiplomatischen Wichtigkeitskrämerei, in allen Dingen, die Brasilien nichts angeben noch etwas frommen können, ahnungslos sind von dem Bedürfnisse eines moralisch erzogenen arbeitenden Mannes. — Es ist dieser Chef der Londoner brasilianischen Gesandtschaft derjenige, von dem der Senator Sinimbu, zuletzt Minister als Präsident von Bahia, vor drei Jahren in seinem Berichte sagte, er erfreue sich bei seinem Plane einer National-Colonie am Rio das Contas (eigentlich nur eine Vertheilung von Land an besitzlose brasilianische Familienväter, die er als über die Maaßen von den Landpotentaten verfolgt und mißbraucht schilderte) der Zustimmung eines der hervorragendsten Brasilianer, „der gegenwärtig die erste Stelle „unsrer Diplomatie in Europa einnimmt, sowie des Beifalls eines unserer Staatsdiener, welcher sich dem Studium der Land- „und Kolonisationsfrage am meisten gewidmet hat", nämlich unsers Ministers in London und unsers General-Consuls in Preußen, von welchen beiden er die schmeichelhaftesten Ermuthigungen zur Gründung einer Kolonie nach diesem Muster erhalten habe.

☞ [1]) Diese Denkschrift ist ja eine Belehrungs-Litanei, und gerade sie hatte allgemein in Deutschland veröffentlicht werden sollen, wenn es sich darum handelte diesem ein treues Bild brasilianischer Zustände zu geben. Wer den Bericht in die National- und Neue Preuß. Ztg. einrücken ließ und zwar zu einer Auslage von 110 bis 120 Thlr. an jede derselben, hat jedenfalls die moralische Verbindlichkeit auch die Denkschrift einrücken zu lassen, wir glauben selbst, er sollte von Polizeiwegen dazu angehalten werden.

weniger erträglichen Wohngebäude und einer großen Anzahl Kinder besitzen. War und ist noch immer die traurigste Epoche die Zeit, wo sie als Fremdlinge in jeder Rücksicht in die hiesigen Urwälder verpflanzt wurden, die Leiden der Acclimatisirung zu erdulden, den Kampf mit der Wildniß und ihren Schrecknissen zu bestehen hatten, um demselben Lebensmittel und Obdach abzuringen, Wohnung und Sicherheit zu erlangen: so kommt jetzt die Zeit, wo diese trüben Erinnerungen täglich an ihnen vorüberziehen, indem es ihnen lange klar sein muß, daß nur einige ihrer Kinder sich auf dem kleinen Grundstücke behelfen können, die übrigen jedoch weiter ziehen müssen. Aber wohin? Geschenkte Kaiserkolonien und Subsidien giebt's nicht mehr, und die Quadratbrassenhändler haben die Preise kürzlich auf eine solche Höhe gebracht, und die Kaufsummen mit hohen Procenten belegt, daß ein Mann ohne Capital ein solches Stück Land nicht anders mehr übernehmen kann als mit der trüben Voraussicht, sein Leben lang ein von Schulden gedrückter Mann zu bleiben. Rohe Kolonien in ziemlich dürftiger Lage stehen schon zu dem Preise von 2, 3, auch 4 Tausend Milreis.[1]) Man kann daher Niemandem mehr zur Einwanderung rathen, ohne Besorgniß, später den Vorwurf zu erhalten, bei solchem Vermögensbestande bliebe man besser in Deutschland, oder wanderte dorthin. Es ist traurig, daß Kolonisten, die 30 Jahre hier arbeiteten, ohne dabei, wie hin und wieder einige, von besonderen Glücksumständen begünstigt zu werden, nicht einmal vermögend genug sind, ihren Kindern ein Stückchen Land geben zu können, auf dem sie sich ernähren könnten. In weit entlegenen Distrikten freilich finden sich noch Grundstücke zu niedrigern Preisen; allein der Absatz und Transport der Früchte ist dort, um nicht den Ausdruck „unmöglich" zu gebrauchen, so schwierig und kostspielig, daß für den Pflanzer zuletzt Nichts übrig bleibt. Ist doch in längst bewohnten Strichen so wenig für Wege und Brücken gethan, daß bei langdauerndem Regenwetter der Verkehr unterbrochen ist. Die Thätigkeit der Kolonisten ist unermüdlich, ja bei den meisten übermäßig, allein beim Verkauf verliert der Pflanzer schon die Hälfte, ein Drittel, ein Viertel oder doch wenigstens ein Sechstel für den Transport in den nächsten Hafen und da er sich beständig in ausländische Stoffe kleiden und auch viele Nahrungsartikel vom Auslande verschaffen muß, die er sämmtlich mit dem vier- und sechsfachen Productionspreise bezahlt, so entziehen diese Rechnungen ihm wieder den weitgrößten Theil seines Erlöses. Nach 30 Jahren Arbeit hat also der Mann sein Leben gefristet, sein Land ausgebeutet, die Kaufmannschaft bereichert und die hohen Einfuhrzölle an den Staat entrichtet, dabei die Ueberzeugung gewonnen, daß die gepriesene Steuerfreiheit eine dicke politische Lüge ist, deren richtige Erklärung heißt, daß der Producent, und also die mit eigener Hand arbeitenden Landbebauer, die größte und höchste Steuerlast zu tragen haben. Der Eingangszoll ist ein sehr löbliches Mittel, die inländische Industrie zu schützen und empor zu bringen, wo aber, wie bei uns, dieser Zweck noch nicht vorliegen kann, ist die weitere Frage, ob diese Einrichtung, welche der Regierung die Mittel zu ihrer Wirksamkeit an die Hand giebt, geeignet ist, eine gleichmäßige und dadurch gerechte Besteuerung herzustellen. In Europa, wo der Grundsatz der gleichmäßigen Besteuerung allenthalben verwaltet, wurde neben der Grund- und Klassensteuer für größere Städte die Schlacht- und Mahlsteuer der Grundsteuer substituirt, und weil die Stadtbehörde die Brod- und Fleischtaxe nach den Getreide- und Schlachtviehpreisen festsetzt, so fällt die Mahl- und Schlachtsteuer nicht, wie die bei uns von der Municipalbehörde eingeführte Sacksteuer auf Mais und Bohnen, auf die Producenten zurück. Da bald in Erwägung kam, daß der Reiche, der in Prachtgebäuden wohnt, sich mehr von Delikatessen als von gewöhnlichem Brode und Fleische, den Nahrungsmitteln des Arbeiter- und Mittelstandes, regalirt, so wurde die Einkommen-, Thüren- und Fenstersteuer eingeführt.

Auch hier zu Lande bedarf der Kapitalist und Kaufmann weit weniger Kleidungsstoffe als der Kolonist, der täglich in Wald und Roça arbeitet; noch weniger aber bedarf der Besitzer von großen Ländereien und vielen Negern. Die Neger werden in grobes meist selbst producirtes Baumwollenzeug gekleidet und sind in dem christlichen Brasilien darauf angewiesen, ihre Luxusartikel sich durch Sonn- und Feiertagsarbeiten zu erwerben. Der Herr selbst, der sich zwar ganz luxuriös in ausländische Stoffe kleidet,[2]) verrichtet jedoch selten schwere Arbeiten und verbraucht also weit weniger als der arme selbstarbeitende Kolonist, der gleichwohl als freier, weißer Mann genöthigt ist, sich anständig zu kleiden. Am wenigsten aber steuern die Besitzer von ungeheuren Landstrichen. Diese nützen dem Lande am wenigsten, indem sie ihre steuerfreien Grundstücke ruhig liegen lassen, bis die Zeiten und Gelegenheiten günstig sind, solche in Kolonien zu den höchsten Preisen zu verwerthen. Was für einen Vortheil gewähren nun Leute dem Staate, wenn sie eine Ländermasse von 60—240 und noch mehr Kolonien seit vielen Jahrzehnten besessen haben, ohne das Geringste zu wirken und zu steuern, und endlich ihre beispielsweise 60 Kolonien zu 120 oder 180 Tausend Milreis an etwa 60 Kolonisten verkaufen, die sie auf Lebenszeit zu armen, schuldenbelasteten Leuten machen, während sie, die Verkäufer, ihre vielen Contos ganz ruhig und ohne die geringsten Abgaben genießen? Die Speculanten in Quadratbrassen, die doch die fabelhaftesten Procente gewinnen, sind ebenfalls steuerfrei. Sobald aber ihre Ländereien in einzelne, halbe oder auch viertel Kolonien an die armen Pflanzer verkauft sind, unterfallen sie der Besteuerung. (!) Dieser Mißstand hindert allen Aufschwung, hemmt die Kolonisation in ihrem Fortschritt und gewährt keineswegs der Regierung die Mittel zu kräftigen Institutionen. — Man könnte diesen Uebeln abhelfen durch Einführung einer allgemeinen, gerechten und gleichmäßigen Besteuerung und Abschaffung der Einfuhrzölle bis zur Zeit, wo inländische Fabriken den Bedarf liefern könnten und durch Zollschutz befördert werden müßten.[3]) Demnächst wäre das Erste: allgemeine Vermessung der Privatgrundstücke auf Kosten der Besitzer behufs Errichtung von Grundsteuer-Rollen.[3]) Daraus würde noch der Vortheil entspringen, daß mehr Sicherheit und Genauigkeit der Besitztitel erzielt würde und eine Unzahl von Grenzstreitigkeiten, Processen und Prellereien unterblieben. Nordamerika war lange Zeit berüchtigt, daß eine Menge von Betrügern die unerfahrenen Auswanderer an sich lockten, ihnen Ländereien zeigten, verkauften, auf zu diesem Zwecke aus ihres Gleichen improvisirte Büreaus führten, Kontracte ausfertigen ließen, die Kaufsummen empfingen, Quittungen ausstellten und dann, wenn die Betrogenen endlich enttäuscht wurden, gänzlich verschwunden waren ꝛc. ☞ Hier zu Lande bedarf es solcher Kunstgriffe nicht, sondern man verkauft und documentirt an öffentlichen Gerichten und Notariaten sowohl an Neulinge als ältere Bewohner, und nach jahrelangem Benutzen wird der Besitzer durch wirkliche oder angeblich ältere Eigenthümer verdrängt; Leute, die Jahre lang auf sogenannten Kaiser-Kolonien gewohnt haben, werden plötzlich mit der Nachricht aufgeschreckt, daß ihre Wohnstätte ein altes Privat-Eigenthum sei, das neuerdings einem Andern in die Hände gefallen sei und von diesem Kolonienweise verkauft werden würde. Das hat schon Manchen zum Verluste seines lebenslänglichen Erwerbes und in die tiefste Armuth gebracht. Ganz unverkennbar würde dadurch das Vertrauen im Auslande, das unsern Haupthebel, die Menschenzufuhr, so sehr behindert, wieder gehoben. Zudem entstünde durch genaue Vermessung eine gründliche Ortskenntniß, wodurch die Anlage von Niederlassungen und Wegen in hohem Maße begünstigt wäre."

Unser Friedensrichteramt wird nun leider als eine ergiebige Geldquelle betrachtet. Da die hohe Behörde den meistens juristisch ungebildeten Friedensrichtern nicht die Befugniß einräumen konnte, wichtige Entscheidungen zu treffen, so wurden Parteien auf arglistige Weise zu Unbedachtsamkeiten und dann durch schändliche Verdrehung zu Vergleichen verleitet, die viele Hunderte, oft Tausende kosteten. Die Talente für Raub und Plünderung, welche sich in dem Revolutionskriege herausgebildet haben, setzen nun das alte Geschäft bei Grenzstreitigkeiten,

---

[1]) Hier finden wir wieder das Landmonopol, und zwar gerade in dieser Provinz ein sehr grosses, unter welchem etliche 280 Familien der Provinz an 1000 Quadratmeilen unter sich theilten und zwar zum großen Theil nach dem Verbot der Landverschenkungen oder der Besitznahme. Ein anderes Mittel als eine Grundsteuer giebt es nicht gegen dieses Uebel, es sei denn Confiscation zu Gunsten der Krone, die jedoch höchst wahrscheinlich eine völlige Agrarrevolution heraufbeschwören würde.

[2]) Das heißt wenn er ausgeht; zu Hause aber oder auf der Pflanzung geht er meist nur im Hemde und in Unterhosen.

[3]) Beides zuerst von dem vormaligen Br. General-Consul Sturz, und zwar schon im Jahre 1838 vorgeschlagen und seit jener Zeit ohne Unterlaß vertheidigt, worüber angebogen einige Beläge. Anderweitige werden noch nachgebracht werden.

Erbtheilungen, Inventarien und Messungen fort. Ein Beispiel: Leute, deren Amtspflicht es erforderte, unsere Brasilianer deutscher Zunge in die National-Garde einzureihen, ließen heimlich Winke fallen, daß man Deutsch-Brasilianer nicht zum Dienste zwingen könne. Dieser Köder lockte. Viele zeigten sich widerspenstig und fielen nun in die gelegte Schlinge, was von manchen mit 100, 200, auch 400 Thlr. gebüßt wurde. In Gerichtssachen könnten wir wirklich eine große Menge haarsträubender Dinge mittheilen. Väter von 5, 6 unerzogenen Kindern werden oft aus Chicane als National-Gardisten auf Monate lang weit ins Innere geschickt u. s. w.

„Durchgreifende Maßregeln zum Gedeihen unseres Landes müssen also eingeführt werden. Nur der Eigennutz, welcher sich schnell bereichern, rücksichtslos eine Beute zusammenschinden will und dann sich im Auslande damit bene zu thun gedenkt, kann am Alten festhalten wollen. Unser Finanzwesen muß sicherlich bald erschöpft werden, und ungeachtet aller Vermehrung der Einwohnerschaft müssen wir zu einer vom Auslande abhängigen Provinz herabsinken. Dazu muß uns endlich der blinde Eigennutz führen, er wird es zwar zuletzt aber zu spät bereuen. Bisher hielten wir zurück mit unsern Aeußerungen, weil wir von dem Wohlwollen und der Einsicht vielvermögender Personen Beihülfe zum Bessern erwarteten. Allein man ließ sorgsame, thätige und edle Männer, wie wir sie bisweilen in höheren Stellen haben, sich nutzlos aufreiben. Wir erkennen immer mehr die Wahrheit der Worte, womit Burmeister die Brasilianer schildert: „Jeder thut was er glaubt ungestraft thun zu können, betrügt, „hintergeht und benutzt den Andern, so gut er nur kann, in der Ueberzeugung, daß keiner auch mit ihm besser verfahre. „Im Allgemeinen hält man den, der diesen Weg nicht einschlägt, für zu dumm und einfältig, ihn gehen zu können u. s. w." Wenn alle Köpfe, die jetzt ihren Scharfsinn auf Betrug, Unterschleif, Schleichhandel u. s. w. sich der Besserung der Industrie, der Agricultur, der Wissenschaft zuwendeten, gewiß würde dies zum Fortschritte führen; zugleich aber würde Moral und Vertrauen unter uns sich befestigen und dem mit Recht mißtrauischen europäischen Publikum imponiren. Bei unserer constitionellen Verfassung hängt aber jede wichtige Umgestaltung von der General-Assemblee ab. Diese muß daher erst aus reinen Elementen gebildet sein. Es kann aber von dieser Eigenschaft so lange nicht gesprochen werden, als Vorfälle wie im verflossenen Jahre eintreten. Sieben Wahlmänner aus einem Municipium haben bei der Deputirten-Wahl ihre Stimmen zu 12 Contos (8000 Thlr.) verkauft, d. h. sechs gaben ihr Stimmrecht à 2 Contos feil und nur der Siebente verschmähte dies! Wer Bestechung anwendet, hat schlimme Absichten, aber wer so viele Contos zu einer Deputirtenstelle verwendet, sucht einen Gewinn, der für den Staat sehr nachtheilig ist."

Der „Correio Mercantil" veröffentlichte am 26. Febr. v. J. einen Artikel, der dem Rudolstädter Werbeblatt gar nicht behagte, denn derselbe sprach „von geldgierigen und grundsatzlosen deutschen Winkelblättern, die im Vereine „mit einem Packe von Betrügern und feilen Lobhudlern die Landbesitzer in Brasilien völlig wirsch gemacht hätten durch „die in diesen angeregte Erwartung von ganzen Horden deutscher Arbeiter und Hörigen auf Staatskosten und die das „Hauptübel für die deutschen Auswanderer nach Brasilien hervorgebracht hätten." Das Rudolstädter Werbeblatt benannte jenen Artikel als gehässig gegen die deutsche Einwanderung, und doch war derselbe darauf berechnet, dieser eine würdigere Stellung anzuweisen; denn gerade jener Artikel war, was nicht oft vorfällt, ungewöhnlich liberal gehalten, wenn auch nur für zeitweilige Oppositions-Zwecke gegen das damalige Ministerium geschrieben. Derselbe gab wenigstens vor, „selbst eine massenhafte Einwanderung, aber auch eine ganz freie, spontane, nicht auf Kosten der einzel„nen besitzlosen Brasilianer zu wünschen; kein verpfändetes, verschriebenes, verschachertes Gesindel wie z. B. die „kaum 2 Jahre zuvor hinüber gebrachten paar Hunderte aus den Potsdamer Arbeitshäusern, und er glaubt, „daß kein gesitteter „Deutscher sich wissentlich dazu hergeben würde, in Brasilien die Stelle eines Negers auszufüllen. Er sagt ferner: „Die Deutschen sollten ihr eigenes Land bebauen können; aber wie die Sachen jetzt ständen, gäbe es gar kein gutes „Land im ganzen Lande mehr, das für freie Einwanderung verwendbar wäre. Es sei daher an ein Gedeihen der „Einwanderer gar nicht zu denken, bis diesem alles zerstörenden Verhältnisse abgeholfen sei."

☞ Obige Wahrheiten von Brasilianern selbst ausgesprochen, paßten dem Herrn Fröbel nicht in seine Pläne; er widersprach ihnen kühn aus seiner Fürstl. Rudolstädtischen Ober-Hofbuchdruckerei.

Da die Rechtspflege in Brasilien so sehr im Argen liegt, wie auch bereits aus vielen Punkten der beiden Berichte des Herrn von Tschudi hervorleuchtet, und wie sich durch die Bras. Zeitungen viel hundertfach im Jahre bestätigt findet, so dürfte von Nutzen sein, hier einige Bemerkungen über das Erziehungswesen, die Facultäten 2c. zu geben, welche erst im September v. J., wie allgemein vermuthet wird von Herrn Dr. von Tschudi der Wiener Zeitung gemacht worden, und von dieser unter den Verhältnissen ihrer beiden Redacteure zu dem brasilianischen Aerar und der Brasilianischen Ehrenquelle mit ungewöhnlicher Offenheit aufgenommen worden sind. Schade nur, daß der Raum die Aufnahme des Ganzen nicht gestattet. Daraus wird sich auch stets die Ursache der zunehmenden Entartung der Rechtspflege und die der politischen Corruption ergeben. „In den 1854 ausgeschriebenen Reformen des Schulwesens hat man sich offenbar übereilt, und obgleich sie sehr unzulänglich sind, die eigene Fähigkeit zur Ausführung derselben bei Weitem überschossen."

„Nehmen Sie nur an z. B. das Gymnasium; es werden da in 7 Jahren nicht weniger als 19 Gegenstände, darunter gleich 7 Sprachen, vorgetragen. Ueber alle diese Gegenstände macht der Zögling nur eine Maturitätsprüfung, ein und dieselbe, ohne Unterschied, ob er sich den Rechtswissenschaften oder der Heilkunde widmet, denn Rio besitzt keine Universität, wohl aber diese zwei Facultäten.

Bei dem Umstande, daß hier Französische Bildung vorherrscht, kann es mich nicht Wunder nehmen, daß man hier so sehr gegen diese eine Schlußprüfung der am Collége Pedro II. studirenden Jugend loszieht; muß doch der Französische Student, wenn er sich den Rechten widmen will, das baccalauréat ès-lettres, wenn er medizinische Studien treiben will, das ès-sciences sich erwerben. Jedoch des Pudels Kern liegt zuverläßlich tiefer: in der oberflächlichen Anleitung, welche die jungen Leute in all den vielen Gegenständen von zumeist selbst nicht gründlichen Lehrern erhalten. Und wie könnte das wieder anders sein, da hier zu Lande keine Lehrerseminarien, geschweige denn eine Normalschule im Sinne der Pariser zu finden ist! Aber halten wir an der einen von allen Parteien zugegebenen Thatsache, der nicht genug gründlich gebildeten Jugend, fest, so muß die Regierung schon um der Unmöglichkeit willen, tüchtige Professoren im Lande zu finden, oder Celebritäten herbeizurufen, billiger Weise entschuldigt werden, wenn viele der bestehenden Einrichtungen ihren besten Absichten nicht entsprechen. Man wünscht z. B. immer eine Universität statt der beiden Fakultäten, aber diese würde noch mehr kosten; daß aber das Budget der medizinischen Fakultät noch immer zu gering ist, scheint eine wahre Bemerkung zu sein. Die Studirenden meiden den beengten Raum des Secirsaales, als wäre er für ihre werthe Gesundheit gefährlich. Das ist so die gangbare Art und Weise, sich über den der Anstalt fehlenden Prosektor zu trösten! Dazu sind die Bibliotheken eben so wenig vollständig als die gelehrten Zeitungen. Doch bedarf es eines Mehreren um den ungenügenden Zustand unserer medizinischen Fakultät zu schildern, als indem ich Ihnen melde, daß die Hörer der letzten Jahrgänge sich in nicht seltenen Fällen damit abfinden lassen müssen, daß man ihnen die in diesem oder jenem Falle anzuwendenden Instrumente vorlegt? Und doch ist dies eine Thatsache. Allerdings zum Studium der Rechtswissenschaften braucht man keinerlei Instrumente; allein sie werden deßhalb um nichts gründlicher betrieben. Der letzte Berichterstatter der Regierung in Angelegenheiten des Unterrichts hat den Stand der Dinge keineswegs beschönigt. Herr Recif klagt bitter über die leichte Art, wie man hier zu Lande den Doktortitel, diese Flagge, die oft sehr schlechte Waare deckt, erwirbt. Es giebt in der That in Rio de Janeiro fast noch mehr P. T. Doktoren als auf irgend einer großen oder kleinen deutschen Universität. Und das ist eine wahre Landesplage! Da alle diese Fische sich nicht in dem trüben Wasser der Prozesse gütlich thun können und es ihrem Eigendünkel anderseits widerstrebt, sich dem Kanzleisache zuzuwenden, so wirft sich der größte Theil von ihnen mit dem Selbstgefühle eines Intriguanten in's politische Leben, in die Tagespresse oder in den Schooß dieser oder jener eben mächtigen Partei, die es auf sich nimmt, den unerfahrenen Demosthenes in spe in die Kammer zu bringen. Ist es dann nicht wirklich ein Unglück, daß so unreife Menschen der Regierung ernstliche Hindernisse bereiten können?

Mit den schönen Künsten ist es nun um nicht viel besser bestellt, als mit den Wissenschaften. Also wieder ein gutes Thema, um mit dem billigen Geschrei nach Reformen Lärm zu machen. Wir haben gleichwohl eine Akademie der bildenden Künste, aber das Volk begreift eigentlich nicht wozu, denn diesem leichtsinnigen, in den üppigen Reizen der sinnlichsten Natur schwelgenden[1]) Brasilianer geht mehr als das Verständniß, das Gefühl für die Kunst ab. Und der Geschmack? Er will auch gleichsam anerzogen werden, wozu bisher nur geringe Anstalten gemacht wurden. Das innere der schönsten Häuser von Rio ist schlichter und schlechter geschmückt als bei uns z. B. irgend ein Pfarrhof dritten Ranges. Der Luxus des Comforts, diese Prachtblüthe der Civilisation, ist hier wie unbekannt. Der Geschmack, zu dem einem Eingeborenen auf theoretischem Wege verholfen würde — falls dies möglich wäre — müßte bald an Mangel an Nahrung zu Grunde gehen. Es gibt hier zu Lande eben so wenig eine Gallerie, als einen Stand einheimischer Künstler, obgleich die Regierung an der Akademie nun schon seit Jahren für nicht viel mehr Schüler nicht weniger als zwölf Lehrgegenstände vortragen läßt. Nun, die Zöglinge sind fleißig in der Straße Ouvidor vor den schönen Auslagen der französischen Kaufleute zu sehen; vielleicht heißt man das hier zu Lande studiren!

Im Unterrichtsfache wären daher zweifelsohne praktische Reformen nicht weniger nothwendig, als in Bezug auf die Leitung der Kolonisationsangelegenheiten. Vereinfachen, verallgemeinern, in diesen zwei Worten sollte die Richtschnur aller neuen Einrichtungen des so wohlmeinenden Gouvernements liegen. Ich möchte aber auf die Gefahr hin, von Ihnen zu den versteckten Feinden der Aufklärung gezählt zu werden, sogar behaupten, daß alle Fragen der inneren Angelegenheiten für den Augenblick, ja noch für Jahre nicht entfernt von der Wichtigkeit praktischer Erfolge auf dem Gebiete der Kolonisation sind."

Was die Erbschafts-Verwaltung in Brasilien anlangt, wollen wir hier nur den einzigen Umstand anführen, daß von 4835 Testamenten, welche von 1809 bis 1858 inclusive in dem Municipium von Rio de Janeiro, das die Hauptstadt des Reiches, die gesetzgebende Versammlung und die höchsten Gerichtshöfe in sich schließt, einregistrirt worden waren, bis zum 31. December letzteren Jahres nur 883 geordnet worden waren, und unter diesen eine große Zahl, nachdem die bezüglichen Erben in erster und großen Theils auch schon in zweiter Instanz schon seit Jahrzehnten begraben waren! — Wer es nicht glauben sollte, kann sich Versicherung darüber aus der Tabelle holen, welche dem Jahresberichte des Justiz-Ministers von 1860 an die Kammern beigegeben ist.

Um diese Mittheilungen und die ernsten Betrachtungen, die sie voraussichtlich in manchem guten Deutschen über die Zukunft der deutschen Auswanderung und was daran hängt, und über die Anerkennung deutschen Fleißes, aber auch über die Wahrung deutscher National-Würde in Brasilien erwecken dürften, mit einigen leichteren Eindrücken zu schließen, folge hier nur noch der letzte Theil einer höchst instructiven Ansprache aus Brasilien, welche Dr. F. in Merenda, in Minas Geraes, im Jahr 1857 an seine Landsleute in Schlesien durch die Vermittelung des Breslauer Vereins zum Schutze der Auswanderer gemacht, und welche von diesem pflichtmäßig veröffentlicht worden war. Bei dieser Gelegenheit sei diesem Vereine das verdiente Lob gespendet für seine ehrliche Wirksamkeit bis zum Tage seiner öffentlich verkündeten Auflösung (vor circa 2 Jahren wegen Mangel an Theilnahme), und dafür, daß er nicht gleich einem andern, vormals wohlthätig wirkendem großen Vereine zu ähnlichem Zwecke, fast ein halbes Jahrzehnt vor seinem spurlosen Verschwinden völlig verstummt war, der auf diese Weise mehr zu einem Irrlichte für den rathsbedürftigen Auswanderer, als zu einem leitenden Lichte, ja gerade zu einem Leuchtthurme auf gefährlichen Klippen mit ausgelöschtem Feuer wurde. Wie sonst hätte das Alles mit Deutschen in Brasilien geschehen können, was geschehen ist? Schließlich sei hier noch mit aller Achtung der stets zunehmenden wohlthätigen Wirksamkeit des Vereins für gleichen Zweck in Frankfurt a. M. erwähnt, der heute noch so arbeitslustig wie am Tage seiner Entstehung mit dreifach größerer Mitgliederzahl als in den beiden ersten Jahren, gedeihlich fortwirkt, ohne von der eigenen oder auch von anderen Regierungen oder Ländern subsidiirt zu sein, getrost im Bewußtsein, nach seinem besten Gewissen und Kräften zu handeln.

„Die Brasilianer fast aller Stände sind artig, zuvorkommend, unzuverläßig, mehr oder weniger träge und ehrsüchtig. Fast nie trifft man einen Säufer und Fresser unter ihnen; eigentliche Diebe giebt es fast gar nicht, Spitzbuben sind gar viele und Straßenräuber giebt es in ganz Brasilien nicht. Man kann allein und unbewaffnet durch das ganze Land reiten, bei offenen Thüren schlafen, und darf nur befürchten, aus Eifersucht und wegen Grenzstreitigkeiten ermordet zu werden. Bei Geschäften jeglicher Art wird man betrogen, wenn man sich nicht versieht. Auf der andern Seite sind sie höchst gefällig und zuweilen selbst freigebig. Die Gastfreundschaft im Innern ist groß, und wer darauf ausginge, könnte sich wochenlang bei dem ersten besten Grundbesitzer einquartiren, ohne hinausgeworfen zu werden. Alle sind leidenschaftliche Spieler (Landsknecht, Dreikart, Solo, L'hombre), spielen um sehr hohe Preise und machen sich gar kein Gewissen daraus, dem Glück oder Zufall gelegentlich Vorschriften zu machen. Ein Fremder, der sich mit ihnen einläßt, kann in einer Sitzung ungeheuere Summen verlieren. Außer dem Spiel giebt es auch Bälle, auf denen leider der langweilige Centre-Tanz die Nationaltänze ganz verdrängt hat. Sonstige Vergnügen hat man nicht, wenn man nicht etwa die Sonntags-Messe dazu rechnet, denn im Allgemeinen geht der Brasilianer hujusque generis nur in die Kirche um sich zu unterhalten, was selbst während des Hochamts mit der größten Ungenirtheit unter Hundegebell und Kindergeschrei geschieht, denn hier geht Alles in die Kirche, sogar um dort Geschäfte abzumachen. — Ich glaube, daß diese Bemerkungen mehr oder weniger ein Bild von den hiesigen Menschen geben.

Was nun das Leben anbetrifft, so kann man das mit wenigen Worten skizziren. Wo der Europäer geht, da reitet der Brasilianer. Wo ersterer steht, setzt sich letzterer, und wo jener sich setzt, legt sich dieser. Deshalb ist es, namentlich auf dem Lande, ganz üblich, daß man einen Besuchenden, statt zum Sitzen, zum Liegen nöthigt. Ich leugne nicht, daß das zuweilen sein Angenehmes hat, denn man braucht nur die Augen zu schließen, um langweiligen Unterhaltungen zu entgehen und keiner nimmt das übel. Die Handwerker sind hier sehr schlecht, und arbeiten obenein mit schlechtem Material. Bei alledem haben Schneider und Schuster einen gewissen Eleganz-Instinkt, der sie weit führen könnte, wenn sie Anleitung und Lust hätten. Maurer, Zimmerleute, Tischler, Schmiede, Schlosser haben keine Ahnung von dem, was sie leisten sollen. Der Ackerbau und die Viehzucht werden auf die roheste Weise betrieben.

„Man macht gegenwärtig in verschiedenen Zeitschriften viel Aufhebens von dem Glück, das den deutschen Auswan-
„derer in Brasilien erwartet. Wir sind aber überzeugt, daß fast alle, die ein solches Glück verheißen, entweder das Land gar
„nicht kennen, oder ein unmittelbares und nicht ganz lauteres Interesse haben, so zu handeln. Selbst wenn sie das
„Land kennen, so geht aus dem, was sie schreiben, klar hervor, daß sie **die Leute** nicht kennen. Der Gesandte der k. preuß.
„Regierung in Brasilien, Hr. Löwenhagen, erlangte vor der Eröffnung der vorjährigen (1856) Kammern, ganz bestimmte
„Versprechungen, daß das intolerante Gesetz, welches die von protestantischen Predigern geschlossenen Ehen mit
„dem Namen von Concubinaten belegt, abgeschafft werden sollte. Die Kammer ist geschlossen worden, und es ist
„gar nicht einmal die Rede von dieser Angelegenheit gewesen, und die aus solcher Ehe entsprossenen
„Kinder fahren fort, als natürliche und ohne Erbschaftsrechte betrachtet zu werden. — Wenn ein Protestant
„sich mit einer Katholikin, selbst vor einem katholischen Prediger verheirathen will, so kostet das eine so ungeheure Summe,
„daß ärmere Leute sie gar nicht zahlen können.[2]) — Man pflegt Euch Deutschen gewöhnlich zu sagen: Brasilien ist ein

---

[1]) Wenn der Hr. Verfasser unter „schwelgen" einen geistigen Genuß der Natur bezeichnen will, so befände er sich im Widerspruch mit allen europäischen Reisenden in Brasilien, denn die Befähigung dazu, bei den südlichen Nationen ohnehin schwach vertreten, geht dem Brasilianer wie den meisten Süd-Amerikanern vollständig ab, und vermindert die Annehmlichkeiten des Lebens auch für die, so mit ihnen leben müssen, ganz außerordentlich, und macht auch diese nur zu leicht zur Beute niedriger Leidenschaften, worunter auch das Hazardspiel, welches die Ruhe der meisten Familien zerstört

[2]) Eine solche Heirath kann dort übrigens gar nicht vor sich gehen, und findet auch nie statt, ohne daß der amtirende

„freies Land, und seine herrliche Constitution sichert Leib, Eigenthum und geistige Freiheit. Ja! die Constitution thut das. Hat aber die Regierung Willen und Macht, dieselbe aufrecht zu erhalten? Hat man jemals einen reichen Mörder hängen sehen? Mit dem Eigenthum geht es nicht besser. Habt z. B. eine Besitzung, die Ihr mit Eurem Fleiße und Eurer Einsicht so bebaut habt, daß sie das Gelüste eines reichen Nachbars erregt. Er wird zu Euch kommen und sie um einen Spottpreis kaufen wollen. Verkauft Ihr sie, so thut Ihr es mit großem Verlust, wo nicht, findet Ihr am andern Tage Eure Pflanzen von des Nachbars Vieh niedergetreten, Eure Fruchtbäume von den Negern ausgerissen u. s. f., bis Ihr Haus und Hof verlassen und Gott danken müßt, mit heiler Haut davon zu kommen. Geht hin und klagt. Wer will Euch Zeuge sein, um sich nachher den Mißhandlungen der Mächtigen auszusetzen, und ohne Zeugen giebts kein Recht! — Das ist die Eigenthumssicherheit für den Unbemittelten. — Die geistige und politische Freiheit steht auch im Gesetz. Geht aber hin und wählt andere Vertreter als Euch der Subdelegado (Polizeidirector) vorschreibt. Ohne Umstände wird er Euch unter dem Vorwande irgend eines beliebigen gerichtlichen Verhörs ins Gefängniß stecken und so lange dort sitzen lassen, wie es ihm gefällt. — Was den Landverkauf anbetrifft, so bemerke ich, daß in den Ländereien, die die Regierung verkauft, auf viele Meilen hin weit und breit weder ein bewohnter Ort, noch ein Fußpfad, auf dem ein Mensch gehen könnte, sich findet. Es liest sich recht schön, wenn da steht, wie man in den prachtvollen Urwäldern spazieren geht, in der That kann man aber nicht einmal darin spazieren kriechen oder spazieren klettern, ohne ein tüchtigen Waldmesser oder Beil in der Hand zu haben und sich damit Bahn zu brechen; denn so dicht ist das Lianengestrüppe an den meisten Stellen, daß man auf drei Schritte vor sich einen Tiger oder Indianer nicht sehen würde ꝛc. ꝛc.

Schwindelei oder keine? Gilt deutsches Bundesrecht in Hamburg oder gilt es nicht?

Aus dem im Jahre 1859 von dem Hamburger Niedergerichte abgegebenen Urtheil in einem Injurienprozesse des Auswanderungs-Agenten Valentin gegen W. Hühn u. Co. in Hamburg ergiebt sich außer der Zurückweisung der Klage wegen „Schwindelei“ in Bezug auf „unbefugte Werbung in Tyrol von Auswanderern für die Mucury-Compagnie in Brasilien“, für welche das genannnte Haus die alleinige Agentschaft zu haben glaubte und deßhalb jeden andern Betrieb von Werbungen mit gleicher Bestimmung als Schwindelei bezeichnete, nachdem der bras. General-Consul Lucio Corrêa auf die ihm eigens desfalls gestellte Anfrage erklärt hatte: daß er von keinem andern Agenten für die Mucury-Compagnie wisse, während dem besagter Valentin zu jener Zeit auf Grund einer von diesem Consul Corrêa eigenhändig contrasignirten und amtlich gesiegelten Vollmacht gerade für die Mucury-Compagnie warb und daß, der Ansicht des Niedergerichts nach, der bras. General-Consul bei den genannten Anwerbungen einte geschäftliche Vermittelung übernommen habe, wie das früher bei Anwerbungen für die Parceria- oder Halbpacht-Colonien ebenfalls der Fall war, obwohl nach dem deutschen Bundesrecht es den Gesandten und Consuln fremder Staaten in Deutschland nicht erlaubt ist, mittelbar oder unmittelbar auf die Auswanderung in Deutschland zu wirken.“

Ueber die Wirkung der Tropenländer auf die Europäer und um den nothwendigen Abschluß einer wichtigen Streitfrage über dessen dauerhafte Arbeitsfähigkeit in denselben besonders im Ackerbau ohne physische und geistige Einbuße, können wir uns nicht versagen, aus einem mit vieler wirklich diplomatischer Umsicht geschriebenen Aufsatze, „Besuch eines deutschen Herzogs in der Argentina“ (im Auslande von 1859), eine Passage zu entnehmen, welche die Wahrheit der Worte Goethe's: „Es läßt sich nicht ungestraft unter Palmen wandeln,“ recht schlagend veranschaulicht. Wenn schon jene Worte nur auf Müssiggänger angewandt waren und auf das gemäßigte Klima Italiens, mit wie viel mehr Recht passen sie nicht auf den Bebauer des Bodens eines glühend heißen Himmelsstrichs?

„In den Ländern eines zwar schönen, aber zugleich weichen und erschlaffenden Klima's, dessen 9 Monate langer feuchter Sommer den Flug der Einbildungskraft und die Schärfe des Gedächtnisses lähmt, fehlt der Nerv **nordischer Kraft** und die Strenge nie ermüdender **nordischer Ordnung**; der Schönheit des Südens fehlt wie in Europa, so auch in Amerika die Kraft des Nordens. Der Mensch wird sich nie den Einwirkungen entziehen können, welche Klima und Bodenbeschaffenheit auf ihn ausüben; nur Schwärmer und Nichtkenner amerikanischer Zustände können sich ernstlich mit der Idee beschäftigen, durch massenhafte Auswanderung in die südliche Welt des Colombus neue Deutschländer zu gründen.“

Zu diesen Schwärmern gehört wohl auch Herr v. Tschudi, denn er scheint seine bereits vor einigen Jahren in Briefen von Brasilien aus an die Augsb. Allg. Ztg. ausgesprochenen Ansichten von Anschmiegbarkeit der nordischen Konstitution an ein tropisches Klima auch in seinen Kolonisationsplänen in S. Paulo getreu geblieben zu sein und diese demnach von seinem speciellen Standpunkte als Zoologe gerechtfertigt zu halten. Jedoch selbst wenige Thierarten ertragen derlei Wechsel, und es scheint uns bei dem Menschen mehr auf das Geistige als auf das Physische anzukommen, und ersteres wäre sicherlich in keinem tropischen Lande, auch nicht in einem solchen das frei wäre von Sklaverei oder faulen Proletarien, selbst wenn der Deutsche dort körperlich vollkommen gediehe, in Vollkommenheit erreichbar, weil es ihm an allen Mitteln der Geistespflege fehlte, die in kälteren Klimas durch die Strenge des Winters und durch die so erzwungene Zucht und Thätigkeit und vornehmlich vermittelst der durch diese hervorgebrachten Hülfsquellen, hauptsächlich in Erziehung und in Büchern bestehend, gebricht.

Die Regierung und die Kolonisation.

Im September 1857 wurde den Kammern zu Rio und allen 35 in Rio accreditirten Gesandten und Consuln eine 64 Seiten lange Denkschrift in portugiesischer Sprache unter obiger Ueberschrift überreicht, begleitet von dem unten wiedergegebenen Briefe des Verfassers Graf Radwadowski, vorm. österreichischen Ingenieur-Hauptmann und

---

Geistliche, der, wenn auch erkannten Protestanten in sein Kirchenbuch als Katholiken einträgt, und ohne daß der Bräutigam zwei Zeugen bringe, welche eidlich deponiren, daß er zur römisch-katholischen Kirche gehört, in welcher denn auch die Kinder getauft werden müssen. Wohl hätte der Bras. ausserord. Gesandte und bev. Minister dahier schon längst die ihm wiederholt hierüber öffentlich gestellten Fragen auch öffentlich beantwortet haben sollen, um so mehr, als er selbst als Brasilianischer Römischer Katholik mit einer deutschen Protestantin verheirathet ist, und sowohl in gemischter Ehe Verheirathete, als besonders protestantische Ehepaare in eigener Person als Parceria-Kolonisten angeworben und deren Skrupel über die Vollständigkeit ihrer confessionellen Berechtigungen durch die entschiedensten Versicherungen beseitigt hatte, die aber dennoch falsch waren und allein schon die armen Menschen um ihr häusliches Glück brachten! Jedenfalls wird der gegenwärtige Herr Vice-Consul für Stettin, Behrend, die Wahrheit der obigen Erfordernisse bei Mischehen in Brasilien in so fern bestätigen können, als dessen Verwandter oder doch Bruder seines Associés, Hr. A. Schmidt, Pflanzer in Brasilien (wir wollen hoffen, ohne Parceria-Kolonisten!) mit einer Brasilianerin verheirathet ist, und sicherlich auf keine andere Weise copulirt werden konnte, als auf die oben bezeichnete und mit der Verbindlichkeit, seine Kinder in der römisch-katholischen und ja nicht in der deutsch-katholischen, noch weniger aber in der evangelischen Kirche erziehen zu lassen; ausser es hätte sich Hr. Ad. Schmidt einen Dispens vom Papst zu erwirken gewusst, und in diesem Falle wäre es recht interessant zu erfahren, wie viel Zeit und welche Summe Geldes dazu erforderlich war, die wohl ein Pflanzer selbst dafür aufbringen konnte, aber nicht ein Kaffeepflücker eines Pflanzers, der nur die Stelle eines Negers vertritt. Eine nicht unwichtige Erklärung des Hrn. S. folgt hierbei.

naturalisirtem brasilianischem Bürger und Officier der deutsch-brasilianischen Legion vom Jahre 1851. Diese Denkschrift bekräftigt fast unglaubliche Facta mit unwidersprechlichen Belegen besonders über die schmähliche Führung der Regierungsgeschäfte in *militärischen* Angelegenheiten und in dem Departement der *Staatsländereien*. Darauf erfolgte keinerlei Widerlegung und man schwieg sie einfach, wie immer in solcherlei Fällen, todt. Sie beschreibt Zustände, die völlig unverändert geblieben, ja in vielen Fällen noch *schlimmer* geworden sind, und ist ein nicht zu übersehendes Document in der Colonisations-Geschichte Brasiliens, und das um so mehr, als es bei der auffallend öffentlichen Verbreitungsweise derselben und selbst Veröffentlichung im Jornal do Commercio, begleitet von einem so scharfen Briefe des Verfassers an die Redaction, dessen Schlußtheil wir hier nur geben können, der *Gesammt*-Regierung, wie natürlich auch dem Kaiser nicht unbekannt bleiben konnte. (Siehe auch im Anhang das *französische* Circular.)

In seiner an Se. Maj. den Kaiser selbst gerichteten Vorstellung begründet der Verfasser, der als General-Stabs-Officier bei der deutschen Legion engagirt worden war, seine Behauptung, daß es der brasil. Regierung gar nicht darum zu thun war, das Talent der Officiere oder überhaupt auch nur die Kraft der deutschen Mannschaften zu benutzen, sondern nur darum, sie als bloßes Scheuchbild in der Krisis mit Rosas zu gebrauchen. Er zeigt, daß der Generalstab der bras. Armee noch gar nicht organisirt ist, daß die Officiere der Armee keine theoretische Bildung haben und noch weniger practische Uebung in den strategischen Bewegungen eines Observations-Corps; daß das Militär-Geniewesen in dem Heere in der That gar nicht gekannt sei; daß besonders in den Provinzen die militärischen Arbeiten der Laune und der Unwissenheit anheimgegeben seien; daß weder eine Centralisation noch festes Personal in der Direction und Leitung der Rechnungsführung, noch auch eine Kritik der Besserungsvorschläge, wenn solche je gemacht würden, bestehe, während die Annahme der letzteren stets von Personen abhinge, die wegen ihrer Unkenntniß in militärischen und technischen Sachen gar kein Wort dabei mitzureden haben sollten, so daß oft Arbeiten von großen Kosten ohne allen Vorbedacht mit der größten Unbedenklichkeit in Angriff genommen würden, ohne alle Begründung durch Zahlen weder der Dimensionen oder der Preise u. s. w. Aus diesem traurigen Zustande der Dinge folgt die gänzliche Verschleppung des größten Theiles der Gelder ohne den mindesten Nutzen, und daß auch nicht ein einziges Gebäude *im ganzen Reich* besteht, das für das Personal oder auch nur für das Material des Heeres geeignet wäre, ja kein einziges zur Landesvertheidigung geeignetes Fort. Auch nicht eines. „So erstaunlich ist alles dieses, daß man nur vermuthen muß, daß dieser anormale Zustand der Kenntniß E. Maj. gänzlich vorenthalten blieb. Deßhalb ist aber auch zu befürchten, daß Jene, welche dieses alles E. M. in ganz anderen Farben und selbst in Rosenfarben beschrieben haben könnten, meine Darstellung als verwegen, lügenhaft oder wenigstens als sehr übertrieben bezeichnen werden. Um dieser Anklage *zuvorzukommen*, füge ich zugleich Einzelheiten über den gegenwärtigen Zustand der Festungen bei." (Giebt sie hier) — und sagt weiter: „Es giebt auch nicht eine Festung im ganzen Land, trotz des Namens, den man ihnen beilegt, die auch nur den plötzlichen Angriff eines Rädelsführers, vielweniger eines wohl organisirten Feindes aushalten würde, noch weniger eine nur kurze Belagerung. Und wie steht es bei allem diesem mit der *politischen Organisation* oder mit der *administrativen* und mit der *socialen*? Kann man sich die Augen gegen die Parteien verschließen, welche weder beseitigt noch auch versöhnt sind, oder über die Verirrungen der Verwaltung, welche über sich selbst den Stab bricht durch die Anpreisungen, welche sie sich selbst in Europa (z. B. bei Reybaud 2c.) zu so hohen Preisen erkauft und deren Uebertreibungen für sie nur zum grassen Tadel werden. Und die *Racen-Verschiedenheit* im Reiche? Sollte man wohl unterlassen haben, E. Maj. einen wenn auch nur schwachen Einblick in diesen Zustand der Dinge und in die Folgen der Knechtung *einer Hälfte* der Bevölkerung dieses Landes durch die andere zu geben, und hatte man es vielleicht erscheinen gemacht, als lägen darin Garantien für eine unerschöpfliche Harmonie und für solche Ruhe und Stabilität als von jeder Fürsorge für Sicherheitsmaßregeln befreiten. Niemand, mein Herr und Kaiser, wird sich dazu erkühnt haben!" — Hierauf geht er in Beispiele von Verschleppungen von Geldern mit *angeblichen* Brücken- und Kasernenbauten 2c. ein und zeigt, wie man den Ausländer, „*selbst den naturalisirten*, nachdem er etwas angefangen, jedesmal *wegbeißt*, um die Sache selbst durchzusetzen, in der That aber nur das Geld einsteckt und das Unternehmen zu Grunde gehen läßt", kritisirt die lügenhaften und „*burlesken*" Berichte einiger Präsidenten über Festungsbauten und *Entdeckungen* von neuen Strömen (!) und über Vorbereitungen für Kolonisten durch imaginäre Landvermessungen; beschreibt den mit den Indianern getriebenen grausamen Mißbrauch und die ihm selbst bereiteten Chicanen und führt eine Reihe von ähnlichen, viel größeren Verfolgungen, als die ihm selbst widerfahrenen auf, die Ausländer erlitten haben, welche von Europa gekommen waren, um Brasilien zu dienen, als z. B. General Labatut, dem Befreier Bahias, der aus Armuth seine gerechte Forderung an den Staat für rückständigen Sold auf der Börse für ein *Weniges* verkaufen mußte; den Feldmarschall Braun[1]), den Eroberer von Montevideo, der 20 Jahre lang vergebens um die Erfüllung seines Contractes mit der Regierung anhielt. Dann die *vielen* Offiziere, die *trotz* ihrer *Offiziers-Patente* durch das arbiträre Gesetz von 1831 aller ihrer Rechte beraubt und ohne irgend welche Entschädigung entlassen worden waren, obgleich unter denselben viele Männer von Verdienst waren, als z. B. Major Otto Heiße, Oberst-Lieut. Bloem, die durch diesen Undank zum Selbstmorde getrieben wurden, Baron Suckow, ein ausgezeichneter Cavallerie-Offizier, der einen Pferdeleihstall etabliren und Baron von Schneeburg, ein ausgezeichneter Militär-Ingenieur, der Privatlehrer werden mußte; dann die Hunderte von „*Kolonisten*", die im Jahre 1837 gleich Galeeren-Sklaven in Para aufgerieben wurden und jene Hunderte, die im Jahre 1828, weil sie durch Nichthaltung ihrer Contracte in Rebellion ausbrachen, von der aus dem Arsenale mit Waffen versehenen Plebs in der Kaserne von Santa Anna massacrirt worden sind. Dann die von der deutschen Legion, die 1825 in Santa Catharina aufgelöst wurde, wo man ihnen, obgleich dort baar Geld *genug* verhanden war, Anweisungen für ihren rückständigen Sold auf Rio gab, die nicht bezahlt und von Niemand discontirt wurden, weßhalb viele davon Hungers starben!

Dann die Behandlung des Lord Cochrane![2]) Dann die des Oberst.-Lt. von Seweloh,[3]) der, nachdem er *zweimal* aus Europa gerufen worden war, um Gränzbestimmungen am Amazonen-Strom zu machen, plötzlich entlassen wurde, weil er „*Ausländer*" sei; und der sich nun als Privatprofessor ernähren muß, „während er doch schon dem Erlauchten Vater Euer Majestät mit Ehren gedient hatte; dessen *Lebensgeschichte* aber *niedergeschrieben* ist." Noch von vielen Andern spricht er; und auch von Herrn G. S. Kerst, der als tückisch Angeklagter wegen Theilnahme an einer erdichteten Verschwörung ohne alle Procedur fast ein Jahr in Ketten eingekerkert gehalten, und dann ohne alle Satisfaction frei gelassen wurde. — Indem er noch etliche 25 Offiziere der letzten deutschen Legion aufzählt, von welchen „kein einziger die ihm gebührende Aufnahme im kaiserlichen Heere erhalten hätte", glaubt er als der einzige Uebrigbleibende die Aufmerksamkeit S. M. des Kaisers desto mehr beanspruchen zu dürfen, als die Lösung seiner Lage mit einem Male den Beweis ergeben würde, ob der Ausländer, der sich dem Dienste Brasiliens widmet, *für immer auf Undankbarkeit* für seine Leistungen rechnen muß, oder ob von nun an derlei traurige Erfahrungen nicht mehr erneuert werden sollen; und ob man wird glauben dürfen, daß der Europäer, der zum Dienste dieses Landes gerufen wird, eine franke aufrichtige Theilnahme genießen wird; ob seine Dienste nicht fernerhin noch *unanerkannt* und *verkleinert*, und *systematisch* ignorirt werden, bloß weil er ein „Ausländ.r" ist; ob er zur Arbeit, für die er gerufen wurde, zugelassen werden wird; ob man ihm eine Stellung einräumen wird, die seiner Profession und seinen Kenntnissen angemessen ist; und ob endlich die in den Journalen dieses Landes so gerühmte Gastfreundschaft, die Denen, *die sie nicht brauchen*, mit so viel Stolz angeboten wird, wirklich für jene existirt, welche sie beanspruchen; und ob man von nun an gerecht sein will auch *gegen einen Ausländer* u. s. w. Wir wissen nicht, welche Folge diese Eingabe hatte; es scheint jedoch aus den beikommenden französischen Circular-Briefen, die 7 Monate später ausgegeben wurden als die Eingabe, welche vom 28. Februar 1857 datirt ist, daß sie keine günstige war; was auch daraus zu schließen ist, daß schon geraume Zeit eine Gräfin Rozwadowska als Sängerin auf der Bühne von Rio de Janeiro aufgetreten ist.

[1]—[3]) General *Braun*, Lord *Cochrane* und Oberst-Lieut. v. *Seweloh* siehe im Anhang.

und zwar als eine sehr beliebte. Zu bemerken bleibt nur noch, daß der Graf allgemein als ein vorzüglicher Militair und Ingenieur und sehr thätiger Arbeiter angesehen wird.

In obigem Memoire ist documentarisch nachgewiesen, daß man dem Pastor Friedrich Sauerbronn von Novo Friburgo die ihm contractlich zugesicherten 2000 Fl. pro Jahr mit 200 Mil R. = 144 Thlr. bezahlt, nachdem man ihm den Contract amtlich als Belege eingefordert und unterschlagen hatte, ohne auf irgend eine Ersatzmethode desselben, die so leicht wäre, einzugehen! — „Eine wirklich unglaubliche Unverschämtheit und amtliche Dieberei, „wie der Graf sagt; und desto empörender bei den asiatischen Lobeserhebungen der gemietheten Lobhudler mit Reybaud „an deren Spitze."

Das Eigenthümliche in dem bisherigen Brasilianischen Colonisations-Systeme ist, daß die recht eigentlichen Widersacher aller freien Einwanderung die Leiter desselben sind, und nicht nur alle dazu bestimmten Gelder unter sich und ihre Agenten vertheilen, sondern sich auch der Verwendung der Kronländer, deren Bestehen sie selbst an den dazu geeigneten Punkten, und zwar wohlbegründeter Weise, bestreiten, auf das hartnäckigste widersetzen. Sie wollen die Colonisten bloß auf ihre Länder gebracht wissen.

So sagte Vergueiro selbst erst noch vor 2 Jahren, kurz vor seinem Tode: „Alles gute Land, das des Nehmens werth gewesen, sei bis weit ins Innere vergriffen; nur werthloses Land sei noch übrig." Zwar antwortete ihm damals der energische Senator Chaves: „Die Pflanzungen Vergueiro's seien nur Zuchthäuser für deutsche Colo„nisten. Das Parceria-System sei erniedrigend und hoffnungslos für die Einwanderer, und wenn auch ein„zelne Menschen sich damit zufrieden erklärten und sich überreden ließen, Briefe in diesem Sinne nach Hause zu schrei„ben, so geschähe dies doch nur aus Dummheit und Characterlosigkeit." In derselben Discussion, sei nebenher bemerkt, stellte einer der Herren Senatoren, trotz der in dem jährlichen Berichte des Justizministers angezeigten 800 Morde, von deren Thätern wohl kaum der fünfte Theil gerichtlich verfolgt worden war, die Behauptung auf: „Brasiliens Moral „halte den Vergleich aus mit der des hochgebildetsten Landes Europa's, und begründete darauf seinen Antrag noch eine „weitere größtmögliche Zahl von Kapuzinern aus Italien herüberbringen zu lassen, um diese Bildungsstufe bewahren zu „können;" jedoch fehlte es in derselben Sitzung auch nicht an einer Cassandra-Stimme, die ausrief: „Wir steuern mit „aller Macht einer Revolution zu! Unser Land, statt civilisirt zu werden, barbarisirt sich!"

Bei einer andern Gelegenheit sagte der Minister-Präsident: Die Regierung könne sich noch nicht weder für noch gegen das Parceria-System aussprechen; glaube aber doch, daß Letzteres als eine heilsame Uebergangs-Maaßregel angesehen werden dürfe; besonders bei gewissen Vorsichtsmaaßregeln, deren Nichtbeachtung (schon weil deren gar keine existirten) das Nichtgelingen einiger so gemachten Unternehmungen zuzuschreiben sei. Die Regierung halte es gerade nicht für angemessen, Leute kommen zu lassen, um sie selbst unter die Pflanzer zu vertheilen; doch könnte leicht der Fall eintreten, daß sie auch dieses Mittel noch versuche. Sie zöge jedoch vor, daß sich die Pflanzer die Leute zu ihren eigenen Bedingungen kommen ließen. Alle Mittel könnten jedoch nur als Palliative dienen, so lange nicht die Vermessung und der Verkauf von Land stattgefunden habe. Dieses sei aber schwierig, da die Lage des Staatslandes noch nicht bestimmt sei. Die ersten Versuchs-Colonien müßten jedenfalls in den Grenz-Provinzen angelegt werden. Die Gründe, sich zuerst die Herstellung neuer Niederlassungen in diesen angelegen sein zu lassen, seien selbsteinleuchtend. (Er sprach sie nicht aus. Diese sind jedoch: Grenzschutz, Abhalten der Indianer, und Entfernung der vom Auslande herbeikommenden „Fremden.")

Nach dieser Erklärung trat sogar ein den Ausländern wenig holder Senator auf, und protestirte gegen die Nothwendigkeit der Einwanderung überhaupt auf Grund der ungewöhnlichen Anzahl von Selbstmorden in der Hauptstadt, die dem Mangel an Arbeit zuzuschreiben seien. „Die Regierung solle vielmehr Beschäftigung schaffen."

Im Jahre 1857 sagte der Minister des Auswärtigen auf eine Interpellation: „Mit Preußen sei keine Uebereinkunft über Auswanderung und die möglicher Weise aus dem droit d'aubaine, dem census emigrationis, welche das jus detractionis bildeten, entspringenden Fälle nöthig. Preußen behalte sich nur das Recht von Repressalien gegen solche Länder vor, in welchen dergleichen Maaßregeln noch in Kraft bestehen. Uebrigens würde die Regierung hierauf bezügliche Uebereinkünfte mit den kleinen Staaten Deutschlands zu bewerkstelligen suchen."[1])

„Die Regierung selbst sehe die Schwierigkeiten ein, mit denen sie in der Colonisation zu kämpfen habe. Vor Allem sei es nothwendig, die ungerechte Meinung zu zerstören, welche übelgesinnte Personen gegen uns in Deutschland verbreitet haben: Meinungen, welche sich in Gesellschaften, im Journalismus und bei den Regierungen selbst geltend gemacht haben. „Glücklicherweise sind wir auf dem Wege, ein zufriedenstellendes Ziel zu erreichen."

Wohl accreditirte Blätter schreiben heute schon wieder zu Gunsten der Auswanderung nach Brasilien. Männer der Wissenschaft, Männer, die im deutschen Journalismus hoch stehen, beschäftigen sich damit, in interessanten Artikeln die Verläumdungen zu bekämpfen, welche über das Schicksal der Auswanderer nach Brasilien verbreitet worden: und deshalb dürfen wir glauben, und Alles berechtigt uns, zu erwarten, daß dieses Hinderniß beseitigt werden wird."

„Es walten noch andere Umstände ob, welche dazu beitragen, die Auswanderungen zu uns aufzuhalten; z. B. die Höhe des Passagiergeldes im Vergleich zu N.-Amerika, die wir durch Prämien auszugleichen suchen müssen; und noch einige andere Gründe, deren Auseinandersetzung an **dieser** Stelle das Hohe Haus mir erlassen wird."

☛ Was nun obige Verwendung der deutschen Presse anbelangt, so wurde bald darauf dem Hause die officielle Mittheilung gemacht, daß „bereits 14 deutsche Blätter in diesem Sinne gesichert seien;" und enorm hoch sind diese der Regierung zu stehen gekommen! Man erzählt sich in Rio allgemein, daß die dafür verwendeten Summen während der letzten 6 Jahre sich auf 34 Conto's, ungefähr 22,000 Thlr. pro Jahr belaufen haben. Was aber ferner die anderen Gründe anlangt, deren genauerer Darstellung der Minister überhoben zu sein wünschte und auch überhoben wurde, weil das Haus sie selbstverständlich kannte, so waren diese gerade die, welche sich bisher in so vollem Maaße zum Ruine der Eingewanderten und zum Nachtheile des Rufes Brasiliens geltend gemacht haben; und unter denselben war nur einer begriffen, auf welchen die Regierung, auch wenn sie den Willen dazu gehabt hätte, keinen Einfluß auszuüben vermocht hätte; — nämlich die seit 1851 periodisch eingetretene Heimsuchung des Landes durch das verheerende gelbe Fieber, das man in den Kammern nie erwähnte, wie man es selbst in der Presse nur selten that um die Schiffahrt, Einfuhr und Einwanderung nicht abzuschrecken.

Am 20. Juni 1859 sagte der Minister des Innern in der Deputirten-Kammer: „Die Regierung wird ihr Möglichstes thun; sie wird beflissen sein, alle jene Maaßregeln durchzuführen, die gegenwärtig der Erwägung unterliegen und noch ausgearbeitet (estudado!) werden müssen zu dem Zwecke, den Colonisten Gerechtigkeit in ihrem Kampfe (na sua lutta) mit den Grundeigenthümern zu verschaffen." (**Was ist seitdem in dieser Art geschehen?**)

Ueber die **Bodenverhältnisse** Brasiliens, die sich übrigens klar genug beleuchtet finden in den beigedruckten Berichten aus Rio Grande, aus Minas und S. Paulo, in den Bemerkungen über den Marquiz von Bappendim und in einer officiellen Erklärung des kürzlich gewesenen Ministers Cansançao de Sinimbu, und durch den bedeutungsvollen Fall des 97jährigen Patriarchen Fco. Thomas da Silva sammt allen seinen 263 Nachkommen „ohne auch nur eine Scholle Land". Er selbst ein Weißer, in Brasilien geboren, wo er bereits 50 Jahre landlos gelebt hatte und auch

---

[1]) Diese Aeußerungen dienten bloß dazu, um einen Vorwand zu haben, unter dem Aushängeschild von Minister-Residenten und Consuln in einigen süddeutschen Staaten und in der Schweiz Werbebureaux für die Landeigenthümer einzurichten. Wer die Namen und Familienverbindungen der dort zu diesem Zwecke Eingesetzten kennt, weiß, daß sie alle Vettern oder Söhne der eingefleischtesten Negerbarone sind und zwar erst durch den Contrebande-Sklavenhandel gewordene Negerbarone.

landlos blieb mit allen Söhnen (17), Enkeln und Urenkeln, als ein diebischer Höfling und Minister zum ersten Male Fuß setzte auf Brasiliens Boden und sich selbst Hunderte von Stunden Landes erschlich und Andere, die ihm mithalfen, Tausende, ja Zehntausende stehlen ließ, giebt auch ein sehr gründlicher Artikel des „Jornal do Commercio“ vom 13. Juli 1859: „Die Bevölkerung Brasiliens und ihre Zerstreuung“ sehr beachtenswerthe Auskunft, welche nur in einem Lande, wo der Stumpfsinn und die Herrschsucht der Landpotentaten alle bessere Einsicht so unmöglich macht, unbeachtet bleiben konnte.

Derselbe weißt nach, daß wenigstens der dritte Theil des bereits bewohnten Theiles Brasiliens durch die Zerstörung der Wälder und rücksichtslose Aussaugung, und die durch Regengüsse verursachte Wegschwemmung der Ackerkrume für eine weitere ackerbauliche Benutzung unbenutzbar gemacht ist. Er thut dar, daß in Folge dieses Zustandes die Provinz Minas Geraes, welche bei einem Flächenraume von 15000 □ Legoas (also dem Frankreichs gleich, welches eine Bevölkerung von 36,000,000 Menschen ernährt), eine Bevölkerung von wohl kaum 1,000,000 enthaltend (die sie jedoch dem Schreiber zufolge, der sie jetzt ohne irgend eine statistische Begründung auf 1,300,000 anschlägt, schon vor 40 Jahren gehabt (?) haben soll), stets eine Erleichterung durch Auswanderung nach anderen weniger bevölkerten Provinzen suchen mußte und noch sucht; wäre dem nicht so, sagt er, so müßte (?) in diesen 40 Jahren jene Bevölkerung sich verdoppelt haben. — Der barbarische Zustand unsres Ackerbaues, der wandernde Raubbau, der das brach gelassene Land dem ewigen Besitze des unverwüstlichen sapé und der nimmer ausrottbaren Samanbaia überläßt, welche selbst dem Thiere keine Nahrung mehr gewähren, und die hier durch hervorgebrachte Zerstreuung (dispersao) der Bevölkerung, sind Thatsachen, welche die angestrengteste Beobachtung und Ueberlegung erfordern. Die Regierung muß Mittel schaffen, dieser zerstörenden Praxis Einhalt zu thun, wenn nicht unser ganzes Land in eine große Wüste verwandelt werden soll.“

„Die Folgen unsrer krassen Ignoranz im Ackerbau, und der Schaden, daß die Campen (holzlose Flächen) nicht zum Getreidebau geeignet sind, sind gerade zu unberechenbar. Selbst die Provinz von Rio de Janeiro, so reich sie auch jetzt noch an Kaffee ist, fängt an, die Folgen dieser unheilvollen Methode stark zu fühlen; in einigen Municipien giebt es schon keine Waldung mehr, es stehen alte Kaffeepflanzungen verlassen da [1]), und die Auswanderung beginnt bereits.

„Ich schließe mit der Behauptung, daß gar keine Scharfsichtigkeit erforderlich ist, um zu erkennen, daß die Zersplitterung der Bevölkerung über eine ungeheure Oberfläche ein sehr großes Hinderniß für die materielle und die moralische Entwickelung des Landes ist, und eine politische Erscheinung, welche den menschlichen Bedürfnissen völlig entgegensteht, — und daß diese Zersplitterung einzig und allein unserm verfehlten Ackerbau-Systeme zuzuschreiben ist.“

Dieser Schreiber geht also bis hierher und nicht weiter: „An eine **Landsteuer**, als das einzige Arcan zur „Lösung dieser Uebelstände, denkt er eben so wenig als der Erzbischof von Bahia, als Letzterer seinen Hirtenbrief zur „Erweckung der Arbeitsliebe erließ; oder er hält es für gerathener, davon nicht zu sprechen.“

Ein Anderer in demselben Blatte sagt: „Ein Narr wäre derjenige, welcher mit einigem Kapitale und mit „seiner Familie zu uns kommen wollte. Er fände weder Land, das an Werth zunehmen muß, wie anderwärts, noch „Hülfsarbeiter, wenn er dieser benöthigt ist. Alles läuft aus einander; Alle werden durch die Verhältnisse der „Dinge gesprengt.“

Wieder ein Anderer, und zwar eine nicht geringere Person als der Präsident der Provinz von Sergipe, sagt in seiner Adresse an die Provinzial-Kammern: „Er glaube die „primordial causa“ der allgemeinen Theuerung im „Lande entdeckt zu haben. Wohl habe die Cholera und das gelbe Fieber viele Sklaven weggerafft, aber auch Freie, „welche bloße Consumenten waren und nicht Producenten; die Ursache könne also nicht so sehr in dem Mangel an „Arbeitskräften liegen. Was fehle, seien arbeitsame Hände; solche, die im eigenen Interesse mit Fleiß und „Geschicklichkeit sich der Arbeit widmeten; ohne Furcht vor Züchtigung, wie die des unglücklichen (misoro) Sklaven! „Noch haben wir aber in dieser Provinz eine zahlreiche freie Bevölkerung, die fast gar nichts producirt; so „groß ist ihre (inercia, ociosidade e preguiça) Unthätigkeit, Trägheit und Faulheit!“

Hier in dieser Provinzial-Hauptstadt selbst, der es noch an allen Ressourcen fehlt, deren Hauptstraßen noch aus Strohhütten bestehen, sieht man nicht da überall die Wirkungen der größten und tadelnswerthesten Indolenz? sieht man nicht in jedem dieser Häuser eine große Anzahl Weiber, ohne auch nur die geringste Beschäftigung? Versunken in Nachdenken bei diesem Anblicke, vergleiche ich das faule Treiben in den Umgebungen dieser Stadt mit der thätigen Geschäftigkeit, die man in Petropolis sieht.

Hier herrscht Schlaffheit und Trägheit; eine ganze Reihe von Strohhäusern bedeckt auch nicht die geringste Bequemlichkeit gleich den Hütten der ärmsten Ureinwohner des Landes. Keine Hecke, kein Gemüse-Garten, geschweige auch nur ein Zeichen von Industrie oder von Feldbau, wie dort, in Petropolis u. s. w. — (Hier giebt er ein halb idyllisches Gemälde von dem deutschen Leben, das manchen unsrer in der That auch sehr ärmlichen, wenn auch fleißigen und reinlich lebenden Landsleuten in Petropolis sehr überspannt erscheinen dürfte, weil in der That in Petropolis nur wenig, ja fast gar kein gutes Land ist, — und nicht gerade viel anderer unabhängiger Verdienst zu haben ist.)

„Woher all' dieser Unterschied? Einzig und allein von der Arbeitsscheu. Hier in Aracaju leben die Weiber gewohnheitsmäßig in Trägheit; dort arbeiten sie frohen und zufriedenen Herzens. —

„Mit roth-weißen Wangen melken sie die Kühe, bringen die Milch zu Markt, machen Butter und Käse, hauen Holz, schneiden Gras und tragen es heim, pflanzen Gemüse und Bäume, bewässern sie, und Niemand denkt daran, daß die Arbeit entehrend sei! So leben sie glücklich und zufrieden. —

„Nun vergleicht mit mir das treue Gemälde, das ich euch vorgeführt habe, mit der traurigen Scene, welche sich euch beim Anblicke dieser Strohhäuser darbietet, und ihr werdet mit mir übereinstimmen, daß die Aracajuanerin ein wahres Opfer der Trägheit ist, sich selbst und Andern zur Last; während die deutsche Frau, mit jeder Art von Arbeit umgehend, sich selbst und ihren gesunden, muntern, starken und arbeitsamen Kindern, von denen sie stets umgeben ist, nützlich ist u. s. w.

„Die Ursache also der Lebensmittel-Noth unter euch liegt vor Allem darin, daß so viele Hände (leider die der Männer gerade am meisten) sich keinerlei Arbeit widmen, gar nichts produziren, und bloß zum Verzehren mithelfen. — So wie es hier ist, ist es in der ganzen Provinz (ja im ganzen Lande!); und es muß etwas geschehen, um diesen Zustand heilloser und Verderben bringender Unthätigkeit zu verbannen. Seid versichert, daß ich mit fester Hand die Maaßregeln durchführen werde, die ihr beschließen werdet, um in dem jetzt nutzlosen Theil der Bevölkerung die Liebe zur Arbeit zu wecken u. s. w.“

So weit dieser Herr, und so weit gewiß schön und gut; daß aber auch er die Grundursache des Uebels, die Besitzlosigkeit, den Mangel des freien Landbesitzes, der bereits durch andere, und zuerst durch Consul Sturz so oft und nachdrücklich hervorgehoben worden ist, nicht erkannt haben sollte, ist auffallend; — aber nicht minder so, daß diese Ursache in den Dutzenden, ja Hunderten von Vorstellungen von gesetzgebenden Provinzial-Assembleen, Handels-Vereinen und Municipal-Corporationen über Beseitigung der Nothstände an die Regierung eingegeben worden sind und täglich noch eingehen, übersehen oder unberührt geblieben sind, ist ein bedauerliches Zeichen! Alle tasten und stochern sie mit unverwüstlichem Wortschwalle in oft vielen Spalten langen Berichten an den Stellen herum, wo das Grundübel nicht liegt; und doch scheint es durchaus unmöglich, daß sie es nicht erkennen. — Raubbau, daraus Zersplitterung der Bevölkerung, stets zunehmende Verbreitung des verlassenen Landes, Mangel an Straßen, ja Mangel an Allem, dabei an Unterricht, Seelsorge, an ärztlicher Hülfe, ungeheuerliche Preise der Lebensmittel, in Folge des Mangels aller Arbeitslust; Alles

[1]) Das sind die, welche man von deutschen Parceiristen bepflücken lassen möchte!

kommt einzig und allein vom Landmonopole; und wenn es auch die Hochgestellten nicht erkennen wollen, so fühlen es bereits deutlich die dadurch am meisten benachtheiligten Proletarier; und sie werden, ehe viele Jahre vergehen, ihrer Ueberzeugung sicherlich auch Berücksichtigung zu verschaffen verstehen; und für Brasilien wird dann eine sehr ernste Periode eintreten, an der kein Auswanderer mit gesunden Sinnen Theil zu nehmen Lust verspüren dürfte.

Im Senate sprach am 8. August 1859 einer der hervorragendsten Senatoren wie folgt: „Das erschöpfte Europa wäre in der Auflösung begriffen und es würden nur zu viele Deutsche herüberkommen, um aus der Leibeigenschaft in die Freiheit zu treten. (!) Deutschland mit seinen veralteten Institutionen sei nicht länger bewohnbar. Wer wegziehen könne, thue dies mit dem Rufe: „Heu fuge crudeles terras, fuge littus amarum!“ Warum denn überhaupt Kolonisation betreiben, da sie sich ganz von selber einstelle? Alle von der Regierung betriebene Kolonisation wäre nur zur Ausbeutung von Schalken und Betrügern angethan. Man solle den Landeigenthümern zehn Millionen Thaler vorschießen, die würden sich dann schon die Kolonisten für die Bearbeitung ihrer Ländereien herbeischaffen lassen. Jetzt müßten die Pflanzer den Wucherern 24 pCt. pr. Jahr Interessen bezahlen, wie könnten sie da Geld erheben, um sich Arbeiter kommen zu lassen? Die Deutschen wären jedenfalls die besten hierzu. „Sie wä- „ren arbeitsam und gehorsam, und was die Hauptsache wäre, sie wären nicht mehr Deutsche, sobald sie auswan- „derten, denn ihr Auswanderungspaß würde ihnen nur mit der Bedingung gegeben, in Preußen wenigstens, „daß sie von da an ihrem Vaterlande entsagten.“ (Wir fragen nur: Ist dem noch so, und kann es so bleiben?)

Hierauf der Minister: Der Senat möge nicht auf einen baldigen Erfolg des Landgesetzes vertrauen. Die zur Durchführung desselben zu vollbringenden Arbeiten sind schwierig und weit umfassend. Erst müssen die eigentlichen Besitzthümer mit deren Grenzen bestimmt werden. Doch wird die Regierung es einstweilen nicht an indirecten Antriebsmitteln (estimulos) fehlen lassen, und alle Hülfsmittel in Anspruch nehmen, die zu Gebot stehen, um eine vorläufige Einwanderung unter verschiedenen Modificationen zu befördern. Aber nur die Zeit könne die freiwillige Einwanderung geben. Die Regierung würde deshalb Einfuhrprämien für die Herbeischaffung von Einwanderern zugestehen, wenn diese erwiesener Weise gut gesittet seien und Feldarbeiten verrichteten. Uebrigens seien Straßen und Vermessungen nothwendig, um einen Erfolg in der und für die freie Einwanderung erwarten zu können. Er glaube nicht, daß sich die deutsche Auswanderung nach den heißeren Strichen Brasiliens wenden würde,[1]) sie würde sich auf den Süden zusammen zu drängen suchen, deßhalb aber sei Vorsicht nothwendig. Die vor Kurzem in Rio angekommenen (etliche 60) deutschen Kolonisten hätten alle mit einer Stimme ausgerufen: „Welch' ein Paradies ist dieses Land!“ Da sie dieses nach Hause schreiben, würden schon genug kommen! Es brauche nur solcher Briefe, um die deutsche Auswanderung von Nord-Amerika ab und nach Brasilien zu rufen! (Beifall!)

(Aus dem „Correio Mercantil“ von Rio vom Juli 1860.)

„Unglücklicher Weise hat die Regierung noch gar kein System in Sachen der Kolonisation befolgt. Ihre Agenten in Europa haben dies in keinem anderen Lichte angesehen als dem einer Speculation, die ihnen so und so viel pr. Kopf abwerfen müsse. Auf officielle Weise hat die Regierung gar keine Garantien geboten. Ihre Agenten in Europa können nicht sagen: das ist die Kolonisation, wie sie unsere Regierung versteht; selbst die Regierungen haben sich in die Nothwendigkeit versetzt gesehen, unsern Ministern und Consuln ernste Gegenvorstellungen zu machen ꝛc. — Zwar ist es wahr, daß die Kolonisten nicht so unglücklich waren, als ihre Landsleute sich vorstellten, wahr ist es aber auch, daß sie nicht den vierten Theil der Vortheile genossen haben, welche man ihnen versprochen hatte.“

„Nachdem wir viel in Deutschland gereist haben, und auch in vielfache Berührung mit Kolonisten in Brasilien gekommen sind, ihre Klagen und Wünsche kennen, und auch untersucht haben, welches die Hülfsquellen unseres Landes und natürlichen Mittel zur Heranziehung der Einwanderung seien, aber auch wissen, welches die bestehenden Vorurtheile unserer Pflanzer sind, für welche die schwarze Waare (fazenda negra), besonders wenn sie noch frank und frei an unsrer Küste ausgeladen werden könnte, noch der Strebepunkt aller Sehnsucht ist, haben wir uns bemüßigt gefunden, einige der Hauptschwierigkeiten zu lösen, welche sich der Einwanderung entgegen stellen und welche unsre Staatsmänner selbst, wenigstens in der Gegenwart, für unlösbar halten.

Wenn dem wirklich so wäre, müßte da nicht das Gebäude, das unsre Vorsteher errichteten, allmählich in seinen Grundfesten zusammensinken? Würden wir dann nicht vielleicht bald das Schicksal der Republiken theilen, welche uns umgeben, und statt der Kolonisation dem vollkommensten Ruine entgegen gehen?

Wir müssen mehr Vertrauen haben in unsere Zukunft, mehr Ausdauer und Entschlossenheit, um uns zu einer großen Nation zu erheben, deren Bestimmung es ist, dem Coloß des Nordens das Gleichgewicht zu halten und seinem Ehrgeize eine unübersteigliche Schranke zu setzen!

Das können wir aber nur durch die Einwanderung erzielen, die sich mit Vertrauen nach unserm Lande richte, wie bisher nach den Vereinigten Staaten, wenn die scheußliche Pest der Sklaverei verschwinden wird von unserer Gesellschaft durch die Concurrenz der freien Arbeit und wenn wir sein werden was wir sein sollten, — die erste (!) ackerbauende Nation Amerikas!!!“

Dunkele, aber wohl gerechtfertigte Ahnungen im Geiste des Verfassers, zwischen sehr phantastischen Hoffnungen; doch scheinen viele der in diesem Aufsatze folgenden Gedanken durchaus aufrichtig und wohl gemeint. — Von allen Nationen, glaubt der Verfasser, wie gar viele Brasilianer, daß keine weder so gute tüchtige Einwanderer noch so viele an Brasilien abgeben könne, als die deutsche; doch, glaubt er, könne sich Brasilien auch viele Italiener und noch mehr Griechen verschaffen!

Die Deutschen, glaubt er, — besonders die aus Preußen, wo wegen der Größe der Landgüter, die nicht theilbar wären, keine gute Löhnung bestehe und alle Hoffnung auf Landbesitz abgeschnitten sei (das hat ihnen Hr. Aranjo glauben gemacht, sowohl durch officielle Mittheilungen als durch die von ihm geleiteten Correspondenzen des „Jornal do Commercio“ aus Berlin, die ganz nach dem Sinne der Landpotentaten durch gewisse Mitarbeiter der Kreuz- und Wiener Zeitung ausstaffirt waren,) — würden massenhaft auswandern, wenn sie sicher wären, mit ihrer Arbeit bestehen zu können. — Er schlägt also vor, die Leute auf dieselbe Weise nach Brasilien zu bringen, wie die engl. Kolonien, um die armen englischen Auswanderer zu sich z. B. nach Australien bringen, durch Vorschuß auf Abzahlung und Verkauf von Land auf Credit; — was alles ganz vortrefflich wirkt in jenen Kolonien, aber in Brasilien aus zwanzig Gründen, auf die wir später zurückkommen werden (deren erste, nur vorläufig sei gesagt, die Unehrlichkeit und Unzuverlässigkeit aller Administrationen, der zweite der Mangel an Fonds, der dritte Mangel an Land, der vierte Mangel an religiöser Freiheit u. s. w.), gar nicht ausführbar ist.

Die guten Absichten des Schreibers dürfen bei uns den vollkommenen Unverstand nicht entschuldigen, mit welchem auch er am Schlusse seines Vorschlags den Pflanzern (deren Hauptgedanken er doch Eingangs seines Planes so treffend bezeichnet hat) mit Kolonisten, d. h. braços genügen will — oder wenn er aus Mangel an Arbeit in Verfall gerathene Kaffeepflanzungen unter deutsche Einwanderer vertheilen resp. verkaufen will, nachdem die Regierung sie erst dazu gekauft hätte. (Welche herrliche neue Mine zu endlosem Betruge wäre das noch, und wirklich ist sogar noch im vergangenen Jahre ein runder Vorschlag dazu gemacht worden: nur weitere 6000 Contos = 4 Millionen Thaler sollten wieder auf diese Weise den Landpotentaten in die Tasche gejagt werden, was eigentlich schon zum doppelten Belaufe durch die Eisenbahnen, welche durch ihre Wüsten ge-

[1]) Und dennoch schickte man sie noch in jenem und dem nächsten Jahre darauf von Regierungswegen nach den brühheißen Provinzen von Bahia und Espirita Santo!

baut werden, geschehen wäre, wenn das Land so Einwanderung anziehen könnte.) Er vergißt dabei als wahrer guter Brasilianer nicht, daß man die Einwanderer recht vertheilen müsse und verfällt überhaupt in einen colonisatorischen Blödsinn, der deshalb als solcher hier hervorgehoben werden muß, weil es gar nicht unmöglich wäre, daß die brasilianische Regierung sich auch von diesem noch anstecken ließe, nachdem sie schon so viele andere Thorheiten derselben Art mit durchgemacht hat.

Ottoni, der Director der Mucury-Compagnie, sagt in seiner „Rechtfertigung" gegen Dr. Lallemant, die in der „Brasilia" ausführlich abgedruckt ist: „Ich begreife vollkommen, daß ein deutscher Patriot alle anständigen Mittel in Bewegung setzt, um die deutsche Auswanderung von Brasilien abzulenken; aber einem von der Regierung angestellten Agenten steht dies nicht an; „er kann mit Ehren **schweigen**,[1]) denn Niemand ist verbunden, für die Wahrheit in die Schranken zu treten." (!) Hr. Lallemant sei ein geheimer subventionirter Agent der Regierung gewesen und habe sich auch in Bahia durch eine Unternehmung, welche der Mucury-Compagnie Concurrenz mache, gewinnen lassen, gegen diese zu berichten u. s. w." (Dieses ist einfach eine Lüge!)

„Wenn aber Herr Lallemant jetzt gegen die Auswanderungsagenten loszieht, so ist er in dieser Beziehung „nur das Echo dessen, was ich seit Jahren schrieb und in meinem Berichte dargelegt habe. (?) Es ist notorisch, „daß ich den Menschenfleischhändlern den offenen Krieg gemacht, daß ich mit Documenten in der Hand den „europäischen Agenten der Central-Gesellschaft (das waren und sind noch der k. General-Consul Corrêa und Dr. Fr. „Schmidt in Hamburg) vor der kaiserl. Regierung die Maske abgerissen, daß ich laut und vernehmlich der kaiserl. Re-„gierung erklärt habe, daß die Kolonisten der Central-Kolonisations-Gesellschaft, so schlecht wie sie auch sind, „doch das Recht haben, ihre Stimme zu erheben und sich darüber zu beklagen, daß sie **betrogen** worden „sind. Unbekannt mit unserer Landarbeit, erschraken sie vor dem Urwalde und verfielen, als sie Vergleichungen zwi-„schen dem Wenigen was die Compagnie giebt und dem Vielen, was ihnen in Europa zugesagt hatte, anstell-„ten, auf Reclamationen, Verwünschungen und endlich in Muthlosigkeit und Verzweiflung! Man hatte in der That „den Leuten selbst schriftliche Versprechungen von Dingen gemacht, die unmöglich erfüllt werden konnten! Die „Contracte beziehen sich auch häufig auf das Reglement der Central-Gesellschaft, als müsse der Kolonist dieses kennen, „obwohl er in Wahrheit nichts davon weiß, als die falschen und pomphaften Zeitungs-Annoncen in deutschen „Zeitungen, welche Hoffnungen machten, von denen die Gesellschaft selbst wissen mußte, daß sie nicht erfüllt „werden konnten."[1])

In einer Serie von sehr verständig und aufrichtig geschriebenen, zuerst in einem Minas-Blatt erschienenen und dann im Jornal Anfangs vorigen Jahres übergedruckten Artikeln (es waren deren 16), welche unter Ueberschrift: **Delonda est Petropolis** die von dieser Kolonie erlittenen Bedrückungen, sowohl in confessionellen als Erziehungssachen und Municipalbestimmungen, und durch Verschleuderung der für sie bestimmten Gelder, sowie die Hoffnungslosigkeit eines Aufschwungs derselben durch Ackerbau wegen gänzlich mangelnden ergiebigen Bodens anführen, ist auch der Beweis gegeben, daß trotz 40jähriger Erfahrung eben in dieser Provinz von Rio de Janeiro — die mit den dem Staate unglaublich kostspieligen, aber weil mit enormer Betrügerei planirten und verwalteten, gänzlich mißlungenen Deutschen- und Schweizer-Kolonien von Novo Friburgo, Canta Gallo, Caravellas ꝛc. gemacht worden war — Ehrlichkeit, Billigkeit und Toleranz heute noch nicht bei derlei Administrationen Eingang gefunden haben. — Der letzte dieser Artikel, die alle auf Portugiesisch und von dem sehr talentvollen und billig denkenden Dr. Zuluar geschrieben waren, schließt folgendermaßen:

„Selbst der Widerruf der von Regierungswegen getroffenen Maßnahmen gegen die Kolonie Petropolis kann kaum mehr die Wucht der Herabwürdigung beseitigen, welche sie im Auslande, besonders in allen Theilen Deutschlands, auf uns wälzen muß. Hier trifft uns die Wirkung davon, wie das Anathem, welches uns Preußen zugeschleudert hat, und welches für Brasilien gerade die Wirkung haben wird wie eine zweite Bill Aberdeen (zur gewaltsamen Unterdrückung des Sklavenhandels), nur ehrenrühriger noch, weil noch mehr verdient, weil noch selbstverschuldeter „und noch folgenschwerer; denn diese kann uns bereits keinen Schaden mehr zufügen, aber jene fängt erst an, uns an der Befriedigung unseres ersten Lebensbedürfnisses zu hindern."

„Wird jetzt nicht der **Correspondent aus Berlin** nach dieser Zerrüttung der Kolonie von Petropolis, auf deren Prosperität man desto mehr zu vertrauen berechtigt war, weil sie doppelte und hohe Begünstigungen genossen hatte, sich das Gesicht mit beiden Händen zu bedecken suchen vor Scham über die Willensschwäche und Inconsequenzen einer Regierung, welche ihre konsularischen und diplomatischen Agenten als geständige Verbrecher (**reos confessos**) mit gebundenen Händen hinstellt, als Sündenböcke für die ihr angethane Unbill. Wenn bis jetzt die Klagen über uns auch noch so gerecht waren in Bezug auf einzelne und theilweise Ereignisse, so konnten sie vor diesen Maßnahmen gegen Petropolis doch nicht unserer Nation gelten, da unsere Regierung aufrichtige Opfer gebracht hat, um deutsche Einwanderung heranzuziehen. Wenn sie auch in der Wahl der Mittel geirrt haben mag, so hat sie wenigstens nicht absichtlich geirrt. (?) Worauf aber können wir uns nun Angesichts des Decrets vom 5. Januar in unsern Re-

---

[1]) Ein unbegreiflicher Widerspruch in einem sonst sehr gewandten Staatsmanne wie Herr Ottoni! Aber er ist ein brasilianischer Staatsmann, dem als solcher jeder Widerspruch mit sich selber erlaubt scheint. Hier sympathisirt sogar er mit den betrogenen Kolonisten, gegen welche doch der von hinterlistigen Agenten in Hamburg eingeleitete Betrug auf seiner Mucury-Kolonie (!) erst recht mit eiserner Hand durchgeführt wurde, und zugleich findet er die wahrheitsgemäße Darstellung der dortigen Zustände durch Hrn. Dr. Avé Lallemant und daß dieser, weil von der Regierung zur Einsichtsnahme derselben dahin gesandt, nicht geschwiegen habe, gar nicht in Ordnung! Diese Selbstbloßstellung des Herrn Ottoni, dem nach dem neuesten Verlaufe der Dinge in Brasilien demnächst wieder eine hervorragende Stellung wenigstens in der Deputirten-Kammer, wenn nicht selbst in Bälde schon im Ministerium vorbehalten zu sein scheint, ist deßhalb gerade jetzt von einiger Wichtigkeit, als Hr. v. Tschudi in seinen „Reisebriefen aus Brasilien" (Augsburger Allgem. Zeitung im Mai 1858) nach seiner Besichtigung der Mucury-Kolonie in Gesellschaft des Herrn Ottoni selbst folgende Beschreibung von dessen Charakter gab: „Er ist ein Mann von gründlicher Bil-„dung, großer Characterfestigkeit, ernstem redlichem Willen, Eigenschaften, durch die es ihm allein möglich war, die zahllosen „Schwierigkeiten, die sich von Anfang an dem Unternehmen entgegen stellten, zu überwinden, und demselben einen glücklichen „Fortgang zu sichern." Ohne daß wir im Entferntesten die Entschlossenheit, ja die äußerste Rücksichtslosigkeit dieses von jedem Kenner Brasiliens wohl durchschauten und besonders von der selbst vernünftig conservativen Parthei Brasiliens gefürchteten Mannes bestreiten wollen, fragen wir nur jetzt: Wie hat sich diese Ansicht des Herrn v. Tschudi sowohl was den Charakter desselben als den Erfolg seiner Unternehmungen anlangt, bewährt? Man schlage nur die volle Hundert Riesenspalten nach, welche das Jornal do Commercio innerhalb der letzten zwei Jahre über ihn gegeben hat und überzeuge sich von den Gewaltthätigkeiten und dem Land- und merkantilen Wucher dieses rücksichtslosen Republikaners, um der Erste in seiner Republik zu sein. Man frage nur nach an den verlassenen Stätten, jetzt Grabesstätten, des so gepriesenen Philadelphia's, Santa Clara's u. s. w., wo sie hingekommen sind die „arbeitsamen Auswanderer", „deren verhältnißmäßig gute Lage auch am Mucury, wie in allen Kolonien (welchen?) durch Fleiß, Nüchternheit und Sparsamkeit gesichert ist!" —

Wir fühlten uns deßhalb bewogen, diese mißglückten Ansichten des Hrn. v. Tschudi hier in Erinnerung zu bringen, um zu zeigen, daß sein neulich abgegebenes Urtheil über den Charakter und die Verfahrungsweise der Pflanzer den Kolonisten gegenüber, das für die ersteren so äußerst günstig, ja schmeichelhaft ausgefallen ist, und zwar fast ohne Ausnahme bei an dreißig dieser Herren, doch möglicher Weise bald einen ähnlichen Stoß erleiden dürfte, um so mehr, als Hr. v. Tschudi bei Weitem nicht so viel Zeit zu seiner Verfügung hatte, diese so gründlich kennen zu lernen als bei Herrn Ottoni, indem ihm schon die bloße Untersuchung der Rechnungen so vieler Parthieen, alle auf weit auseinander liegenden Grundbesitzen vertheilt, den größten Theil der $2^1/_2$ Monate nehmen mußte, welche er auf diese Untersuchungen verwandte.

Wir finden uns ferner bewogen, auf dieses Urtheil des Hrn. v. Tschudi über Ottoni in Rückerinnerung zu bringen, daß der „Correio Mercantil", das Blatt des Herrn O., in der bedauernswürdigen Differenz zwischen ersterem und Hrn. v. Meusebach, den letztern auf Kosten des erstern auf eine auffallende Weise zu persifliren sucht, wo es doch früher, als Ottoni noch um die Einwanderung für den Mucury gegen die Parceria-Contracte competirte, die großen Mißbräuche mit diesen bloßgestellt hat.

clamationen gegen die Zumuthungen des preußischen Rescripts stützen? Wenn die preußische Regierung in Behauptung ihres Aktes zur Verhinderung der Auswanderung zu uns, wenn auch ursprünglich ungerecht und unhöflich, ihn jetzt rechtfertigen will, so kann sie nun sogar den Finger in der Wunde rücksichtslos herumdrehen und, die Sache aufs Aeußerste treibend, uns bloß sagen, daß das Circular v. d. Heydt's sich auf noch triftigere Gründe stützt, als selbst die Bill Aberdeen. Von zwei Dingen eines: Es bleibt entweder das preußische Ultimatum in Kraft und unsere Regierung will oder weiß den wahrhaften und lebendigen Interessen des Landes, welches vor unsern Augen aus Mangel an Arbeitshänden ermattet und zerfällt, nicht zu genügen, und die deutsche Einwanderung wird bei uns wie eine exotische Pflanze verwelken; „oder es müssen in Preußen intelligente und vorsichtige Pfleger „sein, welche den Boden wohl vorbereiten, und dann wird das Circular des Herrn v. d. Heydt gerade die „Wirkung hervorgebracht haben, zu verhindern, daß die ausländische Pflanze, kaum eingeführt, absterbe."

Auch dieser Schreiber zeigt durch diese letzten Ansichten, daß er nicht sieht, daß bloß von Brasilien selbst die Mängel zu beseitigen sind, und daß auch der pfiffigste Schurke von hier aus keine gedeihliche Auswanderung dahin einzufädeln vermag.

Auszug aus einem in dem brasilischen Lockblatte der „Allgem. Rudolstädter Auswanderungs-Ztg." Nr. 88 vom 21. Sept. v. J. aus Versehen veröffentlichten oder doch nicht vorsichtig genug revidirten Briefe des Kolonisten Grob aus S. Jozé (S. Paulo)."

„Wir sind noch immer Söldner und haben noch kein eigenes Land. Die Landbesitzer hier verstehen es nicht, „ihr Land zu benutzen; ihr größter Stolz besteht nur darin, recht viel Land zu besitzen. Es giebt sehr viele, die nicht „den tausendsten Theil ihres Landes cultiviren. Der und der besitzt ½ Legoa oder eine ganze. Die Legoa hat „1½ Stunden im Umfang. Bei Ibicaba wohnt einer, dessen Besitz sich 7 Legoas in die Länge und 1½ Legoa in die „Breite ausdehnt; und es sind gar Viele, die nach euren Begriffen eine ganze Gemeinde besitzen. Nach dem Absterben „der jetzigen Generation wird sich dieses wohl ganz anders gestalten, wenn einmal die Kinder diese großen Güter unter „einander vertheilen."

In der That könnten aus den zur Bethörung gemietheten Blättern allein und für sich schon 10fach überschüssige Data gegen die Berechtigung Brasiliens, Einwanderung aus Deutschland in Anspruch zu nehmen, ausgezogen werden; denn bei der behutsamen Veröffentlichung von oftmals wichtigen Documenten, mit welcher diese vorzugsweise betraut werden, um sie stück- und flickweise auszulassen, und einzelne Theile davon mit abschwächenden und verdrehenden, andere mit überschätzenden Commentaren zu begleiten, laufen sehr oft Unvorsichtigkeiten mit unter. So z. B. entschuldigten sie neulich erst die geringen Leistungen des nun bereits 6 Jahre mit so großer Ostentation eingesetzten und mit einer Masse von nichtsthuenden Soldempfängern ausgerüsteten Land-Amts damit, daß „die Aufgabe, alle Zeugnisse und Gewähre für die dem Staate gehörigen Ländereien zu sammeln, angesichts der Willkühr, „mit welcher die großen Grundbesitzer die Gränzen ihrer Besitzthümer gezogen haben, mit großen „Schwierigkeiten verbunden sei."

Auch sie können aus dem letzten Berichte nicht die Existenz von erheblichen Staatsländereien in anderen Provinzen, als in denen von Parana, von Maranham und des Amazonen-Strom, und in allen diesen nur Hunderte von Stunden weit im Innern nachweisen; und welcher Europäer mit gesunden Sinnen möchte dort auch die ausgedehntesten Fluren, wäre eine solche Benennung auf dumpfen undurchdringlichen Wald anwendbar, auch nur geschenkt annehmen? Wohl um nur für die Uebersiedelung dahin ein Vermögen zu opfern (wir sehen ja, daß blutarmen Kolonisten-Familien bis 500 Thlr. Landtransportkosten nur von Rio bis nach kaum 100 Stunden entfernte Pflanzungen angerechnet wurden!), oder um dort in der Einsamkeit ohne Absatz, ohne Zufuhr, ohne allen Verkehr mit Menschen, zu verkommen und drei gegen eins dem Klima oder Fiebern zu unterliegen! Und was die moralische Existenz an so isolirten Orten wäre, dazu nehme man sich nur den Maaßstab, daß selbst der reichste Pflanzer Brasiliens, der unter Hunderten von Schwarzen nur auf wenige Stunden von der Hauptstadt lebt, in 10 Jahren nicht die angenehmen geistigen Eindrücke empfängt, oder die wohlthuenden Gemüthsbewegungen durchlebt, als ein schlichter Bürger in dem civilisirten Europa in einem Tage.

Belag gegen die Einwendung des bras. Diplomaten gegen die Unregelmäßigkeit des Klima's in Brasilien und die daraus entspringende Unzuverläßigkeit der Ernte, wie von Herrn von Tschudi zugegeben; und nebenbei auch eine Beschreibung der Beschaffenheit der Magistratur.

Das „Jornal da Bahia" giebt das kläglichste Gemälde von dem Zustande des Handels in Bahia, wie auch in Pernambuco, und schreibt die Hauptursache davon der Unregelmäßigkeit der Jahreszeiten und dem **Mangel an Arbeitern** zu! Es sagt, die Kolonisation sei ein pures Phantom, und könne den Ackerbau nicht von dem Abgrund retten, dem er entgegeneile. Die Regierung habe fabelhafte Summen ausgegeben, und damit meist nur vagabundirende Proletarier ins Land gebracht, wie Dr. Mello Moraes sehr richtig dargethan habe. — Aber so hoffnungslos es auch mit dem Handel und der Kolonisation stände, so stände es doch noch ungleich schlimmer um die **Magistratur;** denn diese sei mit geringen Ausnahmen in die Hände von Individuen gegeben, welche, ohne auch nur einen Begriff von der Bedeutung der Gerechtigkeit zu haben, sie in den meisten Fällen für Gold verkauften.

Der Präsident der Provinz Rio Grande sagte noch in seinem vorletzten Berichte an die Provinzial-Kammer in Betreff der Staatsländereien: „Es sind bis jetzt in dieser Provinz noch keine Verkäufe irgend welcher Art „von solchen Ländereien gemacht worden. So sehr ich mich auch beflissen habe, über die unangeeigneten Ländereien dieser Provinz Auskunft zu erhalten, so bin ich doch nicht im Stande gewesen, etwas Bestimmtes darüber in „Erfahrung zu bringen." (!) —

Die Bevölkerung dieser Provinz wird auf **206,256** Seelen berechnet, davon **70,880** Sklaven und **5433** freie Neger; also selbst in dieser südlichsten Provinz, wo kein tropischer Ackerbau betrieben wird, befindet sich fast ein Drittheil Schwarze! Selbst auf der deutschen Provinz S. Leopoldo, wo den Deutschen der Besitz von Sklaven untersagt ist, bestehen **1804** Sklaven, die also nur Brasilianern gehören können und **114** freigelassene Neger. Die Deutschen haben die socialen Nachtheile der Sklaverei fast eben so zu tragen, als wenn sie selbst Sklavenbesitzer wären.

Der Senator Vice-Graf de Albuquerque sagte erst vor zwei Jahren im Senate: „Wenn keine bessere Sicherheit der Person nicht nur in den entfernteren Provinzen des Reichs, sondern in der Provinz von Rio selbst hergestellt würde, so könnten Leute von guten Grundsätzen und Sitten nicht nach Brasilien kommen. So lange könnte, wenn überhaupt eine Einwanderung, nur die der Hefe und des Auswurfs (lia e escoria) anderer Länder statt finden." Dennoch sagte der gute Mann kurz darauf: „es thäte Noth, sich nach geschickten Diplomaten umzusehen, welche die Regierungen befreundeter Nationen zu bestimmen vermöchten, daß Brasilien sich seine Matrosen aus jenen Einwanderern presse, welche an der Küste Beschäftigung suchten, denn bloß Neger (Sklaven) und Ausländer widmeten sich der Küstenfahrt, welche von freien Brasilianern wegen des Preßgangs gemieden würde." (!)

So etwas fehlte gerade noch! Wer von den Geheimnissen der ächt brasil. Matrosenschaft, — glücklicher Weise nur eine wenig zahlreiche, — nur eine Idee hat, würde um seiner Menschenwürde halber der Gemeinschaft mit dieser die mit den Galeerensträflingen von Toulon oder den australischen Convicts vorziehen. Wenn sich englische, amerikanische oder deutsche Matrosen dazu heranlassen, in die brasil. Kriegsmarine, die ohne sie nie effectiv bemannt werden kann, einzutreten, so thun sie es allezeit nur unter Seeoffizieren ausländischer Geburt und halten sich hübsch zusammen zur Vermeidung aller ungewünschten Familiaritäten. Dieselbe Lebens- oder Vorsichtsmaßregel war auch allerzeit am Platze selbst in der Landarmee seitens Ausländer, die das Unglück hatten, in sie einzutreten.

Brasilianische Kolonisations-Manoeuvres nach der „Brasilia“.

„Jeder Brasilianer sieht Deutschland für übervölkert und für ein Land an, dem man eine große Wohlthat erweist, wenn man ihm seinen Ueberfluß an Menschen abnimmt, um sie als Arbeitskräfte für chimärische Zwecke zu gebrauchen oder zu einer sogenannten Kolonisation nach hier oder dort zu verwenden. Man weiß nicht, ob man die Schamlosigkeit dieser Menschenhändler mehr verachten oder die Bornirtheit der Leichtgläubigen mehr beklagen soll. Die Enttäuschung ist jedoch stets fürchterlich. Wir wollen die bekannten Jammerscenen nicht hier wiederholen. Aber seit schon über 3 Jahren hat die „Brasilia“ alles das vorhergesagt, was erfolgt ist, hat oft den bittersten Tadel ausgesprochen über die Mißgriffe und unehrlichen Mittel, deren man sich bedient, um Einwanderer zu bekommen; man hat keine Notiz davon genommen und so eine vernünftige nutzenbringende Kolonisation nur noch auf längere Zeit unmöglich gemacht. Alle unsere Vereine für Kolonisation thaten von jeher dasselbe und nicht minder alle Minister und lebten in völliger Verblendung eingebildeter Vollkommenheit und Weisheit, so daß sie von keinem Warnungsrufe wissen wollten. Wir behaupten aber, daß wir es redlicher meinten mit dem ganzen Reiche und mit der Zukunft des Landes als alle die heißhungrigen Gesellschaften und Agenten im Auslande zur bloßen Verschleuderung von Millionen, ohne einen Menschen glücklich zu machen! Wie Diogenes mit der Laterne Menschen, so würde man hier vergebens uneigennützig Wirkende suchen. Die Vortheilsucht, die Gier, schnell reich zu werden, eine durch Corruption zerfressene Gesellschaft, fortwachsende Theurung aller Lebensmittel, Verminderung der Arbeitskräfte ohne Ersatz durch Absterben der Sklaven und endlich . . . . . das ist unsere Prophezeihung. Der Fels des Sisyphus rollt, an Umkehr ist nicht zu denken.“

„Das Geschrei der letzten 6 Jahre nach nationalen Verbesserungen wurde von oben herab genährt, um das Volk von dringenden inneren Bedürfnissen abzulenken. Es sind aber auch die Personen an der Spitze der verschiedenen Verwaltungen, die mit öffentlichen Verbesserungen, besonders mit den Kolonisationssachen und dem Landamte in Verbindung stehen, ganz und gar nicht die geeigneten Werkzeuge, um irgend etwas Gründliches durchzuführen. Alles und jedes gute Ding wird hier zur Unmöglichkeit, bis die Augias-Ställe gereinigt sind.“

Zur Geschichte der Arbeitsfrage in Brasilien, wenn man diesen Ausdruck auf ein Land anwenden darf, das die freie Arbeit nicht bezahlen will und wo der unbeschäftigte freie Eingeborne zum Theile aus eben dieser Ursache vollkommen gleichgültig für Beschäftigung geworden ist, — dürfte hier der folgende Vorfall Anführung verdienen.

Der sehr tüchtige Präsident der Provinz Alagoas, Senhor M. da Cunha Galvao, der, wie seine Botschaft an die Legislative dieser Provinz vom Monat Nov. 1859 ausspricht, „deutlich erkannt hat, daß Brasiliens größter Fluch in der Arbeitsscheu besteht, welche das Heer von Lastern, die sich dort eingenistet haben, hervorgerufen habe,“ ging den kürzlich verstorbenen langjährigen Erzbischof von Bahia, Metropolit von Brasilien, einen in Aufrechterhaltung der Kirchendisciplin zwar sehr schwachen aber doch sonst gut gesinnten Mann, um einen Hirtenbrief über dieses Kapitel an und erhielt auch binnen kurzer Frist die Gewährung seines Gesuchs. — Von demselben geben wir einen kurzen Auszug:

Spruch: Wer nicht arbeitet, soll auch nicht essen. Paul. II. Thess. Cap. 3, 10.

„Schwere Schuld lastet auf denen, welche das Recht für sich beanspruchen, die Familie zu berauben und zu plündern, und die in Verfolgung dieses gemeinschädlichen eben so antikatholischen als antisocialen Systems sich nicht durchdringen lassen von der Nothwendigkeit, mit ihren eigenen Händen zu arbeiten, als einer von dem Gewissen gebotenen Pflicht, der sich Niemand entziehen kann, ohne sich gegen Gottes Geheiß zu sträuben, und der Gesellschaft jenen Beitrag an Diensten zu zollen, den diese von einem jeden ihrer Mitglieder zu fordern berechtigt ist. Die Verleiter, sowie die zum Müssiggang Verleiteten, versagen den gesetzmäßigen Autoritäten und dem Gesetze den schuldigen Gehorsam und durch deren Verfälschung und anarchische Verkehrung machen die ersteren die trägen Proletarier, die sie durch lügenhafte Versprechungen bethören, zu gelehrigen Werkzeugen ihres Ehrgeizes und ihrer Habsucht. Müßiggang und Schlaffheit (mollcza) machen die Völker auflehnerisch, verdorben, und bereiten ihnen den Untergang. Das Christenthum kann einer gerechten (oder richtigen? justa) Freiheit nicht entgegen stehen, denn diese ist unzertrennlich vom Geiste. Ubi spiritus Domini, ibi libertas. Paul. Cor. 3, 7. Wenn es irgend eine Art von Sklaverei zuläßt, so ist es die edle Sklaverei unter der Pflicht, welche gleichbedeutend ist mit der wahren Freiheit ꝛc.“

Dieser Hirtenbrief, der übrigens ganz über dem Begriffsvermögen der Leute war, für die er geschrieben war, verhallte natürlich ganz wirkungslos wie alle anderen so weitschweifigen als gehaltlosen ähnlichen Ermahnungen, welche die brasilianischen Bischöfe, bei einer wahrhaft gottlosen Vernachlässigung ihrer gewöhnlichen Pflichten, meist, wenn nicht gerade bei Hungersnoth, Ueberschwemmung oder Epidemien, bei sehr trivialen Anlässen in die Welt schicken, nie aber der Habsucht der Reichen oder deren Gewaltthaten oder der Spielsucht, der Mordsucht, der Feilheit der Gerechtigkeit, der Erbschleicherei oder der grenzenlosesten Unsittlichkeit nahe tretend, nie der Kindererziehung oder des Schutzes der Wittwen und Waisen nur mit einem Worte gedenkend, nie eine wirkliche Seelsorge, von deren Bedeutung nach deutschem Begriffe sie auch nicht eine Spur von Idee haben, pflegend, — Alles was von diesen recht eigentlichen Verräthern an der wahren Kirche kommt, ist insgesammt absolut leerer Wortschall, durch den dem armen Publikum, selbst wenn es im Stande wäre, die Worte zu verstehen, weder ein klarer Eindruck noch viel weniger ein Entschluß mitgetheilt wird.

Ueber den Zustand der Seelsorge der katholischen deutschen Einwanderer giebt eine 1855 veröffentlichte Schrift des zwei Jahre zuvor als Kaplan für die Kolonie Petropolis durch die brasilianische Gesandtschaft in Berlin engagirten Pater Wiedemann, jetzt Pfarrer in München, nähere Auskunft. Dieser fand sich durch die niedrigsten Verfolgungen des als Parocho über ihm stehenden brasilianischen Geistlichen und anderer brasilianischen Kaplane gezwungen, seine Stellung aufzugeben. Die Anhänglichkeit der Gemeinde an ihn als einen sorgsamen Seelsorger, und der fleißige Besuch des von ihm abgehaltenen regelmäßigen Gottesdienstes, besonders seiner Predigten in deutscher Sprache, und der Vorzug, der ihm natürlich bei Taufen, Trauungen und Beerdigungen gegeben wurde, erregten trotzdem, daß er die betreffenden Sporteln mit seinen Vorgesetzten theilte, deren Eifersucht in solchem Grade, daß ihm selbst der Bischof von Rio dagegen keinen Schutz gewähren konnte. Seine Rechtfertigungsschrift wegen Verlassens der deutschen Gemeinde, das dieser sehr fühlbar war, — (denn diese genießt seit jener Zeit keinen deutschen Gottesdienst, und auch die Kinder keinen Unterricht mehr in Religion) — thut den vollkommenen Mangel an Disciplin dar, an welchen die kathol. Kirche selbst an den Orten leidet, welche der oberen Kirchenverwaltung so nahe liegen wie Petropolis, und so zu sagen unter den Augen des Kaisers selbst, der viele Monate im Jahre dort zubringt. Diese Schrift gab auch damals mit Aufrichtigkeit und mit der größten Schonung mehrere für die Einwanderung ungünstige Zustände zu erkennen.

Da erschien nun im „Jornal do Commercio" folgende officielle Erklärung, in Beziehung mit der Einwanderung stehend:

☞ „General-Land-Amt, 27. August 1856. Dem Minister der auswärtigen Angelegenheiten wird gedankt für die Uebersendung verschiedener Documente bezüglich auf gewisse verläumderische (calumniosas) Publicationen, welche der Pater Wiedemann, noch kürzlich katholischer Geistlicher in der Kolonie Petropolis, in Deutschland gemacht hat, und zugleich wird dem General-Consul des Reichs in Hamburg, Senhor **Lucio Corrêa**, großes Lob ausgesprochen für die Anstrengungen, die er zu machen sucht, um irgend welche dem Reiche ungünstige Schriften vortheilhaft widerlegen zu lassen (fazer refutar avantajosamente)."

Nun ist gerade nichts von einer Widerlegung der sehr bestimmten und mit Data belegten Angaben des Pater Dr. Wiedemann vernommen worden; dennoch ist es constatirt, daß dem Land-Amte eine nicht unbedeutende Summe für diese Widerlegung der „Verläumdungen" desselben angerechnet worden ist. Die Veröffentlichung dieser dürfte noch jetzt von Nutzen sein, oder doch die Anzeige, in welchen Blättern oder in welcher Schrift dieselbe statt gefunden hat.

Ansichten eines erfahrenen Portugiesen über Einwanderung in Brasilien.

(Auszug aus einer Reihe von sehr gediegenen Artikeln über dieses Thema, welche gegen Ende vorigen Jahres in den Rio-Blättern veröffentlicht, und der Feder des Grafen Thomar, portugiesischen Gesandten, der große Differenzen mit der brasilianischen Regierung über die Behandlung der portugiesischen Einwanderer, wie früher auch schon der sardinische Gesandte über die sardinischen Kolonisten hatte, zugeschrieben wurden.)

„Portugal besitzt in seinen afrikanischen Kolonien Elemente von unberechenbarer Größe, deren Entwickelung erst Statt finden kann, wenn die Portugiesen ihnen ihre Aufmerksamkeit und Kräfte eben so nachhaltig zuwenden werden, als vormals Brasilien. Aber jener Tag hängt von einem wohlausgedachten und nachhaltig verfolgten Systeme, von großen Opfern, von einer wahrhaft patriotischen Hingebung der Bürger, und von einem so fest gegliederten Komplexe von Bedingungen und Umständen ab, daß die Ermangelung oder auch nur Mangelhaftigkeit **auch nur eines einzigen** dieser Elemente, die Wirkung aller anderen zu Nichte machen würde."

Dieses möge sich jeder brasilianische After-Kolonisator und Werbediplomat wohl merken; besonders aber auch die folgenden Worte:

„Aber selbst alsdann wäre es keine gute Politik, wollte man durch Lügen den Strom der Auswanderung aus dem alten Bette in ein neues ableiten. Nur wenn unsre Besitzungen hinreichend vorbereitet sein werden, um blühenden Ansiedelungen zum Haltepunkte zu dienen, dann nur wollen wir denen, welche es schwierig finden, in Europa fortzukommen, sagen: Dort findet ihr Arbeit, guten Lohn, Wohlstand, und eine Zukunft für die Euren; vor Allem aber ein Vaterland! Aber es an Wahrheit fehlen lassen! das geschehe nie!" —

„Wozu auch alle diese Sophisterei der Aus- und Einwanderungsfrage auf Kosten der Wahrheit? Wenn die Einwanderer in Brasilien wirklich gute Aufnahme und sicheres Fortkommen finden, nun so mögen sie immerhin zu Millionen statt zu Hunderten kommen und ihren Glauben (?) und ihre Laren für die Freiheit vertauschen, die ihnen Brasilien bietet; nur soll nicht Heuchelei die guten Absichten der europäischen Regierungen, ihre Unterthanen vor Untergang zu schützen, verdächtigen, und die Gestattung der Auswanderung nach diesem Lande unter den gegenwärtigsten Umständen als einen patriotischen Act rühmen wollen!" ☜

„Zieht das portugiesische Volk Brasilien dem eigenen Vaterlande vor, weil es ihm hier besser geht, so möge sich selbst Portugal entvölkern, aber es soll nicht Hinterlist (traiçao) mit Versprechungen großer Vortheile, welche in der That nicht einmal hinreichen, die Schmach und das Elend eines langwierigen Pauperismus zu mildern, den Einwanderern Sklaverei bereiten. Ein Land, dessen Kinder im Auslande betteln gehen, ist ein Makel der Civilisation; und es wird dann die Aufgabe besser verwalteter Länder, sich des verkommenen Landes zu bemächtigen." ☜

„Wir sind ein Freund Brasiliens, und als solcher fluchen wir (maldizemos) jedem Portugiesen wie Brasilianer, der nicht das wahre Wohl seines eigenen Vaterlandes erstrebt; wir werden daher nie unterlassen, unsre einigen Ueberzeugungen auszusprechen. Selbst das Klima Brasiliens hat viel von seiner ursprünglichen Vorzüglichkeit verloren; das ist unläugbar. Wenn schon Ausländer, ist es dennoch nicht unser Beruf, das Uebel zu übertünchen (narcotisar), welches das Leben Aller zerstört; wir haben auch ein Recht, den gemeinsamen Feind zu bewachen, und auf Hülfe gegen ihn zu dringen. Mögen also diese ungeschminkten Wahrheiten mit als Antrieb zu energischen Anstrengungen für die Wiedergeburt des Reiches dienen. Hier handelt sich's um das physische, wie um das moralische Leben eines Volkes; und der Tod läßt sich nicht durch Adulationen gratuirter, noch auch bezahlter Höflinge beschwören."

Zustand einiger, durch solidarische Contracte an strebsame, ehrbare Familien „Angeschlossenen."

Manche von ihnen stehen jetzt allein. Aber wie? Ein gewisser Tutt aus dem Aargau, ein halbblödsinniges Individuum, verdingt sich bald da, bald dort zu leichten Arbeiten; aber er will sie nur in rothen Hosen verrichten. Eine gewisse Emilie Haag aus Fanas wird als Wahnsinnige in einem Gemache des Gefängnisses von S. Paulo verwahrt, da kein Irrenhaus in der Provinz ist[1]); ein anderer Halbblödsinniger treibt sich von Fazenda zu Fazenda herum und ist so vernachlässigt, daß ihm lange Madenwürmer vom Arzte aus der Nase gezogen werden mußten; wieder Andere betteln von Haus zu Haus mit Füßen voll Wunden, durch Erdflöhe verursacht. (Bericht des Herrn v. Tschudi.)

Land- und Kolonisations-Frage in Brasilien. (Auszug aus dem „Diario" 1856. 18. Septr. Nr. 214 und ff.)

Die Kolonisationsfrage, welche der Journalismus noch in kurz vergangener Zeit entweder aus Kurzsichtigkeit oder weil er gewissen Interessen unterworfen war, oder endlich weil er verstrickt war in alten Vorurtheilen, kaum zuweilen oder nur dann und wann zu berühren wagte, bildeten einen seiner hervorragendsten Gegenstände der Discussion; bei Gelegenheit der Discussion des Credits von 6000 Contos zur Unterstützung der Herbeibringung von Ko-

---

[1]) Irrenhäuser giebt es in keiner Provinz; und selten werden Wahnsinnige, die nicht von der bösartigsten Gattung sind, in separaten Gemächern verwahrt, sondern verbleiben unter den Verbrechern in einem gemeinsamen, meist kellerartigen Gewölbe; scheußlicher noch durch die darin aufgehäuften Bösewichte, meist Assassinen, als durch den darin aufgelagerten Unrath! Ja selbst die Geschlechter werden häufig nicht getrennt, und bloß in Untersuchung sich befindende Personen, oft auf in Brasilien so häufige falsche Anklagen hin, werden mit den scheußlichsten Verbrechern zusammengesperrt. — Folgendes ist wörtlich ein kleiner Theil der Beschreibung des Zustandes der Gefängnisse in der Stadt und Provinz von Bahia, der ersten des Reichs nach Rio de Janeiro, die der Präsident derselben in einer am 15. März d. J. an die Provinzial-Legislative abgegebenen Botschaft macht:

„Noch bestehen die Gefängnisse der Hauptstadt so wie der ganzen Provinz (und eben so im ganzen Reiche) in schlechten und gesundheitsschädlichen Gebäuden von so mangelhafter Einrichtung, daß statt ein Ort der Besserung derjenigen zu werden, die sich ihrer Pflichten entfremdet haben, sie straks zum Grabe oder doch zu einem moralischen Abgrund für die werden, die in sie eintreten. Gesundheit und jedes Ueberbleibsel von sittlichem Gefühle geht dort unvermeidlich schnell verloren. Keine menschliche Organisation kann einem solchen Aufenthaltsorte widerstehen. Es giebt kein Herz, das nicht durch und durch verdorben würde in diesen Schulen des Verbrechens, von denen das Laster mit Trotz und Unverschämtheit prangt. Sie scheinen geradezu dazu berechnet, die Individuen, die man bessern will, gänzlich zu Grunde zu richten."

lonisten ꝛc. ꝛc. sehen wir nun diese Frage in unserm National-Parlament im größten Maßstabe verhandelt mit seltnem Talente und mit den allerabweichendsten Ansichten. Ein Theil dieser bewundernswürdigen Reden, wie sie in beiden Kammern gehalten wurden, ist in diesem Blatte wiedergegeben worden. Es wäre Anmaßung, neues Licht über eine Materie verbreiten zu wollen, die durch dieselben schon so völlig klar hingestellt ist. Es ist dies daher noch keineswegs unsere Absicht, und wollen wir nur hiermit eine kleine Arbeit übergeben, welche in der Uebersetzung verschiedener Aufsätze und Einsendungen besteht, welche uns durch den wohlbekannten Herrn J. D. Sturz eingesandt worden sind.

Wohl bekannt ist der Eifer und die Thätigkeit ohne Gleichen, womit dieser würdige Staatsdiener seit wohl 18—20 Jahren schon zur Aufklärung seines Adoptivvaterlandes beitrug, und es wäre hier nicht Raum, die unzähligen Schriften, Drucksachen und Mittheilungen über alle Branchen nützlicher Kenntnisse anzuführen, welche Hr. Sturz geliefert hat, mit einer wahrhaft unbegreiflichen Arbeit, mit der er den besten Theil seines Lebens verbracht hat, sowie einen großen Theil seines Eigenthums und was am meisten zu bedauern ist, selbst seine Gesundheit! In der That ist dies Vielen wohl bekannt, wenn auch von Wenigen eingestanden und noch weniger belohnt!

Leicht zu erkennen ist nun für die, welche, wie wir, während eines Zeitraums von beinahe zwei Jahrzehnten dem Faden seiner Gedanken und dem Inhalte seiner verschiedenartigsten Correspondenz und seiner zahlreichen Mittheilungen gefolgt sind, daß viele seiner Worte nicht auf unfruchtbaren Boden gefallen sind, daß wenigstens einige seiner Rathschläge nicht unbenutzt geblieben sind, und daß das zahlreiche Contingent von Büchern, Flugschriften und massenhaften Auszügen, welches von ihm herbeigeschafft worden war, zu dem Glanze beigetragen hat, mit welchem diese für das Land so überaus wichtige Frage in unsern Kammern verhandelt worden ist. Wir sagen, daß dieser Antheil, der dem Herrn Sturz so unbestreitbar zugehört, von Wenigen eingestanden ist, obgleich unter diesen Wenigen Einige sind, deren Zeugniß für das von Vielen gilt; die Herren Vicomte von Jequitinhonha und Staatsrath Ferraz haben in der Senatssitzung vom 25. Juli ihm wohlverdiente Gerechtigkeit widerfahren lassen. Indem wir in unserm „Diario“ die bezüglichen Bemerkungen aus dem Jornal do Commercio Nr. 208 überschreiben, haben wir die Genugthuung, so zu diesem ehrenhaften Zeugniß zu Gunsten des Hrn. Sturz, welches aus so ausgezeichneter Quelle floß, beigetragen, und ihm die verdiente Publicität gegeben zu haben. (Man vergleiche jedoch hiermit die über denselben Mann im Jahre 1858 gemachten Bemerkungen des Berliner gesandtschaftlichen Correspondenten des „Jornal do Commercio“, worin dieser ihn wörtlich als „ein in den Schicksalen Brasiliens unbedeutendes **Atom** bezeichnet, „das beseitigt werden müsse, um dem Bedürfnisse Brasiliens um Arbeiter aus Deutschland Genüge leisten zu können.“)

Was lehrt der Bericht des Herrn von Tschudi?

Unter dieser ursprünglichen Ueberschrift geben wir nur einen kleinen Theil der für die zu bethörenden Leser des platten Landes geschriebenen Bemerkungen über Dr. v. Tschudi's Bericht aus dem Rudolstädter Lockblatte für den brasilianischen Grundbesitzer, wie folgt:

„Ergab sich nun bereits aus dem Berichte des Hrn. von Tschudi mit unumstößlicher Gewißheit, daß nicht nur die von brasilischer Seite angestellten Untersuchungen auf den Kolonien völlig treu, wahr und gewissenhaft, der Bericht des Dr. Heusser dagegen unwahr, entstellend und **gewissenlos**, sondern auch daß durch die kaiserl. brasilischen Commissarien die auf den Kolonien entstandenen Unordnungen beseitigt waren, während Dr. Heusser diese Unordnungen nur noch vermehrt und den Samen künftigen Unheils ausgestreut hatte: so ergiebt sich aus demselben ferner, daß systematische Aufwiegeleien und Verhetzungen aus nächster und weiterer Ferne thätig gewesen waren, um die Kolonisten ihrer Pflicht zu entfremden, dieselben an ihrem gedeihlichen Fortkommen zu hindern und zu tagediebenden Ruhestörern und Schreiern zu ihrem eigenen Unheile umzugestalten. „Großes Unglück richteten die systematischen Aufwiegeleien an,“ heißt es, „die theils von Rio (d. h. von dem schweizer Consul David ꝛc.), theils von der Stadt Sao Paulo aus, fortwährend die Kolonisten in großer Aufregung hielten. Die ersteren haben aufgehört (d. h. direct, während sie ihre Ränke in der „Brasilia“ fortspinnen), letztere dauern noch fort und gehen fast ausschließlich (also doch auch von sonst noch?) von einem gewissen J. J. Oswald aus Arbon aus, der in der Stadt Sao Paulo einen Pianohandel treibt. Glücklicherweise trachten einige ruhige Männer deutschen Ursprungs durch vernünftigen Rath und That diesen bösen Einfluß zu paralysiren. Die mehrerwähnte Ansicht der Kolonisten, daß ihnen ihre Schulden bezahlt werden müssen, wird durch jenen Mann, der unter ihnen den (usurpirten) Titel eines Viceconsuls führt, am meisten genährt.“ Aber solche Aufwiegler befanden sich auch unter den Kolonisten selbst. So heißt es in Bezug auf die Unruhen in Ibicaba, in Hinsicht auf welche Herr von Tschudi uns versichert, daß Diejenigen, welche bisher darüber geschrieben, „gar keine Idee von den ersten und feinen Fäden hatten,“ an welchen dieselben angesponnen wurden[1]): „Unglücklicherweise befanden sich unter den Kolonisten einige Persönlichkeiten, die aus unüberlegtem Eifer oder aus andern Motiven sich der Angelegenheit bemächtigten, die Kolonisten so lange bearbeiteten, bis sie eine Bewegung hervorriefen, die sie, wie es bei einseitigen und schwachen Charakteren immer der Fall ist, dann nicht mehr zu bewältigen im Stande waren. Sie haben unsägliches Unglück über die Kolonisten gebracht, und manches Grab ist an den Ufern des Mucury geöffnet worden, um Opfer jener leichtsinnigen Handlung aufzunehmen.“ Bedenkt man dabei, daß der Mann, welcher diese schweren Anklagen erhebt, selbst Schweizer Diplomat mit Leib und Seele ist, so lernt man einerseits die Wahrheitsliebe dieses Mannes um so mehr achten, andererseits aber begreift man, warum derselbe die Namen der Schuldigen zu verschweigen[2]) eben als Schweizer alle Ursache hatte. Man sieht, daß die Schreckbilder, welche später theilweise auftraten und einzig von den Gegnern der brasilischen Kolonisation ausgebeutet wurden, von eben diesen Gegnern geflissentlich hervorgerufen wurden, um von ihnen später ausgebeutet zu werden! Wäre es dabei geblieben und die Folgen dieser scheußlichen Machinationen einzig auf das Haupt Derer gefallen, von denen sie ausgingen, man würde an dem Abscheu vor der That genug haben und sich der Gerechtigkeit getrösten, welche den Endpunkt dieser Frevelthaten bezeichnete. (!) Aber gebüßt haben die unglücklichen Mißleiteten und die brasilischen Gutsherren, gegen welche man die Ränke spann, und die Verführer selbst haben das gelungene böse Werk nicht nur in die Welt getragen, sondern ihre Opfer mit den scheußlichsten Farben gemalt; ja, sie erröthen selbst jetzt noch nicht, die Früchte ihrer schlechten Künste zum Verderben derselben Menschen zu gebrauchen, deren Unglück und Schaden sie allein, die Verführer, (!) verschuldet haben. Ja, als manches frühe Grab am Mucury sich öffnete, haben sie daran gedacht, daß ein Theil des Elends, das nach Rache schrie, auf ihr Haupt fiel? Nein, sie haben auch da nur das Frohlocken über die gelungene böse That offen zur Schau getragen und die Rache auf andere Häupter herabzuwünschen sich erfrecht. So rollt Herr von Tschudi zwischen den Zeilen seines Berichtes ein Gegenbild zu den Schreckensscenen am Mucury für Diejenigen auf, welche den Mund voll halten von Phrasen des hochtönendsten Mitleids und der sittlichen Entrüstung, während in ihren Herzen doch die Blutschuld der Mitversündigung schwarz genug geschrieben stehen mußte! Trotz alledem währen die Ränke dieser Partei nach Herrn von Tschudi's eigenen Worten fort, und die Kolonisten seufzen zum Theil noch unter dem Jammer, den eben jene bösen Elemente ihnen bereitet haben!“

---

[1]) Wir haben schon zur Zeit, wo diese Unruhen zuerst besprochen wurden, auf die Herren David, Davatz, Heusser ꝛc. hingewiesen. (Nota ad Notam: Alle diese drei Männer sind uneigennützige Ehrenmänner.) D. Red.

[2]) Warum verschweigen, wo sichs um Wahrheit handelt. Wo es sich um das Wohl und Wehe des Nebenmenschen, um Menschenleben und Menschenglück handelt, darf man in seinen Handlungen, noch auch in seinen Ausdrücken nicht schwankend sein.

Die erste Ernte jenes bösen Samens waren die lügenhaften Briefe, welche entweder demoralisirte Kolonisten in die Heimat schrieben, oder welche von den Mitgenossen jener Aufwiegler in der Heimat ihnen untergeschoben wurden. Und als diese ersten Briefe in Europa veröffentlicht wurden, wie schrie da die den Aufwieglern zujauchzende Presse! Wenn nur der „arme Kolonist", wenn nur der „weiße Sklave" schreiben dürfte, wie es ihm in Wahrheit ergeht, hieß es, wir würden noch schrecklichere Dinge aus den brasilischen Kolonien zu hören haben; aber die „Negerbarone" fangen die Briefe auf und dictiren den unglücklichen Opfern ihrer gemeinen Habsucht solche Schilderungen in die Feder, welche geeignet sind, noch mehr „Betrogene" in ihr Netz zu locken, noch mehr „Sklaven" in ihre „Sklaverei" zu ziehen. Es war der gegen die brasilische Kolonisation agitirenden Presse noch nicht genug an dem Elende, von dem jene Lügenbriefe meldeten, noch nicht genug an den scheußlichen Erdichtungen, welche europäische Brieffabrikanten[1] in ihrem Interesse in Umlauf setzten. Sie selbst dichteten noch hinzu oder eröffneten mindestens auf Grund jener erlogenen Briefe schreckliche Fernsichten und Befürchtungen, und gar manches Herz wurde um so eher von ihnen in den Glauben an die vorgespiegelten Schrecknisse hineingezogen, als der Schauplatz so fern lag und die Phantasie der Menschen das Ferne nur zu gern in die Farben ungewöhnlichen Glückes oder ungewöhnlichen Elendes kleidet. Und dazu kam, daß die Vorspiegelungen, welche gemacht wurden, um so glaubwürdiger erscheinen mußten, als ja daheim auch der Europäer weiß, wie leicht auch der Mund und die Feder des Abhängigen[1] und Hilfsbedürftigen sich nach dem Wunsche und dem Worte dessen richtet, von dem er abhängt und von dem er Hilfe erwartet. In Wahrheit sind denn auch von Kolonisten in Brasilien, „bezahlte oder sonst unter einem ähnlichen moralischen Drucke geschriebene Briefe" geschrieben, „die Alles loben und deßhalb unwahr sind." Allein „glücklicherweise", fährt Herr von Tschudi fort, „sind von diesen nicht sehr viele angefertigt worden. Beispiele davon liegen[1] von Kolonisten auf der Kolonie Ibicaba des Hauses Vergueiro u. Co. vor." Also gerade die Classe derjenigen Briefe, deren Zahl nach den Versicherungen der antibrasilischen Presse die weit überwiegende sein sollte, gerade diese sind die wenigsten.[1] Dagegen aber sind diejenigen Kolonistenbriefe, „die in absichtlichen Unwahrheiten und vagen Uebertreibungen unaufhörlich klagen und nach Hilfe schreien, von Kolonisten, die sich in einer schlechten Lage befinden, aber mit wenigen Ausnahmen durch eigene Verschuldung" — gerade diese sind „die häufigsten, und es ist fast unglaublich, mit welcher Unverschämtheit und Heuchelei dieselben größtentheils abgefaßt sind." Sie glaubten, die Verfasser solcher Briefe, sie müßten ihre Lage so sehr übertreiben und sich so unglücklich stellen, damit ihnen geholfen, damit ihre Schulden bezahlt würden. Ja, schlechte Subjecte legten arglosen Kolonisten Briefe zum Unterschreiben vor und überredeten sie zur Unterzeichnung, ohne daß die Unterzeichner wußten, „was in den Briefen stehe." Ein solches Subject entfloh, vor der Untersuchung erbangend, kurz vor der Ankunft des Herrn von Tschudi, mit Hinterlassung einer Schuld von mehr als 3000 fl. Also auch hier waltete die Corruption Derjenigen, welche, vor keinem Mittel zurückschreckend, durch Lug und Trug die Kolonisten zu lügenhaften Berichten,[1] die auf die brasilischen Zustände das schwärzeste Licht warfen, veranlaßten. Bei den wenigen Briefen, welche nach Tschudi's Zeugniß unter irgend einem Drucke zu Gunsten der Kolonieherren geschrieben wurden, wußten doch die Schreibenden, was sie schrieben; die Ränkeschmiede aber, welche die Kolonisten zum Unterzeichnen von zahlreichen verleumderischen Briefen veranlaßten, ließen die Unterzeichner nicht einmal wissen, was sie unterzeichneten. Und auf diesen Lügenbriefen, verfaßt von Parteigenossen, fußten die Philippiken gegen die brasilische Kolonisation nicht nur, sondern sie verfuhren dabei noch, wie sie bei dem unwahren Berichte Dr. Heusser's verfahren waren: sie setzten selbst noch hinzu, sie mehrten die Schrecken, sie hoben die Farben und zeigten in der Ferne, wie es erst mit den Berichten der Kolonisten aussehen, wie die wahre Lage derselben erst erscheinen würde, wenn sie die Wahrheit (?!) schreiben dürften![1]). Die dritte Classe der Briefe, „die die ungeschminkte, einfache Wahrheit enthalten, bei denen Lob und Tadel gerecht sind und die beim Unglücke auch den wahren Grund desselben angeben," können wir übergehen; freilich stehen diese mit den Versicherungen der Brasilien feindlichen Presse, daß die Wahrheit gar nicht aus den brasilischen Kolonien geschrieben werden dürfe, in unvereinbarem Widerspruch; dagegen steht es nach Herrn v. Tschudi fest, daß die Briefe, welche die Verhältnisse der Kolonien und die Lage der Kolonisten, wissentlich oder durch gemeinen Betrug interessirter Aufwiegler verleitet, mit den lügenhaftesten Farben ins Schwarze gemalt haben, bei weitem die häufigsten[1] gewesen sind. Und diese waren die Säulen und Stützpunkte der Angriffe gegen Brasilien von Seiten eines Theiles der deutschen Presse, ohne jedoch dieser zu genügen: es mußte noch hinzugedichtet und noch schwärzer gemacht werden!"

Diplomatische Brasilianische Correspondenz aus Berlin an die Wiener Zeitung.

(Der Rudolst. A. Ausw.-Ztg. entnommen.)

Berlin, 23. April. Der Harkort'sche Antrag: die preußische Regierung möge ein Verbot gegen die Auswanderung nach Brasilien veranlassen, kann, ganz abgesehen von der Tragweite, die ein solches Verbot auf die 50,000 Deutsche und besonders Preußen, welche gegenwärtig in Brasilien leben, haben dürfte, ja müßte — auch noch anderweitige, sehr unerfreuliche Verwickelungen und Debatten herbeiführen. Ein sehr bedeutender und zwar gerade der redefertigste und redelustigste Theil des Abgeordnetenhauses hat eine besondere Antipathie gegen unsere diplomatische Vertretung im Auslande und die Vorfälle in Italien, sowohl mit dem Schiffe „Loreley", welches Depeschen von Gaeta nach Messina beförderte, als mit dem Interesse, welches der Graf Schlippenbach für die legitimen Fürsten Italiens bewiesen, haben dieser Partei bekanntlich scharfe Waffen gegen das Ministerium in die Hände gegeben, ja die letztere Angelegenheit soll, wie man neuerdings hört, nächstens abermals auf das Tapet gebracht werden. Da gewährt denn die Rückkehr unseres Gesandten in Rio de Janeiro, von Meusebach, die mit dem nächsten Packetboote erwartet wird, keine erfreuliche Aussicht; denn es sind sowohl aus den bereits hier eingegangenen Rio-Zeitungen, als aus Mittheilungen der verschiedenen Regierungen, welche dort Gesandte haben, an ihre hiesigen diplomatischen Vertreter (?) Dinge bekannt geworden, die wohl geeignet sind, die Debatten über den Harkort'schen Antrag in unerquicklichster Weise leidenschaftlich zu machen. Die Lage der Dinge, so weit sie bis jetzt bekannt ist und — wenn sich die Angaben jener Zeitungen, namentlich des „Diario do Rio de Janeiro", bewahrheiten — würde sich ungefähr so zusammenstellen lassen: Bekanntlich betreibt schon seit mehreren Jahren eine kleine, aber sehr rührige Anzahl von Männern eine ungemein heftige Agitation gegen die Auswanderung nach Brasilien, wahrscheinlich aus besten, humanistischen Absichten und gestützt auf einzelne unzweifelhaft vorgekommene Fälle von Verblendung und vollständigem Fehlschlagen. Es haben diese fortgesetzten Agitationen, in deren Entwicklung und Consequenzen auch der k. brasil. General-Consul für Preußen, Herr Sturz, seiner Stellung enthoben wurde, — sogar officielle Untersuchungen veranlaßt, z. B. die von Tschudi seitens des schweizer Bundesraths, und die Presse hat ihre Mitwirkung wahrlich nicht versagt. Das Resultat aller officiellen, wie privaten Bemühungen war aber immer nur Anerkennung (?) für die kais. brasilische Regierung und einzelne begründete Vorwürfe gegen Privatunternehmungen, namentlich gegen das Parceria-System. Vorzüglich auf die fortdauernden Angriffe und Klagen der Presse gestützt, erfolgte im vorigen Jahre durch den Handelsminister v. d. Heydt eine Entziehung der preußischen Concession für diejenigen Agenten, welche sich mit Vermittelung der Auswanderung nach Brasilien beschäftigen, allerdings ohne wesentlichen Erfolg;

---

[1]) Die mit diesem Zeichen angemerkten Stellen, sowie der ganze Gang dieser leidenschaftlichen Vertretung der Pflanzer-Interessen und Anschwärzung der armen Kolonisten, und besonders die Unerschöpflichkeit in Anschuldigung von Raffinement in Lug und Trug, beweisen, bei Vergleichung mit den bereits gegebenen kurzen Mustern von den geradezu unbegreiflich lügenhaften Behauptungen dieses langjährigen alten Sünders in Menschenverschacherung, wie sehr es ihm darum zu thun ist, alle seine eigenen Vergehen, besonders aber das der Unterschiebung und Verstümmelung von Briefen u. s. w., den armen Kolonisten in die Schuhe zu schieben. In der That, die Unverschämtheit und Heuchelei dieses Menschen kennt keine Gränzen!

denn die Auswanderung dahin hat fortgedauert und die brasil. Regierung soll nach der Veranlassung und Begründung dieser Concessions-Entziehung gefragt haben, welche keinen Unterschied zwischen den Regierungskolonien und Privatunternehmungen macht. Vielleicht in Folge dessen und um diese Begründung nachweisen zu können, wurde der ebenfalls im vorigen Jahre nach Brasilien abgehende Gesandte, Herr von Meusebach, früher Generalconsul in den Donaufürstenthümern, beauftragt, seine besondere Aufmerksamkeit auf die Verhältnisse der Auswanderer aus Preußen an Ort und Stelle zu richten, und man erwartete von dieser Vermittelung nach beiden Seiten hin eine befriedigende Förderung des internationalen Verkehrs, der durch jene Concessions-Entziehung mehrfach alterirt[1]) wurde. (?) Herr von Meusebach, in Rio angekommen, betonte gleich in seiner Antrittsaudienz dem Kaiser gegenüber den Zweck seiner Sendung in einer Weise, welche schon damals die brasilischen Zeitungen insolito (ungewohnt) nannten und welche den Kaiser veranlaßte, seinem Minister des Auswärtigen bemerklich zu machen, daß er künftig nicht eher wieder den Gesandten einer auswärtigen Macht in einer Antrittsaudienz empfangen werde, wenn ihm nicht vorher der Inhalt der Anrede des Gesandten schriftlich vorliege. Die Aeußerung des Herrn v. Meusebach soll ungefähr enthalten haben: Da der Prinz-Regent von Preußen wisse, daß Se. brasilische Majestät nicht die Macht besäße, die in Brasilien bestehenden Gesetze über Auswanderungs-Contracte auszuführen, so sei er — Herr von Meusebach — gesendet werden, um dafür zu sorgen. Es kam in Folge dieser Anrede an den Kaiser zu Erklärungen zwischen dem brasilischen Minister der auswärtigen Angelegenheiten und Herrn von Meusebach, die indessen weiter keine Folgen hatten; nur bezeichnete die Zeitung das Auftreten des preußischen Gesandten schon damals als inconveniente e grosseiro (unpassend und roh).[2]) Herr v. Meusebach besuchte nun selbst verschiedene Kolonien in den Provinzen Espirito Santo und Rio de Janeiro, ohne indessen diese Besuche der Regierung oder den Eigenthümern dieser Kolonien vorher anzukündigen.[3]) Seine erste Reise machte er zusammen mit dem Gesandten der Schweiz, von Tschudi, der sich indessen schon nach wenigen Tagen von ihm trennte, was bereits zu unerfreulichen Weiterungen zwischen den beiden Gesandten führte, die indessen nicht vor die Oeffentlichkeit gehören, wenn dieß die beiden Herren nicht selber wollen. Es erschienen nun plötzlich in einem zu Petropolis redigirten deutschen Blatte „Brasilia" eine Reihe von Artikeln, welche in sehr entschiedener Weise Anklagen gegen einige der großen Grundeigenthümer enthielten, denen in wenig höflicher Weise Dinge — vielleicht Wahrheiten — gesagt wurden, die indessen nebenbei geeignet waren, das Nationalgefühl des Brasilianers im Allgemeinen zu verletzen. Dies hob denn auch das ebenfalls in Petropolis erscheinende brasilische Blatt „O Mercantil" sofort in grellster und heftigster Weise hervor und die Rio-Journale bemächtigten sich des willkommenen Stoffes. Einer der von der „Brasilia" angegriffenen Fazendeiros, der Kammerherr Valle da Gama, welcher sich zur Wiederherstellung seiner Gesundheit gerade in Europa befand, hatte seinen Advokaten beauftragt, ihn in seiner Abwesenheit in allen Dingen zu vertreten, und dieser verklagte nun den Redacteur der „Brasilia" wegen Beleidigung und Verleumdung. Nach brasilischem Gesetz bleibt der Redacteur straflos, wenn er den Verfasser eines incriminirten Artikels nennt, und so salvirte sich der Redacteur der „Brasilia" — wahrscheinlich weil die gesammte brasilische Presse einstimmig und überwältigend gegen ihn vorging — indem er den preußischen Gesandten als den Verfasser jener Artikel nannte, und das von ihm unterzeichnete Manuscript dem Richter vorlegte, welches mit dem officiellen Stempel der preußischen Gesandtschaft versehen war. Der Richter erklärte sich machtlos einem Gesandten gegenüber; dafür brach gegen diesen der Sturm der Presse desto heftiger los. Die alles Maaß übersteigenden Angriffe gegen Herrn v. Meusebach warfen sich auch auf andere Vorgänge, welche so ziemlich in dieselbe Zeit fielen. Herr v. Meusebach hatte nach einander den General-Inspector Braz Belens und den englischen Gesandten Herrn Christie gefordert, und zwar in Folge sehr unangenehmer persönlicher Begegnisse. Beide Personen hatten sich nicht bewogen gefunden, die verlangte Satisfaction zu geben. Bei dem Allen fand auch eine Correspondenz mit den Ministern Statt, deren Inhalt ebenfalls den Weg in die Presse fand, kurz es wurde aus dem Zusammentreffen vieler Umstände und Zufälligkeiten eine für den Augenblick vollkommen unhaltbare[4]) Stellung des Herrn von Meusebach der brasilischen Gesellschaft gegenüber."(?)

„Die Vorgänge mit dem engl. Gesandten Mr. Christie kennt man in hiesigen diplomatischen Kreisen[5]) durch eine Mittheilung Lord John Russell's an die hiesige englische Gesandtschaft; (wie erfuhr das der Cor-

---

1) Ebenso könnte man behaupten, der National-Verkehr zwischen der Küste von Afrika und Brasilien sei durch die Lord Aberdeen'sche Bill, welche die fernere Einfuhr von Negern unmöglich machte, gestört worden, und dennoch war der rechtliche Handel zwischen Brasilien und Afrika nicht unterbrochen worden; auch deutsches Menschenleben und Menschenglück ist kein nothwendiger Ballast im Handel mit Brasilien. Deutsche Waaren verzehrt Brasilien nur, wenn es solche wohlfeiler als von anderswoher haben kann, oder wenn es diese gar überhaupt nicht zu bezahlen braucht, und deren Betrag durch den Bankrott ausgleichen kann, wie jetzt und wohl eine geraume Zeit noch für die Zukunft.

Seinen Zucker und Kaffee verkauft Brasilien nur gegen baar Geld, und würde ihn auch an dortige Deutsche verkaufen, selbst wenn es mit Deutschland im Kriege wäre. Von ersterm braucht Deutschland fast gar keinen mehr, und von letzterm stets weniger wegen seiner schlechten Qualität. Könnten aber deutsche Waaren nur auf Kosten deutschen Bluts und deutscher Ehre nach Brasilien nur ausgeführt werden, und brasilischer Kaffee importirt werden, so unterbliebe besser Beides; der Verlust würde bei der gegenwärtigen Lage Brasiliens für Deutschland kaum ein fühlbarer sein.

2) Das ist eine grobe Unwahrheit des Berliner diplomatischen Correspondenten nach Wien und Hamburg, die nicht einmal von den bras. Blättern selbst begangen worden ist; den Beweis findet man in dem Wortlaute jener Anrede selbst und in des Kaisers Antwort. Die Unwahrheit ist jedoch nicht größer, als die früher von demselben Correspondenten gemachte Behauptung: „es „wäre den preußischen Diplomaten in Rio, die sich der Deutschen in Brasilien angenommen hätten, nie böswillig und „selbst gemein mitgespielt worden. Wir erinnern hier nur an die Beleidigungen, die dem Hrn. Grafen v. Oriola, dem einzigen, der „sich der Preußen und Deutschen dort ernst annahm, in den Kammern sowohl als in der Presse geboten wurden. Er sah wohl vor-„aus, was aus jener Art Colonisation da kommen müsse und protestirte gegen solches Treiben; aber wie froh war nicht die brasil. Werbediplomatie, als der Graf auf Urlaub zurückkehrte, um, wie man wohl wußte, nie mehr Fuß auf bras. Boden zu setzen!"

3) Von diesem völlig secundären, an sich ganz trivialen Vorfalle, der nicht zu verkennender Weise durch planmäßige Hetzereien der Negerbaronen-Camarilla hervorgerufen war, und welcher durch die frühern Beziehungen des gegen Hrn. v. Meusebach sehr verstimmten Hrn. v. Tschudi mit Mr. Christie schon aus der Schweiz her, die Wichtigkeit annahm, die man ihm gab, weiß man in den diplomatischen Kreisen Berlins erst durch obige Mittheilung aus der brasilianischen Gesandtschaft, daß es dieser nicht unangenehm wäre, wenn sich das englische Cabinet in diese „privatissima" mischte und vielleicht einen recht piquanten Notenwechsel darüber eröffnete, welcher die eigentliche Frage der Parceria-Contracte und aller auf sie begangenen Scheußlichkeiten ganz in den Hintergrund versetzte. Die Versuche, es dahin zu bringen, scheinen jedoch vorerst völlig gescheitert zu sein.

4) Das ganze Mistère der selbst in dieser und andern Berliner Correspondenzen nach Wien und Hamburg nicht undurchschaulich verschleierten brasilianischen Diplomatie und der Negerbaronen-Camarilla-Politik in Rio liegt in diesem Worte „unhaltbar", d. i. schon vor Ablauf der ersten 6 Wochen nach Hrn. v. M.'s Ankunft und als man bemerkt hatte, daß er für sich selbst sehen und urtheilen wollte, hatte man unwiderruflich beschlossen, ihm eine unerträgliche Existenz zu bereiten und ihm so seine Stellung durch alle mögliche Hindernisse, Chicanen und Tracasserien unhaltbar zu machen und so seine mißliebigen Nachforschungen abzuschneiden. Hat sich dieser Plan, der eine völlig compacte Verschwörung der mächtigen Grundbesitzer gegen ihn ist, bereits bei seinem Besuche in Minas so thätig bewährt, so wird sich derselbe, eingegangenen Nachrichten zufolge, noch viel wirksamer bei seiner bereits angetretenen Reise im Süden bewähren, die man in brasil. Blättern mehrfach „eine Spionier- und Revolutionirungs-Expedition" zu nennen sich vermißt und zu deren möglichster Erschwerung man einen völligen Plan angelegt hat mit Verwendung einiger jener Vagabunden, deren jeder Pflanzer einen Troß um sich hält, um sie zu Werkzeugen seiner gesetzwidrigen Launen zu verwenden. So wie man in Rio bei Hofe, wo die Pflanzer alle Kammerherrnstellen inne haben, die feineren und doch niedrigsten Intriguen gegen ihn spielen ließ, so will man nun im Innern das brasilianische Rowdiethum und jedes mögliche materielle Hinderniß bei einem ohnedieß schon für den Reisenden so schwierigen Terrain, dazu benutzen, ihm den Aufenthalt in Brasilien unerträglich und eben dadurch auch seine Stellung unhaltbar zu machen. Ist ja doch Brasilien par excellence

respondent?) indessen sind sie der Art, daß sie bei der eigentlichen Hauptfrage nicht in Betracht kommen, und somit auch kaum schädlich auf die zu erwartenden Debatten einwirken werden. Es sind privatissima, bei denen eben nur zu bedauern ist, daß sie zwischen Personen von so hervorragender und verantwortlicher Stellung stattgefunden. Die hier bekannt gewordenen Rio-Zeitungen fordern einstimmig und in leidenschaftlichster Weise, daß die kaiserl. Regierung dem preußischen Gesandten seine Pässe zustellen möge, und da die Rückkehr des Herrn v. Meusebach als nahe bevorstehend angekündigt wurde, so scheint die preußische Regierung eine persönliche Berichterstattung gewünscht zu haben."

„Es sind hier nur Facta, ohne ein genaueres Eingehen auf die maaßgebenden Nebenumstände, Behauptungen und jedenfalls übertriebenen Anschuldigungen zusammengestellt; sie genügen aber leider vollkommen, um zu fürchten, daß dem Minister der auswärtigen Angelegenheiten bei der Debatte über den Harkort'schen Antrag peinliche Schwierigkeiten bereitet werden dürften; denn bekanntlich sind dergleichen persönliche Angelegenheiten am meisten geeignet, den Charakter einer parlamentarischen Besprechung zu vergiften. Welchen Einfluß diese Verhältnisse auf den Harkort'schen Antrag selbst haben werden, läßt sich allerdings nicht übersehen. Wesentlich ist nur, daß auch die Berichte des Herrn von Meusebach den Regierungskolonien in Brasilien fast unbedingte Anerkennung aussprechen und somit das schon so oft Gesagte aufs Neue bestätigen, aber freilich auch das Verbot der Auswanderung nach Brasilien im Allgemeinen nicht befürworten, sondern die **allerdings** vorhandenen Mißbräuche und getäuschten Erwartungen wohl dahin verweisen, wohin sie gehören, in die **Privatspeculation,**[1]) die Gier gewissenloser Agenten und den Leichtsinn deutscher Ortsobrigkeiten, sich den lästigsten Theil ihres Proletariats vom Halse zu schaffen. So steht denn wieder eine dramatische von Actualität und Persönlichkeiten pulsirende Kammerverhandlung in Aussicht."(!) So der brasilianische angesehene Diplomat aus Berlin!

Erklärung des Hrn. Adolph Schmidt, bras. Pflanzer und Verwandten des brasilianischen Vice-Consuls in Stettin, Hrn. Behrend.

Ein Herr Ad. Schmidt, ein sehr naher Verwandter des kaiserl. brasil. Vice-Consuls in Stettin, Herrn Behrend, selbst ein Kaffeepflanzer in der Provinz von Rio de Janeiro und dort auf Römischkatholisch mit einer Brasilianerin getraut und ein dort bereits jahrelang eingebürgerter Mann und Mitglied mehrerer gemeinnützigen brasilianischen Gesellschaften, richtete noch nicht lange her eine offene in den Zeitungen gedruckte Vorstellung an die Volksvertretung Brasiliens, worin wörtlich steht: „Ist euer Zweck die Kolonisation zu fördern? Wohl denn, so gebt „Religionsfreiheit im wahren Sinne des Worts; führt die Civilehe ein; (man sieht hier, wo ihn der „Schuh drückte bei seiner Trauung, und sehr wahrscheinlich auch seit derselben!); gebt dem Eingewanderten, dem naturalisirten Brasilianer (das scheint er auch schon zu sein und sich desshalb auch schon nicht „mehr viel um die zu kümmern, die bleiben wollen was sie sind) die vollen Rechte des Eingebornen; laßt gute, „billige und zugängliche Ländereien vermessen, gebt die versprochene Subvention dem eingewanderten Kolonisten, „anstatt Unterhändlern und Gauner-Agenten in Deutschland, laßt über die vermessenen Ländereien Karten „drucken (hier sollte er noch gesagt haben: „und unterdrückt nicht länger die 10 bis 12 bereits angefer„tigten und in 1000 Exemplaren lithographirten Karten von dem Land-Eigenthume in einigen Districten, die „insgesammt bis auf das letzte Exemplar dem Publicum ja sogar dem gesetzgebenden Körper — dem übri„gens gar nicht darum zu thun ist, sie zu sehen — vorenthalten sind!") und gebt Beschreibungen über die „Qualität des Bodens und seiner Erzeugnisse; laßt die Landesgesetze in deutscher Sprache drucken, und dann wollen „wir euch die Mittel angeben, den gordischen Knoten zu lösen, ohne dem Lande Tausende von Contos zu kosten!" —

Wir hätten also in dem Obigen bereits eine Art von halb-officieller Zulassung der Ansicht des brasil. Consulats in Stettin durch diesen nahen Verwandten des Vice-Consuls und wir dürfen diese um so sicherer als solche annehmen und daß das obige „dann wollen wir u. s. w." auf eine Cooperation zwischen dem Herrn Rathgeber und dessen schon ziemlich lange Zeit zum Vice-Consul, selbst in Berlin, anempfohlenen ihm verwandten jetzigen Vice-Consul in Stettin hindeutet, als der letztere selbst schon geraume Zeit die Möglichkeit erkannt hat, vermittelst vertrauensvoll seitens der bras. Regierung zur Verfügung gestellter Gelder, die Auswanderung nach Brasilien in Gang zu bringen, einem Vorschlage, auf den die brasil. Regierung, als das Geld ihr etwas flüssiger war als es jetzt gerade ist, einzugehen ganz geneigt erschien. Daß aber selbst der Herr Vice-Consul in dieser Ansicht und den Plänen, die er sich ausgelegt haben mag, sich nur in ein Labyrinth begeben haben würde, ohne den Faden zur Rückkehr zu besitzen, kann er sich aus der Zusammenstellung in diesen Blättern herauslesen und kann ihm noch, wenn ihm diese nicht genügen sollten, mehr auf seinen speciellen Fall direct bezüglicher Stoff geboten werden, den er besonders bei den jetzigen Handelsconjuncturen für umfangreiche Geschäfte in Nordamerika nicht weniger als in Brasilien schwerer zu verarbeiten finden dürfte, als ihm die Flüssigmachung der Auswanderung nach Brasilien schon seit Jahren und noch vor wenigen Wochen schien.

Indem wir aber die Forderungen seines Verwandten nur als berechtigte Admissionen des Herrn Vice-Consuls selbst — außer er widerspräche ihnen — annehmen und als in der That hundertfach von anderer Seite bestätigt, dürfen wir jedoch nicht unterlassen, zu bemerken, daß, obgleich alle die von Herrn Ad. Schmidt gestellten Bedingungen in der That unerläßlich sind, sie doch alle zusammen von nun an bereits keinen Schuß Pulver mehr werth sein würden für die Erleichterung einer wahrhaft gedeihlichen Einwanderung in Brasilien, so lange der Grundstein zu deren Geltendmachung nicht gelegt sein wird, der in einer hinreichend hoch gestellten Grundsteuer zur Niederbrechung des Landmonopols besteht, welche denn auch die fernere sehr nothwendige Bedingung für Einwanderung, eine sehr bedeutende Erniedrigung der Einfuhrzölle, wie dem Hrn. Vice-Consul als Kaufmann und umfangreichem Exporteur nach Brasilien gewiß einleuchtet, ermöglichen wird. — Das ist der gordische Knoten, der zuerst zu lösen ist durch Grundsteuer und niedere Zölle zugleich — wir sagen der jetzt, der zuerst zu lösen ist, denn es besteht in Brasilien noch ein anderer gordischer Knoten, noch verschlungener und härter und unendlich schwieriger zu lösen als jener und dessen Lösung vor kurzer Zeit noch der Zukunft anheimgegeben werden zu können schien, der aber nun zerhauen

---

kümmern, oder daß ihm, wenn er nicht der nach heutigen gesellschaftlichen Ehrenbegriffen überstrenge Mann war, gar nicht möglich geworden wäre, eine unbefangene Einsicht von ihrer Lage zu nehmen, noch weniger einen unpartheiischen Bericht darüber zu erstatten.

[1]) Das ist falsch! Privat-Speculation kann doch eine solche nicht mehr genannt werden, wo ein Gesandter als solcher selbst, und als von seiner Regierung dazu autorisirt, Contracte mit armen unwissenden Menschen eingeht, denen der bloße Name „Gesandte" genügte, um sich vor aller Uebervortheilung sicher zu glauben; besonders aber denen unter ihnen, welche protestantischer Confession waren, denen der Gesandte selbst seine in Deutschland (mit oder ohne Zustimmung seiner Regierung? mit oder ohne Dispens des brasilischen Episcopats?) eingegangene Mischehe als eine Garantie für ihre jenseitige Glaubensfreiheit anführte. Ist das nicht der Fall gewesen, so widerspreche man in vernehmbarer Weise. Was den Versuch, die eigene Schuld in der schlechten Wahl der Leute auf Andere zu schieben, anlangt, so fragen wir, lag es der Gesandtschaft und dem General-Consulate nicht ob, nur wohlgesittete und wohlbeleumundete Leute als Colonisten aufzunehmen, und solchen Pässe nach Brasilien, und zwar gratis auszustellen; und sind sie diesen Befehlen ihrer Regierung nachgekommen?

Sehr richtig sagte vor einem Jahre schon die „Brasilia" auf die so häufig gepflegte Selbstentschuldigung dieser durch die Schlechtigkeit der Kolonisten: Diese Klagen und Entschuldigungen sind völlig stereotyp schon seit vielen Jahren. Nun weiß aber der gewöhnlichste Geschäftsmann (und in diesem Falle ist die k. Regierung selbst der Geschäftsmann oder Ordregeber), daß wenn ihm sein Correspondent Schundwaare statt guter Waare aufhängt, er diesen Correspondenten verantwortlich für den Verlust machen, und um sich gegen ferneren Betrug zu sichern, ihm den Abschied geben muß. Das ist aber seitens der brasil. Regierung nicht geschehen. Sie fährt fort, dieselben Agenten beizubehalten und diese fahren fort, sie durch die Einsendung ungeeigneter Kolonisten, zugleich aber auch die Kolonisten zu betrügen!

werden muß, und das ist die Sklaverei. Das aber kann durch keinen minderen Schritt geschehen als durch die schleunige Erklärung der Freiheit aller neugebornen Schwarzen oder Farbigen. Es ist dieses das einzige Mittel, Brasilien möglicher Weise noch vor einer socialen Erschütterung zu retten, die es als Staat nimmermehr die Kraft finden wird zu überleben und welche die brasilianische Nation unter ihren chaotischen Trümmern begraben würde. Hier sind also die drei Hauptbasen für eine künftige, dereinstige, aber keineswegs schon für eine gegenwärtige oder auch nur baldige Einwanderung, welche Hr. Ad. Schmidt ganz übersehen hat oder vielleicht als Grund- und Sklavenbesitzer nicht zu berühren für gut hielt oder zu berühren wagte. — Sie sind die unmittelbar sich aufdrängenden ersten Aufgaben der brasilianischen Staatsmänner und wirklichen Patrioten. Diese haben sie zu lösen und müssen sie lösen, wenn sie nicht vorziehen, zitternd vor der nächsten Zukunft zu stehen und ihren Kindern ein zehnfach größeres Uebel zu vererben als das, welches sie sich selber bereitet haben.

Es sind dies auch gar keine Fragen mehr, die von der Laune oder von dem vermeinten Interesse dieser oder jener Classe abhingen. Es ist eine einzige Frage der unvermeidlichsten Nothwendigkeit. Sie wird alle Bedenken niedertreten nnd alles, was sich ihr widersetzt, über den Haufen werfen. Sie wird Staatsmänner eines Sinnes machen und die Parteien in der gesetzgebenden Versammlung zusammen stimmen machen. Der klare Blick in die Calamitäten der Zukunft wird es ihnen auch klar machen, daß Reiche nur durch gegenseitige Zugeständnisse der Partheien und Klassen erhalten werden können — davon giebt in diesem Jahre Rußland das gute und die Vereinigten Staaten das abschreckende Beispiel.

Die Perspective unentwirrbarer Confusion wird zur Einigung über diese Frage führen und die eingefleischtesten Vorurtheile entwurzeln. Ist es einmal dazu in Brasilien gekommen und ist diese dreifache Frage gelöst, dann gewinnen auch die obengenannten Punkte einen Werth für Einwanderer; jetzt haben sie für diese keinen, wenn sie auch für den bereits Eingewanderten einigen haben.

Der „Einwanderer" von Porto Allegre, dessen Redacteur Herr Carl Jansen, brasil. Bürger und zugleich Provinzial-Agent der deutschen Kolonisation von Rio Grande ist, sagt in einem durch mehrere Nummern dieses halb deutsch und halb portugiesisch gedruckten Blattes, also zur vollen Kenntniß der Brasilianer und ihrer Regierung: „In geeigneten Distrikten sollten Kolonial-Loose (d. i. Land) vermessen und abgegrenzt und zum „Verkaufe gestellt werden; zu jeder Zeit practicable Straßen zwischen den producirenden Orten und den consumirenden Märkten sollten angelegt werden. Zuerst aber garantire mau den Kolonisten den unantastbaren Besitz „der erstandenen Ländereien mittelst eines Titels, um den endlosen Reclamationen gegen unsere Regierung „und den Befürchtungen ein Ende zu machen, die man den Kolonisten einraunt, es könne ihnen ihre bearbeitete Ko-„lonie wieder entzogen werden. Wenn erst der Grundbesitz allerwege gesichert ist wird auch das Subsidiensystem über-„flüssig werden und es werden nicht bloß Proletarier, sondern auch kleine Capitalisten eintreffen."

Dasselbe Blatt sagt: „Unter den zahlreichen Uebeln, welche die portugiesische Herrschaft Brasilien hinterlassen hat, stellt sich als das hervorragendste, das gefährlichste, die Sklaverei heraus. In der That, mag man diese Institution vom moralischen, politischen oder religiösen Standpunkt aus betrachten, immer ergiebt sie sich so abstoßend, so unbegreiflich in ihren Folgen, daß man vor ihr zurückschreckt. Viel zu theuer ist das momentane, materielle Gedeihen durch Sklaveneinfuhr bezahlt worden, denn es bildet sich für die Zukunft eine gemischte Race als Resultat der Kreuzung auf unserem Boden selbst. In den Vereinigten Staaten bildeten die Neger, gleich nach ihrer Freilassung ein Heer unerbittlich Ausgeschlossener den Weißen gegenüber, da die Vorurtheile und Sitten der Nation durchaus keine Vermischung mit Negern, ob freie oder Sklaven zulassen. In Brasilien indessen ist die Vermischung allgemein und um so bedauernswürdiger, als gerade in ihr der Grund zu einer unbegränzten Prostitution zu suchen ist."

Unter den Uebelständen, welche die Sklaverei herbeigeführt hat, seufzend, wird Brasilien sich nie ganz frei fühlen nnd nie die gänzliche Gleichheit zwischen seinen Unterthanen aufstellen können, so lange die Sklaverei besteht, und selbst wenn man durch ihre Abschaffung dahin gelangen sollte, den Unterschied vor dem Gesetze zwischen den farbigen und den weißen Menschen zu beseitigen, wird noch auf lange Zeiten hin eine scharfe Scheidelinie bestehen. Dutot in seinem Werke „La France et le Brésil" zeigt, daß außer diesem großen staatlichen Uebel noch ein anderes, nicht weniger gefährliches existirt, welches auf das innere Familienleben seinen Einfluß ausübt. Wir meinen die Uebel, welches die Sklaven den Kindern zuführen. Diese werden gleich nach ihrer Geburt den Sklavinnen übergeben und diese, der Prostitution verfallen, können nur schädlich auf die Erziehung einwirken, insbesondere bei weiblichen Kindern u. s. w. „Möge jeder Brasilianer sich davon überzeugen, daß die Sklaverei ein fürchterlicher Krebsschaden ist, der das Reich zerfrißt!" u. s. w.

☞ Wenn nun Jemand die Ueberzeugung von der Richtigkeit dieser Ansichten hat, und besonders ein Brasilianer, der aus eigner Erfahrung ihre Wahrheit kennen muß und der in Deutschland sammt seiner Familie gastfreundschaftlichst aufgenommen ist, Deutsche dazu überredet, wenn selbst auf völlig freiem Fuße und mit dem Vollgenusse aller bürgerlichen Freiheit und Rechte des gebornen Brasilianers und sogar bei der unverkürztesten Freiheit seines Glaubens, in solche Zustände einzuwandern, ist das nicht schon ein ungeheurer Betrug, wenn er aber Deutsche, die in jenem Lande vorweg schon aller dieser partiellen Vortheile beraubt sind, noch in Hörigkeits-Verhältnisse wie die eines Parceria-Auslöslings und in unmittelbare Berührung mit Negersklaven bringt, die in den Pflanzungen ungleich mehr als in den Wäldern Afrikas brutalisirt sind, weil sie den Grundgesetzen der Natur gänzlich zuwider leben, welche Benennung wäre stark genug für ein so treuloses Treiben?

Folgende Antwort gab Hr. Geh. Rath Kerst einem allgemein geachteten Brasilianer, der entweder aus eigenem Antriebe oder im Auftrage der brasilianischen Regierung, muthmaßlich aber ohne Mitwissen des Senhor Aranjo, denselben günstiger für Brasilien zu stimmen, versucht und ihn selbst um seinen Rath über das, was Brasilien thun solle, um eine gute Einwanderung an sich zu ziehen, gebeten hatte. Derselbe hat sich später noch persönlich mit Herrn Kerst über diesen Gegenstand besprochen und kehrte mit den besten Vorsätzen nach seinem Vaterlande zurück, alles was bisherige Regierungs-Agenten in Deutschland gethan hatten, gänzlich verdammend, jedoch auch er hat dort, wie es scheint, nicht das Mindeste zu einer Reform beitragen können; im Gegentheile, es haben sich dort seitdem die Dinge noch viel schlimmer gestaltet.

Berlin, den 2. August 1857.

Hochgeehrter Herr!

Indem ich Ihnen herzlich und aufrichtig für die freundlichen Zeilen danke, mit denen Sie mich unterm 23 v. Mts. beehrten, bedaure ich, nicht im Stande zu sein, Ihnen meine kleinen Schriften über Brasilien selbst schicken zu können, weil ich von denselben selbst zum Theil kein Exemplar mehr besitze. Inzwischen sind dieselben durch jede Buchhandlung leicht zu beziehen. Die vollständigen Titel sind:

1) Die Platastaaten und die Wichtigkeit der Provinz Otuquis und des Rio Bermejo, von S. G. Kerst. Berlin, Veit u. Comp. 1854.
2) Ueber brasilianische Zustände der Gegenwart, mit Bezug auf die deutsche Auswanderung nach Brasilien und das System der bras. Pflanzer, den Mangel an afrikanischen Sklaven durch deutsche Proletarier zu ersetzen. Berlin, 1853. Veit u. Comp.
3) Die Länder am Uruguay. Berlin, 1857. Selbstverlag des Central-Vereins für deutsche Auswanderungs-Angenheiten. (!)

4) Die Länder im Stromgebiet des La Plata. Berlin, 1852, wie oben.
5) Die Colonien der bras. Provinz Rio Grande do Sul. Berlin, 1853, wie oben.
Außerdem noch die beiden folgenden Abhandlungen:
6) Kritik des Berichts Ottoni's über die Unternehmung am Mucury. In Otto Hübner's Zeitschrift für statistische und National-Oekonomie. 1853. (?)
7) Die brasil. Provinz Rio Grande do Sul. Im Journal der neuesten Land- und Seereisen von Dr. G. G. Friedenberg. 47. Band 1832.

Kleinere Aufsätze über Brasilien, in denen einzelne wohl beglaubigte Thatsachen besprochen werden, sind fast in allen größeren deutschen Zeitungen erschienen, ich habe sie aber nicht gesammelt.

Außer den Schriften von mir herrührend, sind eine große Reihe älterer und neuerer Schriften erschienen, welche durch ganz Deutschland verbreitet sind, wie z. B. Karl Seidler's „Brasilien", ferner von einem Ungenannten: „Rückblick auf den Krieg mit Rosas und die Schicksale der deutschen Truppen im Dienste Brasiliens." Berlin, 1854. Veit u. Comp. u. a. m.

Eine ganz außerordentliche Reihe von Thatsachen, die in keiner Weise zu widerlegen sind, sind seit mehr als 30 Jahren durch Zeitungen und Bücher in Deutschland zur allgemeinsten Kenntniß gelangt und haben allerdings eine wahrhaft „öffentliche Meinung" über das brasilianische Gouvernement in Beziehung zur deutschen Einwanderung und Werbungen gebildet, die nicht durch Phrasen zu ändern ist. Es bedarf aber sehr entschiedener **Thaten**, eine gänzliche Umkehr zu loyalern Principien und redlichen Handlungen, um Brasilien zu rehabilitiren in der öffentlichen Meinung. Vor Allem beginne die brasilianische Regierung offen und ehrlich früheres an Tausenden verübten Unrecht und die nichtswürdigen Kränkungen Einzelner, an den wenigen noch Lebenden, die einst leichtgläubig den feierlichen Zusicherungen vertraut haben, mit wahrer Liberalität und ohne die Tracasserien, welche man gegen General Braun jahrelang in Ausführung brachte, zu tilgen; schaffe jene die Protestanten beleidigenden canonischen Gesetze über die Ehen ab; gebe wirkliche **Garantien** für die öffentliche Ausübung des protestantischen Cultus d. h. man schaffe die altportugiesische Kolonialgesetzgebung ab, welche gegen den Fremden, gegen die religiöse Freiheit, gegen die freie Bewegung des Kapitals &c. gerichtet ist; mache mit der bürgerlichen Gleichstellung der eingewanderten Deutschen, mit den „filhos da terra" wirklich Ernst, denn der Deutsche ist wenigstens eben so befähigt und würdig, Kammerherr, General, Minister, Marquez, Visconde &c. zu werden, als der brasil. Pflanzer, der altportugiesische ehemalige Zimmermeister, Hausirer, Sklavenhändler &c. Welch' ein Unterschied besteht denn zwischen den alten Kolonisten und den neuen? Amerikaner sind allein jene Rothhäute, die heute noch vielfältig das Hochwild für die europäischen Eindringlinge abgeben; ich habe nie gehört, daß sich ein Brasilianer seiner indischen Abstammung gerühmt hätte als des einzigen Titels auf die **Rechtmäßigkeit** des Bodenbesitzes; (!) wohl aber weiß ich, daß weiße Farbe, die europäische Abstammung, etwas gilt! Nun denn, was will der Unsinn besagen, der „filhos da terra" den andern Europäern entgegengesetzt? Brasiliens Unabhängigkeit hat damit nichts zu schaffen. Ob der brasilianische Bürger in Gevaz oder in Pommern geboren ist, ist nach meiner Anschauung gleichgültig, beide sind Einwanderer derselben kaukasischen Race, welche die Rothhäute verdrängen, um ein neues Reich, das weder ein portugiesisches noch ein deutsches Reich sein soll, gründen wollen. Erst durch ihre Vermischung kann eine brasilianische Nation entstehen! Diese Handvoll europäischer Einwanderer, welche heute bras. Nation spielen, ist völlig ungenügend, ja ich behaupte noch mehr, sie ist **für sich allein unfähig**, das Land in Cultur zu bringen und Gesittigung in dem ungeheuren Gebiet zu verbreiten. Sie ist unfähig, einen Staat zu gründen, welcher die Bedingungen der Dauer in sich selber hat. Es kann nur ein Staat entstehen, und zwar einzig und allein auf dem Wege wie die nordamerikanische Union zum Staat erwächst, d. h. durch die **freie** Einwanderung aus Europa. So lange das in Brasilien nicht erkannt ist, kann Brasilien nicht den Deutschen als Auswanderungsziel anempfohlen werden. Was sonst in Brasilien auch über Auswanderung gefaselt wird, es ist im letzten Grunde nichts als alte portugiesische Kolonialpolitik, d. h. die Portugiesen in Brasilien wollen in Brasilien selbst die alte Kolonialwirthschaft begründen, nur sollen Deutsche in das alte Verhältniß der Kolonisten treten, während die Kolonisten von 1824 die Stelle des alten Portugals einnehmen. Daher werden thatsächlich dem deutschen Talent, der deutschen Wissenschaft die Aemter und Ehrenstufen verschlossen.

Doch bin ich sehr weit davon entfernt, mich eingehender über dieses Thema auszusprechen, noch viel weniger will ich Rathschläge ertheilen. Wäre der brasilianischen Regierung das allergeringste daran gelegen, meine Ansicht zu kennen, eventuell meinen Rath zu hören, so hätte sie, statt feile Federn zu dingen, sich eben so gut direct an mich gewendet, und ich würde sie nach bestem Wissen berathen haben. Meine Stellung zur bras. Einwanderungsfrage kann daher für jetzt keine andere sein, als die, ihre einzelnen Acte, soweit sie meine deutschen Landsleute betreffen, kritisch zu beleuchten, denn man wird es mir in Brasilien zugestehen, daß ich ein Recht habe, denselben deutschen Patriotismus geltend zu machen, den der Brasilianer für sein Land und Volk hat.

Ich weiß sehr wohl, daß es viele ehrenwerthe Männer in Brasilien giebt, die nicht minder als ich, oder auch Sie selbst, das bisherige brasilianische Einwanderungssystem verdammen, und die folgerecht mit mir kämpfen müßten in derselben Richtung; aber die Zahl dieser Männer ist zur Zeit noch sehr klein, ja so klein, daß es noch kein einziger gewagt hat, mit Kraft und Nachdruck aufzutreten. — Ununterrichtet über die Hauptbedingungen ist die bras. Regierung nicht. Schon General-Consul Sturz hat vor vielen Jahren die vernünftigen Principien wiederholt ihr auseinander gesetzt. Man sagt mir, daß derselbe für dieses Unterfangen auf eine schlechtere Stelle versetzt, ja abgesetzt werden sollte. Ich zweifle gar nicht an der Möglichkeit eines solchen Verfahrens, denn ich kenne aus Erfahrung, wie die brasilianische Regierung Verdienste ihrer deutschen Diener lohnt. Wäre es der brasilianischen Regierung Ernst mit der freien Einwanderung, mit bürgerlicher und religiöser Gleichberechtigung &c., „so hätte sie längst, „um diesen Ernst zu bekunden, Sturz nach Rio berufen und an die Spitze der Einwanderungs-Angelegenheiten gestellt, „denn es giebt keinen Brasilianer, der ihm auf diesem Gebiete entfernt gleich stände. Natürlich der Lastträger „eines filho da terra, eines unwissenden Subjects zu sein, dazu giebt sich kein Mann von Selbstachtung her. Und „so viel ich weiß, ist Hr. Sturz brasilianischer Staatsbürger wie irgend ein Felisberdo oder wie sonst die Begünstigten „heißen. Nein! offen spreche ich es aus, so lange lediglich die Sache der deutschen Einwanderer in portugiesisch-„brasilianischen Händen ist, so lange die Unwissenheit sie zu befördern berufen, Männer wie Sturz mit solcher Zurücksetzung behandelt werden, so lange werde ich ein Gegner der Einwanderung von Deutschen in Brasilien sein, denn „dadurch beweist die brasilianische Regierung thatsächlich, daß ihre Decrete und Gesetze über Einwanderung Phrasen, „Humbug sind." Ich bin kein Feind von Brasilien, trotz aller Nichtswürdigkeiten und Betrug, die ich persönlich erfahren, nur weil ich ein Deutscher bin und von Gott gesunden Verstand empfangen habe, kann ich nicht für die Einwanderung, weder direct noch indirect, offen oder geheim wirken, bis ich die Ueberzeugung gewonnen, daß das altportugiesische Regiment in Brasilien gefallen und eine vernünftige der Neuzeit entsprechende Politik zur Herrschaft gelangt ist, daß namentlich der deutsche Brasilianer vollkommen dem portugiesischen Brasilianer gleichgestellt worden.

Mit Hochachtung bin ich Ew. Hochwohlgeboren ergebenster G. Kerst.

Aus dem „Jornal do Commercio" vom 15. Sept. 1857.

Fiat justitia — Palmam qui meruit ferat.

Da sich endlich die gesetzgebende Versammlung und Hauptorgane der Presse, wie es ihnen gebührt, mit der für Brasiliens höchste Interessen hochwichtigsten Frage, der Kolonisation, beschäftigen, fiel mir auf den Namen des

Namen des Herrn Sturz, jetzigen General-Consuls in Sardinien, vormals in Preußen, gar nicht genannt zu hören. Nun hat aber dieser unermüdliche, eifrige und erfahrene Staatsdiener schon seit einer langen Reihe von Jahren mit großem Aufwande von Zeit, von Geld und selbst auf Kosten seiner Gesundheit nicht nur seine eigenen vortrefflichen Ideen, sondern auch die anderer erfahrener und selbst ausgezeichneter Männer über Kolonisation, Eisenbahnen und Verbesserungen der verschiedensten Art nicht bloß an die Regierung, sondern auch an die Mitglieder der General- und Provinzial-Assembleen und an wissenschaftliche und industrielle Corporationen ohne Unterlaß eingesandt, sondern er fährt noch heute fort, es zu thun. Ich habe die meisten seiner Mittheilungen gelesen und habe viele Gedanken und Theile aus denselben in den Kammern und in den Tagesblättern benutzt und wiederholt gesehen, ohne daß dabei auch nur im entferntesten der Quelle gedacht worden wäre, der sie entnommen sind. Ich weiß nicht, ob die Central-Colonisations-Gesellschaft sich bereits in Correspondenz mit Herrn Sturz gesetzt hat; wäre dieses aber nicht der Fall, so würde ich ihr rathen, sich ohne Zeitverlust mit diesem eben so thätigen, als geschickten und patriotischen Consular-Beamten in Verbindung zu setzen.

Joa Henrique Freeze.

Was der deutsche Einwanderer in Brasilien im Jahre 1857 zu gewärtigen hatte und nun, nachdem sich nichts gebessert, vieles aber sehr verschlimmert hat, in doppeltem Grade gewärtigt.

Aus einer in verschiedenen Brasil. Zeitungen veröffentlichten Adresse an die Brasilianer sagt Graf Rozwadowski als ihr naturalisirter Landsmann: Weg mit allem Exclusivismus und mit dem Hirngespinnste, dem Producte einer krankhaften Einbildungskraft, daß Europa es sich ferner stets angelegen sein lassen werde, uns seine Capitalien für unsere Unternehmungen, seine Gedanken, Entdeckungen, seine Wissenschaft, Kunst und Industrie zu senden, während die, welche uns alle diese Geschenke bringen, uns noch dankbar sein sollen dafür, daß wir sie anzunehmen geruhen, — daß Europa geradezu uns die Blüthe seiner Bevölkerung zu schicken, bloß damit diese unsere Arbeiten besorge, und daß die höchste Stufe des Ehrgeizes des Kolonisten die sein müsse, uns in unserer schläfrigen Trägheit (somnolenta ociosidade), zu fächeln und sich an die Stelle unserer Maschinen, der Neger zu stellen; denn das ist der Irrthum, der unsern Untergang vorbereitet! Also weg für immer mit der Devise der Ritter von Ypiranga (der Stelle in S. Paulo, an welcher Don Pedro zuerst seinen Entschluß erklärte, mit Portugal zu brechen), welche aus Mangel eines edleren Zieles noch heute darauf schwören, den Fremden aus dem Lande und den Gewässern Brasiliens zu vertreiben. Lassen wir ab von der Verirrung, die europäische Auswanderung als eine bloße mechanische Kraft, der wir gar keine moralische Rechnung zu tragen haben, ausbeuten zu wollen; lassen wir ab von der dolosen Verführung unseres Gleichen, denen wir die Aufnahme und Rechte von Brüdern versprechen, um sie als Heloten zu behandeln. Lassen wir ab von solchen Hirngespinnsten, die vom Uebel sind, die von Unverstand ausgebrütet und von der Unehrlichkeit verfolgt werden, und laßt uns darauf hinwirken, daß unsere Regierung an die Stelle einer fruchtlosen, weil lügenhaften Propaganda für eine verfälschte und mißbrauchte Einwanderung, die sich auf schwere Kosten des Staats in den unreinen Kanälen einer feilen in- und ausländischen Presse zu erhalten sucht, die treue Erfüllung der den Einwanderern gemachten Versprechen stellt! Bloß durch loyale und wohlwollende Aufnahme auf dem Fuße der striktesten Gleichheit und der aufrichtigsten Brüderlichkeit unter dem Banner eines humanitären Cosmopolitanismus können wir mit vernunftgemäßer Benutzung der Hülfsquellen unseres Bodens Posto fassen auf dem Niveau der Humanität und heutigen Civilisation und noch ein großes Volk, ein mächtiger Staat und selbst ein majestätisches Reich werden.

Diese Wahrheiten, welche von denkenden Brasilianern wohl bereits gefühlt werden, bietet der Verfasser dem größeren Publikum zur reiflichen Ueberlegung an mit dem innigen Wunsche, so seinen Mitbürgern seine Sympathie und sein lebhaftes Interesse für die Wohlfahrt und den Fortschritt Brasiliens zu beweisen. Wir dürfen nicht länger Portugiesen noch Japanesen sein, — wir müssen Kosmopoliten werden.

Der Verfasser ist durchdrungen von der Ueberzeugung, daß er ein verdienstliches Werk thut, indem er durch diese Aussprache nach seinen schwachen Kräften dazu beiträgt, heilsamen Ideen Geltung zu verschaffen oder doch die gegenseitige Enttäuschung anzubahnen und möglichst zu beschleunigen. Es werden so auch endlich alle jene, die Neger brauchen, sich nicht weiter mehr darüber wundern, daß Portugiesen, Irländer, Italiener, Franzosen, Schweizer, Slaven, und selbst Deutsche und Chinesen sich sträuben, für einen unbedeutenden Vorschuß für Ueberfahrtskosten sich auf unbestimmte Zeit als deren Hörige oder Serfen „glebae adscriptos“ anzuerkennen, ohne Hoffnung eine unabhängige Existenz begründen oder auch nur gesetzlich anerkannte Familienbande schließen zu können, ohne alle Möglichkeit der Erziehung der Kinder, welche sie mit sich bringen oder solcher, die ihnen geboren würden, ohne irgend welche Seelsorge in ihrem Glauben und selbst ohne bürgerliche Rechte, welche letztere sich bei „Naturalisirten“ darauf beschränken, daß sie wohl wählen, aber nicht gewählt werden dürfen,[1]) und ihnen nicht einmal die Sicherheit gegen Landesverweisung gewähren, welche zu jeder Zeit durch Neid oder Uebelwollen gegen den „Ausländer“ veranlaßt werden kann, sobald er durch seinen Verdienst, durch die Unabhängigkeit seiner Denkweise, oder selbst durch ein blühendes Geschäft, irgend einem ehrgeizigen Dorfpotentaten unbequem wird, wie wir letztlich mehrfach gesehen haben; ohne bürgerliche Rechte, sage ich noch einmal, und welche selbst so verstümmelt als sie für ihn sind, nicht ohne endloses und zeitraubendes Hin- und Herlaufen, ohne die complicirtesten und abgeschmacktesten Formalitäten und ohne eine Auslage von wenigstens 100 Milreis für deren Titel nicht erreichbar sind!

Es werden dann auch jene, welche Gefahr laufen, durch irgend welche beliebige Phantasmagorie und Schwindelei zum Verlassen ihrer Heimath verführt zu werden, um hier in Brasilien die hinschwindende Neger-Race zu ersetzen, auf eine gründliche und für sie weniger traurige Weise enttäuscht werden über die Zukunft, welche ihnen die officielle brasilianische Gastfreundschaft bereitet, im Falle sie sich entschlössen, sich von ihrem Vaterlande zu trennen, im Wahne, auf brasilianischem Boden nicht in die Lage von Parias zu gerathen, zu denen die herrschenden Vorurtheile gegen Ausländer die von der Regierung selbst genährt und gutgeheißen werden, ja sogar manche Gesetze verurtheilen, — nicht einen Verbannungsort, wohl aber ein Vaterland, nicht unbillige gottlose Unterdrücker, sondern wohlwollende Mitbürger und Brüder zu finden.

Das sind die Motive des Verfassers, indem er diese Erklärung vor dem Publicum macht. Möge nun diesseits oder jenseits des Weltmeers die darin ausgesprochene Wahrheit einfach und ohne allen jenen poetischen Schwung,

---

☞ [1]) Man spricht viel von der compacten deutschen Bevölkerung in Rio Grande; auf 30,000 Köpfe und viel mehr schlagen sie die Werber an. Die Kolonie von S. Leopoldo allein habe an 12,000 Seelen; davon, daß viele Portugiesen und Brasilianer unter ihnen wohnen und daß sich die letzteren alle Verwaltungsanstalten anmaßen, ja bis auf den Polizeidiener herab alle Posten einnehmen, davon schweigt man. Nun hat aber die ganze Provinz bloß 266,000 Menschen, darunter 72,000 Sklaven, bleiben also 194,000 Köpfe; wären der Deutschen 30,000, so wären sie auch berechtigt, einen von den 6 Deputirten an die National-Assemblee, welche die Provinz stellt und welche durch 450 Wahlmänner gewählt werden, zu entsenden. Thatsache aber ist, daß alle die deutschen Kolonien in der Provinz zusammen kaum den 10. Theil der Wahlmänner für einen Deputirten (75), oder doch kaum 15 Wahlmänner (und diese meistens Stock-Brasilianer) stellen. Dafür haben die schlauen Brasilianer (so schreibt man von Rio Grande) gut gesorgt, und „die Deutschen werden, wenn es so fortgeht, in 50 Jahren noch nicht einen Deputirten in ihrem eigenen Interesse durchsetzen können.“ —

In Petropolis haben wir ein anderes recht deutliches Zeichen von der Neutralisirung alles deutschen Einflusses durch die zwischen ihnen wohnenden Brasilianer. — Petropolis soll eine deutsche Stadt sein, es wären dort und in der Nähe an 7000 Deutsche. Wohlan, letztlich wurde dort eine Liste von 40 Geschwornen aufgestellt, darunter waren 4 deutsche Namen, und die ganze Municipalverwaltung dort besteht zu vier Fünfteln und mehr aus Stockbrasilianern.

in welchem die öffentlichen Schreiber und Redner an diesem Hofe ihre Auffassungen in ein so glänzendes Gewand zu kleiden verstehen, die Aufnahme begegnen, die sie erstrebt, oder möge sie unbeachtet bleiben, so glaubt er jedenfalls eine Gewissenspflicht erfüllt zu haben. Sollte aber jemand versuchen, die in obigen Blättern angeführten Thatsachen bestreiten zu wollen, so wird die Veröffentlichung einer Reihe von offiziellen Documenten, in deren Besitz sich der Verfasser befindet, die bestrittenen Punkte genauer ausführen, aufklären und feststellen. Die Reybauds und andere Vates do Bacanga, die sich in Vertheidigung der stets weisen Politik des bestehenden Ministeriums erhebend, die traurige Mission auf sich nehmen sollten, diese schwebenden Fragen allgemeiner Interessen auf das unfruchtbare Feld der Persönlichkeiten und der Schimpfereien hinüber zu spielen, — werden ohne Antwort bleiben.

Graf Rozwadowsky.

Bezeichnend ist, daß auf diese und andere nicht minder scharfe Aussprachen des Grafen keinerlei Proteste oder Erwiderungen irgend einer Art erschienen sind. Sie wurden einfach todt geschwiegen. Nichts geschah zur Besserung auch nur eines einzigen der gerügten Uebelstände; wohl aber nahmen diese in jeder Rücksicht noch zu und waren noch bis an den Tag der letzten Kammer-Sitzungen von 1860 ohne alle Abhülfe geblieben. — Auffallend muß jedoch stets bleiben, daß der Berliner Central-Verein für Colonisations-Angelegenheiten, ein übrigens ganz unstatthafter Titel, in welchen die leidige bureaucratische Wichtigkeitskrämerei den ursprünglich schlecht und rechten Titel derselben „zum Schutze der Auswanderer“ hinübergespielt hatte, — bei seinem Wiedererwachen aus einem fast siebenjährigen Schlafe, obige Erklärung nicht seinem selbstbelobigenden Berichte mit einverleibt hat; einem Berichte, dessen unentgeltliche Insertion in alle Hauptblätter Berlins er im Juli 1858, obgleich 2 Spalten lang, durch polizeiliche Detroirung erlangte. Sie würde ihm ja auch nichts gekostet haben und ohne Zweifel manches frische Unheil vermieden haben, das den Umfang, den es überhaupt erreicht, nicht angenommen haben könnte, wenn man den von seinen ersten Stiftern angenommenen Zweck im Auge behalten hätte. Jedenfalls könnte dem Vorsitzenden des Vereins, als decorirtem brasil. Commandeur und mit der brasilianischen Diplomatie in langjährigen freundschaftlichen Beziehungen stehend, obige Publication nicht fremd geblieben sein.

Das Versehen, diese nicht vor das Publikum gebracht zu haben, könnte jetzt dadurch einigermaßen ausgeglichen werden, daß er sich das Memorial des Herrn v. Tschudi an den bras. Minister des Auswärtigen von den bras. Herren verschaffte und es, wenn nicht auf Vereinskosten, doch auch von Polizeiwegen, wie den letzten Bericht des Vereins (von 1858) und durch alle Zeitungen Berlins in seiner ganzen Länge veröffentlichen ließe; denn es ist dieses ein sehr wichtiges Document, das in den jetzigen Streitfragen mit Brasilien einigen Ausschlag zu geben im Stande ist, aber dazu auch in extenso vorliegen sollte, wogegen bisher von entgegengesetzten Seiten (von der brasilianischen wie von der schweizerischen) Bedenken obgewaltet zu haben scheinen. Das deutsche Publikum nämlich, wie schon aus dem Wachsthume des Frankfurter (a. M.) Vereins zum Schutze der Auswanderer ersichtlich, ist keineswegs so gleichgültig, wie man aus dem fast Ersterbensein des Berliner Vereins zu schließen berechtigt wäre. — Der Vorstand selbst scheint uns die Ursache der wirkungslosen Existenz zu sein. Es würde hier zu weit führen, darüber in Einzelheiten einzugehen. Doch darf dreist die Behauptung aufgestellt werden, daß die bereits an viele Jahre andauernde fast bloße Schein-Existenz ein Uebel ist, und daß es nachgerade unerhört ist, daß man einen solchen Verein absterben oder allmählig einschlafen oder verschwinden läßt und ihn nicht vielmehr mit lauter und vernehmbarer Stimme und durch öffentliche Ankündigungen, wie bei seiner Bildung, auflöst, nachdem man den Schlußbericht gegeben und Rechnung abgelegt hat, nicht nur über die Einnahme und Ausgaben des Vereins, während seines ganzen Bestehens, sondern auch über dessen bedeutende Bibliothek, Bücher, Landkarten und mitunter sehr interessante Correspondenz und Autographen, die man am geeignetsten durch eine öffentliche Versteigerung entäußern würde. So kann und darf es nicht länger fortgeführt werden mit diesem Vereine. Er muß frische Blüthen treiben und Früchte bringen, oder gefällt werden, um Platz zu machen für eine neue lebenskräftige Schöpfung. Ein so betriebenes Institut, das sogar schon von der königl. Regierung subventionirt worden ist, und das Fortbestehen eines so hohlen Namens im Adreßkalender, dessen Wirklichkeit ein armer um Auskunft und Rath beängstigter Auswanderer nicht einmal auffinden kann, ist eine pure Schmach für eine Hauptstadt wie Berlin und zeugt schlecht für den Gemeingeist und die dem intelligenten Theile des Publikums obliegende Controlle von derlei Gesellschaften oder Vereinen, durch deren Unterlassung sich nach und nach eine weit um sich greifende Corruption herausbilden kann.

Kurze, wörtliche Auszüge aus einem langen Artikel über Auswanderung nach Brasilien, in den neuesten Aktenstücken bras. Seits. III. 1. vom Monat April.

Dieser Artikel rührt, wie die Redaction selbst sagt: von einem der hervorragendsten brasilianischen Diplomaten her, demselben, der im vorigen Jahre in diesen Aktenstücken das preußische Rescript, welches den concessionirten Agenten die Vermittelung der Auswanderung nach Brasilien untersagt, als eine „volksrechtswidrige und kurzsichtige“ Maaßregel bezeichnete.

Dieser Herr sagt in diesem Artikel, worin alles, was von der bras. Regierung ausgegangen ist — auch wenn es noch so mißlungen ist — in einer wahrhaft burlesken Weise belobigt wird, nachdem er vorgiebt, Grund für Tadel in der Maaßregel zur Beförderung der Einwanderung und zum Schutz der Einwanderer in andern Landen zu finden. „Der brasilianischen Regierung hingegen ist es mittelst wirksamer Maßnahmen und energischen Vorkehrungen gelungen, den größten Theil der die Auswanderer anderwärts bedrohenden Uebel zu vermeiden. (!) Es genügt, die Vorschriften und die Berichte des Ministers des Innern durchzulesen, um einen hohen Begriff von dem unermüdlichen „Streben zu bekommen, womit die brasilianische Verwaltung sich bemüht, den Einwanderer vor allen Unzukömmlichkei„ten und Täuschungen, bei Abfassung bezüglicher Verträge zu schützen.“

Ein völliger Laie in Dingen, die in N. Amerika das Unterkommen der ihm, obschon in Einzelzügen und ausschließlich auf Privatwegen, bisher zuströmenden Menschenmassen bedingen und durch dieses den stets wachsenden Nachzug herbeiführen, spricht er von der ganz natürlich bei einer solchen Menge noch vorfallenden Mißbräuchen im Hafen von New-York als von einem so großen Vergehen des Landes, daß deshalb die Auswanderung dahin Halt machen solle! Er spricht mit tiefer und hohler Stimme das Anathema über die Schurken von Besitzern der New-Yorker Logirhäuser, denen schon von Europa aus die armen Auswanderer in die Hände gespielt würden durch die „Privatspeculation, der stets der Gewinnst Alles sei“. (Welcher heilige Zorn gegen Privatspeculation!) Er aber sei zwar weit entfernt, der Auswanderung nach N. Amerika Opposition machen zu wollen, oder sie gar als eine unsinnige zu bezeichnen. Er hege aber die feste Hoffnung, daß Europa, besonders Deutschland seine Blicke nach andern Gegenden wendet, wo der Ackerbauarbeiter noch sehnsüchtig herbeigewünscht wird.“ Da sei ja Brasilien, das böte Alles, was nur verlangt werden könne. Habe es nicht mit den „sogenannten 6 Millionen Credit“ innerhalb der vorgeschriebenen 3 Jahre, bis auf den letzten Thaler unter der Rubrik „Colonisation“ aufgeräumt? Habe es nicht jene großartige Central-Colonisations-Gesellschaft errichtet und Verträge mit dieser geschlossen, durch welche sie allen Mißbräuchen die der Brasilien so sehr am Herzen liegenden Einwanderung hinderlich sein konnten, vorzubeugen suchte? „das Landgesetz vom 18. September 1850 und das hierauf bezügliche Reglement vom 30. Januar 1854 (wovon das erstere ein großartiger legislatorischer Betrug und das letztere eine noch größere administrative Lüge ist, beide aber glücklicherweise unausführbar sind, wie die außer den obigen 6000 Contos mit erlogenen Vermessungen u. s. w. innerhalb der letzten 6 Jahre verschleppten weiteren 5000 Contos zur Genüge beweisen) sind „thatsächliche Ruhmestitel“ für die Kammern und Regierung und haben bereits hervorragende Erfolge erzielt“

„Außer diesen und andern Maßregeln veröffentlichte die Regierung die Instructionen vom 18. November 1858, die im großmüthigsten und gewährleistenden Sinne abgefaßt sind! [1])" Man sehe doch an anderer Stelle die Verdammung dieser durch Herrn Dr. Moreira in London, dem einzigen brasilianischen Diplomaten in Europa, der etwas von derlei Dingen versteht da er als wahrhafter Jurist — nicht bloß Schein-Doctor juris wie einige brasilianische Diplomaten, die sogar ut. Professoren waren — 4 Jahre Minister in Washington war, und doch vermißt sich so ein oberflächliches Diplomatlein solchem Urtheile und dem anderer Männer, die noch mehr Erfahrung in dieser Sache haben als selbst Herr Moreira, entgegen zu treten mit einer Schamlosigkeit ohne Gleichen! Nur diese und die Lust an der Lüge konnten ihn auch dazu treiben, gleich darauf zu sagen: Die väterliche Sorgfalt, womit die Regierung über die Einwanderer wacht, beginnt schon von dem Tage, an welchem dieselben ihre Ueberfahrtsverträge unterzeichnen; sie dauert während der Fahrt über den atlantischen Ocean und begleitet sie bis in den Colonialen-Mittelpunkt, (!) wo sie wohnen sollen, und verläßt sie nicht einen Augenblick in ihren Zwistigkeiten, sei es mit den Grundeigenthümern oder sonst irgendwie." (!)

„Die Besuche der k. Agenten in den Provinzen am Mucury und in S. Chatharina sind Thatsachen, sowie die energischen und unmittelbaren Anordnungen, welche die k. Regierung zur Wiederherstellung der Ordnung innerhalb der Kolonien, der Achtung vor den Verträgen und der Erhaltung der Wohlfahrt der Ansiedler ergriff, sind Thatsachen (und wo sind die Erfolge dieser Besuche, dieser Anordnungen?) welche gewiß laut genug und unverbrüchlich Zeugniß von der Aufrichtigkeit und dem ernsten Willen, sowie von dem Eifer und dem angelegentlisten Streben der Regierung geben, alle Hindernisse zu besiegen, welche sich der Hauptangelegenheit des Landes, der Einwanderung, entgegenstellen! Dank den erwähnten heilsamen Maaßnahmen und der großherzigen Mitwirkung der höchsten Landesbehörden ist der Zustand der Ansiedelungen in Brasilien befriedigend und blühend."

„Der im verflossenen Jahre den Kammern überreichte Bericht des Ministers des Innern enthüllt die Wichtigkeit und das wachsende Gedeihen der verschiedenen Ansiedelungspunkte — (bereits zur Genüge in deutschen Blättern besprochen, als wahrhaft erbärmlich):

„Es ist jammerschade, daß die preußische Regierung, bevor sie gegen Brasilien ihr Auswanderungsverbot vom November 1859 erließ, nicht erst ihren Gesandten in Rio de Janeiro in derselben Weise instruirte, wie der Schweizer Bundesrath den Herrn. v. Tschudi. Indeß ist es niemals zu spät, eine Uebereilung dieser Art zurückzunehmen, und ich hoffe, (!) daß die Regierung Sr. Maj. des Königs von Preußen zu dieser Stunde bereits Anordnungen getroffen hat, um durch ihren Gesandten in Rio de Janeiro die genauesten Informationen über den Zustand der deutschen, resp. preußischen Einwanderer einziehen zu lassen.[2])

„Wenn ich die preußische Maßregel mit einer gewissen Lebhaftigkeit und Indignation bekämpfte, weil ich sie als ungerecht und der Würde Brasiliens unangemessen fand, so bin ich bereit, ihr unter dem Eindrucke derselben Gefühle auch heute noch entgegen zu treten, so schwerzlich es mir auch ist, die Befangenheit einer Regierung beleuchten zu müssen, welche an der Spitze eines durch seine Bildung und seinen wohlthätigen Einfluß auf die sociale Ordnung aller Sympathien würdigen Volkes steht.

„Es wird mir nichts willkommener sein, als die Bemerkungen, die ich über Maßregeln des Kabinets von Berlin mit Ueberwindung veröffentlichte oder etwa noch veröffentlichen müßte (!) in gerechtes Lob umwandeln zu können.

„Brasilien hat das Unglück, in den Augen seiner Gegner an zwei unverzeihlichen Fehlern zu laboriren, am Sklavenhandel und an der Sklaverei.[3]) [4]) Die Abschaffung des abscheulichen Sklavenhandels,[5]) hauptsächlich von fremden (?) Abenteurern betrieben, ist aber nun seit lange schon nicht ein bloßer Wunsch, sondern eine vollbrachte und unwiderrufliche, von der großen Mehrzahl der Brasilianer freudig anerkannte Thatsache. Die Sklaverei, die wir unglücklicherweise von unserm Mutterlande ererbten,[6]) verlor durch die Abschaffung des Sklavenhandels ihre Hauptnahrung, und die Brasilianer werden mit Enthusiasmus ihre Aufhebung begrüßen, sobald dies die Zeit, ce premier ministre de

---

[1]) Es ist dieses Reglement vom 18. Nov. 1858, ein zwischen Betrügern und Dummköpfen ausgebrütetes Product, (das wir später beleuchten werden) das eine von den Landhaven gerittene Regierung ohne Bedenken auf deren Geheiß adoptirte und unerhörter Weise dessen drakonische Bestimmungen rückwirkend machte, auf die bereits im Lande befindlichen Kolonisten. Diese Mißgeburt von Gesetzgebung wurde auch noch von betrügerischen Diplomaten und Consuln und einem ganzen Packe von hungrigen Lohnschreibern, worunter Doctoren, Hofräthe und Geh. Räthe, als eine wahrhafte Gottesgabe, als das Summum bonum zur Begründung einer neuen Aera begrüßt! Haben sie ja nur nach den Wünschen ihrer Gönner und Besolder zu sprechen, und diese bildeten sich bereits ein brasilianische Daimios zu werden!

[2]) Jawohl! und sobald der Gesandte diese nicht nur „einziehen", sondern sich selbst davon überzeugen will, macht man ihm die fürchterlichsten Chicanen, bereitet ihm überall Hindernisse im Voraus und besetzt sogar die Wege, die er passiren muß, mit gemiethetem Gesindel, um ihn zu beunruhigen, ihn außer Fassung zu bringen, ihn für die mühsame und traurige Arbeit unfähig zu machen und wo möglich in ein lebensgefährliches Fieber zu stürzen, was ja ein so leichtes ist in einem so heißen und nun für den Europäer so unzuträglich gewordenen Lande. Es ist ein Verfahren, das dem sehr nahe kommt, das die Chinesen gegen Lord Auckland, dem englischen Gesandten, anwandten, als sie diesem im Jahre 1834 durch den unaufhörlichen Lärm mit ihren Kongs, den sie um das Kriegsschiff, an dessen Bord er sich im Canton-Flusse aufhalten mußte, machten, das Leben zu verkürzen wußten; es ist nur hinterlistiger und subtiler, aber auch feiger.

[3]) Den dritten, in deren Augen noch weit unverzeihlicheren vergißt der Herr Verfasser, den Katholicismus. Alle gegnerischen Schreier sind notorisch Protestanten, die unduldsamer als Luther, Zwingli, oder Calvin sind. (Bemerkung des Redacteurs Hörmeyer, die denen, welche dessen Vaters Geschichte kennen, ein Beweis für die Wahrheit des Sprichworts ist „der Apfel fällt nicht weit vom Stamme.")

[4]) Der vierte und für sich allein genügende, um alle Einwanderung unmöglich zu machen und das ganze Land zu ruiniren, ist aber das Landmonopol, dessen bloßer Name eben so wenig über die Lippen der für die Negerbarone Werbenden kam, als das Wort „Concubinat" über den Mund von protestantische Erbinnen freiender oder protestantische Familien zur Kolonisten-Haft nach Brasilien beschwatzender bras. Diplomaten.

[5]) Das ist eine Unwahrheit. Die Brasilianer selbst waren die Hauptbetreiber des Sklavenhandels. Jetzt, nachdem sie nur zu viele Sklaven ins Land gebracht haben, und nachdem die verwegensten Sklavenhändler unter ihnen, die allen Gesetzen und Verträgen trotzten, zu Herren und Grafen gemacht sind, wie z. B. die Paraguassu's, S. Lorenzo's und andere von Bahia, schreien sie alle: „der abscheuliche Sklavenhandel, den wir abgeschafft haben!" wo ihn doch nur England mit brennenden Lunten vor den Häfen Brasiliens abgeschafft hat. Zwanzig Jahre lang betheuerten die brasilianischen Minister in Noten über Noten an die englische Regierung und in gedruckten Berichten an die Kammern, denen natürlich kein Mensch glaubte noch glauben konnte, „es bestehe kein Sklavenhandel mehr", während die Afrikaner täglich vor ihren Augen gelandet wurden; und im Jahre 1857 sagte endlich ein ministerielles Mitglied des Hauses, Baron Maua, der nun sehr für freie Einwanderung und zwar nach dem Amazonen-Strom, war: „Es sei vergebens, es länger verhehlen zu wollen: es seien trotz allem und allem bis 1851 (also 26 Jahre länger als die gesetzliche Abschaffung) 54,000 Neger im Jahre importirt wurden." Er hätte wohl sagen dürfen: 94,000! Niemand in der Kammer widersprach!

[6]) Diesen Vorwurf könnten allenfalls die Vereinigten Staaten England machen, weil sie selbst aus eigenem Antriebe bald nach ihrer Unabhängigkeit den Sklavenhandel wirklich unterdrückten, obgleich sie später die Sklaven-Kolonien Louisiana und Florida mit sich einverleibten, die ihnen recht eigentlich den Fluch des Baumwollenbaues, der Dollarwuth und der Verfälschung ihrer edlen Constitution brachten. Aber Brasilien kann Portugal nur einen geringen Theil seiner jetzigen Sklaverei in die Schuhe schieben. Denn als es sich 1822 von ihm trennte, hatte es kaum 2,000,000 Sklaven, die meist zum Anbau von Lebensmitteln, und zum Betrieb seiner Gold- und Diamantwäschereien verwandt waren; die Kaffeeproduction, die damals noch sehr gering war, beschäftigte nicht den 15ten Theil der jetzigen Negerzahl. Brasilien hat seit jener Zeit die von Portugal ererbte Negerzahl beinahe gänzlich begraben, d. h. zu Tode gearbeitet, aber durchschnittlich 100- bis 120,000 Neger eingeführt, und diese mit deren Abkömmlingen, obgleich bei sehr ungünstigem Verhältnisse der Geschlechter, gaben ihm seine gegenwärtige Masse Neger als Züchtigung für seine hunderttausendfältigen Vergehen an der Menschheit und Treuebruch in Tractaten, und für die Verursachung von Opfern von Millionen von Menschenleben, schon in Afrika und auch auf der Ueberfahrt, welche es auf dem Gewissen hat; während die Hauptthäter dieser Verbrechen sich nun Barone und Grafen und Commandeure und Großkreuze in Brasilien nennen!

Dieu au département des choses de ce monde, wie Le Maistre sagt, anordnen wird; möge dieser Tag, einer der schönsten unseres politischen Lebens, nicht zu ferne sein!)[1])

„Ich habe in diesen Blättern bereits früher meine Gedanken in Betreff der schädlichen Einflüsse der Sklaverei auf die freie Einwanderung niedergelegt. Ich wiederhole nur, daß die kolonialen Ansiedelungen mit dem Sklavenelement in keine Berührung kommen (!) und deßhalb auch nicht den von systematisch feindlichen Schriften angeführten Uebelständen unterworfen sein könnten (das ist einfach eine Lüge!) — Was endlich das Klima Brasiliens betrifft, so kann ich dem bereits früher Gesagten nur noch die Worte des Dr. Martius, einer so hochgeehrten deutschen Autorität in seinen Travels in Brazil beifügen: „He, however, who **has happily passed over de first trials,** who has secured a settlement in the beautiful country of Brasil and **accustomed himself to de tropical** climate, will most willingly acknowledge it for his second home; nay, if he has again visited Europe, he will with increased attachment wish himself back again; and, notwithstanding, the doubts generally entertained of the habitableness of the torrid zone, will celebrate Brazil as the fairest and most glorious country on the surface of the globe." (So war es; aber Brasiliens Klima ist entartet durch die Mißhandlung des Bodens, d. i. durch die massenhafte Entholzung und die Verschwendung der Landkrume und vegetabilischen Decken in den Niederungen, befördert durch den Raubbau, die stets heftiger werdenden Platzregen, abwechselnd mit Dürre, und die nationale Faulheit!)

Der Diplomat geht nach gehörig gespendetem Lobe auf das eines verbrannten Hirns würdige Auswanderungs-Reglement vom 18. November 1858, das „im großmüthigsten und gewährleistendsten Sinne abgefaßt sei", in eine Analyse dieser „väterlichen" (selbst rückwirkenden) Maaßregel ein, in die wir ihm ob der Verkehrtheit und des Unverstandes, mit dem er es thut, schon des Raumes halben nicht folgen können, um jede Behauptung, die er macht, als falsch oder doch unbegründet darzuthun. Der Merkwürdigkeit halben ziehen wir nur hier folgenden Theil aus: Art. 3 (obigen Reglements) handelt im 21. § von gänzlich unbemittelten Einwanderern, welche Gutsbesitzer zum Betrieb ihrer Landwirthschaft nur durch Vermittelung der kaiserl. autorisirten Central-Gesellschaft für Colonisation, an deren Spitze sich „Notabilitäten von anerkannter Rechtlichkeit" befinden, kommen lassen können. Diese Kolonisten erhalten gänzlich freie Beförderung bis zu ihrem Bestimmungsorte, und dürfen sich ihre personaldienstlichen Verbindlichkeiten contractmäßig nicht über den Zeitraum von 2 Jahren erstrecken. Der monatliche Dienstlohn ist auf mindestens 8 Milreis = 5⅓ Thlr. und höchstens 12,000 Reis = 8 Thlr. für den gewöhnlichen Ackerbauer und die tägliche Arbeitszeit, mit Einschluß der Eß- und Ruhezeit, auf 12 Stunden festgesetzt, und ist der Kolonist nicht genöthigt, an Sonn- und Festtagen für seinen Herrn zu arbeiten!

(Hier sei nur bemerkt, daß in Rio die monatliche Miethe des gemeinsten und dümmsten Negers, mit Beköstigung und Kleidung, durch den Miether 18 Milreis, und die eines Neger-Bedienten von 20 bis 30, einer Negerin als Köchin oder Amme von 30—40 Milreis ist!)

Er beliebt auch ferner zu sagen: In Europa aber sind die brasilianischen Consuln beauftragt, die Contracte im Interesse der Auswanderer zu prüfen und ihnen jede Aufklärung zu geben, damit keine Art von Täuschung oder falscher Vorspiegelung statt finde,[2]) so wie ihnen die Pässe und Contracte unentgeltlich ausliefern zu lassen. (Letzteres geschah bis vor kurzem nicht, man erhob von ihnen consularisch in Hamburg 3⅓ Thlr. pro Kopf für Paß und 2½ Mark banco für Vidimation des selbstaufgesetzten Contractes!)

„Beschwerden von Kolonisten unterliegen stets der genauesten Untersuchung seitens der Regierung und finden bei ihrer Begründung stets die schleunigste Abhülfe.(!) Mit einer Großmuth, die vergebens in den Annalen der „Auswanderungsgeschäfte" ihres Gleichen sucht, ist die Kaiserl. Regierung stets den Einwanderern zu Hülfe gekommen. Sie hat vielfach neuerrichtete Kolonien mit bedeutenden Subsidien unterstützt" (und so die Taschen wucherischer Landpotentaten und betrügerischer Verwalter, ihrer eigenen Creaturen, gefüllt!) „Die Kaiserl. Legationen und Consulate haben sogar alle Briefe[3]) von Kolonisten portofrei zu befördern. Welch anderes Land der Welt (fügt der „angesehene Diplomat" hinzu) bietet seinen Einwanderern wohl einen nur annähernd gleichen Vortheil?"

Bestechungsversuche bei deutschen Literaten zur Beförderung der Auswanderung nach Brasilien.

Die deutsche Auswanderung nach Brasilien bildet schon seit Jahren den Gegenstand der sorgfältigsten Untersuchungen, vermöge deren ein reichhaltiges Material angesammelt ist. Aus denselben ergiebt sich zur Evidenz, daß die Auswanderung der Deutschen nach dieser Richtung hin nur dem Namen nach eine Auswanderung, dem Wesen nach aber ein Menschenhandel im eigentlichsten Sinne des Wortes ist. Die Nichtswürdigkeit dieses Menschenhandels wird nur durch die schamlose Offenheit übertreffen, mit welcher seine Unternehmer ihn betreiben, und dennoch erscheint ihr schändliches Treiben in einem glimpflichen Lichte, wenn man in Erwägung zieht, daß das System, welchem sie dienen, unter dem directen Schutze der bras. Regierung steht. Dieselbe hat die Ausbeute der brasilianischen Auswanderung zur Deckung des Ausfalles an Arbeitskräften, der sich auf den Plantagen in Brasilien durch den Mangel an schwarzen Sklaven herausgestellt hat, unverhohlen anerkannt und durch eine Gesetzesvorlage legitimirt, durch welche sich die brasilianischen Kammern zu einer Bewilligung von mehreren Millionen veranlaßt fanden, die gegenwärtig dazu benutzt werden, um ein Netz von Agenturen zur Beförderung des Menschenhandels in Brasilien über ganz Europa auszuspinnen. Zur Förderung des Unternehmens bestehen Actiengesellschaften in Brasilien, welche mittelst eines Systems der Bestechung ihre Arme nach Deutschland hin ausstrecken, um unsere unglücklichen Landsleute in die Sklaverei zu verlocken. War es bisher der Wachsamkeit unserer Behörden gelungen, diese Gräuel wenigstens vom preußischen Vaterlande fern zu halten, so zeigt sich doch jetzt, daß diese Wachsamkeit verdoppelt werden muß. Mit der Auswanderungslust, welche sich beim herannahenden Frühjahre in einzelnen Provinzen Preußens, namentlich in Pommern und Posen regt, hat sich auch der Eifer der Agenten für Brasilien gesteigert, und es soll denselben in der That gelungen sein, auch in Preußen Helfershelfer zu finden und zwar in Kreisen, wo dieselben am allerwenigsten vermuthet zu werden pflegen. Hiesigen Literaten sind von Agenten glänzende Besoldungen von hundert Thalern monatlich und mehr angeboten, falls sie sich dazu herbeilassen wollten, den brasilianischen Menschenhandel durch lügenhafte Darstellungen in der Presse zu verschleiern und dadurch den angeblichen wohlwollenden Absichten der

---

[1]) Er nahet mit Riesenschritten und der leichtfertige, seichte brasilianische Diplomat wird sich wohl gratuliren dürfen, sein Schäfchen auf Kosten der Kolonisation Brasiliens ins Trockene gebracht zu haben und jenen grossen Tag der Anbahnung des politischen Lebens seines Vaterlandes nicht dort mitmachen zu müssen!

[2]) Das ist eine große Unwahrheit, oder wenn die Consuln dazu beauftragt waren, so haben sie diesen Auftrag nicht erfüllt; schon deßhalb, weil jeder Contract auf Vorschuß, so wie er gestellt ist, an sich selbst der größte Betrug ist und weil der General-Consul in Hamburg mit den Contracten, die er mit Valentin und Schmidt gemacht, sogar nach officiellen Beweisen, die vorliegen, nicht nur die Auswanderer, sondern die deutschen Kolonisten in Rio Grande und wie der besagte Consul selbst schriftlich eingestehen mußte, Deutschland hinterging, das heißt betrog, aber recht eigentlich die brasilianische, seine eigene Regierung selbst, ohne dafür auch nur einen Verweis erhalten zu haben. (!)

[3]) Das ist bei einigen derselben und den in derlei Dinge sich einmischenden Individuen ein sehr zweideutiger Vortheil. Jedenfalls aber bleibt eine ungeheure Gefahr für jeden von Rio nach dem Innern, auch den allernächsten Poststationen, oder aus dem Innern kommenden Brief. Diese ist so groß, daß sich selbst seit Jahren schon die Redaction des Jornal do Commercio 20 Mal im Monate in langen Klagen, im eigenen Blatte gedruckt, über den barbarisch unordentlichen und unzuverlässigen Zustand der Central-Post ergeht und wiederholt erklärt hat, daß wer einen Brief dort aufgöbe, geradezu in die Lotterie setze, bei versicherten Briefen aber noch größere Gefahr laufe und zwar ohne je Ersatz oder Entschädigung zu erlangen!

brasilianischen Regierung für die deutschen Auswanderer wiederum Boden zu verschaffen. Diese Anerbietungen sind jedoch mit Abscheu zurückgewiesen und sodann in anderen Kreisen erneuert worden, wo sie besseren Anklang gefunden haben sollen. Zum Glück ist man jedoch der Sache auch hier auf die Spur gekommen, und die Regierung wird es auch hierin nicht fehlen lassen, diesen Umtrieben mit der Schärfe des Gesetzes entgegen zu wirken. Inzwischen dürfte zum Nutz und Frommen unserer Landsleute das redlich gemeinte Wort an der Zeit sein, daß diejenigen, welche sich nun einmal zur Auswanderung entschlossen haben ihren Weg wenigstens nicht nach Brasilien nehmen möchten, da sie hier unfehlbar der materielle und moralische Untergang erwartet. (N. Hannover'sche Zeitung.)

Ein Beispiel von schmutzigen und doch decorirten Werbern, deren wohl zwanzig noch schmutzigere und mit Geld und Orden noch höher belohnte aufzuführen wären.

Es ist nun wohl schon fünf Jahre her, daß zwei Individuen, **Morgenstern** und **Schlobach**, großen Lärm schlugen mit den „Colonien" von Nova Saxonia, Philadelphia u. s. w. Zahllose Annoncen priesen diese an. Diese Leute hatten Schnapsläden und kleine Specerey-Butiken an diesen Handels-Metropolen der Zukunft; einer davon war sogar nebenbei k. sächsischer Vice-Consul an beiden zugleich, muthmaßlich um die Nachlassenschaften der herbeigetrommelten sächsischen Unterthanen zu regeln. In den Rio-Zeitungen konnte man vor drei Jahren die Lobeserhebungen derselben für ihre erfolgreichen Anstrengungen in Herbeiziehung deutscher Colonisten lesen und das Anerbieten des einen, der bereits einen kleinen brasilischen Orden besaß, „mit Hülfe seiner einflußreichen Familie in Sachsen Wunder in Herbeischaffung von Colonisten aus Deutschland zu thun, wenn er erst einen brasilianischen Stern erhalten hätte! —

Ob er diesen erhalten hat, wissen wir nicht, das aber wissen wir, daß derselbe bereits lange vor dem Ausbruche der Mucury-Katastrophe schon längst wieder gemüthlich in Sachsen lebte und stets in sehr nahen Beziehungen mit der brasilianischen Werbe-Diplomatie in Deutschland stand; und obgleich er noch die Auswanderung nach dem Mucury, wo auch die Miragen Stadt Saxonia lag, betrieb, auf die plötzliche Frage, die ihm von einem allgemein geachteten Manne, Dr. R...m in Leipzig, gestellt wurde: warum er denn schon zurückgekehrt sei? unschuldig antwortete: „wenn man sein Liegendes dort gut verkaufen könne, würde man doch kein Narr sein, in Brasilien zu bleiben." Das ist aber nicht Alles. Das schlimmste dabei ist, daß diese Herren mit Herrn Ottoni, dem Director der Mucury-Compagnie und Mitinteressenten im Ankaufe großer umliegender Latifundien, das Abkommen getroffen hatten, welches ihnen eine Kopfprämie für jeden erwiesener Weise durch sie herbeigebrachten Einwanderer und außerdem noch gerade so viel Land gratis zusicherte, als jeder derselben kaufen würde. Sie hatten also mit ihrem Ladengeschäfte ein dreifaches Interesse in der Herbeischaffung von Menschen. Es mußte ihnen daher schwer werden, auch noch an das Interesse dieser zu denken. Doch scheiterten am Ende doch alle diese mit kindischer Unwissenheit und Habsucht zugleich gelegten Pläne, die dahin Verlockten sind entweder begraben oder im elendesten Zustande nach allen Richtungen hin geflüchtet; das Mucury-Territorium, nachdem es nahe an 2 Millionen Thlr. fast spurlos verschlungen hat, bleibt vielleicht noch eine Colonie für brasilianische Vagabonden und Flüchtlinge vor dem Gesetze, oder wird bald wieder auf ein weiteres Jahrhundert eine Einöde sein, wird es anders nicht mit freien Chinesen (die man, nebenbei sei es hier geschichtlich registrirt, gerade dort ohne allen Widerspruch seitens der brasilianischen Justiz, schlimmer selbst als Sklaven behandelte, nachdem man sie ebenfalls als Colonisten herbeigelockt hatte!)[1]) oder von freien Negern besetzt, — denn für den Europäer ist diese Strecke ebenso wenig kultivirbar, als irgend eine andere vom Amazonenstrom hinab bis an die Insel von Sta. Catharina und sprächen sich auch alle Herren Zoologen im anderen Sinne aus. Wir verstehen nämlich unter Kultivirbarkeit des Bodens für Europäer die Eigenschaft, sich von diesem für immer fruchtbringend bearbeiten zu lassen, ohne daß der Europäer selbst oder dessen Nachkommen physisch, geistig und moralisch deteriorirt werden.

Herrn v. Tschudi's Beurtheilung brasilianischer Zustände im Jahre 1858.

In einem Briefe an die Augsb. Allg. Zeitung aus S. Paulo im Mai 1858 sagt derselbe bei der Besprechung der „beispiellosen Weise, auf welche alle Handelsadern, geschweige die gewöhnlichen Wege im ganzen Reiche vernachlässigt sind": „Es ist dies auch nur in einem Lande wie Brasilien möglich, in dem die Eigeninteressen beständig dem allgemeinen Besten vorgezogen, wichtige Aemter nur zu oft in unfähige Hände gelegt werden und die öffentlichen Gelder nur selten ihre wahre Bestimmung erreichen. In jedem andern civilisirten Lande wäre eine so wichtige Straße (von Rio Claro) die so reichliche Mautheinnahmen giebt, schon Jahrzehnte lang gebaut. Was die (nun bereits mit englischem Geld im Bau begriffene) Eisenbahn von Santos nach S. Paulo anlangt, so sagt er: „Die Kosten des Baues dieser Bahn werden sich bei der außerordentlichen Höhe des brasilischen Taglohns für alle Arten Arbeiten zu einer solchen Summe steigern, daß man mit voller Wahrscheinlichkeit voraussagen kann, daß sie, wenn auch angefangen, doch nicht vollendet werden wird, um so weniger, da eine unparteiische, möglichst genaue Berechnung zeigt, daß bei vollendeter Eisenbahn die Einnahmen nicht hinreichen würden, um die Betriebskosten und die Erhaltung des Baues zu decken. Die Brasilianer sind wie Kinder, sie haschen nach allem Neuen (besonders wenn sie es mit anderer Leute Geld und Arbeit erhalten können), ohne sich ruhig Rechenschaft abzulegen, ob es ihnen auch frommt. Sie glauben sich durch das Nachahmen und Verschreiben neuer Entdeckungen und Erfindungen auf gleiche Stufe der Bildung mit den ersten Nationen Europa's zu stellen, bedenken aber nicht, welche Jahrhunderte langen Entwicklungsphasen diese durcharbeiten mußten, ehe sie die gegenwärtige Höhe der geistigen Entwickelung und Gesittung erreichten; sie wollen auch nicht glauben, daß sie trotz der Lehren, die sie aus der europäischen Geschichte ziehen können, trotz der unermeßlichen Vortheile, die ihnen europäische Bildung und Fortschritte bieten, **noch eine harte Schule durchzumachen haben,** bis sie sich mit Recht eine gebildete Nation nennen können. Großer Länder- und Sklavenbesitz, selbst Eisenbahnen[2]) und Telegraphen[2]), glänzende Kammerredner und eine gedruckte Constitution und selbst nicht Geld, (das ausdauerte?) berechtigen noch lange nicht eine Nation, sich das Prädicat einer „gebildeten" beizulegen, wohl aber Religion, Moral, Achtung vor dem Gesetz und selbsteigene Entwickelung in Künsten und Wissenschaften.

Aus dem Vorworte zu Dr. Handelmann's Geschichte von Brasilien (Berlin 1859, bei Springer), welche die ganzen Kolonisations- und Land-Fragen ausführlich bespricht, entnehmen wir nur den folgenden Passus:

„Nach Allem ist es leider offenbar, daß Brasilien, kommt nicht baldige Hilfe, einem volkswirthschaftlichen Ruin entgegentreiben muß; und auch schon die augenblickliche Noth mag bei den eigenthümlichen Bevölkerungsverhältnissen, insofern einer wenig zahlreichen Aristokratie des Besitzes eine große besitzlose Masse gegenübersteht, wenigstens hie und da bedenkliche Gefahren heraufbeschwören.

---

[1]) Wohl nur, weil er diese durch die bras. Regierung selbst aus China bestellten armen Asiaten, deren treue Fürsorgerin ja Pflegemutter diese Regierung schon um des staatlichen Interesses in einer größeren Einwanderung von Chinesen, jedenfalls aber aus Menschlichkeit und Rechtsgefühl hätte sein sollen, so schändlich mißbrauchen durfte, zog Ottoni, der Mucury'sche Tupirum (Häuptling) wie ihn das „Jornal" nennt, einen Chinesen 10 Preußen vor?

[2]) Von den ersteren hat aber jetzt in 1861 Brasilien noch kaum 80 Miles im Ganzen, Nordamerika dagegen an 25,000 Miles, und von den letzteren kaum 25 Miles, Nordamerika aber an 40,000!

Es ist darum höchste Zeit; daß Brasilien mit Ernst und Energie zu jenen Heilmitteln greife, welche allein wahrhaft helfen können, und das ist einmal ein wahrhaftiges, ernstliches und wohlwollendes Entgegenkommen gegen die spontane europäisch-deutsche Einwanderung und dann ein mit Hilfe derselben, unter ernstlicher Mitwirkung des Volkes und der Regierung zu beschaffender wirthschaftlicher Umschwung im Süden, der dort an die Stelle des Plantagenbetriebs die kleine freie Ackerwirthschaft setzt und so eine Concentrirung des gesammten Sklavenbestandes in den heißen Mittel- und Nordprovinzen ermöglicht. Leider zeigt sich noch immer keine energische Initiative. Von der begonnenen Landvermessung, welche feststellen soll, inwieweit der Staat noch für fremde Einwanderung und die große besitzlose Masse seiner eigenen Unterthanen öffentliche Ländereien zur Verfügung hat, hören wir bisher keine Resultate;[1]) um so mehr wollen wir jenes Zugeständniß in dem schon erwähnten Artikel des „Correio Mercantil" entgegennehmen: „Die Staatsländereien, welche gegenwärtig die einzigen für die deutsche Einwanderung verwendbaren sind, haben auch nicht den geringsten Werth; weit abgelegen von der Küste, schwer zugänglich bei dem gänzlichen Mangel an Straßen, sind sie nicht vom mindesten Nutzen für den Einwanderer, der sich bis dahin wagte." Auch von den nothwendigen gesetzlichen Vorkehrungen ist bisher noch nichts geschehen; die neueste Thronrede vom 10. Mai 1859 deutet allerdings auf manches hin, wie z. B. Sicherstellung der protestantischen Heirathen, welche durch die gegenwärtige Gesetzgebung nicht gesichert sind;" Regelung der Frage wegen Verwaltung der Erbschaften fremder Residenten; Verbesserung der Gesetzgebung und der Rechtspflege; Abstellung der Mißbräuche und bessere Ordnung des Recrutirungswesens; Sorge für die innere Communication; — aber in einem so schüchternen Ton, daß es mir wenigstens scheint, als ob die Regierung selbst an einem rechten Erfolg zweifle.

Bemerkenswerth ist noch, daß neuerdings eine abermalige Agitation für Einführung der Grundsteuer durch Dr. Ernesto Ferreira França eröffnet wurde. In einem Artikel des „Correio Mercantil" vom 23. April 1859 bezeichnete er dieselbe als „erste unumgängliche und solideste Grundlage der Staatseinnahmen und zugleich als die einzig wahre Grundlage aller agrarischen Gesetzgebung und unumgängliche Garantie des kleinen Grundeigenthümers vorzüglich in Ländern, wo es noch Sklaverei giebt, gegenüber der Production mittelst Sklavenarbeit, endlich als Schutz gegen das Monopol der besten Ländereien, welche der Natur der Sache nach von den größten Eigenthümern beansprucht werden, ohne daß sie dieselben bebauen, so lange nicht eine solche Grundsteuer den Aspect der Factoren verändert, welche die Lage der Dinge bedingen. — Wir sind überzeugt," heißt es weiter, „daß die Nothwendigkeit dieser Reformen bereits allgemein und hinreichend stark gefühlt wird und daß nur die vorläufige Schwierigkeit des Ausführungsprozesses ihre Durchführung verhindert hat."

Leider kann ich diese letzte Ueberzeugung nicht so ganz theilen; um so mehr aber drängt es mich, allen derartigen Bestrebungen der wahren Brasilienfreunde den besten Erfolg zu wünschen. Und so schließe ich mit dem Wunsche: möchten wir zum Heile Brasiliens bald Thaten sehen!"

„Was die Allgem. Ausw.-Ztg. über die Halbpachtskolonisten wieder beibringt, bleibt von uns unberücksichtigt, da das Urtheil hierüber in Deutschland, in der Schweiz und in Portugal feststeht. Die neueste Argumentation der Rudolstädterin zu Gunsten dieses mit Recht als Sklaverei gebrandmarkten Systems ist so alles Halses baar, daß wir dem gesunden Verstande wenig Ehre erweisen würden, wollten wir dieselbe einer näheren Beleuchtung würdigen. Ohnehin läßt sich mit einem Blatte nicht discutiren, das alle gegentheiligen Thatsachen einfach ignorirt und die Partei der brasilianischen Pflanzer und Landjunker um jeden Preis zu vertheidigen unternommen hat, und die Geschäfte der brasilianischen Menschenjäger zu fördern entschlossen scheint. Brasilianisches Geld und brasilianische Orden mögen in Deutschland Liebhaber finden, noch ist aber in unserm Vaterlande so viel Sittlichkeit vorhanden, daß man die Hoffnung festhalten darf, die Bestechlichkeit und das selbstsüchtige Interesse einiger wenigen Subjecte werden den Triumph der Wahrheit nicht im mindesten verdunkeln, und der neuprojectirte brasilianische Fischzug in Deutschland werde im Jahre 1859 so wenig Erfolg aufzuweisen haben, als die Menschenjagd von 1858, welche mit so viel Geld und Mitteln in Scene gesetzt wurde.

Schließlich erinnern wir hier noch an die Beleuchtung der brasilianischen Thronrede in Nr. 785 der „Illustr. Ztg." vom vorigen Jahre, in welcher gewarnt wurde, leichtgläubig den brasilianischen Verheißungen in Betreff gesetzlicher Maaßregeln zu Gunsten der Einwanderung zu vertrauen. Thatsache ist nun, daß von den verheißenen Vorlagen keine, außer einer einzigen, den Kammern von der Regierung gemacht und auch diese eine nicht berathen worden und somit jener Artikel der „Illustr. Ztg." in jedem Punkte bestätigt worden ist.[2]) Der brasilianische Kolonisationshumbug, er werde gehandhabt von wem es auch sei, findet in Deutschland keine Gläubigen mehr. A. A. Ztg.

Eine vom Herrn General-Consul Sturz in der Spenerschen Zeitung vom 23. April 1858 gemachte Erklärung.

Ein in der Beilage Nr. 67 dieser Blätter erschienenes Inserat veranlaßt mich, hierdurch zu erklären, daß wohl wenigen der HH. Abonnenten dieser Zeitung, welche seit 1842 der Auswanderungsfrage — besonders in Bezug auf eine solche Auswanderung nach Brasilien, als für Deutschland selbst entschieden günstige Rückwirkungen darböten — volle Aufmerksamkeit gewidmet haben, meine Ansichten und Grundsätze in Bezug auf diese Angelegenheit unbekannt sind, indem ich dieselben zu wiederholten Malen selbst in diesen Blättern ausgesprochen habe: und brauche ich für diese Herren daher nichts weiter zu sagen, als daß meine seit jener Zeit wiederholt ausgesprochenen Ansichten und Grundsätze in dieser Beziehung gänzlich unverändert geblieben sind.

Heute füge ich indeß noch hinzu:

daß Brasilien das von mir mehrmals und zuletzt noch im Februar 1850 in Aussicht gestellte Landverkaufs- und Einwanderungsgesetz wirklich in jenem Jahre von seinen Kammern nach zehnjährigem Zögern erhalten hat;[3])

„daß jedoch die bedeutenden Schwierigkeiten, welche die Vorarbeiten zur thatsächlichen Ausführung eines so „tiefgreifenden Gesetzes darbieten, — gleichzeitig mit der inzwischen energisch durchgesetzten Unterdrückung des Skla„venhandels, so wie mit der Eröffnung des ungeheuren Flußgebietes des La Plata für die Schifffahrt aller Nationen, „durch die der Krieg mit dem Exdictator Rosas so ungemein erfolgreich beendigt ward: zwei Ereignisse, welche für „Brasilien selbst einen ungewöhnlich starken industriellen Aufschwung hervorriefen, dessen kluge Leitung ebenfalls die

---

[1]) Noch liegen bis jetzt, nach zwei weiteren Jahren, im Ganzen nach 6 Jahren, irgend welche Resultate vor; die einzigen vier theilweise Besitzkarten, die ein Ministerium anfertigen und lithographiren zu lassen gewagt hatte, wurden von dem, das ihm folgte, als sie abgezogen waren, als staatsgefährlich unterdrückt. Es sind an 1000 Contos (800,000 Thlr.) unter dem Vorwande von Vermessungen vergeudet, aber nicht das Mindeste ist geleistet worden. Wenn im ganzen Lande wirklich 12 Legoas regelrecht vermessen worden sind, ist es viel. In N.-Amerika sind 43 Mill. Acres bereits vermessen und harren des Verkaufs.

[2]) Durchaus dasselbe fand auch im Jahre 1860 in den Kammern statt, aber dieses macht die Allg. Ausw. Ztg. nur desto hartnäckiger in ihrem Entschlusse, weitere Lieferungen von deutschen Kaffeepflückern nach Brasilien zu machen.

Die Kaiserliche Eröffnungsrede vom 3. Mai dieses Jahres wird zweifelsohne wieder die nachdrücklichsten und Seitens Sr. Majestät des Kaisers gewiß die aufrichtigst gemeinten Anempfehlungen an die Kammern machen, und die Ereignisse in Nord-Amerika mögen gar manchen Gesetzgeber Brasiliens zu sehr ernsten Gedanken darüber stimmen, jedoch es wird nichts Erkleckliches beschlossen werden, bis die Noth Eisen bricht, und sehr wahrscheinlich zu spät!

[3]) Zu diesem Gesetze hat Hr. Sturz allein im Jahre 1839 schon die Basen gegeben. Ein Reihe von Artikeln darüber in den Rio-Blättern, unterzeichnet von einem der nach den fünf Fingern zählt, und ein nachfolgender Brief des Ministers B. Souza Franco beweisen dieses. Es wurde aber planmäßig verfälscht durch Unterdrückung der Landtaxe, das dessen Schlußstein bildete.

„größte Aufmerksamkeit der Kaiserl. Regierung erheischt, — diese Durchführung bis jetzt noch unmöglich gemacht haben;

„daß aber in Folge der seit den letzten zwei, an Erfahrungen in Colonisations-Unternehmungen andern Orts „so reichen Jahren, weiter gewonnenen Ueberzeugungen in Colonisations-Angelegenheiten, — die Beseitigung einiger „Mängel des besagten Gesetzes als wünschenswerth erkannt worden ist, und daß höchst wahrscheinlich die im Mai d. J. „zusammentretende neue gesetzgebende Kammer sich diese als eine der ersten ihrer Aufgaben stellen wird. Inzwischen „ist auch seit Anfang dieses Jahres eine aus fünf der einsichtsvollsten und einflußreichsten Männer des Reichs bestehende „Commission, an deren Spitze die HH. Visconde do Parana und d'Abrantes (welcher letztere wohl bekannt ist als „Fürsprecher gerechter und richtiger Prinzipien für Einwanderung in Brasilien) sich befinden, von der kaiserl. Regie„rung beauftragt, alle auf die Ausführung jenes Gesetzes Bezug habenden Vorarbeiten zu bestimmen und zu ordnen."

Was die von einigen Personen versuchten ausnahmsweisen Engagements auf Vorschuß-Contracte von Colonisten, welche für die ersten Jahre auf Pflanzungen placirt werden sollen, um auf diese Weise ihre Ueberfahrtskosten nach schriftlich festgestellten Sätzen abzuverdienen, und sich später aus ihren Ersparnissen selbst ankaufen zu können, — was ferner die Engagements nach der Provinz Rio Grande do Sul auf Landschenkungen von den Provinzial-Autoritäten an Leute, die ihre Passage selbst bezahlen, betrifft: so gehören diese, als so nützlich und zufriedenstellend für beide Parteien sie auch dargestellt wurden, besonders bei beschlossener scharfer Controlle Seitens der Kaiserl. Regierung, die diese Engagements als ein zeitweiliges Hülfs- oder Uebergangsmittel zum allgemeinen Colonisations-Systeme ansieht, welches letztere hinüberkommenden freien Arbeitern Verwendung und guten Lohn, und auch jedem Landkäufer große oder kleine Parzellen Landes zu billigem Preise und in passender selbst zu wählender Lage, ohne Zeitverlust und mit sichern Rechtstiteln sichern soll — es gehören, sage ich, diese Engagements nicht zu dem „allgemeinen Systeme", — können auch ihrer Form und Natur nach nicht als zu demselben gehörig angesehen werden —, einem System, das im Wesentlichen dem der Vereinigten Staaten gleich sein soll, in denen es eine beispiellose Anziehungskraft übt, und staunenswerthe Resultate herbeigeführt hat.

Dresden, den 22. März 1853.

F. J. Sturz,
Kaiserl. brasilianischer General-Consul.

Wiederdruck aus der „Allgemeinen Auswanderungs-Zeitung", als die Stellung des damaligen kaiserlich brasilianischen General-Consuls in Preußen, Herrn Sturz, in der Auswanderungsfrage bezeichnend.

„Für die Auswanderungs-Zeitung ging uns soeben folgendes Inserat[1]) zu.

Rudolstadt, 20. October 1858. Die Redaction.

Berlin, den 19. October 1858.

Geehrter Herr Redacteur!

Da Ihr Blatt der Auswanderungsfrage in Bezug auf Brasilien bereits viel Aufmerksamkeit gewidmet hat, so ersuche ich Sie, die beikommenden Documente in dasselbe aufzunehmen, und zwar auf meine Kosten, und selbst als Inserat, wenn deren Inhalt Ihnen nicht als von hinreichendem Interesse für die Leser desselben erscheinen sollte.

Ich erachte die Veröffentlichung einiger zwar etwas alten Beläge als mir selber schuldig in einer Zeit, in welcher die gedachte Frage so vielseitig und oft mit zu wenig Rücksicht auf die eigenthümliche Lage Brasiliens besprochen wird, wohl leider, weil manche unverständige Freunde Brasiliens — und mehr vielleicht manche selbstsüchtige Agenten die Auswanderungsfrage nach Brasilien — so verwickelt haben, und gerade in Brasilien durch völlig falsche Vorstellungen, welche sie dort über die Grundbedingungen einer von Europa zu erwartenden tüchtigen und nachhaltigen Einwanderung verbreitet, sehr nachtheilig beeinflußt und erschwert haben.

Wie aus diesen wenigen Belegen ersichtlich, habe ich eine gewisse Stellung in Brasilien in der Land- und Einwanderungs-Frage — welche unzertrennlich sind — und eben weil ich diese habe, bin ich bisher auf keinerlei Weise an dem Betriebe irgend einer Auswanderung dahin betheiligt gewesen; denn von jeher beschränkte ich mich bloß auf die Feststellung von Grundlagen dazu, durch ein Einwirken auf die Ueberzeugung der Gesetzgeber und sonstiger einflußreicher Personen im Lande.

Meine Arbeiten, die ich seit Jahren, und ich darf wohl sagen mit häufiger Aufopferung der Ruhe, mit vielen Kosten und mannichfacher Benachtheiligung meiner persönlichen Interessen fortgesetzt habe, haben doch so manchen Nutzen durch Verbreitung von tiefen Ueberzeugungen gesichert, wie sie nothwendig sind auf einem, wie Sie selbst aus den beikommenden Belegen ersehen, anfänglich noch ganz brachen Terrain.

Wirklich erfolgreich, in voller Annahme der von mir empfohlenen Principien, waren sie noch nicht und sie sind es nicht geworden, einzig und allein, weil das Vorurtheil der großen Landbesitzer von Deutschland aus selbst gepflegt und ihre falschen Hoffnungen von wohlfeilen und willigen Arbeitskräften, die von hier aus zu erhalten wären, aufrecht erhalten, ja noch vermehrt worden waren.[2])

Da sich nun diese Hoffnungen als eitel erwiesen haben, so wird auch jenes Vorurtheil um so schneller ein Ende nehmen, wozu so viele andere dringende Ursachen nun mitwirken, und dann wird zweifelsohne eine schöne Zukunft für Brasilien tagen. (Weshalb dieses nicht geschehen, siehe Anhang.)

---

[1]) Dieses Inserat wurde mit 15 Thlr. bezahlt, obgleich das Blatt damals schon an 10 Jahre lang ein sehr bedeutendes Subsidium von Brasilien erhielt; denn der Eigenthümer desselben, der unter sehr genauen Instructionen seiner Soldgeber handelte, wußte schon aus früherer Erfahrung, daß mit den Zwecken, die er verfolgte, Mittheilungen von dieser Seite nicht vereinbar waren. Nur mit großer Noth z. B. konnte Hr. Sturz ihn 1854 bewegen, eine Gegenerklärung von ihm über einen in der Allg. Ausw.-Ztg. enthaltenen gänzlich lügenhaften Bericht über Fundorte aller möglichen mineralischen Reichthümer im Minaes Geraes aufzunehmen, eine Erklärung, die von Hrn Karl Hocheder, Ministerial-Secr. im Montanisticum zu Wien, der als Oberberghauptmann und Geolog 5 Jahre lang zugleich mit Herrn Sturz in Minas verlebt hatte, erhärtet war, und deren Richtigkeit der über die Maßen schamlose Eigenthümer dieses Blattes bei völliger Unvertrautheit mit dem Gegenstande, doch vor seinen Lesern, die er in Auswanderer nach Minas zu verwandeln suchte, zu bemängeln suchte und sich auf Erkundigungen berief, die er anstellen würde, aber nie machte!

[2]) Eine diesen Documenten beigefügte beeidigte Uebersetzung eines im Jahre 1852 aus dem kais. brasil. General-Consulate in Hamburg hervorgegangenen Parceria-Contracts zeigt den Haupturheber des nun so weit geschrittenen Uebels der Verführung Deutscher nach Brasilien und der unehrlichen Verleitung der brasilianischen Landpotentaten zu so unsinnigen Hoffnungen, die sie zu noch größeren Feinden des wahren Fortschritts Brasiliens machten, als sie schon als Contrebant-Sklavenhändler gewesen waren. Dasselbe Individuum hatte aber diese Menschenverkäufe und die damit verbundene Bethörung nicht bloß deutscher Auswanderer, sondern selbst der brasilianischen Landbesitzer und der bras. Regierung selbst, die von sich selber gar nicht auf solche Pläne verfallen wären, schon seit 1847 heimlich und ganz im Stillen nicht nur zu seiner unmittelbaren persönlichen Bereicherung, sondern auch zur Erhöhung seiner officiellen Stellung betrieben und doch dabei zugleich nach anderer Seite hin sich als einen von der Richtigkeit der von Herrn Sturz aufgestellten Principien über Landbesitz und freie Einwanderung Ueberzeugten gerirt, und ganz besonders als einen Bewunderer der von Visconde d'Abrantes in seiner 1846 in Berlin unter Mitwirkung eben des Herrn Sturz geschriebenen und hier gedruckten Schrift: „Memoria sobre meios de promover a Colonisação" entwickelten Grundsätze, welche das Parceria-System geradezu als ungerecht, gemeinschädlich, staatsgefährlich und nichtswürdig verdammen! Dieser Zug allein dürfte hinreichend sein, um den Charakter des betreffenden Individuums zu kennzeichnen. Bei der Heranziehung obiger Schrift des Vicomte d'Abrantes, die seiner Zeit ausführlich in vielen deutschen Blättern besprochen worden war, ist wohl die Bemerkung am Platze, daß sie von dem damaligen Minister des Auswärtigen, Baron v. Kanitz, der nicht ge-

Nicht gleichgültig kann mir aber sein, ob ich in der endlosen Polemik, welche nun seit Jahren mit immer wachsender Bitterkeit geführt wird, auch als Mitbetheiligter angesehen, mitunter auch als solcher angeschwärzt werde, und was das Auffallendste ist, bisweilen von beiden Seiten zugleich.

Um nun diesen Zweifeln hiermit ein Ende zu machen, ersuche ich Sie um die Veröffentlichung der beikommenden Belege und verbleibe mit Achtung

Ihr ergebener

Sturz,
kaiserlich brasilianischer General-Consul in Preußen.

Verhandlungen des Senats vom 26. Juli 1856. Präsident: Manoel Cavalcanti de Lacerda. (Jornal do Commercio Nr. 206 vom 28. Juli 1856.)

Nach Vorlesung des Protokolls erklärt der zweite Secretär vom Tische, daß eine Sendung von Aufsätzen über verschiedene Gegenstände von J. D. Sturz eingegangen sei und an das Archiv abgehen werde.

Vicomte de Jequitinhenha.[1]) Ich wünsche Ew. Excellenz blos die Frage zu stellen, ob in Fällen, wenn irgend eine Person an den Senat eine Denkschrift eingiebt, es nicht der Brauch ist, etwas mehr darüber zu sagen, als sie blos an das Archiv abgehen zu lassen, denn es ist notorisch, daß Herr Sturz stark gearbeitet und **selbst sein eigenes Geld** ausgegeben hat, um uns au jour zu halten in vielen Fragen, welche für unser Reich vom höchsten Interesse sind, und unter andern über solche, welche Bezug haben auf Ackerbau, auf Kolonisation, auf die Herstellung von Communicationswegen, auf hydraulische, geographische und geologische Fragen — mit einem Worte, Herr Sturz ist unermüdlich in der Nachforschung über Alles, was für uns Interesse haben kann, und über Alles sendet er Abhandlungen ein, nicht nur seine eigenen, sondern auch von Personen, die durchaus befähigt sind, solche Gegenstände ins Klare zu setzen. — Nun aber leistet dieser würdige Beamte, der so großen Eifer für das wahre Wohl Brasiliens besitzt, und dem entschieden nicht die Pflicht obliegt, sich mit solchen Arbeiten zu beschäftigen, und diese dem Senate und nicht nur diesem, sondern vielen andern Corporationen des Landes und selbst noch einigen Individuen insbesondere einzusenden, — ohne allen Zweifel dem Lande große Dienste — und ich weiß nicht, ob nicht das Reglement vorschreibt, daß bei Empfang von derlei Denkschriften, welche für das Land selbst von Interesse sind, in dem Protokoll etwas darüber ausgesprochen werde, d. i., daß dieselben mit Dank angenommen worden sind, oder wie immer Ew. Excellenz für gut halten mag.

Präsident. Es wird so eben über den respectiven Fall im Reglement nachgeschlagen. (!) Meinem Gedächtnisse nach verordnet das Reglement, daß solche Gegenstände mit Dank angenommen werden, wenn dieselben von einer Autorität eingesandt werden, jedoch will ich so eben nicht verbürgen, daß dies genau so ist.

Vicomte de Jequitinhenha. Ew. Excellenz kann mehr oder weniger schon den Beweggrund errathen, aus dem ich diese Bemerkungen mache, nämlich: da mir keine Gelegenheit geboten war, diesem würdigen Beamten meine Dankbarkeit darzulegen für den Eifer, den er in der Erfüllung seiner Pflichten zeigt, und noch mehr, damit die öffentliche Meinung aufgeklärt werde und in vielen Fragen **Nutzen ziehen möge** aus diesen Einsendungen, benutze ich die Gelegenheit, um persönlich meine Erkenntlichkeit an den Tag zu legen, denn ich muß nochmals bemerken, daß Herr Sturz sich nicht damit begnügt, diese Denkschriften an die Kammern einzusenden; ich und viele andere Senatoren haben ähnliche Denkschriften erhalten, und ich wenigstens habe sie von dem **höchsten** Interesse gefunden. Ich, meine Herren, spreche mit der Hand auf dem Herzen, und danke dem Herrn Sturz sehr für Alles was er thut, um solche Informationen einzusenden, und nicht bloß dem Senate, sondern auch mir privatim, und ich benutze diese Gelegenheit, um ihm dieses öffentliche Zeichen von Dankbarkeit zu geben.

Dr. Angelo Muniz Ferraz.[2]) Herr Präsident! Unserer Bibliothek fehlen einige Werke, die zu unsern Arbeiten unentbehrlich sind, und ich finde mich genöthigt, den Vorschlag zu machen, für die Acquisition und Subscription nicht allein des Moniteur Universel, damit die Sammlung von Zeitungen, die der Senat besitzt, completirt werde, sondern auch der Zeitung, welche die Debatten der Belgischen Kammern publicirt, und ferner die Acquisition der englischen sowohl als der nordamerikanischen Parlamentsberichte.

---

rade in solche Dinge tief einging und Auswanderung überhaupt, selbst anno 1846, als einen Unsinn ansah, es dem Herrn Vicomte d'Abrantes gar weidlich übel nahm, eine Schrift darüber in Berlin, wenn auch in portugiesischer Sprache und bloß zur Belehrung seiner Landsleute, gedruckt zu haben und mit diesem darüber einen diplomatischen Notenwechsel einging, in welchem er nicht gerade den Vortheil hatte, daß aber in diesem von beiden Seiten, sowohl der k. preußischen wie der brasilianischen, zugegeben wurde, daß die bekannten Grundsätze und Handlungsweise des Hrn. Sturz, damaligen General-Consuls, in dieser Frage nicht nur unverdächtig und unanstößig, sondern selbst anerkennenswerth und den Ansichten der beiderseitigen Regierungen entsprechend seien. Das eben berührte Individuum, von dem bald nach des Vicomte d'Abrantes Abreise verlautete, daß er einen Posten in Preußen wünschte, scheint wenigstens in so fern eine sehr practische Ansicht in der Verwendung von sogenannter Diplomatie zur Förderung der persönlichen Interessen gehabt zu haben, als er es dahin zu bringen wußte, sich trotz dieser entschieden ausgesprochenen Intentionen beider Regierungen durch ein im grellesten Widerspruch mit diesen stehendes Treiben bei denselben festzusehen und den, der jenen Intentionen und dem was gerecht und für beide Länder ersprießlich ist, treu geblieben war, zu verdrängen verstand! Es waren nämlich durch die k. preuß. Regierung schon seit 1842 (bereits unter Hrn. v. Bülow's Verwaltung der auswärtigen Angelegenheiten) die Bestrebungen des Hrn. Sturz zur Sicherung des Gedeihens aller deutschen Auswanderer, nicht derer nach Brasilien allein, wohl bekannt und von ihr wiederholentlich anerkannt worden bei Gelegenheit seines Auftretens zu verschiedenen Zeiten gegen den Texas-Verein, gegen die belg. St. Thomas-Kolonisation, gegen den elenden Mosquitia-Schwindel, gegen die bereits 1846—47 in Dünkirch von dem brasilianischen General-Consul Delrue verübte herzlose Verschacherung von Deutschen nach Brasilien und endlich gegen die tollen und unglückseligen Pläne des sogar von dem Berliner Central-Verein für allgemeine Auswanderung unterstützten v. Bülow. Sein öffentliches Auftreten gegen alle diese Schwindeleien, um dessentwillen er oft als Makler für Brasilien verdächtigt wurde, forderte Anstrengungen und nicht unbedeutende Auslagen für eine oft umfangreiche Polemik in der Presse, die wohl Schwindler, wie z. B. die Mosquitia-Commissare aus den prinzlichen Kassen, die sie selber so massenhaft (bis auf 32,000 Thlr.!) bestahlen, mit derselben Zähigkeit wie in den letzten Jahren die Kolonisations-Schwindler aus der brasilianischen Kolonisationskasse bestreiten konnten, die aber Hr. Sturz bei Heller und Pfennig aus seiner eigenen Tasche bestritt, um keines eigen persönlichen Vortheiles halber, den er daraus erwarten konnte, sondern einzig und allein um die ehrlichen Grundbasen für jede Auswanderung, für die man in Deutschland und auch in Brasilien bis dahin völlig blind war, verständlich zu machen und zur Annahme zu bringen.

[1]) Visconde de Jequitinhonha, vormals und als ausgezeichneter Deputirter, Montezuma, auch 1840—42 Gesandter in London, einer der brillantesten Redner und ersten Rechtsgelehrten Brasiliens, ein Mann von warmem Rechtsgefühl. — Als Beweis, daß ich auch bei der Geistlichkeit Brasiliens nicht unbeliebt bin, dieser Brief: „Der Erzbischof von Bahia empfiehlt sich dem Herrn J. D. Sturz und übersendet ihm hiermit als Beweis seiner Achtung und Dankbarkeit diesen Strauß von Vogelfedern (für diesen, der aus etlichen 60 großen Bouquets und einer Umgebung von mühsam gearbeiteten Spitzentüchern bestand, waren in England 40 Pf. Sterling geboten worden), der ihm selbst bei der Gelegenheit des Pfingstfestes von den Nonnen der Soledade als Geschenk dargebracht war, und wird sich glücklich schätzen, Gelegenheit zu haben, ihm ferner seine besondere Hochachtung und Erkenntlichkeit zu zeigen."

[2]) Senator Dr. Ang. Muniz Ferraz (jetzt Präsident von Rio Grande do Sul) eines der hervorragendsten und tüchtigsten Mitglieder des Senats und war dasselbe unter den Deputirten. — Er ist hochgeachtet wie kaum ein anderer mehr im ganzen Lande, und ist immer auf seinem Posten, wo es gilt, das Rechte und Wahre zu vertheidigen. Er war 4 Jahre lang Ober-Zoll-Inspector und führte große Ordnung und eine scharfe Controle ein und vermehrte die Einnahme so um fast 30 Proc. Er ist ein zäher Vertheidiger niedriger Zölle, und wird bald seine Grundsätze zur Annahme bringen, wo er dann auch unfehlbar ins Ministerium treten wird. (Er wurde 1858 Minister, aber der Zoll blieb doch unverändert.)

Noch schließe ich mich dem edlen Senator für Bahia an, welcher über den Punkt sprach, in welchem er bewies und darthat, wie viel die Mehrzahl von uns dem Herrn Sturz schuldet, der unermüdet ist, uns alle solche Informationen und Documente einzusenden, welche er für die Interessen des Landes nützlich erachtet."

Der unmittelbar hier nachfolgende Brief von dem gegenwärtigen Senator und während 15 Jahren zuvor stets tüchtigen und hochaufgeklärten Deputirten Sen. B. de Souza Franco, möge beweisen, welchen Theil ich gehabt habe an der Gesetzgebung in Brasilien über Land und Kolonisation, wenn man auch meine Vorschläge wegen unaufrichtiger Einflüsterungen von Deutschland aus, wodurch eben die zu erzielende Wirkung so verspätet wurde, bei Weitem nicht in ihrem ganzen Umfange angenommen hat. Als Hr. de Souza Franco, (der von 1847—1850 Minister des Auswärtigen war), diesen Brief schrieb, hatte ich schon acht Jahre lang in dieser Frage gearbeitet, und seit 1843 bis heute (1856) habe ich nicht aufgehört, darin treulich für Brasilien selbst wie für die Einwanderer, — deren Interessen unzertrennlich sind, — zu arbeiten, wenn auch bis jetzt noch ohne vollkommenen Erfolg.[1]

Rio, 12. September 1843.

Geehrter Herr Sturz!

Ew. Wohlgeboren geehrte Zeilen vom 11. Juli sind in meiner Hand und es ist nun wohl Zeit, Ihnen für die verschiedenen Rimessen von Zeitungen, Zeitschriften ꝛc. zu danken, welche Sie mir so oft gemacht haben, und ich wiederhole ja nur, was ich schon in meinem vorletzten Briefe gesagt habe, nämlich: „daß, wenn Sie nicht gewesen wären und die vielen Informationen über Kolonisation, welche Sie nicht nur mir, sondern auch Andern, sowie den beiden gesetzgebenden Kammern überhaupt, einsandten, wir ganz sicherlich noch in den Banden der alten Ideen über diesen Gegenstand befangen lägen, und daß ich nicht im Stande gewesen wäre, die zahlreichen Einwendungen zu beantworten, welche in der Deputirten-Kammer gegen das Gesetz zur Förderung der Kolonisation gemacht wurden, welches Gesetz nun, nachdem es zwei Discussionen bestanden hat, demnächst in die dritte übergehen wird, aber mit vielen Amendements, welche in kleinen Ausschußvereinen angenommen worden sind.[2]

Sie halten natürlich das Jornal do Commercio und werden daraus ersehen, daß wir auf den Weg der wahren Einwanderung einlenken und daß Hoffnung da ist, daß wir etwas erreichen, um so mehr, wenn die Regierung in Europa so eifrige und thätige Diener hat, als Sie sind.

Was nun Ihr Project der Befahrung des Amazonenstroms mit Dampfschiffen betrifft, so wissen Sie gewiß auch, daß ich dessen Vertheidigung mit Enthusiasmus übernahm und daß ich, nachdem ich mehrere kleine Abänderungen vorgeschlagen, dasselbe angenommen habe, und man erwartete und ich selbst erwarte große Vortheile von dessen Durchführung. Zum großen Theile war es durch meine Bethätigung, daß dieses Project in der Deputirtenkammer durchging; denn viele Deputirte, denen jede Art von Aufklärung über die Sache mangelte, begnügten sich, sich meine Meinung über die Sache anzueignen; nun aber, wo das Gesetz im Senate und Vasconcellos dagegen ist, wie es auch der verstorbene Barbacena war, habe ich schon weiter keinen Einfluß darauf, und es bleibt mir nichts übrig, als Ihren Wünschen, dasselbe angenommen zu sehen, beizustimmen und diese Ansicht oft öffentlich auszusprechen. — Wenn es von mir abhinge, so würde es schon längst angenommen sein, und es wird auch gewiß angenommen werden, wenn ich in irgend einer Art dazu werde beitragen können, worauf Sie mit Sicherheit rechnen mögen, sowie daß ich stets verbleibe Ihr aufrichtig ergebener Freund

Bernardo de Souza Franco.[3]
(Seit 1½ Jahren Finanzminister.)

Ew. Wohlgeboren dem Handel und dem Ackerbau Brasiliens geleistete Dienste, sei es als Staatsbeamter, sei es als einfacher Bürger, sind so werthvoll, daß die Börsen-Commission als Organ des Handels von Rio de Janeiro in schuldiger Anerkennung derselben es als ihre Pflicht erachtet, Ihnen ihren Dank auszudrücken, nicht nur für diese dem Lande geleisteten Dienste, sondern auch für die Rücksichten und Aufmerksamkeiten, welche Sie ihr stets als Corps collectivo erwiesen haben. — Auf eingereichten Vorschlag wurde in der monatlichen Sitzung vom letzten 27. Dec. deshalb von der Börsen-Commission beschlossen, daß Ihnen der Dank derselben votirt würde, was ich Ihnen im Namen der Commission mitzutheilen die Ehre habe.

Die Commission hofft, daß Sie diesen Beweis der Achtung, welche sie Ihnen widmet, freundlich annehmen werden. — Ich selbst benutze diese Gelegenheit, Ihnen die Versicherung meiner herzlichen Achtung zu geben. — Möge Sie der Herr erhalten!

*) Börsenhalle von Rio de Janeiro, den 14. Januar 1856.

Herrn J. D. Sturz,
General-Consul für Brasilien in Preußen.

Horacio Urpia,
Secretär.

Palast der Provinzial-Präsidentur von Minas Geraes.

Ouro Preto, 26. September 1855.

Geehrter Herr General-Consul!

Indem ich gebührend Empfang anzeige von einer Anzahl von geologischen Karten, unter welchen eine Uebersichtskarte von Südamerika, sowie Kupferstiche von verschiedenen Punkten der Eisenbahn über den Sömmering und einer großen Anzahl von Papieren und Denkschriften über Kolonisation, Ackerbau, Topographie und verschiedene technische Branchen, liegt mir ob, Ew. Wohlgeboren zu danken für diesen Beweis Ihres Eifers und des Interesses, das Sie nehmen an dem Vorwärtsschreiten dieses Landes, indem Sie nicht unter-

---

[1] ☞ Aber er hatte noch 8 Jahre so fortzufahren, monatlich Päcke und Säcke voll Zeitungen und Büchern darauf bezüglich einzusenden, und lithogr. und gedruckte Circulare mit seinen eigenen Erfahrungen und Beobachtungen an alle Kammern, Corporationen und Vereine Brasiliens zu richten, und diese zugleich, oft viele Hunderte im Monat, zu frankiren. Die Postverwaltungen von Erlangen, Nürnberg, Dresden und von Berlin können bestätigen, dass das so während 15 Jahren lang ausgelegte, von der brasilianischen Regierung nie geforderte also auch nie vergütete Porto, jährlich sich auf wenig unter 600 bis 700 Thlr. belief.

[2] Dieser Herr war als Deputirter äußerst thätig in dieser Frage, ja ihm verdankte die neun Jahre lang fortgesetzte Discussion in der Deputirten-Kammer ihre Hauptsätze; nur hat er in dem letzten Jahre die von jeher als unentbehrlich anerkannte Landtage in Uebereinstimmung mit dem vom Senate ausgegangenen Amendement fallen lassen müssen!

[3] Von Anerkennung Seitens der dem Handel und dem rationellen Ackerbaubetrieb, auch der Förderung der Industrie gewidmeten Vereinen und Gesellschaften, jedoch hauptsächlich Seitens von Börsen-Vereinen und Handelskammern, habe ich seit 15 Jahren deren im Ganzen über 26 schon empfangen; die erste erhielt ich, als ich 1840 die Abschaffung alten Zolls auf Steinkohlen durch die Kammern vermittelte, unterstützt durch eine auf Pergamentrollen durch mich selbst gesammelte lange Unterschriftsliste von Memorialisten, wie solches vorher nach nie gepflegt worden war. — Kaum geringer ist die Zahl der Danksagungen, die ich von den Präsidenten der verschiedenen Provinzen, ungefähr gehalten wie die obige aus Minas Geraes, erhalten habe. — So wie ich während einer langen Reihe von Jahren von den meisten wissenschaftlichen Gesellschaften, deren gewöhnliches Mitglied, meist auch correspondirendes, ich auch immer war, die schmeichelhaftesten Danksagungen für meine Einsendungen und Leistungen erhalten hatte, und von der vormals einflußreichsten unter denselben, der Sociedade Auxiliadora da Agricultura, Industria e Artes, die stark von der Regierung subsidirt ist, wurde mir sogar noch vor vier Jahren erst das Ehrendiplom ausgefertigt. — Jedoch gerade von

lassen, *demselben ohne Verzug Kenntniß zu geben* von Allem, was ihm nützlich sein kann, sowohl in Wissenschaften, als in den Künsten, und indem ich Arbeiten dieser Art die gehörige Wichtigkeit gebe, hoffe ich, daß Ew. Wohlgeboren *fortfahren mögen*, uns durch Rimessen anderer ähnlicher Mittheilungen zu *verbinden*. Möge der Herr Sie erhalten!

Francisco Diego Pereira de Vasconcellos,
(der gegenwärtige (1858) Minister der Justiz.)

Herrn J. D. Sturz,
General-Consul für Brasilien in Berlin.

Auszug

aus dem am 11. Juni 1858 der Provinzial-Legislatur von Bahia übergebenen Berichte des Herrn *Lins Cansançao de Sinimbu*, Präsidenten der genannten Provinz, bei dessen Abgang nach Rio de Janeire, um seinen Sitz im Senate einzunehmen.

Colonia Nacional do Rio das Contas. (Ein sehr zeitgemäßes und staatsmännisches Unternehmen, welches *besitzlosen* Brasilianern mit Familien Land zur Bebauung als *Eigenthum* anweist.)

„Aus beikommenden Actenstücken ist der Zustand dieses ersten Versuchs einer Ansiedelung von Eingebornen in dieser Provinz zu erkennen. Ein Unternehmen, mit welchem ich Sie ausführlich bei der Eröffnung dieser Assemblée unterhalten habe, ein Gedanke, der die Zustimmung eines der hervorragendsten Brasilianer erhalten hat, der gegenwärtig die erste Stelle unsrer Diplomatie in Europa einnimmt, sowie der Beifall *eines unsrer Staatsdiener*, welcher sich *dem Studium der Land-* und *Kolonisations-Frage Brasiliens* am meisten gewidmet hat, nämlich von unserm Minister in London und von *unserm General-Consul in Preußen*, von welchen beiden ich die schmeichelhaftesten Ausdrücke der Ermuthigung zur Gründung einer National-Kolonie *nach diesem Muster* erhalten habe."

Einige Zeilen weiter unten sagt Herr Sinimbu (vormals Präsident in Rio Grande und darauf, ehe er nach Bahia ging, wo er zwei Jahre Präsident war, auch zwei Jahre lang Polizei-Chef in Rio selbst, welchen drei hohen Stellungen er durch seine große Befähigung, seine rastlose Thätigkeit und seine Rechtlichkeit in einem seltenen Grade entsprach), zur Entschuldigung des Mangels eines größeren Fortschrittes der so zusammengesiedelten 62 Familien, der übrigens keineswegs unerheblich war im Vergleiche zu den angewandten geringen Mitteln und zu dem früheren elenden Zustande dieser Leute: „Fast ohne Ausnahme *sterben* bei uns die besten Pläne *unter den Händen derer* dahin, die mit deren Ausführung betraut werden, wie nur zu wohl allen denen bekannt ist, welche mit der Verwaltung zu thun gehabt, und die aus herber Erfahrung wissen, wie sehr unserm Lande **die geeigneten Männer fehlen**, um gewisse Unternehmungen in Uebereinstimmung mit *dem Gedanken*, *der sie schuf*, zu leiten." Zugleich dringt er auf schleunige Vermessung und Abgränzung dieser Ländereien von dem benachbarten *großen Grundbesitze*, um die neuen Ansiedler vor der *Verdrängung* zu schützen. Von diesem Herrn nämlich wurde zum *ersten* Male in einem *officiellen* Berichte die Thatsache klar ausgesprochen, „daß der Zustand der untern völlig besitzlosen *ländlichen* Classen ein **unerträglicher** und für die Dauer ein unhaltbarer sei, und daß die Hauptaufgabe Brasiliens *die* sei, dieses alle solide Entwickelung des Landes verhindernde Mißverhältniß zu beseitigen, ja eine wichtigere Aufgabe noch als die Einwanderung von Außen, der sie vorangehen müsse oder die sie zu begleiten habe." —

Diese Ansicht des würdigen Hrn. Senators theile ich durchweg.[1]) *Denn nur bei Freiheit des Bodens* d. h. bei Beseitigung wenigstens eines so übertriebenen Landmonopols, das eben die von ihm beklagte Lage der großen Mehrheit der freien Bevölkerung im Innern Brasiliens hervorgerufen hat, ist eine gedeihliche allgemeine, unbevormundete, ungemaßregelte und freie Einwanderung in irgend ein neues Land heutzutage denkbar und zwar in einem solchen Maaßstabe, wie sie für Brasilien unentbehrlich ist, währenddem eine erkünstelte und durch Subsidien aus der Staatskasse betriebene nur die bereits so mißliche Lage der **besitzlosen Eingebornen** *verschlimmern* würde, indem dieselben die Besteuerung durch die Einfuhrzölle, welche fast gleichmäßig auf der ganzen Bevölkerung lasten und noch gegenwärtig die Haupt-Einnahme des Staates bilden, in bedeutender Weise mit zu tragen haben, während zugleich der Fortschritt des ganzen Landes und somit auch der *Einwanderer* durch die Gegenwart eines so zahlreichen Proletariats nur behindert werden müßte. — Die kais. Regierung, durchdrungen von der Unumgänglichkeit der Einstellung solcher Mißverhältnisse eben zur Erreichung der Anziehungskraft, welche dem Lande eine tüchtige, freie und gedeihende Einwanderung sichern, ist nun mit deren Beseitigung aufs ernsteste beschäftigt,[2]) — wobei die Erleichterung des Grundbesitzes durch die eingebornen Brasilianer selbst der Hauptzweck sein wird, wodurch denn von selbst der Boden auch im allgemeinen freier und für die Einwanderung zugänglicher gemacht werden und dieser so ein *unabhängiges Gedeihen* gesichert wird. — Berlin, 19. October 1858.

Sturz.

Nur zwei confessionelle Vorfälle, für hundert die gegeben werden können.

In der Provinz Minaes Geraes lebte bereits 22 Jahre ein von Brasilianern wie von Ausländern gleich geschätzter Deutscher sehr glücklich, denn er ist ein Mann von sehr gediegenen, technischen und naturwissenschaftlichen Kenntnissen und ein tüchtiger Bergmann, Geologe und Ingenieur, und hatte viele Jahre lang als solcher eine sehr bedeutende Besoldung von den englischen Minen-Compagnien, welche während der letzten 30 Jahre jährlich an Millionen Thaler in jener Provinz umsetzten und sehr vieles, ja *das meiste* zu deren innerem Fortschritte beitrugen. Zu gleicher Zeit war er Haupt-Ingenieur der Provinzial-Regierung und residirte als solcher in Ouro Preto. Er vergab sich nichts,

---

jener Zeit an — (von 1852 an, als Senhor *Araujo* durch seine verstärkten Sendungen von Parceria-Leuten sich die erste Stufe zur Gesandtschaft in Berlin als Minister-Resident gesichert hatte) — scheint sich bei den meisten jener Gesellschaften und einigen Corporationen *weniger* Vorliebe für meine immerhin fortgesetzten Mittheilungen deutlich bemerkbar gemacht zu haben, und wohl liegt dieser Geschichtsveränderung zu Grund, daß ich ungefähr seit jener Zeit die *jenseitigen* Ansichten über das öffentliche Länderei-Gesetz, über *Einwanderung*, über die Principien, welche bei öffentlichen Unternehmungen, besonders dem Eisenbahnbau, zu empfehlen sind, — auch über Zollerhebung rc. die bei dem unverkennbaren Bedürfniß von Aenderungen in diesen Branchen mehr evident gemacht und in mehreren Fällen, besonders in der Land- und *Kolonisations-Frage*, sogar zu einer theilweisen Ausführung schon gebracht worden sind, wenn auch mit *sehr erheblichen* Abweichungen — (wie auch schon das Länderei-Gesetz von 1850 durch das **Fallenlassen** *der Landtaxe*) — von den Ansichten über diese Punkte, wie ich es von jeher für meine Pflicht hielt, in eben jenen meinen Mittheilungen stets *strenger* zu berichtigen und zu klären beflissen gewesen bin. — Nicht brauche ich wohl zu erwähnen, *daß ich zahlreiche schriftliche Berichte von den Händen der ersten Staatsmänner Brasiliens* besitze, daß sie meine Ansichten über eine *freie* Einwanderung theilen, und meine Bemühungen, diese zu ermöglichen, *anerkennen*. **Nie habe ich einen Kolonisten engagirt oder engagiren lassen,** aber auch nie einen Verweis von meiner Regierung erhalten dafür, daß ich es *nicht* gethan, weil ich jeden erkünstelten Betrieb der Einwanderer eben so unersprießlich für das Land als für den Einwandernden selbst halte.

Berlin, 19. October 1858.

Sturz.

[1]) Denn es waren die schon vor 22 Jahren in Brasilien von Herrn Sturz zuerst *ausgesprochenen* und *verfochtenen* Ansichten, blieben es unverhüllt alle Zeit und werden es bleiben bis ans Ende seiner Tage!

[2]) Das war ein großer Irrthum, in den Herr *Sturz* verfiel, weil er trotz vieler Kenntniß des Characters der Brasilianer nie an solche Schwäche und Ehrlosigkeit von *Staatsmännern* (!) wie die der seit jener Zeit ans Ruder getretenen geglaubt hatte. Es schienen diese überhaupt bei ihrem Eintritt in das Ministerium mit seltensten Ausnahmen ihre Prätenzien, so ferne sie gut waren, völlig zu verläugnen und ihren früher aufgestellten Grundsätzen schnurstrals entgegen zu handeln. Es liegt die Ursache wohl darin, daß bei dem völlig verfälschten Zustande aller Verwaltungsangelegenheiten, die bloße Annahme eines Portefeuilles den Uebergang zur Wortlosigkeit und Hinterlist, durch die sie sich allein die Unterstützung der Grundbesitzer sichern können, bedingt.

denn seine Einkünfte waren bei seinem vielfachen wahrhaft erstaunlichen Leistungen sehr bedeutend, so z. B. machte er fast nolens volens dadurch ein an sich schon bedeutendes Glücksgeschäft, daß er, nachdem er auf Befehl der Provinzial-Regierung eine Fahrstraße (die erste in Brasilien) von Ouropreto bis an die Gränze mit Rio de Janeiro, circa 60 Stunden lang und 40 Fuß breit projectirt und ihre Kosten dazu abgeschätzt hatte, den Bau derselben auf Contract selbst übernahm, da sich niemand anders dazu fand, und ihn auch energisch durchführte, und zwar ausschließlich mit einigen hundert Negern, die er sich auf Credit kaufte und sie fast schon im ersten Jahre durch den auf sie fallenden Lohn bei dem Straßenbau bezahlen konnte, denn diese kosteten damals, vor circa 20 Jahren, kaum 250 Milreis; jetzt kosten sie 1200.

Dieses mußte vorausgeschickt werden, um die Stellung des Mannes in der Provinz zu bezeichnen. In der That war Niemand in derselben beliebter und geachteter; auch diente er Jedermann gerne und sprach und schrieb das Portugiesische besser als die meisten selbst besser erzogenen Brasilianer. Sein Haus war das gastfreundlichste in Minas, und die Küche, von einer vortrefflichen deutschen Hausfrau bestellt, war in hohem Rufe auch bei den Brasilianern und vor Allem bei den feinschmeckenden Ortsgeistlichen von Ouropreto und den Capitular-Herren von dem Bischofssitze von Mariana, kaum eine Stunde von Ouropreto entfernt gelegen. Selten verging ein Tag, ohne daß nicht einer dieser Herren zufällig gegen die Essensstunde sich einfand. Alles war Zuvorkommenheit, Bewunderung, Beifall ja Schmeichelei Seitens der geistlichen Gäste. Daß man alles, was aus der Küche hervorkam, vortrefflich fand, bewieß man zur Genüge. Von Glaubensbekenntnissen war nie die Rede gewesen, man wußte gar wohl, daß die ganze Familie protestantischer Confession sei. — Da starb plötzlich die Mutter der 16 Kinder! Sie wird im tiefbekümmerten Hause nach landesüblicher Weise zum nothwendigen Begräbnisse innerhalb der ersten 20 Stunden (ja meist am Sterbetage selbst) ausgestellt. — Der Geistliche des betreffenden Kirchspiels, einer der gewohnten Gäste, wird um die Bestattung ersucht; er ist eben in der Stunde verreist. Ein zweiter — ein dritter — alle entschuldigen sich auf eine oder die andere Weise — und selbst von den Dutzenden Herren in Mariana, die so oft an der Tafel der Verstorbenen gesessen hatten, kann keiner bewogen werden, den letzten Dienst zu leisten. Da kommt endlich am zweiten Tage, als bereits sehr starke Spuren der Verwesung am Leichname der theuren Mutter und Gattin sich zeigten, ein sehr höflicher Negotiator des Bischofs von Mariana und stellt für die Beerdigung des Körpers der Ketzerin an geweihter Stelle die Bedingung des Uebergangs des Vaters sammt den 16 Söhnen und Töchtern in den Schooß der allein selig machenden Kirche, natürlich mit Abschwörung des Ketzerthums, — und verspricht zugleich die Erlösung der Seele der Verstorbenen durch eigends für sie abzuhaltende Messen!

Der Vater und die erwachsenen Söhne und Töchter fühlen sich empört durch die unverschämte Forderung, dem Glauben zu entsagen, in dem sie die liebe Mutter beruhigt scheiden sahen. Ein weiterer Tag vergeht. Bei einer Hitze von 30 Grad war der höchste Grad der Verwesung des Leichnames eingetreten und es war unmöglich, länger die Luft der Behausung einzuathmen. Der Vater, da ihm alle Mittel und Wege fehlen, den Leichnam auch an einer andern nicht geweihten Stelle anständig beerdigen zu lassen, unterwirft sich aus Verzweiflung den auferlegten Bedingungen, die Kinder folgen dem Vorgange des Vaters und alle waren so für die allein seligmachende Kirche gesichert, ehe noch der hochverweste Körper der Ketzerin beerdigt wurde, und der Triumph der herrschenden Kirche und des durch diese aufgestachelten Pöbels mischte sich mit dem Weinen und Schluchzen einer tiefbetrübten und tiefgekränkten Familie!

Der Ingenieur Liebig aus Dresden ging im Jahre 1853 nach Rio de Janeiro, und nachdem er sich dort im Kriegsarsenale im hohen Grade nützlich erwiesen hatte, wozu freilich viel Spielraum war, da z. B. die Waffenschmiede dort statt Holzkohlen Steinkohlen verwandten, u. dgl. m., ging er im Jahre 1854 auf Veranlassung des Präsidenten der Provinz Maranham selbst und in Gesellschaft dieses, der als Deputirter in Rio gewesen war, auf einem Dampfer nach Maranham, und laut Contract mit der Provinzial-Regierung zur Untersuchung angeblich entdeckter (von allem Werbegesindel in Deutschland im Auftrag einer darauf und auf Betrug der Actienkäufer in Rio gebildeten Schwindel-Compagnie, zugleich auch im Auftrage einer Kanalbau-Compagnie in Maranham, welche sich aus den herbeiströmenden deutschen Goldsuchern wohlfeile Arbeiter herauslesen zu können hoffte, mehr als californisch beschriebenen) Goldminen. Von Maranham schreibt er noch seiner Frau und vier Kindern und spricht von Rimessen, die er bald aus seinen Ersparnissen gemacht haben würde, und 2½ Jahre lang ist über sein spurloses Verschwinden auf keine der vielen offiziellen und nichtoffiziellen Anfragen die geringste Auskunft für die beängstigte und hülfsbedürftige Familie zu ermitteln. Ja von keiner der brasilianischen Autoritäten ist auch nur ein Wort von Auskunft oder nur eine Antwort zu erlangen. Nur drei volle Jahre später wird durch Vermittelung des Grafen v. Redern, Preuß. Gesandten in Dresden, und durch den Königl. Preuß. Consul in Maranham im Auftrage des Preuß. Ministeriums des Auswärtigen, nach unsäglicher Mühe ausgefunden, daß er bereits am fünften Tage nach seiner Abreise nach den Minen zu Lande in einem kaum 18 Stunden von der Stadt entlegenen Dorfe dem gelben Fieber erlegen war; daß der dortige Geistliche, weil man aus seinen Papieren ersehen, daß er Prussiano oder Ketzer gewesen, (nebenbei wohl auch aus Scheu vor dem gelben Fieber, was diese Art Geistliche gar oft bestimmt, auch ihren eigenen Schäflein die Beichte und heilige Oelung zu versagen) ihm die Bestattung versagte, daher der Leichnam schlechthin am Meeresstrande eingescharrt worden war ohne alle Notiznahme oder Einschreibung in irgend ein Kirchenbuch oder Gemeindebuch und selbst ohne Mittheilung an die Regierung, als deren Beamteten man ihn erkannt hatte, die sich aber, wie es scheint, nie ernstlich nach der Ursache von dessen Verschwinden erkundigt hatte. Dieses schmähliche Betragen des Parocho hatte noch zur Folge, daß die gemietheten Begleiter des Verstorbenen sich in seine Effecten und einige Hundert Thaler Baarschaft theilten, ebenso einige höchst werthvolle Meß- und andere Instrumente zum Betrage von über 400 Thlr. verschwanden, mithin der Familie auch dieses Eigenthum geraubt wurde, während dem die Regierung weder für diese aus ihrer Nachlässigkeit und aus den barbarischen confessionellen Zuständen des Landes entspringenden Verluste eine Entschädigung bietet, noch auch das dem Verstorbenen schuldig gewesene Gehalt auszahlen läßt, ja nicht einmal nur ein Wort auf wiederholte Vorstellungen und Bitten der Hinterlassenen geantwortet hat.

Auf einige Artikel anderer Blätter, die Ehe der Protestanten in Brasilien betreffend, macht das „Ausland" folgende Bemerkung. Die aus anderen südamerikanischen Staaten ausgewiesenen, in Brasilien aber mit Auszeichnung aufgenommenen Jesuiten richten ihr Hauptaugenmerk darauf, die ketzerischen Fremdlinge, oder doch mindestens deren Kinder, durch List oder Gewalt in den Schoß der römischen Kirche zu bringen. Wer Portugal und Spanien kennt, wird sich natürlich nicht wundern, daß der Apfel nicht weit vom Stamme fällt, und daß man in Brasilien dieselben engherzigen Ansichten in Bezug auf Glaubensfreiheit hegt, wie auf der pyrenäischen Halbinsel. Aber wenn hier die römisch-katholische Kirche als ausschließliche Staatsreligion erklärt wird, wenn man hier nicht an bürgerliche Gleichstellung der Confessionen denkt, so verstößt man damit nicht gegen andere feierlich ertheilte Zusagen und Bürgschaften. In Portugal und Spanien geht man nicht darauf aus, protestantische Einwanderer an sich zu locken, wie es in Brasilien geschieht. Dem amerikanischen Kaiserreiche sollte auf solche Erklärungen, wie sie in der brasilianischen Deputirtenkammer abgegeben worden, der Protestantismus aller Länder die Antwort ertheilen, daß er es für eine Gewissenspflicht halte, seine Anhänger zu warnen, dorthin ihre Auswanderungs-Schritte zu richten.

Die officiell als falsch anerkannten, aber dennoch ungerügt gebliebenen Kolonisten-Transports-Contracte des brasil. General-Consuls in Hamburg.

Wir haben heute unter Brasilien ein Document mitzutheilen, welches für Deutschland von hohem Interesse ist, nämlich den amtlichen Bericht des Präsidenten der Provinz Rio Grande do Sul, aus welchem hervorgeht, daß der brasilianische General-Consul in Hamburg, Herr José Luzio Corréa[1]) seine amtliche Stellung benutzt hat, *massenhaft* Auswanderer für Brasilien zu engagiren, unter Versprechungen, welche die Regierung der genannten Provinz nur für eine kleine begrenzte Anzahl autorisirt hatte, und daß dieser Herr General-Consul *selbstgeständlich* die Absicht hatte, durch Veröffentlichung eines Contractes, „*dessen wirkliche Durchführung ihm nie in den Sinn kam*“, eine Täuschung für Deutschland und die Deutschen in Rio Grande herbeizuführen.

Diese Handlungsweise, welche das Schicksal unserer armen deutschen Auswanderer auf das ernstlichste gefährdet, giebt der Hamburger Regierung nicht nur das Recht, sondern sie *macht es ihr zur Pflicht*, dem Herrn General-Consul Corréa das Exequater zu entziehen.

So lange dies nicht geschieht, wird die Hamburger Regierung dem Vorwurfe ausgesetzt bleiben, bei den Handlungen des Hrn. Corréa und bei den Folgen dieser Handlungen die moralische Mitschuld zu tragen, welche die gewöhnlichen Rechtsbegriffe denjenigen zur Last legen, die das Unrecht begünstigen, indem sie den Urheber durch ihre Autorität in der Stellung und in dem Einfluß erhalten, welche er zu seinen Handlungen mißbraucht.

Da die von uns mitgetheilte Anklageschrift aus der Feder des gegenwärtigen brasilianischen Minister-Präsidenten selbst hervorgegangen ist, so liegen für die Hamburger Regierung keine Bedenken jenseits des Oceans, welche sie hindern könnten, diesseits ihre Schuldigkeit zu thun. (D. Ausw.-Ztg. v. 30. Sept. 1858.)

Der „Deutsche Botschafter“ schreibt: In einem aus *Bahia* eingelaufenen Briefe sagt man uns: „Es herrscht noch ein anderes *Erpressungssystem* bei dem Hamburger Consulate. Ein Hr. Baron v. Linstow, Kanzler des besagten Consulats, dringt den Rhedern oder Verladern von Schiffen, nach Brasilien bestimmt, seine Uebersetzungen von Manifesten auf, die man früher am Zoll hin und wieder annahm, die aber, nachdem der Inspector auf wesentliche Irrthümer darin gestoßen, in letzter Zeit zurückgewiesen werden. So hatte er unter Anderm im September und October v. J. für das Manifest der Bremer Brigg Emma von den Rhedern in Hamburg sich 138 Mark Banco für die Uebersetzung eines Manifestes zahlen lassen, welches wegen der gerügten Irrthümer zurückgewiesen wurde und das man dann für circa 40 Mark aufs Neue übersetzt bekam, und zwar in *zwei* Copien, die am Zoll verlangt wurden, während er nur *eine* in Hamburg liefert. „Isto chamase tirar couro e cabello“ (d. h. Haar und Haut auf einmal abziehen). Die gutmüthigen Rheder jedoch lassen sich von diesem Herrn solche Manifeste, sage fehlerhafte Uebersetzungen, aufdringen.“

Hamburg, 15. Aug. 1860. Es sind auf dem hiesigen kais. brasilianischen General-Consulate Aufträge für das Engagement von 9000 Arbeitern für Wege- und Eisenbahnbauten in den Provinzen Rio de Janeiro, Bahia und St. Paulo eingegangen. Die Ueberfahrt, heißt es, soll *frei* sein; damit aber versteht man nur, daß man den Leuten die Passagekosten *vorschießt*, denn diese sollen ihnen mit 75 Thlr. pr. Kopf in Rechnung gebracht werden, wogegen sie gehalten sind, einen Contract auf 5 Jahre zu unterschreiben. — Man spricht von einem Taglohn von 2½ Milreis *Papiergeld*, wovon ihnen aber 1 Milreis gekürzt werden soll, um die Vorschüsse zu decken und um *das Land zu bezahlen*, das man ihnen nach 5 Jahren geben *will*. — Nun aber weiß alle Welt, daß der größte Theil des Landes von Brasilien nur Werth für diejenigen hat, welche Sklavenarbeit darauf verwenden können und wollen. Es hat nicht den mindesten wirklichen Werth für den freien Arbeiter, und sicherlich würde es da werthlos sein, wo die *Regierung* es den deutschen Kolonisten anweisen würde. Bekanntlich ist es denen, welche die Regierung beeinflussen, von jeher darum zu thun gewesen, die Deutschen dahin zu legen, wo sie nur *recht langsam* fortkommen können, und außerdem noch, sie so viel als möglich zu vertheilen und zu vereinzeln, damit sie keine vereinte Kraft erreichen. Obige Angabe eines ziemlich hohen Lohnes, mit der Verbindlichkeit, sich die *Hälfte kürzen zu lassen* für später — Gott weiß wo — zu empfangendes Land, das Niemand mit gesunden Sinnen geschenkt annehmen würde, ist wieder eine neue List, arme Kolonisten zu hintergehen. Jedoch ist der Lohn, so hoch er auch scheint, im Vergleich zu dem vormals gebotenen, bei der jetzigen enormen Theuerung aller Lebensmittel kein besserer, als ein halb so hoher vor 3 Jahren. Er reicht kaum hin zur Bestreitung der allernothwendigsten Lebens-Bedürfnisse — von dem gelben Fieber gar nicht zu sprechen, wodurch der arme Arbeiter zu jeder Stunde einem elenden Tode unter theilnahmlosen Fremden ausgesetzt ist. Auch ist der Lohn nicht höher als der, den jeder Negerherr für seinen ausgemietheten Sklaven erhält. Und derlei Contracte wagen gerade jene Deutschen wieder anzubieten, welche erst vor zwei Jahren den berüchtigten Schein-Contract unter sich gemacht hatten, der nach des Consuls *Corréa* eigenem officiellen Bericht nur gemacht war, „um Deutschland irre zu leiten“ — was, wie wir wohl zugeben, eine Nebenabsicht war; aber der Hauptzweck dabei erscheint immer als ein großartiger Betrug *gegen den Provinzial-Staatsschatz von Rio Grande und gegen die Auswanderer*, — ein Zweck, den man unerreichbar fand ohne einen Schein-Contract, der *die ehrliche Concurrenz respectabler Rheder ein für allemal beseitigte*. — Wie bodenlos corrupt die Sachen in Brasilien stehen und wie absichtlich die Regierung von ihren Angestellten dort und hier hintergangen wird, und wie sie sich selbst aller bessern Einsicht verschließt, dafür ist ihr ganzes Treiben in Colonisationssachen während der letzten 8 Jahre ein laufender Beweis, — einer der hervorragendsten ist jedoch sicherlich der, daß der vielfach unwahre Bericht des General-Consuls, der in allen deutschen Blättern mit Verachtung gerügt worden war, und geradezu eine National-Beleidigung gegen ganz Deutschland enthielt, keine Rüge seitens der brasilianischen Regierung hervorrief, und daß selbst die in Ihrem Blatte vom 21. Mai aus der Feder eines hiesigen *Sachverständigen* geflossene Auseinandersetzung der ungeheuren Uebervortheilungen, welche sich die hiesige Werbe-Clique mit ihren Berliner Theilnehmern seit Jahren hatten zu Schulden kommen lassen, nicht die geringste Untersuchung, nicht die geringste Aenderung in einem wahrhaft lügnerischen und räuberischen System hervorgebracht hatten, — ja nicht einmal ein einziges Wort der Entschuldigung seitens der so schwer Gravirten! — Daß diese aber nun nochmals selbst die Dreistigkeit haben sollten, mit ähnlichen Contracten, auch wenn die brasilianische Regierung die Rücksichtslosigkeit und Kurzsichtigkeit begehen kann, sie noch ferner damit zu beauftragen, in Deutschland aufzutreten, übersteigt fast das Glaubbare und beweist nur zu sehr, welche Meinung man sich nach und nach in Brasilien über Deutschland angeeignet hat, nachdem man volle 10 Jahre lang ungerügt dessen bitter getäuschte Auswanderer durch *amtlich* aufgestellte trügerische Contracte in *solidarischer Haft* sklavengleich gehalten sieht. Wir aber sagen: so lange die deutsche Nation nicht mit Energie dieser Beschimpfung entgegentritt, und so lange deutsche Regierungen brasilianische Geschäftsträger und Consuln zur Umgehung der Landesgesetze und zur Hintergehung der Auswanderer mißbrauchen lassen, so lange ist auch keine Besserung in dieser schmählichen Angelegenheit zu hoffen!

Zu bemerken ist noch für die Geschichte der brasilianischen Kolonisation, daß das 20jährige Factotum des *Hamburger General-Consulats* in dieser Angelegenheit, und deren Hauptwerkzeug in der Herbeischaffung von Kolonisten für irgend welche Zwecke und zu *jeden beliebigen Bedingungen* Seitens der Besteller ein gewisser *Fr. Schmidt* war und noch ist, der seit seiner Rückkehr aus Brasilien, wo er nur ungefähr 2 Jahre als

[1]) Es ist dies derselbe Herr, welcher ungesetzlicher Weise für das Visa eines Protestes 15 Mark Banco nimmt. Das brasilianische Consulat in Hamburg ist überhaupt seit Jahrzehnten der Widerspruch seines Zweckes. Wir haben nur an die Ursprungszeugnisse zu erinnern, welche es der Sporteln wegen noch 18 Monate lang erhob, nachdem sie in Brasilien bereits wieder abgeschafft worden; an die ebenfalls der Sporteln wegen geforderte Menge der Ursprungszeugnisse, wo das Gesetz nur eines vorschrieb, an die Betheiligung des Consulates bei den 1839 (für eine, man weiß nicht in wessen Tasche verschwundene Prämie von 2 Lstr. pr. Kopf) bewerkstelligten Kolonisten-Engagements von 500 Deutschen nach Para, die sämmtlich in anderthalb Jahren an den gröbsten Mißhandlungen jämmerlich zu Grunde gingen.

Kolonist aushielt, den Doctor-Titel angenommen und sich die ausschließliche Aufgabe gestellt hat, gegen ein bedeutendes jährliches Fixum aus der Staatskasse Brasiliens und bei Theilnahme an geheimen Service-Geldern für Auswanderungs- und literarische Propitiations-Zwecke, sowie an allen aus Contracten, Engagements, Ueberfahrts- und Kopfgeldern entspringenden Gewinnen, seine Landsleute nach dem Lande zu schicken, von dem er selbst davongelaufen ist. Zu diesem Zwecke etablirte er zu verschiedenen Zeiten unter bedeutender Beisteuer des bras. General-Consulats in Hamburg der Reihe nach mehrere Wochenblätter, — auch ein gemischtes Blatt für Ackerbauer und Gewerbliche zugleich mit entsprechenden Holzschnitten, stets mit dem brasilianischen Lobe im Hintergrunde; dann die bekannten Groschenhefte der „geregelten Auswanderung nach Brasilien und ihrer glänzenden Resultate", die in jedem Dorfe des platten Landes zu finden sind. Er hauptsächlich führte die Ordres aus, welche der brasilianische General-Consul in Hamburg von Brasilien aus erhielt. Dieser nämlich hatte alle die Agenturen für die Mucury-Gesellschaft, für die Socieda de Union Mineira, für die Central-Colonisations-Gesellschaft von Rio de Janeiro und selbst für ähnliche Filial-Gesellschaften in Bahia und Pernambuco, welche der Gen.-Cons. Sturz insgesammt mit ausführlichen Motiven abgelehnt hatte, und deßhalb auch seine, längst von Hamburg und Berlin aus zugleich vorbereitete völlige Entlassung auf der Stelle erhalten hatte, — unbedenklich angenommen, und ging dabei so rücksichtslos vor, wie sich aus so vielen in letzter Zeit ans Licht gekommenen Thatsachen ergiebt. — Unter diesen spielen innerhalb der letzten Jahre die Hauptrolle die berüchtigten Lieferungen aus Potsdam nach dem Mucury, die von Harzer Bergleuten nach Bahia, dann die Giebert'sche, die besonders in Berlin abgeschlossen wurde, dann einige Separatlieferungen an die Provinzial-Regierung von Rio Grande do Sul und an den Emprefario Ottoni, welche Seitens aller dieser drei letztgenannten Personen einen Schrei des Entsetzens über die enorm hinaufgetriebenen Unkosten, zugleich aber auch Wechselproteste in dem Gesammtbetrage von circa 40,000 Thalern zur Folge hatten. Trotz alle dem jedoch ist noch keine formelle Kassirung der ursprünglich ertheilten Vollmachten, noch überhaupt keine offene Erklärung Seitens der Provinzial-Regierungen oder der Central-Regierungen erfolgt, wodurch einem solchen Vorgehen ein für alle Male gesteuert und dem ganzen schwindel- und lügenhaften Systeme für immer entsagt worden wäre.

Da nun aber diesem saubern Herrn General-Consul mehrfach von der Regierung Lobesschreiben für seinen patriotischen Eifer in der Förderung der Auswanderung nach Brasilien und für die durch die Presse vollbrachte Zerstäubung der verläumderischen Anschuldigungen gegen Brasilien Uebelgesinnter, namentlich des Pater Dr. Wiedemann von München, zugegangen und mit Schwulst in brasilianischen Blättern veröffentlicht worden sind, die Regierung aber sich nicht bemüßigt gefunden hat, nach obiger grober Kränkung von ganz Deutschland und nach officiell erwiesener vielfacher Lügenhaftigkeit und wenigstens Absicht von Doppelbetrug, der k. br. Regierung wie der deutschen Kolonisten und des deutschen Publikums, demselben auch nur einen gelinden Verweis zu geben, geschweige ihn abzuberufen oder im Interrsse der Ehre ihres eigenen Beamtenstandes zu entlassen, auch nicht einmal der Senat der freien Stadt Hamburg in Ehrenrettung des beleidigten Landes eine Einwendung gegen obiges Benehmen zu machen gehabt zu haben scheint, so wollen wir nun hier die Aufgabe auf uns nehmen, die Stellung dieses Consuls, wie sie ihm von Rechtswegen zukommt, durch folgendes zu bezeichnen:

Derselbe war früher einer jener Unzahl von sogenannten Banquiers in Paris, natürlich hauptsächlich für Brasilianer, und fallirte ungefähr im Jahre 1848, und nochmals im Jahre 1851 und zwar dieses letzte Mal mit 850,000 Francs, ohne daß dessen Creditoren einen Ecu erhalten hätten. Jeder Kaufmann hat für eine solche Operation eine nicht zu verwechselnde Bezeichnung; jedoch verhinderte dieses beklagenswerthe Ereigniß den Herrn Araujo nicht, unmittelbar nach demselben die Wahl der Regierung an seiner Statt als General-Consul für Hamburg auf diesen Mann gleichzeitig mit seiner eigenen Ernennung als Minister-Resident in Preußen zu leiten, beides mit dem Einflusse der Aspiranten unter den Grundbesitzern auf deutsche Kaffeepflücker, was er auch gleichzeitig durchsetzte. Er sicherte sich so den doppelten Zweck, einen Nachfolger zu erhalten, der, wenn auch ohne Kenntniß des Landes und seiner Verhältnisse zu Brasilien besonders in der Auswanderungsfrage, doch das blinde Werkzeug seiner Pläne in dieser wurde und ihm zugleich financiell für die Stelle, die er durch ihn erhalten hatte, sehr bedeutend tributair blieb. — Wie der Senat eines Handelsstaats wie Hamburg dem so gewählten Consul durch sein Exequatur Schutz gegen die gerechten Ansprüche seiner Gläubiger anbieten konnte, ist nur erklärlich durch den von Herrn Araujo darauf ausgeübten Einfluß.

Die brasilianische Diplomatie in Europa, besonders in Deutschland.

Mit gebührender Ausnahme des langjährigen Repräsentanten Brasiliens zuerst am belgischen Hofe, dann an dem von St. James und gegenwärtig an den Tuilerien, Senhor Marcus Lisboa, der seinem Lande stets Ehre machte und seinen Landsleuten ein treuer Rathgeber nnd Beistand war, auch seinem Lande manchen guten Rath spendete, wenn er auch nicht befolgt wurde, der aber auch gerade deßhalb noch nicht in den brasilianischen Adelstand erhoben worden ist, — ein Mann, dessen gesunder Verstand ihn stets den Eigendünkel, sich auch in rein europäische Angelegenheiten zu mischen und seinen Rath europäischen Diplomaten anzubieten, wo er nicht gebeten wurde, von sich ferne halten ließ, und ihn selbst im Jahre 1851 sich davon abhalten ließ, sich zum geheimen Agenten sehr gefährlicher Conspirationen, die unabsehbar folgenschwer hätten ausfallen können, machen zu lassen, sowie mit Ausnahme des Senhor Moreira in London, dessen Forte bisher jedoch nur gewesen ist, Brasiliens Credit auf dem Londoner Markte durch einen mit Hülfe bei demselben tief interessirten Capitalisten zur Erleichterung bedeutender neuer Anlehen (seit 5 Jahren zu dem Betrage von nahe an 9 Mill. L.) auf die englische Presse ausgeübten Einfluß, zu stärken, dürfte das ganze brasilianische diplomatische und Consuln-Corps in Europa als ein in staatsmännischer Rücksicht völlig unbedeutendes und in manchen Fällen für Brasiliens Credit wenig schmeichelhaftes nnd jedenfalls meist unnützes angesehen werden. Wohl finden sich darunter noch einige wenige Individuen, welche in gesellschaftlicher Beziehung Anerkennung verdienen und darunter selbst ein in Brasilien gefeierter Dichter, wenn auch zu großer Nachahmer Lamartine's, dessen träumerische Gedanken nur dazu berechnet sind, die Thatkraft der brasilianischen Jugend noch mehr zu schwächen, für die ein Langfellow und Gedanken wie „Be up and doing" bessere Anreger wären, als ein Lamartine; doch machen wir hier nur auf einige im Senate von Brasilien selbst auf die brasilianische Diplomatie in Europa gemachte Erklärungen aufmerksam:

Don Manoel tadelte wiederholt aufs Strengste im Senat den wirschen Luxus des auswärtigen Departements, aus dem nie etwas Erkleckliches resultire. In Paris halte sich stets ein ganzer Haufen brasilianischer Diplomaten auf, die alle von für sie gemachten Posten entfernt lebten und es sich dort wohl sein ließen. Das ganze Corps könne füglich auf den dritten Theil vermindert werden und der Staat würde dabei außer der Geldersparniß noch besser bestehen. Das Reglement zur Aufnahme in diesen Dienst wurde auf das schnödeste umgangen und ganz unbefähigte junge Leute, sowohl in Beziehung auf Ausbildung als Character wurden durch Protection angenommen; dieses sagte er namentlich in Bezug auf einige, deren Väter Miteigenthümer des „Jornal do Commercio" sind, welche deßhalb einigen Gesandtschaften attachirt wurden. Auch Senator Sinimbu protestirte noch wenige Wochen vor seiner Uebernahme des Portefeuilles des Auswärtigen gegen die übertrieben hohen Kosten dieses Departements, die innerhalb 6 Jahren von 500,000 auf nahe an eine Million Thaler gestiegen waren. Die Categorien von mehreren Missionen, besonders der in Deutschland, seien über alle Nothwendigkeit hoch und besonders über die Verdienste der betreffenden Personen hinaus; überhaupt wären diese keine solchen Verdienste, die vom Staate anerkannt werden könnten." —

Diese Aeußerung kam von einem Manne, der kurz vorher als Präsident von Bahia sagte: „wie ist es möglich, daß unsere Proletarier sich dem Feldbau widmeten, wo sie von gewaltthätigen Potentaten, wenn sie deren verbrecherische Geheiße, ja bis zum Assassinate, nicht auf den ersten Wink erfüllen, augenblicklich sammt Weib und Kindern in die Wildniß verjagt werden können u. s. w.", und zwar sagte er dieses in seiner Ansprache an die Provincial-Assemblee, in der selbst eine Anzahl dieser Potentaten tagen, die ihm zwar nicht widersprachen, die ihn aber von jener Zeit mit aller Macht verfolgten und seine Abberufung sehr bald durchsetzten, die ihn nicht geringen Gefahren entzog. —

Doch hat auch er, wie es scheint, keine Schmälerung des diplomatischen Luxus durchgesetzt, und eben so wenig eine Besserung der Zustände für die Einwanderer, in Betreff welcher er zugleich damals, als er noch nicht Minister war, sagte: Was sollte denn den gesitteten, fleißigen Europäer verleiten, zu uns zu kommen? wohl um unsere so vielfachen Mißstände mit uns zu theilen, um sogar in den geheiligsten Verhältnissen der Familie beunruhigt und in jeder Rücksicht benachtheiligt zu werden? Nicht einmal eine Sprache haben wir, die dem Einwanderer aus Deutschland einen Ersatz für seine Muttersprache, die eine so reiche Literatur besitzt, bieten könnte! u. s. w. — Herr S. hat nämlich in Deutschland studirt und hat eine Deutsche zur Gemahlin, eine Protestantin, und zwar ausnahmsweise für einen brasilianischen Diplomaten keine reiche, aber doch eine hochgebildete Dame. Auch diesmal widersprach ihm Niemand im Senate. Aber dabei blieb es auch wie immer in Brasilien. Herr Senhor de Sinimbu wurde und blieb fast zwei Jahre Minister und versuchte eben so wenig eine principielle Reform in den Dingen, die sich auf die Einwanderung beziehen, als seine Vorfahren, wohl weil er den Versuch als einen hoffnungslosen ansah. Ja, das Cabinet, zu dem er gehörte, hat sogar mehrere Maßregeln aufrecht erhalten und verschärft durchgeführt, die geradezu eine Mißgunst gegen die Eingewanderten an den Tag legten, z. B. die viel besprochenen Beschränkungen der Kolonisten in Petropolis und darunter solche, welche ihnen den deutschen Unterricht für ihre Kinder verkürzt und erschwert. So etwas und manches andere durch Unterlassung schwer gegen eine Besserung der Dinge Wiegende wäre wohl einem gewöhnlichen Gedankengange nach von einem Ministerium, zu dem Senhor S. gehörte, nicht zu erwarten gewesen, doch geschah es, und was noch auffallender, ist, daß unter demselben Ministerium sogar, was vorher nie geschehen war, die Bibel aus den Händen der Leser confiscirt und diese selbst vor den Richter geführt wurden, um Androhungen von Strafen im Wiederholungsfalle zu empfangen. Daß Senhor S. gegen einen solchen Schritt seines Collegen, des Justiz-Ministers, keine Einwendung machte, da er die Tragweite derselben auf die Einwanderung nicht verstehen konnte, ist nicht erklärbar, aber noch weniger erklärbar, fast unglaublich ist es, daß derselbe Herr S. weder als Minister noch als Privatmann gar nichts zu sagen hatte, als sein heuchlerischer pfaffendienerischer Herr College der brasilianischen Justiz in den Kammern die protestantische und Mischehe, also auch die seine als ein ungeheiligtes Band, das auch auf keine Weise der katholischen Ehe in Moralität gleich gemacht werden könne, und die aus solchen Ehen entsprungenen Kinder als gesetzwidrige Erzeugnisse erklärte, welche schon deßhalb aus dem Staatsdienste ausgeschlossen bleiben, weil den Gläubigen der Staatskirche alle „werthvollen Privilegien" gewahrt werden müßten!

Schon vor 2 Jahren richtete Dr. J. J. Rodriquez von Bahia in seinen vorzüglich geschriebenen Abhandlungen über „moralische und politische Wissenschaften" (in dem Theile über Ackerbau und Industrie) die folgenden Fragen an die brasilianische Werbediplomatie in Deutschland:

„Und warum verschließen sie in der Zeit, in der wir leben, noch immer der Wahrheit die Augen und interessiren sich weiter um nichts als um ihre eigene Bereicherung und erkennen gar kein andres mehr außer diesem, das sie gänzlich blind macht für das allgemeine Wohl und für die Pflichten, die sie diesem schulden, und die Gefühle der Charität, aus lauter Dichten und Trachten auf den eigenen Reichthum und das ausschließliche Eigeninteresse, gänzlich unterdrücken läßt!

Sollen wir denn England nachahmen, wo 8 Millionen Proletarier der größten Ungewißheit über ihre Subsistenzmittel ausgesetzt sind; oder Spanien, wo die stolze Grandezza inmitten unbebauter Provinzen haust; oder Polen, wo bei vielem Pomp der Adeligen Ackerbau und Industrie darnieder liegen; oder Ungarn, wo die Magnaten einen orientalischen Luxus affectiren und wo ein unglückliches Volk arm auf unbebauten Landstrichen herumirrt? Sollen wir in einem jungen und kaum bis zum hundertsten Theil bevölkerten Lande, ein solches System befestigen wollen?"

Mißbrauch deutscher Consulate zur Einwanderungs-Beschwatzung. In der Nummer vom 17. Juni 1859 gab die Rudolstädter Zeitung ihren gläubigen Lesern des platten Landes ein von „16 Gesandtschaften in der Provinz Rio Grande do Sul" unterzeichnete Erklärung, daß Alles in der Provinz Rio Grande auf das Allerbeste eingerichtet und angethan sei. Diese sogenannten „**Gesandtschaften**" bestanden aus einigen Vice-Consuln, Vice-Vice-Consuls und Vice-Vice-Consulats-Verwesern, und die Repräsentanten von acht darunter befindlichen **deutschen** Vice-Consulaten waren brasilianische Bürger, und von den übrigen acht spanischen, argentinischen, sardinischen u. a. Vice-Consulate weitere sieben Brasilianer, und diese Leute, die außer ihrem dortigen ungemein einseitigen Geschäfte nicht die geringste Einsicht über Dinge haben, über die sie außerdem von Oben bearbeitet sich auszusprechen veranlaßt worden waren, um so als wohlfeile Einwanderungs-Agenten für Europa zu dienen, nannte Hr. G. Fröbel Gesandte (!) und stellte ihr absolut futiles Urtheil als ein zuverlässiges hin! Und sein Bezahler ließ das zu, und keine deutsche Regierung hatte Einwendung zu machen gegen einen solchen unehrlichen und unverständigen Mißbrauch ihrer, wenn auch durch die fünffache Uebertragung an Ausländer übergegangenen Vertretung!!

Sklavenbehandlung in Brasilien. Africanos livres. Züchtigung der Neger-Sklaven von Privatpersonen durch die Polizei gegen Bezahlung. Regierungs-Sklaven. Fälschliche obrigkeitliche Freierklärung von Sklaven zur Hintergehung der südlichen Nachbarländer, besonders Uruguay's.

Da in den „Aktenstücken brasilischer Seits" und fast gleichzeitig auch in der nach Hause lobhudelnden Correspondenz aus Berlin an das „Jornal do Commercio" die Behauptung der Vorzüglichkeit brasilischer Institutionen über die preußischen aufgestellt ist, so wird es nicht Wunder nehmen, daß man dem unehrlichen Skribler derselben durch einige der früher angeführten Thatsachen Gelegenheit zur Widerlegung derselben und zur Feststellung der gemachten erstaunenswerthen Behauptungen gebe. — Doch müssen wir denselben auch Gelegenheit geben, Einiges zur Behandlung der Sklaven zu vindiciren, die eben das ist, was die Brasilianer als eine Nation am meisten entehrt, am ärgsten selbst brutalisirt. — Ueber dieses Thema könnten wir allein ein Buch voll Thatsachen zusammenstellen; doch wollen wir nur einige und diese kurz aber unverkennbar ausführen:

Nach dem „Paulistano" war vor 2 Jahren schon gerichtlich constatirt, daß der Pflanzer Dias in Campinas (S. Paulo), auf wenige Stunden von Parceria-Fazendas, und dessen „Tiger-Weib" innerhalb 7 Jahren über 30 Sklaven zu Tode gepeitscht und deren blutige Cadaver auf ihrer Pflanzung verscharrt hatten, ohne alle Bestrafung! — In der Stadt S. Paulo selbst hat ein Student, schon als solcher mit einer reichen weißen Brasilianerin verheirathet, die ihm mehrere Hundert Sklaven mitbrachte (er selbst ist ein Mulatte), im Vereine mit diesem Weibe im Jahre 1859 zwei von ihren Haussklavinnen zu Tode peitschen und noch von Blut triefend ungenirt begraben lassen, aber auch noch 5 ähnliche Morde auf seiner nahe liegenden Fazenda begangen, wie sich durch endlich angestellte Exhumationen erwies. — Aber die Acten darüber wurden an einem schönen Abend bei dem mit dem Incriminirten auf vertrautem Fuße stehenden Stadtrichter, als dieser auf einem Balle war, durch gelinden Einbruch gestohlen, sonst nichts weiter, — und damit war die ganze Klage beseitigt, und die reichen Mörder sind wieder völlig rehabilitirt, auch in gesellschaftlicher Beziehung. — Solche Fälle werden von fünfzig bis hundert im Jahre in den brasilischen Blättern selbst aufgeführt, mehrere derselben sind selbst im vergangenen Jahre ganz nahe bei Rio z. B. in Pirahy, auch in Bahia und Minas vorgefallen, aber von Bestrafung war nie die Rede, und daher natürlich auch nicht bei dem barbarischen Acte jenes Viehzüchters in Rio Grande, der seinen jungen Negern sein Viehzeichen auf die Backen brannte und andern die Ohren stutzte oder doch ein Stückchen abschnitt, um sie von der Flucht abzuhalten. Was ist da sehr zu wundern, wenn selbst ein Deutscher, wenn auch ohne Zweifel schon ursprünglich ein roher Mensch, nachdem er Jahrzehnte getrennt von seinen Landsleuten im Walde gelebt, ohne alle Verbindung mit gebildeten Menschen, und nur dann und wann in Berührung kommend mit Sklavenhaltern, endlich auch so ausartet, wie wir letztlich in Rio Grande gesehen haben, wo ein solcher seine Frau nicht nur selbst gepeitscht, wie er jene ihre Neger peitschen sah, und endlich seine beiden halberwachsenen Söhne die gebundene Mutter peitschen machte, ja sie sogar noch ermordete!

Für einen einzigen Fall solcher Verwilderung und Entartung könnte das materielle Gedeihen von Tausend Familien keinen Ersatz bieten, aber es gedeiht dort auch nicht eine deutsche Familie bei aller Arbeit und Ehrlichkeit zugleich, wie sie gedeihen sollte und könnte, wenn alles so im Lande geordnet wäre, wie es geordnet sein sollte. —

Die Ungesetzlichkeit und Treulosigkeit in der Unterdrückung der officiell sogenannten Africanos livres berührte zuerst der Senator Montezuma, jetzt Vicomte de Jequitinhonha, vor ungefähr 6 Jahren. Aber die Sache wurde todt geschwiegen. In späteren Jahren berührte man die Sache wieder einigemal mit viel Vorsicht; als einmal der Deputirte Martinho de Campos über die Gottlosigkeit (iniquidade) der Handlung seitens des Staats, die Dienste der freien Afrikaner (Prisen-Neger) irgend welchen Unternehmern auf unbestimmte Zeit zur Verfügung zu stellen, sich aussprach, protestirte ein gewisser Paulo Fonseca im Interesse derer, die solche besitzen, gar weidlich gegen einen so unzulässigen (improprio) Ausdruck, — bei einer andern Gelegenheit aber nahm ein Senhor Madureira die Sache der Unterdrückten mit großer Wärme und gerechter Hitze auf, aber es führte dennoch zu nichts. Später sprach sich Senhor Baptista Monteiro feierlich so hierüber aus: Es ist eine große Sünde, die unser Land schon seit Jahren begeht, diese Leute allem Gesetze und allen Verträgen entgegen in der Sklaverei zu halten und sie auf unbestimmte Zeit sogar an andere abzutreten. Verzeihe das Haus meinen von Grund meines Herzens kommenden Ausdruck. Ich fühlte seit langem den unwiderstehlichen Drang zu dieser Erklärung. Die Unterlassung der Ausfuhr dieser Schwarzen ist eine Schmach für das ganze Land! Sie wird sogar noch schwieriger dadurch, daß man die armen Leute Dritten übergibt, die sie als ihr Eigenthum betrachten und sogar noch Entschädigung für deren Dienste verlangen werden, wenn man sie ihnen wieder abfordert. Statt deren Lage zu verbessern, sollen wir nun deren Dienste an Privatspeculanten wegvotiren (was auch wirklich geschah!), wodurch deren Emancipation später nur erschwert wird!"

Obige Schwarzen sind nämlich die englischen Prisen-Neger, die von den englischen Kreuzern vertragsgemäß nach Freierklärung unter der engl. Flagge den brasil. Behörden auf 7 Jahre Lehrlingszeit übergeben worden sind, welche von diesen aber bereits über 20 und 30 Jahren als Sklaven gehalten werden, und zwar meistens von den Ministern und deren Anhängern! Ihre Zahl ist über 20,000, jedoch waren nach Angabe der Begünstigten nun kaum 4000 mehr am Leben, da diese beim Sterben irgend eines andern ihrer Neger sich von einem gefälligen Padre einen Beerdigungsschein auf dessen Namen ausstellen lassen und diesen als Entbindungs-Document einsenden. —

Eins der schwärzesten Blätter in der brasilianischen Gerechtigkeitspflege ist jedoch der Umstand, der nun Brasilien an den Rand der Kriegsgefahr mit der Republik Uruguay bringt. Es ist der, daß die Regierung selbst sich dazu hergiebt, durch eigends auf der Grenze von Uruguay (in dem Territorium dieses) angestellte — an 40 — Consuln und Consular-Agenten Beglaubigungen von angeblichen Arbeits-Contracten auf Zeit von brasilianischen Negersklaven mit deren nach Uruguay übersiedelten brasilianischen Herren auszustellen, in welchen diese Sklaven als Freie aufgeführt werden, die aber, sobald der Herr sie wieder über die Grenze zurück nach Brasilien bringt, wieder Sklaven sind, und in der That auch schon in Uruguay auf den einsamen Fazendas noch als solche behandelt werden. Diese zeitweiligen Freiheitserklärungen belaufen sich auf die Zahl von ca. 20,000! Es bezieht sich auf dieses schmachvolle Verhalten der brasilianischen Regierung der folgende Zeitungsparagraph:

„Die Beziehungen Brasiliens zu Uruguay und den Argentinischen Staaten nehmen an Spannung zu. Die brasilianischen Sklavenbesitzer werfen lüsterne Blicke auf die üppigen Ländereien Uruguay's, wo sie sich zum Theil angekauft haben, aber den Anbau durch ihre hinübergebrachten Neger nur unter sehr schwierigen Verhältnissen fortsetzen können, da Uruguay die Sklaverei nicht dulden will. Ein Bruch mit diesem Staate könnte indeß von einem Sklavenaufstand begleitet sein, der sich bis in die brasilianischen Provinzen Parana und S. Paulo erstreckte." (Siehe im Anhang die Exdratitions-Frage mit Uruguay.)

Einiges wünschen wir jedoch von den Optimisten über die brasilische Constitution erklärt zu hören, und das wäre, wie sie es mit dieser vereinbar finden, daß überhaupt die Nation selbst Sklaven hält? Sie hält nämlich 1853 derselben; das Budget weist es nach. Ein zweites, was wir zu wissen wünschen, ist, wie die Nation, der Staat selbst, die Africanos livres als Sklaven halten kann, gegen alle internationale Rechte Englands gegenüber, das ihr diese Prisen-Neger bloß für eine Lehrlingszeit von 7 Jahren übergeben hat, welche sie aber als Bestechungsmittel an Günstlinge zum lebenslänglichen Gebrauch ganz wie Sklaven gegeben hat, noch giebt oder als solche selbst ausbeutet. Kann Jemand einer Regierung, die ein solches Ding thut, auch nur das geringste Gerechtigkeitsgefühl zutrauen? —

Ferner, kann sich die Regierung eine gerechte, — von väterlich gar nicht zu reden — nennen, welche ihre Polizei dazu hergiebt, jedem unglücklichen Sklaven, der den Unwillen oder die Wuth irgend eines rasenden Herrn oder nur Aufsehers auf sich gezogen hat, ohne auch nur einzugehen in das Vergehen des Unglücklichen, auf das bloße Geheiß des Herrn, oder auf die bloße Angabe der Peitschenhiebe, die er empfangen soll, in das Staatsgefängniß aufzunehmen und ihn dort nach einer Preistaxe bis aufs Blut zu peitschen — und nachdem er von seinen Wunden geheilt ist, nochmals zu peitschen — und das mit 20, ja mit 40 Negern aus einer einzigen Fazenda auf einmal zu thun, wie es letzthin geschehen ist?

Ist unter einem so barbarischen Systeme zu verwundern, daß so viele Morde von verzweifelten Sklaven an ihren Herren und noch häufiger an ihren Herrinnen oder an deren Kindern stattfinden, oder daß, wie in der kleinen Provinz Espirito Santo zweimal innerhalb 8 Monaten geschehen ist, die Neger ihre Herren erschlugen und ihre Leichname in den Kaffeepflanzungen zu Asche verbrannten? — Ist zu wundern, daß solches vorgehe, wenn wir fast täglich in den Zeitungen Annoncen sehen, wie folgende in dem „Jornal do Commercio" vom 15. Dezember 1860, ohne auch nur ein Wort der Erklärung:

Peitschenhiebe (açoutes, von harten Leder-Riemen). Der Sklave Octaviano hat 100 Peitschenhiebe erhalten! Durch wen? durch die Polizei! Auf das bloße Verlangen der Dona Maria de Rego Quintanilha, ohne daß sich ein Richter um das „warum" kümmerte! — Will man ein Hundert ähnlicher Vorfälle im Jahre citirt haben, so sollen sie geliefert werden. (So einfach nämlich ist diese Anzeige im „Jornal do Commercio"!

Unter der gelinden einsilbigen Ueberschrift „Exhumation" wird im „Jornal do Commercio" vom 18. November 1860 ein schauderhafter Mord eines Negersklaven durch seinen Herrn Antonio Duarte de Ferreira, Pflanzer in Pilar bei Rio, durch bloße Geißelung beschrieben, zugleich aber auch gesagt, daß derselbe, zwar auf kurze Zeit flüchtig, der Aussage seiner Frau und Nachbarn zufolge, in demselben Jahre schon zwei andere Sklaven auf gleiche Weise getödtet habe. Nur fünf Tage später giebt dasselbe Journal unter der Ueberschrift „Grausamkeit" (in fast unleserlich kleiner Schrift, wie auch das Obige und Alles, worauf man nicht gerne eine starke Aufmerksamkeit ziehen möchte), ähnliche Einzelheiten von ebenfalls durch übermäßige Züchtigungen an Sklaven begangene Morde auf der

Pflanzung der als grausam bekannten Dona Francisca de Assiz. Der Cadaver des zuletzt auf Befehl dieser zu todt Gepeitschten war mit Peitschenhieben übersäet, die in Brand übergegangen waren. Wer die Justiz dort kennt, kann getrost darauf schwören, daß die eine wie der andere ungestört auf ihren Fazendas fortleben und in ihrer wüthigen Ausartung ihre Mordsucht nach wie vor selbst auf Kosten ihres Eigenthums befriedigen.

Am 10. April 1860 schnitt sich in Bahia der Soldat Raymundo de Albuquerque, ein dunkler Mulatte, die Gurgel ab, weil sein vormaliger Herr, Gomes de Oliveira, dessen Sklave er war, ihn als solchen reclamirt hatte und er die Auslieferung fürchtete. Bei Untersuchung des Leichnams fand es sich, daß der Körper mit Narben von früheren Peitschungen völlig bedeckt war.

Der hochwürdige Prior des Klosters de Carmo in Santos (St. Paulo) wurde freigesprochen von einer Jury wegen der Anklage der Tödtung der Sklavin Benita, die dem Kloster gehörte, — welche der Geißelung erlag. („Jornal do Commercio" 1861.)

Also ein Weib durch Männer und diese Diener Gottes und Lehrer der christlichen Liebe zu Tod gegeißelt! und was mag diese Arme schon eine Reihe von Jahren hindurch von den Ungeheuern dieses prassenden Klosters zu erdulden gehabt haben! Doch man lese nur ganz ähnliche Unthaten von Geistlichen, wie sie Dabadie erzählt. Hier nur eine:

„Wahrhaft Entsetzen erregend ist das Verhalten der brasilianischen Geistlichen der Sklaven gegenüber. Ein Priester in Rio erzählte mir eines Tages ganz kühl, daß er wegen eines Vergehens von gerade nicht erheblicher Natur einen seiner Neger mit Händen und Füßen an der Zimmerdecke aufhängen ließ. Der Unglückliche mußte in dieser Lage die ganze Nacht hindurch bleiben. Der Schmerz trieb ihn anfänglich zum Stöhnen, dann zum lauten Aufschreien. Der Priester, dadurch in seinem Schlafe gestört, ließ das Opfer in dieser aufgeschnürten Stellung peitschen. Als man ihn losband, rieselte das Blut aus vielen Wunden und er gab bald seinen Geist auf."

„Sind das ganz exceptionelle Fälle vielleicht? Man könnte hundert ähnliche anführen. Das Correctionshaus von Rio, von Außen ein Palast, ist von innen eine Hölle. In seinen von Sonnengluth übergossenen Innenhöfen ertönt den ganzen Tag hindurch das Geschrei der Opfer, untermischt mit den Flüchen der Peitscher."

Im „Jornal do Commercio" v. J. 1860 war gesagt, daß einer der ersten Pflanzer der Provinz von Rio de Janeiro (also gewiß ein sehr bedeutender Mann), der in Inhomeirim bei Porto d'Estrella, auf 4 Stunden von Rio, haust, seine vielen Neger stets in einem verhungerten Zustande hält, dabei aber eine unmenschliche Arbeit von ihnen erheischt. Sie erhalten den ganzen Tag zwei Unzen Fleisch und außerdem Jahr aus Jahr ein nur Farinha und diese in ungenügender Quantität.

Auch eine der hervorragendsten Größen des Landes, der Baron de Friburgo, ist berüchtigt für seine Sklavenbehandlung und außerdem noch für den geradezu unglaublich schmutzigen und wucherischen Geiz, mit welchem er eine große Anzahl portugiesischer Kolonisten behandelt, deren Herbeischaffung in überladenen seeuntüchtigen Schiffen, auf denen sie durch Hunger und Durst decimirt wurden, er zu 40 Milreis bewerkstelligte, ihnen jedoch den dreifachen Betrag aufschrieb, dessen Tilgung bei einem Lohne, der nicht dem vierten Theil des von einem gemietheten Sklaven beikommt, ihnen schon jahrelang unmöglich blieb. Dieser Mann aber wird als eine Hauptsäule der Monarchie angesehen und mit Orden, Titeln und Hofgunst überhäuft; denn er hat sich durch den Sklavenhandel und auf die obige Weise viel Geld gemacht und hat Einfluß auf die Wahlen.

Sklaverei und Unmoralität in Brasilien und die Deutschen.

Eine Sklavenbevölkerung ist gefährlich in jedem Lande, aber noch gefährlicher, wenn die Nachbarländer mit der Befreiung dieser Sklavenbevölkerung sympathisiren, was sicherlich mit jedem Jahre auf den Südgrenzen Brasiliens in erhöhtem Maßstabe Platz greifen wird. Dadurch aber werden die Beziehungen zwischen den Herren und den Sklaven stets gereizter und erbitterter und die Kosten des Staats, also auch die Opfer derer, die gar keine Sklaven besitzen und die sogar durch die Sklaverei sehr benachtheiligt sind, bis ins Ungeheure gesteigert werden.

Für Brasiliens gesellschaftliche Zustände aber wird die Sklaverei mit jedem Jahre ein größeres Gift. Durch den stets wachsenden Werth der Neger wurde die sociale Frage von deren Befreiung stets weiter hinausgeschoben und der stets wachsende Luxus der Herren erzwingt stets drückendere Arbeit von dem Sklaven, bis er unterliegt oder zur Empörung reif ist. Doch diese ernste Frage wird durch die gegenwärtigen Bewegungen in Nord-Amerika schnell auch für Brasilien zu ernster Erwägung herangezogen. Wir wollen jedoch hier nur die moralische Einwirkung der Sklaverei auf die Deutschen in Brasilien berühren.

Sittlichkeit ist zum großen Theile eine Sache der Gewohnheit. Der Reinste kann nicht auf längere Zeit mit der Verderbtheit in Berührung stehen, ohne selbst befleckt zu werden. Wir wollen hier zur Bekräftigung dieses Satzes nur das Folgende anführen:

So freundlich wir auch zur „Brasilia" gestimmt sind, weil sie ein für Brasilien selbst und für die Deutschen in Brasilien höchst nützliches Blatt ist und mit vieler Energie und Ehrlichkeit redigirt wird, so können wir doch nicht umhin, ein Versehen wohl nicht der Redaction, als vielmehr der Expedition dieses Blattes wohlmeinend, jedoch nachdrücklich zu rügen, — das ist, daß dieses Blatt, nachdem es in einem schönen Artikel: „Der Deutsche in der Fremde" sagte: „Wo deutscher Fleiß und deutsche Intelligenz sich Geltung verschafft und eingebürgert hat, da weicht die Skla- „verei sowie das portugiesische Element zurück. Es ist die friedlichste und erhabenste Eroberung in sinniger Thätig- „keit zu schaffen und den Krieg gegen Faulheit und Müssiggang, gegen Unzucht und Sittenlosigkeit zu führen. Nur „dort in der Fremde, wo des Deutschen Schweiß das Land bethaut, wo jeder Zoll, den er urbar und fruchtbar ge- „macht hat, sein eigen ist, nur dort allein ist freies, selbst gewinnendes und genießendes Leben für ihn"; und grade als es von den Vorbereitungen für das Schillerfest spricht, und die schöne Strophe „der Mensch ist frei geschaffen, ist frei und wär' er in Ketten geboren!" anführt, einen Steckbrief mit Aussetzung von 100 Milreis Belohnung für das Einfangen eines entlaufenen Negersklaven in deutscher Sprache abdruckt!

Wir hoffen derlei Ankündigungen in deutscher Sprache nie wieder zu sehen und sie machte einen um so tiefern Eindruck auf uns, weil wir die obige in mehreren Nummern der „Brasilia" wiederholt sahen und so glauben mußten, daß das Gefühl der Leser über das Unstatthafte derselben in einem für freie Männer gedruckten Blatte etwas stumpf geworden sein müsse! Leider haben wir auch in dem deutschen „Einwanderer" (Porto Alegre) ähnliche Anzeigen bemerkt!

Ansicht eines zurückgekehrten deutschen Kaufmanns über Auswanderung nach Brasilien.

Gesundheit und Körperkraft der Bevölkerung ist eine der ersten Bedingungen des Volksglücks und der Stärke einer Nation; doch fehlt diese zur Stunde fast in allen Theilen Brasiliens sowohl wegen Mangels an hinreichenden und passenden Lebensmitteln als auch in Folge der Unzureichendheit von arbeitenden Menschenhänden zur Freihaltung der durch die Axt und das Feuer über alles Maaß von Baumwuchs entblößten Strecken, und ist daher von den für das menschliche Leben nachtheiligsten Folgen.

Hier sieht man lange Züge von dürren zerrissenen Bergseiten völlig baumlos, durch heftige Regengüsse alles fruchtbaren Erdbodens beraubt, die Luft ringsum unter den Sonnenstrahlen erglühend, dort in den Niederungen naßfenhafte Aufhäufung von moderndeu vegetabilischen Stoffen in Sümpfen und an den zur Regenzeit häufig weit übertretenden Flüssen und Bächen, die nach dieser wieder zum großen Theile austrocknen und oft fast ganz versiegen. Nur zu oft birgt eine lachende Landschaft und besonders ein üppiges Wachsthum in der Nähe der Wohnung eines Ansiedlers den sichern Sitz des Fiebergifts oder von rheumatischen Leiden oder doch besonders für die Frauen die so allgemeine Bleichsucht, der fast ohne Fehl hoffnungslose Erschlaffung folgt; — von den wahrhaft zur Verzweiflung treibenden Muskiten und Fußwürmern gar nicht zu reden!

Dieses allein sind große Nachtheile für den Deutschen und können auch nicht durch das beste Fortkommen aufgewogen werden. Aber die neuen Ansiedler in Brasilien nicht allein, sondern auch die alten haben außer diesen aus einer durch den unverständigsten Mißbrauch entarteten Natur herbeigeführten Uebeln noch mit einem wahrhaften Chaos socialer Uebel zu kämpfen, deren unmittelbar drückendstes der Mangel an guten Lebensmitteln im größten Theile des Landes ist. Da aber die ganze Zukunft einer jeden menschlichen Gesellschaft auf dem physischen Wohlbefinden aller ihrer Glieder beruht und auch ohne Arbeit überhaupt kein Bestehen der Gesellschaft, tüchtige Arbeit ohne gesunde und hinreichende Nahrung noch weniger denkbar ist, so würde die gegenwärtige Lage Brasiliens an und für sich schon eine sehr schwierige sein, auch wenn es keine so massenhafte Sklaverei und nicht ein fast gleich großes völlig unthätiges Proletariat hätte, welches letztere seine Entstehung der gewaltsamen Besitznahme der Staatsländereien durch Potentaten verdankt und nur mit diesen verschwinden kann.

Aber durch die Sklaverei und durch dieses Proletarierthum stehen Brasilien solche Verwirrungen, innere Kämpfe und so große Kosten und Opfer bevor, daß es nur unbegreiflich ist, wie Jemand bei einem nur halben Verständnisse so hoffnungsloser socialer Zustände, sich trotz der oben bezeichneten Gesundheitszustände zu einer Theilnahme an all diesen Nachtheilen herandrängen sollte. — Geschähe dieses seitens eines Familienvaters, so bewiese er dadurch allein, daß er unter Curatel stehen sollte.

Die übertriebene Theuerung der Lebensmittel in Brasilien, welche sich seit einigen Jahren durch das Zusammenwirken von Umständen, die noch im Wachsen sind und die auch unter den günstigsten Umständen, welche nur gewünscht, aber nicht erwartet werden können, noch Jahrzehnte im Wachsen begriffen sein werden, werden selbst ohne periodische Hungerperioden, wie sie sich seit 4 Jahren abwechselnd in mehreren Provinzen gezeigt, die Entwickelung Brasiliens außerordentlich verhindern, und die geistige und sittliche Ausbildung des Volkes, für welche die sichere und hinreichende Ernährung des Menschen die unentbehrlichste Grundlage bilden, ganz außerordentlich erschweren. Die große Theuerung hat in den letzten Jahren eine ganz außergewöhnliche Anzahl von Verbrechen hervorgebracht.

Hygienisches. Ein talentvoller brasilianischer Arzt, Dr. Marquez de Carvalho, der von Paris aus dem „Jornal do Commercio" eine Reihe höchst interessanter Briefe mit einer sehr aufrichtigen Anwendung seiner vortrefflichen Beobachtungen über die Bedürfnisse Brasiliens schreibt — sagte noch am 8. Oct. 1859:

„Ich wünsche von Herzen, von unsern fruchtbaren Gefilden die Keime der Pest vertrieben zu sehen, welche den Einwanderer von unsern Küsten verscheucht. Eines der wirksamsten Mittel hierzu ist sicherlich der Anbau der verlassenen[1]) Ländereien, welche unsere Städte umgeben. Dort stimmen schon alle darin überein, daß Brasilien eine große Einwanderung von Europa haben muß, von hier aus aber sehe ich, daß, um diesen Zweck zu erreichen, es unerläßlich ist, daß die unbebauten Strecken, welche um unsere Städte liegen, an die vertheilt werden, welche sie bebauen.

„Das bisher beliebte System, die Einwanderer weit weg von den größeren Städten zu schicken, vernichtet alle Hoffnungen dieser selbst und benachtheiligt alle künftigen Unternehmungen.

„Diese Frage, von der viele denken mögen, sie läge weit ab von der Medicin und daher außer meinem Bereiche, hat wohl gar vieles mit ihr gemein. Nicht die Arbeit für sich allein ist die Quelle des Reichthums, auch die Gesundheit ist es.

„Aber die Industrie, der Handel und die Künste müssen die mäßige und nützliche Arbeit regeln; und diese Elemente der Gesundheit, der Kraft und der Größe Brasiliens müssen viele Familien von Einwanderer mit sich zu uns bringen und frei und gedeihlich bei uns entwickeln können; ohne diese Bedingungen nützt ihre Einwanderung weder ihnen selbst, noch uns." —

Potentaten- und Proletarierthum in Brasilien.

Bild von einem bras. Landpotentaten, aus dem „Jornal do Commercio" selbst. Selbst in unserer Provinz von Rio de Janeiro, der civilisirtesten des Reichs, wo der Arm der Obrigkeit noch am wirksamsten ist, ist die Constitution und das Gesetz oftmals nur ein Traumbild von der Allgewalt einer privilegirten Persönlichkeit, obgleich nur eine Karikatur aus der alten Feudal-Periode, welche Landpotentat, zuweilen auch Local-Potentat (Potentado local) benannt ist.

Dieser Potentat administrirt das Matrimonium wie ein Padre, und verheirathet sich selbst wie ein Padre, er recrutirt für seine eigenen Dienste wie ein Preßgangs-Sergeant, befiehlt und züchtigt wie ein allgewaltiger Herr, peitscht wie ein Henkersknecht, und tödtet zuweilen wie ein Henker. Hier in Rio de Janeiro gehen derartige Dinge gerade nicht so leicht hin, die Verbrechen sind auch nicht so häufig und die Verwegenheit wird auch nicht gerade so weit getrieben, als in gewissen entfernten Provinzen; nichts destoweniger fallen nicht selten Fälle von furchtbarer Brutalität (de tremenda brutalidade) und von Entsetzen erregender Prepotenz vor.

Der Arme auch dieser Provinz ist nur ein elender Sklave (misero escravo) des Reichen und er hat für sich auch nicht einmal den allgemein trägen Schutz des Gesetzes. Dieses große Uebel entspringt aus verschiedenen Ursachen, die wir hier nicht aufzählen können, unter denen aber eine der hervorragendsten die thörichte Gleichgültigkeit ist, mit der wir jene erkünstelte Majorate (morgados artificaes), wie sie der Vicomte de Albuquerque nannte, sich bilden ließen, und welche ihm zu Folge nicht mehr durch bloße reformatorische Maßnahmen in der Gesetzgebung beseitigt werden können, — und er hat Recht! Blos die Civilisation wird dieses Uebel beseitigen und ausrotten. (?) Die Eisenbahnen werden es bekämpfen, indem sie den Einfluß des Gesetzes wirksam und über die Herrschaft der Potentaten triumphiren machen werden. — (Die Eisenbahnen, besonders wie sie dort gemacht, werden nichts der Art thun!)

Hier folgt eine Beschreibung von Auspeitschungen, die einer dieser Landpotentaten in Santa Gallo, kaum eine Tagreise von Rio, mit weißen freien Brasilanern, die sein Mißfallen auf sich gezogen hatten, durch seine Neger hatte vornehmen lassen.

---

[1]) Hier irrt aber auch dieser wohlmeinende Herr. Diese verlassenen Ländereien sind durch Raubbau völlig ausgemergelt und meist von nur ein paar Sorten tiefwurzeligen in ihnen noch wuchernden, ganz unausrottbaren Unkräutern eingenommen; würde aber Jemand die Riesenarbeit unternehmen, ein solches Stück Land mit dem Pfluge für irgend eine Saat vorbereiten zu wollen, wozu er das Feld wohl 12mal zu überpflügen hätte, so würde ihm seine ganze Saat durch Millionen von Millionen Ameisen, die aus der umliegenden Wüste darauf losbrechen, schon am zweiten Tage ihres Aufkeimens abgefressen sein. Die Ameise, und zwar in unzähligen Abarten, ist der Hauptfeind alles europäischen Ackerbaues in Brasilien. Welche oft so zuversichtliche Hoffnungen armer Kolonisten hat sie in einem Tage zerstört! — Wie viele reiche Männer haben Tausende über Tausende vergebens damit ausgegeben, nur ein kleines Gärtchen nahe an ihrem Hause frei von ihren Zerstörungen zu erhalten? Wie viele Kolonisten sind schon durch sie verjagt und unglücklich gemacht worden, und dennoch nannten sie alle die Betrügerischen und Engageurs zusammen nicht einmal beim Namen? Diese wahrhafte Landplage der Ameisen ist nur durch den Raubbau, d. h. durch die dadurch entstandenen verlassenen Ländereien entstanden, auf welchen sich diese Thiere ungestört bis ins unendliche vermehrten. Sie wird nur in Jahrhunderten wieder ausgerottet werden, wenn dereinst auf jenen Feldern der dort noch völlig unbekannte Pflug so häufig gebraucht sein wird als heute die bloße Hacke ausschließlich gebraucht wird.

Dem „Jornal do Commercio" vom 30. März 1860 zufolge wurde in der Stadt Boa Vista (Pernambuco) am 30. April d. J. der Polizei-Delegat auf offenem Markte von einem dort gefürchteten Landpotentaten, der eigends dazu mit einer Zahl bewaffneter Männer von seinem Gute gekommen war, aus Rache für vermeintlich früher gezeigte Nichtachtung seiner exceptionellen Stellung, durch mehrere Pistolenschüsse ermordet. Der Mörder mit seinen Begleitern zog ungehindert ab. —

Dergleichen Gewaltthaten werden viele im Jahre durch Potentaten begangen, aber die Regierung vermag nichts gegen sie zu thun; vermöchte sie jedoch die Thäter einzuziehen, so würden diese unfehlbar von einer Jury freigesprochen, und zwar aus Furcht der Rache, die sie heimsuchen würde.

In dem Städtchen Joazeiro (Provinz von Bahia), an der so eben von Engländern in Bau genommenen Eisenbahn nach dem S. Francisco-Strom zu befindet sich laut der in den Bahia-Blättern wiederholten nachdrücklichen Klagen ein Polizei-Präfect und Capitain der National-Garde, Namens Antonio da Silva Ribeiro, noch nicht im Anklage-Zustande oder auch nur seiner Stellen enthoben, obgleich er zusammen mit einem in derselben Stadt wohnhaften Landpotentaten Namens Luiz da Costa offenkundig und nach den von der Presse mit anekelnden Einzelheiten gegebenen Beschreibungen mit großer Gewaltthätigkeit das verabscheuungswürdigste Verbrechen an zwei Knaben von 8 und 10 Jahren Namens José und Marcellino und an noch vielen andern, deren Eltern aus Furcht vor deren Verfolgungen nicht als Kläger gegen ihn aufzutreten wagen, verübt hat. „Solchen Ungeheuern," sagen die Blätter von Bahia, „vertraut man die Autorität in den Städten des Innern an!"

Welche Behandlung deutsche Kolonisten von einem Landpotentaten zu erwarten haben, mag aus Folgendem ersehen werden: Der Baron Paraguassu, einer der reichsten Pflanzer in Bahia, Besitzer von 5 oder 6 Zuckerpflanzungen, die er sich nach dem Verbote des Sklavenhandels mit nahe an 8- bis 900 Afrikanern besetzt hat, nimmt einen Arzt, Dr. Eloy Martins de Souza an, um gegen ein monatliches Salaire von 100 Milreis ihn selbst, seine Familie und seine zahlreichen Sklaven auf 4 obiger jedoch getrennt liegenden Pflanzungen zu behandeln. Dieser zieht von der Stadt Bahia dahin und findet bald, daß ihm eine große Zahl kranker Sklaven zugebracht werden, welche gar nicht dem Baron angehören, sondern benachbarten Pflanzern, mit denen sich der Baron verstanden hatte, daß auch sie ihre Neger zur Kur schicken könnten. Als nun Dr. de Souza nach einigen Monaten dem Baron nach bereits voraus gegebener Notiz (für die Behandlung der ihm nicht gehörigen Neger) eine Rechnung von 760 Milreis (500 Thlr.) übergab, stellte dieser ihm gleich am andern Tage folgende staunenswerthe Gegenrechnung zu, die sich in den Zeitungen veröffentlicht findet:

Der Dr. E. M. de Souza Soll an den Baron von Paraguassu.

Für	35 Frühstücke, 35 Mittagessen, 35 Thee, die er bei mir im Hause eingenommen, à 2 Milr. = 1⅓ Thlr. (☛ obschon eingeladen!)	210	Milreis.
„	den Gebrauch eines Pferdes mit Sattel an 80 Tagen, à 5 Milreis	400	„
„	Dienstleistungen eines Negers zu verschiedenen Zeiten	40	„
„	die Einzäunung eines Gartens (die ihm nicht 12 gekostet!)	50	„
„	ein Paar Stiefel (☛ als er ins Wasser gefallen war) . .	12	„
„	die Verwendung eines Negers bei Sendungen (in Dienstsachen der Pflanzung) für ihn und Miethe von Mobilien (3 Stühle, 2 Tische und 1 Bank!)	60	„
„	Reinigung der Wäsche[1])	40	„
„	Lichter und Oel	12	„
„	Fleisch, Mehl und Bohnen	58	„
	Summa	888	Milreis.

Pflanzung Madrugada, 11. Dezember 1859.
Baron de Paraguassu.[2])

Wenn das einem Arzte geschehen kann und einem Brasilianer selbst, der sich in seiner eigenen Sprache wehren, wenn auch nicht gegen einen Potentaten Recht verschaffen kann, wie verrathen und verkauft muß da nicht der arme Deutsche sein, der die Sprache nicht versteht und keinen Fürsprecher hat in den Einöden, wohin man ihn gebracht?

Ein anderer Landpotentat, und zwar einer der hervorragendsten dieser Klasse, der Marquez de S. Joao Marcos, ein wahrhafter Neger-Prinz, auch meist erst so reich durch Negerkauf nachdem der Sklavenhandel verboten war, geworden, figurirt schon einige Jahre lang in einer abscheulichen Familien-Polemik, die sich bereits über mehr als 120 der Riesenspalten des „Jornal do Commercio" erstreckt, und zwar zwischen ihm und seinem ältesten Sohn aus erster Ehe, Senhor Paes Leme, selbst bereits 50 Jahre alt. Die Enthüllungen in diesen gegenseitigen Anklagen zwischen Vater und Sohn sind ekelerregend. Sie geben einen klaren Blick über den Werth der Familienbande bei Brasilianern und über den Zustand der Gerechtigkeitspflege und zeigen recht klar, was arme Brasilianer selbst, oder die Wittwen und Waisen von Ausländern zu erwarten haben, wenn ein sehr energischer und auch gebildeter Mann wie Senhor Leme, es wegen der Habsucht seiner Stiefbrüder nicht dahin bringen kann, daß ihm von seinem von jenen beherrschten Vater das ihm von seiner Mutter zukommende Erbtheil ausgeliefert werde, ja nicht einmal Wechsel zum Belaufe von 70,000 Thlr., welche von seinem Vater und Stiefbrüdern zugleich als Abschlagszahlung schon vor 10 Jahren acceptirt worden waren, bezahlt werden! In seinen Erklärungen betheuert der alte geldgierige Marquez, trotz jener unbezahlten Wechsel, daß er diesem Sohn (der ihm in 5 Jahren, die er Studien halber in Paris verbracht habe, 23,000 Thlr. gekostet habe) nichts mehr schuldig sei und nennt ihn einen entarteten (degenerado?) Sohn, seinen Henker und Assassinen, Bezeichnungen, die sich jedoch durch nichts, das er anführt, im entferntesten rechtfertigen lassen. Niemand, der die Polemik gelesen, kann daran zweifeln, daß dem Senhor Leme das himmelschreiendste Unrecht geschieht durch den Mißbrauch, den seine feindseligen Stiefbrüder von der Altersschwäche eines in Missethaten mancher Art ergrauten Mannes machen.

---

[1]) In den Städten, besonders in Rio, macht das Waschgeld das Hauptnadelgeld gar vieler Baroninnen, selbst Viscontessinnen, Oberstinnen und Generalsfrauen. Sie übernehmen nämlich die Wäsche lediger Herren, besonders der Ausländer und lassen sie unter ihrer eigenen Aufsicht durch ihre Negerinnen waschen, revidiren sie und behalten die ganze Einnahme für sich. So beschäftigen sie einen Theil ihrer Haussklavinnen lucrativ und jedenfalls nicht auf so aufrichtige Weise wie die von sehr vielen Damen brasilianischen hohen Standes ziemlich allgemein gepflogte, nämlich die: Negermädchen oder auch Frauen von guter Gestalt jeden Morgen mit etlichen 20 oder 30 Gläsern von selbstbereiteten Süssigkeiten, deren ganzer Werth kaum 1 Milreis ist, auszusenden, mit der Aufgabe, dafür des Abends 3 oder 4 Milreis heimzubringen oder schwere, meist von der Herrin selbst ertheilte Züchtigung zu empfangen!

[2]) Nebenbei sei gesagt, daß für einen der jüngern Söhne dieses brasilianischen Barons noch im Jahre 1858 eine General-Consulatsstelle in Süd-Deutschland mit circa 4000 Thlr. und für einen Neffen desselben, ein völlig unerfahrenes Bürschchen von kaum 20 Jahren, eine Attaché-Stelle mit 2500 Thlr. Gehalt bei der k. bras. Gesandtschaft in Berlin gemacht worden ist, da der Baron Einfluß auf die Wahlen und gewöhnlich auch einen Sohn in den Kammern hat, und nun die Negerbevölkerung seiner 6 Fazendas, gleich dem anderen sauberen Negerbarone von Bahia, dem von S. Lorenzo, dessen Treiben Dr. Avé Lallemant so gut beschrieben hat, auch mit weißen Proletariern schattiren will, wozu ihm denn auch prompt schon im Mai d. J. von Hamburg aus 99 Köpfe, trotz Pest, Typhus und Hungersnoth, die in jener Provinz herrschen, übermacht wurden.

Obige wenige Beispiele, außer den unzähligen ähnlichen, die gegeben werden können, geben nur ein schwaches Bild von der Gewaltthätigkeit, Gesetzlosigkeit und selbst Gemeinheit und öfters völliger Unerzogenheit dieser Leute, trotz des hohen Titels, den sie sich oft *ertrotzt* und meist erkauft haben (man sehe nur die Bemerkung über die Fonds zur Erbauung des Irrenhauses u. s. w.). So dürfte wohl eine Beschreibung von deren *Ehehälften*, die sich auf die gleichen Titel mit denen ihrer Männer nicht wenig zu gute thun, zu erlassen sein? Nur muß hier der Wahrheit zu lieb gesagt werden, daß als Regel bei den Frauen gänzlicher Mangel an wahrer Erziehung, Dummstolz, Leidenschaftlichkeit mit Aberglauben verbunden und sehr oft auch mehr Rücksichtslosigkeit und Grausamkeit gegen die Sklaven, als bei den Männern selbst angenommen werden darf. Ihr Jähzorn und Rachsucht, wenn in ihren nicht selten verbrecherischen Leidenschaften gestört, wendet sich selbst nicht selten gegen ihre eigene Ehehälfte, und es ist kaum 2 Jahre her, daß eine derselben in der Provinz von Bahia mit Hülfe ihres Geliebten den Gemahl im eigenen Ehebette abschlachtete. Die hierdurch veranlaßten Jury-Verhandlungen enthüllten die schauderhaftesten Familienverhältnisse, ließen nicht den mindesten Zweifel über die Schuld der Frau, endeten aber, wie alle Welt im Voraus wußte, mit ihrer völligen Freisprechung, denn wie die Berichte häufig wiederholten, „sie war *zauberhaft* schön, sehr jung, und der Ermordete ziemlich alt;" — dann ist ihr Vater sehr reich, und die Sache ist so eingerichtet worden, daß sie selbst das sehr bedeutende Vermögen des Ermordeten *behielt*!

Einige der Hybriden-Potentaten der bereits in sich verfallenden nördlichen Provinzen, wo Gewaltthat, Mord und andere unnennbare Verbrechen die Tagesordnung bilden, erblödeten sich nicht, ihren Bestellungen auf robuste *Arbeiter* aus Deutschland einige Privataufträge auf eine Anzahl „schöner Knaben und noch schönerer und interessanterer Mädchen" beizufügen, und es steht sehr zu fürchten, daß, wenn dergleichen Ordres auch nicht ausgeführt wurden, sie doch *nicht* mit der Verachtung und dem gerechten Zorne zurückgewiesen worden sind, der solchem Ansinnen gebührte. Hätte ja vielleicht der *Einfluß*, der durch solche Hoffnungen *aufrecht erhalten* wurde, geschwächt werden können, — oder der Zufluß der zu derlei Zwecken einkommenden Gelder, welchen auch bei nichtermöglichter Ausführung der kühnsten Ordres auf *weiße Waare* unter allerhand Rubriken eine nicht unerhebliche Verminderung bevorstand, nachlassen können! —

Eine bras. Proletarier-Familie. (!) Dem „Correio Mercantil" vom 6. Juni 1854 zufolge war 3 Tage zuvor dem Kaiser *Senhor* Francisco da Silva, aus Pirahy, 30 Stunden von Rio gebürtig, als würdiger Gegenstand seiner Milde vorgestellt und wurde auch von ihm wohl beschenkt. Es war ein Mann von 87 Jahren, noch ziemlich robust, von *reiner weißer* Haut, wie auch seine 17 Söhne, die ihm seine längst gestorbene Frau bescheert hatte, durch welche und durch einige Töchter, deren Zahl nicht genannt war, er zum Stammvater von 263 Enkeln und Urenkeln gemacht worden war. Er war 60 Jahre vorher Sergeant gewesen und später Landbauer an häufig gewechselten *gepachteten* Stellen. Er war sehr arm und so waren seine Söhne und *gänzliche* Nachkommenschaft, und (das wurde bei der Gelegenheit vor dem Kaiser selbst *constatirt*) weder er selbst, noch irgend einer seiner Söhne oder Enkel insgesammt besaßen in ihrem Leben *auch nur einen Zoll breit* eigenen Grund und Boden, sondern mußten stets ihren Lebensbedarf auf fremdem Lande bauen; denn von Sklaven hatten sie auch nie einen. (!)

Es konnte Jemand gleich in jenem Jahre (1854) den Brasilianern sagen: „Dieser Fall ist arg, und dennoch kann er in eurem Lande zu 1000- und 10,000mal gefunden werden, obschon nicht begleitet von solcher Fruchtbarkeit, d. h. es sind viele Hunderttausende von *freien* Brasilianern zu finden, die eben so wenig eine Scholle Landes besitzen, als ihre *Väter* und *Großväter* sie besaßen. Jeder Nordamerikaner, Canadier oder Australier, bei denen selbst „der Deportirte am Tage des Ablaufs seiner Strafe ein Landbesitzer durch seine Ersparnisse werden *kann*, würde „glauben, man spaße blos, wenn man ihm so etwas erzählte; aber für euch alle ist es eine Sache furchtbarer Wahrheit und von einem Ernste solcher Art, daß sie euch, wenn nicht bald beseitigt, unabsehbares Uebel bringen wird."

Das Landmonopol. Die Geschichte der deutschen Auswanderung in Brasilien ist die Geschichte vom Lindwurm. Wie dieser Drache in fruchttragender Gegend inmitten einer arbeitenden Bevölkerung zwischen Dschungeln und Sumpf seine Herberge genommen und dann listig hervorbrechend seine Opfer verschlingt, so daß zuletzt alles zagt und zittert und die besten Güter ihm allein, diesem Moloch, zum Opfer fallen, dieser Lindwurm ist der Drache *Landmonopol* mit seinem alles überwuchernden und die Landeskräfte verdörrenden Einfluß, der despotisch auf alles Leben drückt." (Aus der „Brasilia".)

Die beste Auseinandersetzung über das Entstehen und die schädlichen Einwirkungen dieses Monopols ist in Dr. Handelmann's „Geschichte von Brasilien" (Berlin 1859) zu finden.

Eine lebendige Skizze des Lebens und Treibens auf einer *brasilianischen Fazenda* giebt Charles Ribeyrolles, der vor 2 Jahren in Rio am gelben Fieber gestorbene talentvolle Redacteur des dortigen französischen Blattes „le Brésil", deren Schluß ist wie folgt:

„Eine große Fazenda ist, wie der Leser sieht, die Welt im Urzustande, oder vielmehr der Sitz, an dem der „Mißbrauch des Menschen thront, eine Stätte *moralischer* und *physischer Zerlumptheit*, eine Pflanzschule der „*Unmenschlichkeit*, der empörendsten Entwürdigung. *Eine solche Fazenda aber ist ganz Brasilien*, wie „wir bereits gesagt haben. Welch' einen gesunden Lebenskeim vermag also ein Land zu haben mit einer so unseligen „Institution *wie die Sklavenzüchterei*! Wie reich auch dieses Land, wie reich auch die Fazenda von der unerschöpflichen Natur ausgestattet sein mag, ihre *Arbeitskräfte* können sie nicht erneuern, und die Wissenschaft, die „eigentliche Kraft erzeugt, wird sie fliehen, so lange Unwissenheit und Sklaverei ihre Hauptbeweger sind. Die Zukunft „Brasiliens ist also: *Reform* oder *Untergang*."

Trotz dieser strengen aber wahren Aussprache hat eine Anzahl richtig denkender junger Brasilianer den Beschluß gefaßt, Ribeyrolles ein angemessenes Grabdenkmal zu setzen und seinen Freund und Schicksalsgenossen Victor Hugo gebeten, ihnen eine Grabschrift für dasselbe zu geben. Diese hatte er ihnen denn auch Ende des vergangenen Jahres in folgenden Zeilen verabfolgt:

„A Charles Ribeyrolles! Il accepta l'exil, il aima les souffrances, Intrépide, il a voulu toutes les „délivrances; il servit *tous les droits* par toutes les vertus, Car l'idée c'est une glaive et l'âme est une force, „et la plume de *Wilberforce* Sort du même fourreau que le fer de Brutus." *Victor Hugo.*

Hierzu machte die Literatur des Auslandes folgende Bemerkung: „Der Name des edlen Wilberforce auf dem durch die Sklaverei und sogar durch die *Versklavung weißer* eingewanderter Arbeiter noch immer entweihten brasilianischen Boden klingt zwar wie eine Satyre auf das Land selbst, aber die Verse des beredten französischen Dichters werden vielleicht mehr als alle europäischen Zeitungsartikel dem brasilianischen Volke zum Bewußtsein bringen, daß es vor Allem die Schmach der Sklaverei und die Mißhandlung der armen europäischen Einwanderer von sich thun müsse, wenn es sich wirklich als eine freie und civilisirte Nation angesehen wissen will."

Mit Verwunderung liest man in den Rio-Blättern vom Monat April *Victor Hugo's* Brief an den Kupferstecher Paul Chenay über das Gesuch des letzteren, Hugo's Zeichnung „die Hinrichtung John Brown's" stechen zu dürfen, worin dieser sagt: „John Brown war ein Held und Märtyrer. Sein Tod schrie nach Rache, und beschwört nun das tiefliegende Unglück herauf. Die Trennung der amerikanischen Union ist vollbracht, das ist ein **ungeheures Unglück**, aber die Sklaverei ist abgeschafft, das ist ein ungeheurer Fortschritt!"

Ob man sich wohl bei dem Lesen dieser Worte in Brasilien auch etwas gedacht hat, oder ob man denkt, man würde unberührt von dem ungeheuren Ereignisse bleiben?

Folgendes ist die ziemlich fernhafte, aber gewiß auch ganz richtige Antwort der deutschen „Brasilia" auf die **Vorwürfe**, welche die brasil. diplomatischen Werbe-Agenten und ihre Unter-Agenten (besonders **Dr. Schmidt** in Hamburg und **G. Fröbel** in Rudolstadt) den von ihnen selbst engagirten Kolonisten machen, nämlich: sie seien faules und unmoralisches Gesindel und kämen deßhalb nicht vorwärts und aus Schulden u. s. w.:

„Kann einer respectablen Firma je Schundwaare eingesandt werden? Nein; einfach, weil sie ihre Corresondenten unter ehrlichen Leuten wählt. — Schwindel-Firmen, die sich Agenten unter Betrügern wählen müssen und von denen diese wissen, daß sie selbst kein ehrliches Geschäft treiben, wird freilich von diesen aller Ausschuß aufgebunden und zu den möglichst höchsten Preisen."

„Will man keine Schundwaare mehr eingesandt haben, so dankt man die betrügerischen Agenten ab; hat man das gethan? Nein. Man will also nach wie vor betrogen sein, weil man selbst betrügt. Uebrigens waren denn nicht die Agenten durch das Reglement gehalten, nur moralische, fleißige Leute zu schicken, und wurden sie nicht für die Feststellung dieser Agenten hoch bezahlt? Ja wohl, aber diese Bezahlung genügte ihnen noch nicht, deßhalb packten sie alle Menschen auf, deren sie habhaft werden konnten, da machten sie noch ein ganz anderes Geschäft dabei!"

Es ging hierbei ziemlich ebenso wie bei dem Engagement der deutschen Legion in Hamburg im Jahre 1851, welches auf die corrupteste Weise betrieben wurde und wobei, wie auch bei den damaligen Bestellungen für militärische Anschaffungen, die Regierung, ob mit oder ohne Willen ist noch heute nicht ganz aufgeklärt, ganz enorm hinters Licht geführt wurde.

Man wollte damals nicht die tüchtigen Soldaten, die bei der ersten Entlassung der holsteinischen Armee zu haben waren (dafür liegen Beweise vor), weil man sah, daß sie viel zu ernste, zu respectable und charakterfeste Leute waren, um sich auf die Weise behandeln zu lassen, wie man sich schon so ziemlich im Voraus vorgenommen hatte, sie zu behandeln; man schlug daher das Anerbieten aus, und wartete mit der Annahme von Leuten, bis nur noch wenige gute Leute übrig waren, und suchte dann noch die verkommensten unter ihnen aus, denn die militärischen Größen, die dabei in Hamburg außer Senhor Araujo und Dr. Schmidt influirten, und speciell Senhor do Rego Barros, der neuliche Kriegsminister traurigen Andenkens, waren recht eigentlich die Leute, um gleich den möglichst sichern Grund zu einer Desacreditirung der deutschen Legion zu legen. Gehörte ja dieser doch zu jener National-Parthei par excellence, welche 1830, — (auch dieser war damals Deputirter) — die fremden Truppen ohne alle Entschädigung entließen. Deßhalb ließ man auch nach dem Engagement und an Bord bei der Ueberfahrt keinerlei Disciplin zu und zerrüttete auch die militärische Moral der Besseren unter den Leuten dadurch, daß man den Schlechten unter ihnen den Zügel schießen ließ. —

Vor talentvollen und entschlossenen Männern als höhere Offiziere hatte man ganz besondere Furcht; dennoch traten gar manche tüchtige Offiziere ein, Männer, die der ganzen brasilianischen Armee an Disciplin, Moral und militärischen Eigenschaften jeder Art ein Muster hätten abgeben können. Doch, man weiß in Deutschland nur zu gut den unglücklichen Ausgang dieses Engagements, aber auch die Ursachen. Aber auch hier wollen die, welche dasselbe auszuführen hatten, das Mißgedeihen auf den Character der Engagirten schieben, und Senhor Araujo hatte sogar noch im Jahre 1858 die Verwegenheit, zu behaupten, er habe in der Schublade seines Schreibtisches hinreichende Documente, um die Ehre jedes einzelnen der deutschen Offiziere, welche zu der brasilianisch-deutschen Legion gehört haben, zu compromittiren!

Oeffentliche Bauten, Schulen, Straßen und Posten und das Landmonopol nach der „Brasilia".

„Die Portugiesen verjagten die Jesuiten aus Brasilien, allein sie blieben! Wer aber von Beiden handelte selbstsüchtiger und jüdischer? Sehen wir in den meisten Provinzen, an den Meeresküsten, an den auserwählten Plätzen fruchtbarer Landstrecken, an den schönen schiffbaren Flüssen, in den bedeutendsten Städten, welche Gebäude noch als Paläste und Regierungsgebäude dienen, so werden wir finden, daß es allein ohne alle Ausnahme Jesuiten-Collegien waren, also die Portugiesen weder vor, noch nach der Losreißung Brasiliens von Portugal nicht so weit kamen, auch nur ein einziges ähnliches Regierungsgebäude für all' das viele Gold, Diamanten, Brasilholz, Zucker, Kaffee u. s. w., welches sie ausführten, aufzubauen! Wo finden wir in den Provinzen öffentliche Schulgebäude oder irgend eine Anstalt zur Volksbelehrung? Gefängnisse, Zuchthäuser, ja, die giebt es, wenn auch schlecht gebaut, aber keine Schulen!

„Was die Portugiesen sehr gut verstanden und heute noch verstehen, ist, daß sie dem Volke Brasiliens eine so große Idee von ihrem Vaterlande beizubringen wußten; denn früher waren alle Einfuhrartikel „aus dem Reich" („do Reino") — aus Portugal, ja sogar Schweizerkäse, englisch Bier, englische Kartoffeln, deutsche Butter und deutsche Leinen, deutsche und englische Tücher rc., vieler andrer Waaren gar nicht zu gedenken, welche kaum heutigen Tages in Portugal fabricirt werden. Nach und nach fängt das Volk an zu begreifen, daß England keine portugiesische Provinz ist; von Deutschland weiß man nur so viel, daß es gute Soldaten, gute Arbeiter und viele große Säufer, wie Irland, liefert; in neuerer Zeit weiß es sogar mehr, daß nämlich dieses arme Volk aus seinem Vaterlande hierher gebracht wird, wie einst die Negerslaven, um Kaffee zu bauen, und daß man sich für beliebiges Geld davon miethen kann, um Arbeiten jeglicher Art von ihnen verrichten zu lassen u. s. w.

„Die Straßen hier zu Lande sind mit Schlammtöpfen durchspickt und ziehen über steile Felsen, durch Flüsse und über Sümpfe, die das Maulthier wahrhaft zu durchkneten hat."

Bei der noch gegenwärtig fortgesetzten Prüfung liederlicher Postverwaltung, wahrscheinlich im ganzen Reiche, da die Untersuchungen so viel Zeit wegnehmen, hat man endlich auch in Petropolis angefangen, den großen Mängeln etwas schärfer auf die Finger zu sehen. Der Minister der Agricultur und des Handels beauftragte den Juiz de Direito, die hiesigen Postbeamten zur Verantwortung zu ziehen wegen liederlicher Beförderung anvertrauter wichtiger Briefe u. s. w. („Brasilia" v. 24. April 1861.)

Auszug aus Dr. Ferdinand Hochstetter's Briefen aus Brasilien im August 1859.

Man kann sich des Gedankens nicht erwähren, daß Brasilien einer großen Zukunft entgegen gehen müßte, wenn dem guten Willen des Kaisers eine eben so kräftige ausführende Hand zur Seite stände. Die Einsicht ist da, ob aber auch die Selbstverleugnung und die Kraft der Ausführung da ist, das muß die Zukunft lehren. — Der Staat hat einen großen Schritt gethan durch die völlige Unterdrückung der Sklaveneinfuhr. Aber dieser Maßregel fehlt die positive Seite, die Begünstigung massenhafter fremder Einwanderung, um den schon jetzt drückend fühlbar gewordenen Ausfall an Arbeitskraft zu decken. Sicherlich wird Niemand leugnen, daß die künftige Wohlfahrt des großen Kaiserstaates einzig und allein auf der Ausbeutung des Bodens beruht, dazu aber, ist die Kraft freiwilliger Einwanderer nöthig und um diese anzuziehen, muß man ihnen nie Taglöhnerarbeit bieten um so die Sklaverei in der Form „freier Sklaven" von Neuem einzuführen, sondern Selbstverläugnung genug besitzen, um ihnen freies Grundeigenthum und damit eine freie selbstständige Existenz zu sichern. Ein großartiges liberales Colonisations-System hört man allgemein als einen der Haupthebel für Brasiliens Zukunft bezeichnen.

Ferdinand Hochstetter.

In dem so eben erschienenen Werke des Hrn. Dr. K. Scherzer über die „Novara“-Expedition, von dessem ersten Bande Brasilien an 50 Seiten einnimmt, von welchen der deutschen Auswanderung und Kolonisation Brasiliens ein verhältnißmäßig beträchtlicher Theil im Bilde über Brasiliens gegenwärtige Verhältnisse gewidmet ist, erwähnt auch er in anerkennender Weise der Thätigkeit des Herrn Sturz bei seiner Besprechung der allgemeinen Bestrebungen nach Besserung der dortigen Zustände wie folgt:

„Unter diesen Stimmen verdient der frühere brasilianische General-Consul in Preußen, Hr. Johann Sturz, um so größere Anerkennung, weil derselbe, trotz der gehässigsten Angriffe und der Gefahr, seine Stelle einzubüßen, unablässig bemüht war, auf die Verwerflichkeit des bestehenden Parceria-Systems für Land und Einwanderer hinzuweisen, und so lange diese sklavenartigen Verhältnisse fortdauern, fremden Auswanderern von einer Emigration nach Brasilien dringend abzurathen. Sturz erfuhr kürzlich das beneidenswerthe Mißgeschick, als ein Opfer seiner strengen Rechtlichkeit zu fallen und aus dem brasilianischen Staatsdienste gänzlich entlassen zu werden, aber nicht ohne die Anerkennung und Bewunderung jedes Menschenfreundes in seiner Zurückgezogenheit mitzunehmen. Eine vortreffliche und umfassende Schilderung des gegenwärtigen Zustandes deutscher Colonien in Süd-Brasilien liefert Dr. Avé Lallemants höchst anziehend geschriebene Reise durch Süd-Brasilien im Jahre 1858. Leipzig, 1859.“

Wir haben auch kürzlich einen Brief von einer der ersten Autoritäten Brasiliens, die von dessen Regierung vielfach als solche anerkannt ist, über Herrn Sturz gesehen, worin es heißt:

. . . „Da ich von jeher die Steine habe liegen lassen, die ich nicht heben konnte, und die Macht einer öffentlichen Meinung in einem Lande wie Brasilien, das keine öffentliche Meinung hat, nicht voraussetze, so halte ich es auch für eitel Müh und Arbeit von hier aus, selbst durch die dortigen Staatsmänner auf Brasilien wirken zu wollen, die allesammt mehr darauf bedacht sind Geld für sich zu machen, als ihren Landsleuten bessere Sitten, wahre Aufklärung und Gedankenfreiheit zu bringen. Ich bin daher ungläubig in Beziehung auf die Wirkung von Sturz's auch noch so standhafter Sysiphus-Arbeit, so sehr ich deren ehrwürdige menschenfreundliche Motive anerkenne; ja man müßte kein Mann sein und könnte kein Gefühl haben für das was groß und edel ist, bewunderte man nicht die unglaublichen Anstrengungen und große Aufopferung aller seiner eigenen Interessen, mit der er, so lange er bei jenem Lande ist, bestrebt war, materielle und geistige Interessen zu fördern.“

„In der Ueberzeugung, für eine edle Sache zu kämpfen, hatte er ganz vergessen, daß er mitten zwischen großen, mächtigen und gewissenlosen Partheien stand, Partheien, die man nicht einmal politische nennen kann, weil ihnen keine wahrhaft staatsmännischen Gedanken und Interessen zu Grunde liegen, sondern lediglich die Interessen des Besitzes und des Erwerbes. Diese allein aber bilden keine Politik, und so kann man sagen, daß in Brasilien der einzige Staatsmann im ächten Sinne der Kaiser ist. Freunde glaubte er zu haben, während es doch nur Ausnützer sein konnten und in der That waren. Denn wo es galt, die Kohlen aus dem Feuer zu holen, da dachte man an ihn. Er aber ist jedesmal für seine Ueberzeugung so ins Feuer gegangen, als wenn keine Kugel ihm etwas anhaben könnte.“

Criminalistisches.

Feierlich war die Stimme, mit der der Deputirte Pacheco erst kürzlich in der Deputirten-Kammer ausrief: „Meine Pflicht gegen das Vaterland gebeut mir, den erbärmlichen Zustand unserer Rechtspflege zu denunciren. Eine durchgreifende Reform ist unerläßlich!“

Das „Jornal do Sul de Minas“ vom 11. Januar 1861 meldet, daß in Barreiros, 4 Stunden von Campanha, Faustino Barboza von den vier Söhnen seines Neffen, Liberto, Bernardino, Balbino und Antonio Barboza, mitten auf der Straße mit vier Messerstichen, von denen jeder derselben ihm einen versetzte, ermordet wurde wegen Streitigkeiten über Land. Die Mörder waren einen Monat später noch nicht ergriffen.

Tira Couros (Hautabzieher), der am 15. Januar 1858 in Mariana endlich gehenkt wurde (wo sein Bruder 10 Jahre vorher mehrerer Morde halber ebenfalls gehenkt worden war), — nachdem derselbe während 15 Jahren 24 Morde in der Provinz Minas allein, und viele davon mit solcher Grausamkeit begehen durfte, daß er dadurch jenen Beinamen erhielt, mit dem er sich sogar brüstete. Wäre so etwas möglich, wenn es eine wahrhafte Justiz dort gäbe?? Wäre es möglich, wenn er nicht fünfmal aus dem Gefängnisse gebrochen oder durch Bestechung entwichen wäre? Wäre es überhaupt möglich gewesen, wenn er nach dem Vatermorde, den er vor 15 Jahren begangen, mit einem andern Bruder und einem Schwager, die dabei betheiligt waren und welche noch heute die Provinz durchziehen, der Gerechtigkeit unterlegen wäre? — Und wie steht es jetzt mit Diogenes de Almeida, Verbrecher durch 19 Morde, die er alle mit Kerben auf dem Kolben seines Stutzers verzeichnet hatte; der außerdem noch 20 Mordversuche, meist mit schweren Verwundungen, gemacht hat?

Sogar in der Provinz Rio de Janeiro selbst (welche übrigens auch schon ihren Padre Aruda mit 28 Morden geliefert hat!) ziehen jetzt noch mehrere wohlbekannte Verbrecher herum, von denen jeder 6 auch 8 Morde begangen hat, worunter einer, der erst im vergangenen Jahre innerhalb 6 Wochen 2 Morde bei hellem Tage und ohne alle Scheu vor vielen andern Personen, von denen keine sich auch nur einfallen ließ ihn aufzuhalten, ausführte. Bei dem letzten ließ derselbe sich in der Venda selbst sogleich nach vollbrachter That und als sein Opfer vor ihm noch blutend lag, ein Glas Branntwein geben, drehte darin die Spitze seines Dolchmessers herum und trank den rothgewordenen Branntwein bis auf den letzten Tropfen aus, bestieg dann gelassen sein Pferd, sah sich die Anwesenden der Reihe nach sehr genau an, wie es schien, um zu sehen, ob er bei einem derselben auch nur ein Zeichen des Mißfallens entdecken könne, oder als Warnung gegen spätere Zeugenschaft, grüßte dann cavalierlich und ritt ruhig von dannen.

Bei einer zweitägigen Razzia, die im vorigen Jahre auf der Insel Marajo gemacht wurde, wohin sich vieles Gesindel gesammelt hatte, waren 21 Mörder, darunter mehrere von 4 und 6 Morden, eingefangen worden; aber sie werden schon meist wieder entflohen sein oder doch nicht bestraft werden außer höchstens durch einstweilige Einsperrung in die schauderhaften Schmutzhöhlen, die man in Brasilien Gefängnisse nennt.

Am 15. Januar 1860 erstach ein Mulatte, ein Schreinergesell, den deutschen Zimmermann Carl Holt, 100 Schritte von dessen Arbeitsstätte mit sechs Messerstichen und warf den noch nicht erkalteten Leichnam ins Wasser, bloß weil er ihn 1 Stunde vorher wegen Faulheit entlassen hatte! Derselbe ist jedoch nicht ergriffen. Ebenso wenig die, in Pernambuco wohl bekannten Mörder des Bruders des vor Kurzem im Amte stehenden Präsidenten von Bahia, Paes Barretto, einer der ersten Grundbesitzer von Pernambuco, der am 9. Februar 1859 mit Frau, Schwester und einem Neffen mitten in der Stadt am Hofthore seines Hauses sitzend, von zwei Reitern um ein Glas Wasser angesprochen und, während er das Verlangen befriedigen wollte, sammt dem Neffen niedergeschossen wurde.

Am 8. November wurde in der kleinen Stadt S. Amaro bei Bahia ein Frauenzimmer Namens Virginia do Amor de Deos von einem Paulino de Pinho erdolcht und am 22. ebendaselbst ein anderes, Ursulina de Calmon, durch einen Doctor Pedro Lopez Moniz; keiner der beiden Mörder ist eingefangen. Die Bahia-Blätter finden es fast amüsant, daß es nun auch „Mode zu werden scheine, die Geliebten zu assassiniren", denn seit einem Jahre ungefähr haben die Gatten-Morde auffallend um sich gegriffen.

Leopoldino Spiridao de Castro wird für den Mord an zwei Personen auf offener Straße in Caeté verfolgt, deren Cadavern er die Ohren abschnitt und sie einsteckte! ist jedoch noch auf freiem Fuße!

Oeffentliche Sicherheit. Ueber diese sagte noch im Jahre 1859 der Erzbischof von Bahia in einem Hirtenbrief: „Wo ist diese zu finden, wo ist die Sicherheit der Person, die man so oft schon dem Ausländer versprochen hat, wenn er nach unserm Lande kommen wolle, um irgend ein erlaubtes Gewerbe auszuüben, und mit der man so viel Lärmen macht, um Einwanderung herbeizuziehen" u. s. w.

„Die Sicherheit der Person und des Eigenthums bietet leider kein günstiges Bild und dieses würde sich nur um so entschiedener ungünstig herausstellen, fehlte in dieser Provinz nicht wie in fast allen des Reiches eine wohl organisirte Criminalstatistik. Der Mangel an Richtern, welche das erforderliche Vertrauen einflößen, und die geringen Mittel, welche zur Verfügung der Justiz stehen, verschwören sich gegen die besten Absichten der Autorität!" sagte im Jahre 1860 der Präsident von Para.

Kriegssachen.

Die brasilianische Kriegs-Marine muß als eine gänzlich verfehlte Schöpfung erscheinen, so wie sie jetzt betrieben und erhalten wird, zu verhältnißmäßig enormen Kosten für das Reich, ohne im Lande zu wurzeln, weder in ihrer Mannschaft, die zu einem Fünftheil aus Negern, zu zwei Fünftheilen aus Ausländern, zu einem Zehntheil aus eingefangenen Indianern und in dem Reste aus gepreßten Vagabonden oder doch armen Menschen aus dem Innern besteht, die weder Vorliebe noch Geschick zu dem Dienste haben, ihm also auch keine Stärke geben können, die überhaupt bei solcher Heterogenität der ganzen Besatzung gar nicht denkbar ist, am wenigsten unter eingebornen brasilianischen Offizieren, die meist schon physisch und moralisch geschwächt sind, ehe sie in den praktischen Seedienst treten, wenn sie auch alle schon während der vorangegangenen acht Jahre als Schüler einer kostspieligen, aber wenig wirksamen Akademie, bedeutende Gehalte vom Staate bezogen haben; denn sie gehören alle solchen Familien an, die den Staat aufs unbarmherzigste auszubeuten verstehen; wie es z. B. auch in Brasilien der Brauch ist, daß ein jedes männliche Kind eines Offiziers der Armee und der Marine von dem Tage seiner Geburt an, oder vielmehr sein Vater für ihn, 12 Milreis = 9 Thlr. Capitains-Sohn, 16 Milreis = 10½ Thlr. Obersts-Sohn pr. Monat empfängt, was begreiflicher Weise eine große Summe im Jahre ausmacht, die mit in dem Armee-Solde aufgeführt ist, während der gemeine Mann in den Provinzen oft 6 Monate unbezahlt bleibt!

Die brasilianische Marine wurzelt aber ferner noch deßhalb nicht im Lande, als alle Marine von nun an in Dampfschiffen bestehen muß und Brasilien bei einer Bevölkerung wie seine jetzige nie die technischen Kräfte erschwingen wird, um sich selbst die benöthigten Schiffe zu bauen, die es daher bis jetzt von England bezog und dafür jährlich nahe an 1,000,000 Thaler zu zahlen hatte, da es sie bei ziemlich häufigem Unglück, welches es damit hat, ziemlich schnell verbraucht.

Alle Kriege, welche die südamerikanischen Staaten, Brasilien nicht ausgenommen, dem Namen nach gegen einander führen, führen sie thatsächlich und recht eigentlich nur gegen sich selbst sowohl, als gegen die eigene Bevölkerung, und zwar erstens durch die Zwangsrekrutirung, welche den Gewalthabern und Werbe-Offizieren bis auf die Feldwebel herab Gelegenheit giebt zu jeder Art von Gewaltthätigkeit gegen die Person, zur Fröhnung der ausgeartetsten Leidenschaften gegen die Familie dessen, den sie hauptsächlich mit diesem Zwecke vom häuslichen Heerde und zu Erpressungszwecken wegreißen, und zweitens durch schlechte Nahrung und Kleidung der Soldaten und durch die Decimirung des Landvolkes durch die städtischen meist epidemischen Krankheiten, besonders durch die Masern und Kuhpocken, so daß in den meist nur ins Lächerliche gehenden Feldzügen, in denen oft gar kein Blut in wirklichem Kampfe fließt, doch stets ein großer Theil des Heeres umkommt.

Sie führen diese Kriege aber auch zugleich gegen den Staatsschatz des eigenen Landes, d. h. die respect. Kriegsminister thun dieses sammt ihren Protectoren und Anhängern, die sich unter der Kriegsfahne ein tüchtiges Stück Geld zu machen beschlossen haben und kämen die Summen, die sie dabei auf die Seite bringen, dem Lande auch auf das dreißigfache zu stehen und kostete die Vernachlässigung der Verproviantirung der Armee auch noch so viele Menschenleben, oder setzte die unüberlegteste unzweckmäßigste Bewaffnung und Ausrüstung, mit Ignoranz, Betrug und Unterschleif ausgeführt, das Land den größten Unfällen aus. Derlei Beispiele hat Brasilien von jeher zur Genüge geliefert, weniger zu Don Pedro I. Zeiten, dessen überall wachsamer Blick selbst den Marschall Barbacena in Schranken zu halten vermochte; aber desto mehr fand dieses statt während der Minorität des Kaisers und des der Aerarberaubung halber planmäßig 6 Jahre lang im Gange gehaltenen Bürgerkriegs in Rio Grande, und selbst nicht viel minder während des Krieges mit Rosas, bei dessen Verfolgung die wohlbekannten Faiseurs nicht allein enorme Summen auf die Seite brachten (worüber sich einige Details in den Jahrgängen 1853 und 1859 der Pr. Zeitschrift für Kriegskunst befinden), und dabei noch unverwüstliche Lorbeeren ohne alles Blutvergießen erndteten, und sich zugleich den Anspruch sicherten, auch noch den Landbesitz zu regeln, die Staatsländereien zu verwalten, die ganzen Colonisations-Angelegenheiten Brasiliens zu regeln, und endlich selbst alle Staats-Unternehmungen und öffentliche Arbeiten zu verwalten; wohlverstandener Weise, ohne für alle diese Dinge auch nur im entferntesten die erforderlichen Kenntnisse zu besitzen, wohl aber die schamloseste Kühnheit, diese Gegenstände alle mit der unerhörtesten Inconsequenz und in den widersprechendsten Schattirungen und bloß dem Scheine nach zu betreiben, in der That aber sie beim Alten zu belassen und die Kammern, insofern ein kleiner Theil derselben wirklich mit Ernst Auskunft und Rechenschaft wünschte, mit einem leeren Wortschwall von Patriotismus und Redensarten von unvermeidlicher künftiger Größe hinzuhalten; denn das steht fest, daß in Brasilien bisher der Mann, von dem man weiß, daß er die Geschicklichkeit hat, vor allem seine eigenen persönlichen Interessen, wenn auch bei noch so großen Opfern des Staates wahrzunehmen (was er natürlich nur durch Mitbetheiligung einflußreicher maßgebender Partheien thun kann), eine wahrhaft unerschütterliche Stellung einnimmt.

Hier sei nur ein kleines Beispiel von den Manipulationen eines Kriegsministers gegeben. Es wird ihm zu Kriegszeiten auf Verlangen ein auf die Fabrikation von Congreve-Raketen eingelernter Mechanicus eingesandt, der in Preußen 450 Thlr. Einnahme hatte, und dem man, nachdem man ihm jene Fabrikation zu erlernen Gelegenheit gegeben hatte, 1200 Thlr. Gehalt drüben auf drei Jahre mit Verbindlichkeit so lange zu dienen, gesichert hatte. Dieser Mechanicus aber war ein Betrüger und sehr schlau und der Kriegsminister war Eigenthümer einer großen Zuckerpflanzung ohnweit Rio de Janeiro. Da dem ersteren das Raketenmachen doch eine etwas gefährliche Arbeit schien und er bald merkte, wie die Sachen dort zugingen, so nahm er schon nach einigen Monaten Gelegenheit, den Minister in seiner Werkstätte einige Zeichnungen von Zuckerfabrikeinrichtungen, die er sich aus neueren Werken copirt hatte, wie zufällig, vorfinden zu lassen. Der Minister war entzückt in ihm ein so verwendbares Talent zu finden und in weniger als drei Tagen war mit Hülfe eines sehr schlauen Subjects, das bald darauf mit einem Theile der Ersparnisse des Mechanicus davon lief, der bündigste selbst gegen alle Gefahren eines brasilianischen Contracts mit Ausländern sichernde Contract auf 8 Jahre zu 6 Contos = 4000 Thlr. pr. Jahr als Regierungs-Ober-Ingenieur oder Kriegstechniker fertig, und auch gleich darauf im Kriegsbudget von den Kammern ratificirt. Aber mit den Verbesserungen in der Zuckerfabrikation ging es eben doch nicht. So wurde denn der improvisirte Ingenieur, um nicht eingestehen zu müssen, daß man ihn aus Privatinteresse so vortheilhaft gestellt habe, zu den verschiedensten großen Plänen verwandt, die jedesmal nach halber Ausführung wieder aufgehoben werden mußten, und er selbst nahm richtig in den 8 bereits verflossenen Jahren für sein Fixum 32,000 Thlr. ein, verursachte aber der Regierung wohl 10fach größere ganz nutzlose Auslagen und stellte sich sehr oft, wie auch ein anderer deutscher Ingenieur oder vielmehr von deutschen Eltern geborner Brasilianer, um der Sicherung seiner wissenschaftlichen Reputation willen, andern talentvollen Männern hindernd in den Weg, und benachtheiligte so das Land wahrscheinlich um Vieles mehr als den Betrag der obigen Summen.

☞ Folgendes waren einige der in den Programmen mehrerer Wahl-Candidaten für die jetzige Kammer aufgestellten Punkte: „Reorganisation der Marine und des Heeres, damit sie aufhören die Kloaken zu sein, in welche aller Unrath der Gesellschaft abgelagert wird — moralische und religiöse Erziehung der Geistlichkeit und nöthige Reformen hierzu — Beseitigung der Sinecuren und unabänderliche Anerkennung des Princips, daß die öffentlichen Aemter nicht das Patrimonium der Race noch des Patronates sind — Beseitigung der formellen Mißbräuche unsres Civil-Codex, des Chaos der Gesetzgebung und des schädlichen und ungebührenden Einflusses der Regierung — Herstellung der persönlichen Sicherheit". — Der Unterzeichner eines dieser in drei langen Zeitungsspalten ausgeführten Programme war ein Senhor Luiz Fortunato de Brito Abreu Souza Menezes, dem Namen nach also gerade kein kleiner Mann selbst in jenem großen Kaiserreiche, der aber so doch zugesteht „that there is something rotten in the State!"

Hier dürfte daran erinnert werden, daß der brasilianische Capitän Herr Hormeyer die versprochene Widerlegung der in preußischen Militär-Zeitschriften gegebenen Auseinandersetzung abnormer Zustände in der brasilianischen Heeres- und Marine-Verwaltung vollständig schuldig geblieben ist. Jene waren muthmaßlich von Herrn Hauptmann v. Gilsa ausgegangen — s. Z. Adjutant des Hrn. Oberst-Lieutenant v. Held als Commandant der deutschen Legion in Süd-Brasilien, — der, obgleich ein tüchtiger Militär und Ingenieur zugleich, in Brasilien nach Auflösung jener Legion keine andere Beschäftigung finden konnte als die eines Schullehrers auf der Kolonie Blumenau, welche er erst vor zwei Jahren aufgab und nach den Vereinigten Staaten ging, wo er bereits Oberst eines deutschen Regiments ist.

Was Wunder übrigens, daß es wie oben angedeutet in der Armee aussieht, wenn gar nichts geschieht, um ehrenhafte Menschen in dem Soldatenstande zu erhalten; wenn auch der gepreßte Soldat oft lange ohne Sold bleibt, weil von der Kriegsadministration selbst die ungeheuerlichsten Verschleppungen begangen werden; wie z. B. im letzten kurzen Kriege mit Rosas, wo durch eine 4 Jahre später ad hoc ernannte Commission Unterschleife im Betrage von 700,000 Milreis im Arsenal nachgewiesen wurden, weßhalb eines der Mitglieder dieser Commission, Silveira Lobo, den Kriegsminister Felipardo um so verantwortlicher für diese Unterschleife erklärte, als er die überwiesenen Betrüger, welche Angestellte seines Vertrauens seien, im Amte erhalte und sogar vor der Kammer in Schutz nehme, worauf der Minister des Auswärtigen, Paranhos, sagte: „Den Minister, der die Heere zum Siege gegen Rosas geführt habe, für die vorgefallenen Unterschleife verantwortlich machen zu wollen, heiße das Princip der Verantwortlichkeit übertreiben." Damit war Alles abgemacht! Im nächsten Jahre darauf sagte ein kurz vorher ausgetretener Marine-Minister, Saraiva, ein ungemein gesinnungstüchtiger Mann: „Unsre Staatsmänner spielen in der That eine traurige Rolle, indem sie hier im Senate ihre gegenseitigen Ankläger werden. Ein wahrhaft lamentabler Anblick! Man lese nur den Bericht des Kriegsministers; alles, was sein Vorgänger, der sehr erfahrene General Coelho gethan, taugt ihm nichts. Die Pulvermühle, der Kasernenbau u. s. w., alles ist nach ihm weggeworfene Arbeit. Als er (Felipardo) in der Opposition war, habe er eine Armee von 20,000 Mann versprochen und könne nun nicht 15,000 zusammenbringen. Die Versprechungen von Landschenkungen an entlassene Soldaten seien eine wahre Neckerei und ein großer Betrug. Wo sei denn das Land des Annehmens werth? — An der Militärschule sei nicht einmal eine Professur für reine und angewandte Mathematik! Man habe so eben eine von ihm (dem Redner) selbst als Minister bestellte Portion Waffen nicht angenommen, weil deren Qualität besser gewesen sei als das Muster, auf welches der Contract gemacht war. Nach abgelaufener Dienstzeit ließe man den Soldaten nicht ziehen u. s. w. — Das berechtigt denn auch fast das „Diario" zu sagen: „Die Verantwortlichkeit der Minister ist bei uns eine bloße Chimäre. Die Presse weidet sich an dem leckern Bissen politischer Luculle und hat kein Ohr mehr für Recht und für die Leiden der Unterdrückten. Giebt es auch noch Männer bei uns, die nicht bestochen sind?" u. s. w. — Das „Jornal do Commercio" beschäftigte sich in mehreren Leitartikeln mit der schwierigen Abwehr dieser Anklagen, und bedauerte, daß das „Diario" die rauhe (aspera) Sprache der Provinzialblätter nach der Hauptstadt verpflanze u. s. w.

Aus der Bremer „Deutschen Auswanderungs-Zeitung" (vom 24. October 1859),
einem durchaus zuverlässigen und rechtschaffenen Unterweisungsblatte für den Auswanderer, das weder zur Auswanderung nach diesem oder jenem Lande oder Orte aufstachelt, noch auch Subsidien für derlei Dienste (wie das Rudolstädter Lockblatt) annimmt.

„Herr Theophilo Benedicto Ottoni, Director der Mucury-Compagnie, hat über die Ereignisse in dieser Colonie einen Bericht erstattet, dem wir Folgendes wörtlich entnehmen:

„Da ich keine Hoffnung hatte, während des Jahres Kolonisten von meinem Leipziger Agenten zugesandt zu erhalten, so hatte ich unsern Consul in Hamburg, José Lucio Correa, ersucht, in dem Falle, daß sich eine Gelegenheit böte, für unsere Gesellschaft zu denselben Bedingungen, als die von Leipzig, Engagements durch geeignete Personen machen zu lassen, und sandte zugleich Rimessen für die erforderlichen Vorschüsse für 400 Kolonisten. Unser Consul schrieb mir, daß er den Dr. Fr. Schmidt mit dieser Commission betraut habe. Dieser ist, wie ich bald darauf hörte, der Agent der Central-Colonisations-Gesellschaft.

Nun aber hat dieser Dr. Fr. Schmidt mit gänzlicher Nichtachtung meiner Instructionen mir für jene Rimessen 176 Kolonisten zugesandt, und für sie mehr als das **vierfache** von dem, was ich autorisirt hatte, ausgegeben und das Schiff direct nach Victoria geschickt. Ich mußte mich dieser Verausgabung der Summe der bereits in den Händen dieses Agenten befindlichen Gelder unterwerfen, und um dessen Ehre nicht Schaden leiden zu lassen, bezahlte ich sogar noch eine kleinere Summe, welche er auf mich gezogen hatte, weigerte mich jedoch, ein Gleiches in Betreff weiterer Forderungen zu thun. Ueber Alles gab ich unterm 6. August ausführlichen Bericht an die Regierung.

Diese Kolonisten per Christiansund empfingen drei Monate lang Lebensmittel und weigerten sich fast Alle, die ihnen angewiesenen Ländereien anzunehmen, indem sie dabei betheuerten, daß sie von den Agenten in Europa betrogen und verrathen worden seien.

Nachdem ich nun die Sache genau untersucht hatte, fand ich wirklich heraus, daß diese Kolonisten vorher schon von besagtem Dr. Schmidt für und im Namen der Central-Colonisations-Gesellschaft engagirt worden waren, und zwar Seitens des Dr. Schmidt auf die bloße Hoffnung hin, Aufträge von derselben zu erhalten, und daß derselbe, als er fand, daß er solche Ordres von besagter Association nicht bekäme, den ursprünglichen Contracten andere, welche auf die Mucury-Compagnie lauteten, unterschob."

Vorstehendes wird kaum weniger Erstaunen erregen, als die bereits so berüchtigten Contracte. Offenbar war der Agent Schmidt, der eigentlich hier als Principal des andern Agenten Valentin gilt, im Einverständnisse mit dem Consul Correa, als er viermal (!) so viel Vorschuß auf Auswanderer (?) bewilligte, als er autorisirt war, denn der letztere war doch wohl für die Ausführung des Auftrags verantwortlich und bezahlte sogar auch das Geld an Schmidt.

Der Agent Schmidt aber wird, wie wir aus zuverlässiger Quelle wissen, schon seit einer langen Reihe von Jahren von der brasilianischen Regierung hoch besoldet, um alle Engagements zu erleichtern und zu betreiben und führte mit dem früher erwähnten Valentin gemeinschaftlich die Aufträge aus, welche die Herren Minister Araujo und General-Consul Correa auf Anwerbung von Parceria-Kolonisten ꝛc. erhielten.

Aus einem Prospecte, welchen Herr Dr. Schmidt aussandte, ist zu ersehen, daß er autorisirt war, 50 Milreis oder ca. 40 Thlr. Preuß. Crt. an jeden Auswanderer als Vorschuß zu bewilligen; nach Herrn Ottoni's Darstellung hätte er aber viermal so viel, also 160 Thlr. Preuß. Crt. pro Person verausgabt? oder wofür sind sie dem armen Auswanderer, der sie doch einmal wieder zurückzahlen soll, berechnet?"

Die Rio Grandenser Blätter „Echo do Sul" und „Mercantil" vom 28. April und vom 1. Mai d. J. klagen bitter über das unwürdige Spiel, welches die „bestochenen" Agenten der Regierung (os corrompidos Agentes do Governo) in Deutschland mit den Auswanderern getrieben — welche Klagen sich hauptsächlich auf die von dem Consul Correa in Hamburg verfälschten Provinzial-Contracte beziehen.

In derselben Nummer der „Deutschen Ausw.-Ztg." befindet sich eine Mittheilung, daß jener Dr. Schmidt gerade damals, im Monat Sept., etliche 300 schwächliche Fabrikarbeiter aus Sachsen für die Provinz Espirito Santo, die um kein Haar besser ist als die Mucury-Gegend, von Hamburg abgesandt hatte. Die von der Regierung an den Consul Correa gegebene Vorschrift war, daß diese Leute Ackerbauer sein müßten, um die ihnen zugedachten Vergünstigungen zu genießen. Derselbe soll auch bescheinigt haben, daß sie Ackerbauer waren!

Die öffentlichen Zustände Brasiliens.

Unter dieser Ueberschrift giebt eine der neuesten Nummern des „Auslands" den Auszug einer Abhandlung des „Quarterly Review", welche die unläugbarsten Kennzeichen der Bestellung an sich trägt, und gerade zu einer Zeit erschien, wo die brasilianischen Financiers einen weitern kühnen Griff in den Londoner Geldmarkt zu bewerkstelligen trachteten, der sich jedoch, der veränderten Lage Brasiliens wegen und besonders wegen des stets mächtiger hervortretenden Deficits, auf die Eintauschung einiger Millionen Pf. Sterling in nur theilweise voll eingezahlten Eisenbahn-Actien (auf welche die Inhaber, trotz der darauf garantirten Minimum-Dividende von 7 pCt., ihre Zahlungen zu completiren Anstand nahmen, da deren Marktpreis auf 25 pCt. Disconto stand, und vorziehen 5procentigen Stocks al pari gegen ihre gemachten Zahlungen anzunehmen), beschränken mußte.

Indem wir uns vornehmen, auf diese Verhandlung zurückzukommen, geben wir einstweilen die daran geknüpfte Schlußbemerkung der sachverständigen Redaction des „Auslands":

„Dies ist in der That ein glänzendes Bild des heutigen Brasiliens, wie es kürzlich ein „Essayist" im Quarterly Review entworfen hat; [1]) man darf aber nicht die Warnung versäumen, daß Auswanderungslustige nicht etwa von solchen Gemälden sich verlocken lassen mögen. Die Lage der deutschen Kolonien in den südlichsten Theilen Brasiliens ist zwar, wie sich aus Dr. Lallemant's Schilderungen ergiebt, der Mehrzahl nach eine erfreuliche und nicht so abschreckend als man befürchtete. Das Auswandern dahin bleibt aber dennoch ein Wagniß. Vor allem fehlt den Fremden der Schutz des Gesetzes, denn wenn auch Gesetze vorhanden sind, so sind doch die Gesetze wiederum in der Hand brasilianischer Richter, welche in dem übeln Ruf der Bestechlichkeit stehen, oder wenigstens, wenn die eine Parthei ein Brasilianer ist, nicht unpartheiisch verfahren. Vermögenslose Auswanderer ganz besonders, die sich nach dem Fazendeiro- oder Halbpachtsysteme einem brasilianischen Grundeigenthümer verdingen, setzen ihr höchstes Gut, ihre Freiheit, aufs Spiel. Ein Theil solcher Leute hat sich zu Wohlstand und Unabhängigkeit aufgeschwungen [2]), ein anderer aber ist tiefer und tiefer in Schulden und Knechtschaft gesunken! Wenn also ausgewandert werden muß, lieber nach Nord- als nach Südamerika."

Die Staats-Religion in Brasilien.

Herr W. Heine in seiner „Reise um die Erde", Seite 244 u. 245 II. Band, sagt nach einer Uebersicht mehrerer Schriften, welche zum Zwecke hatten, gewisse Landstriche Brasiliens für Auswanderung zu empfehlen, und namentlich St. Catharina, Rio Grande u. s. w.:

„Und wenn alles wahr wäre, was diese Bücher sagen, so sind alle Vortheile, welche sie versprechen, a priori vernichtet durch den einzigen Punkt, der von einer Staatsreligion handelt. Deßhalb kann ich keinem freien Menschen, zumal einem Protestanten, empfehlen, dahin zu gehen, denn Glück und guter Erfolg hängt auch für den fleißigen, redlichen und intelligenten Arbeiter wenigstens in gleichem Maße von befriedigenden und fördernden staatlichen und socialen Zuständen des Landes ab, als von der günstigsten Natur. Südamerika konnte zwar das europäische Joch abschütteln, nicht aber sich geistig frei machen, — und wird es auch so bald nicht können. Es herrscht hier eine Staatsreligion, die römisch-katholische; die anderen sind nur tolerirt, und das besagt alles. Dies ist auch der Grund, weßhalb ich eben so wenig Bürger des Landes sein als Andern rathen möchte, es zu werden. Eine Staatsreligion ist und bleibt ein Gewissenszwang niedern Grades, und wo ein solcher herrscht, können selbst die liberalsten Institutionen das Land nicht frei machen.

So lange Chili und Brasilien eine Staatsreligion haben, werden sie bei aller freisinnigen Verfassung nur ein übertünchtes Grab sein; außen Marmor und Gold, innen Moder und Verwesung. Ich kann dies um so freier sagen, als ich selbst ein römischer Katholik bin und hoffentlich als solcher sterben werde, folglich nicht selbst hier unter diesem Drucke leiden würde." —

Nun sagt aber selbst Laguerronière in seiner Schrift „der Papst und der Congreß": „Das Dogma ist nicht mehr vereinbar mit einer zeitgemäßen vernunftgemäßen Staatsverwaltung und mit volkswirthschaftlicher Entwickelung, wie sie die Fortschritte der Zeit erfordern, und alle liberalen Blätter Frankreichs acceptiren diese Ansicht, welche besonders der „Constitutionnel" in seiner Antwort an den Erzbischof von Orleans motivirt, wo er sagt: alle katholischen Schriftsteller, die ganze Geschichte des letzten Jahrhunderts mehr noch als die Vorzeit sprechen es laut aus: Die politische, die commercielle und die industrielle Thätigkeit sind unverträglich mit dem Dogma. Jede Entwickelung und jeder Fortschritt, welche aus den Principien der menschlichen Civilisation fließen, sind unmöglich mit ihm."

Wenn nun diese Ueberzeugung, ja Nothwendigkeit in einem Lande wie Frankreich von dichter Bevölkerung, die fast ausschließlich katholisch ist, gefühlt wird, wie viel weniger vereinbar muß dann eine Staatskirche mit der Verwaltung eines Staates sein, der nur durch eine sehr starke Einwanderung, welcher ohnedies schon so viele materielle Hindernisse entgegenstehen, als Staat erhalten werden kann?

Wir fügen hier nur noch folgenden neuesten Ausspruch Dr. Ad. Helfferichs hinzu über die Unmöglichkeit des unveränderlichen Fortbestehens der englischen Kirchenordnung, die keine andern Confessionen frei neben sich bestehen lassen will, obschon in England allen Confessionen freier Cultus zugestanden ist, eben weil die gegenwärtige Staatsregierung Englands so wesentlich verschieden ist von dem Staate der Königin Elisabeth:

„Stehen bleiben kann die Kirche eben so wenig als der Staat, und diejenigen Träger der kirchlichen Gewalt erweisen ihrer Sache den besten Dienst, die zugleich an die Einigkeit der Ideen und die Nothwendigkeit ihrer geschichtlichen Fortbildung glauben und darnach handeln. Gewissensfreiheit in religiösen, Volksvertretung in weltlichen Dingen sind nicht etwa Forderungen einer irreligiösen Civilisation, sondern berechtigte Bedürfnisse der menschlichen Vernunft, gegen die kein Stemmen und kein Sträuben hilft; nur der Abergläubische kann wähnen, von Gott selbst einen absoluten Rechtsanspruch zur Beschwerung und Belastung Anderer empfangen zu haben. Umgekehrt behauptet selbst der einseitige Conservativismus sein Recht gegen die mißverstandene Freiheit der Wissenschaft und der Arbeit, gegen jene After-Civilisation, die alles übersinnliche für Aberglauben und sinnliches Wohlbefinden für den einzigen Zweck der Arbeit erklärt."

---

[1]) Der bezahlte Ursprung und der Zweck dieses „Essays" war bereits vorher in preußischen Blättern ausführlich besprochen worden.

[2]) Das ist nur ein gar winziger Theil und verdient als solcher kaum der Erwähnung. Es ist wohl nicht der zwanzigste Theil und das oft erst nach einem Zeitraum von einem halben Menschenalter, und geschah in gar manchen Fällen nur in Folge großer moralischer Erniedrigung des Familienvaters oder anderer Glieder seiner Familie. (Hierüber das „Ausland" v. Juli d. J.)

In fabricirten Briefen der brasilianischen Werbeblätter stand die Behauptung, es seien jetzt 26 *deutsche protestantische Geistliche* in Brasilien! — das ist eine grobe Lüge. Es sind in Rio Grande do Sul höchstens 4 protestantische Geistliche, davon bloß ein *ordinirter*, in S. Catharina einer, in S. Paulo einer, in Rio einer, in Santa Gallo einer und in Petropolis einer, einer in Leopoldina und einer war in Mucury — sind 11, von welchen allen nur höchstens 4 mit 800 Milreis pro Jahr von der Regierung bezahlt wurden. Nähmen wir nun an, es wäre wahr, daß in Brasilien bereits 40,000 Deutsche sammt ihren Abkömmlingen existirten, wovon doch wohl die Hälfte protestantisch wäre (deren Abkömmlinge seien denn bereits in Convertiten verwandelt), so ist dies wahrlich nicht viel auf 20,000 Protestanten. An sieben Orten also bezahlen die Protestanten ihren Geistlichen selber, während dieses an keinem Orte des Reiches von den Katholiken geschieht. — Es wäre wohl hier am Platze, eine Erklärung des Oberkirchenraths zu Berlin zu verlangen, wie viele obiger Geistlichen von ihm ernannt sind, es scheint nur drei, der in Rio und der in St. Leopoldina — und in S. Catharina; die andern sind meist nichtordinirte Leute, vormalige Schullehrer, ja sogar Soldaten oder Handelsleute. Uebrigens leben in ganz Brasilien keine 21,000 Deutsche sammt ihren Abkömmlingen, und obige Uebertreibung ist nur eine planmäßige Werbelüge.

Da die Skandale unter den höheren Geistlichen der Provinz Bahia eine wahrhaft colossale Form annahmen, und die öffentliche Moral ungleich mehr beeinträchtigten, als selbst das wilde Treiben der freien Neger und Sklaven auf den Straßen und in ihren Spelunken, so fand sich selbst die *Central*-Regierung bereits im Monat September gedrungen, den *Erzbischof von Bahia zur Anhaltung der Disciplin* in der Kirche aufzufordern und von ihm zu verlangen, daß er die in öffentlichen Correspondenzen der groben Immoralität angeklagten Priester dazu anhalte, entweder Injurienprozesse gegen diese einzuleiten oder daß er diese Geistlichen ihrer Stelle enthebe. Es waren jedoch bereits 6 Monate verflossen, ohne daß eines oder das andere geschehen wäre.

„Wir übergehen die landesüblichen Polizei-Mordgeschichten, deren Zahl stets zunimmt mit den ebenfalls herkömmlichen Entscheidungen der Geschwornengerichte auf „nichtschuldig!", weil das alles hier zu Lande gang und gebe ist, kommen aber auf das vielbesprochene Thema der Toleranz und der Gesetze über Mischehen.

„Es herrscht ja unter den Kammermitgliedern selbst die crasseste Intoleranz und Begriffsmangel über derlei Beziehungen, daher Vorfälle, wie noch ganz letzlich in S. *Leopoldo* vorkamen, nicht befremden dürfen. Dort nämlich, wo so viele Deutsche protestantischer und katholischer Confession durcheinander wohnen, die sich friedlich vertragen und ehelich vermischten, hat ein Jesuiten-Pater Bonifacio die heillosesten Umtriebe gemacht. Unter den etwas verwahrlosten Deutschen wurden durch ihn vermittelst des Beichtstuhls und außer diesem Frauen gegen ihre Männer, Männer gegen ihre Frauen, Kinder gegen ihre Eltern gehetzt auf Grund ketzerischer Vergehen mit Androhung unfehlbaren Fegfeuers und ewiger Verdammung, wenn sie sich nicht trennten und sich den von ihm auferlegten Büßungen unterwürfen, so daß die ganze Kolonie in Hader und Aufregung lebt und selbst das Wohl der Kolonie bedroht ist.

„Ob das geistliche Obergericht in Porto Alegre einen Systemswechsel herbeiführen wird, ist mehr als zu bezweifeln; in diesem Lande, wo man *Mörder* freispricht, wird man keinen Geistlichen von Andern als von seines Gleichen gerichtet und verurtheilt sehen." („Brasilia".) (Siehe „kirchliche Zustände" im Anhang pag. IX.—XII.)

Eine hinreichende Bestätigung dieser letzten Behauptung ist wohl der folgende Auszug aus demselben Blatte:

„In den Anfang Mai in Petropolis stattgehabten 2 Schwurgerichten waren im ersten P. T. Pacheco und A. T. Bastos wegen Führung verbotener Waffen (ein Verbot, das an sich selbst eine ungeheure Lüge ist, da Jedermann solche Waffen offen trägt) und mehrfacher bedeutender Verwundungen angeklagt. *Wurden freigesprochen*. Im zweiten wurde ein schon früher installirter Prozeß wegen Mord dem Schwurgerichte zur Aburtheilung überwiesen. Joaquim Josó Gonsalvo war angeklagt, in Eifersucht, als er einen Andern bei seiner Geliebten, einer Gelben, betroffen, abgeschlachtet, das Blut in einer untergehaltenen Schüssel aufgefangen und dann den Körper zerstückelt in einem Sack weggeschleppt und verscharrt zu haben. Wider ihn zeugte bei dieser Unthat die zugegen gewesene Geliebte und andere bestätigende Umstände. *Wurde freigesprochen*."

Officieller Ausweis über die Rechenschafts-Ablegung der Testamente in der Hauptstadt und dem Municipium von Rio de Janeiro, den brasilianischen Kammern am 15. Mai 1859 von dem Justizminister im Detail überreicht.

Von 1809 an waren von 4835 Nachlassenschaften nur 831 abgemacht oder ausgeführt worden, mit 610 war der *Anfang* zur Rechnungsablegung (die bei einigen schon an 40 Jahre im Gange ist) gemacht worden, und 3385 Nachlassenschaften lagen völlig unbeweglich!

Hierüber ist es wohl unnöthig, ein weiteres Wort zu sagen, um auch den kurzsichtigsten Menschen die Augen über das gränzenlose Unrecht, über den Betrug und Raub, der hierbei von *Regierungswegen* selbst begünstigt wird, zu öffnen. Bei vielen dieser Testamente, ja bei mehr als der Hälfte derselben sind bereits die Erben in zweiter Generation begraben. Welche Hoffnung bleibt da einem treuen Familienvater, seinen Kindern die mühsam und ehrlich erworbene Habe zu sichern!

Unfähigkeit und Abgeneigtheit der Brasilianer zu selbstständiger Beschäftigung.

Es ist eine Thatsache, daß die mechanischen Künste und alle höheren Geschäftsbranchen, besonders im Handel, mehr und mehr in die Hände von Ausländern übergehen. Die große Abneigung der Brasilianer gegen jede Art von Beschäftigung, außer Landbesitz (*ohne jedoch den Boden selbst zu bebauen*) und amtliche oder militärische und wie man es hier zu nennen pflegt, „*geistliche*" Anstellungen, ist die Ursache hiervon. Sie überlassen daher dem Neger und dem Indianer oder dem Ausländer *alle* schwere Arbeit. Das Geschäft des Kaufens und Verkaufens, das Ladengeschäft und alle solche, wobei man sich dem Publikum als *dienend* und *hülfereichend* hinstellen muß, bleibt daher auch den Ausländern und unter diesen vor allem den schlauen, selbstvertrauenden, sparsamen und geldmachenden Portugiesen überlassen, obschon alle Brasilianer gegen diese eine sehr starke Abneigung fühlen und zwar schon deßhalb, weil einem stolzen, armen und faulen Gesellen nichts so widerlich ist als ein arbeitsamer, genügsamer und gedeihender Geschäftsmann. Neid und Vorwürfe, die er sich selber machen muß, liegen dieser Abneigung zum Grunde. Deshalb aber auch sieht jeder Brasilianer nur mit tiefstem Aerger die Ankunft jeder neuen Schiffsladung von stets armen Portugiesen, von denen er aus Erfahrung weiß, daß die meisten nach ein oder zwei Jahrzehnten mit einem schönen Vermögen das Land wieder verlassen werden, das sie sammt ihm selber nur wie ein Goldgräber seine Grube ansehen. — Dieses ist aber ein sehr bedenklicher Zustand, und sollten die Brasilianer diesem bisher noch im Wachsen begriffenen Vorurtheile gegen alle selbstständige Beschäftigung noch ferner fröhnen, so wird dadurch nicht nur die Vermehrung, sondern wohl auch der Fortbestand der für die Nation und den Staat schätzbarsten Klasse des Handels- und Fabrikstands und der kleinen Gewerbe (deren Anlage-Kapital durch jede Ruhestörung zuerst leidet, sie daher zu den sichersten Garanten eines geregelten Staatslebens macht), auf das höchste gefährdet. Jetzt bestehen diese Klassen meist aus Ausländern, die, sobald sie etwas verdient haben, das Land verlassen und wieder durch neue Ankömmlinge ersetzt werden, welche es nicht anders machen. In andern Ländern, wo diese Klassen nur Landesbürger sind, beeinflussen sie hauptsächlich die Regierung zu Frommen des Landes. In Brasilien aber suchen sie schon aus Gleichgültigkeit für das Land, wo sie nur *kurze* Zeit zu weilen hoffen, keinen solchen Einfluß, — thäten sie aber das Gegentheil, so würde es ohne Erfolg sein, weil die Abneigung, die man gegen sie fühlt, hinreichen würde, jeden Rath, der von ihnen käme, zu verwerfen.

Nach einer von dem Minister des Innern im Jahre 1859 den Kammern überreichten statistischen Tabelle belief sich die Gesammtzahl aller kaufmännischen und gewerblichen Geschäfte im ganzen Reiche auf 24,824, welche in 4 Classen getheilt sind, deren unterste 9 und die oberste 26 Thlr. jährlich Gewerbsteuer zahlen, im Jahre 1858 zusammen 938,000 Milreis. Die Nationalität der Eigenthümer dieser Geschäfte war: 11,698 Brasilianer, 3624 Portugiesen, 4715 andere Ausländer. Unter den von brasilianischen Bürgern geführten Geschäften finden sich aufgeführt 1309 Notariate oder cartorios judicinos, 602 Advokaten- oder Anwalts-Bureaux, 24 Spielhäuser, 8371 Tavernen oder Vendas gegen 3335 die von Portugiesen, und nur 386 die von andern Ausländern gehalten sind. Im Ganzen giebt es nur 49 Typographien, fast ausschließlich für Zeitungen, und diese nur an 18 Orten, 19 lithographische Druckereien, 11 Maler und 4 Papiermühlen! Nimmt man die Zahl der Notariats- und Advokatengeschäfte und der Tavernen von den 11,698 von Brasilianern betriebenen Geschäften ab, so bleibt kaum noch die von 1100 für gewerbliche und kaufmännische Etablissements im ganzen Reiche, die von Brasilianern betrieben sind, oder nur der achte Theil ähnlicher durch Ausländer betriebenen Geschäfte, und von jenen 1100 kann gleich die Zahl von 726 für Bäckereien, die durch Sklavenhände betrieben werden, abgenommen werden. Hieraus ergiebt sich ein wahrhaft hoffnungsloser Zustand für die einheimische Industrie, um so mehr, als seit einer Reihe von Jahren die Zahl der von Brasilianern geführten Geschäfte regelmäßig abnimmt, dagegen die von Ausländern betriebenen zunimmt. Es zeigt sich klar, daß kein Mittelstand vorhanden, also der Begriff von Nation auf Brasilien gar nicht anwendbar ist.

Diesen Belägen über die in Brasilien noch bestehenden Zustände in Betreff der Erfordernisse einer freien Einwanderung und über die Art und Weise, auf welche die brasilianische Diplomatie in Deutschland bisher ihre Pflichten gegen ihr Land zu erfüllen für gut gehalten hat, könnten Hunderte mehr beigefügt werden. Wären die wiederholt von Männern wie Dr. Karl Andrée, Professor Wappäus, Geh. R. Kerst und anderen mehr, sowie die in vielen leitenden Tagesblättern, besonders aber in dem „Auslande" und in dem „Magazin der Literatur des Auslandes" über das Treiben brasilischer Seits gemachten Aussprüche besser von dem deutschen Publikum und besonders von den deutschen Regierungen beherzigt werden, es hätte dann ein so vielfacher und herzloser Betrug an deutschen Auswanderern nicht stattfinden können. Indem wir jedoch noch jenen, die sich eine eingehende Kenntniß über Brasilien zu verschaffen wünschen, das vortreffliche Werk „Geschichte von Brasilien" von Dr. Heinr. Handelmann, Verfasser der „Geschichte der Vereinigten Staaten" und der „Geschichte der Insel Hayti", — der drei Staaten, die er als „Staaten der weißen und schwarzen Race" bezeichnet, anempfehlen, entnehmen wir seinem ausführlichen Abschnitte über „Die Einwanderung" noch folgende Schlußbemerkungen, weil diese aus der darin gemachten Anführung der von Hrn. Sturz erfahrenen Behandlung als der beste Beweis dient für die bereits damals in dieser Frage bei der brasil. Regierung maaßgebende, so kurzsichtige als unaufrichtige Gesinnungsweise, die aber seit jener Zeit noch eine sehr bedeutende Verschlimmerung erfahren hat, wie auch schon aus der völligen Entlassung des Hrn. Sturz ersichtlich ist, welche zur Zeit der folgenden Bemerkungen des Hrn. Dr. Handelmann, die nur von dessen Quiescirung (und diese zwar mit 500 Thlr. nach 20jährigem Dienste!) spricht, längst schon stattgefunden hatte. Wir machen diesen Auszug, weil gerade in Hrn. Sturz recht eigentlich die Einwanderungs- und bezügliche Reformfragen in Brasilien sich personificirt finden und weil die brasil. Regierung weder ihm selbst noch auch Deutschland gegenüber den geringsten Versuch der Rechtfertigung dieser Entlassung gemacht hat.

„Die eben so uneigennützige wie unermüdliche Thätigkeit, welche Hr. Sturz, ein geborner Deutscher, seit mehr als 20 Jahren zuerst als Privatmann und in der Presse, dann in amtlicher Stellung seinem Adoptivvaterlande geweiht hat, ist hüben und drüben wohl bekannt und hat sowohl in Deutschland wie auch zu wiederholten Malen selbst in den gesetzgebenden Versammlungen Brasiliens öffentliche Anerkennung gefunden. Ich will hier nur erinnern an seine Verdienste um die Begründung der regelmäßigen bras. Küstendampfschifffahrt im Jahr 1838, deren historisch-politische Wichtigkeit für Erhaltung des Reichsverbandes schon besprochen wurde; — an seine Pläne und Vorschläge zur Anwendung der Dampfschifffahrt auf verschiedenen Binnengewässern, wie Amazonas, S. Francisco, Maranhao &c., welche damals an der Theilnahmlosigkeit und dem Widerspruche des Reichstags scheiterten, während man neuerdings unter viel weniger vortheilhaften Bedingungen derartige Contracte abgeschlossen hat; — an seine erfolgreiche Agitation um Aufhebung des hohen Einfuhrzolls auf Steinkohlen im Jahr 1839; — an seine Bemühungen für Verbesserung des Postwesens, für öffentliche Gesundheitspflege, namentlich für Impfungsanstalten, für Acker- und Bergbau u. dgl. m. Ueberhaupt wird Niemand läugnen wollen, daß er durch seine unausgesetzten Mittheilungen in der brasil. Presse und später von Europa aus durch seine regelmäßigen lithographischen und gedruckten Correspondenzen, die sich über die verschiedensten Zweige des Wissens und der praktischen Thätigkeit verbreiteten, einen mannichfach befruchtenden Einfluß äußerte und viel dazu beitrug, ein Interesse zu erwecken für Gegenstände, für welche man in Brasilien bisher noch wenig Einsicht und Empfänglichkeit hatte. — Jedoch das alles tritt in den Hintergrund zurück gegen die bedeutende Stellung, welche Herr Sturz in der Frage der Einwanderung und Colonisation eingenommen hat. Er ist so zu sagen der erste gewesen, welcher den Brasilianern wieder und wieder die unumstößlichste Wahrheit predigte: daß nur in der spontanen Einwanderung freier europäischer Ackerbauer das einzige Heil sei, und als unumgängliche Vorbedingungen dazu auf Abschaffung des afrik. Sklavenhandels, Herstellung eines soliden Landsystems nebst allgemeiner Grundsteuer und gehörige gesetzliche Garantieen drängte. Ein schwieriger Kampf gegen die hergebrachten Vorurtheile einer ganzen Nation; doch fand er bald unter den aufgeklärteren Staatsmännern Brasiliens Gesinnungsgenossen und Mitarbeiter; und Vieles wenigstens ist erreicht worden, wenn auch noch lange nicht alles Erforderliche! Ueberdies aber hat Herr Sturz in seinem Amte als General-Consul sowohl Brasilien als Deutschland zu gleichem Danke verpflichtet durch sein Benehmen in Betreff der deutschen Auswanderungs-Angelegenheiten. Während die große Mehrzahl brasilianischer Agenten um schnöden Sündenlohn sich zu allem Möglichen hergaben und durch ihre Manipulationen nicht nur sich selbst, sondern auch die Würde ihres Landes und ihrer Regierungen compromittirten, hat er immer eine männliche ehrenhafte Haltung bewahrt und ist hier wie dort jenem schändlichen Verlockungssystem offen entgegen getreten; es ist wohl erinnerlich, wie er den Delrue'schen Schwindel vom Jahr 1846 bekämpfte; ebenso in der Zeit des Parceria-Systems, als die brasilianischen Pflanzer den Ausfall an Negern durch deutsche Proletarier ersetzen wollten, erhob er laut seine Stimme. So haben wir in Deutschland uns daran gewöhnt, in dieser Frage ihn gewissermaßen als den Vertreter des guten Princips anzusehen. Auch in Brasilien haben, wie nicht zu verkennen, die Regierung und die verständigen wohlmeinenden Vaterlandsfreunde seine Gegenvorstellungen gewürdigt; aber jene exaltirte Parthei der Pflanzeraristokratie, welche, nur auf ihren eigenen Vortheil bedacht, die allgemeinen Interessen des Vaterlandes und der Menschlichkeit hintenan stellt, ward darob aufs Höchste entrüstet. Und deren Einfluß überwog; so erfolgte zur Zeit der Parceriaverträge die unfreiwillige (jedoch bald widerrufene) Versetzung des Herrn Sturz nach Genua und, da er trotz dieser Maßregelung nicht andern Sinnes geworden ist, neuerdings unter ähnlichen Verhältnissen seine Quiescirung, welche auch das seitdem eingetretene neue brasilianische Ministerium noch nicht rückgängig gemacht hat."

Hier dürfte noch hinzugefügt werden, daß dessen gänzliche Entlassung bereits vor dem Drucke des Obigen längst auf den ungestümen Antrag des Senhor Araujo in Berlin ausgeführt war, und daß gleichzeitig die längst beschlossene Ernennung eines Andern als Werbeassistenten, des Senhor Araujo statt des Ersteren mit Hülfe der Landpotentaten ausgeführt werden war, und zwar in der Person eines gleichnamigen Blutsverwandten des Ersteren, Senhor Portalegre de Araujo, eines selbst in Brasilien verunglückten Dichters, Politikers und Directors der Kunst-Akademie und des Conservatoriums der Musik, welcher in wohlgewohnter Weise aus früher vieljährig gepflegter Anfeindungspolemik solcher Personen, die er aus ihren Posten zu beseitigen strebte, um sich in denselben einzusetzen, Herrn Sturz in den Rio-Blättern auf das insidioseste angriff, als einen Ketzer und einen arroganten Ausländer verschrie, der die Brasilianer nur als Wilde (bugres) ansehe und sie mit Gewalt nach seinen Begriffen civilisiren wolle, der einen Posten einnehme, der nur einem gebornen patriotischen Brasilianer gehöre; zugleich aber Hrn. Sturz die Diplome der Schein-Institute, denen er pro tem. vorstand, als Schmerzensgeld einsandte!

Anhang.

Der Seite 1 erwähnte Graf de Baypendim war während der letzten 2- oder 3jährigen Kammer-Periode steliger Präsident der Deputirten-Kammer. Sohn des Marquis gleichen Namens, Senators bis in die 40er Jahre, wo er im Alter von 74 Jahren starb, nachdem er von 1822 an während einer Reihe von Jahren Reichsminister war. Obgleich selbst eingewanderter Portugiese aus armer und obscurer Familie, hatte er verstanden, mit angeborner Schlauheit sich an die Spitze der Bewegung gegen Portugal zu stellen und das Vertrauen Don Pedro's I. zu sichern. — Bekanntlich war eine der ersten innern Maßregeln des neuen Kaiserreichs die, alle ferneren Schenkungen oder Besitznahme von Staatsländereien zu verbieten. Diesem Marquis lag die Promulgation des bezüglichen Reichsbeschlusses ob, und er führte ihn so aus, daß er sich selbst und seine zahlreichen Verwandten, meist von seinem eigenen Familien-Namen Nogueira, bis ins dritte und vierte Glied, von denen eine ganze Schaar, und viele barfuß, durch die Kunde von dem Glücke des Vetters nachgezogen kamen, — noch vor der von ihm festgestellten Zeit der Sperre, aber auch, vermöge seiner Allmacht in dem betreffenden Landarchiv, noch nach derselben mehrere Hundert Quadratmeilen des besten, meist an Flüssen gelegenen Landes (z. B. 78 Meilen von der Mündung des Rio Doce an und von da am rechten Ufer hinauf über den Guandu bis auf 14—15 Stunden nach Minas hinein immer nur am Flusse und von da meist nur 1, selten 2 Legoa tief landeinwärts) zuschreiben und die Titel darauf ausfertigen ließ. Von diesen armen Verwandten, die doch nichts mit dem Lande anfangen konnten, ließ er sich die Urkunden meist gegen ein paar Dublonen cediren und vereinigte so eine große Masse Landes in seinen Händen. Dieses beansprucht nun sein Sohn und ist so der wahre Coryphäe der Landpotenz, deren andere Votarien meist nur noch weniger gültige Rechtstitel oder gar keine aufzuweisen haben und in vielen Fällen noch innerhalb der letzten 20 Jahre eigenmächtige Besitznahmen ausgeführt haben. Die Nogueira's, Belle de Gamas und ein halbes Dutzend anderer mehr, für welche Senhor Araujo nach Bergueiro und bereits als Minister-Resident in Preußen und nach einigen schwunghaften Consignationen von Halbpächtern, auch noch als Gesandter in Preußen Ordres auf solche ausgeführt hat, nebst anderen 600—700 großen Landbesitzern haben alle ein und dasselbe Latifundien-Interesse. Die Zahl ihrer Sklaven, wenngleich seit 30 Jahren verzehnfacht durch den besonders durch sie und durch die ihnen in der Sklaven-Contrebande, wie jetzt in der Stabilisirung des Landmonopols und in der Verfälschung der Kolonisation gehorchende Regierung begünstigten Unterschleife, ist dennoch nur klein im Verhältniß zu ihren Ländereien, und die armen freien Brasilianer arbeiten nicht aus Lebensgewohnheit, die ihnen ihre Ausschließung aus dem Grundbesitze aufgeprägt hat. Außerdem ist selbst der Brasilianische Proletarier, so arm er auch wäre, ein selbst für den Reichsten gefährlicher Nachbar, wenn er nicht auf völlig gleichem Fuße und en gentilhomme behandelt wird. Zu einem Hörigen, der arbeitet, zu einem Serfen, giebt er sich nicht her. Von dieser Seite ist also für jene Latifundien-Fürsten eine nutzenbringende Besiedelung ihres Bodens völlig hoffnungslos. Die ersten Früchte des Halbpachtsystems gefielen ihnen ungemein. Große Einnahmen, ohne auch das geringste Wagniß in Auslagen, und zugleich Unterwürfigkeit einer weißen Bevölkerung unter sich, während sie den eingebornen Freien jeder Farbe auf gleichem Fuße behandeln mußten, war zu verlockend für sie, und als man ihnen noch gar von Deutschland aus selbst, dieses als eine unerschöpfliche Bezugsquelle so arbeitsamer Ansassen anbot, entwickelten sich plötzlich die ungeheuerlichsten Hoffnungen auf fürstliche Größe ihrer Familien, die zugleich auch der Regierung und dem Throne, der sie hiezu, sogar noch mit Geld, unterstützen würde, die sichersten Garantien bieten würde — und dahin waren mit einem Male alle besseren Ueberzeugungen, die man durch eine vieljährige Discussion über eine vernunftgemäße Landvertheilung und freie Einwanderung in den Kammern, mit Nachhülfe aufrichtiger Staatsdiener, welche in diesen Fragen wohl vertraut waren, gewonnen hatte. Eine völlige Reaction trat ein, die Staatsgelder, welche vorgeblich für Landvermessung und Vorbereitung zu einer systematischen freien Einwanderung verwandt werden sollten, wurden auf die unergiebigste und widersinnigste Weise verzettelt. Da die klerikale Partei vor der großen Einwanderung von protestantischen Arbeitern, die nach den Versprechungen der brasil. Diplomaten in Deutschland zufolge, in sicherer Aussicht stand, bange geworden war, verständigten sich die Landeigenthümer mit dieser dahin, daß man dem protestantischen Cultus nicht aufkommen lassen würde, wenn ihm auch hier und da locale, zeitweilige Concessionen gemacht würden, zu deren Paralysirung sich die ultramontane Partei hinreichend stark fühlte. — So entstand denn auch schnell die Intoleranz, die wenigstens in Worten, wie sie selbst im vergangenen Jahre ohne allen Widerspruch in den Kammern fallen konnten und selbst in einigen Acten der höheren Geistlichkeit nahe an Fanatismus gränzten, und zwar in einem Lande, das sich stets durch Toleranz ausgezeichnet hatte, so daß man diesen Fanatismus füglich für erzwungen halten könnte, und den Grund solchen Gebahrens der Geistlichkeit nur in ihrem Egoismus und der Furcht, durch Einwanderung auch noch ihres Schein-Nimbus entäußert zu werden, suchen müßte. Thatsache ist jedoch, daß die confessionellen Zustände, wie sie jetzt in Brasilien sind, keinem Protestanten, der nur eine Spur von Selbstachtung und das geringste Bewußtsein von den Pflichten eines Familienhauptes hat, gestatten, auch nur den Gedanken, nach Brasilien auszuwandern, an sich herankommen zu lassen.

Wenige Beispiele statt vieler die gegeben werden können von der Dankbarkeit Brasiliens gegen Ausländer, die ihm treu und wirksam gedient haben.[1])

General Braun, brasilianischer Feld-Marschall im Kriege Don Pedro's I. mit den La Plata-Staaten um den Besitz der Cis-Platina, der allein von allen brasilianischen Chefs in jenem Kriege dem Feinde, — freilich nur weil unterstützt von einem guten Fremden-Corps, meist aus Deutschen bestehend und von deutschen Offizieren befehligt, — wirksamen Widerstand zu leisten vermochte, nachdem der brasil. Generalissimus Caldeira Brant (der übel renommirte Marquiz de Barbacena) sich so schmählich hatte schlagen lassen. — Braun (einziger Sohn des Stadt-Commandanten von Berlin, Braun, unter Friedrich II.) war englischer Oberst und durch seinen Dienst in Spanien und Portugal, in den er im Jahre 1809 als Major eingetreten war und rasch zum Oberst avancirte, wegen seiner großen Brauchbarkeit von dem Herzog v. Wellington sehr begünstigt. Mit der Zustimmung des Herzogs folgte er 1825 der dringenden Einladung nach Brasilien als General und zwar auf Contracte der bündigsten Art, jedoch vermittelt durch eben den obengenannten Marquiz, ein Hauptmuster brasilianischer Intrigue und Selbstsucht, dessen Eifersucht auch später der niederträchtigen Behandlung, die Braun erfuhr, zum Grunde lag, und der alle deutschen und ausländischen Offiziere, die er mit herbeigelockt hatte, als Kriegsgefahr drohte, gerade so im Stiche ließ, und für sie nie seine Stimme im Senate erhob, als von einem Menschen zu erwarten war, der seinem großen Wohlthäter, den in Allem so gute Absichten hegenden schlichten Don Pedro mit treulosem Undank zahlte. Braun verkaufte (wie in England üblich) sein Obersten-Patent, das ihn sehr bald zu einem sehr jungen General in der englischen Armee gemacht haben würde, denn er war kaum 50 Jahre alt, an einen andern von den Horse Guards approuvirten für eine mäßige Summe, weil ihm sammt seiner zahlreichen Familie die brillantesten Aussichten in Brasilien vorgespiegelt worden waren. Doch schon bald nach seiner Ankunft zeigte sich der stets von den brasilianischen höheren Offizieren aus Eifersucht und gefühlter Inferiorität gegen jeden Ausländer gerichtete esprit de corps in einer Intrigue, die in Raffinement, Niedrigkeit und Fälschung allen Glauben übersteigt und die stets nur Pausen machte, wenn er wegen Gefahr unentbehrlich war.

Zu weit würde es hier führen, die Schlangenzüge der Chicanen zu verfolgen, denen man ihn unterwarf. Unterschlagung der ursprünglichen Contracte, Kriegsrath sogar wegen lügenhafter Anschuldigung von Trivialitäten über ihn gehalten, der ihn aber freisprach und selbst amende honorable machte: kurz, zum Betrug, zur zugedachten Schmach kam endlich noch Nichtzahlung seines Gehalts und völlige Entlassung ohne alle und jede Entschädigung für einen Contract, der auf Lebenszeit gemacht war. Wer den einfachen ehrlichen Mann kannte (und viele sind in Berlin noch heute, die ihn genau kannten), werden es natürlich finden, daß Braun mit so tiefem Ekel über die nichtswürdige Handlungsweise, die ihm und zu-

---

[1]) Hierzu sehe man noch die beifolgenden Erklärungen des Grafen Rozwadowski, und betrachte nur die Behandlungsweise, die dieser von der kaiserlich brasilianischen Regierung erfuhr, indem sie ihn auf 26 amtliche Mittheilungen und Anfragen um Instructionen und um Zahlung seines Gehalts (vom Amazonen-Strome aus) stets mit den darauf folgenden in Duplicaten, ja bis zu 6fachen Duplicaten wiederholt, ohne auch nur eine Antwort gelassen, obgleich diese Behandlungsweise fast nur ein Kinderspiel war im Vergleiche zu der Behandlung, die der Oberst-Lieutenant v. Sewelob erlitt.

gleich einer großen Anzahl ausländischer Offiziere kraft eines eigends dazu von einem betrügerischen Ministerium und Volksvertretern, die weder ihre Pflicht noch die Tragweite einer solchen Handlung kannten, — entlockten Gesetzes ihre heiligen Contracte cassirte, erfüllt war, daß er sich trotz des Ruins, in den er dadurch mit seiner Familie gestürzt war und weil er das theure Leben in Rio nicht erschwingen konnte, auch bei dem Zustande der öffentlichen Moral jener Zeit (wenn schon wohl nicht halb so schlecht als jetzt) es für ihn keine Hoffnung der Restitution gab, nach Europa zurückzog, wo er mit großer Noth von dem kleinen Eigenthum seiner Frau, einer englischen Dame, leben konnte. So lebte er, von Natur ein bescheidener und zufriedener Mann, zurückgezogen in England und in Dresden siebzehn Jahre lang wartend auf Gerechtigkeit aus Brasilien, jährliche Proteste und Eingaben machend, bisweilen von einem oder dem andern englischen Minister des Auswärtigen unterstützt und durch diese allein Kunde von halben Worten der brasilianischen Regierung über „ihre guten Absichten" vernehmend, nie aber direct irgend eine Empfangsanzeige seiner Eingaben oder irgend ein Wort des Versprechens, auch nur etwas thun zu wollen, — empfangend.

Da kam 1846 Viconte d'Abrantes nach Berlin; ein Mann, dessen Haltung damals Achtung und Vertrauen einflößte, sehr verschieden von aller bisherigen diplomatischen Vertretung Brasiliens in Deutschland. Als alten Bekannten besuchte ihn General Braun so häufig, daß er fast als Mitglied des Hauses angesehen wurde. Der Marquiz war Finanzminister und Deputirter (Miguel Dupin d'Almeida) zur Zeit des großen gegen Braun und andere begangenen Unrechts — hatte sich ihm auch widersetzt, und fühlte schreibend tief hier den ungünstigen Eindruck für Brasilien, den die allgemein gerechte Sympathie für Braun hinterlassen hatte und der sich gerade damals wieder lebhaft erneuerte. Er versprach Braun, seinen Fürsprecher zu machen, wurde von diesem mit einigen ihm übrig gebliebenen Documenten versehen und kehrte zurück im October 1847. Aber 6 Jahre lang erfolgte Nichts! Schon war Braun an 72 Jahre alt, aber noch in vollkommener Manneskraft; der Krieg mit Rosa schien sich in die Länge ziehen zu wollen; man fing dort an, dem General Urquiza als einem Verbündeten nicht zu trauen, hatte auch Verdacht auf Lopez von Paraguay, und hielt es wohl für sicherer, für Nothfälle einen mit dem Terrain, mit Disciplin und den Bewegungen von Truppenkörpern vertrauten Mann noch neben dem General Caxias zu haben, — so fand man für gut, was sehr leicht auszuführen war, Braun zuzuraunen zu lassen, wenn er hinüber komme, so würden sich seine Ansprüche wohl leicht regeln lassen.

Er geht, verläßt seine Frau und 6 Kinder, worunter noch ein Sohn von 8 Jahren, und sieht sie nie gesunden Geistes wieder! Denn gleich nach seiner Ankunft hatte der Feldzug gegen Rosas durch die vergleichslose Feigheit dieses Assassinen-Häuptlings ein so plötzliches Ende genommen, und zwar wie geschichtlich constatirt ist durch das lustige Vorangehen von nur etlichen 60 deutschen mit Zündnadelgewehren bewaffneten Tirailleurs auf die nur halb bedienten 6 Batterien, deren Mannschaft auf wenige so ungewohnter Schüsse sofort in corpore Reißaus nahm, — daß Braun von Neuem für die Brasilianer nach ihrem Brauch eine völlige Drogue wurde. — Man nahm jedoch seine Eingabe völlig höflich entgegen und nun fing jene Reihe von Künsten an, in denen Brasilianer, Groß, Klein, Jung und Alt solche Meister sind: die des höflichen Hinhaltens. Kurz, sie hielten ihn hin 5, sage fünf Jahre lang, machten ihn durch Kummer, Sorge und Zweifel, durch Sehnsucht nach der geliebten Familie, durch das bittere Gefühl, täglich vor durchschauten herzlosen Schurken noch höflich, noch gläubig in ihre Ehre, ihr Menschengefühl thun zu müssen, — völlig geistesschwach, und so sandten sie ihn zurück, nachdem sie ihm kaum 1000 L. in die Hand steckten, deren Werth er schon kaum unterscheiden konnte, die ihm aber schon vor seiner Abreise von dort fast ganz für die Kosten seines kärglichen Unterhalts abgenommen wurden und ihm so nach Zahlung seiner Rückpassage nichts weiter übrig ließen!

Seine rechtmäßigen Ansprüche für rückständigen Sold für an 27 Jahre bei seinem 2 Jahre nach seiner Rückkehr erfolgten Tode blieben und bleiben noch unerledigt; und für an 4 Jahre der Erniedrigung vor einem verächtlichen Packe von Militärs, von Richtern und von betrügerischen Ministern, wie die genaue öffentliche Auseinandersetzung seiner sorgenvollen aber höchst achtungswerthen Wittwe demnächst beweisen wird, für an 5 Jahren Entfernung von seiner besorgten Familie, die er in einem durch gelbes Fieber und Unmoralität verpesteten, Geist und Gemüth tödtenden Stadt verbringen mußte, erhielt er kaum so viel, als dort ein gewöhnlicher Ladendiener einnimmt. —

Nun wissen wir gerade nicht, welche Mitwirkung in diesen Ansprüchen eines gebornen Preußen die preußische Diplomatie ausgeübt; — Herr v. Manteuffel aber hat der Frau Generalin schon während ihres Mannes Abwesenheit manche tröstende Zeile geschrieben, ja sogar tröstende Worte zu ihr gesprochen, selbst noch als Wittwe; wohl wissen wir auch, daß Graf Oriola, als er in Rio war, mehrmals Brauns Sache befürwortet hat. — Von den Herren v. Lewenhagen und v. d. Lasa ist derlei nichts constatirt; ob Herr v. Meusebach etwas darin zu thun Zeit fand, ist uns auch nicht bewußt; aber bewußt ist uns auch, daß Hr. Aranjo auf vielmaliges Bitten der Frau, dann der Wittwe stets einige sehr kurze, sehr höfliche Worte für sie hatte, und es wäre sicherlich dankenswerth, wenn dieser Herr nun zu wissen gäbe, wie er in dieser Sache seinen Einfluß für die Wittwe eines um Brasilien hoch verdienten deutschen Mannes geltend gemacht habe und was die officiellen Ergebnisse solcher Verwendung waren?

Lord Cochrane (später Lord Dundonald, auch 1824 schon zum brasilianischen Marquiz von Maranham gemacht, ein Titel, dessen er sich nie bediente) ist der gefeierte Name jenes Feldherrn, der unerschöpfliche Hülfsquellen in sich selbst fand, der Brasilien eine Flotte schaffte, sie mit Matrosen aus allen Ländern, nur mit Brasilianern nicht, bemannte und seine ganze Küste in einem Nu vom Feinde befreite, der aber 36 Jahre lang, gerade bis zu seinem Sterbejahre, wo ihm Lord Palmerston zu Hülfe gekommen war, auf Zahlung seines rückständigen Soldes und der ihm schuldigen Prisengelder zu warten hatte, — von dessen Sargtuch bei seiner Beisetzung in Westminster Abbey der außerordentliche Gesandte und bevollmächtigte Minister Brasiliens am Hofe von St. James und dessen General-Consul und zugleich erster Admiral, der gleich Cochrane tapfere und für Brasiliens Marine unschätzbare Admiral Pasco Grenfell (heute noch „every inch an Englishman" und also auch nicht brasilianischer Bürger, wie es dem Gesetze nach unerläßlich ist, um Staatsdiener und besonders um General-Consul [1] zu sein), die beiden hintern Zipfel gehalten haben, während auf die Kunde von des Lords Ableben, und selbst der so erfahrnen Auszeichnung zweier brasilianischen Beamten, an dessen Sarg in die Abbey eintreten zu dürfen, nicht ein Schiff im Hafen von Rio die Raaen senkte noch eine Trauerkanone löste!

Dieser Contrast in dem Benehmen der brasilianischen Diplomaten im Auslande und der Regierung im eigenen Lande einem Ausländer gegenüber bezeichnet genau das vorherrschende Princip. — Alles wird gethan, um sich im Auslande den Schein von Liberalität gegen Ausländer zu geben; nichts aber in Wirklichkeit zu Hause! Würde doch ein Ministerium befürchtet haben, seine Portefeuilles auf das Spiel zu setzen dadurch, daß es dem Lord den ihm als brasilianischen Ober-Admiral schuldigen Tribut zahlte! — Es ist hierin eine Verbindung mit dem Benehmen derselben Regierung, daß sie die Vertheilung von Orden an Ausländer nicht wie die an Brasilianer veröffentlicht. Sie fürchtet durch diese Vergeudung solcher Kleinodien an Ausländer als ein Ver-

---

[1]) Fragt man sich, wie es denn komme, daß diesem Herrn nun bereits 15 Jahre her das einträglichste General-Consulat Brasiliens gegeben worden (es rentirt bei ehrlicher Verwaltung, durch die sich die des Admiral Grenfell so sehr auszeichnet von der seines Vorgängers da Silva oder dessen Bruders, ebenfalls General-Consul in Lissabon, des Tochtermanns des Visconde de Maranguape, vormaligen Ministers des Auswärtigen, beide dessen Creaturen, seine 4000 Pf. St.), so ist die Antwort: bloß um seine zu Friedenszeiten doppelt verhaßte Gegenwart an der Spitze der brasil. Marine los zu werden und Brasilianer Admiral spielen zu lassen. Steigt aber auch nur eine Wolke von Kriegsgefahr mit den Nachbarländern auf, so muß dieser eiligst, wie schon zweimal geschehen ist, herbeigeholt werden, um die Schiffe so weit als möglich in brauchbaren Zustand zu bringen und mit ausländischen Matrosen zu bemannen, welches letztere ohne die Aufhissung seines Pennant, der allein den Seeleuten Vertrauen für Disciplin und Sittlichkeit an Bord und auch auf Zahlung einflößt, ganz unausführbar wäre. Der Admiral Grenfell merkte, wie gern man ihn aus dem Wege sähe, und da auch er nichts sehnlicher wünschte, als Brasilien den Rücken zu kehren, so deutete er einfach auf Liverpool mit Beibehaltung seiner Admiralsstelle und Gehalt sammt Diäten — und kaum war die Andeutung gemacht, so war sie auch bereits erfüllt, denn ihn, den Engländer, konnte man nicht los werden wie Braun, Sewelob, Bloem, Kerst und andere Deutsche, und man fing damals schon an zu merken, was man für eine Summe an Lord Cochrane werde bezahlen müssen, wie denn auch noch vor dessen Tod mit fast 300,000 Thlrn. geschah. — Hier soll der brasilianischen Geschichte halber noch angeführt werden, daß obiger Visconde de Maranguape viele Jahre lang und während der Zeit des schwunghaftesten Sklavenschmuggels erst (als Lopez Gama) Juis Conservador dos Inglezes, d. h. von der brasilianischen Regierung eigends zum Schutze der Engländer angestellter Richter war, als welcher er sich gar nicht übel zu stellen verstand, aber als welcher gerade er den größten Theil des Betrugs und schreienden Unrechts gegen die von den Engländern eingebrachten Prisen-Neger (siehe „Africanos livres") auf seinem Gewissen hat, während dem unter den Ministerien, zu denen er später gehörte, die Neger-Contrebande gerade nicht am wenigsten schwunghaft betrieben wurde. Da dieser Herr einmal in Cuiabá war und den Leuten schon seit 35 Jahren von ungeheuren Gold- und Frischwasser-Perlen-Schätzen, die dort leicht zu heben seien, erzählt hatte, war er zur Zeit des großen Unternehmungsgeistes (!) der Brasilien vor ca. 7 Jahren erfaßt hatte, wie durch point d'honneur gezwungen, sich an die Spitze einer großartigen empresa (!) zu stellen, in der wohl alles eingezahlte Geld, meist schon in Rio selbst, wie in allen derlei Unternehmen, spurlos verschwunden, aber von Gold und Perlen auch keine Spur entdeckt worden ist.

schwender der National-Ehre an Ausländer angesehen zu werden oder doch zur Befriedigung des so entstehenden Neides die Schleusen ihrer Ehrenquellen öffnen zu müssen, was um so unbequemer ist, als in Brasilien die so Begnadigten auch gleich noch ein Gnadengehalt in Form irgend einer Sinecure beanspruchen. —

Oberst-Lieutenant Sewéloh. Auch ein der vielfachen brasilianischen Wortbrüchigkeit gefallenes Opfer, und zwar ein doppeltes Opfer, denn an ihm gefiel sich diese charakteristische Meisterschaft des brasilianischen Kriegsdepartements, Ausländern gegenüber zum zweiten Male die Kunst zu üben, die sie mit wahrer Passion betreibt. In erster Instanz nämlich erlitt er im Jahre 1831 als Major und früherer Adjudant Barbacena's dasselbe Schicksal mit General Braun, Major Bloem, Hauptmann Kerst (dessen Behandlungsweise längst vor jener Entlassung eigentlich die empörendste von allen war und für sich allein Stoff zu einem Buche bieten würde) — nämlich urplötzliche Entlassung ohne auch die geringste Entschädigung und den feierlichsten Contracten zum Trotz, auf die hin er aus der hannövrischen Armee ausgetreten war, ebenfalls durch Barbacena beschwatzt. Vertrauensvoller als General Braun und Capitän Kerst in den brasilianischen Charakter blieb er an 7 Jahre im Lande, seine Ansprüche mit einer wahrhaft engelhaften Geduld, doch mit Standhaftigkeit verfolgend, unermüdlich jeden Tag von Pontius zu Pilatus wandernd und überall die freundlichsten Zusicherungen empfangend. Dabei beschäftigte er sich mit der neuesten Literatur in den Militär- und Naturwissenschaften und lebte dabei so einfach als nur möglich, da er glücklicher Weise von seinem Eigenen so leben und zugleich noch gar vielen seiner Landsleute in Rath und That beistehen konnte, wofür er stets bekannt war und wie wir hören es noch ist. Nach 8 Jahren ging ihm die Geduld aus, er schüttelte den Staub von seinen Schuhen und verließ das Land, dessen Gründer er so treu gedient hatte, wie er dachte, für immer. — Er war kaum 18 Monate in der Heimath und hatte sich gerade eine neue, ziemlich versprechende Unterkunft gegründet, so erhält er von dem Kriegsminister Baron Lages, gerade einem recht eingefleischten Fremdenhasser, eine Einladung, wieder zu kommen, und trotz der gemachten Erfahrung geht er auch wirklich bald darauf ohne gerade einen förmlichen Contract, — vielleicht weil er glaubte, keiner wäre eben so gut als ein brasilianischer — kurz, er geht auf die Zusage seiner Rehabilitation mit Avancement zu Oberst-Lieutenant und erhält mit einigem Vorschuß auch eine freie Ueberfahrt auf dem damals noch sehr kostspieligen englischen Pakete. Es war nämlich Eile in Rio, man befürchtete entweder wirklich Mißhelligkeiten am La Plata, man dachte wieder, wie man vorgab — oder, wie sich später zeigte, man wollte unter diesem Vorwande — doch sich wieder zu einer Fremdenlegion bequemen, um damit die Regentschaft Olindas gegen die Majoritäts-Erklärung des damals kaum 14jährigen Kaisers behaupten zu können, denn von letzterer munkelte es damals schon und dieselbe hatte sich auch ein Jahr später bei einem eben so unfügsamen als lächerlich kraftlosen Widerstande der Olinda-Hermeto-Carneiro- (später Parana-) Parthei — der selbsttitulirten brasil. Conservativen, den fast kindisch-militärischen Demonstrationen gegenüber (denn diese beschränkten sich einzig und allein auf die von etlichen 60 Cadetten) — unblutig realisirt. Dem sei nun wie ihm wolle, es war bereits nicht mehr geheuer geworden, eine Fremdenlegion zu organisiren, und um das Aergerniß eines Fremden-Offiziers aus den Augen zu bringen, schickte man ihn als Grenzbestimmungs-Commissair brasil. Seite nach dem obern Amazonen-Strom, um so das wiederholte Verlangen der englischen Regierung zu befriedigen, deren Commission zu gleichem Zwecke unter dem jetzigen Sir Robert Schomburgh dort längst schon auf die brasilianische gewartet hatte. Oberst-Lieut. v. S., so verlangte der Minister des Auswärtigen, solle ohne Zeitverlust abgehen. Er aber gab keine Vorschriftsmaßregeln, keine Instructionen noch Informationen irgend welcher Art. Der Kriegsminister befahl die unverweilte Abreise. Er aber gab keine Instrumente irgend welcher Art. v. S. protestirte gegen diesen Mangel der Basen, auf die zu agiren sei, und der Mittel zur geforderten Arbeit. Er mußte abreisen; das Nöthige werde folgen. Aber nichts kam nach, weder vom Einen noch vom Andern. v. S. konnte und wollte sich nicht so entblößt einer auf Vollkommenste ausgerüsteten Expedition präsentiren, er machte Eingaben auf Eingaben um Beides — über Beides keine Antwort irgend einer Art. Er spricht sich männlich und streng aus, wie er mußte. Da kommt auf einmal seine Entlassung, förmlich Verabschiedung aus dem Dienste! Er kehrt zurück und findet bei seiner neuen Sisyphus-Arbeit zu seiner nochmaligen Rehabilitirung, daß ihn der saubere Minister, der ihn wieder angestellt und weg nach dem Amazonas-Strom geschickt hat (wohl in der Hoffnung, daß er nicht mehr zurückkäme), ihn gar nicht wieder auf die Armeeliste gestellt hatte! Und dabei blieb es, trotz seiner Tausend Visiten und Hundert Petitionen, die er seit fast 20 Jahren wieder gemacht hat mit gleich engelhafter Geduld, mit gleicher Thätigkeit, mit gleich männlichem Ernst, als vor 30 Jahren ihm dasselbe widerfuhr — nur daß er jetzt, statt wie vormals ein stattlicher Mann mit goldenen Locken, als ein gebeugter Greis mit schneeweißen Haaren erscheint. Und das muß ein Kaiser mit ansehen, der das ganze Verhältniß genau kennt und noch außerdem weiß, daß v. S. vor nahe an 40 Jahren schon ein treu ergebener Diener seines Vaters war, und kann es doch nicht ändern? Ist da auch in Anderm Hoffnung vorhanden? —

Um jedoch zu zeigen, wohin solche Behandlung verdienstlicher Ausländer führt, müssen wir noch Folgendes anführen, zur verdienten ewigen Schmach, selbst in der Geschichte Brasiliens, aller dabei und bei dem Vorausgegangenen betheiligten Betrüger. Es sei hier nur mit wenigen Worten angegeben, da es in der Hauptsache aus Sir R. Schomburgh's III. Band über British Guyana zu ersehen ist: Statt v. Seweloh nahm der Colonel de Engenharia e Director da Escola Militar und Professor de Mathematicas dieselbe Sendung unbedenklich an und präsentirt sich wohlbehalten und wohlgemuth mit vollkommenster Bonhomie der Commission: von Instrumenten keine Spur. Nach einigem freundlichsten Hin- und Herreden und guter Mahlzeit, an der es bei derlei englischen Expeditionen nie fehlt, kam man denn auch endlich auf den Gegenstand der Zusammenkunft. — Nun, der war ja bald abgethan. Da der Herr Oberst keine Berechnungen, mit denen die Commission ihrer Seits mehrere Monate vollauf zu thun gefunden hätte, mitgebracht hatte, so legten sie ihm endlich die ihrigen vor. Er sah einigemal bei Tag sowohl als bei Nacht durch oder doch in die ausgezeichneten Instrumente, welche diese bei sich zu ihren Beobachtungen aufgestellt hatten und nach einigen allgemein ausgedrückten Bedenklichkeiten fand er alle die schwierigen Berechnungen durch eigene Einsicht in diese Instrumente, die für ihn nicht einmal richtig aufgestellt und zum Schabernack sogar unbrauchbar geschraubt waren, förmlich richtig, ratificirte alles, glücklicher Weise von so erfahrener Hand Festgestellte, und entschied dabei vielleicht über einige 100 oder selbst 1000 Quadrat-Stunden Oberfläche mehr oder weniger sammt Strömen und Gebirgsketten, vielleicht reich an edlen Erzen, weil kaum vorher noch von Europäern besucht, daher noch wenig oder gar nicht gekannt.

Was folgte aber weiter aus diesem unerhört unehrlichen Verfahren der Minister und ihres Angestellten? Acht Jahre später mußte sich ein brasilianischer Minister des Auswärtigen, der seine Diplomatisirungskunst auch an Lord Palmerston über die Gränz-Punkte am obern Amazonen-Strome üben wollte, ganz trocken sagen lassen: „er gehe ja von ganz falschen Premissen „aus, der in Rede stehende Fluß (ein über hundert Stunden langer Strom) ziehe nicht nach Westen, sondern ergieße sich „nach Osten!"

Es ist um so mehr am Platze, diesen Vorfall hier aufzufrischen, als allbekannter Weise auf Betrieb des Instituto Hco. Geographico in Rio de Janeiro nun bereits fast drei Jahre her eine sogenannte Expediçao Scientifica Nacional nach einigen der „noch weniger untersuchten" Provinzen des Nordens (vorerst nur der von Ceara), ausschließlich von inländischen Savants besetzt, abgegangen ist, welche dem Staate bereits über 800 Contos, sage nahe an 560,000 Thlr. kostet, die nun aus Mangel an weitern Fonds zurückberufen ist, ohne auch das mindeste geleistet zu haben, während das durch Hrn. Sturz vor jetzt 4 Jahren vermittelte Angebot Seitens der Herren Dr. Moritz Wagner und Dr. v. Richthofen, für die Summe von 5000 £. eine ähnliche Expedition mit Beachtung aller den gegenwärtigen Bedürfnissen Brasiliens entsprechenden Verhältnisse ohne weitere Kosten für den brasil. Staat auszuführen und dazu zwei Jahre zu verwenden, mit Gleichgültigkeit abgelehnt wurde, und zugleich mit einem strengen amtlichen Verweis an Hrn. Sturz, ein solches Angebot nur eingeleitet zu haben.[1]) Auf die Besetzung, die Ausrüstung, den Verlauf und die Leistungen

---

[1]) Diesen Verweis, auf den auch Senhor Araujo, um sich bei dem brasilianischen Knownothingthum und einigen brasil. wissenschaftlichen Schwindlern, die damals schon sich ein paar Jahre lang anticipando auf Kosten der großen Expediçao in Europa herumgetrieben und sogar für ca. 20,000 Thlr. der vorzüglichsten Instrumente, die dabei gebraucht werden sollten (aber nie gebraucht wurden), angekauft hatten, freundlich zu stimmen, hingearbeitet hatte, — selbst an Herrn Sturz zu überreichen, war der Anfang der officiellen Triumphe des Senhor Araujo über diesen; bald folgte diesem der der wohlgemeinten Einladung nach Hof, schnell die der Quiescirung mit 500 Thlr. Gehalt und da dieser Schlag auch so noch nicht hinreichend erschien, dessen völlige Entlassung — deren amtliche Mittheilung an Herrn Sturz insgesammt, sowie deren Einleitung durch Senhor Araujo auf das zuvorkommendste vermittelt worden waren.

Eines characteristischen Zuges bei der von Regierungswegen auf Vorschlag obengenannten Instituts getroffenen Auswahl der Mitglieder jener Expedition muß jedoch hier Erwähnung geschehen. Zur mathematischen und geodätischen Abtheilung war ein gewisser Lieutenant ernannt worden. Dieser kehrte nach 4 oder 5 Monaten wieder nach Rio zurück, regelte seine Familienverhältnisse und erschoß sich alsbald darauf, nachdem er eine Erklärung geschrieben hatte: „daß ihm sein Leben unerträglich sei, weil er zur Erfüllung der ihm zugetheilten Aufgabe bei der Expedition nicht die erforderlichen Kenntnisse habe, zu deren „Erlangung ihm auch nie die Gelegenheit geboten worden sei." — Der Areopag des Instituts, in welchem jene Herren Directoren und Professoren der Militär- und Ingenieurs-Schule Sitz und Stimme haben, von denen allein der Unglückliche nicht nur seine Kenntnisse hätte erhalten haben können und sollen, sondern auch vor seiner Ernennung zu einer so

besagten Expedition werden wir, sobald es der Raum gestattet, zurückkommen, sowie auf das unglaubliche Factum, daß das Instituto Hist. Geographico, das sogar Zeit fand, sich mit der Bestimmung einer academischen Hofkleidung für seine Mitglieder zu beschäftigen, dem bereits vor 5 Jahren persönlich ausgesprochenen Verlangen Sr. Maj. des Kaisers, daß es eine Meinung abgeben möge über die von den Herren Dr. W. Haidinger und Bergrath Fötterle auf Gesuch des Herrn Sturz angefertigte und von diesem veröffentlichte geologische Karte von Brasilien, nicht gewillfahrt hat, eben so wenig als es je auch nur die entfernteste Kritik abgegeben hat über Werke über Brasilien, wie die von Professor Burmeister, Dr. Heinr. Handelmann oder von Dr. Avé Lallemant, oder über irgend eines der vielen seit 1854 gedruckten Circulare über die Landfrage in Brasilien, oder über irgend eine der angeblichen Leistungen des brasilianischen sogenannten Land-Amts, wenn auch nur über die bereits vor zwei Jahren im Auftrage des Ministers des Innern gedruckten aber wieder unterdrückten vier verschiedenen Karten über den Grundbesitz! Worin bestände denn so die eigentliche Beschäftigung dieses Instituto Hist. Geographico Brasileiro?

Friedrich Bloem aus Westphalen trat im Jahre 1823 als Artillerie-Hauptmann in brasilianische Dienste und wurde bereits 1825 wegen seiner großen Tapferkeit bei der Erstürmung von Pernambuco, die er leitete und wobei er fünf Schußwunden erhielt, zum Major befördert.

Er war ein Mann voller Ressourcen und trug viel zur Disciplinirung der Armee bei, — d. h. stets gegen den Willen der Brasilianer, und er hätte 10mal mehr geleistet, hätten sie ihm nicht stets in Allem entgegengearbeitet. 1830 wurde er trotz aller Contracte mit allen ausländischen Offizieren entlassen. Entschädigung irgend einer Art erhielt er nie. — Nach einigen Jahren fand aber die Regierung, daß sie nicht besser thun könne, wenn sie in ihrem Departement des Innern einige Arbeiten ausführen wolle, als ihn in dasselbe aufzunehmen, denn er hatte sich in mehreren Privatunternehmungen als ein tüchtiger Ingenieur bewährt, einen Wissenschaftszweig, von dem als auf wirkliche Arbeit und auf das Schaffen von etwas Nützlichem angewandt, Brasilianer heute noch nur einen sehr geringen Begriff, damals aber gerade zu gar keinen hatten. Er bestand daher, nach einigen Jahren Unterbrechung seines Dienstes ohne Sold, darauf, daß man ihm den Grad eines Oberst-Lieutenants und als Ingenieur ein angemessenes Gehalt gebe. Das wurde bewilligt, und er leistete sehr viel. Da ließ man ihn endlich auf sein Verlangen nach dem so lange durch seine Kostspieligkeit seit 1812 so berühmt gewordenen Berg von fast metallischem magnetischem Eisenstein Ypanema bei S. Paulo gehen, um die Einrichtungen dort für Eisenguß, Waffen- und Ackerbau-Instrumenten-Fabrikation zu reformiren. Jene Werke hatten schon an 2 Millionen Thlr. verschlungen, kosteten jährlich an 40,000 Thlr. und producirten nichts als Faullenzer dort selbst und ringsherum. Schon im ersten Jahre von Bloems Verwaltung waren die Kosten auf ein Drittel vermindert, im zweiten gab sie einen Ueberschuß von 26,000, am dritten von 48,000 Thlr., also mehr als sie drei Jahre vorher gekostet hatte. Das konnten Brasilianer nicht länger mit ansehen, denn er sprach sich mit Zuverlässigkeit dahin aus, die Werke in weiteren 4 Jahren zu einem Netto-Ertrage von bis 100,000 Thlr. zu bringen, und der ganzen sehr zahlreichen ackerbautreibenden Bevölkerung jenes Innern besonders durch die Herstellung von schweren Stücken für Zuckermühlen, von denen er bereits viele gemacht hatte, einen großen Vorschub zu thun. Sie hatten nichts dringender zu thun, als ihn wegzubeißen, ohne daß je einer es wagte, seine Reputation anzutasten: denn Bloem war ein energischer Mann und es machte ihm nicht gern ein Brasilianer Front. Bloem hatte sich eine Tantième auf die Ersparnisse und auf die Reingewinnste ausbedungen; die war dahin, und er hatte seine bittere Noth, seinen einfachen Sold zu erhalten. Aber schon im ersten Jahre der neuen brasilianischen Verwaltung jener splendiden Eisenminen gab sie keinen Ueberschuß mehr, im zweiten erforderte sie eine Zubuße aus dem Staats-Aerar von circa 23,000 Thlr., und im dritten war sie bereits genau wieder auf dem alten Standpunkte vor Bloems Zeit und fuhr fort, ununterbrochen dem Staate von 20- bis 25,000 Thlr. bloße Erhaltungskosten zu verursachen, ohne daß der Ackerbau jenes Innern auch nur das mindeste Eisen, dessen Fracht besonders in größeren Stücken von der Küste sehr hoch kommt, von daher mehr erhalten hätte, bis vor 2 Jahren, wo durch eine der schmutzigsten officiellen Collusionen zwischen der Regierung und einigen Potentaten, befördert durch die Unwissenheit und Einbildung eines Kriegsministers, dem unvergleichlich reichen und günstig gelegenen Eisenlager alle Zukunft, so lange es Kron-Domaine ist wie bisher, abgeschnitten wurde. Dies sei hier nur mit zwei Worten erklärt:

Jenes Eisenwerk, das so gar nichts ergab, hatte 273 Schwarze, Männer und Weiber, Groß und Klein in einander gerechnet, nicht Sklaven, aber nichts desto weniger zur Arbeit ohne Lohn und bei schlechter Kost gezwungene freie Afrikaner, welche die brasilianische Regierung von den englischen Kreuzern für eine Lehrlingszeit von 7 Jahren erhielt, die sie aber sammt an 23,000 mehr, die sie theils selbst behielt, theils Günstlingen gab, zu wirklichen Sklaven machte. Diese wurden von den Administratoren und anderen zu eigenem Dienste gemißbraucht; was hätte sonst für eine Masse von Arbeit mit ihnen vollbracht werden können!

Nun aber hatte einer der Landpotentaten starke Lust nach diesen Schwarzen — er denkt sich also einen Plan aus, der ganz vortrefflich gelingt unter Mitwirkung seines Freundes, des Kriegsministers. — Dieser sagt: Goyaz, am obern Paraguay, ist in Gefahr, wenn dort nicht eine Maschinen- und Waffenfabrik etablirt wird. — Alle die Maschinen von Ypanema (meist veraltet und nutzlos, die fast alle überall nur als altes Eisen bezahlt würden) sind dazu unentbehrlich — nach der Küste zu bringen, 50 Legoas, kosten sie nur 12,000 Thlr. — von dort können sie zur See und den Fluß hinauf circa 800 Legoas gebracht werden — sammt 40 obiger Schwarzen, zusammen wohl für weitere 50 Contos — dann werden wir unter Rudolfo Wachneldt (einem schrecklichen Schwindler!) eine unvergleichliche Waffenschmiede und Arsenal dort haben.

Wie gesagt, gethan! In diesem Menschenalter aber entsteht dort kein solches Werk. Das macht aber nichts. Der Hauptzweck war der, dem Baron von Lourenço die anderen 213 Neger in die Hände zu spielen. Denn da die „Fabrica de Ferro" von Ypanema nun aufgelöst ist, und die Schwarzen nichts zu thun haben, so hat die Regierung weiter nichts eiligeres zu thun, als diesem eingefleischten Sklavenhändler und Negertreiber sie zu seiner beliebigen Behandlung, natürlich gerade wie Sklaven und noch schlimmer, zu übergeben! Einige schwache Proteste wurden in der Kammer über diese Unthat gemacht, aber sie verstummten in dieser Wüste des Unrechts. — Um jedoch auf den wackern Bloem zurück zu kommen:

Nach einiger Zeit aber fand man, daß der Zustand der Deportations-Insel Fernando Noronha, 100 Stunden von der Küste von Pernambuco, so sei, daß er wegen der Schmach vor der Welt und auch der Justiz halber einer Umänderung unterworfen werden müsse. — Dort befanden sich schon längst an 1500 der bösartigsten Verbrecher, seit Jahrzehnten fast sich gänzlich selber überlassen. So unwirksam war nach und nach die Verwaltung und Polizei dort geworden durch die Schwäche, den Unterschleif und durch die eigene Verderbtheit der sogenannten Governadoren. In allen Schiffsbüchern sieht man noch heute die Warnung vor jenem Pandämonium angeführt, wo selbst nicht die Matrosen der Wasser bedürftigen Kriegsschiffe sicher vor den Ueberfällen des entmenschten Gesindels waren. Der dortige Zustand war allbekannt, doch lehnte Bloem den Antrag, eine Reform dort durchzuführen, nicht ab. Er stellte seine Bedingungen, verlangte unbeschränkte Vollmacht und 150 Mann zuverlässiger, wohlbezahlter Truppen. Er erhielt, was er verlangte, segelte ab, und am dritten Tage nach seiner Ankunft war die Reform im besten Gange — und ehe ein Monat verging, war da, wo früher alles faullenzte und wo der weniger schlechte Mensch gar keinen Schutz hatte vor dem ungeheuerlichsten Verbrecher, alles in Arbeit und unter Disciplin; ja die Deportirten selbst befanden sich gar bald wohl und selbst zufrieden dabei, obgleich die Einrichtung in den ersten Wochen einige Dutzend Leben gekostet hatte.

Der eigene Ackerbau, der früher ganz vernachlässigt war, und der Fischfang, selbst von Wallfisch und andern Fischen zum Dörren und Salzen, der früher gänzlich vernachlässigt war, den Bloem aber mit einer wahrhaft drakonischen Strenge (durch Aussendung der Gefangenen mit wenig Lebensmitteln), aber zugleich mit Prämien verbunden, erzwang, gaben im zweiten Jahre schon eine sehr bedeutende Summe, wo früher ein sehr schwerer, aber nutzloser Kostenaufwand erheischt war.

Das war nur der Anfang von dem, was sich Bloem dort zu vollbringen vorgesteckt hatte. Sein Hauptaugenmerk war darauf gerichtet, solche unter den Unglücklichen, die noch besserungsfähig wären, wieder für die Gesellschaft zu gewinnen. Mit vielen hatte er einen versprechenden Anfang gemacht; da kam auf einmal seine Abberufungsordre und an seiner Statt einer jener Begünstigten, die man gerne à tout prix aus dem Wege hat, weil zu unbequem, der gehört hatte, wie schön es nun in Fernando do Noronha zu leben sei, und daß man sich an einem so rentirenden Orte sogar noch ein Extra-Schäfchen scheeren könne. — Schon im nächsten Jahre waren alle Früchte der Anordnungen Bloems verwischt, der Governador war froh, noch mit heiler Haut wegzukommen; die Verwaltung kostete gleich darauf wieder eben so viel und die Insel hat denselben abscheulichen Ruf wie zuvor.

Nun mußten sie ihn bald in Bahia haben, denn er war überall als guter Arbeiter bekannt, und Bahia wollte Verbesserungen einführen und es gelang ihm auch mit Bloem, der die Stadt pflasterte, Wasserleitungen anlegte x. — Aber unter welchen Chicanen von dem Sohne eines der eingefleischtesten Fremdlings-Feinde, eines Präsidenten von Bahia, dem Marschall Andréa, der gerade so viel zur Entlassung der Ausländer beigetragen hatte, einem wahrhaft erbärmlichen Major de Engenheria Andréa! Diese auch

---

wichtigen Sendung durch ein strenges Examen als befähigt hätte befunden worden sein müssen, — machten der unangenehmen Sache kurz dadurch ein Ende, daß sie erklärten: „er habe den Verstand verloren gehabt, als er Obiges schrieb." Auf den leichten Nachweis aus den Schularbeiten und Collegien-Nachträgen verfiel Niemand, und die Begriffe von Ehre oder Mahnungen des Gewissens bei dem Entleibten blieben den meisten unverständlich!

nur in ihren Hauptzügen zu geben, erforderte mehr Raum, als hier zulässig wäre. Kurz, Bleem wurde tiefsinnig von übermäßiger Arbeit und unaufhörlichem Aergerniß, und als die Central-Regierung ihm 1852, nach 22jähriger Nichtachtung seiner gerechten Ansprüche und weil sie ihn als ausgezeichneten Artillerie-Offizier gegen Rosas benöthigt zu sein glaubte, ihn als Oberst dazu rief, stellte er sich zwar zur Abreise bereit, trat aber eines Morgens bei dem Exerciren noch in Bahia ruhig vor eine geladene Kanone und gab Feuer auf sich selbst! —

Bedrohliche Differenzen wegen der Sklavenauslieferung zwischen Brasilien und Uruguay.

Das „Jornal do Commercio" vom 19. Februar 1860 enthält über diese lange Correspondenzen aus Montevideo und Rio Grande do Sul von brasilianischen Bürgern, welche in Uruguay große Landstrecken besitzen und sich wie immer über das Verfahren der Uruguayischen Autoritäten gegen sie beklagen, um die brasilianische Regierung zur Vertheidigung ihrer angeblichen Rechte zu bestimmen. Nur ein Beispiel, wie sie diese Rechte verstehen: Einer dieser Estancieiros, der am linken Ufer des Rio Negro seine Ländereien hat, beklagt sich darüber, daß man ihm und andern Brasilianern zwei spanische Thaler Strafe bezahlen lasse für jedes Stück Vieh, das man ohne seine Zeichen auf seinem Lande finde, und daß die Uruguayische Feldpolizei jedesmal, wenn sie Geld brauche, während des Nachts anderes Vieh herbeitreibe und unter die brasilianischen Estancias vertheile, um den nächsten Tag Nachsuchungen zu halten und das Strafgeld zu erheben. (?)

„Aber mit den **Sklaven** ginge es gerade so her wie mit dem Vieh. So seien dem brasilianischen Züchter Antonio Dias drei Sklaven, die er in gesetzlicher Form durch Contract, der von dem competenten Consul beglaubigt sei, entwichen und hätten sich unter den Schutz des Polizei-Chefs in Cerro-Largo begeben. Deren Herr habe sich darauf an die Uruguayischen Autoritäten gewandt, um die Auslieferung seiner gesetzlich durch Contract gebundenen Sklaven zu verlangen, da habe ihm aber der Polizeichef geantwortet: „Erheben Sie die betreffende Klage; nehmen Sie sich dazu einen Advokaten an, der nothwendig sein wird", und mit diesen und andern Ausreden (evasivas!) habe man den Eigenthümer der Sklaven ein schreckliches Geld ausgeben machen, aber die Schwarzen habe er nicht wieder bekommen. Dieses sei nur einer der unzähligen Fälle der Art, welche stets vorfielen, denn auf einer Oberfläche von 200 Legoas im Umkreise existirten nicht 4 geborne Uruguayer als Grundeigenthümer, denn diese seien alle nur Brasilianer. Diesen kräftigen Schutz zu geben sei die heilige Pflicht der Regierung!

Im Jahre 1858 ergab sich der Fall, daß ein Schwarzer Namens Dyonisio, ein früherer Sklave eines brasilianischen Viehzüchters im Staate Uruguay, der bereits mehrere Jahre als Freier, wie er durch eine brasilianische Consular-Erklärung erklärt worden war, seinem früheren Herrn dort gedient hatte, aber durch diesen gewaltsam wieder als Sklave nach Brasilien zurückgebracht war, und sich in das Haus des General Lamas, des Uruguayischen Ministers in Rio, flüchtete, der ihm auch seinen Schutz angedeihen ließ und ihn an 6 Monate in seinem Hause behielt. Zu jener Zeit wurden dem Justizminister von der Opposition mehrere sehr hitzige Interpellationen über diesen Vorfall und darüber gestellt, ob derselbe Minister nicht auch verlangt habe, daß mehrere andere Schwarze, welche nach dessen Vorgeben aus Uruguay entführt und in Brasilien als Sklaven verkauft worden seien, ihm ausgeliefert würden u. a. m. — Er umging jedoch die Antwort und sagte, wenn dergleichen Fälle vorfielen, so könnten sie nur durch die Gerichtshöfe und nicht durch die Diplomatie geschlichtet werden. Er habe diesen alle erforderlichen Mittheilungen gemacht, um eine gerechte Entscheidung in diesen Fällen zu erleichtern. Das Eigenthumsrecht müsse gewahrt werden, aber auch das Recht der Freiheit sei heilig." —

Ueber diesen Fall ist seitdem nichts mehr in den Kammern gesprochen oder in den Zeitungen geschrieben worden. General Lamas hat seinen Posten in Rio vor beinahe 2 Jahren verlassen und wir bemerkten kürzlich im „Jornal do Commercio" die laconische Anzeige: „Der Schwarze Dyonisio hat Hundert Peitschenhiebe erhalten", ohne auch nur ein weiteres Wort warum oder ob als Sklave oder als Freier! Das Publicum ist demnach wahrscheinlich wohl vertraut mit diesem Falle; wir sind es aber nicht und richten deßhalb hiermit an alle Brasilianischen sowohl als Uruguayischen Diplomaten, die sich in Europa befinden, die Frage: Ist es derselbe Dyonisio, der als Freier sechs Monate lang den Schutz der Uruguayischen Gesandtschaft genossen hatte?

Wäre er es, was wir nimmer glauben können, dann läge unlöschbare Schande auf den Regierungen und der Justiz beider Länder, und dieser Umstand allein reichte hin, den Werth des Grund und Bodens in beiden Ländern zu vernichten, denn er bewiese unumstößlich, daß keine Treue, kein Gesetz und keine Ehre dort mehr gilt! (Siehe auch „Africanos livres".)

Auszug eines Briefes aus Rio vom 9. Sept. 1859:

„Eine merkwürdige Erscheinung ist die schon seit wohl zehn Jahren allmälig wachsende Auswanderung von Brasilianern nach angrenzenden Provinzen des Staates Uruguay, wo sie sich meist der Viehzucht auf großen Landstrecken, die sie für ein Spottgeld an sich gebracht haben, widmen. Deren Anzahl beläuft sich nach kürzlich in den Kammern gemachten Angaben auf nahe an 35,000! Eine sehr große Zahl für ein selbst so volkarmes Land. (!) Die Ursachen dieser Auswanderung erheischen eine gründliche Untersuchung der brasilianischen Staatsmänner. — Jedenfalls dürfte ein sicherer Grund da sein, anzunehmen, daß es vortheilhafter für den Auswanderer aus Europa ist, nach Uruguay, als nach Brasilien zu gehen."

Hierzu würden wir nur die Bedingung hinzufügen, daß in Uruguay kein Sklave mehr gehalten werden, und eben so wenig von dort ein Sklave ausgeliefert werden könne, denn nur dann wird das Land Uruguay einem wahrhaften Fortschritte entgegen gehen, seine Rechtspflege eine unverfälschte und seine Nationalehre eine unbefleckte sein können.

Wichtigkeit der Cultus-Freiheit zur Erhaltung der deutschen Sprache in Ansiedelungs-Ländern; (nach Dr. Theodor v. Belle in der „Lit. d. Ausl." Nr. 21, 1861.)

„Die evangelischen Deutschen im Westen Nord-Amerika's. Eine im ersten Aufbau begriffene Gesellschaft bedarf mehr als jede andere geistiger und sittlicher Triebkräfte, soll sie nicht in der Rohheit und Gemeinheit des materiellen Alltagslebens untergehen. Die Religion nimmt bei der Ansiedelung eine vorzügliche Stelle ein; sie ist im Großen das einzige Band, welches die Einwanderer mit den idealen Gesammtzwecken der Menschheit verknüpft, wie oft auch das einzige noch übrige Band, das an die aufgegebene Heimath erinnert. Man nennt uns die Sprache! Aber die Sprache hängt gerade in Kolonien wesentlich von der Religionsübung ab; Predigt und Unterricht in deutscher Sprache, das ist, nach mannigfacher Erfahrung, der mächtigste Hebel zur Wahrung des Deutschthums im fernen Amerika gewesen. Es ist darum eine heilige Pflicht für die Brüder im Vaterlande, den Deutschen Nord-Amerika's, denen die Gunst der Verhältnisse so wenig entgegenkommt, deutschen Gottesdienst und deutschen Unterricht sichern zu helfen, zumal den Evangelischen, welche nicht den amtlichen Schutz eines Cardinal-Collegiums de propaganda fide und der kosmopolitischen Centralisation des Katholicismus genießen. Der „Berliner Verein für die ausgewanderten evangelischen Deutschen im Westen Nord-Amerika's", der mit anerkennenswerthem Eifer sein Augenmerk auf die Nothstände unserer Landsleute jenseit des Weltmeeres gerichtet hat, lenkt in seinen „Mittheilungen" aus dem Jahre 1860 unsern Blick namentlich auf die Niederlassungen im Staate Wisconsin, der bei seiner vorwiegend deutschen Bevölkerung, wenn nur vom Mutterlande her die Flamme des deutschen Seelenlebens mindestens ein Jahrzehend lang wirksam genährt wird, ein deutscher Staat werden könnte! Gegenwärtig freilich sieht es, zu unserer geringen Ehre, mit der Aussicht darauf ziemlich schwach aus, wenn man z. B. erwägt, daß die in Mercersburg, Lancaster und Tiffin ausgebildeten Geistlichen der evangelischen Kirche das Deutsche „nur nebenbei" getrieben haben, also der Lehrstand sich großentheils aus englisch gebildeten Männern ergänzt! Haben Kirche und Schule in den Hinterwäldern erst einen anglo-amerikanischen Anstrich, dann ist es mit dem Deutschthum gar bald vorbei! Denn der Einfluß der Deutschen auf die amerikanische Artung, von welchem jene „Mittheilungen" ein paar sprachliche Beispiele aus Berichten unseres „Magazin" citiren, ist doch viel zu gering, als daß er uns irgendwie trösten könnte, und muß nach Maßgabe der fortschreitenden Anglisirung aufhören. Darum ergeht mit Recht eine ernsthafte Mahnung an unser deutsch-evangelisches Volk, nicht müßig zuzuschauen, wie das deutsche Wesen der protestantischen Einwanderer allmählich abstirbt!"

So wird also die Cultusfreiheit deutscher Auswanderer, in welchem Land auch immer, auch für den in religiösen Dingen noch so blasirten deutschen Staatsmann und Diplomaten und für den auch noch so materiell gesinnten und nur auf unmittelbare Ausbeutung transatlantischer Länder verpichten deutschen Kaufmann, Rheder oder Fabrikanten doch der Beachtung werth; denn ohne die Erhaltung der deutschen Sprache ist auch die Erhaltung deutschen Einflusses und vorwiegender stets wachsender Handelsbeziehungen mit Deutschland nicht denkbar. (Siehe vorne: Heine's Ausspruch über dasselbe Thema.)

Kirchliches und Gerichtliches.

In einer der neuesten Ansprachen des Präsidenten der Provinz Bahia (vom Monat März) an die Provinzial-Kammern sagte dieser „in Bezug auf 49 officiell als in jenem Jahre constatirte Morde in der Provinz, deren Durchschnittszahl 60 ist, daß in 79 Jury-Sitzungen bloß 28 Prozesse verhandelt und nur 10 in Verurtheilung, davon eine zum Tode, stattgefunden hatten; daß in der Stadt Bahia im ganzen Jahre nicht ein Verbrecher schuldig befunden worden ist", obgleich dort 540 Polizei-Soldaten im Dienste stehen, freilich meistens zur Bewachung und Bestrafung der Sklaven. Die Kerker in der Provinz böten keine Sicherheit. Die weite Ausdehnung des Landes und Zersplitterung der Bevölkerung ließe viele Verbrechen unbemerkt selbst von der Obrigkeit und andere ungerügt. Der Grund des Uebels liege in dem Mangel aller Erziehung und in dem Darniederliegen alles religiösen Gefühls, das in dem menschlichen Herzen wohl, wenn auch nur schwach, schlummere, aber gleich einer Saite, die Niemand anschlage, lautlos bliebe."

„Ein großer Theil der Verderbniß des Volkes sei dem Mißbrauche der polizeilichen Gewalt zu Wahlzwecken zuzuschreiben." Ein Beweis, daß auch die Geistlichkeit dieses thut, ist, daß bei den neuesten Wahlen in S. Felippe der Vigario von der Kanzel zu Gunsten des Deputirten seiner Parthei predigte, und dessen Wahl den „Weg zur Rettung und zum Heile" nannte, zum bessern Nachdrucke aber auch die Sakristey seiner Kirche, worin, wie üblich in Brasilien, die Wahlurne aufgestellt war, in ein förmliches Waffen-Arsenal verwandelt hatte. Das erklärt die Häufigkeit der Blutscenen, welche bei diesen Gelegenheiten in den brasilianischen Kirchen vorfallen und welche während der letzten Wahlen über 40 Menschenleben in den verschiedenen Theilen des Reichs gekostet haben.

Hier ein Musterstückchen der Correspondenzen, zu welchen die Entwürfe von der brasilianischen Werbe-Diplomatie in Berlin an die subsidirten Doctoren Friedeburg und Friedrich Schmidt in Hamburg zur Ablagerung in den dortigen „Nachrichten" oder auch an den ebenfalls propitiirten und decorirten Dr. v. Schweitzer von der Wiener Zeitung, meist schon (wie auch die von Berlin an das „Jornal do Commercio" gehenden Correspondenzen) unter geheimräthlichem und auch hofräthlichem Beistand bearbeitet, geliefert werden; — sie sind unschuldiger Natur im Vergleiche derer, welche schon seit einem Jahrzehnte in den Berliner Correspondenzen nach Rio gegen unliebsame Personen abgelagert worden sind und noch abgelagert werden, mit nebenbei oft scharfer Kritik der Handlungen oder auch der Unthätigkeit des preußischen auswärtigen Ministeriums sogar mit Angabe der Namen der mißliebigen Beamten:

„Brasilien. * Wie wir aus den jüngst uns zugegangenen, bis zum 18. Februar reichenden Zeitungen von Rio de Janeiro ersehen, war der preußische Gesandte, Freiherr v. Meusebach, daselbst Gegenstand einer wenig liebsamen öffentlichen Beachtung geworden. Schon früher hatten Privatbriefe einzelne Andeutungen enthalten, daß es Herrn v. Meusebach nicht glücken zu wollen scheine, in der Gesellschaft der brasilianischen Hauptstadt sich die seinem Range und der Wichtigkeit seines Amts entsprechende Stellung zu erringen, und daß dadurch eine erfolgreiche Vertretung des durch die Auswanderung so bedeutsamen deutschen Interesses (?) in Brasilien eben nicht gefördert werde. Gegenwärtig verwandeln sich aber in den vor uns liegenden Zeitungen diese Andeutungen in ganz bestimmte Anklagen, und wenn immerhin in denselben Uebertreibungen mit unterlaufen mögen, so bekunden sie doch jedenfalls eine Erschütterung der Stellung des preußischen Diplomaten in Rio de Janeiro, gegen welche man in Berlin schwerlich gleichgültig bleiben dürfte. Die erste Bedingung der Wirksamkeit eines Diplomaten liegt in seiner persönlichen Geltung, und diese persönliche Geltung scheint nach Allem, was wir lesen, Herr v. Meusebach sich durchaus nicht erworben zu haben."

„Den unmittelbaren Anlaß, sich mit Hrn. v. Meusebach zu beschäftigen, bot der Presse Folgendes: In der zu Petropolis erscheinenden deutschen Zeitung „Brasilia" war eine Reihe von Artikeln erschienen, welche an gewisse Vorgänge in den Kolonien Independencia, S. Rosa und S. Justa anknüpfend, die heftigsten Angriffe gegen die Besitzer derselben, gegen die Zustände des Landes und gegen die brasilianische Nation richteten. Die Heftigkeit dieser Angriffe gab Grund zu einem Prozesse. Die Redaction der „Brasilia" wurde vor Gericht gestellt und bekannte als Verfasser der angeklagten Artikel — den preußischen Gesandten beim Cabinet von Rio de Janeiro, Hrn. v. Meusebach.[1]) Es mag einstweilen dahin gestellt bleiben, ob in den Vorgängen zu Independencia überhaupt ein rechtfertigendes Motiv der von der „Brasilia" erhobenen Beschwerden gelegen hatte oder nicht, jedenfalls war es nicht Sache eines bei der brasilianischen Regierung accreditirten auswärtigen Diplomaten, diese Vorgänge in der brasilianischen Presse zum Gegenstande publicistischer Reclamationen zu machen. Noch weniger entsprach dem diplomatischen Amt die leidenschaftlich erregte Sprache der bezüglichen Artikel. Brasilien wurde darin als ein Barbarenland charakterisirt, gegen den Staat der Vorwurf erhoben, daß es darin keine Gerechtigkeit gebe, die erwähnten Gutsbesitzer als Räuber und Spitzbuben bezeichnet u. dgl. m. Vielleicht ist man, namentlich in gewissen Punkten, in Brasilien empfindlicher als anderswo; auch in jedem andern Lande hätte aber ein Auftreten, wie das Hrn. v. Meusebach nacherzählte, und durch keine Berichtigung widerlegte, die schärfste Zurückweisung erfahren. Dazu kam, daß der preußische Diplomat auch anderweitig schon und namentlich durch Mißhelligkeiten mit dem schweizerischen Gesandten, Hrn. v. Tschudi, und dem englischen Gesandten, Hrn. Christie (der mit Hrn. v. T. aus der Schweiz her, wo er früher Gesandter war, auf vertrautem Fusse steht, daher leicht auch die Ansichten des ersteren über Hrn. v. M. theilen konnte), sich nicht eben Freunde erworben hatte. Beide Gesandte waren, hieß es, von ihm zum Duell herausgefordert worden und, ob mit Recht oder mit Unrecht, nicht ihnen, sondern nur Hrn. v. Meusebach wurde dabei alle Schuld beigemessen. Auch sollte von Hrn. Christie das Benehmen des preußischen Gesandten ihm gegenüber zum Gegenstand einer Anzeige an seine Regierung gemacht worden sein, um es auf diese Weise zur Kenntniß des berliner Cabinets zu bringen. Ob diese und andere Erzählungen alle der Wahrheit vollkommen gemäß waren, vermögen wir nicht zu entscheiden; genug, es fehlte nicht an zahlreichen überall coursirenden nachtheiligen Gerüchten über Hrn. von Meusebach. Seine Verfasserschaft der Artikel der „Brasilia" fand daher eine um so rücksichtslosere Beurtheilung und bot zugleich der Presse den Anlaß, auf jene Erzählungen zurückzukommen und die Persönlichkeit des preußischen Diplomaten der herbsten Kritik zu unterziehen." — Dieser Correspondenz ganz auffallend ähnliche sind fast gleichzeitig in der Wiener, Neuen Münchener und Kreuz Zeitung und in dem Rudolstädter Lockblatte erschienen.

Ohne auf weitere ähnliche Correspondenzen in den verschiedenen obengenannten Blättern, insgesammt derselben Quelle unter gleicher Mithülfe entsprungen, einzugehen, wollen wir nur noch den wörtlichen Auszug einer der neuesten dieser Art (vom 18. Juni) geben, welche schon am zweiten Tage nach ihrem Erscheinen in den „Hamburger Nachrichten" auch in andern gleichen Influenzen unterliegenden Blättern abgedruckt erschien:

„Man weiß also jetzt, woher Herr Harkort seinen in dem preußischen Abgeordneten-Hause eingebrachten Antrag bezogen hat. Herr von Meusebach ist der Vater desselben und Herr Harkort hat ihn im guten Glauben an das Urtheil und bessere Wissen „seines alten Freundes und Mitkämpen von 1848—1850" adoptirt. Ihrerseits aber scheint die Mehrheit des Abgeordnetenhauses wieder im guten Glauben an das bessere Wissen und an das Urtheil des Herrn Harkort den Antrag trotz dem Widerspruch des Minister des Auswärtigen, sowie aller übrigen bedeutenderen Redner, zum Beschluß erhoben zu haben, denn jedenfalls können die seichten und beweislosen Behauptungen des durch eine seltene Oberflächlichkeit sich auszeichnenden bezüglichen Commissions-Berichts doch wohl am wenigsten hierzu beigetragen haben. Und jetzt ergeben die Berichte der jüngsten aus Brasilien eingetroffenen Post, daß der letzte Quell des Harkort'schen Antrags der Kopf eines geistig Gestörten ist! Schon längst ließ das seltsame Auftreten des preußischen Minister-Residenten in Brasilien kaum eine andere Erklärung zu, als die Annahme eines seine Geistesfähigkeiten verdunkelnden Leidens, und bei seiner Anwesenheit auf der Colonie Dona Francisca stellte sich das Vorhandensein eines solchen endlich (?) unzweifelhaft heraus. Bereits befand sich Herr von Meusebach in der Heilanstalt des Dr. Peixoto zu Rio. Herrn Harkort und Genossen geben wir mithin anheim, ein anderes Mal, ehe sie sich Anträge gegen Brasilien octroyiren lassen, erst der Urtheilsfähigkeit des octroyirenden Gewährsmanns sich zu vergewissern." —

---

[1]) Uns vorliegende Nummern der „Brasilia" vom Monat Mai d. J. erklären diese Angaben als völlig erlogen! Hieraus kann man also auf den Werth der auf dieselben gegründeten Folgerungen schließen. Die „Brasilia" behauptet ihre früheren Angaben über die schmähliche Behandlung der Kolonisten, über den gegen sie ausgeübten fast unglaublich wucherischen Betrug, der in einem Falle durch den Löwentheil erwiesen ist, den der Pflanzer Valle de Gama (Mandant des Senhor Araujo um Ausößlinge) an der letzten Kaffeeärnte hatte. Diese nämlich belief sich auf 92,000 Thlr., von welchen die 384 deutschen Kolonisten, welche sie eingesammelt hatten, 19,000 Thlr. erhielten! Und doch gab in demselben Jahre dieser brasilische Kaffee-Grande seinem Verwalter die schriftliche Ordre, eine bedeutende Quantität in Fäulniß übergegangenen Trocken-Fleisches nicht an seine Neger, „die dadurch erkranken könnten," sondern an die Deutschen abzugeben! — Es ist dieser Grande auch derselbe Mensch, der dem ganz neulich noch im höchsten Elende, nach 10jährigem Aufenthalt aus dessen Pflanzung abziehenden Reste deutscher Kolonisten für das reife Zuckerrohr, das sie auf ihren Pachtfeldern stehen hatten, bei Ablieferung auf der zwei Stunden entfernten Sieberei pro Wagenladung (☞ die vier Gespann Ochsen erheischt und die unter Brüdern 14 Milreis = 9 Thlr. werth ist) 1 Milreis = 20 Sgr, anbot, weil er glaubte, sie müßten das Rohr doch zurücklassen. Er irrte sich aber in so ferne, als die armen Menschen vorzogen, statt es ihm stehen zu lassen, sich der Mühe des Abhauens und Aufthürmens desselben zu unterziehen und es insgesammt zu verbrennen!

So weit ein Lohnschreiber, der noch vor kaum zwei Jahren, als ein Schrei des Entsetzens wegen der Menschenschlächterei am Mucury über ganz Deutschland ging, sich vermaß, wörtlich zu sagen: „es sei viel Aufhebens gemacht um ein paar Pommern!" (die nämlich dort elendiglich untergegangen waren, und zwar mehr als ein paar Dutzende!)

Wir enthalten uns weiterer Erläuterungen über obige nicht minder gefühllose, aber noch verwegenere Correspondenz, bei deren Lesung sich unwillkürlich das Bild des Schreibers mit der geöffneten Linken zum Empfange brasilianischen Goldes dem Auge vorführt. Diese Correspondenz geht auffallend leicht hinweg über das fürchterliche Geschick, das Herrn von Meusebach durch seine brasilianischen Feinde vorbereitet worden ist.

Wohl ist Herr von Meusebach leider in Geistesnacht versunken, aber dieses Unglück übereilte ihn plötzlich, als er sich auf einen Tag nur von seinen Dienern getrennt hatte und dann allen Indicien nach in Speise oder Getränk eine alle Functionen des Körpers und in secundärer Wirkung auch die Geisteskräfte (wir hoffen innigst, nur zeitweilig) desorganisirende Dosis erhielt! Eine unerhörte Verwegenheit und Lüge aber ist es, zu behaupten, daß er bereits 6 Wochen vorher, als er seine Mittheilungen an Herrn Harkort gemacht, nur entfernt getrübten Geistes gewesen wäre; dagegen sind gerade seine Berichte an Herrn Harkort, deren Natur zwar dem Correspondenten so wenig schmackhaft ist, welche aber nach reiflicher Erwägung durch eine Commission des preußischen Abgeordneten-Hauses und durch den Beschluß dieses Hauses selbst als wohlbegründet und gerechtfertigt erklärt worden sind, der untrüglichste Beweis.

Der Correspondent des „Jornal do Commercio" aus Berlin, Castro, [1]) Sohn des vormaligen Zollhaus-Dispachante, Castro, später langjähriger Commis bei George Naylor Brothers in Rio und letztlich Miteigenthümer besagten Journals mit Monsieur Villeneuve, ebenfalls mit ihm langjähriger Commis bei Monsieur Plancher, dem Gründer des Jornals (nicht de Villeneuve, wie auch dessen Sohn, nun Attaché bei der k. bras. Gesandtschaft in London, sich ungehöriger Weise titulirt, und sogar in englischer Gesellschaft sich vorstellen läßt),[2]) — schrieb gleich, nachdem Hr. Sturz auf 500 Thlr. zur Disposition, für immer natürlich, gestellt war, in seiner Correspondenz aus der Berliner Gesandtschaft an das Jornal seines Vaters, die gedruckt ist: „Man müsse „Sturz gänzlich entlassen, damit er seinen Titel nicht behalte, denn nur mit diesem könne er sich noch Eingang in achtungs„werthen Kreisen Berlins halten. Aus diesen müsse er zum Besten Brasiliens und zum erfolgreichen Wirken der getreuen „Diener des Staats in der Befriedigung der Bedürfnisse des Landes in Arbeitskräften entfernt werden. Sturz sei nur ein Atom „in den Geschicken und in der Bestimmung Brasiliens." Der Klageschrei, durch das Jornal der Pflanzer selbst veröffentlicht und durch ein paar fulminante leitende, bereits in Berlin mit diplomatischem Nachdruck angefertigte Artikel schon am zweiten Tag nach Ankunft des Dampfers, begleitet, übten eine unwiderstehliche Wirkung auf das Ministerium aus, und dessen beide hervorragendsten Mitglieder, die noch kurze Zeit vor ihrem Eintritt in dasselbe zu den wenigen hochgestellten Männern gehört hatten, die die Grundsätze und Ansichten des Herrn Sturz über die Landfrage und Einwanderung öffentlich gutzuheißen wagten, fertigten seine völlige Entlassung mit einer nur drei Zeilen langen Mittheilung im Namen des Kaisers, doch ohne dessen Signatur aus, ohne Angabe irgend eines Beweggrundes dazu, ohne Berufung auf irgend ein Gesetz, und selbst das erbärmliche Dispositionsgehalt hörte auf von der Stunde der eiligst von der hiesigen Gesandtschaft ausgeführten Uebergabe. Das ganze Verfahren war zu niedrig, um Seitens des Hrn. Sturz auch nur ein Wort der Einwendung, geschweige denn Klage, die unter solchen Umständen aller Erfahrung nach nur erfolglos verhallt sein würde, hervorgerufen zu haben, da Sr. Maj. dem Kaiser in diesen Dingen kein Wille noch Macht gelassen ist. Nur muß hier die Frage aufgeworfen werden, wie die hiesige Gesandtschaft selbst von brasilianischen Orden denken muß, wenn sie glaubt, daß, selbst angenommen die eigene persönliche Haltung des Herrn Sturz sicherte ihm keine Aufnahme mehr in achtungswerthen Kreisen, die beiden Decorationen, mit denen ihn der Kaiser ungebeten beschenkte (wie er auch das General-Consulat ihm ungebeten gab), würden das nicht vermögen? Bei dieser Vermuthung konnte doch wohl nur der Irrthum vorwalten, daß diese Decorationen einen gleichen Ursprung hätten mit so vielen anderen, zu deren Verleihung (wie nicht weniger von burlesken Titeln) an verächtliche und ehrlose, meist auf Kosten des Staats und des brasilianischen Volks, ja auf die fürchterlichsten Gefahren des ganzen Reiches hin bereicherte Subjecte oder treulose Rathgeber, ja Nöthiger Sr. Maj., den Kaiser bestimmten; diese Orden aber waren freiwillig von selber gespendet, ohne irgend eine Bitte um sie von Sturz selbst, ohne irgend eine Fürsprache für ihn: der erste derselben für Arbeit, langjährige saure, aber wirksame im Lande selbst, die schon vor des Kaisers Geburt angefangen hatte; der zweite (eines Commandeurs Seines Hausordens) war gegeben für die vieljährige und erfolgreiche Mitwirkung zum Sturze des ärgsten Feindes, den Brasilien je hatte, des Dictator Rosas, worüber die Beläge wohl noch an die Oeffentlichkeit gelangen werden.

Entartung, Abschwächung und Verschlechterung der Deutschen in den wärmern Strichen Brasiliens noch unter die Mulatten-Race; Mangel an Schutz und Gerechtigkeit für die Deutschen; die Gefahren Brasiliens durch seine Proletarier, durch seine Sklaven u. s. w., bestätigt in einer bras. gesetzgebenden Versammlung.

Am 13. Oktober 1860 sagte Dr. Ber. Mattos in der Provinzial-Legislative von Rio: Der Hungersnoth und dem Mangel an Erziehung können wir nur durch Straßenbau und Einwanderung abhelfen. Unsre eigene Bevölkerung ist der Trägheit verfallen, weil sie den Landpotentaten zu Werkzeugen dient, für Zwecke, die nicht wohl ausgesprochen werden können, auch als Maschinen bei Wahlen. (Große Beistimmung.)

Monteiro Barros. Im Gegentheil! Diese nehmen sich ihrer an aus Erbarmen, aus Menschlichkeit!

Ber. Mattos. Diese Wahlen sind die Ursache aller unserer Uebel. Mit diesen werden auch diese Landpotentaten schnell verschwinden und zugleich der Müssiggang des größten Theiles unserer Bevölkerung, die nun dem Laster und Verbrechen anheimgefallen ist, die aber dann der Feldarbeit folgen würden. So lange diese bei uns unehrenhaft (improbo) ist und fast übermenschlich wegen ihrer rohen Betriebsweise, so lange wir nicht eine gute und rechtschaffene Gerechtigkeitspflege haben, welche die Familie schützt, (Beifall) dürfen wir auf keine Einwanderung rechnen. Glücklicher Weise habe man trotz aller Verlockungen und Versprechungen im Ganzen nur wenige Kolonisten herbeirufen können, sonst wären sie selbst unsere Herren, statt unsere Arbeiter; dabei wollen sie auch noch ihre Sprache, ihre Religion, ihre Sitten beibehalten; ja, sie brüsten sich, ein reineres und edleres Volk zu sein! In Voraussicht dieser Gefahr hat Vergueiro noch in seinen letzten Jahren im Senate richtig gesagt: „Ihr wollt Brasilien „germanisiren, wir aber werden euch brasilianisiren!" — „Aber bei aller Anmaßung dieser Einwanderer und ihrem Hange, sich „aufzulehnen, sind sie zu schwach für viele unserer Arbeiten, erkranken durch sie und unterliegen dem Klima. Sie sind wider„spenstig und ungeeignet für eine gute Disciplin." Director Ottoni versicherte mir, daß ihm in Mucury Ein Chinese für Feldarbeit lieber war als 10 Preußen! [3])

---

[1]) Dieser junge Mann sprach zu jener Zeit sogar ganz ungenirt von „Ausweisungen" aus Berlin, die man würde bewerkstelligen können, auch von Kundschaftern, d. h. von Spionen, die man zu diesem Zwecke im Dienste habe, und von der völligen Werthlosigkeit der deutschen Presse (für deren freundliche Stimmung man doch so große Summen verrechnet!), indem „sie es zu machen vermöchten, daß diese morgen gerade das Gegentheil von dem sage, was sie heute gesagt hätte", und daß „sie sich überhaupt nicht um die deutsche Presse bekümmerten und doch eben so viele Leute wegführen würden, als sie eben brauchten, denn so viele als sie wünschten, könnten sie auch zu allen Zeiten haben." — Diese Aeußerungen machte er an einen Hamburger Auswanderungs-Expedienten und sogar an einen der thätigsten Zeitungs-Correspondenten von Berlin nach Außen, den er selbst aufsuchte, um ihn zu einer günstigen Anschauungsweise der brasilianischen Zustände und Werbebestrebungen zu stimmen, sich aber selbst bei diesem obschon in der Diplomatensprache gemachten Versuche so plump und tactlos in seinen Anspielungen auf die unerschöpfliche Colonisationscasse benahm, daß er sich einen unsanften Verweis zuzog. Dieses Benehmen bestätigt völlig die bereits im Senat zu Rio ausgesprochene Meinung über die unzureichende Erziehung und Erfahrung dieses jungen Mannes für den diplomatischen Posten, welchen er, (wie auch der selbstgemachte „Baron" Villeneuve in London) nur den Spalten des „Jornal do Commercio", des corrumpirtesten Blattes Brasiliens, verdankt.

[2]) Wenn schon mit völlig ebenbürtiger Berechtigung als der, mit welcher seine andern Londoner Collegen sich durch eigenmächtige Zuthat zu ihrem schlichten Vatersnamen das in europäischen Augen vermeintlich in den brasilianischen Adelsstand erhebende, jedoch in Brasilien völlig sinn- und werthlose de zulegen und sich so in Chevaliers metamorphosiren, während doch ihre Väter von derlei „de's" gar nichts wußten, und der Kaiser selbst sie nicht gegeben hat, noch auch der Constitution gemäß sie geben kann. So war z. B. der Vater des einen, sonst ganz schätzbaren Mannes, ein schlichter Bäcker, späterer Mehlmakler, ohne alles de — und der Vater des andern, jetzigen Chevalier de Souza Corrêa, ist einfach der Sohn des nicht besonders bewunderten Senhor Luzio Corrêa, jetzigen General-Consuls in Hamburg und Pariser Ex-Banquiers, der nicht zufrieden mit dem bloßen de, sich sogar noch eigenmächtig einen der ältesten portugiesischen Familien-Namen zulegte.

[3]) Wohl weil er die Chinesen mit der Peitsche durch einen Sklaventreiber, (wie Dr. Lallemant, oder selbst schon Herr v. T. im Jahre 1858, es mit ansah), unbarmherzig zur unbelohnten Arbeit zwingen konnte!

Baptista Pereira. So lange wir nicht kolonisiren können, bleibt die Parceria das beste für uns. Colonisation aber setzt einen abgemessenen sicheren Landbesitz voraus, den können wir nicht bieten. Sie kann uns auch nichts helfen, so lange wir nicht den Kolonisten Rechte und Sicherheit des Eigenthums bieten können. Gegen eine weitere Einführung von Schwarzen spricht deutlich genug das bereits unter uns bestehende afrikanische Element. Der bloße Gedanke daran ist beängstigend. Das Aussprechen desselben verwirrt schon die Sinne und ist geeignet, das Eigenthum in seinen Grundfesten zu erschüttern! ☞

Dr. Heredia. Das erklärt sich durch das tropische Klima!

Dr. Mattos. Mag sein. Thatsache ist, daß die Deutschen lieber dahin gehen, wo sie ihre Sprache, ihre Religion und Sitten wiederfinden und nicht außer harter Arbeit und kurzer Kost auch noch unzureichenden Schutz, wie bei uns (Stimmen: das ist wahr!), denn unsere Justiz ist nicht gut! Von allen Seiten, aus allen Provinzen kommen die dringendsten Klagen gerade gegen die Autoritäten, welche zur Wahrung der Gerechtigkeit eingesetzt sind. Deshalb sind auch von 322,000 Personen, die von 1854—57 über Hamburg und Bremen ausgewandert sind, nur 6700 zu uns gekommen und deßhalb ist die Propaganda Frankreichs für die Einwanderung von Afrikaner auch für uns ein Geschenk der Vorsehung. Haben wir auch viele Sklaven im Lande, viele freie Schwarze und viele nach dem Verbote des Sklavenhandels eingeführte Schwarze[1]) so entsteht durch deren Zusammenleben doch keine nennenswerthe Gefahr. (??)

Dr. Macedo. Das ist eine Frage, die mit großer Vorsicht zu behandeln ist.

Eine nützlichere Maßregel wäre, die vagabondirenden lasterhaften und nutzlosen Haufen von durchtriebenen Colonisten, diesen Abschaum der europäischen Bevölkerung, welche Zuflucht bei uns suchend, sich bei uns festsetzen will, aus den Straßen zu vertreiben. (Beifall.) Sie verderben unsere eigene Bevölkerung und begehen die meisten Verbrechen, die vorfallen. (?) ☞ Alle Menschen von Vollblut caucasischer Race taugen nicht zu Colonisten für uns. Die tropische Sonne und der Boden Brasiliens stößt sie von sich. Längst haben Spanien, England und Frankreich erkannt, daß Sonne, Luft und Boden sich gegen den weißen Arbeiter in den Tropen verschwören.

Die Ursache hiervon ist eine sehr einfache. Die Menschen dieser Race, geboren in einem kalten Klima, haben eine ganz verschiedene Organisation von den Bewohnern heißer Himmelsstriche. Bei den Bewohnern kalter Zonen herrscht das arterielle System vor. Ihr Blut ist röther, es ist mehr oxygenhaltig; daher die größere Kraft dieser Leute, daher aber auch viele andere Grundbedingungen ihrer Existenz, als z. B. die Nothwendigkeit von mehr Nahrungsstoffen, weil in ihnen eine thätigere Respiration vor sich geht. Nun aber geschieht es, daß, wenn diese Leute nach heißen Klimaten gebracht wurden, durch die Verdünnung der Luft, durch Feuchtigkeit und durch Hitze dem Blut nicht mehr das gewohnte Quantum von Oxygen zugeführt und es so ärmer oder schlechter gemacht wird, daß es sich verändert. So wird denn gerade das Anfangs so vorzügliche arterielle oder hochrothe Blut dieser Leute besonders schlechtes und nervöses Blut, und möge man wohl achten auf eine sehr wichtige Thatsache: das, was Brasilien jetzt am meisten Noth thut, ist, daß es den Ackerbau im Großen, (d. i. die Pflanzungen mit Sklaven) nicht ferner mehr begünstige.

Die Kaffee- und Zuckerpflanzung, vermöge ihres Rechts, dazu Zwangsarbeit zu verwenden, ist gerade dadurch sehr ergiebig und vortheilhaft und hat deßhalb fast alle Sklaven an sich gezogen, selbst die, welche bislang mit dem Anbau von Nahrungsstoffen beschäftigt waren, und es ist auch nicht im entferntesten denkbar, daß, so lange als Kaffee und Zucker gut rentiren, die Leute, welche Sklaven haben, sie im Anbau von Lebensmitteln, der stets sehr mäßigen Vortheil giebt, verwenden würden. Was wird nun geschehen? Kaffee- und Zuckerbau wird die damit noch unbeschäftigten Sklaven an sich ziehen und nach einigen weiteren Jahren wird es wohl in Brasilien Zucker und Kaffee in Masse, aber kein Mehl, keine Bohnen, keinen Reis mehr geben, wohl aber ungeheure Theurung, ja Hungersnoth, welche um so schrecklicher sein wird, als sie ohne Unterlaß unsere armen Landeskinder besonders treffen wird. Werden aber die untern Klassen, auf diese Weise bedrängt, sich nicht gezwungen sehen, Raub und Mord zu begehen?[2]) ☞

Und wer wird ein so vorzüglich moralisches Volk, wie das unsrige, zu einem Volke von Assassinen und Räubern gemacht haben, zu Räubern aus absoluter Noth, wie die Beduinen es von Natur sind?

Die Staatsgewalten, und Sie selbst, meine Herren Deputirten und alle ihr, die ihr nicht die Bedürfnisse des Landes gründlich zu erkennen sucht, seid Schuld daran, weil ihr über Hals und Kopf, nur um wieder nach Hause zu kommen, abstimmen wollt übers Budget, ohne die Ursachen des öffentlichen und des Privat-Elendes zu suchen, ohne dem Feldbau zu helfen.

Es ist eine Kurzsichtigkeit, bloß von Mangel an Händen zu sprechen; Straßen, ja bloße Wege fehlen uns nicht weniger, so die bescheidensten. Seht nur unsere Provinz an; in ihr ist an einigen Stellen Ueberfluß an Lebensmitteln, welche an den meisten Orten derselben enorm theuer sind, weil keine geeigneten Transportmittel da sind. Versucht einer diese wohlfeilen Producte nach einem Markte zu bringen, so kommt er sicher in Verlust.

Was helfen uns so kostspielige Straßen für sich ohne alle Nebenstraßen. Kann der menschliche Körper bestehen bloß mit Arterien und höchstens Venen? Gewiß nicht, er muß alle die kleinen Verzweigungen der Blutgefäße haben, denn diese bringen das Blut ins Parenchyma der Organe und von dort aus an den circulirenden Strom u. s. w.

Circular des Grafen Rozwadowski an die Gesandtschaften und Consulate in Rio de Janeiro.

Monsieur le . . . . . Rio, 20. Août 1857.

C'est dans l'intérêt de la vérité et dans celui de Vos nationaux que j'ai l'honneur de m'adresser à Vous Monsieur le . . . . .

Il est arrivé à ma connaissance que le Gouvernement brésilien fait faire des démarches pour contracter en Europe des machinistes, des ingénieurs arpenteurs et autres, des artistes, des missionaires, des colons en général et spécialement des marins pour le service de sa flotte.

Ayant moi-même aussi été contracté en Europe en 1852 pour le service militaire de ce même Gouvernement, et ayant été chargé de l'arpentage des terrains du domaine public comme inspecteur général dans la Province de l'Amazone, je pense qu'il est de mon devoir de contribuer à ce que la triste déception dont j'ai été la victime puisse servir d'exemple et d'avertissement à ceux qui auraient l'intention de suivre le même chemin.

La Publication, que j'ai l'honneur de joindre, tirée du No. 150 du „Jornal do Commercio" de Rio, de cette année, raconte exactement la manière dont le Gouvernement brésilien a forfait au contrat qui avait été bien formellement passé entre lui et moi. La réponse que le Ministre de la guerre actuel fit en dernier lieu à mes réclamations à cet égard, fut celle ci: „que je ne pouvais pas forcer le Gouvernement de remplir les promesses que mon contrat me garantissait." (1)

Comme inspecteur général de l'arpentage des terrains publics dans la Province de l'Amazone j'ai servi depuis le 15 Janvier 1854 jusqu'au 10 Novembre de la même année sans recevoir pendant tout ce temps un centime des deux cents Milréis, qui d'après le règlement et les ordres exprès du Gouvernement central m'étaient assignés pour appointement mensuel, — pas la moindre réponse à quatorze représentations officielles qu'étant encore en place j'avais successivement adressées à cet égard à la direction général des terres, pas la moindre réparation des vexations, des torts et des préjudices qu'un tel procédé du Gouvernement local de la Province m'avait naturellement causé. — Le Gouvernement central a pris au contraire le parti d'opposer à toutes les rémontrances qu'à cet égard j'ai adressé postérieurement à maintes reprises le mutisme le plus complet, et s'est contenté de me faire payer mes appointements (arriérés depuis Janvier 1855) en Mai 1856.

J'ai en main de quoi prouver sur-abondamment ce que je viens d'avoir l'honneur de Vous affirmer, et je me ferai un plaisir Monsieur le . . . . . . de soumettre tous les documents respectifs à Votre examen, dès que dans l'intérêt de Vos nationaux qui pourraient donner dans le piège que leur tendront les promesses des agents brésiliens Vous jugeriez à propos de vérifier en détail mes assertions.

---

[1]) Von diesen an zwei Millionen, die alle dem Gesetze nach, daher von Gott und Rechtswegen sammt ihren Kindern frei sein sollten, und welche auch, sobald der gelegene Augenblick gekommen sein wird, auf ihr Recht, das sie wohl kennen, bestehen. ☞

[2]) Dieses ist alles genau eingetroffen und in steter Ausdehnung. Es war übrigens schon an neun Jahre von Herrn Sturz vorausgesagt und davor gewarnt worden, aber besonders in einem gedruckten Circulare vom 5. Nov. 1857, worin er dagegen protestirte, daß der Staat den Kaffeepflanzern, wie man beabsichtigte, Vorschüsse mache, um die Kaffeepreise hochhalten zu können. Er zeigte damals, daß die sogenannte „grande lavoura" und das Landmonopol den größten Fluch Brasiliens bildeten. Aber diese Aussprache ist ihm zum Verbrechen gemacht worden.

Des circonstances m'ont décidé à adopter le Brésil pour patrie, et je m'intéresse d'autant plus sincèrement à ce pays que j'ai payé plus cher peut-être que tout autre (?) le droit de me dire Brésilien; mais je pense que nous ne saurions trouver ni honneur ni profit en continuant dans le funeste système, de vouloir à tort et à travers exploiter les éléments vitaux d'intelligence, de richesse et de force, qui continuent de nous affluer de l'Europe malgré les instincts contraires des gens de certaine couleur, qui dans l'intime conscience qu'ils ont de leur profonde nullité, les regardent venir avec crainte, jalousie et méfiance. Ce n'est pas le nombre des citoyens utile et productifs que nous augmenterions de la sorte, mais seulement le nombre des carrières manquées, des positions perdues, — le nombre des individus et des familles, qui dans un pays éloigné qui attire les étrangers, mais ne les accueille pas, — au contraire les repousse après les avoir trompé par de fallacieuses promesses — restent voués à la déception, à l'abandon et au malheur. — Je pense même que le Brésil ne saurait trouver que déconsidération et préjudice à vouloir exploiter comme force brute, — comme chose, les Européens, qui en pleine bonne foi et confiance lui portent tous les jours: l'idee, la science et les arts, l'industrie, le goût, la navigation et le commerce, et jusqu'au concours de leurs capitaux et de leurs bras.

Comme homme et comme citoyen de ce pays je crois donc que dans son propre intérêt il est de mon devoir de contribuer selon mes faibles moyens à ce que les principes d'équité et de prudence finissent par prévaloir parmi nous à cet égard, et aussi de faire servir mon expérience d'avertissement à d'autres que l'on tenterait de fair venir au Brésil.

Qu'aucun de Vos nationaux M. le . . . . . ne fasse contrat avec le Gouvernement du Brésil, sans avoir la certitude (garantie par une puissance maritime) que les agents brésiliens se trouveront toujours amplement autorisés à leur faire!

Veuillez, je Vous prie, agréer ce vote et l'assurance de la . . . . haute considération de celui, qui a l'honneur d'être avec respect Monsieur le . . . . . Votre très humble et très obéissant serviteur Comte Rozwadowski, ex-Major de l'état major du Brésil, ancien Capitaine du génie autrichien.

Brief des Grafen Rozwadowski an die Redaction des „Jornal do Commercio“.

Monsieur le Rédacteur! Rio, 5. Septembre 1857.

J'ai l'honneur de Vous transmettre incluse une lettre circulaire qui a été remise à M. M. les envoyés extraordinaires et ministres plénipotentiaires représentants au Brésil (hier folgen 25 verschiedene Adressen). — En Vous l'envoyant, je prends la liberté de me prévaloir de l'intérêt général que présente l'affaire à laquelle se rapporte cette lettre circulaire et l'imprimé qui l'accompagne, pour espérer que Vous jugerez à propos d'accorder à ces deux pièces la publicité de Votre très estimable journal.

J'aime a croire pour ma part que la plus large publicité donnée à l'erreur dans laquelle l'élément portugais prédominant et gouvernant au Brésil persiste vis-à-vis de la colonisation européenne, (qui seule suivant son propre avou peut sauver le pays d'une ruine prochaine) — ne pourrait que produire des résultats désirables, — soit que ces mêmes gouvernants reviennent de leur idée fixe d'une inqualifiable exploitation de l'Européen qui s'établit au Brésil, à des principes plus justes et mieux adaptés aux vrais intérêts du pays; — soit que (dans le cas où ils s'obstineraient dans leur exclusivisme envers l'étranger même naturalisé, caracterisé par la nature de la position légale, politique et sociale que leurs lois et leur préjugés assignent aux **renforts** européens de population au Brésil), soit que dans ce cas, dis-je, une telle publicité puisse servir d'avertissement à l'émigration européenne contre les promesses et les contrats qu'on irait encore lui offrir de la part du Brésil, et puisse aussi contribuer à la diriger vers tout autre pays tropical de préférence à ces plages inhospitalières, où ne saurait l'attendre que: les mêmes préventions haineuses, la même foi punique et la même déception, qui jusqu'à présent ont constamment accueilli tous ceux qui se sont fiés aux contrats du Gouvernement Brésilien.

J'espère donc que pour l'amour d'une bonne cause Vous voudrez bien excuser la liberté que je prends de Vous importuner par l'envoi de la présente missive, et je Vous prie de bien vouloir agréer l'assurance de la considération très distinguée qu'a l'honneur de Vous présenter Monsieur le Rédacteur, Votre très humble Comte Rozwadowski.

Kirchliche Zustände. Vollständiger Mangel geistlicher Disciplin. Versunkenheit der Geistlichkeit. Ihre Ungebildetheit, Unsittlichkeit und Intoleranz. Beispiele hiervon.

Wenig dürfte wohl auch von der neuen Kammer zu erwarten stehen, nachdem noch in der letzten die von dem früheren Minister Vasconcellos vorgeschlagenen Zugeständnisse kirchlicher Toleranz (worunter auch die Zulassung der Civilehe und der Mischehen begriffen waren) unter Beistimmung der Regierung selbst, als „unstatthaft und dem Geiste der Constitution zuwider“ zurückgenommen und in limine verworfen worden sind, nachdem die Hauptredner der Ministerialparthei die beliebte Idee, daß die protestantische Ehe ein bloßes Concubinat, ein bloßes Matrimonio putativo ohne alle religiöse Weihe, ohne alle bürgerliche Gültigkeit sei, aufrecht erhalten hatten und darin selbst von dem Cultusminister unterstützt worden waren, der sogar hinzufügte: „Die werthvollen Privilegien der Rechtgläubigen, besonders der Anspruch auf Anstellung im Staatsdienste, dürften nie mit Andersgläubigen getheilt werden.“

Der Deputirte Pinto Campos, Padre und Ultramontane, veröffentlichte als Mitglied der Ecclesiastischen Commission des Deputirten-Hauses im Jahre 1858 seinen Separatbericht über das damals ziemlich liberale Regierungsproject über nichtkatholische Ehen, ohne ihn vorher an das Haus abgegeben zu haben, und erhielt dafür keinerlei Verweis. Im Gegentheil, er that sich viel darauf zu gut und sagte: er habe es gethan, um das Regierungsproject zu tödten (matar) und die beunruhigten Gemüther des Volkes zu beschwichtigen. — Jedenfalls erreichte er seinen Zweck. Das Project wurde verworfen und der nächste Minister handelte ganz im Sinne von Campos und sagte gerade heraus: „keine Art von Zugeständnissen dürften auf Kosten der Staats-Religion gemacht werden.“

Da sieht man nichtsdestoweniger in der neuesten erst im April d. J. erschienenen Nummer der „Aktenstücke“ (!) folgende Angabe aus der bereits verlassenen visionären Stadt „Philadelphia“ am Mucury vom 20. Febr. 1859: „Eine von der Regierung neu erbaute protestantische Kirche wurde soeben dem Gottesdienste übergeben, während eine andere katholische der Vollendung nahe ist.“ — Beides ist einfach grundfalsch!

In dem kürzlich erschienenen englischen Werke „Brazil, seine Geschichte, seine Leute und seine Erzeugnisse“, welches eine aus allen bisher über jenes Land erschienenen glaubwürdigen Werken und besonders aus dem trefflichen Buche der Amerikaner Fletcher und Kidder bewerkstelligte Zusammenstellung ist, machen wir in Betreff der religiösen Zustände Brasiliens die folgenden Auszüge:

„Gott wird in Brasilien nicht geehrt, und der Glaube an den gekreuzigten Heiland bildet dort nicht die Grundlage von dem Wenig Religion, das dort gelehrt wird. Obgleich die römisch-katholische Religion die des Landes ist, so besteht sie doch nur dem Namen nach und nur theilweise der Form nach, denn sie hat nicht die weltliche Kraft, die sie in andern Ländern behauptet und sticht auch sehr in ihren äußeren Formen von denen ab, die sie in Europa beibehalten hat. Die Leute selbst sind tolerant, nur die Constitution läßt den freieren Cultus anderer Confessionen nicht zu. Die Form der Tempel oder Kirchen dieser darf nichts Ungewöhnliches haben; diese dürfen auch weder Thürme noch Glocken haben. Die Provinzial-Versammlungen haben das Recht, über kirchliche Angelegenheiten Gesetze zu machen. Feijo, alleiniger Regent von Brasilien von 1834—37, der selbst ein Priester war, entdeckte schon als Deputirter (1832), daß „die brasilianische Geistlichkeit durch kein Gelübde oder Gesetz zum Celibat verpflichtet sei“, und schlug die gesetzliche Abschaffung dieses Instituts vor. In seinen Motiven, die ganz im protestantischen Sinne und mit tiefer kirchengeschichtlicher Kenntniß geschrieben sind, sagt er unter Anderm: „Das Celibat der Geistlichkeit ist weder durch das „göttliche Gesetz noch durch die apostolischen Institutionen verordnet; wohl aber ist es die Ursache einer tiefen Entsittlichung der „Geistlichkeit; deßhalb steht es der gesetzgebenden Versammlung zu, das Gesetz, welches das Celibat erzwinge, zu widerrufen und dem „Papste kund zu thun, daß es unerläßig sei, die kirchlichen Strafen gegen die Verheirathung von Priestern zu widerrufen, und im „Falle dieser Widerruf nicht statt fände, diese Strafen zu nullificiren.“

„Daß Feijo, wenn auch ein solcher Gegner Roms, noch Regent werden konnte, zeigt, wie sehr schwach die römische Kirche in Brasilien ist; jedoch hat vor einigen Jahren Mgr. Bedini, Erzbischof von Theben und päpstlicher Nuntius zu Rio, einen sehr bedeutenden Rückschritt in religiöser Liberalität dort vorbereitet und wirklich sein in einem Berichte an den Papst gemachtes Versprechen, „daß er Brasilien fester als je an Rom binden werde", wenigstens dem Aeußern nach erfüllt. Er fing damit an, in der Kolonie Petropolis, kaum nach ihrem Entstehen, als Katholiken und Protestanten sich ohne viel Bedenken unter einander heiratheten, diese Verbindungen insgesammt als ehr- und gesetzlos und der kirchlichen Weihe unwürdig und alle daraus entsprungenen Kinder als uneheliche Kinder zu erklären. Die Regierung machte damals im Stillen einigen Widerstand, und einige liberale Blätter bezeichneten des Nuntius' Einmischung als höchst tadelnswerth, und der Nuntius, der bald darauf durch das gelbe Fieber abberufen wurde, zog sich schmollend aus Petropolis zurück mit der öffentlichen Klage gegen den Kaiser, daß dieser an der Controverse nicht Theil nehmen, noch seinen Einfluß dazu verwenden wolle, die Ausbreitung des Protestantismus zu verhindern."

„Darauf blieb es einige Zeit ruhig und die Sache war wie vergessen, bis der Bischof von Rio de Janeiro, um sich wenigstens auf eine Weise thätig in kirchlichen Sachen zu zeigen, den Sturm wieder heraufbeschwor."

„Die allgemeine Toleranz des Volkes darf aber nicht als auf Aufklärung begründet angesehen werden. Die Hauptursache ist ohne Zweifel die bisher geringe Anzahl der brasilianischen Geistlichen, ihre Unwissenheit und allgemeine Sittenlosigkeit. Die ganze Zahl von Geistlichen, welche im Budget aufgeführt ist, beläuft sich auf 1607 (unter diesen ist eine sehr große Zahl, die nie Kirchendienst verrichten), und das ist im Verhältniß zu einer Bevölkerung, die 7 Millionen übersteigt, sehr wenig. Die niedere Geistlichkeit besteht meist aus Mönchen, und diese sind am Aussterben. Ihre großen Klöster haben schon nicht mehr Bewohner genug, um sie sauber halten zu können, und das Gesetz verbietet neue Aufnahmen. Der Justizminister berichtete noch kürzlich, daß durchschnittlich zweimal mehr Geistliche sterben als ordinirt werden. „So groß", sagte ein Padre zu Dr. Kidder, „ist die Unwissenheit der Priester, daß viele derselben zu den Füßen ihrer eigenen Leute sitzen sollten, um von ihnen Unterricht in den Lehren des christlichen Glaubens zu empfangen. Unsere Kirche ist in Dunkelheit und wie verlassen."

„Die Unwissenheit und Trägheit der meisten Geistlichen ist geradezu unglaublich. Viele der Priester können nur mit knapper Noth den Gottesdienst ablesen. Mit Ausnahme von ein paar Padres der Hauptstadt denkt keiner daran, je eine Predigt zu halten, und jene beschäftigen sich dann nur mit dem heiligen Georg und dem Drachen, oder mit St. Denis ohne Kopf, oder den Gebeinen der Heiligen Priscilina! Von kirchlichen Besuchen weiß man nichts. Der Beichtstuhl macht den sich gänzlich fahren lassenden Padres gar keine Beschwerde, denn da ihre Leute deren Lebensweise genau kennen, so nimmt sich keiner die Mühe, einem Priester zu beichten, mit dessen Lebenswandel er den eigenen mit Selbstzufriedenheit vergleichen kann. Ihre ganze Beschäftigung im Jahre besteht darin, einige lärmende Kirchenfeste zu arrangiren, einige Messen zu sagen und bei Begräbnissen und Taufen zu functioniren."

„Das schlimmste von Allem aber ist die geradezu fast allgemeine Sittenlosigkeit, welche durch die ganze Länge und Breite des Landes unter den Geistlichen besteht. In jedem Jahresberichte muß der Justizminister hierüber Klage führen. Diese Sittenlosigkeit ist so groß, daß die Eingebornen nicht weniger davon betroffen sind als die Ausländer. Dr. Gardner (der ausgezeichnete Botaniker, der fast ganz Brasilien sechs Jahre lang bereiste), sagt: „Es ist ein hartes Ding auszusprechen, aber ich thue „es nicht ohne die reifste Erwägung, und behaupte: daß die gegenwärtige Geistlichkeit Brasiliens eine erniedrigtere „und unmoralischere Klasse von Menschen sind, als irgend eine andere im ganzen Reiche. Dr. Gardner, der so viel im Innern gereist ist, scheint dabei nicht einmal die Sklaven oder auch nur die Indianer ausgenommen zu haben!"

„Was im Volke überhaupt von Moralität vorhanden ist, besteht den Seelenhirten zum Trotze; aber die Folgen von diesem Zustande der Dinge sind auch wahrhaftig bedauerlich, und es ist die Meinung sorgsamer Beobachter, daß ein großer Umschlag bald eintreten muß, denn ganze Nationen können nicht auf die Dauer auf einen abgestorbenen Glauben leben."

Die Herren Kidder und Fletcher fanden während ihrer Zeit (von 1848—54) kein Hinderniß in der Verbreitung der Bibel und als sie einstmals an Bord eines brasilianischen Dampfers einem der Passagiere eine portugiesische von Padre Figueredo gegeben hatten und andere sie sahen, baten sie alle um eine, und ein brasilianischer Seeoffizier, der doch mehr gesehen haben mußte als Viele, sagte: „er sei nun 45 Jahre alt und habe nie vorher eine Santa Biblia in einer Sprache, die er verstanden habe, gesehen." Und dennoch ist dieser Fall nicht halb so auffällig als folgender: Ein deutscher Reisender, der stets einige nett gebundene sehr klein gedruckte neue Testamente von Figueredo in seinem Felleisen für empfänglich gestimmte Brasilianer in der Provinz Minas Geraes mit sich führte, war bei einem sehr begüterten Padre, Affonso hieß er, Eigenthümer der Fazenda da Lagoa, übernachtet und in Folge aufrichtiger Gastfreundschaft und vortrefflichen Tisches den ganzen folgenden Tag verweilt. Das große Haus und der weite Hof war voll von Kindern in allen Farben, von pechschwarz bis pergamentweiß im bunten Gemisch mit Schweinen, Schafen und Ziegen und einer Masse verschiedenartigen Geflügels, und der Padre war ein ganz gemüthlicher Patriarch seinen Sklaven gegenüber, wie gar viele andere Pflanzer damals (es ist nun jetzt 26 Jahre her), deren Söhne aus Gelddurst, Vergnügungssucht und Ehrgeiz der sanftesten Art zu Wütherichen gegen ihre Sklaven geworden sind. — So gab er denn dem guten Padre, der sonst ein ganz lebensfluger Mann war, und der auch eine eigene Hauskapelle hatte, worin er seiner eigenen Familie und Leuten bisweilen die Messe las, beim Scheiden eines jener Testamente. — Padre Affonso öffnet das Buch mit Wohlgefallen und liest ziemlich langsam den portugiesischen Titel „das neue Testament" u. s. w., übersetzt von Padre Figueredo u. s. w., dreht das andre Blatt um und liest ein paar Verse des ersten Kapitels und sieht dann den bereits zu Pferde sitzenden Gast mit dem ausgeprägtesten Erstaunen an und sagte: „Und das wäre wirklich die heilige Schrift in unserer Landessprache und in Allem gleich der ursprünglichen Urkunde im Lateinischen? Wie weit es die menschliche Intelligenz noch bringen mag! — Dieses nun war einer der angesehensten Padres in Minas und es war wohl auf 10 Stunden breit ihm niemand gleich im Ansehen als Diener der Kirche und als Taufwasserspender und Seelenheilbringer mit dem heiligen Oele!

Als Beispiel von Predigten, wie sie in der Hauptstadt Brasiliens von den berühmtesten Kirchenrednern abgehalten werden, folgende kurze Züge:

Beim lärmvollen Jahresfeste der heiligen Jungfrau da Gloria arbeitet sich der eifrige Redner durch eine unaufhörliche Kette von hyperbolistischen ganz abnormen Eulogien derselben durch, spricht nie anders als in Superlativen und weinert die ihm gegenüber aufgestellte Figur der Jungfrau häufig mit in der Fistel ausgesprochenen demüthigsten Bitten an und sagt dabei seinen gespannt aufschauenden Gläubigen:

„Die Glorien der heiligsten Jungfrau sind keine solchen, die mit denen anderer Menschen verglichen werden können, sondern nur allein mit den Glorien Gottes selbst." „Sie hat alles gethan, was Jesus Christus gethan hat, außer daß sie nicht mit ihm gestorben ist." „Jesus Christus war unabhängig von Gott dem Vater, aber nicht von seiner Mutter."

Ein anderer in Rio für seine Beredtsamkeit bewunderter Padre führte bei einer großen Festpredigt folgendes kirchengeschicht„liche Stück aus: „Die Magi vom Osten und die Könige des Orients kamen durch mühevolle Reisen aus entfernten Landen, war„fen sich auf die Knie vor unsrer Jungfrau und boten ihr ihre Kronen für ihre Hand: Aber sie schlug sie alle aus und gab „sie dem obscuren, dem bescheidenen aber frommen St. Joseph."

„Die Kirchen helfen sich zu Einnahmen durch Bettelprozessionen, denen Negermusikbanden voranziehen; auch wird das Interesse der Neger an den Prozessionen und ihre Opferbereitwilligkeit durch Verwendung von schwarzen Mutter Gottes in verschiedenen Formen, von schwarzen Heiligen und Engeln aller Art wach erhalten. Kommt eines dieser Heiligen-Bilder der Straße entlang, so hört man den Neger bisweilen sagen: da kommt mein Landsmann, meine Blutsverwandte! Das ganze Kirchensystem Brasiliens ist nicht mehr was es einst gewesen sein muß. Selbst äußerlich ist es in großem Verfall, denn vormals war dort die Kirche reich und mächtig. Auf jedem Hügel in und um Rio steht eine Kirche oder ein Kloster. Es sind deren wohl an 50 dort, aber viele davon sind schon über ein Jahrhundert unvollendet geblieben und werden es unter diesem System ganz sicherlich auch bleiben. Alle Klöster in Brasilien, Mönchs- wie Nonnenklöster, stehen in jeder Rücksicht im Verrufe, obschon noch heute mehrere der Mönchsklöster, wie z. B. das von St. Antonio in Rio und St. Antonio in Bahia für ihren Schutzpatron das volle Gehalt eines Obersten in der brasilianischen Armee beziehen (als welcher er also zweimal, vielleicht noch viel öfter für andere Klöster eingeschrieben ist), woraus sich auch wohl die Brasilianer das Beispiel der Pluralität der Gehalte geholt haben, denn diese kann bis ins 6- und 8fache bei hohen Staatsdienern nachgewiesen werden, aber darüber schweigt die freie Presse und die Deputirten ebenfalls, in der Hoffnung, ein gleiches Beneficium zu genießen."

„Als ein Werke hervorrufendes Princip ist die Kirche Brasiliens allem Anscheine nach völlig erstorben. So allgemein man sich auch zu der äußern Form des Romanismus bekennt, so spottet man derselben doch und die Geistlichkeit ist geradezu verachtet und viele Geistliche suchen sich in andern Professionen zu beschäftigen, z. B. als Advokaten oder Deputirte, um der Schmach, Priester zu sein, zu entgehen! Es ist ein Zustand, der nicht lange so fortdauern kann. Der Geist und die Macht des Christenthums ist dahin und schon völlig unbekannt. Es genügt zu sagen „ich bin ein schlechter Katholik", um sich für jeden Fehler Entschuldigung zu sichern. Die Doctrinen der römischen Kirche werden als eine von selbst verstandene Sache angenommen, aber niemand handelt ihnen gemäß und ihre practischen Gebote werden durchaus vernachlässigt. So schlecht auch einer ist, so kann er doch nicht schlechter sein als sein Priester; und alle allgemeinen Vorschriften oder Verbote, die irgendwie den Gläubigen lästig sein könnten, werden von Zeit zu Zeit aufgehoben. So hat z. B. der Bischof von S. Paulo das Gebot der Enthaltung von Fleischspeise am Mittwoch und Freitag während der Fastenzeit mit einem Schlage auf sechs Jahre beseitigt, und andere Bischöfe thun ähnliches, um sich gut zu stellen mit ihrem Publikum, oft um als Deputirte oder Senatoren gewählt zu werden! Die Frivolität des Gottesdienstes und die Unmoralität der Lehrer der Religion hat die Brasilianer zwar tolerant, aber auch zu Ungläubigen gemacht."

Zu diesen gründlichen Bemerkungen ist nur hinzuzufügen, daß der jetzige zähe Widerstand, den die geistliche Parthei (oder vielmehr die ultramontane) im Vereine mit den Landpotentaten, der Geltendmachung der im Volke gerade aus Indifferenz vorherrschenden Anschauungsweise in confessionellen Dingen entgegensetzt, ein letztes Aufgebot aller ihrer Kräfte zu sein scheint, durch welches sie sich noch einige Jahre zu großem Schaden des Landes behaupten mag und sehr wahrscheinlich behaupten wird, aber gewiß nicht auf die Dauer; und daß, sobald die Landpotentaten durch die Schwächung der Sklaverei, wie sie bevorsteht, und des Landmonopols (das noch vor dieser gebrochen werden muß, wenn die erstere nicht tief zerstörend auf das ganze sociale System Brasiliens einwirken soll), ihre Allmacht verlieren, auch die ganze Fabrik der brasil. Staatskirche zusammenfallen und einer verjüngten, gereinigten, wirklich toleranten Kirche Platz machen muß. Bis das geschehen ist, wäre es für gute Katholiken wenigstens eben so wenig zu rechtfertigen, besonders wenn sie Familien haben, nach Brasilien auszuwandern, als für Protestanten, denn das corrupte Unding, das dort römisch-katholische Kirche genannt wird, hätte sogar auf die Zerstörung ihres häuslichen Glückes und auf die Verbannung der heiligsten Gefühle aus ihren Familien einen noch unfehlbareren Einfluß als auf die von Protestanten.

Senhor M. da Cunha Galvao, jetziger Präsident von S. Catharina, ein sehr aufrichtiger und wohlmeinender Mann, wie er sich bereits als Präsident von Sergipe bewiesen hat, sagte noch im Januar d. J. in seinen guten Aufsätzen „Ideas politicas e administrativas“: „Der Zustand der Geistlichen in Brasilien ist der Art, daß sie nicht mehr auf die Arbeit und die Entsagungen, die zu ihrer Bestimmung gehören, bedacht sind. Es kann auch wirklich nicht gesagt werden, daß sie die Kenntnisse und Tugenden, wie sie dem Priester eigen sein sollten, besäßen. Es treten bei uns leider viele in diesen Stand ein, welche nicht einmal den wahren Beruf dazu fühlen und eben so wenig die nothwendigen Eigenschaften dazu besitzen. Eigentliche Seminarialerziehung genießen sie nicht und die sie genießen ist schlecht, lose und ohne Disciplin. Wahrhaften Religionsdienst üben weder sie selbst noch ihre Superioren. Die Parochen und Vigarios rufen ihren Gemeinden selbst nicht bei Gelegenheit der Conventual-Messen durch Predigt oder sonstige Auslegung die Grundsätze des Glaubens und der Moral ins Gedächtniß. Sie besuchen sogar nicht die Kranken, um ihre Seelen zu beruhigen. Nicht einmal des Sonntags erklären sie den Kindern den Catechismus. Kurz, der Clerus unsrer Kirche befindet sich in einem Zustande großer Unthätigkeit und Gleichgültigkeit gegen seine Pflichten (inertia e apathia).“

Was kann man wohl für einen Begriff von Gottes Haus haben, wenn man es am Jahresfeste der Unabhängigkeit von Innen mit den National-Farben, grün und gelb, behängt und die Thüren der Kirche ganz mit breiten Streifen derselben Farben bemalt, wie noch letzhin in der meist besuchten Kirche von Candelaria geschah, die so mehr einer Kaffeebude als einer Kirche gleich wurde.

Der Deutsche Karl Tapke, lutherischer Confession, Clavierfabrikant, war lebensgefährlich erkrankt. Da holten seine Hausleute schnell den Pater Encitia herbei, der ihn sub conditione et caso urgenti taufte, dann die Beicht abnahm und darauf die heilige Oelung durch den Padre-mestre und Kapellan Braulio Ludgerio de Rego Monteiro appliciren ließ. (Wörtliche Uebersetzung aus dem „Jornal do Commercio“ vom 2. März 1860.)

Auch der Tyroler Missionarius Gleizner macht viel Sensation in Conceiçao Fria. In den letzten Tagen fanden Missionspredigten in dem Kirchspiele von Umburanas, 8 Legoas von Cachoeira, 40 Legoas von Rio, statt; sie wurden von dem Reverenden Kapuziner Frater Jose de Caltarisset auf Verlangen des Rev. Padre-mestre Jose Freitas de Almeida abgehalten. Es waren über 6000 Personen zusammen gekommen, um den Missionar predigen zu hören und die Firmelung (Chrisma) wurde an jenem Tage mehr als 500 Personen applicirt (applicada). So drückt sich nämlich der von dem respectiven Geistlichen gegebene Bericht aus! —

In Bahia führten die Lazaristenmönche, Vorsteher des Seminariums, ein so ungeregeltes Leben in ihren Zellen mit den barmherzigen Schwestern, daß alle Eltern ihre Kinder dem Seminarium entzogen, um nicht länger so schlimmem Beispiel ausgesetzt zu sein. („Brasilia“, 27. Febr. 1860.)

Aehnliche Skandale fielen auch im vergangenen Jahre in der Stadt Para vor zwischen den von Regierungswegen angestellten Erzieherinnen und den dortigen Geistlichen, so daß die Eltern deßhalb ihre Kinder nicht mehr nach der Schule gehen ließen.

Wie groß das religiöse Gefühl in Para, einem Bischofsitze, sein mag, möge man aus Folgendem entnehmen: In den 20er Jahren, bald nach seiner Rückkehr aus Brasilien, sandte Herr Professor Dr. von Martius ein kostspieliges großes eisernes Kreuz an den dortigen Bischof, in Erfüllung eines Gelübdes, das er bei seiner glücklichen Ankunft in Para aus dem Innern gemacht hatte. Das Kreuz war richtig angekommen und gelandet, aber auf dem Fleck, wo es gelandet war, blieb es auch liegen, trotz seiner vergoldeten Inschrift und dem im Lande äußerlich so verehrten Bildniß des Gekreuzigten, und nach einigen Jahren war es viele Fuß tief unter dem stets wachsenden Boden des Landungsplatzes versunken! Der Bischof hatte nicht einmal geantwortet! Da Herr Martius fühlte, daß sein Gelübde auf diese Weise unerfüllt geblieben war, ließ er in den 50er Jahren, also an 25 Jahre später, ein anderes eisernes Kreuz in München anfertigen, das auch richtig ankam, aber ebenso und fast an derselben Landungsstelle liegen geblieben ist wie das vorherige und bereits viele Fuße unter der angeschwemmten Erde und Stadtschmutz versunken ist. Es war nie, wiewohl auch das frühere nicht, auch nur einen Zollbreit von bras. Hand weiterbewegt oder gehoben worden! Freilich hätte man vermuthen dürfen, daß Bischöfe für das Symbol der christlichen Kirche, von Meisterhand wie in diesem Falle hergestellt, einiges Interesse und Gefühl zeigen würden, und diese geradezu gottvergessene Gleichgültigkeit ist wohl bei Weitem nicht so erklärbar, als das ähnliche Versinken und Verschüttenlassen der wichtigsten Theile von den aus England mit einer Auslage von ca. 26,000 L. bezogenen Maschinen der vollkommensten Münze, die es damals irgendwo gegeben hatte, am Landungsplatze des Rio-Zollhauses; denn in Brasilien ist es Regel, daß ein Minister nie das von seinem Vorfahren Unternommene fortsetzt, und wenn der Lieferant diesen Grundsatz kannte, wie man vermuthet, so konnte irgend eine alte Maschine für die Sendung verwendet werden und Sicherheitsmittel in Fülle dafür gefunden werden, daß sie nie aufgestellt würde.

Hoffentlich wird die deutsche Literatur bald mit einem Werke über die brasilianische Geistlichkeit aus der brasilischen Feder des Dr. Lallemant bereichert werden. Folgende Bemerkung auf seiner Nordreise berechtigt uns zu dieser Hoffnung: „In Xingu bekamen wir noch ein halbes Dutzend Passagiere; einen Padre reverendissimo mit seiner Concubine und Sohn, Schwägerin und Schwiegermutter, welche in aller Naivetät du vice die Fahrt mit uns fortsetzten. Solche kleine Penchants der brasil. Geistlichkeit zur Fleischlichkeit dürfen gar nicht mehr auffallen, wie wir wohl einmal später Gelegenheit haben werden, diese Herren ihren Wegen aufzufinden, die in ihrer Liederlichkeit wirklich humoristisch sind.“ —

Ein solcher Fall ist gewiß folgender, welchen das „Jorn. do Com.“ vor ca. 2 Jahren mit Angabe des Orts in Minas und aller Betheiligten gab: Dort in einem kleinen Dorfe war alles zu einer Heirath vorbereitet, man erwartete nur den Parocho, der auch bald zu Pferd aus der Pfarrei, die mehrere Stunden entfernt war, mit seiner Amazia (Concubine oder Frau), ebenfalls zu Pferde zu seiner Seite, und einem Negerläufer eintraf. Nach eingenommenem guten Frühstück machte sich der Parocho an den einleitenden Schritt zur Trauungs-Ceremonie in Brasilien, zur Beichtabnahme der Frau. Zu diesem Behufe nahm er diese in ein abgelegenes Zimmer, schloß sich dort mit ihr ein und verblieb so nahe an 2 Stunden trotz aller Ungeduld des Bräutigams, seiner eigenen Amazia selbst und der Eingeladenen. Nach seinem Wiedererscheinen erklärte er, daß er die Trauung nicht vollziehen könne, weil die Braut noch nicht hinreichend über einige Glaubenspunkte unterrichtet sei und daß er deßhalb noch einigemale „geistige Exercitien“ mit ihr wiederholen müsse. — Die Ehe fand nicht statt und der Reverendissimo kam wenigstens diesmal mit heiler Haut davon. Den weitern Verlauf der Sache giebt das Blatt nicht. —

In Rio ist es nichts Auffallendes, einen Domherrn (Conego) mit wenigstens einer Frau und 6 bis 8 Kindern an seinem Tische sitzen oder mit der ersteren im Fenster liegen zu sehen. Wie muß es da im Innern des Landes zugehen? Schreiber dieses hat selbst gesehen, wie von mehreren Töchtern eines solchen Domherrn, an dessen Tisch er als Gast mit saß, die älteste aufstand, ins Nebenzimmer ging und von dort den geistlichen Anzug des Vaters brachte und sagte: „Vater, es ist Zeit, zum Begräbniß zu gehen“, und wie sie ihm bei der Umkleidung von dem spärlichsten Negligé in einen vollen Geistlichen-Anzug beistand.

Ein anderer großer Skandal fiel erst vor zwei Jahren in der Stadt Maragojipe bei Bahia vor. Dort machte der Parocho eine große kirchliche Ceremonie, als sein ältester Sohn zum ersten Male die Messe las, und ließ dessen eigene Mutter, die einen der ersten Sitze in der Kirche hatte, an den Altar treten, um dort ihrem Sohne die Hand ehrerbietig zu küssen. Dann hielt er eine Predigt über den Stammbaum seiner und seiner Concubine Familie. Das fand denn doch eine der ersten Familien des Orts, die auch bei der Feierlichkeit zugegen war und mit der er von der Kanzel herab Verwandtschaft auf diese Weise beanspruchte, zu arg und entfernte sich aus der Kirche. Hieraus entsprang denn eine solche Fehde, daß Lebensnachstellungen von beiden Seiten stattfanden und der Parocho nach Bahia flüchten mußte.

Frau Pfeiffer sagt auch: „Sittlichkeit ist keineswegs allgemein in Brasilien; eine der Ursachen hievon liegt in der Erziehungsweise der Kinder. Von ihrer ersten Jugend an werden diese insgesammt den Schwarzen übergeben. Die Negerinnen sind ihre Säuge-Ammen, ihre Begleiterinnen überall und ihre Aufseherinnen, und oft habe ich Mädchen von 8 und 10 Jahren von jungen Negerburschen begleitet nach der Schule gehen sehen. Da nun die Sinnlichkeit der Neger zu bekannt ist, so kann man sich gar nicht wundern über die bestehende allgemeine Unsittlichkeit. Nirgend wo anders in der Welt habe ich je so viele Kinder mit bleichen und abgefallenen Gesichtern gesehen, als in den Straßen Rios. — Eine zweite Ursache der Unsittlichkeit ist ohne Zweifel der Mangel an Religion; denn trotz der unzähligen Kirchenfeste, welche nur der Zerstreuung halber besucht werden, ist ein wahres religiöses Gefühl gar nicht vorhanden, daher auch die Häufigkeit von Mordthaten weniger um des Raubes willen, als aus Beweggründen des Hasses und der Rache. Der Mörder läßt oft die That durch einen seiner Sklaven vollbringen, der ihn um eine Kleinigkeit begehrt; und er braucht nicht sehr bange zu sein wegen der Entdeckung, wenn er reich ist, denn in Brasilien (so wurde mir von glaubwürdiger Seite versichert), *kann alles mit Geld abgemacht* werden. Es wurden mir in Rio selbst mehrere Männer gezeigt, welche entweder selbst oder durch Vermittelung Anderer nicht bloß *einen* Mord, sondern *mehrere* begangen hatten und dennoch völlig frei umhergingen und sogar Zutritt in jede Gesellschaft hatten!"

Wohl bekannt dürften den über Brasilien Belesenen die in den letzten sechs Jahren erschienenen bedeutenden französischen Werke über Brasilien sein, und die Uebereinstimmung, mit welcher die Autoren eines *katholischen* Landes die Geistlichkeit Brasiliens der Verachtung preisgeben; so dürfte es hinreichen, hier nur die Schlußbemerkung Dabadie's zu übertragen: Ces prêtres du Brésil sont plutôt les serviteurs du Diable que de Dieu! ils aiment surtout la buetophalie!

Uebrigens muß dem gesunden Menschenverstande der Brasilianer überhaupt und dem Anstandsgefühle selbst der niedrigst stehenden freien Klassen das Recht gelassen werden, daß sich Niemand durch gesellschaftliche Beziehungen mit der Mehrzahl der Geistlichen beehrt oder erquickt fühlt und daß, wenn auch nicht häufige Morde an Geistlichen im Innern, die sich durch Prozeßsucht und Anmaßung und gar oft durch die ungeziemendsten Beleidigungen der Familienehre auszeichnen, vorkommen, es großentheils dem Umstande zuzuschreiben ist, daß in dem Volke noch zwischen dem Mord eines Geistlichen (*assassinio sacrilego*) und einem gewöhnlichen Assassinate ein sehr schätzender Unterschied gemacht wird, — deßhalb aber bleiben sie doch nicht vor häufigen schmählichen Züchtigungen gesichert, die sogar ihr Leben sehr nahe gefährden, worunter schon mehrfach der Fall eingetreten ist, daß sie einer Operation unterworfen wurden, welche ihnen das Hauptmotiv zur Beunruhigung der Familien benimmt. —

Nehmen wir nun an, daß es selbst in den brasilianischen Kammern noch eine Partei giebt, die ihr Heil in dem Zusammenwirken mit einer solchen Menschenklasse sucht, die sogar laut in derselben behauptete: „die protestantische Confession schlösse jedes Princip der Nächstenliebe aus (ein Senhor *Junqueira* hat dies dort *ohne ein* Wort des Widerspruchs äußern können), so ist es Jedermann klar, daß man einen solchen Krater der Unwissenheit, der Heuchelei und des Eigennutzes erst austoben lassen muß, ehe man sich ihm nähert, um an dessen Abhängen *friedliche* Hütten zu bauen.

Nach den neuesten Nachrichten aus Rio Grande ist dort bei einem angesehenen und wohlhabenden deutschen Kaufmann, Haus- und Landbesitzer zugleich, der bereits 30 Jahre im Lande lebt und dessen verstorbene Frau eine *Protestantin* war, von der er mehrere erwachsene Kinder hat, *gegen dessen entschlossenste Einwendung* eine gerichtliche Aufnahme seines Eigenthums gemacht worden, dessen Verwaltung der Waisenrichter beansprucht! Der so Betroffene ist ein preußischer Unterthan und Katholik.

Ebenso ist Anfangs Mai eine deutsche Wittwe in Rio, die *katholisch* ist, während ihr kürzlich verstorbener Mann *protestantisch* war, von dem Waisenrichter wie folgt behandelt worden: Sie war 14 Jahre verheirathet und es bestehen 7 Kinder. Nun hat sich der Waisenrichter in Besitz des ganzen Eigenthums gesetzt und die Mutter, welche die Kinder zu ernähren und zu erziehen hat, ganz von aller Verfügung darüber ausgeschlossen und will sie ganz *enterben*, weil ihre Ehe *nur als ein Concubinat anzusehen wäre*. — Die „Brasilia" sagt hierzu: „Wenn man nur *ehrlich* und consequent in diesen Verfolgungen wäre und durch die Behörden und öffentlichen Blätter die Protestanten in Deutschland auf dergleichen Gefahren aufmerksam machte, um alle aufzuhalten, nach diesem intoleranten Lande auszuwandern."

Unglaublich erscheint es fast, daß die Regierung eines Landes, das nach Bevölkerung schreit, solche gehässige Verbrechen gegen die heiligsten Gefühle der Familie und zugleich gegen das Eigenthum ruhig begehen lasse und dabei noch zugiebt, daß ihr **Gesandter** in Deutschland die Opfer einer solchen Behandlung stets noch durch falsche Darstellungen über die Zustände Brasiliens vermehre!"

Frau Ida *Pfeiffer* sagte auch vor nun 13 Jahren: „Brasilien braucht Hände zum Arbeiten und *Köpfe zum Denken*; aber es fehlt diesem von Vielen zum verheißenen erhobenen Lande trotz vieler Vortheile, die es besitzt, gar Vieles, um es zu einem wünschenswerthen Land für den Einwanderer zu machen. Es ist ein *gottloses* Land, es ist ein träges Land, es ist ein unsittliches Land, es ist ein unwissendes Land. Ein ausgezeichneter **Staatsmann** sagte mir: „Ein schmaler Streifen längst der Küste „ist alles, was wir von einiger Civilisation haben, und das ganze Innere unseres Landes und dessen Bewohner sind noch zum gro„ßen Theile in *Barbarei*. Wir sind nicht im Stande gewesen, etwas zu vollbringen, denn nichts kann geschehen, *ohne den Bei„stand einer sittlichen und verständigen Geistlichkeit*."

Die Warnungen der Frau Pfeiffer vor Auswanderung nach Brasilien waren *entschiedener* Art und wohlmotivirt und haben sich durchaus als *wohlbegründet* bewährt. Sie scheint nämlich gerade im Jahre 1847 in Rio gewesen zu sein, als jene ersten Sendungen von Parceria-Kolonisten des Senhor *Arauso* ankamen, die bis heute noch zum größten Theil sich den drückenden solidarischen Contracten nicht entwinden konnten oder es nur im Zustande des größten Elendes, wie so eben der Rest solcher Kolonisten auf der Pflanzung St. Justa, zu thun vermochten.

In welchen großartigen Humbug verwandelt sich doch in den Augen des Lesers der schlicht und rechten Ansichten dieser *Frau* über die Auswanderung nach Brasilien die pompöse Maschinerie des *Berliner Central-Vereins* für Auswanderungs-Angelegenheiten, der denselben nicht einmal Verbreitung verschaffte und vorzog, sich selbst einige nicht kalte und nicht warme Zeilen über Brasilien zusammen zu stellen, dann 5 Jahre lang wie narcotisirt zu verstummen, endlich nur einmal wieder, *weil gezwungen*, ein Lebenszeichen von sich zu geben, aber auch dann *nur einmal* zu sprechen und das meist zur Belobigung *seiner selbst*, d. h. *des Vorstandes* eines Vereins, der schon von allen Mitgliedern, außer denen die diesen Vorstand selbst bilden, verlassen war, um von da an bei allen den Gefahren, die noch immer den deutschen Auswanderern drohen, von neuem *drei Jahre lang* zu schweigen!

Dabadie sagt in seinem neuesten Werke über Süd-Amerika „*A travers l'Amerique du Sud*" (Paris 1859): „Wahrhaft empörend und Entsetzen erregend ist das Verhalten der brasilianischen *Geistlichen* den Sklaven gegenüber. Im flagrantem Widerspruche zur Genesis, mit welcher die Geistlichen und Mönche die Einheit der menschlichen Race vertheidigen und mit dem Evangelium, welches die Widergeburt aller Söhne Adams und ihre Gleichheit lehrt, besitzen sie Sklaven als Hausthiere und Dinge, und sind weit davon entfernt, ihnen eine bessere Lage zu gewähren als irgend andere Herren.

Da das Interesse ihrer Stola, ihres Einflusses und ihres Beutels stärker ist als die Logik, so haben sie die Großmuth, die Schwarzen als Menschen anzuerkennen und sie selbst zu den Sacramenten zuzulassen, so lange sie dieselben *dabei ausbeuten* können. Deßhalb taufen sie sie, lesen ihnen Messe in einer besondern Kirche und copuliren sie auch gelegentlich, *wenn sie dafür bezahlen*. Sie senden Vagabonden in fettschmutziger Seide gehüllt mit einem Kruzifixe und einer Sparbüchse in der Hand in die Versammlungen, um den Unglücklichen ihre Sparpfennige, die sie im Schweiße ihres Angesichts verdienen müssen, abzulocken. Wird aber ein Neger krank, wo er dann auch gleich *nichts* mehr *zu geben* hat, so ist er für sie alsbald *kein* Mensch mehr. Der Geistliche versagt ihm dann jeden religiösen Trost, denkt nicht weiter an ihn und läßt ihn dann einscharren wie einen Hund."

Dabadie erzählt ferner: „Eine Dame von 18 Jahren, die sehr schön und in Gesellschaft überaus schüchtern war, war ein wahrer Caligula gegen ihre männlichen und weiblichen Sklaven. Kam der Feitor, um ihr zu sagen, daß dieser Neger oder jene Negerin, den sie verurtheilt hatte, eine bestimmte Anzahl von Peitschenhieben zu empfangen, auf dem ganzen Leibe keine unverletzte Stelle mehr habe, so sagte sie: Nun, so breche man ihm die Zähne ab! Und die Zähne wurden ihm mit einem Eisenstäbchen abgebrochen!

„Eine andere junge Dame, von einer bezaubernden Schönheit und von einer „ausgezeichneten Erziehung", die an einem portugiesischen Staatsbeamten verheirathet war, empfing beim Ableben ihres Vaters, eines Fazendeiro in Tejuca (2 Stunden von Rio), 40 Neger als ihren Erbtheil. Sie entfaltete jedoch diesen gegenüber eine solche Ferocität, daß kein Feitor das Herz hatte, ihre Befehle auszuführen. Dieses parfümirte Ungeheuer mit Engelszügen (?) brachte es dahin, daß innerhalb 2 Jahren alle ihre Schwarzen unter der Peitsche ihren Geist aufgegeben hatten!"

„Alle Bemerkungen sind überflüssig bei solchen Abscheulichkeiten. Man dürfte vielleicht sagen, das wären exceptionelle Fälle. Aber ach! wir könnten hundert ähnliche Fälle anführen. Unterrichtend, aber verzweiflungsvoll wäre die Geschichte, welche die Leiden und Schandthaten wiedergäbe, welche in Brasilien durch die Sklaverei hervorgebracht werden. Ja sogar ein Franzose zu Rio, der die Peitsche noch zu gelinde erachtete, hatte den Brauch angenommen, seine Neger mit einem Bambusrohr auf die Kniee zu schlagen. — „Das greift besser ein" („cela cuit d'avantage"), sagte er mir. — Das Correctionshaus von Rio ist von Außen ein Palast, von innen ist es eine Hölle. In dessen von Sonnengluth übergossenen Höfen und unter dunkeln Gängen ertönen den ganzen Tag hindurch das Geschrei der Opfer und die Flüche der Henker! Dort schluckt die Erde das Blut ein und die Mauern schwitzen von dem Angstschweiß und von den Thränen der Opfer."

Wenn ein Sklave einen Fehler begangen hat oder wenn ihn sein Herr nur ungelehrig findet, so schickt er ihn dahin und bestimmt die Anzahl Hiebe, die er jeden Tag empfangen soll, so lange er dort ist. *Vom Staate besoldete Schergen*, die ganz auf dieses Geschäft eingeschult sind, bemächtigen sich sogleich beim Eintritte des Sklaven, rasiren ihm das Haupt [1]) und bringen ihm auf der Stelle die erste Portion der anbefohlenen Züchtigung mit einem Eifer, der an Wuth grenzt, bei. Nach einer bestehenden *Regulative* sollen einem Individuum nicht mehr als 25 Hiebe an demselben Tage gegeben werden, aber sie werden mit so kräftigem Arme ertheilt, daß bei dem dritten Hiebe die Haut schon abgeht!"

---

[1]) Ebendasselbe war vor 4 Jahren auch mit *deutschen* Parceria-Kolonisten in St. Paulo geschehen.

„Alle, welche die Erniedrigung der Priester und Mönche von Süd-Amerika gesehen haben, müssen sich die Frage stellen, wozu sie dienen? Feige Flüchtlinge vor dem Altare, dessen Vertheidigung ihnen obliegt, Verächter aller Moral, lebendige Muster der 7 Hauptsünden, Auswurf der Menschheit, thun sie nichts zur Befestigung der Religion, verursachen ihr aber einen ungeheuren Schaden. Besonders sind die Klöster von Brasilien und Peru wahre Zufluchtsorte der Unwissenheit und Mistbeete der Verderbtheit, sie sind wahre Geißeln und Plagen des Katholicismus der Länder, welche das Unglück haben, sie zu dulden, und wenn der Papst sie nicht abschaffen will, so müssen die Regierungen sie abschaffen; dieses zu thun ist nicht nur das Recht, sondern auch die Pflicht der Regierungen.“ —

Wir führen noch einen von einem halben Dutzend ähnlichen skandalösen Fällen an, welcher innerhalb dieses Jahres unter der kleinen deutschen Bevölkerung in Brasilien stattfand, weil eine große Zahl nichtswürdiger Jesuiten und fanatischer Kapuziner, die meist vom Staate bezahlt werden, sich die Schürung in diesem Sinne zur Hauptausgabe gemacht hat. Der „Correio Mercantil“ gibt ihn. Ein protestantisches Kolonistenmädchen verheirathet sich mit einem katholischen deutschen Landsmanne. Sie leben 5 Jahre glücklich und haben ein Kind. Die Tyroler Jesuiten finden aus, daß sie nur in der protestantischen Kapelle getraut sind, weil der Mann gar nicht gewünscht hatte, auch noch in der katholischen getraut zu werden. — Nun setzen sie aber diesem so zu, daß er seine Frau täglich als eine Ketzerin mißhandelt und das in dem Grade, daß sie eine vorzeitige Niederkunft hatte. Noch ehe sie aber genesen, hat dieser Mann, dessen Ehe jene „Geistliche“ als ungültig erklärt hatten, mit deren Beistand eine Katholikin geheirathet und will nun selbst seinen eigenen Sohn von der ersten Frau nicht anerkennen!

Schwarzenbehandlung. Oeffentliche Sittlichkeit und Anstand. Stimmung der Schwarzen.

Die Behandlung der Neger selbst auf den Straßen Rios, dessen Bevölkerung zum vierten Theile aus Ausländern besteht, wo der Kaiser residirt und sich fast alle Bildung des Landes vereint und außerdem eine große Anzahl Geistlicher ist, ist noch geradezu unmenschlich, und häufig sieht man sie, beiden Geschlechts, mit schweren eisernen grobgeschmiedeten Halsringen von 10 bis 12 Pfund Gewicht, an deren Hintertheil ein anderthalb Fuß hoher Haken befestigt ist, — Andere mit einer Fußkette, an einem schweren Ringe über dem Knöchel befestigt, woran ein oft drei Fuß langer schwerer Holzklotz befestigt ist, den der Arme stets in der Hand tragen und dabei Gänge machen und arbeiten muß. — andere mit einer eisernen Maske überm Gesicht und an der Rückseite mit einem Hängeschloß befestigt, wieder andere, die zu 6 und 8 an einander gekettet sind, ohne irgend eines Vergehens schuldig zu sein, bloß um die saubere dortige Justiz gegen die Flucht derselben zu schützen, bis das Eigenthum einer Erbschaft, zu der sie gehören, in einem 20-jährigen Prozesse verlaborirt sein wird. Wenige der Neger, welche an den hiesigen Quai's, im Zollhause oder auf den Straßen um Lohn arbeiten, (fast alle ohne ein Hemd auf dem Leibe), sind ohne Schrammen in allen Richtungen auf dem Rücken, die Spuren schwerer Geißelungen, und wohl der zwanzigste oder doch dreißigste hat ein Auge durch jähzornige Peitschenhiebe über das Gesicht verloren. —

Unglaublich würde es manchen in Europa erscheinen, daß in der Bay von Rio noch eine große Anzahl Nachen und Canoen herumsegeln, deren Bemannung weniger Leibesbedeckung an sich hat als der Neger am Niger selbst, und in der That gar keine, weil es ihnen der Geiz ihrer Herren nicht erlaubt, die vielleicht 40 oder 50 Thlr. für eine Loge im Theater an einem einzigen Abend geben. Ja man sieht diese Neger oft völlig nackt an den Quai's ihre Lasten ans Land bringen oder sich baden auf wenige Schritte von den Orten, wo der Städter sich einen Mund voll frischer Luft zu holen pflegt. — Jedoch ist dies bei Weitem nicht das dem Anstand und der Sittlichkeit widerstrebendste, was sich in den Straßen der brasilianischen Städte dem Auge darbietet und das hier mit Stillschweigen übergangen werden muß.

Nicht zu verkennen ist, daß die Schwarzen, selbst die Sklaven, in den größeren Städten Brasiliens stets aufsehnerischer werden und sich gar nicht selten bei Mißhandlungen, die ihnen nur zu oft geboten werden, vertheidigen und dann sogleich bis zum äußersten schreiten, weil sie selbst beim Todschlag keine so strenge Strafe erfahren, obgleich sie dem Staatsgefängnisse anheimfallen, als bei geringeren Vergehen gegen ihren Herrn oder andere Weiße. Mancher Herr, aber bei Weitem mehr Herrinnen, welche letzteren meist am grausamsten gegen ihre Sklaven sind, werden im Jahre durch ihre eigenen Sklaven getödtet, vergiftet oder verletzt, und die Polizei sucht derlei Fälle so wenig aufzuklären als möglich, ja die Familien selbst suchen sie zu vertuschen, oft schon um des Werths des Sklaven halber, der verloren wäre, wenn er den Händen der Gerechtigkeit (!) verfiele, und den man lieber nach einer andern Provinz zu verkaufen sucht.

Da auch äußerer Anstand und Sitte Kleinodien sind, welche den Werth des Lebens um Vieles erhöhen, so müssen wir Auswanderungslustigen doch auch eine Idee geben was in dieser Beziehung in Brasilien noch vorgehen kann, eben weil die Sklaverei alles Zartgefühl und alle Sittlichkeit verscheucht:

„An Bord des splendiden Küstendampfers „Oyapock“ von 900 Tonnen, wo alles auf europäische Weise eingerichtet ist, und wo Dr. Lallemant eine große Anzahl Passagiere aus den ersten Klassen der brasilianischen Gesellschaft fand, traf er auf dem Sopha liegend ohne Hemd und nur mit einer Unterhose bekleidet, einen dicken, weißen Brasilianer lang ausgestreckt. Ihm gegenüber im untern Cabinbette lag ein wohlbeleibter dunkler Mulatte vollkommen nackt auf dem Rücken, als ob er unter den Indianern aufgewachsen wäre, und blies die Flöte — alles in hellester Beleuchtung.“

Hierüber sagt Lallemant: Mich frappirte die maßlose Schamlosigkeit in solchem Grade, daß ich starr stehen blieb, dann aber, als Beide nicht die geringste Miene machten, dieser Position Einhalt zu thun, in einige bittere Worte gegen den Mulatten ausbrach, der eben so frech in seinen Reden, wie schamlos in seinem Daliegen war, und nachdem er so ein anständiges Ohr und Auge auf das tiefste beleidigt hatte, auch noch meine Nase auf das schauderhafteste mit jenem unleidlichen Geruch afficirte, der schmutzigen Mulatten und Negern eigen ist, des boshaften Catull's (69)

— — — mala fabula, qua tibi fertur,
Valle sub alarum trux habitare caper.

Als ich die Geschichte an Bord erzählte, erfuhr ich nun, daß der Mulatte — ein Doctor juris utriusque war und Municipal-Richter in der Provinzialstadt Vigia!

Der beginnende Farbenstreit in Brasilien. Das Selbstlob, von „Sang pur“ zu sein, taucht schon hier und da in den politischen Discussionen auf, sowie auf der andern Seite der Stolz „legitimo filho da terra“, d. h. ein Farbiger zu sein, und es wird nicht lange währen, daß diese Scheidung die furchtbarsten Folgen bringen wird.

Bei einer Concurrenz um eine höhere Offiziersstelle der Nationalgarde der Stadt Bahia zwischen zwei Herren, beide von sehr langathmigen Namen, machte der eine in der Presse die Insinuation, der andere habe eine Sklavin zur Mutter gehabt; da ließ ihm dieser wenige Tage darauf auf demselben Wege das Taufzeugniß seiner Mutter, einer jener unzähligen „Delphina Custodia de Amor Divino“, als in der Cathedrale und als Creolin-Sklavin im Jahre 1804 getauft, abdrucken, — so waren denn beide Theile, welche früher ihre Nase so hoch über die Afrikaner erhoben hatten, quitt. — So weit, so gut — und dieses könnte eine gesunde Lection für wohl die Hälfte der Freien der Stadt Bahia sein, — aber das Schlimme und Gefährliche liegt darin, daß andere Offiziere der Nationalgarde von nun an nicht mit ihnen dienen wollen.

Am Vorabende der allgemeinen Wahlen fanden sich in den meisten conservativen Blättern Anzeigen folgender Art:

„Guter Rath von einem Freunde: Wer nicht aus völlig freiem Leibe (ventre inteiramente livre) geboren ist, „wage nicht, Wähler werden zu wollen. Ein wohlmeinender für den Berathenen.“

Man sieht zwar, daß hier weder nach kirchlich gesetzlichem Ursprunge, der in Brasilien trotz alles Geschreies über das ketzerische kirchliche Concubinat schwerlich von einem Drittheil der Bevölkerung beansprucht werden könnte, noch auch nach der Farbe des Wählers gefragt wird; es soll der Wähler nur nicht eine Sklavin zur Mutter gehabt haben. Allmählig aber, vielleicht sehr schnell, werden die Ansprüche gesteigert werden und bald wird man sich einander mit Aufmerksamkeit auf die Finger-Nägel-Wurzel sehen, denn dort ist das sicherste und fast unvertilgbare Zeichen selbst bis ins siebente und achte Glied, von der Abkunft von dem aethiopischen Stamme. Dieser Umstand ist für den pariser Handschuhhandel von bedeutender Wichtigkeit in Brasilien.

Aus Obigem schon mag entnommen werden, welchen socialen Zuständen jene Provinz entgegen geht, deren Nationalgarde, Polizeimannschaft und selbst reguläre Truppen wenigstens zur Hälfte aus Farbigen besteht, deren Mütter noch Sklavinnen waren. Als eine Probe, mit welchem Anstande politische Discussionen in Brasilien geführt werden, und wie auch das Ernsteste mit niedrigen Gedanken vermischt wird, um dem öffentlichen Geschmacke mundgerecht zu werden, sei hier nur der von den Oppositionsblättern dem Präsidenten von Bahia beigelegte Neben-Name, deren in Brasilien jeder ehrliche und unehrliche Bürger einen trägt, erwähnt, derselbe ist „die fatiguirte Messalina!“

Ueberhaupt kann sich die brasilianische Tagespresse selbst bei der Besprechung der ernstesten Gegenstände obscener Gedanken nicht entschlagen. Sie kennt wohl den Geschmack ihres Publikums und richtet sich mit nicht minderer Aengstlichkeit darnach als einige brasilianischen Gesandten in Deutschland sich nach den Geheißen der Landpotentaten, die nach ihnen „recht eigentlich die Regierung ausmachen", richten. So machte vor wenigen Monaten noch ein erfahrener Berichterstatter des Handelsstandes von Bahia bei der Aufführung der Ursachen der Schwierigkeiten des Geldmarktes den Vergleich mit diesem, wie er von den Regierungsmaßregelungen erlahmt sei, und einer mit auseinander gezogenen Händen und Füßen um einen Baum gebundenen und preisgegebenen Jungfrau! — Derlei Metaphern sind gang und gebe und keine Seele hat dagegen ein Wort einzuwenden.

Englische Bedingungen für Niederlassungen und Colonisation.

„Nachdem wir alle möglichen Irrthümer und Thorheiten in Colonisation durchgemacht haben, sind wir endlich zu einigen wenigen Grundsätzen und Regeln gelangt, nach welchen wir unsere Colonisations-Operationen richten. Diese sind ganz und gar verschieden von den Regeln, welche alle andern europäischen Nationen befolgen.

Wir haben die Gründung von Colonien in tropischen und in gemäßigten Breitegraden versucht und haben in beiden bedeutende Erfahrungen gemacht, die uns zu dem Schlusse geführt haben, daß die einzigen Colonien, welche wir in Zukunft anzupflanzen haben, solche sein müssen, welche in Klima und Lage der Vermehrung unserer Race in sich selbst und einer unverfälschten gesunden Verbreitung unserer Institutionen günstig sind.

Durch die Nichachtung dieser Grundsätze haben sich Holland, Spanien, Frankreich und Dänemark mit Besitzungen belastet, welche ihren europäischen Einwohnern keine dauerhafte Heimath bieten und stets dem Mutterlande schwere Lasten auferlegen, ohne wie unser indisches Reich durch seine ungeheure Bevölkerungszahl eine Entschädigung durch Handel zu bieten. [1])

Wir sind endlich zu der Ueberzeugung gekommen, daß die beste Art zu colonisiren die ist, die Colonien zu einem für englische Männer und Frauen wünschenswerthen Platz zu machen und zwar nicht bloß in Betreff des Klimas, sondern auch in Betreff der Gesetze, Institutionen und der Gewohnheiten und Sitte. So haben wir denn auch unsern Colonien die Mittel gegeben, solche Gesetze für sich selbst zu machen, als ihnen für sich gut erscheint, wir haben sie alles Zwangs enthoben was Handelsbeziehungen betrifft, und sie haben selbst nur in sehr geringem Grad für ihre Selbstvertheidigung zu sorgen. Sie haben den englischen Geldmarkt um sich Geld auf Anleihen zu erheben, die englische Land- und Seemacht sie zu vertheidigen und genießen im Ganzen so große Vortheile als nur je in der Welt eine große und glückliche Gemeinschaft von Menschen genoß! und wohlbemerkt, denn es ist gerade nicht der unwichtigste Theil des Ganzen: Wir haben ihnen die vollste religiöse Freiheit gegeben!

Was Wunder, wenn unsre Colonien alle anderen Gemeinschaften, welche in Doctrinen des Monopols (von Land, Arbeit und Stellen wie in Brasilien), oder von centralisatorischer Einmischung und von geistiger und religiöser Intoleranz (wie auch in Brasilien) ausgehätschelt sind, weit hinter sich zurücklassen? („Times" 1860.)

Gesetzliche oder gewaltsame Beseitigung des Landmonopols in Brasilien.

Wir entnehmen noch der einzigen etwas gründlichen brasilianischen Abhandlung über die Colonisationsfrage, „Idéas sobre Colonisaçao" von Dr. Lacerda Werneck, einen Gedanken, der dem Verfasser Ehre macht, wie überhaupt seine Empfänglichkeit für die von Herrn Sturz in Brasilien so mühsam durch gebruckte Circulare verbreiteten Ideen in dieser Frage, deren Grundgedanken Herr Lacerda durchweg angenommen hat, obgleich er sie aus Rücksicht auf „noch bestehende zu schroffe Vorurtheile und vorwiegende Interessen" viel zu sehr verblümt wiedergab, um einerseits von den Landpotentaten beachtet, andrerseits von der benachtheiligten freien Bevölkerung allgemein verstanden zu werden. Jener Gedanke des Dr. Lacerda ist:

„Von dem Augenblicke an, als ein Volk, das aus heterogenen Elementen und Racen, aus Individuen verschiedener „Nationalitäten, aus Leuten aus allen Ländern besteht, einen Unterschied macht zwischen eingebornen und naturalisirten Bürgern, zwi„schen Inländern und Ausländern; als es einem vor dem andern Vorzüge einräumt, fängt auch der Kampf der Presse und der Volks„vertretung an, sich zu einem Bürgerkriege hinzuneigen, und die Auflösung eines solchen staatlichen Gebäudes steht unwiderruflich be„vor, wenn derlei unstatthafte und unbillige Unterschiede nicht aufgehoben werden."

Aus mehreren Indicien dürfen wir schließen, daß die Herren Doctoren Lacerda und C. Fr. França verwandte Geister in der Colonisationsfrage sind, daß sie aber beide, wohl um ihre Carrièren nicht zu gefährden, ungemein vorsichtig zu Werke gehen in der Aeußerung ihrer Ueberzeugungen. So war z. B. die von dem letzteren noch von Deutschland aus gemachte Erklärung über die Nothwendigkeit einer Grundsteuer an sich schon eine ungemein zahm gehaltene und war bereits vergessen oder vielmehr schon todt geschwiegen, als er 6 Monate später nach Brasilien zurückkam. Herr França selbst schien dieses auch bei den damals bevorstehenden Wahlen gar nicht übel zu nehmen, und sprach selbst nicht mehr davon. Ungefähr eben so ist es ihm mit seinem gleich nach seiner Rückkunft nach Brasilien erlassenen, wir gestehen, äußerst lauen Circulare zu Gunsten der deutschen Colonisten ergangen. Ja, dieses Circular wurde nicht einmal in brasilianischen Zeitungen veröffentlicht und verhallte natürlich eben so erfolglos als jene Erklärung über die Grundsteuer. Wenn wir nun einige früher von demselben Herrn in deutschen Blättern gemachte Erklärungen über die Vortheile, welche den Einwanderer in Brasilien erwarten, besonders aber über die Berechtigung der Protestanten zu freiem Kultus oder selbst zum Staatsdienste bis zu den höchsten Stellen (wir machen hier besonders auf einige seiner Briefe an die Redaction der „Lit. d. Ausl." aufmerksam) betrachten, so nehmen wir keinen Anstand zu behaupten, daß dessen Angaben, mit so viel eigener Ueberzeugung sie auch gemacht worden sein mögen, doch durch die Ereignisse der letzten zwei Jahre und namentlich durch die Erklärungen der Regierung selbst, vollständig zu Boden gefallen sind, so daß ihm die Verpflichtung auferlegt ist, entweder sie zu widerrufen oder deren Verwirklichung dort öffentlich und auf das energischste zu vertreten. Geben wir auch keineswegs so weit als einige von dem durch die brasilianischen Landpotentaten an dem Staate und an dem brasil. Volke begangenen tiefen Unrechte durchdrungenen brasil. Staatsmänner der nächsten Zukunft, um das Zusammenschießen (Mitraillement) der Potentaten, wenn sie ihren Widerstand fortsetzen, — wie vormals der Janitscharen durch Mehmed Ali — gutzuheißen, so glauben wir dennoch, daß die von ehrlichen und patriotischen brasilianischen Bürgern offen und standhaft gehandhabten Rechtsgründe die Macht der Potentaten, dieser Feinde der Familie und daher des Staats und des Thrones schnell und für immer brechen und für Brasilien eine ungleich sicherere Base des Friedens und des Fortschritts bieten würden, als die Beseitigung derselben durch gesetzwidrige Gewalt.

Wann hörte die Sklaven-Einfuhr in Brasilien wirklich auf? Auf wem lastet die Schuld der Sklaverei dort, auf Portugal oder auf Brasilien selbst?

Am 16. August sagte das ministerielle Mitglied Baron Mauá laut und vernehmlich in der Deputirten-Kammer: „Wir müssen es uns eingestehen, bis zum Jahre 1851 inclusive ist der Sklavenhandel bei uns gänzlich unbehindert vor sich gegangen (a importaçao de Africanos correu desempedida!) Ja, zu unserer Schande ist dieses nur zu wahr!" In jener Kammer saßen damals mehrere Mitglieder, welche jahrelang als Minister in ihrem Notenwechsel mit dem englischen Cabinette feierlich betheuert hatten, „es würde kein einziger Neger mehr importirt". Jedoch sie schwiegen bei dieser Behauptung des Baron Mauá, sie mußten schweigen! — Also volle 25 Jahre lang, nachdem man sich durch feierliche Verträge, durch welche Brasiliens Unabhängigkeit von England anerkannt worden war, diesem gegenüber zur Einstellung des abscheulichen Handels verpflichtet hatte, hat man ihn fortgesetzt und das Land mit Negern gefüllt, und dennoch nimmt man nun jede Gelegenheit in den Kammern wahr, die Schuld der Sklaverei auf Portugal zu werfen. Die massenhafte Sklaverei in Brasilien ist in der That erst in Folge des Kaffeebaus entstanden, dieser aber war den Portugiesen fast unbekannt; die Sklaverei hat überhaupt erst durch diesen Kulturzweig den ausgearteten Character angenommen, den sie nun hat. Ja die Portugiesen selbst haben schon an 15 Jahre her alle Sklaverei in ihren Kolonien und in Afrika selbst abgeschafft; ein Vorwurf für die durch heimliche Sklaveneinfuhr verviersachte Zahl der Sklaven Brasiliens kann also Portugal nicht mehr treffen.

---

[1]) Das ist nicht ganz anwendbar auf Java. Uebrigens ist Java keine eigentliche Kolonie der Holländer, sondern nur eine Eroberung zur Ausbeutung der Eingebornen durch ein mercantiles System von Zwangs-Kultur von Colonial-Waaren; eben so wenig ist Cuba eine wahrhafte spanische Kolonie, sondern nur eine Zwangsanstalt für den Anbau von Zucker und Tabak durch Sklaven, zu der sich denn auch Brasilien selbst herabgewürdigt hat (hauptsächlich zum Zwecke der Caffee- und Zucker-Production), was seitens Brasiliens ungleich tadelnswerther und selbst übelbringender ist, weil es dieses, als ein unabhängiges Land aus freien Stücken gethan hat, während Cuba durch die Corruption des Mutterlandes, bei dessen völliger Gleichgültigkeit für die socialen Zustände in jener Kolonie, dazu gezwungen war.

Dr. Avé-Lallemant's Ausspruch über brasilianische Colonisation.

Folgende kurze Auszüge zu dem Anfangs 1860 erschienenen Werke des Dr. Avé-Lallemant, „Reise durch Nord-Brasilien", geben wir hier aus dem doppelten Grunde, weil die Aussage eines in Brasilien so erfahrenen und durch die Bloslegung der Mucury-Schwindelei so verdienten Mannes von hoher Wichtigkeit in der Auswanderungs-Angelegenheit ist, und weil sie zugleich einige interessante Beiträge zur brasilianischen Colonisations-Geschichte und Aufschlüsse über die schwankenden Absichten der brasilian. Regierung giebt, als gegen das Ende des Jahres 1857 der Andrang des Senhor Araujo auf die Entlassung des Herrn Sturz, auch noch durch einige Particular-Interessen, die in Rio de Janeiro sich geltend machten, unterstützt, ein um so bereitwilligeres Gehör bei der Regierung fand, weil diese damals plötzlich auf die Idee gekommen war, sie könne durch ein bloßes Reglement, wie es in diesen Documenten bereits ausgeführt ist, alle von Herrn Sturz seit bereits 20 Jahren aufgestellten und festgehaltenen Grundsätze ohne Weiteres ignoriren und sei deßhalb auch gerechtfertigt, jenem Andrange durch einstweilige zur Dispositionsstellung des renitenten Beamten zu willfahren. In der That schien sie damals und fast noch ein Jahr länger den Herrn Dr. Lallemant selbst zum General-Agenten für die Auswanderung aus Deutschland nach Brasilien im Auge gehabt und ihn um so williger in seiner Reise nach einigen der Kolonien unterstützt zu haben, als sie glaubte, daß dessen Gewohnheit an brasilianische Zustände und wohl auch die ihm eröffneten Aussichten ihn zu einer milden Beurtheilung derselben stimmen würden, wie sie es denn in seinem ersten Werke auch in so fern war, als darin verschiedene für die Einwanderung sehr wesentliche Punkte, wie z. B. das Landmonopol gar nicht und die Sklaverei als tiefes, sociales Uebel nicht gerade eingehend behandelt worden war und eben so wenig die mangelhafte Rechtspflege.

„Als ich anerkennend und wohlwollend über manche beginnende und kräftig aufwachsende Colonisationspunkte im südlichen Brasilien geschrieben hatte, glaubten einige darin eine Tendenz, eine Art von Auswanderungspropaganda zu finden und berührten meine Darstellungen mit einigem leisen Verdachte, der indessen wieder zu verschwinden schien, als ich mit Bestimmtheit alle gebundenen Verhältnisse, Taglöhnerei, Parcerlawesen und Knechtsbedingungen deutscher und anderer Auswanderer verdammt und jegliches Privatunternehmen derart, sei es benannt wie es nur immer wollte, als wirkliche nach allen Seiten hin vergiftende Pestbeule im frischen und freien Aufblühen und Fruchtbringen deutscher Colonisationen auf brasilianischen Boden bezeichnet und verworfen hatte."

„Durch solche offene Erklärung verfiel ich aber der Kritik einer andern urtheilenden und sich in der Presse sehr bemerkbar machenden Menschenklasse — der Klasse von Kolonistenanwerbern und Menschenspeditenren, welche fürchten mußten, daß einem Theil von ihnen Kopfprämien und Commissionsgelder, und einem andern Theil von ihnen auch der Name und die äußere Ehre verloren gehen könnte, nachdem sie Gewissen und innere Ehre längst eingebüßt hatten; gerade wie es den ehemaligen Sklavenhändlern auch gegangen ist, die ihrem schwarzen Unternehmen allerlei Lichtseiten und beschönigende Namen zu geben wußten, großes Geld damit verdienten und selbst allerlei Orden und Titel bekamen, obschon man sie als Sklavenhändler erkannte und brandmarkte, wie das mit unsern Seelenverkäufern, für die ich, um sie in das Lexikon der Gaunersprache einführen zu können, das nicht unebene Wort „Kopfbeschgänger" vorschlagen möchte, sich heutigen Tags ereignet und so Gott will immer mehr ereignen wird, trotz ihrer Diplome und Orden, womit sie sich zu bedecken verstanden haben, mit Täuschung von Universitäts-Fakultäten und fürstlichen Häuptern!"

Seite 321. Band II.: „Seit dem Jahre 1838 hatte ich dem Lande fast ununterbrochen angehört, meine beste Kraft, meine besten Lebensjahre in demselben angewandt und gewiß nicht ohne mannichfachen Nutzen aufgeopfert. Seitdem ich im August 1857 in Rio wieder von der österreichischen Fregatte „Novara" ausgeschifft war, und ich, selbst vertrauensvoll mit der mir vollständig trauenden brasilianischen Regierung meine Reiseansichten [1]) ausgetauscht hatte und meinen Reiseplan ausführte, glaubte ich, wie denn mancher sich in seinem Leben zu einer weiter ausgreifenden Thätigkeit berufen glaubt, ich könnte vielleicht für das weite brasilianische Kaiserreich ein Schützer und Förderer des Besten werden, was dem jugendlichen, aber unter mancher von den Vätern her ererbten Sünde leidenden Staate zu Theil werden könnte, des einwandernden deutschen Elements, eines freien, von eigener Gesittung gezügelten, von eigener moralischer Kraft gebändigten, nicht von veralteten Sklavenzüchtern und Speculanten unterdrückten und tyrannisirten. Dafür schien die Regierung mit ganzer Kraft und schönen, ihr zu Gebote stehenden Mitteln auftreten zu wollen, bis es mir aus mehr als aus einem Ereigniß, mehr als einer Abwickelung verworrener Verhältnisse, mehr als einer ängstlichen Berücksichtigung von privaten Interessen angesehener und übermüthiger Ochlokraten, die meistens die schlimmsten Tyrannen sind, ziemlich klar ward, daß die Zeit der vollsten Freisinnigkeit, des offenen Entgegenkommens, der unbefangensten Aufnahme jenes fremden einwandernden Elements noch nicht gekommen wäre, daß selbst die freie unverfälschte Bekennung des reinen Evangeliums nur im Wortlaute der Constitution des Landes gedruckt wäre." [2])

„So lange Brasilien nicht die Fessel einer sogenannten katholischen Landeskirche bricht, bleibt der ganze Staat eben ein Kirchenland, eine Capitanie von Rom, — und zur Förderung solcher römischer Curieninteressen irgend etwas zu thun, dafür hatte ich nie einen Beruf verspürt, ebenso wie ich gegen alle diejenigen, welche zur Förderung ihrer Privatinteressen alle Menschlichkeit mit Füßen treten, nur den größten Unwillen hegen konnte, und da konnte ich denn auch beim Abschiede nicht ganz das Wort des glühenden Freiheitsdichters unterdrücken: „a land of slaves never shall be mine!"

Kurz, Dr. Lallemant zeigt sich in diesem letzten Werke mit Recht empört über den ewigen Widerspruch der Regierung mit sich selbst und über die unaufhörliche Stümperei in Kolonisationssachen und über den Mangel an Einsicht und Consequenz von Männern wie der von ihm als „bereits unfähig geworden" bezeichnete Graf Olinda, der „von Staatsgeschäften bereits gesättigte" Marquiz d'Abrantes und selbst wie der Senator Sinimbu, „der bei der genauesten Kenntniß dem corrupten Senatsbeschluß vom 14. Juni keinen Widerstand bot," — und besonders, nachdem er sah, daß, während man die Runde machte bei allen deutschen Consuln, um Kleidungsstücke und Beiträge für die halbnackten, halbtodten Kolonisten zu sammeln, die Menschenschlächterei durch die Veröffentlichung des Decrets vom 17. Juni noch vollkommen legalisirt worden; denn sagt er: „das ist der Fluch der bösen That, daß sie fortzeugend Böses muß gebären"; so rufe ich denn: „Keine, keine Auswanderung nach Brasilien, keine andere als auf freien Boden, von freien Leuten, von freien Arbeitskräften, in gesunder Gegend und nur im Süden des Reichs!" — Ferner: „Der neue Entwurf eines Gesetzes für protestantische Ehen u. s. w. ist auch sicherlich nur ein Gerede, eine Neckerei, ein schlechter Witz, wenn man ihm keine Gesetzgültigkeit ausdrückt. Thun wir uns daher von solchen, die unsere Glaubensanschauungen nicht gelten lassen wollen und stemmen wir uns aus allen Kräften selbst gegen eine freie, deutsche, protestantische Auswanderung nach Brasilien, bis wir vollkommen sicher gestellt sind."

Die hier oben ausgesprochenen Grundsätze des Herrn Dr. Lallemant sind durchaus die von Herrn Sturz schon Jahrzehnte festgehaltenen, nur daß Herr Sturz noch den Mangel einer Grundsteuer zum Hauptgrunde seines Widerstands gegen die Auswanderung nach Brasilien machte; jedoch selbst so hätte der Eintritt des Hrn. Dr. Lallemant an die Stelle des ersteren in Deutschland von keinem Erfolge für die brasil. Regierung in dem gewünschten Sinne sein können. Ohne Zweifel wollte die brasil. Regierung sich nur des guten Namens des Doctors in Deutschland als Deckmantel für jedweden Unterschleif in Einwanderungssachen bedienen, wie sie es auch mit Herrn Sturz zu thun versucht hatte, aber derselbe merkte noch in Zeiten, was man mit ihm im Schilde führte.

---

[1]) Aus Obigem ergiebt sich, daß Hr. Dr. Lallemant wirklich eine bedingungsweise Uebereinkunft mit der bras. Regierung über seine spätere Verwendung in Europa in Colonisationssachen eingegangen war, die sich jedoch nach der Ausführung seiner Reise wohl durch den von ihm selbst so gerügten Einfluß der Ochlokraten und Sklavenzüchter, wieder gänzlich zerschlug, so daß vor dem Erscheinen seines zweiten Werkes, wie aus obigem ersichtlich, dazu bereits keine Aussicht mehr war. Die bras. Regierung war jedoch unterdessen im Verlaß auf Ersatz durch Herrn Dr. Lallemant auf die durch Senhor Araujo geforderten äußersten Mittel eingegangen, hatte Hrn. Sturz nach 20jährigem Dienste gänzlich entlassen und wurde später von Herrn Dr. Lallemant selbst verlassen, der nach einer gründlichen Kenntnißnahme der Dinge während seiner Reise und besonders während des Schreibens seines zweiten Werkes und durch die noch vor Abschluß desselben eingetretenen Ereignisse zur Ueberzeugung gekommen war, daß denn doch kein ehrlicher und consequenter Mann sich zum Betriebe von Auswanderung nach Brasilien hergeben könne, so lange noch so viele Grundübel dort bestehen, als er damals bereits, ohne alle Berührung des Landmonopols, welches doch das größte von allen ist, erkannt hatte, und so lange die Regierung lieber Schurken und Ignoranten, als aufrichtige und sachverständige Männer in dieser Angelegenheit verwendet. Uebrigens war sogar schon vor dem Erscheinen des ersten Bandes der „Reise durch Süd-Brasilien" des Hrn. Dr. Lallemant Senhor Manoel de Araujo Porto Alegre, der vormalige Director der Akademie der Künste und Secretär des Instituto Lyrico auf den Andrang der Landpotentaten-Camarilla zum General-Consul in Preußen ernannt worden, mit welchem Hr. Dr. Lallemant nie in Uebereinstimmung hätte handeln können.

[2]) Seitdem sind in Rio den katholischen Brasilianern selbst auf Verlangen des Pfarrers von S. José die portugiesischen Bibeln polizeilich abgenommen worden! Es ist dies einer jener Parocho's, dessen Lebenswandel darauf schließen läßt, daß er der Bibel wenig oder gar kein Studium gewidmet hat. Unerhört aber war bis jetzt in Brasilien die Betheiligung der Polizei bei einem so skandalösen Acte.

Auszüge aus der Reise der österreichischen Fregatte „Novara" um die Erde in den Jahren 1857—59.

Wissenschaftliche Anstalten zu Rio. Man trifft in Brasilien wie überhaupt in allen von der romanischen Race bevölkerten Theilen Süd-Amerikas unendlich viel guten Willen und noch mehr Sucht, die Völker nordländischer Civilisation in ihrem Forschungsdrange nachzuahmen; aber es fehlt ihr jene Kraft und Ausdauer, welche der anglo-sächsischen Race in so vorzüglicher Weise eigen und eine Hauptbedingung ist, um das noch so eifrig Begonnene glücklich durchzuführen. Darum sehen wir in Brasilien im wissenschaftlichen, ökonomischen und socialen Leben eine Menge Dinge angefangen, aber nicht beendet, und wohl nirgends in der Welt hört man so viel von dem sprechen, was geschehen soll, als in Rio de Janeiro. So z. B. ist das naturhistorische Museum am Campo de S. Anna ein prachtvolles Gebäude mit herrlichen Räumlichkeiten und großen höchst eleganten Schaukästen, aber es sind fast gar keine naturhistorischen Gegenstände darin und selbst das Vorhandene ist nicht wissenschaftlich geordnet.

Ein andres Bildungs-Institut, die Militär-Akademie, im Jahre 1810 unter Johann VI. für die Ausbildung von Ingenieurs und Offizieren aller Waffengattungen gegründet, hat seither nicht weniger als neun Reformen durchgemacht, und ist eben im Begriff, eine zehnte zu erleben. In dieser Anstalt besteht noch immer das verwerfliche System, zur Prüfungszeit jedem Schüler vierundzwanzig Stunden vorher das Capitel zu bezeichnen, aus dem er geprüft werden wird, ein Verfahren, wodurch für den Begabten jede Anregung wegfällt, während es gerade mittelmäßigen Schülern beim Examen leicht durchzuschlüpfen gestattet.

Der botanische Garten zu Rio. Eines der belehrendsten Beispiele, wie wenig man in Rio die Naturverhältnisse zu benutzen versteht, liefert unstreitig ein in der Nähe des prachtvollen Irrenasyls gelegenes Grundstück, welches man botanischen Garten zu nennen pflegt. Mit Ausnahme einer höchst imposanten Pracht-Allee von hundert schlanken Königspalmen (Oreodoxia regia), welche in ihrer den pflanzlichen Ursprung beinahe verläugnenden Regelmäßigkeit einen unvergleichlich großartigen Anblick bietet, und einzelner, gleichsam bloß eingesprengten exotischen Formgestalten, begegnet das Auge nur brachen Feldern, dem Tummelplatz des gemeinsten Unkrautes und schlechtbestellten Baumschulen, obschon Klima und Bodenbeschaffenheit alle Mittel an die Hand geben, um hier ein wahres Repräsentantenhaus der Gewächse aller Zonen der Erde zu schaffen. Selbst eine große Theepflanzung, zu deren Cultur 10,000 Chinesen aus dem Reiche der Mitte eingeführt wurden, und für welche man im Falle des Gelingens sich gewiß große Verdienste erworben hätte, steht verwahrlost und verunglückt ein vorwurfsvoller Zeuge da, wie Dinge in Brasilien unternommen und im Stiche gelassen werden. Als wir uns erkundigten, seit wie lange die Anlage des Gartens begonnen, antwortete unser witziger Führer, ein geborner Portugiese, mit sarkastischem Lächeln: „Seit der Erschaffung der Welt!" — In jenem Theile des Gartens, welcher von der Lagoa de Rodrigo de Freitas bespült wird, steht ein ebenerdiges Haus, halb verfallen, mit zerbrochenen Fensterscheiben und aus den Angeln gegangenen Thüren. Dasselbe wurde uns von einem Aufseher als derjenige Ort bezeichnet, wo der Kaiser absteigt und ausruht, wenn er den botanischen Garten besucht! [1])

Der brasilianische Adel, das Irrenhaus zu Rio und der kaiserliche Palast nach der Reise der „Novara" um die Erde. Die Geldmittel zu dem Bau des Irrenhauses zu Rio (Asylo dos Alienados), das in Bezug auf die äußere Ausstattung kaum seines Gleichen finden dürfte (es wurde 1841 gegründet), wußte der damalige geniale Minister des Innern, José Clemente Pereira, ein gründlicher Kenner des menschlichen Herzens und seiner Schwächen, auf folgende höchst originelle Weise herbeizuschaffen. Alle Arten brasilianischer Ordensdekorationen, sowie Grafen-, Baronen- und Marquistitel konnten für eine bestimmte Summe Geldes gekauft werden, [2]) und aus den dafür eingegangenen Beträgen wurde dieses Irrenhaus gebaut. Und so erhebt sich denn am Südende der herrlichen Botafogo-Bay ein prunkvoller Palast, weniger der Zeuge von Humanität und Nächstenliebe als menschlicher Eitelkeit, deren Tribut ihn errichtet. Freilich muß dahingestellt bleiben, welchen Dienst man durch diese Maßregel dem Adel des brasilianischen Kaiserreichs erwies, indem man sein Ansehen auf solche Weise blosstellte. Leider ist auch in dieser Anstalt die Hülle alles, der Kern nichts, und die ärztliche Behandlung der Kranken bleibt weit hinter ihrer leiblichen Pflege zurück; es ist mehr eine Bewahranstalt als ein Heilinstitut für Irrsinnige.

Ein schöner Charakterzug des Kaisers liegt in der Erwiederung, die er mit wahrhaft kaiserlicher Herzensgüte einem seiner Minister, der ihm bei dem Besuche der Prunksäle des prachtvollen Irrenasyls auf die Bemerkung, daß die Insassen bequemer und eleganter wohnten, als er selbst, machte: „Es wird mir immer eine große Freude sein, zu wissen, daß für diese Unglücklichen besser gesorgt ist als für mich." In der That ist das Schloß von St. Christovao unschön, alt und gleichwohl noch immer unvollendet und gerade der mittlere Theil desselben seit Jahren im Umbau begriffen. Don Pedro II. scheint für seine Person auf äußere Pracht nicht viel zu halten.

Eine Anstalt, welche von den neuesten Bestrebungen der Brasilianer, ihre Eitelkeit zu befriedigen, Zeugniß giebt, ist das Conservatorio do Musica, aus welchem die eben in Bildung begriffene Opera lyrica nacional (!) hervorgehen soll. Die Zahl der Schüler beiderlei Geschlechts beläuft sich auf hundert! In den letzten Jahren ist es Sitte geworden, einen oder zwei der befähigtsten Schüler zur gänzlichen Ausbildung nach dem Auslande zu schicken. Während eines vierjährigen Aufenthalts in Europa erhält ein solcher Zögling nebst Vergütung der Reisekosten durch kais. Munificenz jährlich 3000 Francs. Trägt derselbe in dem von ihm besuchten Conservatorium einen Preis davon, so empfängt er außerdem ein Geldgeschenk von 1000 Fr., seine Arbeiten und Compositionen sind jedoch Eigenthum des heimathlichen Instituts. Durch ein solches hoffen die sanguinischen Brasilianer ausländische musikalische Gesangkräfte bald ganz entbehren zu können. Warum sollen wir jährlich viele Hunderttausende von Franken für fremde Sänger und Concertisten ausgeben, sagte zu uns einmal alles Ernstes ein Brasilianer, wir werden bald unsere eigenen Künstler, brasilianische Thalberg's, Grisi's und Lablache's haben! — Die Nord-Amerikaner besitzen bekanntlich gleichfalls eine starke Dosis Eitelkeit, allein Angesichts der wunderbaren Schöpfungen dieses energischen thatkräftigen Volkes und seiner großartigen Eigenschaften erscheint sie uns nur als eine leicht verzeihliche nationale Schwäche. In Brasilien dagegen wird die Geringschätzung alles Fremdländischen, die Sucht, sich selbst in den kleinsten Dingen von Europa völlig zu emancipiren, geradezu kindisch und lächerlich, wo man noch so wenig auf seinen eigenen Füßen zu stehen vermag, wo das Land durch den Drang der Umstände mit jedem Tag mehr vom Auslande abhängig wird, wo man nicht nur die Erzeugnisse der höhern Kultur, sondern sogar die ersten Lebensbedürfnisse, ja selbst Menschen aus der Fremde zu importiren gezwungen ist! Diese Ueberschätzung der eigenen Kräfte

---

[1]) Hier sollte doch zum bessern Verständnisse solcher Verwaltungsweisen in Brasilien hinzugefügt werden, daß die Administration dieses Gartens alljährlich 13,000 Thlr. kostet und eine ihr zugehörige Arbeitskraft von 46 Afrikanern hat. Diese werden wie natürlich durch die hohen Herren, die darüber Einfluß ausüben, zu Privatzwecken ausgebeutet, selbst nur spärlich gefüttert und auf das erbärmlichste gekleidet, und über die Hälfte der obigen Summen von Personagen eingesteckt, welche auch nicht einmal vorgeben können, von Botanik das geringste zu verstehen, wenn auch etwas von Astronomie oder von Mathematik, wie es seit vollen zehn Jahren her der Fall war!

[2]) Auch bei der vor etwa 4 Jahren eröffneten Subscription für ein Monument des für seine Hochherzigkeit von den Brasilianern mit so großem Undank bezahlten Gründers des Reichs, brachte ein Nachfolger obigen Ministers das gleiche Mittel der Verwerthung brasilianischer lebenslänglicher Adels-Titel und Orden, freilich nicht zu ihrer Werthverhöhung, in Anwendung. An 400,000 Thlr. waren zum Theil auf diese Weise in wenigen Wochen zusammengebracht und ein wirklich großartiges Monument steht jetzt dafür in Paris zur Verladung nach Rio bereit, doch keineswegs zu groß für das, was Don Pedro für Brasilien gethan, wäre es auch nur für die Constitution, die er dem Lande gegeben. Wohl aber dürften viele der unterzeichneten Summen als eine Abschlagszahlung auf das Reuegeld der von den Unterzeichnern dem edlen Manne bewiesenen Undankbarkeit betrachtet werden, hätten sie dabei nicht die Absicht ihrer eigenen Vergrößerung gehegt. Nicht umgangen werden sollte jedoch bei der Geschichte dieses Denkmals, daß ein zweimaliger Aufruf zu einem solchen, den Herr Sturz im Jahre 1844 und nochmals im Jahre 1851 gemacht und der mit einer lithographirten Zeichnung einer noch von Schwanthaler selbst, mehr aus Liebe für die Sache als für das die Herstellungskosten deckende Honorar ausgeführten Reiterstatuette begleitet war, die sich seit erstgenanntem Jahre auf der Börse von Rio de Janeiro aufgestellt findet, mit völligem Stillschweigen aufgenommen wurde und daß auch nicht eine Zeitung jene in Tausenden von Exemplaren verbreitete kurze aber bündige Aufforderung wiedergab. Waren ja doch zu jenem Denkmale nach Schwanthaler's Berechnung nur 40,000 Thaler erforderlich, die nur ein sehr beschränktes Mittel für den beliebten Austausch geboten haben würden! Ob in dem jetzigen Monumente oder in dem von Schwanthaler vorgeschlagenen ein edlerer Gedanke liegt, bleibt noch anheimgestellt. Jedenfalls aber haben nun die Brasilianer ein Kunstwerk, das durch seine wahrhafte Extravaganz ihren phantastischen Erwartungen von künftiger unvermeidlicher Größe des brasilianischen Staats entspricht, welches aber als unbestreitbares Kunstwerk erster Klasse und ungewöhnlicher Größe durch alles was es umgibt, den Menschen selbst nicht ausgenommen, nur schmerzliche Betrachtungen in dem denkenden Beschauer desselben hervorzurufen geeignet ist. Tröstlich bleibt immerhin, daß selbst bei dieser 10mal größeren Auslage als jene, die Brasilien zur hinreichenden Befriedigung seiner Pflichten und auch wohl des wahrhaften Kunstgefühls zu machen gebraucht hätte, bei weitem noch kein so großer Contrast besteht als der, welcher sich durch einen Vergleich zwischen dessen ausschließlich nationaler wissenschaftlicher Expedition im Vergleiche mit der ihm von Dr. Moritz Wagner und Baron v. Richthofen angebotenen herausstellt, welche letztere ihm nicht 36,000 Thlr. gekostet, aber unfehlbar wichtige Resultate gegeben haben würde, während die erstere bereits über 450,000 Thlr. zu stehen kommt und ihm als Resultat fast — Nichts bietet!

hat sonderbarer Weise noch zugenommen, seitdem es Sitte geworden, daß junge Brasilianer während ihrer Studien einige Jahre in Europa zubringen. Es ist uns in dieser Beziehung ein Fall bekannt geworden, der um so charakteristischer ist, als der junge Mann, von dem derselbe erzählt wird, zwar in Brasilien geboren, aber väterlicher Seits von deutscher Abstammung ist. Dieser Herr besuchte, wenige Tage nachdem er aus Europa zurückgekehrt war, einen Kaufladen in Rio de Janeiro, mit dessen Eigenthümer er auf vertrautem Fuße zu stehen schien. Der Kaufmann sagte scherzweise zu einem Nebenstehenden: Für was für einen Landsmann würden Sie diesen Herrn halten? indem er auf den jungen Brasilianer zeigte, welcher eben erst von der Freiburger Bergakademie heimgekehrt war.[1]) Das erscheint nicht schwer zu errathen, erwiederte der Befragte; die blauen Augen, die blonden Haare, der lichte Teint lassen wenig Zweifel übrig, daß dieser Herr ein Deutscher ist." — Deus me guarde (Gott behüte mich!), rief bei diesen Worten der junge Mann, der sich fast seiner Abkunft zu schämen schien und noch brasilianischer sein wollte als die Brasilianer! Man kann sich aus dem Erzählten eine Vorstellung machen, welche hohe Meinung erst ein Vollblut-Brasilianer von sich und seinem Lande hat!"

Colonisation und Sklaverei. „In Petropolis werden die Deutschen schon wegen des sandigen, unfruchtbaren, abschüssigen Terrains für Agriculturzwecke niemals Landwirthschaft im großen Maßstabe betreiben können.

„Die Versuche, deutsche Auswanderer nach Brasilien zu ziehen, haben sich jedoch bekanntlich nicht auf Petropolis beschränkt. In verschiedenen Provinzen des Kaiserreichs wurden ähnliche Versuche, leider größtentheils mit noch weniger Glück als dort gemacht, und namentlich in den letzten Jahren haben brasilianische Werbe-Agenten in den verschiedenen deutschen Seehäfen ihre wenig ruhmvolle Thätigkeit noch mehr gesteigert. Denn die bemerkenswerthen Worte des Kaisers von Brasilien, mit welchen derselbe im Mai 1854 die Deputirten-Kammer eröffnete, „die Nothwendigkeit einer seßhaften, industriösen Bevölkerung wird immer dringender", haben seitdem weit eher an Bedeutung gewonnen als eingebüßt.

„Das Resultat des Bestrebens der brasilianischen Regierung, die arbeitenden Kräfte des Landes auf künstliche Weise durch Zufluß von Außen zu steigern, ist für das südamerikanische Reich eine Lebensfrage geworden. Jeder Unbefangene fühlt, daß ohne Vermehrung der Arbeitskräfte auch keine Zunahme der productiven Thätigkeit des Landes mehr möglich ist. Ja die eigenthümlichen Verhältnisse, in welche die von der englischen Politik abgedrungene Abschaffung des Sklavenhandels Brasilien versetzt hat, können sogar einen bedeutenden Rückschritt in der Productionskraft des Landes zur Folge haben. Zwar dauerte ungeachtet des am 23. Nov. 1826 mit England (als Bedingung der Anerkennung des brasil. Kaiserthrones) geschlossenen Vertrages die Einfuhr der Negersklaven bis zum Jahre 1851 ungeschmälert fort und nach einem vom Foreign Office in London veröffentlichten Ausweise wurden von 1842 bis 1851, trotz dem erwähnten diplomatischen Uebereinkommen noch 325,615[2]) afrikanische Neger in Brasilien als Sklaven eingeführt, so daß die gegenwärtige Sklavenbevölkerung des Kaiserreichs über 2 Millionen[3]) beträgt.

Die Verhältnisse der schwarzen Bevölkerung Brasiliens sind jedoch wesentlich von jenen verschieden, wie sie in den Ver. Staaten von Nord-Amerika und auf den westindischen Inseln, auf Jamaica, Cuba, Porto Rico und St. Thomas bestehen. Der Unterschied der Hautfarbe, welcher selbst bei freien bemittelten Negern den Aufenthalt in dem Norden der amerikanischen Union verleidet und Ursache unzähliger Zurücksetzungen ist, fällt in Brasilien gänzlich weg Die Frage ist hier nicht, ob weiß oder schwarz, sondern ob frei oder Sklave. Freie Neger können hier anstandslos die höchsten Stellen im Staate einnehmen[4]) und selbst auf die Geschicke der weißen Bevölkerung nachhaltigen Einfluß ausüben. Aber auch die Sklaven werden hier humaner, theilnehmender, vorurtheilsloser behandelt,[5]) als in irgend einem andern uns bekannten Lande, auf dem noch der Fluch der Sklaverei ruht.

Der Matrosen-Fang steht bekanntlich in Rio de Janairo in der Blüthe. Manche Kriegsschiffe sollen oft 30 bis 40 Matrosen verlieren. Unter allen denkbaren Vorspiegelungen und Versprechungen suchen falsche Werber, welche aus diesem Menschenhandel ein Geschäft machen, junge kräftige Matrosen zur Desertion zu verleiten, indem sie ihnen Geldvorschüsse machen und sie zu einem leichtfertigen Leben verführen, um dieselben später, wenn sie sich schutzlos und verlassen in einem verzweiflungsvollem Zustande befinden, entweder als Matrosen auf Kauffahrer oder was noch ärger ist, an Pflanzer im Innern gleichsam als weiße Sklaven zu verkaufen. Ein solcher Menschenhandel soll namentlich im großen Maßstabe durch einen Italiener in der Vorstadt Catumby getrieben werden, und obschon die brasilianische Polizei den Schlupfwinkel genau kennt, ist sie doch nicht mächtig genug,[6]) diesem argen Unfug ein Ende zu machen.

„Ja wir gestehen ohne Bedenken, daß uns das Sklaventhum, wie wir es in Brasilien, freilich nur während eines flüchtigen Aufenthalts sahen, weit mehr ein Unglück für die weiße Bevölkerung als für die schwarze Race schien; denn in einem Lande, wo bisher Arbeit, weil sie bloß von Sklaven verrichtet wurde, nicht wie in freien Staaten als ehrenvoll, sondern als Schande betrachtet wurde, konnten weder Agricultur noch Industrie sich entwickeln und gedeihen. Nicht bloß die Sklaven, welche kein Interesse haben, fleißig zu sein, auch die Herren waren faul, und der nahe volkswirthschaftliche Ruin wurde immer augenfälliger. Diesem unwürdigen Zustande kann allein die freie Arbeit abhelfen. Mit ihr kann die Sklavenarbeit auf die Dauer die Concurrenz nicht aushalten. Die Intelligenz, Thätigkeit und Ausdauer von Hunderttausend weißen freien Arbeitern wird Brasilien zu größerem Reichthume und dauerndem Glücke verhelfen, als die Zwangsarbeit von zwei Millionen schwarzer Negersklaven."

So meinte auch der ehrwürdige Dr. Ildefonso Gomes,[7]) der Veteran brasilianischer Naturforscher, der als junger Mann (er ist jetzt 71 Jahre alt) mehrere Jahre in Europa war und in Paris mit Humboldt bei Cuvier hospitirte, ein warmer Freund aller Fremden: „in 40 Jahren von jetzt sei Brasilien mehr deutsch als brasilianisch oder portugiesisch, und er wünsche, daß es so komme, weil nach seiner Ueberzeugung nur dadurch sein Vaterland einer glücklichen Zukunft entgegen gehen könne."

---

[1]) Dieser kann kein anderer sein als Senhor Guilherme Schüch aus Capanema — Sohn des Dr. Rochus Schüch aus Wien und einer Schweizer Kolonistin, der ein kleines Eisenwerk, das längst verfallen ist, bei Capanema hatte. Da dessen ehrlicher Vater in Brasilien nicht vorwärts kam, auch aus seiner Bibliothekarstelle, für die er höchst geeignet war, herausgebissen worden und ganz verarmt war, ließ Se. Maj. der Kaiser ihn in Europa auf eigene Kosten 4 Jahre lang studiren. Durch Ueberschätzung seiner nicht völlig gründlichen, wenn auch sehr verschiedenartigen Kenntnisse, welchen die brasil. Regierung und das unternehmende Publikum unter der Protection, die ihm der Kaiser angedeihen zu lassen schien, vertraute, hat er dem Staate und Privaten ein ganz enormes Geld resultatlos verlaborirt, ohne irgend eins der von ihm unternommenen Dinge durchzuführen, wie z. B. weder den Ausbau einer ganz unvernünftig großartig angelegten Pulvermühle, die schon seit 12 Jahren vor sich geht und bereits an 400,000 Thlr. gekostet hat, noch eine eben so großartig angelegte Papierfabrik, welche bereits 500,000 Thlr. verarbeitet hat u. s. w. — Er war auch der Spiritus movens zur exclusiv-brasilianischen wissenschaftlichen Expedition, die nun, nachdem sie ca. 600,000 Thlr. verschlungen hat, resultatlos aufgelöst ist, und was für ihn fast ungünstig zeugt, er war stets ein Feind derer, denen blutverwandt zu sein er sich zur Ehre hätte rechnen dürfen. Wir brauchen hier nicht anzudeuten, daß das von ihm angenommene „de" sowie selbst des Namens Capanema, welches nur der eines Stückchen Landes im Werthe von kaum 1000 Thlr. ist, das einstmals dessen Vater gehörte, rein aus der Luft gegriffen und nicht um ein Haar mehr werth ist, als das hunderttausendfach unter Brasilianern und selbst von brasilianischen Diplomaten ursprünglich getragene oder auch nur aus bodenloser Anmaßung und Gleichberechtigungssucht mit dem europäischen Adel angenommene „de", das man mit wahrhaftem Betruge mit dem deutschen „von" zu übersetzen sucht. Brasilien hat keinen, hatte nie einen und kann selbst seiner Constitution nach keinen erblichen Adel haben.

[2]) Dieses war die durch die englische Regierung officiell nachgewiesene, aber von der bras. Regierung, die zu beweisen suchte, daß gar keine Einfuhr mehr stattfinde, stets bestrittene Zahl; aber 5 Jahre später wurde in den brasilianischen Kammern schon offen die doppelte Zahl eingestanden, sie war jedoch weit über das Dreifache.

[3]) Auch diese Zahl ist weit über das doppelte. In Rio freilich will man sich dieses nicht eingestehen; deßhalb unterdrückt man auch alle Bevölkerungsstatistik der Pflanzungen und des Inlandes.

[4]) Es ist wahr, daß es schon halbschwarze Senatoren und Deputirte gegeben hat, di: sogar keineswegs die wenigst rechtlichen waren, aber nicht wahr ist, was kürzlich noch die officiöse brasilianische Correspondenz in den „Hamburger Nachrichten" als Beweis der großen Liberalität Brasiliens gegen die Schwarzen angeführt wurde, nämlich: „daß der Leibarzt des Kaisers ein Neger sei" Da diese Correspondenz von der Gesandtschaft in Berlin bezahlt und beeinflußt wird, wäre es sehr interessant, das Motiv zu dieser Behauptung zu kennen.

[5]) Dies ist richtig im Allgemeinen und was die Hauptstadt Rio anlangt; jedoch der Geld- und Genußdurst der Pflanzer und ihrer Söhne hat die Behandlung der Sklaven in den Pflanzungen innerhalb des letzten Jahrzehntes zu jenem Grade ausarten machen, der durch hundert Fälle der unerhörtesten Grausamkeit in jedem Jahre, wovon sich einige bereits früher angegeben finden, bewiesen ist.

[6]) Die Ursache liegt besonders in dem Einflusse der bras. Marine-Verwaltung, welche hauptsächlich nur auf diese Weise Matrosen für ihre Kriegsschiffe auftreiben kann, und ferner in der Bestechlichkeit der Polizei, da diese Menschenfängerei ein völlig organisirtes und sehr einträgliches Geschäft ist und den Polizeibeamten so starke Versuchungen bietet, daß sie selbst dabei mitwirken.

[7]) In der That ein edler ehrwürdiger Mann! Das wird nur einstimmig von allen Ausländern bestätigt werden. Er ist ein sprechender Beweis, daß Brasilien auch rechtschaffene, patriotische, menschenfreundliche, uneigennützige, thätige und gründlich wissenschaftlich gebildete Männer besitzt, nur sind sie sehr selten, und ihre Anerkennung bei ihren Landsleuten und besonders bei der Regierung ist fast eben so null, als die der Ausländer von solchen Eigenschaften. Es kann als Regel angenommen wer-

„Dank dem wiederholten energischen Einschreiten der britischen Regierung hat der Sklavenhandel in Brasilien in allerneuester Zeit aufgehört. Die Regierung nahm seither zu dem Mittel der „freien Einwanderung“ ihre Zuflucht und gab nach fehlgeschlagenen Versuchen, in den heißeren Provinzen den Ausfall der Neger durch chinesische Arbeiter zu ersetzen, ihre größte Aufmerksamkeit und Sorge der europäischen Einwanderung. Denn in den maßgebenden Kreisen Brasiliens ist man längst zur Ueberzeugung gelangt, daß eine großartige weiße Einwanderung allein das herrliche Land vom Verfall zu retten vermag, wenngleich einzelne¹) Brasilianer einer solchen mit Bangen und Mißtrauen entgegen sehen und vielleicht nicht mit Unrecht in der Energie und dem Fleiße des nordischen Ansiedler's verglichen mit dem indolenten denk- und arbeitsscheuen Naturell ihrer Landsleute den Untergang des nationalen (portugiesischen) Elements erkennen. Es sind in neuester Zeit so vortreffliche Arbeiten über die deutsche Auswanderung nach Brasilien erschienen, daß wir alle diejenigen, die sich ausführlicher darüber zu unterrichten wünschen, um so lieber auf diese Werke (Dr. Avé Lallemant's und Dr. H. Handelmann's) verweisen, als die darin ausgesprochenen Ansichten vollkommen mit unsern eigenen übereinstimmen.“

„So lange nicht die unbesetzten Staatsländereien vermessen sind und gegen eine bestimmte Entschädigung an die einwandernden Ansiedler abgetreten werden können, so lange der Emigrant nicht, wie z. B. in den Ver. Staaten von Nordamerika, sein eigenes Grundstück bauen kann, sondern immer nur der Feldarbeiter eines fremden Herrn bleibt, wie dies namentlich beim unglückseligen Parceria- oder Halbpachtsysteme der Fall ist, oder wenn das Ueberfahrtsgeld dem Einwanderer gegen spätere Abzahlung vorgeschossen worden ist, so lange muß jeder Menschenfreund von einer Einwanderung nach dem südamerikanischen Kaiserreich dringend abrathen. Für Brasilien giebt es nur die Alternative: entweder aus Mangel an Arbeitskräften einem volkswirthschaftlichen Ruin entgegen zu gehen oder der fremdländischen Einwanderung unter den glänzendsten Concessionen das Land zu öffnen. Je länger diese zögert, je drückender sich die Noth an arbeitenden Händen zeigt, desto mehr Vortheile wird sie erringen, desto sicherer ihr Erfolg sein.

„Sind einmal diese wichtigsten Bedingungen erfüllt, dann mag die deutsche Auswanderung getrost ihre Richtung nach Brasilien nehmen! Scheint es in den Vereinigten Staaten Nord-Amerika's die Aufgabe der deutschen Emigranten zu sein, deutschen Fleiß, deutsche Tüchtigkeit und deutsches Wissen mit dem kühnen Unternehmungsgeiste und der zähen Energie des anglo-amerikanischen Stammes zu vermischen und in ihm allmählich aufzugehen, so hat es andrerseits das Aussehen, als wäre das germanische Element auserkoren, allmählich die Oberhand über die romanische Race in der südlichen Hälfte Amerika's zu erlangen und eines der schönsten Länder der Erde mit den Waffen des Friedens, mit dem Spaten und dem Pflug, der deutschen Industrie dauernd zu erobern.“ —

„Brasilien ist nun einmal das Land der Contraste! Die beiden elegantesten Straßen, die Rua direita und do Ouvidor, sind deßhalb nicht weniger die verwahrlosten Rios, und in den belebtesten Straßen Rios fehlen die Pfützen stagnirenden Wassers nicht; trotzdem daß angeblich in den letzten anderthalb Jahren über 1000 Contos oder mehr als eine Million Gulden für Pflasterung verausgabt wurden! Die erst kürzlich eingeführte Gasbeleuchtung macht, daß die Stadt jede Nacht eben so feenhaft als bei Tag schauderhaft aussieht. Wenn der Fremde von Ausflügen aus der herrlichen Umgebung nach Rio zurückkehrt, so fühlt er sich doppelt unbehaglich und einsam in der dumpfen düstern Stadt. Die Brasilianer sind im Allgemeinen wenig gesellig und gastfreundlich und stellen sich erst nach jahrelangem Umgange mit den Ausländern auf vertraulicheren Fuß. Der Reinlichkeit der Hauptstadt hat man übrigens in Folge der jüngsten epidemischen Verheerungen eine größere Sorgfalt zugewendet, obschon in dieser Beziehung noch sehr viel zu wünschen übrig bleibt; denn Rio de Janeiro war bisher ohne Zweifel die schmutzigste Stadt der Welt. Da es keine Gossen oder Abzugs-Kanäle giebt, so wird aller Unrath, der sich des Tages über sammelt, bei einbrechender Nacht in Kübeln und Tonnen von Negern auf dem Kopfe gegen die Bucht getragen und am Ufer, seltsamer Weise gerade in der Nähe des kaiserlichen Palastes, ausgeleert, wodurch mehrere Stadtviertel, namentlich in der heißen Jahreszeit, völlig unbewohnbar werden. Es sind mehrere Verbesserungsarbeiten in dieser Hinsicht vorgeschlagen worden, deren Kosten-Aufwand ein sehr großer sein würde. Man muß in Rio gelebt haben, wo jede Straße, jeder offene Platz einen Heerd für Seuchen und Krankheiten abgiebt, um die Wichtigkeit solcher Unternehmungen würdigen zu können.

„Die Ungunst des Wetters benahm uns während unsres Aufenthalts manchen Naturgenuß. Eben so wenig wollte es uns gelingen, wenn gleich von der Regierung auf das beste unterstützt, um rasch Vieles sehen und erfahren zu können, uns in Rio heimisch zu fühlen. Dazu mangelt es daselbst viel zu sehr an gesellschaftlicher Anregung und wir möchten fast sagen an wahrer wissenschaftlicher Theilnahme, welche man überhaupt beim brasilianischen Volke umsonst sucht; allerdings giebt es auch hier einige erfreuliche Ausnahmen, allein schon die zusammengewürfelte Menge von Racen und Mischlingen, die Sklavenwirthschaft mit ihren unsittlichen, die Trägheit der besitzenden Klasse fördernden Folgen, — sind Ursachen, daß sich der neuangekommene Europäer in dieser Seestadt nicht wohl fühlen kann. Die Brasilianer haben in mehrfacher Beziehung Aehnlichkeit mit den Italienern; aber es fehlt ihnen das gefällige schmiegsame Entgegenkommen, die muntere Laune, die schnelle Auffassung und die lebendige Einbildungskraft der letztern. Sie stehen auf einer niederen Stufe der socialen Bildung, ohne Tiefe der Gesinnung und Empfindung und fast scheint es, als wären sie jeder andauernden Thätigkeit unfähig. Dieser sichtbare Mangel an einem markigen thatkräftigen Willen, dieses Gewirr und Gemisch von fremden Nationen, welche blos erscheinen, um nach gemachtem Verdienste wieder heimzukehren, erzeugt bei dem Ankommenden ein Gefühl des Unbehagens, das selbst nach dem Ausspruche von Fremden, welche Rio schon Jahre lang bewohnen, sich keineswegs mit der Zeit verliert, vielmehr den Wunsch immer reger macht, recht bald wieder von diesen Küsten scheiden zu können. — (Dieses dürfte wohl eine genügende Antwort der ins Blaue hineingemachten Behauptungen des „hervorragenden brasilianischen Diplomaten“ der „Aktenstücke“ in Betreff der „unwiderstehlichen Anziehungskraft“ Brasiliens sein!)

Die „Novara“-Reisenden wohnten auch einer Sitzung des Instituto Hist. Geographico bei, welcher der Kaiser präsidirte und berichten u. A. darüber: „Die Verhandlungen boten im Allgemeinen wenig Interesse dar.“ Zufälliger Weise wurde ein Theil der Zeit mit der Erwiderung auf gewisse Bemerkungen über die Unfähigkeit brasilianischer Ingenieure verbracht. Sir Richard Schomburgh hatte in seinem bereits 1843 veröffentlichten Werke über Guiana einen Tadel über die in Brasilien übliche Vermessungsweise ausgesprochen, und ein Mitglied, Herr Dr. Schüch de Capanema, glaubte sich als Ingenieur und Brasilianer verpflichtet, gegen diese angebliche ungerechte Rüge, — freilich etwas spät — protestiren²) zu müssen.“

„Von eingebornen Schriftstellern erscheinen jährlich nur sehr wenige Werke, wie sich überhaupt das literarische Leben Brasiliens auf die Journalistik beschränkt. Wenn Tendenzen, wie sie einzelne Journale in Brasilien bei der unbeschränktesten Preßfreiheit verfolgen, ohne Einfluß auf die Gesellschaft bleiben, so liegt dies in dem eigenthümlichen Verhältniß des Landes, wo mehr als vier Fünftel der Bevölkerung weder lesen noch schreiben können, und Zeitungen sich in der Regel nur in den Händen von Gebildeten befinden.“

---

den, daß nur Schwindler und Betrüger, besonders in wissenschaftlichen Branchen, sich bei der Regierung poussiren und zwar in stets zunehmendem Maßstabe, je kostspieliger sie dem Lande werden und je weniger sie leisten. Es scheint, als ob die Regierung dergleichen Subjecte, die sich durch Charakterlosigkeit einzuschmuggeln verstehen, durch dick und dünn durchhält, um nicht eingestehen zu müssen, daß sie mit jenen Subjecten Massen von Geld in Albernheiten oder auf noch schlimmere Weise verputzt hat. So ging es wenigstens bis jetzt durchweg in allen wissenschaftlichen und technischen Dingen, in Colonisations-Verwaltungen, in Ausrüstungen für militärische Zwecke und in den Landvermessungs-Angelegenheiten, und es liegen bereits sehr entschiedene Kennzeichen vor, daß man dem so beliebten Principe auch bei dem neu gemachten Posten eines Ministeriums der öffentlichen Arbeiten volle Geltung angedeihen lassen will. —

¹) Darunter aber leider einige wo nicht die meisten Staatsräthe und alle Landpotentaten, wie ja aus den Worten und Handlungen der Vergueiro's, Vaependim's und Nogueira's und Valle da Gamas ersichtlich ist.

²) Dieser Protest sowie die ohne Zweifel beschönigenden Bemerkungen über die Unfähigkeit der Feldmesser, welche damals noch bei Weitem nicht mit so erstaunenerregenden Thatsachen belegt werden konnten als jetzt, wurden aber nicht publicirt, blieben also unwiderlegbar seitens von Personen, die dazu befähigt gewesen wären; die Gründe hierzu ergeben sich wohl aus der im Anhange beigefügten Skizze aus den Erfahrungen des Oberst-Lieutenants v. Gewelsh in Brasilien. Eben so wenig hat Herr Schüch de Capanema die Antwort des Geh. Rath Kerst auf dessen eben so unverschämten als kindischen, wenngleich damals (1852) im Alter von 24 Jahren im Interesse der Landpotentaten zur Beschönigung der Parceria-Unthaten an den Berliner Central-Verein geschriebenen Brief dort drucken lassen; hätte er es gethan, es wären dadurch Brasilien vielleicht Millionen erspart worden! Hr. Schüch trägt einen großen Theil der Verantwortlichkeit für die gegenwärtige Lage Brasiliens in der Arbeitsfrage durch seine Augendienerei an die Pflanzer, als er bei 5jährigen Studien in Deutschland auf ausschließliche Kosten des Kaisers, da sein ehrlicher Vater ihm nichts hinterlassen konnte, die beste Gelegenheit und die aufrichtigste Hülfe zu gründlicher Erkenntniß in der Land- und Arbeitsfrage genossen hatte. Aber damals glaubte er ja, die Pflanzer würden ihm für seine „Ingenieur“-Kenntnisse leicht 10 Contos im Jahre Tribut zahlen, obschon er sich in seinen Privatbriefen über die wahren Eigenschaften dieser eben so entschieden aussprach, als z. B. über die krasse Unwissenheit der Herren Lentes (Professoren), die ihn im Jahre 1849 in Rio zum Doctor phil. machten. —

Auszug aus einer drei Spalten langen, verdienter Weise sehr belobigenden Revue des Werkchens des Vicomte d'Abrantes „sur les moyens d'avancer la colonisation" in dem „Journal de Francfort" vom 28. Februar 1846,

welche dem Senhor Araujo um so weniger unbekannt geblieben sein kann, als er niemals eine andere europäische Zeitung als französische oder allenfalls portugiesische las, und diese Kritik in Hamburg selbst geschrieben war:

„Or les frais de transport des immigrants, le Vicomte veut que le Brésil les supporte; mais pour jouir de l'avantage du passage libre dans des navires frétés par le Gouvernement brésilien ils devraient avoir été trouvés bons et capables par des agents brésiliens **sur lesquels on pût compter.** (?) Le Vicomte est **decidément contre l'usage d'acquitter par des services les frais de traversée,** parceque la perte de liberté quelque momentanée **qui en résulte** au milieu de circonstances qu'on ne saurait exactement préciser d'avance, ne fait qu'entraver les meilleurs sujets, au lieu qu'on ne voit guère se presser d'arriver que des gens sans caractère et qui sont résolus d'avance à rompre même le contract le plus équitable, en sorte que le pays n'est pas occupé par la classe d'hommes qu'il lui faut. A fin de couvrir ces avances, il renvoie à la vente des terres de la couronne et à la **recette d'une taxe sur les terres incultes,** laquelle soit modériée, **mais assez forte** pour contraindre ceux qui les laissent en friche à les rendre à d'autres qui les exploitent.

Il rejette toute donation de terrains; il n'y a que les écoles primaires, les académies et universités, les routes et les canaux, les villes et établissements publics pour lesquels il veut qu'on réserve des terres conformément à des bases certaines et posées d'avance.

Des légers (?) amendements à la loi maintenant soumise au Senat et votée par la chambre des députés rempliraient tous les buts. Il préfère qu'il n'y ait pour le moment aucune immigration plutôt que d'en voir une ne reposant que sur des bases précaires et mal assurées, lesquelles, au lieu de procurer un bon et durable accroissement de la population, ne serviraient qu'à augmenter **le nombre des déceptions, des insuccès et des malheurs,** donnant ainsi un nouvel aliment à l'opinion déja peu favorable aux émigrations pour le Brésil. C'est avec précaution, d'une manière lente mais sûre qu'il veut qu'on jette les fondements ci-dessus indiqués du travail libre, mieux peutêtre à cause de **l'impossibilité** qu'il y a d'employer **ensemble** les blancs et les noirs à la culture du sol, qu'à cause de la **faiblesse des salaires** suffisans pour l'Africain, mais qui ne le seraient pas pour les gens de l'Europe.

Ce que manque au travail libre au Brésil, ce serait une province ou l'agriculture fut exploitée **exclusivement** par des blancs &c.

Le colon doit pouvoir acquérir sans perdre de tems pour un prix modéré un terrain convenable et cela à des titres que personne ne lui peut contester; à présent il n'est pas facile de faire des acquisitions commodes et sures &c." —

Nimmt man nun an, daß Senhor Araujo seiner Zeit diesen Principien [1]) mit andern billigen und nothwendigen, die deutlich durch Vicomte d'Abrantes ausgesprochen waren, so weit wenigstens als er deren Natur und Tragweite verstanden haben mag, wenigstens äußerlich durch Schrift und Wort beigestimmt hatte, wie muß man indeß erstaunen, ihn bereits im folgenden Jahre als Werber für den damals sehr einflußreichen Landpotentaten und Senator Vergueiro auf der Base der schmählichsten aller Parceria-Kontracte, die je in Deutschland ausgeführt wurden, zwar versteckter, aber deßhalb nicht minder wirksamer Weise und bereits schon bis zum Belanse von nahe an 2000 Unglücklichen auftreten zu sehen!

Da es Noth thut, hier sich, so weit der Platz es zuläßt, über Alles was Licht über den Gang dieser Frage verbreiten kann, gleich klar auszusprechen, sei gesagt, daß die trefflichen Ansichten des Vicomte in Brasilien ganz wirkungslos verhallten, obgleich er an 1000 Exemplare seines hier gedruckten Werkchens theils hinübersandte, theils selbst mitnahm, die aber entweder nicht gehörig oder gar nicht vertheilt wurden, oder doch nicht die geringste Discussion hervorriefen. Leider scheint der Herr Vicomte, bald nach seiner Rückkehr zum Marquiz erhoben, seine in Berlin befürworteten Ansichten gar nicht weiter festgehalten oder doch nicht mit der Feder oder mit dem Worte im Senate vertheidigt zu haben, ja, es liegen Documente vor, daß er aus einer ihm plötzlich überkommenen Furcht vor einem „kleinen Deutschland" im Brasilien jene obigen staatsmännischen Ansichten einschrumpfen ließ und dabei sogar auch in Toleranz gegen Nichtkatholische, die er befürwortet hatte, sehr bedeutend rückwärts schritt. Letzteres wohl in Folge seiner angetretenen Präsidentschaft der einflußreichsten religiösen Brüderschaft Brasiliens, die für einen Brasilianer den Höhepunkt des Ehrgeizes bildet und nicht selten in jenem Lande bei Männern vorgerückten Alters, so liberaler Denkungsweise sie auch früher gewesen sein mögen, der Wendepunkt zu der entgegengesetztesten Denkweise wird. Möglich ist es, daß dessen kinderlose Ehe ihm die Erwägung der Zukunft Brasiliens weniger dringend erscheinen ließ, als es im andern Falle gewesen sein dürfte. Doppelt bedauerlich muß uns daher sowohl die Ursache als der Erfolg seiner eingetretenen Gleichgültigkeit für die Lebensfrage Brasiliens sein, für welche er in Deutschland so begeistert schien, und für welche gerade er als kinderloser und doch durch Eigenthum, Ansehen und vielfache staatsmännische Stellung unabhängiger und einflußreicher Mann viel Großes für sein Vaterland hätte leisten können, ohne ein anderes Schicksal als das seine — und als geborner Brasilianer wohl selbst dieses nicht — auf die Wagschale zu setzen, dabei aber mit der sichern Aussicht, sich einen ewig dauernden Namen zu sichern, während der, den er als Präsident der besagten Brüderschaft und deren wenn auch wohlthätigen Anstalten genießt, gleich denen seiner Vorgänger bald verschollen sein und eine schwache Erinnerung an ihn nur für die wenigen Besucher der Misericordia bei dem Anblicke seines Bildes in der Reihe der oft nur durch dieses oder durch eine keineswegs schmeichelhafte Lebensgeschichte erinnerlichen Präsidenten der Misericordia- oder der S. Francisco de Paula-Brüderschaft auftauchen würde. Der Vicomte hat sich wahrlich einen recht engen Spielraum für Thätigkeit und Ruhm gewählt, in einem Fache, das von hundert Andern gleich wirksam hätte ausgefüllt werden können, während in der großen Frage, die er hätte zur Entscheidung führen können, nicht drei in Brasilien es ihm gleich zu thun, und zugleich mit weniger Wagniß für sich persönlich es zu thun vermocht hätten.

Die brasilianische Presse.

Die brasilianische Presse hat sich in der letzten Zeit etwas ungeberdig gezeigt über einige Werke Dabadie's über Brasilien. Davon ist das eine von mäßigem Umfange vor bereits zwei Jahren unter dem Titel „A travers de l'Amérique du Sud" in Paris erschienen. Die brasilianischen Critiker rühmen sich, dieses Werkchen bereits längst der Vergessenheit anheim gegeben zu haben, denn „nur des Angenehmen müsse man gedenken", sagen sie. Aus demselben Grunde ist es für Ausländer, die alle Seiten Brasiliens kennen zu lernen streben, zu empfehlen.

Jedoch das auch kürzlich erschienene zweite Werk desselben Schriftstellers, „Récits et Types Américains" findet wenig Anklang bei den brasilianischen Kritikern und sie nennen ihn schlechtweg den südamerikanischen Münchhausen. Zur Widerlegung der von Dabadie citirten Facta berufen sie sich darauf, daß die Facta die er citire, „nicht in den dortigen Zeitungen gemeldet worden seien." Dieses dürfte aber ein sehr schwacher Grund zur Widerlegung sein, da es nur zu wahr ist, daß die haarsträubendsten Vorfälle sehr häufig in diesen Zeitungen mit keinem Worte erwähnt werden.

Es ist überhaupt erstaunlich, wie schnell die brasil. Presse irgend ein oberflächliches Lob des Auslandes aufhascht, um es ihren Lesern wieder aufzutischen; wie sie aber dagegen jede Wahrheit, die nicht angenehm lautet, bei Seite schiebt, sie vertuscht, und wenn sie dieses nicht kann, bemäkelt oder doch so abschwächt, daß die Ermahnung zur Besserung, geradezu aus Mangel bessern Wissens, der eben durch diesen Verrath der Presse an dem Vaterlande besteht und deßhalb auch nur schwer beseitigt werden kann, dem brasilianischen Volke fast unmöglich wird.

So sagte erst neulich das „Jornal do Commercio": „Se. Hochwürden James C. Fletcher, Mit-Autor mit Mr. Kidder an dem amerikanischen Werke über Brasilien (das übrigens die kirchlichen und moralischen Zustände Brasiliens schonungslos bloslegt und die Unhaltbarkeit der Sklaverei dort in Nordamerika selbst aus guten Gründen hervorhebt), habe letzthin in New-York so begeisterte Vorträge über ihren „vaterländischen Augapfel" (Brasilien) und über die Vortheile gehalten, welche es den nordamerikanischen Bürgern als Einwanderer böte, daß es sonderbar zugehen müßte, wenn in Kurzem sich nicht ein Exodus von dort auf Brasilien richten würde."

„Unter den sinnigen Bemerkungen, die Se. Hochwürden gemacht, stehe der Rath oben an, den er der Regierung der neuen Conföderation gegeben, nämlich: nach vollbrachter Trennung Brasilien zu einer Union mit sich einzuladen und so das verursachte Vacuum wieder anzufüllen." —

---

[1]) Der Erwägung dieser hatte sich der Vicomte erst in Berlin, jedoch mit dem größten Eifer gewidmet und es waren gänzlich dieselben, welche Hr. Sturz schon viele Jahre lang für Brasilien vorgeschlagen und unveränderlich festgehalten hatte.

Eine kühne Idee fürwahr die: daß 7 Millionen Brasilianer, wovon $4\frac{1}{2}$ Millionen Neger und 2 Millionen Gelbe, die meist selbst von den Southerns als Niggers behandelt werden würden, das von 20,000,000 reinen Kaukasiern hinterlassene Vacuum ausfüllen können! Der Herr Editor sieht nicht, daß Se. Hochwürden nur bezweckt, eine Auswanderung von einigen Zehntausenden Nordamerikanern *seiner Denkungsweise* über Brasilien (nämlich daß dort alles morsch ist und nur wenigen Rüttelns bedarf, um zusammenzufallen), nach Brasilien zu veranlassen, um das verheißene Land, oder doch einige seiner besten Theile in Besitz zu nehmen und es dabei zu gleicher Zeit für den *christlichen* Glauben zu gewinnen.

Von der Trivialität der brasilianischen Presse in Heranziehung von Beispielen, die nur der nationalen Eitelkeit fröhnen und über den eigenen Zustand befriedigen, erlaubt uns der Raum nicht, Beispiele anzuführen. Der wüthende Parteigeist, bloß um der Stellen halber, ohne Beachtung irgend eines Princips, erhält sie stets auf den niedrigsten Abwegen. Ihre Aufgabe scheint geradezu die Bethörung des Publikums statt dessen gründliche Unterrichtung über Punkte des *Rechts* und über die Bedingungen des nationalen Fortschritts zu sein. Das schlagendste Beispiel hievon liefern die halbmonatlichen meist sehr langen Correspondenzen derselben aus vielen Hauptstädten Europa's, unter diesen auch aus Berlin, welche insgesammt wie es scheint *geflissentlich* alle jene Punkte aus den Zuständen und Fortschritten der respectiven Länder, die gewissermaßen als Beispiel und Sporn für Brasilien dienen könnten, besonders was die Regelung des Landbesitzes, die Anerkennung der Rechte benachtheiligter Klassen u. s. w. angeht, unberührt lassen, dagegen alles, was einer Rechtfertigung von irgend welchen Monopolien nahe kommt, gierig auffassen und wieder bieten, natürlich in Uebereinstimmung mit den bei den respectiven Blättern allgemein vorherrschenden monopolistischen Einflüssen. Hier dürfte bemerkt werden, daß vor nun drei Jahren der diplomatische Ober-Dirigent der Correspondenz aus Berlin nach Rio das Anerbieten, ihm unentgeltlich für jeden Dampfer hinreichenden auf Thatsachen gestützten Stoff einzuhändigen, der Brasilien allmählig die ihm zur Durchführung unerläßliger Reformen so nothwendige Aufklärung beibringen solle, *ablehnte*, ohne jedoch selbst den angezeigten Weg einzuschlagen. Im Gegentheil, er fuhr fort, diese vortreffliche Gelegenheit zur wohlthätigen Einwirkung auf den öffentlichen Geist nur zur Irreleitung jenes Landes über seine eigene Lage und zu den minutiösesten Mittheilungen kleinhöflicher Bewegungen zu machen, um dabei auch sich von Zeit zu Zeit als eine hochwichtige, Brasilien *ehrende* Person erscheinen lassen zu können. Statt mit guter Hausmannskost wird Brasilien in diesen Correspondenzen mit diplomatischen Finessen genährt, wie sie mehr für ein blasirtes Volk, als für ein solches passen, das erst zu lernen hat, *sich selbst auf ehrliche Weise zu helfen*.

Reybaud's Werk über Brasilien. Folgendes ist die im Monat April 1861 in brasilianischen Blättern veröffentlichte Ansicht des französischen Schriftstellers und Statistikers Monsieur Paridant: „Reybaud's Werk ist ein triviales Werk, das zwar nicht nach so viel Groschen für die Zeile, wie bei derlei Schreibereien zu geschehen pflegt, bezahlt wurde, sondern im Verhältniß zur Anmaßung des besagten Journalisten und der Einfalt der Staatsmänner, *denen er sich verkaufte*, d. h. zu Hunderten oder selbst zu Tausenden für *jedes einzelne* Lob, für Verstümmelung oder Uebertreibung von Thatsachen mit Unterdrückung vieler entscheidender anderer, so daß es, obgleich in einem blühenden, mehr romanenartigen als kalt historischen oder wissenschaftlichen Sinne geschrieben, doch falsche Begriffe über den wahren Zustand Brasiliens giebt." —

Der „Correio Mercantil" zeigte schon im Jahre 1859 an, daß Monsieur Charles *Reybaud*, Mitarbeiter des „Journal des Debats", der bereits früher für sein „Le Brésil" und für andere literarische Dienste in jenem Journal, wie in den Kammern von Rio ausgesprochen worden war, 40,000 Francs erhalten hatte, eine neue enorme Prämie für einen Artikel in der „*Revue Contemporaine*" aus den 109 Contos geheimen Fonds, welche der Herr Minister für Unkosten zu derlei Zwecken verwenden dürfe, erhalten habe. Dieser „*Musjé*", sagt der „Correio", ist einer derjenigen, welche aus außerordentlicher Gefälligkeit uns Brasilianer auf lächerliche Weise für unser gutes Geld groß machen."

Wir haben diesen neuen Artikel nicht gelesen, doch fanden wir in dem „Annuaire des Deux Mondes", das Anfangs 1860 erschien, in dem auf Brasilien bezüglichen Theil die folgende Bemerkung über Colonisation, welche die von ihm früher gemachten Anpreisungen und Voraussagungen doch um ein Bedeutendes wohlfeiler giebt:

„Malheureusement d'un autre côté la Colonisation n'avance qu'avec une extrême lenteur. Le Brésil a toujours à souffrir de la concurrence que lui font les Etats Unis et l'Australie. Toutes les *Combinaisons* ont été essayés sans obtenir un grand succès. Peutêtre parceque le Travail, l'existence, la *Situation légale* des Colons n'ont *pas toutes les garanties qu'ils devroient avoir*; sans doute il y a toujours un certain mouvement d'immigration qui se compose de Portugais, de Galiciens, des Isalres des Açores, — au total le chiffre reste toujours peu considérable sion les compare au besoin du pays. Il s'est elevé à peine à 16,000 immigrants. En même tems tous les efforts du Gouvernement pour civiliser les Indiens demeurent à peu près impuissants. — Il reste donc toujours ce fait grave, — d'ou dépend la civilisation du Brésil et qui domine tout: C'est la necessité du travail et la difficulté de cette vaste mise-en-oeuvre d'un Empire où tout est encore à l'état de *germe* et de *lente* élaboration"

Unterdessen aber hatte Herr Doctor *Geffken* (Hamburger Geschäftsträger und Nachfolger des Herrn Rücker) bereits das obige Buch übersetzt und mit einigen seiner eigenen Zuthaten versehen, als *zuverlässig* dem deutschen Publikum (auf welches es ursprünglich *berechnet* war), anempfohlen, besonders den die *Parceria*-Contracte als so segensreich darstellenden Theil. Das sehr schön ausgestattete Buch wurde in einer großen Auflage auf Kosten der brasilianischen Colonisations-Kasse gedruckt, schönstens gebunden und großmüthig vertheilt, und Herr Dr. Geffken wurde für seine Bemühungen mit einem brasilianischen Orden decorirt, ungefähr zur selben Zeit als Senhor Araujo eine goldene Medaille von dem hohen Hamburger Senat für seine *Verdienste um Deutschland* oder Hamburg überreicht wurde, und als der jugendliche Herr Senator *Rücker* die Tochter des Senhor Araujo zur Gattin nahm, ein Ereigniß, mit dessen Einzelheiten der Berliner Correspondent dem „Jornal do Commercio" mehr Spaltenraum in einem Monate wegnahm, als er zur Aufklärung der Brasilianer über die Bedingungen der Einwanderung in 10 Jahren verwendet hatte, und welches bei näherer Prüfung auch wohl die Veranlassung zur Vermittelung einiger weiteren brasilianischen Ordensverleihungen gegeben hat.

Auszug aus Dr. Helfferich's Abhandlung „Die Wissenschaft und das Leben" (D. Vierteljahrsschrift) (Politische, staatswirthschaftliche und sociale Wirkung der Sklavenarbeit.)

Erst nachdem die Römer mit den schwelgerischen Genüssen des Orients bekannt geworden waren, machte die strenge Sitte und einfache Lebensweise ihrer Vorfahren üppiger Verweichlichung Platz; man bezahlte einen Topf Sardellen aus dem schwarzen Meere theurer als einen Ackerknecht; für einen hübschen Knaben mehr als für ein Bauerngut. Das erste mit Marmorsäulen geschmückte Privathaus war das des Redners Lucius Crassus; den größten Abbruch erlitt der geistige Fortschritt dadurch, daß die Römer ausschließlich mit ihrer politischen Verfassung nach innen und ihren Eroberungen nach außen beschäftigt, gar kein Verlangen empfanden, in Künsten und Wissenschaften selbstständig zu werden. Entweder plünderten sie die Hellenen oder sie nahmen sie in ihren Dienst. Was aber die Arbeit auch der klassischen Völker des Alterthums von dem Augenblick an unfruchtbar machte, da die Wissenschaft sich anschickte, die Natur und ihre Kräfte dem Menschen wirklich dienstbar zu machen, das war die *Sklaverei*, diese Pest, die das Leben und den wissenschaftlichen Fortschritt unerbittlich auseinander reißt. Nicht Philipp von Macedonien hat Hellas geknechtet, sondern die *Sklavenarbeit*, jener unnatürliche Zustand, als in Athen auf 21,000 Bürger nicht weniger als 10,000 Schutzgenossen und 400,000 Sklaven kamen, und in Rom um die Zeit der Bürgerkriege die Sklavenarbeit zur Regel, die freie Arbeit dagegen zur Ausnahme wurde.

Ein Volk, das von seinen Sklaven lebt, weiht sich selbst dem Untergang; seine Nationalität ist nur ein aufreibender, unfruchtbarer Kampf zwischen freier und unfreier Arbeit, der mit dem Sieg der letzteren enden muß, weil die Arbeit in demselben Maaß für den Sklavenbesitzer lohnender wird, *als der freie aber arme Arbeiter wenig oder gar nichts verdient*. So entsteht ein System der Ausnutzung, das mit den wirthschaftlichen Production nichts gemein hat als den Namen. *Die Sklavenarbeit kultivirt nicht, sie zerstört*; wie der Herr kein Erbarmen gegen den Sklaven, so kennt er noch viel weniger Schonung gegen den Boden, aus dem er mühelos seinen Reichthum zieht. Weniger bemittelte Sklavenhalter sind außer Stande, längere Zeit denselben Boden zu bebauen, weil sie keine Lust haben, von dem Gewinn, den sie daraus ziehn, einen Theil der ausgenutzten Erde wieder zurückzuerstatten.

Diese und ähnliche culturgeschichtliche Erwägungen machen für uns Europäer die gegenwärtige Krise der nordamerikanischen Union zu einem weniger politisch als *staatswirthschaftlich* außerordentlich ernsten und lehrreichen Schauspiel. In den nordamerikanischen Sklavenstaaten sieht man eine Menge Güter verödet, die Wohnungen verfallen, weil die Besitzer mit ihren Sklaven weiter nach Süden oder Westen zogen, nachdem sie alle Kräfte dem Boden geraubt. Schon darum müssen die Staaten darauf Bedacht nehmen, sich weiter und weiter auszudehnen; Unfruchtbarkeit und Entwerthung der Arbeit folgt der Sklaverei auf dem Fuße, diese kann darum keine räumlichen Grenzen anerkennen, und wo sie vertragsmäßige Verpflichtungen eingegangen, wie in dem Missouri-Compromiß, da bricht sie dieselben mit List oder Gewalt. Die Kansasgräuel sind bekannt. Es giebt nichts gefräßigeres, annexionslustigeres als die *Sklaverei*; da aber alles *ein Ende* hat, darum auch das Ländergebiet zu beiden Seiten des Mississippi, so muß auch in Amerika diese gewaltthätige Fortbewegung einmal zum Stehen kommen. Die Wirkung kann nur dieselbe sein, die man während der Verfallzeit des römischen Staates in allen von Rom abhängigen Ländern wahrnehmen konnte: das große Kapital verschlingt das kleine, der Plantagenbaron den Plantagenbesitzer, und es bilden sich Gütercomplexe, die man im Alterthum Latifundien nannte.

Je reicher ein Sklavenhalter ist, desto weniger kommt es ihm darauf an, von seinem Ueberfluß dem ausgemergelten Boden die erforderliche Productionskraft zurückzuerstatten; was ist also natürlicher, als daß er seine weniger bemittelten Nachbarn auskauft, die sich entweder zu weiterer Ausnutzung auf einen jungfräulichen Boden übersiedeln, oder wenn es ihnen an Raum fehlt, das Geschäft ganz aufgeben.

Eine weitere Folge des widernatürlichen Arbeitsbetriebes ist die möglichste Vereinfachung der Production. Der nordamerikanische Sklavenhalter lebt von der Baumwolle, wie der Neger von Datteln und der Chinese von Reis; dadurch verengt sich vollends der geistige Gesichtskreis und in dem ewigen Jagen nach Geld und Genuß *verkümmern all die idealen Mächte, welche das Leben verschönern und veredeln.* Zumal eine wirksame Beziehung zwischen dem Leben und der Wissenschaft existirt nicht, und kann man sich eine schrecklichere Blasphemie gegen den Schöpfer des Weltalls denken, als den Ausruf im „Richmond Enquirer": „*Ist freie Gesellschaft unnatürlich, unmoralisch, unchristlich, so muß sie fallen und einer Sklavengesellschaft Platz machen*"?

Die Zeit, wo die nordamerikanischen Sklavenhalter sich dem süßen Wahne hingaben, mit Sklavenarbeit lassen sich Baumwollen- und Wollen-Waaren herstellen, und deßhalb für Schutzzölle schwärmten (*Kapp*, Geschichte der Sklaverei in den Vereinigten Staaten von Nord-Amerika) ist längst vorüber, und die Thatsache steht mit unerschütterlicher Gewißheit fest, daß zwischen dem Boden- und Arbeitswerth der Sklaven- und freien Staaten zu Gunsten der letztern ein ungeheures Mißverhältniß stattfindet (*Helper und Olmstedt*), das im Süden zu immer größerer Massenarmuth und Anhäufung kolossaler Reichthümer in den Händen weniger Nabobs führt. Man erstaunt in der That, wenn man die amerikanischen Sklavenhalter über ihre wirkliche Lage so unaufgeklärt sieht: „die *Menschenrechte*, welche die Abolitionisten anrufen, *stehen im Widerspruch mit der christlichen Religion*, bedrohen unser Leben und Eigenthum, opfern die Ackerbau-Interessen dem Protectionssystem des Nordens; enthusiasmirte Blaustrümpfe die unserm Herrgott ins Handwerk pfuschen, kosten den Sklavenstaaten, durch Verleitung der Sklaven zur Flucht, alljährlich Millionen Dollars, während der nordamerikanische Sklave ohne Zweifel besser daran ist als der freie Neger, als der Irländer und der Deutsche in den abolitionistisch gesinnten Staaten" (Pariser „Galignani" vom 23. Febr. 1861). Besseres wissen die Secessionisten nicht vorzubringen und lassen dabei gänzlich außer Acht, was W. Gregg in einer 1851 in Süd-Carolina gehaltenen Rede äußerte: „Kein Beobachter wird durch unser Land reisen, ohne von der Thatsache betroffen zu werden, daß alles Capital, alle Unternehmung und alle Intelligenz mit der Leitung von Sklavenarbeit beschäftigt ist. Die Folge davon ist, daß ein großer Theil *unsres armen freien Volks vollkommen vernachlässigt* wird und eine Existenz hinschleppt, die nur eine Stufe über den Wilden im Walde steht. Man braucht nur Hütten zu einem Fabrikdorf an einem gesunden Ort zu bauen, um Haufen dieser Leute um sich zu sehen, die um eine Beschäftigung bitten um die Hälfte des Lohnes, den die Arbeiter im Norden erhalten. Es ist in der That schmerzlich, mit solcher Unwissenheit und Erniedrigung in Berührung zu kommen."

In ähnlichem Sinne sprach sich Gouverneur Hammond aus: „Die weißen Arbeiter Süd-Carolina's gewinnen ein prekäres Dasein durch *gelegentliche* Beschäftigung, durch Jagen, Fischen, durch Plündern von Feldern oder Ställen, und nur zu oft durch etwas, was in seinen Wirkungen weit schlimmer ist — durch Handeltreiben *mit Sklaven*, die sie anstiften, *für sie zu stehlen.*"

Selbst die *halbfreie* [1]) Arbeit bringt keinen Segen; wo der Arbeitslohn niedrig, Zins und Pachtschilling dagegen hoch sind, da muß Massenarmuth herrschen, *auch wenn die Nahrungsmittel noch so wohlfeil sind*, wie in Irland, dem an natürlichen Hülfsmitteln reichsten und doch verhältnißmäßig *ärmsten* Lande Europa's. In Ostindien sind seit Menu's Zeiten Zins und Pachtgeld ungeheuer hoch: der *Zinsfuß* betrug noch in neueren Zeiten 35 bis 60 pCt., der *Pachtschilling die Hälfte* [2]) der Brutto-Einnahme (in England ein Viertel, in Frankreich ein Drittel). Bei einer reichen Erndte bleibt dem Bauern gar nichts. (Rammohun Roy, on the judicial and revenue systems of India. p. 66.)" (Und in Brasilien nimmt man 75 pCt.!)

Auszüge aus dem Aufsatze „*Der Einfluß des Werkzeugs auf den arbeitenden Menschen*" von Dr. *Gigl.*

„Der arbeitende Mensch wird der Ausdruck seines Handwerks oder seiner Beschäftigung, sowohl in physischer als moralischer Hinsicht, und dieses wird in seinen Beziehungen als Mann und Vater zur Familie von der größten Wichtigkeit. Es ist nun einmal wahr, und mag man die geistigen Fähigkeiten so hoch schätzen als man will, die Grundbedingung aller irdischen Seligkeit und Vollkommenheit ist der gesunde, rüstige, lebensfähige Körper. Es ist leicht einzusehen, und tausende von Beispielen beweisen uns das täglich, daß der kräftige unverkümmerte Körper die häusliche Wohlfahrt besser begründen und für die Existenz der Angehörigen besser wirken kann als der schwächliche und verkümmerte. Man sehe nur die Schaaren von Arbeitern und Arbeiterinnen, welche unter dem Einflusse *großer Hitze* ihr Dasein zubringen; wie sie aus ihren Werkstätten hervorgehen; man begleite sie an die Schwelle ihrer Wohnungen und man wird bei aller Zulänglichkeit physischer Existenzmittel ihren Familien das Zeichen der Verkümmerung aufgedrückt finden, blaßwangige, abgemagerte Kinder sitzen um den Tisch; die schweigsamen Eltern wissen sie nicht zu ermuntern; es fehlt der zündende Funke der Kraft, es mangelt die Fülle des Lebens!" [3])

„Es ist gewiß: das Werkzeug und die Arbeit, je nach ihrer Beschaffenheit, erhebt und veredelt, oder erniedrigt und verwildert den Menschen. — Die Art der Arbeit bestimmt auch die *Empfindungen* des Menschen. Ist die Arbeit ein *ewiges Einerlei*, so werden es die Empfindungen des Arbeiters. Beschränkt wie sein Werkzeug bleibt im Allgemeinen der Landmann — und es entgehen ihm sogar die nahe liegenden Reize der Natur, während Arbeiter in andern Beschäftigungen sich an dieser und an den schönen Formen ihrer eigenen schöpferischen Arbeit begeistern."

„Aber die *Empfindungen* begründen die *Gesittung* und diese wird ihrer Seits wieder die Grundlage für jene Intelligenz, welche dem Einzelnen und der ganzen menschlichen Gesellschaft ihre *wahre Geltung* und *Hauptkraft* verleiht."

„Auf je kleineren Raum der Geist beschränkt ist, je weniger Objecte er zu überschauen und zu bewältigen hat, je einfacher und unwandelbarer diese sind, desto weniger vermag er sich zu schärfen, zu bilden und zu beleben, zu erneuern, kurz *seiner menschlichen Natur zu entsprechen.*"

„So können ganze Geschlechter der Cultur der Zeit verloren gehen, und das ist *schlimm*; denn *das höchste im Leben ist doch der Mensch.*" — Soll Deutschland auch eine Generation hergeben, um als Kaffeepflücker verloren zu gehen, die auch nicht ein einziges Werkzeug gebrauchen außer der Hacke zum Ausrotten des Unkrauts?

---

1) Das mögen sich die brasilianischen Landmonopolisten wohl merken, besonders aber die Regierung, deren Augenmerk doch auf die *Stützung* der Monarchie gerichtet sein sollte, es aber wahrlich bisher *nicht* war!

2) *Gleich hoch* ist der von brasilianischen Parceria-Herren von Deutschen erhobene Pachtzins; — also *doppelt* so hoch als in England und fast auch wie in Frankreich, wo durchschnittlich 4—5000 Menschen auf einer Quadratmeile wohnen, während in Brasilien kaum 40 und in Ostindien 2300! Und zu solchem unerhörten Mißbrauche, zu einem so completen Irrsinn in volkswirthschaftlicher Rücksicht, bietet selbst eine Regierung noch Vorschub? Thut es sogar auf Staatskosten, d. h. auf Kosten der großen Masse grundbesitzloser Bürger, welche für ihre auch noch so beschränkten Bedürfnisse in Manufacten, *Geräthen* oder *Werkzeugen*, von welchen fast *nicht das Geringste im Lande hergestellt werden kann*, einen enormen Einfuhrzoll von durchschnittlich 50 pCt. zu bezahlen haben. Dieser enorme Zoll und der schmähliche Zeitverlust, den nichtswürdige Zollhausbeamten selbst bei Gegenständen, die durch besondere Begünstigung frei eingeführt werden dürfen, verursachen, daß heute noch mit Ausnahme der für die Eisenbahnbauten erforderlichen Gegenstände unglaublich wenige Ackergeräthe oder Maschinen überhaupt importirt werden, in der That nur um ein Unbedeutendes mehr als vor der Abschaffung des Sklavenhandels; damals belief sich der ganze Betrag derselben auf 18—19,000 L., jetzt auf 26—28,000 L. im ganzen Reich, während doch in Englisch-Ostindien, das kaum ein Zehntel der Bevölkerung hat, Maschinen und Ackergeräthe zu einem *zehnfach* höheren Belauf importirt werden; auf dem Cap, das nicht den 20sten Theil der Bevölkerung hat, der 4fache Betrag und in Australien mehr als der 12fache Betrag. Nichts beweist in der That mehr die niedrige Stufe des Ackerbaues in Brasilien, als diese Gleichgültigkeit gegen alle mechanischen oder technischen Hülfsmittel. Als ein Beweis der gränzenlosesten Vernachlässigung der Technik in Brasilien mag übrigens die Thatsache gelten, daß trotz einer Auslage von über 80,000 Thlr. für *Telegraphen-Apparate* von den vorzüglichsten Mustern aus allen Ländern und von *Leitedrähten* jeder Art, die man schon seit 1849 hat kommen lassen, man dennoch nur für wenige Tage eine sehr schlechte Verbindung zwischen Rio und Petropolis (eine Entfernung von kaum 10 Stunden Wegs) zu Stande gebracht hatte, aber auch diese *nicht* erhalten konnte, so daß sie schon längst wieder aufgegeben ist! Wie denn auch 26 Postanstalten im Jahre 1860 eingegangen sind!

3) Dieser Theil ist auch auf den deutschen Kaffeepflücker anzuwenden; es ist eine *unnatürliche* Arbeit für ihn; die *Hitze*, der er dabei ausgesetzt ist, schwächt ihn und reibt ihn auf! Die Beschäftigung, welche ohne irgend ein anderes Werkzeug außer der Hacke und einem Korbe betrieben wird, ist zugleich auch eine *verdummende* durch ihr ewiges Einerlei und in der That nicht weniger als die eines Nadlers in der Fabrik. Nur ein großer Lügner und Betrüger kann von ihm diese Arbeit verlangen.

Adelsanmaßung von Brasilianern bei ihrem zeitweiligen Aufenthalte in Europa.

Der Art. 179 der brasil. Constitution verfügt unter Nr. XVI.: „Es bleiben abgeschafft alle Privilegien, welche nicht wesentlich und gänzlich mit einem Amte von öffentlichem Nutzen verbunden sind"; und obgleich nach Art. 102, XI. dem Kaiser das Recht beigelegt ist, „Titel, Ehren, militärische Orden und Ehrenzeichen für Verdienste um den Staat zu verleihen", so gesteht die Verfassung ihm doch nicht das Recht zu, einen erblichen Adel zu gründen und dadurch die verfassungsmäßige Gleichheit aller Staatsbürger zu alteriren. Zur Zeit der Erklärung seiner Unabhängigkeit gab es in Brasilien keinen erblichen Adel und ein solcher existirt daher bis zu dieser Stunde nicht in jenem Reiche. Was früher, zur Zeit als der portugiesische Hof vor Napoleon I. Zuflucht in Brasilien suchte, sich vorübergehend von portugiesischen adeligen Familien im Lande vorfand, verlor dieses Land bei der Rückkehr des Königs nach Portugal (1829) wieder, so daß auch nicht ein Zweig einer portugies. Adelsfamilie im Lande zurückblieb.

Seit der Erklärung der Unabhängigkeit Brasiliens haben die neuen Kaiser vielseitig von dem ihnen verfassungsmäßig zustehenden Rechte Gebrauch gemacht, „Titel" zu verleihen, unter andern auch die Titel: Baron, Vicomte, Graf und Marquis an Beamte, Offiziere, Landbesitzer, Kaufleute und frühere Sklavenhändler; aber es sind dies durchaus leere Titel, — wie in andern Ländern manche Rathstitel — die unter keinen Umständen und in keinem Falle vererbt werden können, und andere Adelsbezeichnungen, als die genannten, existiren in Brasilien nicht.

In Europa läßt man sich durch die Partikel „do" oder „da" (aus, von, von dem ꝛc.) täuschen, welche alle Brasilianer von welcher Farbe auch immer, sie mögen ein Amt inne haben, oder sich ihren Lebensunterhalt mit Ackerbau, Viehzucht, Handel, oder durch ein Handwerk, persönliche Dienste, tagediebisches Schmarotzen, Betteln, Diebstahl, Meuchelmorden gegen Belohnung oder als Galeerenzüchtlinge oder sonst auf ehrliche oder nicht ehrliche Art erwerben, vor ihre Namen setzen; besonders täuscht man sich in dieser Hinsicht in Deutschland, wo die Partikel „von" die unterste deutsche Adelsstufe bezeichnet, und wo Einer wegen Adelsanmaßung bestraft werden kann, der das Wörtchen „von" seinem ehrlichen Namen aus eigener Liebhaberei beifügt. — Der Brasilianer ist von Natur über alle Maßen eitel und versucht daher in Frankreich und Deutschland sein „de" oder „da" möglichst auszubeuten und daher seine Abstammung von einem ehrlichen Krämer, Ellenreiter, Schankwirth, Sklaventreiber oder von einem als Sträfling von Portugal nach Brasilien Deportirten ꝛc., sowie seine eigene gesellschaftliche Stellung hinter dieser in Deutschland fälschlich als Adelsbezeichnung gedeuteten Partikel zu verbergen; ja, geht wohl so weit, um die Täuschung vollständiger zu machen, diese Partikel ohne Weiteres in das deutsche „von" zu übersetzen. Da das „de" oder „da" nach einem Kalender-Vornamen nur bezeichnet, daß der „Joao", „Marcos", „José" ꝛc. selbst oder sein Vorfahr aus irgend einem portugiesischen Orte, Walde, Busche ꝛc. herstammt oder sich mit der Zucht oder dem Hüten von Schafen und anderem Vieh oder einer sonstigen Hantierung abgegeben hat und das kleine Portugal nicht überreich an Ortschaften ꝛc. ist, so werden dieselben portugiesischen Zunamen häufig von unzählig vielen Personen geführt, die nicht entfernt mit einander verwandt sind, wie die unzähligen de Araujo, de Castro, de Lisboa, de Vega, de Albuquerque, da Silva, de Carneiro ꝛc. aller möglichen Schattirungen in der brasilianischen Hautfarbe in oben bezeichneten Lebensstellungen beweisen, und es wäre überaus lächerlich, wollte Jemand glauben, daß diese Personen auch nur durch einen einzigen Tropfen Bluts mit jenen gefeierten Helden Portugals, die in der Glanzperiode dieses Reichs diese und andere Namen in der Geschichte unsterblich gemacht haben und Mitglieder des portugiesischen Adels wären, oder Begründer neuer Adelsgeschlechter in Portugal wurden, — auch nur in der entferntesten Weise verwandt seien. Noch einmal, in Brasilien giebt es keine adeligen Familien, keinen Erbadel, und die auf Lebenszeit verliehenen feudalen Titel: Baron, Graf ꝛc. sind eben nur Titel, wie die, mit denen kein Amt verbunden ist, geschaffen, um neben dem Orden die Eitelkeit der Menschen dem Regierungssystem dienstbar zu machen, gerade wie die schwarzen Kaiser oder Könige von Haiti dieses Mittel anwendeten, um sich Anhänger zu erwerben. Die brasilianischen Herren, die sich in Deutschland für Edelleute oder von adeligen Familien abstammend ausgeben, begehen eine wissentliche ehrlose Täuschung, und wenn sie durch dieselbe persönliche Vortheile zu erreichen suchen, Betrug, wie sonstige Hochstapler. Dies zur Notiz für den hochgebildeten, in Kunst, Wissenschaft, Handel und Gewerbe seit Jahrhunderten hervorragenden deutschen Bürgerstand.

Hierüber geben die Skizzen über Rio auf der „Novara"-Expedition und die Bemerkungen über das Monument Don Pedro's I. im „Anhang" einige weitere Auskunft, es dürfte aber Folgendes einen noch klareren Begriff hierüber geben, wie es sich im Grunde mit gar vielen der brasilianischen Titel, die nie als den Adel mittheilend angesehen werden können, verhält:

Dr. Lallemant sagt bei Gelegenheit seiner aufregenden Beschreibung der sabbathschänderischen Sklaventreiberei des Staatsraths und Baron da S. Lourenço in Bahia (des vormaligen Sklaven-Contrebande beaufsichtigenden Polizei-Chefs und später Präsidenten von Bahia, der auch schon eine Anzahl Deutscher verbraucht hatte und eine frische Sendung bestellen wollte): „So „lange den brasilianischen Regierungs-Agenten in Deutschland nicht auf das Strengste verboten wird, zur Heranziehung von „Auswanderern für Privatunternehmungen zu helfen, so lange es ihnen nicht zur Pflicht gemacht wird, officiell vor solchen zu „warnen, so lange wird kein Deutscher in Brasilien gedeihen!" Nun ist aber von diesem Baron de S. Lourenço zu bemerken, daß er als Regierungs-Präsident von Bahia Anfangs des Jahres 1840, als an der Küste ein Sklavenschiff gescheitert war und von dem Wrack durch einen Küstendampfer 336 Neger, zum großen Theil mit Brandwunden (denn es war Feuer ausgebrochen), gerettet und in dem nächsten Städtchen (Coduingiba) der Obrigkeit ausgehändigt worden waren, in Uebereinstimmung mit dieser constatirte, daß der Vorfall überhaupt gar nicht stattgefunden habe und keine Neger gelandet worden seien, denn diese waren unter gewisse einflußreiche Personen vertheilt worden und bereits am dritten Tage spurlos verschwunden! Das schönste bei der Sache aber war noch das, daß nicht allein viele Eide von den bei der Uebernahme der Neger betheiligten Personen über das Nichtgeschehensein dieser herbeigeschafft wurden, sondern daß man sogar von Obrigkeitswegen die Retter der Neger (meist Ausländer) auf alle mögliche Weise amtlich dahin zu vermögen suchte, die Erklärung zu machen, es sei wirklich nichts vorgefallen, und ihre Erklärung im Sinne der Wahrheit unterdrückte! Um die aus Sklavenschmuggelei entstandenen beiden größten Fortunen Bahia's zu vereinigen, sowie den daraus entsprungenen Adel, vereinten sich letzthin die Familien des Grafen Lourenço und die des Grafen von Piraja, gegen welchen letzteren der erstere Jahre lang wegen dessen maßlosen Betrieb der Neger-Contrebande, aus Rücksicht für die englische Regierung gar manche mühsame officielle Schein-Demonstrationen zu machen gehabt. Dieser sklavenreiche Baron, nicht zufrieden mit eingeschmuggelten Sklaven, ließ sich neulich sogar noch 170 Prisen-Neger (Africanos livres) von der Regierung geben und verbraucht sie nun als Sklaven. Die Regierung wagte es nicht, sie ihm abzuschlagen, obgleich dem Gesetze nach diese Leute frei sind! —

Brasilianische consularische Leistungen und wissenschaftliche Excentricitäten. Eine Curiosität in Betreff der Art und Weise, wie in Brasilien Ernennungen fürs Ausland und besonders für General-Consulate gemacht zu werden pflegen, können wir unsern Lesern nicht vorenthalten. Diese finden wir in der Person eines gegenwärtigen brasil. General-Consuls in Deutschland, der zur Zeit des Verraths, den so viele Brasilianer an ihrem persönlichen Wohlthäter Pedro I. (1831) begangen hatten, als hyperpatriotischer Dichter großartiges Fiasko machte, jedoch eben darauf den Anspruch gründete, Director der Akademie der schönen Künste in Rio zu werden, und deshalb dem damaligen noch durch Pedro I. eingesetzten höchst verdienstvollen Director und vorzüglichen Maler Monsieur Emil Taunay, Bruder des allerseits hochgeachteten 30jährigen General-Consuls Frankreichs, Monsieur Theodore Taunay, einen fast 10jährigen schmählichen Krieg in den Zeitungen machte, auf keinen andern Grund hin, als daß er ein Ausländer sei, bis er ihn auch endlich wirklich aus seiner Stelle biß, und da er selbst gar keine Befähigung für die Kunst besitzt, die Akademie auch nach wenigen Jahren zu einer völligen Bedeutungslosigkeit brachte. [1]) Da ergriff er, obschon eben so wenig Musiker oder Componist, als er Maler oder Dichter war, mit Andern, welche den Brasilianern gerne weiß machen, daß sie alles, was Europa an Vollkommenheiten besitzt, ohne Weiteres aus sich herausarbeiten können, die Idee der Schöpfung eines „Lyrischen Instituts" und ließ sich zum General-Secretair desselben machen, natürlich mit einem erheblichen Salair, und schickte Diplome als von Ehren- und correspondirenden Mitgliedern an alle großen Musiker der Welt, aber auch an sehr viele Nichtmusiker, die meist den Grund, auf welchem ihnen die Ehre angethan werden sollte, nicht einsahen und daher die Sache auf sich beruhen ließen. Die Sache hatte soweit ihren Fortgang, daß man (während in der Academia das bellas artes kaum 3 Zöglinge auf jeden der dabei

---

[1]) Das einzige Produkt in der Malerei, welches er aufzuweisen hatte, war eine Abendmahl-Scene, die er fertig aus Paris mitbrachte, in welcher Colorit wie Conturen der gewöhnlichsten Art, der Grundgedanke aber geradezu ein heidnischer, ja abstoßender ist; ein solcher in der That, als sei bei jenem hochfeierlichen geistigen Mahle, wo Brod und Wein bloß die Hülle des höchsten Gedankens der aufopfernden Liebe bildeten, die Pflege der körperlichen Bequemlichkeit und des Magens die Hauptsache gewesen. Denn der originelle Schöpfer jenes Produkts (der sich damals wenigstens viel zu gut that auf das unique seines Gedankens, für den er die historische Begründetheit in Anspruch nimmt), läßt den Erlöser sammt den Jüngern die Abendmahl-Tafel mit wahrhaft unculischer Gemüthlichkeit umlagern, denn die von da Vinci gebrauchten einfachen Bänke seien antihistorisch! In der That verschaffte ihm die Neuheit dieser mit dem brasilianischen trägen Materialismus so übereinstimmenden Anschauungsweise einen so hohen Credit als geistreichen Künstler unter seinen Landsleuten, daß er dadurch und vermittelst einiger hundert Zeitungsspalten der niedrigsten Chicanen endlich auch den bescheidenen und würdigen Director der Akademie beseitigte und sich an dessen Stelle setzte!

angestellten Lehrer kommen, ja in ganz Brasilien noch keine polytechnische Schule besteht und nicht einmal ein Lehrstuhl für reine und angewandte Mathematik) über ein Hundert junge Leute von nützlicher Beschäftigung abzog und durch allerlei Prämien und Aussichten für die Zukunft, wie sie selbst kein großer Staat für Musik anbieten könnte, zu Zöglingen dieses sehr mittelmäßig dirigirten Instituts machte, von dem sie alle in Componisten und Sänger ersten Rangs verwandelt werden sollten, um Rio eine von einheimischen Lablaches und Garcias aufrecht erhaltene Oper, die denen von London und Paris nicht nachstehen sollte, zu sichern. Als es sich aber nach 4 Jahren bedeutender Geldvergeudungen, selbst auf Kosten des Staats, herausstellte, daß eben doch auf die beliebte Weise ein Erfolg irgend einer Art nicht zu erreichen sei, so wußte sich dieser Günstling aller Musen ein General-Consulat in Deutschland, (das damals noch einem andern gehörte, der die eigentlichen Pflichten desselben gewissenhaft erfüllte, wie jener lange Jahre selbst bemerkt und sogar in eigenen Briefen, worunter selbst einer, der auch ihn, der aller Musikkenntnisse baar ist, zum Ehrenmitgliede seiner lyrischen Schöpfung ernannte, anerkannt hatte), dadurch zulegen zu lassen, daß er begreiflich machte, er würde als Consul die Verstärkung der lyrischen Lehrkräfte aus Europa bewerkstelligen, zugleich aber auch die Pflanzer nach deren Wunsch und Bedürfniß mit Parceria-Kolonisten versehen, eine Aufgabe, die zu erfüllen der durch ihn ersetzte Consul sich geweigert hatte. Als eines der hervorragendsten Mitglieder des Instituto Hist. Geographico betrifft er nun auf seinem Herwege nach seinem nordischen General Consulate Portugal ein volles Jahr in Recherchen nach Thatsachen, die für Brasiliens Geschichte wichtig sein sollten, die aber noch nicht der Oeffentlichkeit übergeben worden sind; doch können wir aus einer über alle Maßen schwülstigen und der beliebten, wenn auch kurzsichtigen Idee der unvermeidlichen Größe Brasiliens schrankenlos fröhnenden Correspondenz an jenes Institut zwei Züge herausheben, die zu charakteristisch sind, als daß sie in weitern Kreisen unbekannt bleiben sollten.

Der eine ist: daß der nun stracks in einen Antiquar und Phrenologen verwandelte Berichterstatter sich selbst als unter Tausenden von Schädeln des Beinhauses eines alten portugies. Klosters herumwühlend beschreibt, um unter diesen den des Dichters, Caldas, eines gebornen Brasilianers, der dort Anfangs des vorigen Jahrhunderts beerdigt worden sein soll, herauszufinden, „denn er habe sich nach seinen phrenologischen Kenntnissen die Form dieses Schädels so klar gemacht, daß er ihn erkannt haben müßte, wäre er ihm durch die Hände gekommen." So aber verlebte er mehrere Tage lang vergebens in jenen Katakomben, in mühsamer Inspicirung von Tausenden von Schädeln, „denn, der gesuchte war nicht unter ihnen!"

Dieses Unternehmen, an sich schon groß, kommt jedoch dem folgenden in Berechnungsgabe und Aufopferung nicht einmal nahe. Dieses wurde nämlich, was den Moment oder doch den Tag der Ausführung anlangt, auf das planvollste ausgeführt. Die schnelle und genaue Nachricht über die (1859) bevorstehende Reise des Kaisers gab die beste Gelegenheit hierzu. Tag und Stunde der Abreise aus Rio war bekannt. Er hatte also, wie er berichtete, nichts Schwereres auf der Seele, als pünktlich zu der Stunde, wo Se. Majestät der erstgeborene brasil. Kaiser von Dampf getragen, an jenem Cap vorbeisegeln würde, wo vor drei Jahrhunderten Cabral zuerst Fuß auf brasilianischem Boden gesetzt, auf den Knieen und in Verrichtung von Stoßgebeten für das Leben Sr. Majestät und für die Größe Brasiliens das Grab des großen Mannes zu umkreisen!

Die Beschreibung dieser beiden gemüthvollen frommen Handlungen zeugt von vielem Kunstsinn und umfaßt einige lange Spalten. Leider nur wurde ein Jahr später noch auf wenige Stunden von jenem ersten Landungsplatze Cabrals ein erwachsener junger Mann von guter brasilianischer Familie, der Schwestersohn des Unternehmers einer der elenden sogenannten Kolonien, die mit Regierungsgeld auf Kosten des Lebensglücks bethörter Kolonisten geschaffen worden waren, von Wilden getödtet, gebraten und aufgefressen. Welch ein trauriger Gegensatz zu den großen Namen von Academias das bellas artes, von Sociedades Lyricas, von Instituto Hist. Geographico, zu den herrlichen Stecken von Caldas und zu der Thatkraft eines Cabral! [1])

Doch in den Gegensätzen scheint sich die träumende Trägheit der brasilianischen Staatsmänner zu gefallen, bis sie, wohl bald jetzt, die Donnerschläge der durch den Weltfortschritt bedingten Ereignisse zur Ermannung wecken werden. Für die kommenden Zeiten der Noth und bei der großen Bedürftigkeit des Landes um aufrichtigen Rath wäre Brasilien vor allem zu wünschen, daß es bei der Besetzung seiner auswärtigen consularischen und gesandtschaftlichen Missionen dieses Ziel im Auge behielte und nicht, wie bisweilen, durch die Ernennung dazu bezwecke, ein lästiges oder noch schlimmeres Subject aus dem Wege zu schaffen, oder sich dadurch einige Stimmen im Senate oder in den Kammern für eine ebenfalls faule Regierungsmaßregel zu sichern. Gerechte und dem Staate nützliche Maßregeln bedürfen keiner bestochenen Unterstützung. Ein Ministerium, das sieht, daß es seine ehrlichen Ueberzeugungen nicht durchsetzen kann, trete ab, — aber dann ist es auch die Pflicht der Mitglieder des abgetretenen Ministeriums sammt deren Anhängern, ihren Nachfolgern, die anders handeln, unnachsichtliche Opposition zu machen. So würde die jetzt allgemeine Corruption bald bewältigt, dem Lande viel geholfen und die Krone vielleicht für lange Zeit gesicherter sein. —

Sind Tropenländer zur Aufnahme europäischer Einwanderung geeignet oder nicht?

Erklärung des Herrn Sturz vom 12. Juli 1854 gegen alle Auswanderung Deutscher nach Tropenländern und allen solchen wenn auch außerhalb der Tropen gelegenen Ländern, in welchen die angegebenen Bedingungen des Gedeihens, wie damals in Brasilien noch nicht gegeben waren und wie sie jetzt noch weniger dort gegeben sind, — welche die Stellung des Herrn Sturz in dieser Angelegenheit deutlicher bezeichnen dürfte, als die bereits herangezogenen Belege.

Diese Erklärung wurde seiner Zeit ebenfalls in der Allgemeinen Auswanderungs-Zeitung vom 22. Juli 1854, dem, von den brasilianischen Negerbaronen in Deutschland eingesetzten Werbediplomaten subsidiirten Blatte, veröffentlicht, dessen gewissenloser Eigenthümer G. Fröbel, da er sich doch durch die damalige Stellung des Herrn Sturz gezwungen sah, sie aufzunehmen, auf Geheiß seiner Zahlmeister und zur Bethörung der armen Menschen, die man noch ferner nach Brasilien zu verschleppen sich entschlossen hatte, die unten von Redactionswegen angedruckte lügenhafte Bemerkung anhängte, fast genau in derselben Weise, als er früher bei einer cathegorischen von Herrn Bergrath Karl Hochsteder in Wien (vormals in Brasilien) gegen seine ebenso lügenhaften Beschreibungen des Mineral-Reichthums der Provinz Minas Geraes gemachten Erklärung gethan hatte, als er (selbst aller Ortskenntniß und Erfahrung in Brasilien baar, und ohne alle Berechtigung, sich ein Urtheil über die mineralogischen und metallurgischen Verhältnisse Brasiliens anzumaßen), dieses dennoch mit einer unglaublichen Unverschämtheit that und die Aussprache sachverständiger und ehrenhafter Männer anzuzweifeln sich vermaß.

Ueberdruck aus dem G. Fröbel'schen Lockblatte, in welches Herr Sturz einige seiner Erklärungen einrückte, um dessen (Fröbel's) Betrügereien zu erschweren.

Dresden, 12. Juli. Bei einiger durch persönliche Anschauung und durch mir vorsätzlich in warmen Ländern selbst auferlegte Arbeitsleistungen erworbenen Lokalkenntniß der Tropenländer und anderer Theile Amerika's, welche durch ihre Naturverhältnisse für deutsche Einwanderung geeignet sind oder werden können, sowie durch die während fast 30jähriger Beobachtung an mir und Andern gemachten Erfahrungen über die Einwirkung der feuchten Hitze bei Landarbeit, halte ich mich verpflichtet, meine Ueberzeugung öffentlich auszusprechen, wo ein Wort von mir vielleicht Tausende, wären es auch nur Hunderte oder Zehn, vor unvermeidlichem Verderben bewahren kann.

Deßhalb sende ich die von mir gegebene Erklärung auf eine an mich gerichtete Anfrage ein, die meines Wissens noch nicht veröffentlicht wurde, obgleich ich hierzu autorisirte, wie ich es Ihnen gegenüber jetzt wieder thue.

Bei dieser Gelegenheit will ich selbst gestehen, daß ich selbst, ehe ich noch eine fast 20jährige Erfahrung in jenen Ländern gemacht hatte, glaubte, der europäische Nordländer sei für tropischen Ackerbau geeignet, daß mich aber meine Beobachtungen eines Bessern belehrten und daß ich deßhalb auch eine Landschenkung von 40 Quadratmeilen, welche mir 1840 an den für dergleichen Zwecke — nach meiner zu treffenden Wahl — geeignetsten verschiedenen Punkten des Amazonenstromes gemacht wurde, nicht weiter verfolgte.

Dessenungeachtet aber bin ich der Meinung, daß die Höhen von 2500 bis 3000, selbst bis 10,000 Fuß, in den Tropenländern für den Europäer zum Ackerbau und zu jeder Arbeit, ohne Nachtheil für seine Gesundheit, vollkommen geeignet sind, und habe dafür aus eigener, jahrelanger Erfahrung sowohl in Brasilien als in Mexico Beweise; — in Mexiko, wo wir von 1828 an Hunderte von englischen und deutschen Bergleuten bei großer Anstrengung in einer Höhe von 10,400 Fuß gesund [2]) erhielten und wo sich in den Ebenen von Mexiko und Puebla bei 6- und 7000 Fuß und in Jalapa bei 3400 Fuß jeder europäische Arbeiter nur wohl befindet — und in Brasilien hatten wir in der reichen für englische Rechnung bearbeiteten Goldmine von Gongo Socco in einer Höhe von 3400 Fuß, bei einer massenhaften Verwendung europäischer, d. h. englischer und deutscher Arbeiter, sehr wenige Krankheiten und Sterbefälle im Vergleich zu den in Deutschland selbst bestehenden Verhältnissen. Als Beleg hierzu will ich nur ein Beispiel anführen, was wohl selten seines Gleichen findet: Im Jahre 1836 gingen 82 Männer aus dem Zillerthale nach Brasilien, um als Bergleute in S. João del Rey zu arbeiten, welches nur 2400 Fuß über der Meeresfläche liegt, ca. 19 Grad südlicher

---

[1]) Soeben kommt noch die Kunde, daß Mitte Mai die Bewohner der 30 Stunden nördlicher gelegenen Kolonie Philadelphia von den Bugers vertrieben und 16 Menschen erschlagen, ein Schutzsoldat aber mitten in derselben gebraten und aufgefressen wurde, was aber noch viel gräßlicher ist, daß 50 Stunden weiter einwärts 14 geborne Brasilianer während der Hungersnoth im vorigen Jahre von einer Bergschlucht aus die vor dem Hungertode Flüchtenden beraubt und ermordet und davon drei aus Hunger verzehrt haben.

[2]) In Tlalpuxahua, Bolanos, Real del Monte.

Breite, wo also an der Küste volle tropische Hitze herrscht, weßhalb auch die deutsche Kolonie Isabella in Espirito Santo, in derselben Breite gelegen, nur wenig gedeiht. Im Jahre 1840 sah ich diese Zillerthaler ebenso gesund und stark, wie bei ihrer Ankunft, über Rio de Janeiro zurückkehren und alle kamen glücklich wieder in ihrer Heimath an, jeder mit einer ersparten Summe von 1500 bis 2000 Thlr., die sie, bei einem keineswegs sehr liberalen fixen Salair für 9 Stunden Arbeit, sowohl über als unter der Erde, hauptsächlich durch Extra-Arbeit über diese Zeit hinaus, — im Durchschnitt 2 bis 3 Stunden mehr, die jedoch doppelt hoch bezahlt wurden, — erübrigt hatten. Das Klima jener Hochlande kann also gewiß nicht als dem europäischen Arbeiter schädlich bezeichnet werden, wohl aber kann die Einwendung mit Recht gemacht werden, und ich war der erste, der sie in Brasilien machte, „daß man keine Einwanderer nach dem Innern und nach dem Hochlande dirigiren soll, ohne vorher gute Straßen, „Eisenbahnen und möglichst förderliche Transportmittel zu Wasser und zu Lande überhaupt, angelegt und ein„gerichtet zu haben, weil die Einwanderer sonst aus Mangel an Absatz und aus Mangel an Nachzug, der „selbst schon Absatz bedingt und Verdichtung der Bevölkerung Hauptbedingung einer gedeihlichen Kolonisation ist, nur kümmerlich und „langsam fortkommen würden", und dies zwar so sehr, daß der ungeheure Unterschied in den Resultaten solcher Niederlassungen und anderer in günstiger gelegenen Ländern zu der Ueberzeugung führen muß, daß das Anrathen einer Auswanderung nach solchen, wenn auch nur weniger günstigen, — wie vielmehr aber wenn unvermeidlich ins Verderben führenden — Lagen, sofern mit Bewußtsein und Kenntniß der an anderen Orten stattfindenden Verhältnisse und Arbeitsvergeltung von Seiten des Rathgebers geschehen, in jeder Beziehung als ein Betrug angesehen werden muß, der um so größer ist, als er gegenüber von Leuten stattfindet, welche mit den jenseitigen Verhältnissen gänzlich unbekannt sind.[1])

J. D. Sturz.

Erklärung auf eine das Amazonenstrom-Project betreffende Anfrage (vom 13. Juni 1854).

In Bezug auf Ihre Anfrage in Betreff einer in verschiedenen Blättern erschienenen Mittheilung, daß man beabsichtige, 13,000 deutsche Einwanderer nach dem oberen Amazonen-Strome zu bringen, einer Gegend, welche für Nordländer, die dort Ackerbau treiben sollen (und was Anderes sollten sie dort?) gar nicht bewohnbar ist, worüber in Details einzugehen, für Leute, welche klimatische Verhältnisse und Einflüsse kennen, ganz überflüssig sein würde, — kann ich Ihnen hiermit nur den kurzen Auszug aus einem Briefe aus Barra (am Amazonenstrome) vom 11. März d. J., im „Diario de Pernambuco" vom 25. April veröffentlicht, geben, welcher jenen Absichten einstweilen ein Ende zu machen und jeden Bethörten von seinem unüberlegten Entschlusse zurückzubringen und so vor sicherem Elende zu schützen geeignet ist: —

„Von unserer Grenze Tabatinga (am oberen Amazonenstrome) haben wir durch den letzten Dampfer wenig Neues. „— Das Verlassen der Colonien von Cavallo Coxo auf der peruanischen Grenze durch die von Don Jurra von „Lima der dahingebrachten Deutschen ging nach wie vor fort." (Diese Deutschen waren der Rest der vor „fast 3 Jahren von einem gewissen Rudolfo[2]) so schändlich betrogenen Auswanderer nach Lima!) „Hier ist soeben ein deutscher Schneider mit Frau und zwei kleinen Kindern angekommen, sowie zwei andere Kolonisten „jener Kolonie, welche aussagen, daß eine Zahl ihrer frühern Gefährten sich in Ega (am brasilianischen Theile des „Amazonenstromes) befinde. Die Pest und der Hunger habe sie verjagt." —

Wer trotz dieser Mittheilungen dahin auswandern will, warte nur wenigstens erst die weiteren Mittheilungen über diese Expedition ab! Diese werden ihn dann überzeugen, wenn er sich nicht auf mein Wort verlassen will, daß eine solche Auswanderung eine Verwegenheit ohne Gleichen wäre, daß in jenen Gegenden ein Nord-Europäer für die Dauer kaum leben, viel weniger arbeiten, am wenigsten aber Ackerbau betreiben kann, wobei er beständig den feuchten Boden unter und die verticale Sonne über sich haben muß, — und daß er, selbst wenn er alles dort zu Habende im Ueberfluß hätte, seinen gewohnten Nahrungsmitteln jedenfalls für immer entsagen müßte und gezwungen wäre, sich mit Speisen und Früchten zu sättigen, die ihm auf die Dauer widerstehen und bei der Unthätigkeit, zu welcher er durch die Hitze verdammt wäre (die bald in eingewurzelte Faulheit übergehen würde), der unglücklichste Mensch auf der Erde sein würde, und bald wohl auch, wenn er nicht einen ungemein festen, streng moralischen Character besäße, ein lasterhafter und körperlich siecher Mensch, an dessen Leiden dort nicht einmal Jemand Theil nähme!

Ich habe nichts dagegen einzuwenden, wenn diese Erklärung in ihrem Wesentlichen in den Blättern kurz wiederholt würde, und so auf die am Rhein, wie man sagt, vorgehenden Engagements für den Amazonenstrom dieselbe Einwirkung hätte, als jene hatten, welche ich 1844, 46, 49 und 50 über das Treiben des sogenannten Adelsvereins für Texas; über die sauberste aller Schwindeleien in Auswanderungsplänen, die der Mosquito-Küste; über die Delarue'schen und über einige andere Auswanderungspläne, selbst nach Brasilien, veröffentlichte, unter denen namentlich letztere, wie es sich nun klar ergiebt, einige blos durch Eigen-Interessen weniger Individuen oder aus reinem Mißverstehen der wahren Bedürfnisse des Landes versucht worden waren, wogegen zur Befriedigung dieser — gleich heilsam für das Land selbst, wie für die Dahingehenden — einzig und allein die aufrichtige, energische und schnelle Durchführung des neuen Landgesetzes die Hand bieten kann und auch, nachdem endlich ein Land-Office in Folge des Gesetzes vom 18. Sept. 1851 errichtet ist (wiewohl dasselbe von nun an noch wenigstens 2 volle Jahre bloß für technische, meist topographische Vermessungs-Vorarbeiten als Haupt-Vorbedingung erfordert) bieten wird.[3]) — Niemand, der der deutschen Auswanderungsfrage seit 15 Jahren nur halbe Aufmerksamkeit gewidmet hat, wird verkannt haben, daß ich eine mäßige Auswanderung aus den meisten Ländern Europa's für wohlthätig halte, und zwar sowohl für diese selbst, als auch, wo das ausersehene neue Land die Menschenrechte anerkennt, die vollste Toleranz übt und einen vernünftigen Landhaushalt angenommen hat, für jene; und zwar dann selbst eine so massenhafte Einwanderung, wie sie immer ausführbar ist; denn einem wohlverwalteten neuen Lande wird die Assimilations- und Absorbirungskraft für Hunderttausende neuer Ankömmlinge nicht fehlen; — daß ich aber jeder Art von, wie man sie letztlich zu bezeichnen beliebt, geregelten (d. i. durch allerhand selbstsüchtige Contracte, complicirte Stipulationen und Arrangements und Engagements vorbereiteten) Auswanderung entgegen bin,[4]) weil dadurch der Einwanderer gleich von vorn herein das nothwendige Selbstgefühl und den Trieb nach freiem eigenen Schaffen zur Erlangung freien, eigenen Grundbesitzes verliert, — und daß ich von dem Princip ausgehe, daß ein neues, von Natur und Klima wohlbegünstigtes Land, welches Bürger bedarf, seine Verhältnisse so stellen muß, daß der freie Arbeiter dort überall und in jeder Anzahl Unterkunft und guten Lohn finde, und durch schnell zu realisirende Ersparnisse an solchem Lohne, bald zum Landbesitzer und ipso facto zum gleichberechtigten Bürger werde. Das wird bei der energischen und aufrichtigen Durchführung des Landgesetzes in Brasilien bald auch dort für die Bewohner der europäischen Nordländer, in dessen Hochländern und südlichen Provinzen ermöglicht sein, und dann hoffe ich ebenso entschieden für die Auswanderung dahin auftreten zu können, als ich bisher jedem unverdauten oder auch selbstsüchtigen Plane, insonderheit tropischer Ackerbau-Ansiedelungen in Niederungen durch Deutsche, entgegengetreten bin. —

Der Amazonenstrom, ja der ganze Landstrich von diesem an bis nach den Niederungen des Rio San Francisco herab, muß durch Abkömmlinge der ringsum gelagerten Mestizen, der Indianer, Neger und wohl auch bald durch Chinesen, nach und nach bevölkert werden; durch Europäer direct wird er es nie, wenigstens nicht durch Deutsche und nördlicher gelegene Völker.[5])

---

[1]) Wer übrigens den Ausspruch wissenschaftlicher Männer über die für Landbautreibende Europäer unhaltbare Existenz in den Regionen, die man von hier aus so stark bessiedeln will, zu hören wünscht, — Männer, welche jene Länder zur Bereicherung der Naturwissenschaften Jahre lang bereist und die Pflanzen- und Thierkunde vielfach vermehrt haben, wobei sie doch auch der Menschen gedachten — der wende sich, wie ich es seiner Zeit gethan, schriftlich an meine Freunde, die HH. Professor Pöppig in Leipzig und L. Riedel in Rio de Janeiro, oder auch an den Hrn. Hofrath v. Martius in München, der auch am obern Maranhao war. Das Urtheil des Letztern hierüber — so gewichtig es ist — habe ich jedoch, weil ich ihm damals noch nicht so nahe stand wie in den letzten Jahren, nicht verlangt, indem ich es, nach schon gewonnener Ueberzeugung, für überflüssig hielt. D. Einsender.

[2]) Dieser Schwindler ist ebenfalls durch den Einfluß der Peruvianischen Landpotentaten für jene herzlose Behandlung mit der Stelle eines Gesandtschafts-Secretairs in London belohnt worden und daher auch zum Chevalier erhoben worden!

[3]) Neun Jahre sind seitdem vergangen und auch nicht das mindeste hat es vollbracht außer großartigen Betrug und die Verschleppung von 9 Millionen Thlr.

[4]) Daß wir bisher eine von der obigen abweichende, durch die beiderseits fast durchgängig günstigen Erfolge der Proletarier-Ansiedelung mittelst Kostenvorschüssen nach geeigneten, auf Grund des Parceria-Systems verwalteten Kaffee-Plantagen vielfach gerechtfertigte Ansicht vertraten und noch vertreten, bedarf hier wohl kaum der Erwähnung. Die Redaction, d. i. C. Fröbel.

[5]) Im Jahre 1854 wurde Herr Sturz stark gedrängt, Leute für den Amazonenstrom zu schaffen. Er weigerte sich und rieth dringend ab. Man nahm dann Portugiesen. Von 470 dieser waren nach 3 Jahren nur noch 60 übrig, meist mit zerrütteter Gesundheit. Die einflußreichen Unternehmer, welche so gewarnt worden waren, denen es aber nur darauf angekommen war, gewisse Bedingungen ihres Contracts für die Dampfschifffahrt jenes Flusses zu erfüllen, durch den sie sich enorme Subsidien für beinahe keine Leistungen sichern (für 24 Fahrten im Jahre in kleinen Dampfern, die kaum 400 Passagiere sammt Negern im ganzen Jahre befördern und deren Passagiergeld sammt allen Frachtgeldern im Jahre nur 80,000 Milreis macht, erhalten sie 260,000 Milreis!) erhielten von der ebenfalls gewarnten Regierung 240,000 Milreis Entschädigung für ihre mißlungene Ansiedelung und die übrig gebliebenen Opfer erhielten nichts!

Ein Gemisch von Bevölkerung, wie es sich nach jenem Strome dereinst in einanderspielen wird (zumal mit Hülfe der Dampfschiffsfahrt, bei dem Verwischen vieler Vorurtheile der Racen, und bei der hoffentlich auch bald in Brasilien eintretenden vollkommenen, religiösen Toleranz), wird kaum je anderswo gesehen worden sein. Daraus wird aber doch endlich eine Bevölkerung entspringen, welche die ungeheuren Hülfsquellen jener Gegenden, die noch vor wenigen, ja noch vor kaum 10 Jahren in den Händen eines halben Dutzend wucherischer alt-portugiesischer Kaufmannshäuser verschlossen waren, zu wichtigem Ertrag für die Welt bringen wird.

Die Kraft des Dampfes wird zum großen Theile die Energie der Menschen dort ersetzen, und wenn auch, wie wohl aus dem Parana, nimmer aus dem Amazonenstrome, wegen seines steten Laufs unter gleicher Aequatorial-Breite, die durch Hitze erschlafft und den Austausch ungleicher Producte verhindert, ein zweiter Mississippi werden wird, so wird doch auch er Vieles beitragen zur Bereicherung der Menschheit.

Dresden, den 27. Juni 1854. J. D. Sturz.

Bemerkungen zu den Erklärungen des Herrn Sturz vom 22. März 1853 und 20. October 1858 (Seite 41), und der obigen vom 17. Juni und 12. Juli 1854.

Von den dort ausgesprochenen Grundsätzen und Grundlagen für eine gesunde Einwanderung in Brasilien wollte aber Senhor Araujo nichts wissen, denn nur durch eine Untergrabung dieser und durch ein mit denselben in Widerspruch stehendes Handeln hatte er seine Ernennung zum Ministerresidenten in Berlin erreicht und arbeitete als solcher auch sogleich darauf hin, Hrn. Sturz gänzlich aus Deutschland zu beseitigen. Auch brachte er es schnell dahin, daß dieser, ein Protestant (als welchen man ihn stets in Brasilien gekannt), und Vater von 9 Kindern, wovon selbst noch der größte Theil zu erziehen war, Anfangs 1854 nach Florenz, wo damals gerade die Madiai-Verfolgungen stattfanden, und selbst ohne Uebersiedelungskosten, versetzt wurde; denn Senhor Araujo hatte sich bereits 1852 auf die großartigsten Sendungen von Parceria-Kolonisten eingerichtet und sich zu diesem Zwecke mit einem völligen Generalstabe von passenden Subjecten umgeben und Herr Sturz war im Wege.[1])

Aber im Jahre 1857 wurde Herr Sturz, der nicht nach Genua gegangen, sondern in Dresden verblieben war, weil er nach 20jähriger aufrichtigster und angestrengtester Arbeit in dem Fache, das in Brasilien durch ihn allein zuerst (1840) bearbeitet und zur Discussion gebracht worden war, Betrügern das Feld nicht unbedingt räumen wollte, — und nachdem er noch von Dresden aus während 4 Jahre lang unzählige gedruckte Circulare über die Land- und Einwanderungsfrage nach Brasilien gerichtet hatte, ganz unerwarteter Weise und zum Gräuel des Senhor Araujo wieder in seine Stelle zu Berlin eingesetzt; aber auch diesmal ohne alle Uebersiedelungskosten, die einem Brasilianer noch nie versagt wurden, (es ist mindestens ein Quartal des Gehalts) die aber sehr häufig schon dreimal im Jahre von einem und demselben brasilianischen Diplomaten erbettelt oder durch Mitbetheiligung der Minister selbst erschlichen worden sind. Das damalige Ministerium nämlich, dessen Mitglieder keinen höheren Begriff als den des Geldmachens kannten, sahen doch stets, wie selbst die meisten Brasilianer, Herrn Sturz für den wichtigsten Mann bei der gewünschten Einwanderung an, wenn man ihn zu den großartigen Operationen, die man in Deutschland vorzunehmen beabsichtigte, sichern könne, und waren wohl bei sich nicht im mindesten Zweifel darüber, daß er ganz bereit sein würde, sich, wie so viele Andere, eine ergiebige Pfründe bei der Vertheilung der 6000 Contos Colonisationsgelder einzurichten; denn Alles ward dazu angethan, ihm für seine Bereitwilligkeit eine schmeichelhafte Perspective zu eröffnen. Hier zeigte sich eine General-Agentur, dort mehrere Provinzial-Agenturen, alle mit ganz bedeutenden fixen Gehalten, und welches unermeßliche Feld eröffnete sich daneben der Phantasie eines selbst mäßigen Aneignungssinnes in möglichen Extra-Verdiensten durch Commissionen, Vermittelungen, Unternehmungen auf eigene Faust und Gebühren unter allerlei Namen, officiellen und nicht officiellen! Es kamen auch zugleich Anträge zu solchen Verbindungen an Hrn. Sturz vom Amazonenstrome, von Pernambuco, von Alagoas und Sergipe, von Bahia u. s. w. Hr. Sturz wies sie insgesammt ab und bewies den ihre eigenen wahrhaften Interessen mißkennenden Partheien zugleich ihren Irrthum und ihre eigene Gefahr, wenn sie auf solche Anhülfe sich verließen.

Senhor Araujo und der nach seinem Winke handelnde Gen.-Consul Corrêa aber und die ganze Clique geldgieriger und grundsatzloser Werber, die unter ihnen agirten, behaupteten ihren Einfluß in Brasilien durch die Verbreitung von Ansichten, welche denen des Hrn. Sturz schnurstraks entgegen standen, zugleich aber die bereits durch sie selbst hervorgerufenen Erwartungen nur zu leicht aufrecht hielten. Bei so widerstreitenden Ansichten und Handlungsweisen und den ärgerlichen Gefühlen der jenseits Betheiligten darüber, daß gerade der, von dem sie das Meiste erwarteten, ihren Wünschen zu entsprechen, sich weigerte, war es Senhor Araujo ein Leichtes, einen völligen Sturm gegen den „ungehorsamen und pflichtvergessenen" Staatsdiener zu erregen, besonders nach einigen öffentlichen Erklärungen der Art wie die beigedruckten, und er ging auch rüstig an die Arbeit, diesen (nun aber völlig) zu stürzen. Directe Depeschen zu diesem Zwecke an die Regierung gerichtet und zahlreiche Klagebriefe an alle einzelnen Glieder der Negerbaronen-Camarilla, wohlunterstützt durch die selbst-dictirten Correspondenzen des „Jornal do Commercio" aus Berlin und Hamburg, in denen er stets selbst als der Wohlthäter Brasiliens und einer der in Deutschland gefeiertsten Diplomaten des Auslandes und als ein Orakel unter dem diplomatischen Corps Berlins prangte, alles wurde benutzt und unterstützte sich gegenseitig.

Vor Allem aber wollte Senhor Araujo Herrn Sturz sogleich aus Berlin weg haben und wandte sich deßhalb selbst an Herrn v. Schleinitz, ihn nach Stettin oder Danzig zu localisiren; diesem Gesuch konnte aber darum nicht Folge gegeben werden (wäre selbst dazu Geneigtheit vorhanden gewesen), weil längst vor irgend einer brasil. Gesandtschaft in Berlin dem Herrn Sturz von dem Minister Baron von Bülow dem er schon von London aus wohl bekannt war, ein allgemeines Exequatur für das Königreich Preußen ohne Feststellung seines Wohnsitzes gegeben worden war.

So richtete denn Senhor Araujo ihm eine Einladung, „am Hofe zu Rio de Janeiro zu erscheinen," ein; dazu brauchte er ja nur zu sagen, „er könne keine Menschen schicken oder doch nicht genug", wenn man diesen nicht selbst wegriefe. Herr Sturz hatte aber bereits von Rio aus gehört, daß es dort für ihn auf gar vielerlei Weise nicht geheuer sein würde. Selbst Stahl oder Blei könne ihm durch die Ungeduld der Landpotentaten Gefahr bieten, wo nicht jene unheimlichen Tropfen, durch die des edlen Ex-Regenten Feijo und des muthigen Freundes des jugendlichen Kaisers, Navarro's Leben so plötzlich abgekürzt wurde, — böten ihm Gefahr; unter allen Umständen aber der beliebte Plan, den zur angeblichen Berathung oder Remonstration Herbeigerufenen durch systematisches in die Länge ziehen, geflissentliche Gleichgültigkeit, durch Nichtzahlung seines Gehaltes und noch viel Schlimmeres wie man z. B. mit General Braun und Andern gethan, — zur Verzweiflung zu bringen und selbst blödsinnig zu machen.

Senhor Araujo schien es für ganz in der Ordnung zu halten, daß Herr Sturz im Alter von 60 Jahren, nachdem er vorher bereits an 13 Jahre in Brasilien bei rastloser Arbeit verlebt und im Ganzen schon vor seiner amtlichen Dienstzeit 18 Jahre mit diesem Lande in Verbindung gestanden war (zusammen also 35 Jahre), und die Reise dahin 6mal gemacht (mehrmals mit Dampfern, die er zuerst dort einführte), nun sein Geburtsland und seine zahlreiche nicht mit irdischen Gütern überladene Familie, ja einen schon Jahre lang sehr kranken Sohn nochmals verlasse und zwar mit einer Entschädigung für Reisekosten, die knapp die Hinreise gedeckt haben würde, um, wie die erwirkte Ordre ausdrückte, „am Hofe zu erscheinen", ohne alle Angabe wozu? Herr Sturz aber, ohnedies damals mehr als außergewöhnlich leidend, erbat sich von der Regierung eine Erklärung über den Zweck dieses Rufes, mit dem Bemerken, daß, falls dieses „eine Berathung über Colonisation" sei, man seine Ansichten wohl bereits aus seinen officiellen Berichten und (in portugiesischer Sprache) gedruckten Circularen kenne, er aber über Weiteres gestellte Fragen umgehend mit der bündigsten Auskunft zu beantworten bereit sei.

Dabei drang aber die „Gesandtschaft" beständig auf Abreise, trotzdem daß sie vollkommen wußte, daß Herr Sturz bei allen den großen für Brasilien so wohlthätigen Unternehmungen, die er gegründet, und die wegen der damaligen kleinlichen Ansichten und gegen Fremde neidischen Stimmung der brasilianischen Kammern und Regierung unglaublich stiefmütterlich behandelt worden waren, nicht nur nichts gewonnen, vielmehr sein eigenes Vermögen eingebüßt hatte, welches selbst um Vieles den Betrag der Schulden überstieg, die Senhor Araujo (nach einem von diesem selbst gemachten Eingeständnisse, von 20 Contos de Reis) hatte, als er in Deutschland ankam, wo er durch schnelle Bereicherung vermittelst exorbitanter amtlicher Sportelerhebungen, zumal an einem Orte, wo Geld gar Vieles ersetzt, gar bald sich solche Familienverbindungen und zugleich auch größere Kapitalien zu sichern Gelegenheit fand, daß diese

---

[1]) Diese Versetzung erklärt sich erst recht durch eine am 27. Juli d. J. in der Bras. Kammer bei der Discussion über den Beschluß der Preuß. Kammer stattgehabten Vorfall. Als nemlich der, wie in Brasilien alle großen Beträger, unverwüstliche Kriegs-, Reichs-, Marine- und jetzt Colonisations-Minister (aber nebenbei stets Verwalter der öffentlichen Ländereien, damit kein anderes minder pfiffiges Subject in dieses Mysterium der Iniquitäten leite) Manoel Felizardo de Souza Mello, dessen erfolgreicher Feldzug gegen die Staatskasse im Kriege mit Rosas, mit einer Beute von 800 Contos, in den Preußischen Jahrbüchern für die Kriegskunst 1857 sich aufgezeichnet findet, die Herren Dr. Avé Lallemant und vormaligen G. Consul Sturz beide Verräther an Brasilien nannte, erhob sich ein Deputirter Namens Fiabio und sagte: er habe letzteren der Regierung bereits im J. 1853 von Deutschland aus denuncirt! Auf was hin, sagte er nicht. Nun ist dieser Mann zu jener Zeit Director der Colonisations-Gesellschaft in Rio gewesen und operirte damals mit Senhor Araujo zusammen für Parceria in Deutschland und gegen Herrn Sturz in Brasilien. Diese Denunciation muß aber doch aus bloßen Insinuationen oder groben Verläumdungen bestanden haben; wie könnte sonst die B. Regierung den so denuncirten gleich darauf zum General-Consul in den Italienischen Staaten ernennen und drei Jahre später wieder in seinen Posten in Preußen einsetzen? Wir kennen wohl mehr als ein Dutzend der ersten Staatsmänner noch aus jener Zeit, darunter mehrere Mitglieder des Staatsrathes selbst, die seinen Ansichten beipflichteten, eine freundschaftliche Correspondenz mit ihm unterhalten, wenn sie für jene Denunciation von der sie wissen mußten, einen Grund haben? Doch auch diese Herren haben diesmal geschwiegen, und keiner von ihnen hat eine Vertheidigung desselben gegen die tückischen und bezahlten Verfolgungen vor dem Landpotentatenthum gewagt, durch das selbst der Kaiser zu der Ungerechtigkeit gezwungen worden war einen langjährigen und aufrichtigen Staatsdiener mit einem Male sogar, und ohne Angabe nur irgend welchen Grundes zu entlassen. Sollte dieses Stillschweigen noch weitere 4 Monaten beobachtet werden, so halten wir uns berechtigt die Correspondenzen dieser Herren, die uns zur Verfügung stehen, sammt und sonders der Oeffentlichkeit und die Originalien derselben, in einigen Bänden vereinigt, als Beitrag zu der Literatur der brasilianischen Geschichte einem öffentlichen Institute einzuverleiben.

ihn zu maßloser Selbstüberschätzung und nur zu einer gesteigerten Geldgier und zugleich Ehrgeiz nach den höchsten diplomatischen Stellen trieben. Diese Ziele zeigten sich ihm leicht erreichbar durch die einfache Erfüllung der Bestellungen der Landpotentaten-Camarilla auf deutsche Hörige, und bei den ihm so erwachsenden stets erhöhten Stellungen, Gehalten und Profiten und allerseits anschwellenden Kapitalien wurde ihm natürlich die Gegenwart eines vormaligen Consular-Collegen unerträglich und in seinen Plänen gegen Deutsche ein Hinderniß. Die Achtung, die derselbe genoß, war ihm ein Dorn im Auge, die bescheidene und zurückgezogene Existenz, mit der sich dieser begnügte, reizte ihn nur um so mehr zur Verfolgung desselben, als dieser nicht billigen konnte, daß arme Leute seines Geburtslandes, in welchem Senhor Araujo Vortheile und Zugeständnisse genoß, die er um sicherlich nicht verdient hatte, und Freiheiten und Vorrechte in Anspruch nimmt und zugestanden erhält, die ihm sein eigenes Vaterland durch das Gesetz versagt, [1]) betrogen und erniedrigt würden.

Senhor Araujo scheint das enorme Unrecht nicht einen Moment erwogen, geschweige gefühlt zu haben, daß ein Familienvater wie Herr Sturz (wohl 10 Jahre älter als er selbst) zum siebenten Male ohne ausgesprochene, ja geradezu für ominöse Zwecke Anderer, nach dem Lande gehen sollte, in welchem er trotz übermenschlicher Anstrengungen und dabei stets aller geistigen und gemüthlichen Genüsse beraubt, selbst sein Eigenthum zugesetzt hatte, — in der That dahin gehen sollte, fast von allen Mitteln entblößt, um sich seiner aufrichtigsten Ueberzeugungen wegen, durch die, welche Brasiliens völligen Ruin bereiten, im Stillen erdrücken und dort, fern von seiner Familie, begraben zu lassen, während er, Senhor Araujo selbst, der sein eigenes Vaterland weder in seiner physischen Oberfläche noch in seinen moralischen Zuständen nur entfernt so gründlich kennt wie Herr Sturz, noch für dasselbe dort im Lande selbst auch nur einen Theil der Arbeit vollbracht hat, die dieser ausgeführt; in Deutschland aber keine andere als eine Geld machende für sich, und diese oft auf Kosten des Handels Brasiliens und Deutschlands zugleich, dann auf Kosten von Menschenglück, und endlich auf Kosten des Hauptrettungsmittels Brasiliens, nämlich der Einwanderung, die er getödtet hat, weil er die Quelle, aus der sie kommen mußte, verstopfte und das Land, über das sie sich nach angenommenen Reformen, die er hintertrieb, ergießen konnte, verschlossen hat, — im Geburtslande desselben Mannes, für das er eben so wenig als für das seine je Gutes gewirkt hat, sich in einer für seinen Ursprung geradezu fabelhaft erhöhten, socialen wie officiellen Stellung wiegt. Doch, wie konnte von ihm auch eine Rücksicht erwartet werden für einen Einzelnen, den er außerdem schon in früheren Jahren als einen ihm in Handlungsweise bezüglich auf Brasiliens Reform grundsätzlich schroff gegenüberstehenden Gegner und damals selbst noch als Rivalen ansah, — wenn er für Hunderte von Familien, die auf ihn als Gesandten vertrauten, kein Gefühl hatte, wenn er diese durch die Contracte, die er für sie als Beauftragter von Sklavenherren aufstellte, auf 10- und noch mehrjährige Haft in die Hände dieser führte, wo sie bei elendem Leben und körperlicher Aufreibung häufig der Familienrechte und stets der versprochenen Glaubensfreiheit, ihre Kinder aber alles Unterrichts beraubt blieben, und allesammt in eine untergeordnete und selbst erniedrigende Stellung unter einem an sich schon durch die Sklaverei entarteten und entsittlichten Volke, mitten unter arbeitscheuen Proletariern und zu übermäßiger Arbeit ausgepeitschten Sklaven, gebracht wurden?

Die Finanzen Brasiliens in den Jahren 1834—35 und 1860—61.

Ausgabe 1834—35.

Ministerium des Innern,	Mlr.	1,077,787
„ der Justiz	„	290,756
„ des Aeußern	„	130,000
„ der Marine	„	1,612,607
„ des Kriegs	„	3,338,642
„ der Finanzen	„	4,411,130
Provinzial, extra	„	3,009,332
	Mlr.	13,870,455 à 40 = L. 2,311,742

Einnahme 1834—35.

Einfuhrzölle	Mlr.	5,550,702
Ausfuhrzölle	„	637,339
Taxen	„	4,223,187
		10,411,248
Provinzial, extra	„	1,933,160
		12,344,408
Deficit	„	1,526,047
	Mlr.	13,870,455 = L. 2,311,744.

Ausgabe 1860—61.

Ministerium des Innern,	Mlr.	8,841,864
„ der Justiz	„	4,712,235
„ des Aeußern	„	890,323
„ der Marine	„	6,660,544
„ des Kriegs	„	11,329,184
„ der Finanzen	„	13,516,573
		45,950,723
Suplementair-Credit ...	„	10,248,385
	Mlr.	56,199,106 à 27 = L. 6,322,399

Einnahme 1860—61.

Milreis 45,950,726		à 27.	= L. 5,169,456.
Deficit	Mlr. 10,248,380	à 27.	= L. 1,152,443.
	Mlr. 56,199,106	à 27.	= L. 6,322,456.

Die Zoll-Einnahmen werden ungefähr in dem folgenden Verhältnisse von den Provinzen erlegt:

Rio 41, Bahia 14, Pernambuco 16, Rio Grande do Sul 5, Para 3, Maranham 3 und alle übrigen zehn Provinzen nur 15 Procent.

jetzt ist der Curs 25, und dürfte 1862 um Vieles niedriger sein.

Die Staatsschuld war im Jahre 1854 bei einem Curse von 25 d.: Auswärtige: 5,345,500, Inländische: 6,496,560 L. In Papiergeld: 40,000,000 Milreis = 4,500,000 L., zusammen 16,342,000 L. Hierzu kommen seit jener Zeit noch ungefähr 5 Millionen L. für Anlagen in Eisenbahnen, auf welche der Staat die Zinsen garantirt hat. Das Milreis war 1825 51½ engl. Pence werth, jetzt ist es 25 d. werth. Im Jahre 1860 war der Gesammtbetrag der Banknoten in Brasilien 90 Mill. Milreis = 9 Mill. L., also nahe an dreimal so groß als der in Frankreich, England und den Ver. Staaten circulirende Betrag im Verhältniß zur Einfuhr. — Im Jahr 1833 führte Brasilien Producte im Werthe von 37,500 Milreis aus, und Waaren zum Belaufe von 34,500 Mlr. ein, 1857—59 aber belief sich seine Ausfuhr auf 96,000 und seine Einfuhr auf 130,000 Milreis. Schon seit den letzten 25 Jahren hat die Einfuhr die Ausfuhr stets um ein bedeutendes überschritten, nach des erfahrenen John Henry Freese's Meinung wenigstens um 200,000 Contos vom Jahre 1842—58 allein, deren größten Theil das Land, das ohnehin in diesen sechszehn Jahren 50 Millionen Milreis bloß für die Interessen seiner auswärtigen Anleihen und für die Kosten seines diplomatischen Corps nach Europa zu schicken hatte, zum größten Theil noch schuldet. Hierdurch erklärt es sich, sagt Freese, daß alles baare Geld aus dem Lande geht und daß der Werth des Papiergeldes sinkt. Hierbei ist nicht außer Acht zu lassen, daß alle Verkäufe eingeführter Waaren in Brasilien durchschnittlich auf 1 Jahr Credit gemacht werden, während die Ausfuhrproducte baar bezahlt werden müssen, daß also das Land stets ein volles Jahr auf Credit lebt und zwar durchschnittlich zum Belaufe von nahe an 100,000 Contos. Das macht die Ernten so wichtig für den Handel, da die Producte das einzige Zahlungsmittel sind. Von Kaffee war 1818 nur 70,215 Sack ausgeführt worden, 1855 2,152,467 Sack, 1858 aber nur 1,710,163 Sack; im Jahre 1856 allein nach den Vereinigten Staaten 1,173,767 Sack. — Die Tonnenzahl der brasil. Schiffe im Jahre 1858 war 54,642, die der ausländischen Schiffe 1,810,756; die brasil. Flagge war daher kaum zum dreißigsten Theile im Frachthandel betheiligt. Das Landpostwesen im ganzen Reiche bestand in 472 Postagradien, davon aber im J. 1860 32 eingingen weil sie keine Beschäftigung hatten. Electrische Telegraphen giebt es keine mehr; die kurze Strecke nach Petropolis hat man nicht zu erhalten verstanden, weil die Dirigenten immer Brasilianer sein sollten. Nach Freese wäre die Bevölkerung Brasiliens 1830 5,735,302 Seelen gewesen, und von diesen 1,000,000 Portugiesen und deren Nachkommen, 3,000,000 Sklaven und 500,000 theils bekehrte, theils noch unabhängige Indianer; der Rest habe aus freien Negern und Mulatten bestanden, die das volle Bürgerrecht genießen. Im Jahre 1856 habe die Regierung die Bevölkerung auf 7,678,000 Seelen angeschlagen, Freese glaubt jedoch, man dürfte sie damals zu acht Millionen angenommen haben, weil die wahre Zahl der Schwarzen wegen der Kopfsteuer, die auf ihnen liegt, verheimlicht worden sei. Der englische Gesandte in Rio schätzte die Bevölkerung dieses Jahr auf 7½ Million, darunter 1 Million Indianer und 2,7000,000 Sklaven, die gesetzwidrig durch den Schmuggelhandel seit 1831 eingeführt sind.

Mac-Donoughs Emancipations-System.

(Aus Gutzkows Unterhaltungen am häusl. Heerde. 1853. 1. 26.)

Mit Bezugnahme auf unsere mehrfachen Erörterungen über „Onkel Tom's Hütte“ in Nr. 7 und Nr. 23 unserer „Unterhaltungen“ bringen wir heute die ausführlichere Angabe jener hochherzigen Vorschläge, die der Pflanzer Mac-Donogh gemacht und ausgeführt hat, um mit der Zeit die Sklaverei der Neger so auszurotten, daß die Herren selbst darunter keinen Schaden erlitten.

---

[1]) Wir sagen durch das bestehende und auf die Kolonisten, die Senhor Araujo engagirt hat, in seiner Fülle angewandte Gesetz, während er selbst sich auch hier Ausnahmen zu sichern wußte, wie z. B. durch die Anstellung seines noch minderjährigen Sohnes im Regierungsdienste, von dem er als Sprößling einer Mischehe eben so gut ausgeschlossen sein sollte, als die Kinder der von Senhor Araujo hinübergesandten Kolonisten, sie seien in protestantischer Ehe oder in Mischehe erzeugt, obschon deren Eltern planmäßig beschwatzt wurden, sich nationalisiren zu lassen, dort für unehelich, ja geradezu vogelfrei und als nicht anstellungsfähig erklärt sind, wie Senhor Araujo als Doctor der Canones wissen mußte, als er die Kolonisten durch Parceria-Contracte band, und als er diesen ihren Gottesdienst und völlige Religionsfreiheit zusicherte!

Im Jahre 1832 ließ Mac-Donough achtzig seiner Sklaven frei und schickte sie, um zu beweisen, daß sie wirklich bei ihm frei geworden waren, nach Afrika in die bekannte Negercolonie Liberia[1]). Als man darüber seines Lobes in allen negergünstigen Blättern Nordamerikas voll war, lehnte er die Huldigungen, die man ihm darbrachte, ab und setzte in einer Zuschrift an ein in Neworleans erscheinendes Blatt sein System auseinander.

Mac-Donough beginnt in diesem merkwürdigen Actenstücke der Humanität (das in der durch „Onkel Tom's Hütte" angeregten Debatte in Deutschland um so eher erwähnt werden mußte, als Lehmann's so trefflich redigirtes und sich seit Jahren unverändert frisch und umsichtig erhaltendes „Magazin für die Literatur des Auslandes" 1845 bereits in Nr. 72—76 diese Zuschrift mittheilte) seine ausführliche Auseinandersetzung mit einer Betrachtung über den Sonntag, dessen bekannte große Heiligung in England und Nordamerika die natürliche erste Anknüpfung seiner Erörterungen sein mußte. Die Neger arbeiteten aus eigenem Triebe für ihre kleinen Bedürfnisse am Sonntag. Der Pflanzer verhinderte dies und gab ihnen den Sonnabend Nachmittag frei, d. h. als Zeit, um für sich selbst zu arbeiten.

Von dieser Zeit ab, im Jahre 1822 schon, erzählt Mac-Donough, wurde der Sonntag heilig gehalten, die Kirche besucht, und ich gewahrte in sehr kurzer Zeit, fährt er fort, eine merkliche Veränderung in ihren Sitten, ihrem Benehmen und ihrem Lebenswandel, welche sich in jeder Beziehung zum Bessern neigten. Auf diesem Wege gingen wir froh, glücklich ungefähr drei Jahre lang oder bis 1825 fort, als ich auf den Betrag der Summe aufmerksam wurde, welche die Neger durch ihre Arbeit den Sonnabend Nachmittag verdienten, um auf diese Weise ihre eigene Freiheit und die ihrer Kinder zu erlangen. Bei dieser Schätzung und Rechnung kam ich bald zu der Ueberzeugung, daß dies längstens in 14—15 Jahren bewerkstelligt werden könne. Meine nächste Betrachtung war: Ist es mein Vortheil, sie in der Erreichung dieses Ziels zu unterstützen, oder kann ich es auf irgend eine erdenkliche Weise dahin bringen, daß ich meinen Vortheil darin finde, wenn ich ihnen dazu behülflich bin, daß sie während dieser Zeit ihre Freiheit erlangen? Dies erforderte wieder Ueberlegung und Berechnung. Ich ging daran und war in sehr kurzer Zeit durch die klarste aller Schlußfolgen überzeugt, daß es geschehen konnte und daß es, unter welchem Gesichtspunkte man auch die Sache ansehen und erwägen wollte, mein Vortheil war, so zu handeln, und solches um so mehr, wenn ich die Genugthuung, die Freude und das Glück in Betracht zog, welche ich genießen würde, wenn ich nach dem Wohle Anderer strebte.

Als ich mich nun überzeugt hatte, daß das Vorhaben an sich gut war und aus mehren gewichtigen Gründen versucht zu werden verdiente, beschloß ich, ihnen meinen Plan vorzulegen und in seinem ganzen Umfange zu erläutern, d. h. etwa zehn oder zwölf Männern oder Weibern, zu denen die andern Zutrauen hatten. Das that ich eines Sonntags Nachmittags nach dem Gottesdienste. Ich sagte ihnen: Wenn ihr und eure Kinder wollt fromm, ehrbar, treu, nüchtern, sparsam, fleißig sein, nicht Augendiener, die Angelegenheiten und den Vortheil eures Herrn wie die Angelegenheiten und den Vortheil eines jeden Einzelnen von euch ansehen und alles Dieses mit dem festen Entschlusse, trotz jeder Versuchung, die euch ankommen mag, und trotz jeden Hindernisses, was sich euch in den Weg stellen mag, bis ans Ende im Gutesthun zu verharren, und euch in jeder Hinsicht von mir leiten, regieren und führen zu lassen, dann will ich nach solchem gegenseitigen Uebereinkommen und Verständniß die Verwaltung eurer Angelegenheiten übernehmen, so daß ich euch, unter dem Segen des Höchsten, eure Freiheit und die eurer Kinder innerhalb 15—16 Jahren versichere, nämlich eure Freiheit in Liberia, dem Lande eurer Väter. Dies wird nach meinem Plane und Dafürhalten auf folgende Art möglich sein: Da nämlich eine Hälfte des Sonnabends euch bereits gehört (in Folge eines Abkommens mit euch, daß am Sonntag nicht gearbeitet werden darf), so wird euer erstes Bestreben dahin gehen müssen, eine hinlängliche Summe Geldes zu erwerben, um die andere Hälfte des Sonnabends zu kaufen; die beträgt den elften Theil der Zeit, die ihr für euren Herrn zu arbeiten habt, und mithin den elften Theil der Summe, die euer Herr für euch gegeben hat und die ihr ihm für eure Freiheit zu bezahlen habt. Wenn ihr den ganzen Erwerb stehen laßt und so wenig Geld als möglich aus meinen Händen nehmt, so könnt ihr das nach meiner Berechnung in ungefähr sieben Jahren vollführen; habt ihr das erst ausgeführt und gehört euch ein ganzer Tag von sechs Tagen, dann werdet ihr leichter und rascher vorwärtskommen; in der That, wenn ihr dieß erst erreicht habt, so ist euer Erfolg gewiß wenn ihr dann in eurem guten Werke fortfahrt, so werdet ihr durch euren Verdienst von einem ganzen Tage in jeder Woche leicht im Stande sein, einen andern Tag eurer Zeit in ungefähr vier Jahren auszukaufen.

Seid ihr nun Herren und Eigenthümer von zwei Tagen in jeder Woche, so werdet ihr in zwei fernern Jahren im Stande sein, einen andern Tag zu kaufen, sodaß euch drei Tage oder die eine Hälfte eurer Zeit gehören wird; in einem und einem halben Jahre darauf werdet ihr im Stande sein, noch einen Tag zu kaufen, so daß euch vier Tage gehören; in einem Jahre darauf noch einen oder der fünfte Tag; und in sechs Monaten wird euch der letzte Tag oder die ganze Zeit gehören. Euer Verdienst in weniger als noch einem Jahre wird genügen (mit Hinzurechnung Dessen, was die Kinder in derselben Zeit werden verdient haben), auch eure Kinder frei zu machen, und nun wird Alles erreicht sein.

Ich habe nun zu bemerken, daß das Erstaunen und die Ueberraschung der Neger bei solch einem Vorschlage leicht zu begreifen ist; sie gaben mit Freudenthränen ihre Beistimmung, erklärten, daß sie auf meine Treue, meine Ehrlichkeit und meine reinen Absichten, ihnen und ihren Kindern Gutes zu thun, vollkommen vertrauten und willig und entschlossen seien, sich in allen Dingen von mir leiten zu lassen und meinen Willen und meinen Vortheil zu dem Bestreben und der Regel ihres Lebens zu machen. Als wir uns trennten, sagte ich ihnen, daß sie meinen Plan und meine Vorschläge ihren erwachsenen Mitsklaven, Männern und Weibern, mittheilen und sagen sollten, daß keiner von ihnen, der etwas dagegen einzuwenden hätte, gehalten oder gezwungen sei, dem Abkommen beizutreten, daß Derjenige, der nicht beizutreten wünsche, nach der alten Regel fortleben solle; und ich forderte sie Alle zusammen auf sich die Woche hindurch darüber zu besprechen und mir am nächsten Sonntage in der Kirche ihre bestimmte Antwort und Entscheidung abzugeben, ob sie den Plan annehmen oder aufgeben wollten; zur selbigen Zeit machte ich es ihnen zur Pflicht (weil ich es vermeiden wollte, die Sklaven anderer Pflanzungen unglücklich oder unzufrieden zu machen), wenn ihnen an meiner Liebe etwas gelegen sei Dasjenige, was ich ihnen gesagt hatte, in ihrem Herzen zu behalten und keinem lebenden Wesen auf Erden zu offenbaren, bis sie das Land verlassen hätten, um nach Afrika zu segeln. Denn einen neuen Selbstverkauf etwa in Amerika würde ich nicht dulden.

Das versprachen sie zu thun und ich glaube, sie haben es streng gehalten. Es bleibt mir nur übrig, die Ergebnisse des Versuchs zu erzählen. In weniger als sechs[2]) Jahren war der erste halbe Tag von meinen Sklaven gewonnen und bezahlt. In ungefähr vier Jahren war der nächste oder zweite Tag der Woche bezahlt und ihr Eigenthum. In ungefähr zwei und einem Vierteljahre war der nächste oder dritte Tag bezahlt und ihr eigen. In ungefähr funfzehn Monaten gehörte ihnen der nächste oder vierte Tag. In ungefähr einem Jahre war der nächste oder fünfte Tag genommen und bezahlt; und in ungefähr sechs Monaten wurde der letzte oder sechste Tage der Woche ihr Eigenthum und vollendete den Kauf, sodaß sie ihre Freiheit in ungefähr vierzehn und einem halben Jahre erreicht hatten. Nach diesem nahm ich sie etwa fünf Monate zur Arbeit, um die für ihre Kinder noch schuldige Summe zu bezahlen, als Ergänzung zu Dem, was die Knaben und Mädchen bereits verdient hatten. Wenn ein Misverhältniß in den Zeiträumen erscheint, in welchen sie den Loskauf der verschiedenen Tage bewerkstelligten, so muß es dem Umstande zugeschrieben werden, daß sie zu einer Zeit mehr Geld einnahmen als zur andern, was namentlich gegen das Ende häufig vorkam, als sie schon den Kauf von zwei oder drei Tagen erreicht hatten, sonst wäre ihre Freiheit noch rascher in Erfüllung gegangen; dies geschah (die Erreichung ihrer Freiheit) im August 1840, und sie wären auch um diese Zeit nach Liberia abgereist: da aber die Abolitionisten der nördlichen und östlichen Staaten eine große Aufregung in unsern Staaten hervorgebracht hatten, nicht nur unter den Sklavenbesitzern, sondern auch unter den Sklaven selbst, so hielt ich es nicht für thunlich, sie fortzuschicken, weil sich in der unmittelbaren Nachbarschaft der Wohnungen meiner Schwarzen eine beträchtliche schwarze Bevölkerung befand. Ich sagte ihnen deshalb, ohne ihnen den Grund anzugeben, daß sie sich darein finden müßten, zu bleiben wo sie wären, bis die für ihre Abreise geeignete Zeit herbeikommen würde, und diese Erklärung genügte ihnen auch. So erreichten sie ihre Freiheit, wie oben erzählt worden ist, in ungefähr vierzehn und einem halben Jahre, und ein früher von mir ausgesprochenes Wort in einer Zeitung unterm 24. des vergangenen Juni, „daß die Fortsendung dieser Leute in meinem Falle nur eine bloße Handlung der Ehrlichkeit wäre," ist nun erläutert, insofern ich von ihnen mit Gelde (oder dem Aequivalente des Geldes) den vollen Werth erhalten habe, über den wir in Bezug auf ihre Freiheit in Liberia übereingekommen waren.

Nachdem fährt Mac-Donough fort: Es könnten vielleicht manche Leute geneigt sein zu sagen: „Wozu sich denn so im Kreise drehen — den halben Sonnabend freigeben — Rechnung führen — einen Tag nach dem andern verkaufen u. s. w.? Das ist

---

[1]) Später machte er an mehrere Tausende, die er erst zu diesem Zwecke angekauft hatte, auf dieselbe Weise frei, und wurde dabei sogar sehr reich. Siehe M. d. L. des Auslands 1845; Nr. 72—76 16 Spalten s. Z. mitgetheilt von S.

[2]) Diese 6 Jahre für den Erwerb des vollen ersten Tages, der von der Union selbst zu geben ist, und zwar als eine sehr schwache Sühne für das grosse Unheil, welches sie selbst ihrer Constitution zum Hohne, aufwachsen liess, gehen also ab von der Ablösungszeit und vermindern diese bei nur noch zu deckenden 500 Dollars je nachdem zu gewinnendem Lohne auf 5 höchstens 6 Jahre im Ganzen. Aber auch diese Summe stellt sich nun als fast doppelt zu hoch gegriffen heraus, weil die Empörung der Sclavenhalter selbst, so wie die dadurch hervorgerufene grosse Anstrengung Englands, alle tropischen Länder zur Baumwollproduction zu bewegen, den Werth der Sklaven wenigstens auf die Hälfte reducirt hat. Dreihundert Dollars wären wohl jetzt schon eine grossmüthige Entschädigungssumme, und dann noch dreimal grösser, als der Durchschnittsbetrag, den England 1833 (frc. 636), Frankreich 1850 (frc. 530), Holland 1859 (frc. 760) in seinen Colonieen bezahlt hat, alle drei monarchische Länder durchschnittlich 640 frc., und sollte der republicanische Staat, der zuerst die Gleichheit aller Menschen proclamirte, das Recht auf Sclaven dreimal höher anschlagen dürfen, als erstere?

Alles unnöthig, und ihre Arbeit, um ihre Zeit zu verdienen, ist eine Täuschung, denn die ganze Zeit des Sklaven gehört eigenthümlich dem Herrn — der Herr kann ihn zur Arbeit zwingen, ohne ihn freizulassen u. s. w." Ich gebe die Wahrheit des letzten Theiles der Behauptung zu, daß die Zeit und Arbeit des Sklaven von Rechts wegen dem Herrn gehört; aber ich leugne, daß der erste eine Täuschung ist, in Beziehung auf den Einen wie auf den Andern, den Herrn oder den Sklaven; denn er gründet sich auf die moralische Constitution des Menschen. Ohne Hoffnung, ohne ein gewisses Etwas in der Zukunft, nach dem der Mensch vorwärts schaut und strebt, wäre er Nichts. Nimm ihm diese belebende Eigenschaft der Seele und er wird wie das Thier im Staube kriechen. Aber, sagt man, warum verspricht er ihnen die Freiheit nicht auf einmal nach funfzehnjährigem Dienste? Auf diese Weise, sage ich, würde seine Freiheit als ein Geschenk seines Herrn erscheinen, welcher (wie der Sklave fürchten müßte) sein Versprechen bereuen und zurücknehmen könnte. Bei dem andern Verfahren aber würde der Sklave sie verdient, erkauft und seinen Herrn dafür bezahlt haben. Hoffnung wäre in seiner Brust lebendig geblieben, — er hätte ein Ziel im Auge gehabt, welches ihn beständig zur Aufrichtigkeit, Ergebenheit, Treue, Fleiß, Sparsamkeit und zu jeder Tugend und jedem guten Werke anspornte.

Aus der vorstehenden Uebersicht geht hervor, daß die Grundlage meines Plans für die Förderung und Leitung Religion war, — der Wunsch, die Liebe Gottes in ihren Herzen zu erwecken. Waren Hoffnung und Vertrauen zu ihm erst in ihrer Seele erwacht, so mußten sie auch ihre Frucht tragen: Gehorsam, Thätigkeit, Ordnung, Sparsamkeit und alle guten Werke. Daß dies der Erfolg und jenes die bewegende Ursache ihres treuen und biedern Lebenswandels war, hat sich gezeigt. Ihre Wirkung auf den Vortheil ihres Herrn, seine Freude und ihre eigene Freude hat sich ebenso gezeigt und bewiesen. Sie sind nun nach Liberia, dem Lande ihrer Väter gesegelt, und ich kann mit Wahrheit und herzlicher Genugthuung sagen, daß in keiner Gemeinde tugendhaftere Leute zu finden waren, und ich bitte den Höchsten, ihnen den Segen zu erhalten, den er niemals aufhörte, über ihre Häupter auszugießen, so lange sie unter meinem Dache für ihre Selbstbefreiung treu und fleißig arbeiteten!"

So weit der Bericht[1]) jenes braven Mannes, der sein System auf eine tiefe Erkenntniß der Menschennatur baute. Auch der Aermste und Unglücklichste verdankt die Besserung seines Looses lieber sich selbst als einer fremden Hand. Die Freiheit dieser Sklaven wurde der Lohn ihrer Mühe. Sie arbeiteten in Hoffnung. Die Hoffnung, dieser schönste Stern des Lebens, hob ihre Augen empor und regelte ihre ganze sittliche Natur und machte sie stark, einst freigeworden auch ihre Freiheit zu nutzen.

Ein fast zum Dramatischen sich steigernder tragischer Nebenumstand dieser vorsichtigen und besonnenen Sklavenbefreiung war der Miscredit, in den Mac-Donough selbst bei seinen Umgebungen gerieth. Seine Sklaven schwiegen über ihre Verabredung mit ihm. Sie mußten es thun, weil die Bedingungen ihrer Existenz die andern Pflanzer und Neger hätten aufrühren können. Da sie nun in ihrem eigenen Interesse außerordentlich stark arbeiteten und sich keine Muße gönnten, um endlich ihre Freiheit zu gewinnen, so erschien Mac-Donough als ein hartherziger, grausamer Herr und mußte viel Unbill und Anfeindung erleben. Er that dies wie ein scheinbarer Geizhals, der für einen edlen Zweck spart. Er ließ sich's gefallen, ein grausamer Pflanzer zu erscheinen und tröstete sich mit den verborgenen Dankesthränen seiner Schwarzen und der endlich ans Licht tretenden Thatsache, daß von Jahr zu Jahr immer wieder neue Transporte seiner freigewordenen Neger nach Liberia segelten.

Mac-Donough ist sehr reich gestorben. Er hinterließ ein Vermögen, das in die Millionen Dollars ging und keine Kinder. Die Hälfte seiner Reichthümer vermachte er seiner Geburtsstadt Newyork und die andere seinem Wohnorte Neworleans, dem Schauplatz eines edlen, nicht genug zu rühmenden und bei den jetzigen Debatten über Sklavenbefreiung in erster Reihe vorzuführenden Wirkens

---

Mr. Wendell Phillips, Congreßmitglied für Massachusets, hielt am 1. August dem **Jahrestage der Abschaffung der Sklaverei in Englisch-W.-Indien** zu Farmingham in Massachusets vor einem ungeheuer zahlreichen Publikum eine 2stündige Rede aus der folgende kurze Auszüge hier Platz finden mögen:

„Sklaverei hat der Reihe nach überall in der Welt bestanden und ist bereits fast überall abgeschafft, entweder gewaltsam oder durch allmähliges Absterben mit dem Fortschritt der Zeit. England allein hat die seine durch moralischen Einfluß mit hochherzigen Opfern, mit politischem Vorbedacht, wie es einem christlichem Volke gebührt, beseitigt."

„Seit jener Zeit war kein Aufstand, kein Krieg in W.-Indien, und doch waren und sind dort die Bayonette nicht in den Händen Weißer, sondern schwarzer Emancipirten. Englands Handel mit jenen Inseln ist jetzt 4 mal so groß als damals, und dennoch klagten die dortigen Landeigenthümer stets über Mangel an Arbeitskräften, und klagen noch! Wenn aber die jetzt freien Schwarzen nicht arbeiteten, könnten sie auch nichts consumiren. Sie sind nur gescheit genug nicht für andere um weniger Lohn arbeiten zu wollen, als sie sich als ihre eigene Herren verdienen können. Sie sind ein durchaus gesetzlich lebendes, zufriedenes und fleißiges Volk geworden. Wir haben das große Beispiel so nahe vor unsern Augen gehabt, aber wir haben es mißachtet!" —

Es ist für uns gewesen, was die Sybillischen Bücher dem Römischen Könige waren. Jenes Beispiel ist für uns bereits verloren! Wir haben nunmehr nur auf das Schicksal von Hayti zu sehen. Die alte Union von 87 ist dahin! Warum aber hängt man nicht alle Verräther und Spione? Erst als Washington André aufgeknüpft hatte, war unser Sieg gewiß. Als Brown in Charlestown gehängt wurde sagte unsere Regierung „Amen" und nun hat sie selbst Hunderte viel Schuldigere frei laufen lassen.

Die Regierung ist jetzt stark durch den Enthusiasmus des Nordens, stark genug um Abolition auf ihren Banner zu schreiben. — Thut sie das nicht, und will erst mit einer conscribirten Armee, nicht mit Freiwilligen, die Südstaaten wiedererobern, so werden wir dem Schicksal von S. Domingo anheimfallen. Entweder überziehen wir die Südstaaten mit einem langjährigen bittren Krieg in dem Alles untergeht und am Ende schlimmere Zustände als die mexicanischen entstehen, — oder wir tragen mit nordischem Entschlusse, trotz aller Niederlagen, die wir noch erleiden könnten, trotz aller Geldkosten unsern Sternenbanner sogleich wieder bis an den Mexicanischen Golf und befreien jeden Schwarzen. (Großer Beifall.) Mit Bangigkeit wartet der Schwarze auf uns. Jetzt ist die rechte Zeit für uns; dieser Herbst noch muß das Werk vollenden! Wohl wäre den Wucherern von Wall-Street recht, daß sich die Emancipation und der Bankerott noch 12 Jahre hinauszöge, denn die Zwischenzeit wäre gerade die der Ernte für sie. Jetzt ist der Norden Eins in Enthusiasmus. Jetzt ist der Neger voller Hoffnung. Diese Hoffnung darf nicht betrogen werden, oder er wird euch nie mehr trauen.

Räumet weg aus allen Aemtern vor allem solche Beamten, Officiere und Generäle, welche sich dazu hergegeben haben, flüchtige Sklaven einzufangen, denn wer das einmal gethan, wird es zu jeder Zeit wieder thun. Solche Leute werden aber zu Symbolen. Die Regierung, welche sie der öffentlichen Achtung empfiehlt, demoralisirt das Land. Dieser Tag gehört dem Sklaven. Wir haben heute mit der Perpetuität unserer Civil-Institutionen nichts zu thun. Dieser Tag gehört dem Probleme und der Methode der Abolition. Ich verlange von unsrer Regierung, wo nicht das augenblickliche Eingeständniß ihrer Absicht, die Sklaverei aufzuheben, doch wenigstens Antwort auf diese Frage: Wenn ein Mensch innerhalb der Linien des General Scott, Mc. Dowell oder Buttler kommt, was ist er? Der Congreß, die ganze Republikanische Partei, alle hervorragende Männer haben erklärt, daß die Constitution der Ver. Staaten von Eigenthum in Sklaven nichts weiß. Was will das heißen den flüchtigen Neger „Kriegskontrabande" also Eigenthum zu nennen? Es ist dies ein technisches Advocaten-Stratagem, das einer Nation in einer so großen nationalen Frage unwürdig ist. So lange nicht jeder Schwarze der herüberkommt frei erklärt wird, bleibt dieser ganze Krieg ein blutiges Possenspiel. Der Süden schont Nichts und Niemand. Er greift zurück in die Zeiten der Barberei in Allem, was er in Angriff nimmt. Er zeigt mörderischen Ernst, wir spielen bloß. Wir lassen die Verräther laufen, in Washington tauscht man sogar Höflichkeiten mit „unsern Freunden im Süden" aus. Haben wir nun einmal Krieg, so sei es ein tüchtiger, der uns vor jenen Verwickelungen schützt, die uns in 6 Monaten oder in 12 mit ausländischen Mächten drohen. Besser wäre bei Massachusets-Bayonetten selbst Insubordination und daß dabei der Oberst selbst erschossen würde, als sich zu gottverfluchten Sklavenjägern machen zu lassen. (Allgemeiner lärmender Beifall.) Laßt uns alle zusammenwirken, der Regierung in dem Entschlusse zu befestigen, dem Eifer des Volkes freien Lauf zu lassen. Der Anblick des Sternenbanners, das sich unter der Palmeto-Flagge beugte, und der schmählichen Flucht von Bulls-Renn wird auf Jahrhunderte die Geschichte unsrer Republik schänden. Der Schmerz der Nation kann auf keine andere Weise gestillt werden, als daß unsre Regierung offen vor der Welt ihren Entschluß ausspricht, das scheußliche Uebel mit dem wir behaftet sind, wenn auch mit mörderischem Messer auszuschneiden, und daß sie dann vier Millionen Unterdrückter unter ihre Flagge zusammenrafft und sie in Frieden unter lautem Jubel der Nation an den Küsten des Golfes ansiedle." (Großer Beifall.)

(Dieser letzte Vorschlag ist, aus früher angeführten Gründen, ein gänzlich unpractischer, würde aber, wäre er ausführbar und würde ausgeführt, die Erreichung einer vollkommenen Civilisationsstufe in den Südstaaten auf ewige Zeiten vernichten und selbst die Nord-Staaten in ihrem Fortschritte sehr zurückhalten.)

---

[1]) Ein großes Verdienst würde sich die Redaktion des M. f. d. L. d. A. erwerben, wenn sie jene Memoire über das edle Wirken John Mc. Donoughs den jetzigen Lesern des trefflichen Blattes nochmals zum Besten gäbe. Sie enthält aus dem Leben gegriffene wahrhaft ergreifende Scenen, und das mit Schwarzen, die unter dem Palmeto-Banner nur Nutzvieh bleiben sollen! Sie würde jetzt mit tiefem Interesse wieder gelesen werden und auch diesmal bei Nord-Amerikanischen und Brasilianischen Staatsmännern Beachtung finden, die in ihr eines der schnöde verworfenen Sibyllenbücher erkennen dürften — leider für Brasilien fast zu spät! Was würde der gefeierte Völkerrechtslehrer Wheaton sagen, wenn er gegenwärtige Crisis erlebt hätte, er, welcher im Jahre 1845 als Gesandter in Berlin, nachdem er den erwähnten Aufsatz des Magazins zugleich mit dem Amerikanischen Original (New Orleans Bee) gelesen, den Ausspruch gethan hatte: „Gewiß, ein großartiger Gedanke, aber unser Volk ist noch nicht reif für die Ausführung im Ganzen!"

Inhalts-Verzeichniß.

Bras. Zustände 2c. — Gegensätze der Sklavereiverhältnisse in Brasilien und in der Union. — Gründe der Unhaltbarkeit der Sklaverei in Brasilien. — Auswanderer haben sklavendichte Gegenden überhaupt zu meiden. — Confessionelle Mißstände. — Verhalten der Regierungsbeamten bezüglich der Colonisation. — Nationalöconomisches Interesse Deutschlands an einer möglichst würdigen Stellung seiner ausgewanderten Landeskinder in den Ansiedlungsländern. — Statistisches über Brasiliens innere Zustände. — Einfluß der Sklaverei auf die öffentliche Moral und die Rechtspflege. — Stellung der Landpotentaten und ihr Einfluß auf die Besetzung der Verwaltungs- und diplomatischen Stellen. — Characterisirung der höheren Staatsbeamten und Diplomaten. — Mängel und Unhaltbarkeit der Bras. Colonialien-Production. — Drohendes Ueberhandnehmen der schwarzen Bevölkerung. — Unmöglichkeit des Zusammenlebens der Weißen mit größeren Massen freier Schwarzen, ohne daß erstere selbst verkommen. — Gefahren für die Einwanderer bei einer Ablösung der Sklaven in Brasilien. — Widerspruchsvolles Verhalten der jetzigen Bras. Diplomaten in Deutschland in dem Auswanderungsbetrieb mit dem des zuerst in Berlin gegenwärtigen Diplomaten. — Die von ersteren erkaufte Presse. — Verhandlungen des Preuß. Abgeordneten-Hauses und Rückwirkung derselben auf Brasilien. — Die officiellen und officiösen Berichterstattungen von Seiten Brasiliens hierbei. — Das von Deutschland dabei einzuschlagende Verhalten. — Gute Wirkung des Beschlusses des Preuß. Abgeordnetenhauses. — Erster Urtheilsspruch gegen die Parceria-Contracte. — Das neue betrügliche Ehegesetz. — Die Bras. Regierung kauft Dispensen von Rom für die prot. Kolonisten. — Die Bras. Diplomaten, die mit Protestantinnen verheirathet sind, benutzen diese Dispensen für sich. — Von Ministern und Deputirten in der diesjährigen Kammer gemachte Aussprüche über den Zustand des Landes. — Die Sklaverei, Brasiliens „Krebsschaden" nach Minister Tacques. — Adelsanmaßung in Brasilien. — „Die Parceria gottlos ungerecht; Einwanderung unmöglich" nach Senhor Bastos. — Frau Ida Pfeiffer über Brasilien. — Der schweigsame Berliner Centralverein zum Schutze der Auswanderer. — Nach Senhor Barcellos ist die Regierung ein Muster von Treubrüchigkeit. — Unwahrhaftigkeit des Ministers Fetzardo vor den Kammern. — Die von Herrn von Meusebach gestohlenen Papiere. — Betrug der Regierung durch Unterdrückung von Berichten, selbst der des Herrn v. Tschudi. — Gewissenloses Verfahren des Landamts sowie einiger Regierungspräsidenten und Directoren bei den Landanweisungen. — Schlußbetrachtungen. — Erläuterungen des Titelblattes. Seite I—XVI. —

Denkschrift u. s. w. — Politische und sociale Unzulässigkeit einer jetzigen Theilung der Union. — Unhaltbarkeit der Sklaverei in der Union. — Unverträglichkeit des Verbleibens der befreiten Neger in N.-Amerika mit der civilisatorischen Mission des Anglo-sächsischen Stammes. — Völlige Möglichkeit der Emancipation der Sklaven durch Selbstloskauf nach Unterdrückung der Rebellion, vorausgesetzt, daß diese bald erfolgt. — Uebersiedelung der, sei es durch Ablösung, sei es gewaltsam befreiten Neger nach Hayti, nach Britisch Westindien, nach portugiesisch Afrika, nach Liberia u. s. w., und besonders nach dem Niger. — Mittel und Wege hierzu. — Beruhigung der Vereinigten Staaten, Civilisation von Afrika und eine unberechenbar große Production von Colonialien in diesem Welttheile, der solche bisher nicht lieferte, und in Hayti die Lösung des Problems eines rationell organisirten unvermischten Negerstaates u. s. w. als Folgen dieser Uebersiedelung. — Diese Mittel sind nur theilweise anwendbar auf Brasilien. Seite I—XII.

Belege u. s. w. — Wortlaut der von Senhor Araujo als Brasilianischem Minister-Residenten in Berlin im Jahre 1852, und von 1847 an als Consul in Hamburg, auch später als Bevollmächtigtem Minister in Preußen, mit deutschen Auslöslings-Familien gemachten solidarischen Parceria-Contracte, und Bemerkungen darüber. — Denkschriften des Herrn von Tschudi und Bemerkungen dazu — Die officiösen „Actenstücke Bras. Seite in Kolonisations-Angelegenheiten" und die Lohnschreiber für diese, und andere Auswanderer-Verlocker. — Ungeheurer Landwucher der Grundbesitzer und Mißbrauch der Kolonisten. — Die Folgen der Auswanderung der Deutschen nach Brasilien für diese nach deren eigenen Mittheilungen. — Die Rechtspflege. — Die Landplage der Doctores juris. — Die protestantischen Ehen und die Mischehen. — Schwindeleien im Auswanderungsbetrieb. — Character der Brasilianer. — Justiz. — Landverkauf. — „Die Regierung und die Colonisation" nach Graf Rozwadowski. — Die Verwendung der deutschen Presse dabei. — Die theilweise zu passivem Verhalten gewonnenen 14 Tagesblätter. — Die Bodenverhältnisse. — Die Grundsteuer. — Die Ansichten Bras. Zeitungen, Staatsmänner und Kammern über deutsche Einwanderer und über das Bras. freie Volk. — Ottoni's und des Correio Mercantil Aussprüche über durch Regierungs-Agenten schmählich betrogene Deutsche Colonisten. — Erlogene Darstellungen in deutschen Blättern. — Die consularischen und diplomatischen Agenten in Deutschland als „geständige Verbrecher" nach der deutschen „Brasilia." — Unsicherheit des Grundbesitzes. — Unzuverlässigkeit der Erndten und der richterlichen Behörden. — Colonisations-Manövres. — Hirtenbrief des Erzbischofs gegen Brasilianische Arbeitsschen. — Ansichten eines Portugiesen. — Diplomatische Bras. Correspondenz aus Berlin in der Wiener Zeitung über Herrn v. Meusebach. — Maßlose Verfolgung dieses Herrn durch die Landpotentaten. — Erklärung des Herrn Adolph Schmidt in Rio, des Associés des jetzigen Bras. Vice-Consuls für Stettin, Herrn Behrend, im Jahre 1859 über den Mangel an Religionsfreiheit und über die Mischehe. — Dr. R. Avé Lallemant und Ottoni. — Was der Deutsche in Brasilien zu gewärtigen hat. — Schmutzige doch decorirte Werber. — Hrn. v. Tschudi's Ansicht von Brasilien im Jahre 1858 und die des Dr. Hch. Handelmann. — Das Kolonisten-Reglement und die Brasil. Daimios in spe. — Nicht Portugal, Brasilien selbst ist Schuld an seiner großen Sklavenzahl. — Bestechung deutscher Literaten. — Die Grundbesitzkarten als staatsgefährlich unterdrückt. — Erklärungen des Consuls Sturz im Jahre 1853 und 1854 gegen die betrügerischen Parceria-Werbungen, und Haltung des Senhor Araujo dabei. — Aussprüche Bras. Staatsmänner über Consul Sturz bezüglich der Land- und Einwanderungsfrage. — Schreiben des G. R. Kerst an einen Bras. Diplomaten über das was noth thut in Brasilien. — Stete Verschlimmerung der Dinge in Brasilien für den Einwanderer. — Betrug mit Naturalisation. — Die Bras. officiösen Actenstücke des Werberkapitäns Hormeyer. — Fälle auffallender Intoleranz. — Das unehrliche Verfahren des Bras. Consuls in Hamburg. — Die Bras. Diplomatie in Deutschland. — Sklavenbehandlung in Brasilien. — Der Staat selbst ein Sklavenbesitzer. — Der Staat peitscht die Sklaven der Privaten, die es verlangen, gegen Bezahlung. — Häufige Todtpeitschungen von Sklaven, selbst durch Priester und Frauen. — Oft sich wiederholende Fälle von Ermordungen der Herren und Herrinnen durch Sklaven. — Hygienisches. — Das durch Raubbau ruinirte Land. — Die Ameise der Hauptfeind der kleinen Ackerbauer. — Ansichten eines deutschen Kaufmannes über Brasilien. — Das Potentatenthum und das Proletarierthum. — Der Muster-Negerbaron de Paragnassu. (Moniz Arragon.) — Negerbaroninnen als Vermietherinnen von schwarzen Säugammen. — Die Staatsreligion. — Grobe Lügen der gesammten bezahlten Lobhudler in der deutschen Presse über die religiösen Zustände. — Heillose Umtriebe der Jesuiten-Padres. — Viele Morde und fast gleichviele Freisprechungen der Mörder. — Officieller Nachweis über die scandalöse Testamentsverwaltung. — Unfähigkeit der Brasilianer zu productiven Arbeiten statistisch belegt. — Die Africanos livros oder Englische Prisenneger als Leibeigene gehalten. — 20,000 Brasilische Sklaven in Uruguay. — Das Landpotentatenthum, die Fazenda und das Proletarierthum. — Die Werber Dr. F. Schmidt und G. Fröbel. — Criminalistisches, Militairisches und Confessionelles. — Die Testaments-Verwaltung. (!) — Unterschleife im Kriegsdepartement. — Der Zucker siedende Kriegsminister und der schlaue Raketenmacher. — Beschaffenheit der Rekruten. — Wahlprogramm. — Dr. Handelmanns Ansicht über die Landfrage in Brasilien. S. 1—60.

Anhang. — Marquez Baependim, der Coryphäe der Bras. Landbarone. — Beispiele der Dankbarkeit der Brasilier gegen Ausländer, die ihnen Dienste leisteten: Lord Cochrane, General Braun, Bloem (beide Preußen), Oberst L. v. Sewcloh. — Wissenschaftlicher Betrug gegen den Staat. — Die ausschießlich National-Bras.-Wissenschaftliche Expedition. — Die Sklavenauslieferung von Uruguay an Brasilien. — Auswanderung der Brasilianer dahin. — National-öconomische Wichtigkeit der Beibehaltung der Sprache seitens der Auswanderer. — Das Circular Graf Radswadowskys über Bras. Zustände. — Musterstücke von Correspondenzen der Bras. Werbediplomaten und ihrer Söldlinge. — Castro und Villeneuve, die zu jeder Zeit ministeriellen Correspondenten des Jornal do Com. aus Berlin und London. — Die physische Entartung der Deutschen in den heißen Theilen Brasiliens. — Mangel aller kirchl. Disciplin und Versunkenheit der Geistlichkeit. — Sklavenbehandlung. — Stimmung der Schwarzen. — Farbenstreit. — Hat Portugal Schuld an Brasiliens gegenwärtiger Sklavenmasse? — Gesetzliche oder gewaltsame Beseitigung des Landmonopols? — Dr. Avé Lallemant's Ansichten über Bras. Colonisation. — Auszüge aus dem Reisebericht der Novara-Expedition Brasiliens sociale Zustände und Colonisation betreffend. — Die Sklaverei, der Adel, die Künste und die Wissenschaft. — Das Instituto Hco. Geogr: — Die Bras. Vermessungskunst. — Vicomte d'Abrantes Schrift von 1845, als Gegensatz zu den Parceria-Contracten von 1847 bis 1860. — Senhor Araujo dieser Schrift gegenüber. — Die Bras. Presse. — Monsieur Reybaud, der Fürsprecher des Brasilischen Potentatenthums, und Dr. Gefflens, des Uebersetzers von dessen Buch „le Brésil" Empfehlung der Parceria. — Sociale Wirkung der Sklavenarbeit. — Brasilien mußte sogar die electrische Telegraphie wieder aufgeben. — Der Einfluß des Werkzeugs auf den Menschen und der des Kaffeepflückens. — Adelsanmaßungen von Brasilianern in Europa, besonders in Deutschland. — Der Muster-Negerbaron von S. Lourenzo. — Bras. Consularische und wissenschaftliche Leistungen (in Malerei, Poesie, Lyrik, Phrenologie und Geschichte). — Oeffentliche Erklärungen des Consul Sturz im Jahre 1853 und 1854 über das Vorzeitige der Auswanderung nach Brasilien und gegen die nach heißen Landstrichen. — Erläuterungen dazu und über das Verhalten des Senhor Araujo in der Auswanderungsangelegenheit. — Dr. J. B. Alberdi, ein Aechter Staatsmann Süd-Amerikas. — Statistische Notizen. — John Mc. Donoughs ehrliches und wirksames Emancipations-System durch Selbstloskauf der Sklaven, ein schon 1843 von der Union und von Brasilien verworfenes Sybillen-Buch. — Mr. Wheatons Ansicht davon. u. s. w. Seite 1—XXVIII.